宋史会议论文集 2014

Proceedings of the Conference on the History of the Song Dynasty

邓小南 范立舟 主编

中国社会科学出版社

图书在版编目(CIP)数据

宋史会议论文集. 2014 / 邓小南，范立舟主编. —北京：中国社会科学出版社，2016.7
ISBN 978 - 7 - 5161 - 8709 - 8

Ⅰ.①宋… Ⅱ.①邓…②范… Ⅲ.①中国历史—宋代—文集 Ⅳ.①K244.07 - 53

中国版本图书馆 CIP 数据核字(2016)第 182776 号

出 版 人	赵剑英
责任编辑	宋燕鹏
责任校对	郝阳洋
责任印制	李寡寡

出　　版	中国社会科学出版社
社　　址	北京鼓楼西大街甲158号
邮　　编	100720
网　　址	http://www.csspw.cn
发 行 部	010 - 84083685
门 市 部	010 - 84029450
经　　销	新华书店及其他书店
印刷装订	三河市君旺印务有限公司
版　　次	2016年7月第1版
印　　次	2016年7月第1次印刷
开　　本	710×1000 1/16
印　　张	32
字　　数	477千字
定　　价	116.00元

凡购买中国社会科学出版社图书,如有质量问题请与本社营销中心联系调换
电话:010 - 84083683
版权所有　侵权必究

目 录

"10—13世纪中国国家与社会"国际学术研讨会暨中国宋史
 研究会第16届年会开幕式致辞 …………………………… 邓小南(1)
宋朝乡村催税人的演变
 ——兼论明代粮长的起源 ……………………………… 朱瑞熙(3)
宋代赋役征差体系下的簿帐制度考述 …………………… 戴建国(20)
论宋代的私有财产权 ……………………………………… 程民生(55)
宋朝"省地"范围的拓展及其政策 ………………………… 安国楼(89)
论宋代中央与地方的税权分隶 …………………………… 黄纯艳(100)
宋代乡村社会的生存秩序与权力结构
 ——以"纠役"为中心的考察 …………………………… 耿元骊(120)
司命千里：宋朝司理参军制度研究 ……………………… 贾文龙(142)
宋代枢密直学士职权演变考论 …………………………… 田志光(154)
进退之间：北宋治理南江诸"蛮"的理念及其变化 ……… 陈　曦(187)
北宋宽衣天武禁军考论 ……………………… 王军营　朱德军(202)
北宋时期县主簿任职资格与迁转趋向研究
 ——立足于开封府赤畿县主簿的论述 ………………… 祁琛云(218)
北宋亲邻法令的演变与运行实态
 ——兼论政令运行 ……………………………………… 高　楠(235)
允文允武
 ——北宋家族文武转化探析 …………………………… 姜　勇(259)
绝密军事会议如何会惊现于世
 ——《宋史·杨业传》揭秘 ……………………………… 李裕民(281)
试论宋神宗熙宁时期的宋越战争 ………………………… 雷家圣(293)

· 1 ·

"为贫"与"行道"之间:一个科举失败者的求仕
  心路 ………………………………………………… 粟品孝(322)
司马光早期政治思想初探 …………………………… 姜 鹏(350)
王安石的"非常相权"与其后的异变 ………………… 虞云国(359)
多极朝贡体制背景下的时空秩序厘定:以宋金历法
  正朔竞争为中心 ………………………………… 韦 兵(381)
南宋三衙诸军与宋金绍兴辛巳战事 ………………… 范学辉(395)
朱熹与吃菜事魔 ……………………………………… 范立舟(419)
朱熹与王淮交游考略 ………………………………… 顾宏义(444)
"湖州之变"再考
  ——以南宋后期济王事件的应对为中心 …… [日]榎并岳史(453)
宋理宗与近习:兼谈公论对近习的态度 …………… 杨宇勋(476)
"10—13世纪中国国家与社会"国际学术研讨会暨中国宋史
  研究会第16届年会综述 ……………………… 范立舟(506)

"10—13世纪中国国家与社会"国际学术研讨会暨中国宋史研究会第16届年会开幕式致辞

邓小南

尊敬的各位师友、各位学界同仁：大家上午好！

今天，在杭州师范大学的高度重视和鼎力支持下，在中国宋史研究会与各位学界同仁的共同努力下，"10—13世纪中国国家与社会"国际学术研讨会暨中国宋史研究会第16届年会胜利召开了。首先，让我们对来自五湖四海的学界朋友，表示热烈的欢迎；对承办此次会议、为我们提供了优越条件的杭州师大国学院范立舟教授与诸位同仁，表示诚挚的感谢！

两年一度的宋史国际研讨会，如今逐渐成为真正具有国际性的学术对话平台。"学术"是我们凝聚力量的旗帜，也是我们追求卓越的动力；"对话"则是我们切磋琢磨、激活思想的保证。本届会议，可谓盛况空前：与会学人230位，分别来自中国大陆、中国香港、中国台湾、日本、新加坡、欧洲、美国、韩国的高校和科研机构，其中有令人敬重的资深前辈，有年富力强的学界中坚，也有崭露头角的青年新锐。6年前，2008年昆明会议，收到论文145篇；2010年武汉会议，论文168篇；2012年开封会议，论文192篇；本次会议，收到论文227篇，书面评议154份。将依照12项主题，分组进行交流讨论。

记得整整30年前，也是在杭州，举办过一届宋史学会。当时我们许多人还都是初出茅庐或未出茅庐的年轻人，在杭大拜谒了陈乐素先生、徐规先生，有幸见到梁太济先生、杨渭生先生，也初次认识了何忠礼先生和龚延明先生。那次会议期间，我们年轻人挤着睡在拼摆成排的课桌上，心中却感受着学界的温暖和学术的熏陶。30年过去。今天的学界，如同大浪淘沙，不进则退。宋史界的学人一步步走来，条件一年年好转，阵容一天天壮大，议题一项项丰富。在我们的论文中，在我们的评议和讨论中，清晰地承载着宋史学界时代性、集体性的学术印记。

"究天人之际，通古今之变"，是历史学者不懈的追求。历史学，就其实质而言，是一门旨在反思的学问。10—13世纪的人物、事件、政策制度已经远去；但这一时期留给中国历史的印痕及其警示，却并未因此而淡化模糊。沉潜探求的史学研究，严肃历史知识的传布，厚重而又清醒的历史感的延伸，是我们无可推卸的责任。

从1980年到2014年，我们中国宋史研究会已经走过34个寒暑春秋，进入了"她"的壮年时期。最近几年来，我们承载着来自各方太多的帮助和鼓励，也面临着许多新的需求与期待。本次会议期间，将进行新的一次理事会换届，这将是宋史学会继往开来、"再上层楼"的重要契机。相信这一过程能够平稳顺畅，在民主的实践中增强信心，在年轻化的进程中发展良好局面，努力达致我们学术共同体团结向上的理想境界。

最后，预祝会议圆满成功！谢谢大家！

宋朝乡村催税人的演变

——兼论明代粮长的起源

朱瑞熙

(上海师范大学 古籍整理研究所)

早年在探讨宋朝的职役制度时,拜读前辈梁方仲先生的《明代粮长制度》一书,颇受启发。梁先生注意到粮长的起源,在第一章"粮长制的历史渊源及其设立目的"中,从秦、汉到唐朝末年讲起,涉及宋朝的内容,根据马端临《文献通考·职役考》和《宋史·食货志·役法》,提到"当时'保正副、耆户长,仅执催科奔走之役。''上之人既贱其职,故叱之如奴隶,待之如罪囚;下之人复自贱其身,故或倚法以为奸,或匿财以规免'。两宋对于掌催征之保正、户长等役的改革,和对于一般役法的改革大致相同,即初行差役制,继行募役制,最后行义田助役制,然终无补于事,且愈改愈弊,从此乡职与胥役便混而不可分了。这是随伴着官僚主义中央集权进一步底发展而产生的现象。"至于元代,梁先生则依据《元史·食货志·农桑》《新元史·食货志·农政》《大元通志条格·理民》等,从设立村社制的社长、里长、村主首,来论述统治者"利用他们来榨取农民"。随后,直接探讨明代粮长的设置、职务和特权、演变等。[①] 受此启发,笔者开始注意到明代的粮长、元代的社长和主首与宋代的关系,希望能找到粮长、社长和主首的历史渊源。

确实,明代初年创立粮长制度期间,制度的设计者并没有明确指出这一制度与宋朝的关系,更没有人直接提到是依照宋朝的税长和苗长而

---

① 梁方仲:《明代粮长制度》,上海人民出版社1957年版,第7—10页。

设置。这就是本文试图解决的课题。

一　北宋乡村的催税人

北宋前期，州县的各种职役即"色役"实行轮差民户法，故又称差役法。其中，又分"乡役"和"吏役"两种。乡役有里正，负责催督赋税；户长承接"符帖"即官衙的公文；耆长、弓手和壮丁督察盗贼。吏役则有衙前，主管官物；人吏、帖司、书手，掌管案牍；手力、散从官，供官员驱使，等等。其中，最引人注目的是衙前役。由于该役负责主管官府的库藏，运输官物，经常折耗赔偿，往往破家荡产，因此负担最重。所以，最初由乡村上户充当的里正兼任，称为"里正衙前"[①]。户长的职责除承接官府公文外，也与里正一起"掌课输"即催督赋税。里正在乡村第一等户中轮差，户长则在第二等户中轮差。[②] 陈耆卿等《嘉定赤城志》也有相关记载："乡书手：国初，里正、户长掌课输，乡书手隶焉，以税户有行止者充，勒典押、里正委保。天圣后，以第四等户差。"[③] 这说明北宋前期，里正、户长负责催督本乡、里的赋税，乡书手则隶属里正[④]，类似会计、秘书、文书之职，协助里正催督赋税。

宋仁宗至和二年（1055），由于里正担任衙前之役过重，各地情况相同，遂废除里正，改差户长。是年四月，知并州韩琦上言："州县生民之苦，无重于里正衙前。自兵兴以来，残剥尤甚，至有孀母改嫁，亲族分居，或弃田与人，以免上等，或非命求死，以就单丁，规图百端，

[①]（清）李世熊纂：《宁化县志》卷5《岁役志》，清康熙二十二年刻本，第19页上—下。

[②]（宋）赵彦卫撰，傅根清点校：《云麓漫钞》卷12《国朝州郡役人之制》，中华书局1996年版，第219页。傅根清此处标点为："里正于第一、户长于第二等差乡书手。天圣以来，以上户多占色役，于第四等差耆长，掌盗贼烟火之事。"断句出现多处失误，应改为："里正于第一、户长于第二等差。乡书手，天圣以来，以上户多占色役，于第四等差。耆长，掌盗贼烟火之事。"

[③]（宋）陈俊卿撰：《嘉定赤城志》卷17《吏役门·县役人》，中华书局1990年版，《宋元方志丛刊》本，第7册，第7417页下—第7418页上。

[④]（宋）梁克家撰：《淳熙三山志》卷14《版籍类五·州县役人》，中华书局1990年版，《宋元方志丛刊》本，第8册，第7898页上。

苟脱沟壑之患，殊可伤痛。"他指出"国朝置里正，主催税及预县差役之事，号为脂膏"，后来"遂令役满更入重难衙前。承平以来，科禁渐密，凡差户役，皆（县）令、佐亲阅簿书，里正代纳逃户税租及应无名科率，亦有未曾催纳，已勾集上州主管纲运"。据此建议"其税赋只令户长催输，以三年为一替"。京畿、河北、河东、陕西、京西等路转运使司经过"相度利害"，都认为韩琦所议为便。① 于是，实行户长催税之制。

神宗熙宁五年（1072），废除户长；八年，实行保甲法，始设保正副、大小保长，负责"讥察盗贼"；七年，改为主户每十户至三十户轮流派差保丁一名，充当甲头，主管催租税、常平、免役钱，每一税一替。② 甲头别称"催税甲头"，后又简称"催头"。神宗起初对实行甲头催税制有所怀疑，说："已令出钱免役，又却令保丁催税，失信于百姓。"王安石解释说："保丁、户长，皆出于百姓为之，今罢差户长充保丁催税，无向时勾追牙集科校之苦，而数年或十年以来方一次催税，催税不过二十余家，于人无所苦。"坚持推行甲头催税制。哲宗元祐元年（1086）正月，下诏府界及各路废除甲头催税制；复置耆长和壮丁，但并非实行轮差旧法，而是雇募人户充当，"等第给雇钱"③。不过，稍后又作调整，规定耆长、户长和壮丁的差役，必须"正身充役"，即不准雇募他人替代。这是"元祐差役敕"的规定。④ 绍圣元年（1094）九月，废除耆长、户长、壮丁（保丁）法，以保正长代替耆长，以甲头代替户长，以承帖人代替壮丁。⑤ 不久，又恢复轮差保正、长法，废除甲头，由大保长催税；其中保正、长不愿被官府雇募者，仍旧实行旧法，雇募税户（主户）充当耆长、户长及壮丁。⑥ 徽宗政和七年

---

① （宋）李焘：《续资治通鉴长编》（以下简称《长编》）卷179，至和二年四月辛亥，中华书局1980年版，第4330页。
② （宋）李焘：《长编》卷263，熙宁八年闰四月乙巳、甲寅，第6436—6437、6450—6451页。
③ （宋）李焘：《长编》卷364，元祐元年正月癸卯，第8711页。
④ （宋）苏辙撰，曾枣庄、马德富点校：《栾城集》卷45《御史中丞论时事札子八首·论衙前及诸役人不便札子》，上海古籍出版社1987年版，第982—989页。
⑤ （清）徐松辑：《宋会要辑稿》食货65之67，中华书局1957年影印本。
⑥ （宋）赵彦卫撰，傅根清点校：《云麓漫钞》卷12《国朝州郡役人之制》，第219页。

(1117)李元弼撰《作邑自箴》记载,此时又实行户长和甲头催税制。此制规定,每年县衙在开始征税时,知县发给户长帖子,令其催收。知县又先统计全县共有多少名户长,"每一名户长管催若干户,都若干贯、担、匹、两";各户长"各具所管户口,及都催税赋数,须先开户头所纳大数(谓三十户为都计数),后通结计一都数,以一册子写录,每一限只令算结催到现欠数,亲将比磨"。县衙还在各村张贴榜文,"大字楷书,告示人户",申明只差甲头,"更不划刷重叠差人下乡"。同时,将税物的品种和数额,"逐户给单子,纽定折纳数目,印押讫",交给甲头"赍俵"即分发,"免得将来计会"①。

北宋乡村的催税人,大致上经历了由里正、户长、甲头等的变化历程,但尚未出现税长和苗长。

二　南宋乡村的催税人

南宋乡村的催税人,前后仍然出现较多变化,而且各地实行不同制度;同时,开始出现了税长和苗长。

宋高宗建炎元年(1127),福州废除户长催税,复置甲头。② 建炎四年(1130)八月,广南西路转运司与提刑司上疏说:"今乞罢催税户长,依熙丰法以村疃三十户,每料轮差甲头一名,催纳租税、免役等钱物,委是经久利便。"高宗下诏"依";同时,又命令两浙、江南东西、荆湖南、福建、广南东路州军"并依此",即照章推广。绍兴元年(1131)正月初一,发布"德音":"东南州县比缘差保正、副,代户长催税,力不胜役,抑以代纳,多致破产。已降指挥,罢催税户长,依熙丰法以乡村三十户,差甲头一名催纳,以纾民力。""德音"还提到各地并未认证执行这一"指挥","人户未获安息"。因此,再次重申"仰逐路州县遵依已降指挥,疾速施行。如敢违戾,许人户越诉,提刑司觉察以闻,当议重置典宪"。值得注意的是,这里初次出现了"催税户

---

① (宋)李元弼:《作邑自箴》卷8《夏秋税起催,先出此榜》,卷4《处事》,卷2《处事》,四部丛刊续编本,史部,第41页下—第42页上,第19页下,第10页下—第11页上。

② (宋)梁克家撰:《淳熙三山志》卷14《版籍类五·州县役人》,《宋元方志丛刊》本,第8册,第7898页上。

长"一词。五月二十三日,朝散郎吕安中上书说:"契勘催纳二税,依法每料逐都雇募户长或大保长二名,系是官给雇钱。自建炎四年(1130)秋料为头催税,每三十家为一甲,责差甲头催纳。其雇募户、保长,更不复用;所有雇钱,只在县桩管。此钱既非率敛,又不预省计,乞督责诸县每年别项起发,以助经费。"高宗下诏"依",并命令各路提刑司"依经制钱条例拘收起发"。从吕安中的奏疏和高宗的批示,可知①从建炎四年秋税起,恢复"熙丰法",凡乡村主户每三十家为一甲,轮差一户充当甲头,负责催本甲的赋税。②原来各都每料雇募户长或大保长两名,现皆取消。③原来的户长或大保长的雇钱,从今起由各县作为经制钱上缴朝廷。九月十三日,又有官员上疏,指出使用甲头催税,使甲头"受害,又十倍于保长"。他认为以前所差大保长,"皆选差物力高强、人丁众多"的富户,"其催科则人丁既壮,可以编(遍)走四远。物力既强,虽有逃亡死绝户,易于偿补"。然而现今所置甲头,有五大"不便":一是甲头的设置,"不问物力、丁口,虽至穷下之家,但有二丁,则以一丁催科"。他们"既力所不办,又无以偿补,类皆卖鬻子女,狼狈于道"。二是原来大保长催税,"每一都不过四家,兼以保正、副事皆循熟,犹至破产"。现今的甲头,每一都一料至少须催三十家的税,因此"破产者又甚众"。三是"田家"即"夏耕秋收,人自为力;不给,则多方召募,鲜有应者"。如今甲头"当农忙"时,"一人出外催科,一人负担赍粮,叫呼趋走",即使能够"应办","官司亦失一岁之计"。以一都计算,则"废农业者六十人";以一县、一州、一路计算,则"数十万家不得服田力穑矣,此岂良法哉"?四是保长中"多有惯熟官司人,乡村亦颇畏之"。即使如此,"犹有日至其门,而不肯输纳者"。如今的甲头"皆耕夫,岂能与形势之家、奸滑之户立敌,而能曲折自申于私哉"!因此,"方呼追之急,破产填备,势所必然"。五是"自来轮差保长,虽县令公平,亦须指决论讼,数日方定"。不然,县衙的"群胥之恣为高下,唯观赇赂之多寡",此事最为"民所愤怨者"。现今轮差甲头,"每科一替",其中"指决论讼之繁","群胥""受赇纳赂之弊","必又甚于前日"。预计"东南之民自此无宁岁"。因此,他建议停用甲头催税,"且令大保长同保正、副依旧催科"。当然,如果朝廷"念其填备破产,则当审择县令,谨户

· 7 ·

账之推割,严簿籍之销注,申戒逃亡户绝之令,又安有保正、长破产之患哉?"最后,指出其危害是"不知出此,而但务改法,适足为贼吏之资耳"。经过户部官员十多天的讨论研究,到十月初五,上疏说:"奉诏勘当臣僚所言改差甲头不便五事",由于甲头催科"系于主户十户至三十户,轮一名充应,即是不以高下、贫富,一等轮差",而大保长是从小保长内"取物力高强者选充,既兼户长,管催税租等钱物,即系有力之家,可以倚仗"。因此"欲乞依臣僚所乞事理施行"。高宗批准了这一提议。这意味着从此确定取消轮差甲头催税,而改行大保长催税制。①

依照大保长催税制度的设计官员的用意,已经充分考虑到减轻直接生产者——乡村下户的差役重负,这无疑对维持农业生产的正常运转是有利的。但是,任何完善的制度,不能很好地贯彻执行,仍旧只是一纸空文。绍兴三年(1137)二月二十六日,提举淮南东路茶盐公事郭揖上疏,明确指出吏人对大保长催税制的破坏。他说:"差役之法,吏缘为奸,并不依法。"本来"五家相比者为一小保",他们"却以五上户为一小保,于法数内选一名充小保长,其余四上户尽挟在保丁内。若大保长缺,合于小保长内选差;保正、副缺,合于大保正、长内选差。其上户挟在保丁内者,皆不着差役,却致差及下户,故当保正、副一次,辄至破产,不惟差役不均,然保伍之法亦自紊乱矣。"他提议,自今起"免役公文内选'保正'二字下删去'长'字。这样"选差","上户不能挟隐,不须更别立法,自然无弊"。高宗下诏令户部在五日内"看详",而后申报尚书省。稍后,户部上奏说:据"臣僚所言,止谓关防人户避免充催税大保长,多是计会系干人,将有心力之家,于小保下排充保丁,致选差不到"。现今"欲乞今后令州县先于五小保内,依法选有心力、财产最高人充保长,兼本保小保长祗应"。其中,大保长的年限、替期、轮流选差,"并依现行条法施行"。其余皆"依臣僚所乞"。这样,州县"奉行,不致隐挟上户却充保丁之弊"②。

到绍兴四年正月二十四日,御史台检法官李元瀹再次上书论"大

---

① (清)徐松辑:《宋会要辑稿》食货65之76—77。
② (清)徐松辑:《宋会要辑稿》食货65之78。

保长代户长催纳税租事"说："凡户绝逃亡，未曾开落，若诡名户无人承认，及顽慢不时纳者，以官司督迫、箠楚之故，率为填纳，故多致于坏家破产。"他提议"现充保正、长人将替，县令前一月，按产业簿，依甲乙次第选差"。高宗下诏户部"看详"。随后，户部汇报李元瀹"所陈，皆有条法，欲申严行下诸路州县，委监司常切钤束；违戾者仰案举"。高宗批示同意。①据熊克撰《皇朝中兴纪事本末》绍兴四年（1134）正月甲戌（24日）记载："先是，御史台检法官李瀹论保正、税长之弊，上谕宰执曰：'役法推行寝久，失其本意，致富者益富，贫者益贫，民力重困，此宜讲究。'"及王此曰："高宗又说："原浦所此，乃是民事，祖宗法固不可改，然民事急务也。孟子所谓民事不可缓，其令州县条利害上之。"②值得注意的是初次将"催税户长"简称"税长"。熊克《中兴小纪》绍兴四年正月甲戌也记载此事，不过御史台检法官李瀹则写作"李元瀹"。③九月十五日，朝廷颁布"明堂赦"说，福建路的保正、保长和大、小保长只管缉捕逃亡军人及私贩禁物、斗讼、桥梁、道路等事，其余承受县衙追呼公事、催纳二税等物，"并系耆、户长、壮丁承行"。但现今两浙、江南等路各县，并不雇募耆、户长、壮丁，却差保正副和大小保长"干办"，又"责令在县祗候差使"。因此，保正副和大小保长"费用不赀，每当一次，往往破荡家产，遂诡名挟户，规免差使，深可矜恤"。从今起，各路转运使、提点刑狱"同共相度，可与不可并依福建现行事理，或量增役钱，以充雇募耆、壮、户长之费"；同时，规定"自今不得更令保正副、大小保长在县祗候承受差使"④。这意味着各地推广福建路的雇募耆长、壮丁、户长负责承受县衙追呼公事、催纳二税等事。

不过，绍兴五年（1135）十一月二十八日，广南东路转运常平司上言说："近据知平江府长洲县吕希常陈请，大保长催科，一保至内，

---

① （清）徐松辑：《宋会要辑稿》食货65之79。
② （宋）熊克撰：《皇朝中兴纪事本末》卷28，绍兴四年正月甲戌，北京图书馆出版社2005年影印本，第569页。
③ （宋）熊克撰：《中兴小纪》卷16，顾吉辰、郭群一点校，福建人民出版社1985年版，第196页。
④ （清）徐松辑：《宋会要辑稿》食货65之79—80。

岂能亲至？违其过限，催促不前，则枷锢棰栲，监系破产。"他提议改用甲头催税，"用形势户催形势户，平户催平户"。高宗以"朝旨"指出："户长与甲头催科税租，其风俗利害各有不同去处，令诸路相度以闻。"广南东路转运常平司提议，"今欲依所请，改用甲头，专责县令、佐，将形势户、平户随税高下，各分三等编排，籍定姓名，每三十户为一甲，依此攒造成簿，然后按籍，周而复始轮差，委是久远便利"。高宗"从之"。说明在该年十一月，平江府长洲县还是由大保长催科。当然，从此月起，与各地一样，改为甲头催税。

但是，到绍兴七年（1137），福州仍旧由大保长负责催科。① 九年正月五日，"内降新定河南州军赦"规定，凡"州县催税保长，官司常以比较为名，勾集赴县科禁，人吏因而乞取钱物，有致破产者"，因而规定今后"并仰依条三限科较外，更不得逐月或逐旬勾集比较，仍仰本路监司常切觉察"②。同年，福州则规定保正、长专管烟火、盗贼，"不得承受文帖及输课事"，即不再掌管催税之事。十年至十一年，福州又拘收耆长、户长及壮丁的雇钱，"充总制窠名"，即列入总制钱系列，成总制钱的一个名目。③ 十三年十月二十四日，广南西路提刑和提举常平司上奏说："依准朝旨，相度到本路催科利害，除琼州不行役法，及高、廉州乞用甲头外，其余柳、象等州，自绍兴六年（1136）以后，各随都分编排三十户为一甲，夏、秋二税，轮差甲头二名催科，自高至下，依次而差。"又说，此制实行"至今已经七年，每甲共差过一十四户，今已轮至下户"。但一甲内"不下三无户系逃移，一半系贫乏"，如果轮到他们充当甲头，剩下"尽是上户之家壮丁、佃客，委是催科不行"；如果回过头来"再差上户，即又不免词诉"。因此，"今来若复用户长，实为利便"。高宗又"从之"。这表明广西路高、廉州依旧用甲头催税，其余柳、象等州改用户长催税。④

---

① （宋）梁克家撰：《淳熙三山志》卷14《版籍类五·州县役人》，《宋元方志丛刊》本，第8册，第7898页下。
② （清）徐松辑：《宋会要辑稿》食货65之85。
③ （宋）梁克家撰：《淳熙三山志》卷14《版籍类五·州县役人》，《宋元方志丛刊》本，第8册，第7898页下。
④ （清）徐松辑：《宋会要辑稿》食货65之85。

绍兴二十六年（1156）正月十日，权知复州章焘上疏建议湖北、京西路各州县，每一都"选差"都保正一人，"催税户长"则"通行雇募"①。二十九年七月初五，国子正张恢提议"推详祖宗旧法，每都令户长专受催科"；同时，允许大保长自愿兼任户长"催纳税租"。三十年十一月初四，有"臣僚"上言各地多用甲头催税，说"各郡邑乃有以三十户为一甲，创为甲头，而责其成效者"。其中一甲之内，"或有贫乏输纳未前者"，不免"尽令甲头代输"；还有官衙的"无名之须"，"民户不从"，则"悉取办于甲头"。因而甲头一旦挂名于籍，则"迁延莫得而脱"。他指出广南二路就是这种情况，建议以后"应有催科自纳税赋，各于本户人自输纳，勿复广置甲头，以勤骚动"。高宗下令"有司看详"②。事后"有司"研究结果如何，不得而知。绍兴二十一年（1161）正月二十三日，权发遣江东路转运副使魏安行上书指出"保长催税无不破产逃亡"，为此改为雇募耆长和户长，但"此等本无税产、行止顾籍，为害不可言"。现今与属县官、民"详究相度"，决定"以比邻相近三十户为一甲，给帖从甲内税高者为催头催理"。其中，"本户足者，本县画时给凭由，执照出甲，不与三十户上流下接催理之数"。此制"行之数月，足渐见效"。提议其他各州"悉依此施行"。户部认为，可以下令江东路转运、常平司"权依所陈施行"，其他路则"从长相度，如经久可行，不致骚扰，兼别无利害，即仰保明申请施行"③。同年，福州命令由甲头催税。④

宋孝宗隆兴二年（1164）六月初一，因福建路转运司上疏反映，建宁府、福州、泉州各县轮差保正、副，凡保内"事无巨细"，包括"承受文引，催纳税役"等"无所不至"，"一如责办"，"一经执役，家业随破"。故重新下诏"诸充保正、副，依条只合管烟火、盗贼外，并不得泛有科扰差使"⑤。这种情况似乎带有普遍性。乾道元年

---

① （清）徐松辑：《宋会要辑稿》食货65之87。
② （清）徐松辑：《宋会要辑稿》食货65之91—92。
③ 同上。
④ （宋）梁克家撰：《淳熙三山志》卷14《版籍类五·州县役人》，《宋元方志丛刊》本，第8册，第7898页下。
⑤ （清）徐松辑：《宋会要辑稿》食货65之94—95。

· 11 ·

（1165）八月初五，有一名官员反映说，各州县"被差执役者，率中、下之户。中、下之家，产业既微，物力又薄，故凡一为保正、副，鲜不破坏家产"。除了负责严防烟火、盗贼外，要"承文引，督租赋"，即负责催纳赋税。此外，还有种种负担："方其始参也，馈诸吏，则谓之'参役钱'；及其既满也，又谢诸吏，则谓之'辞役钱'；知县迎送，僦夫脚，则谓之'地里钱'；节朔参贺，上榜子，则谓之'节料钱'；官员下乡，则谓之'过都钱'；月认醋额，则谓之'醋息钱'。如此之类，不可悉数。"这名官员期望朝廷"严敕有司检照参酌，立定条法，身严州县"：今后仍然"敢令保正、副出备上件名色钱物"，"官员坐以赃私，公吏重行决配"。孝宗"从之"。①乾道三年（1167）九月十九日，四川制置使兼治成都府汪应辰也上疏说，最近有"臣僚"请求"罢催税户长，改差甲头"。汪应辰认为，提出这种要求者只"见户长之害，而思有以救之"，却"不知所以害民者，在人不在法也"。他以为"户长之法，无可更易。望降明旨，令州县并依现条施行，勿复他议"。孝宗赞同他的提议，下诏"令户部下诸路准此"②。从汪应辰的提议及孝宗的诏书，可知此时各地普遍实行户长催税制。乾道六年（1170）十月七日，又有官员上奏说，近年有的"漕臣务在催科急办，不用役法，罢去税长"即催税户长，"行下州县，每三十户差一甲头，逐时催税"。此制推行后，各县"并缘为奸，一名出头，即告示出钱数千，谓之'甲头钱'。往往一县岁不下五七千缗，以至万余缗"。有的县有一万户，夏、秋两税，共差甲头六百多人，"此事岂不为扰"！请求下令各路提举司，"并行住罢"，由户部"检坐乾道二年九月已获旨行下"，"如有违戾，重作施行"③。这表示取消甲头催税，仍旧实行户长催税制。

当然，由于各地经济发展不平衡，各地难以实行一种统一的催税制。比如福建路福州，此前多次变更。到乾道二年（1166），福州取消甲头催税；四年，复设。五年九月十六日，又有官员向朝廷提出，"两

---

① （清）徐松辑：《宋会要辑稿》食货65之95—96；食货14之40。前条系于乾道三年十一月二日后，后条系隆兴三年十一月二日后，皆错简。

② （清）徐松辑：《宋会要辑稿》食货65之97。

③ （清）徐松辑：《宋会要辑稿》食货65之99—100。

税催科，用户长或耆长之类，此通法也"。说明此时各地普遍实行户长或耆长催税制。这名官员又提到，在江、浙四路，"以赋入浩繁，耆、户长不足以督办，乃权一时之宜，而责之保正、副长"。近二三年以来，福建诸州县"亦仿浙、江之例而行之"，但"不知福建地狭民贫，赋入不及于江、浙也"。所以，他建议禁止照搬江、浙的催税制。孝宗于是下诏："应福建路州县催科之人，悉仍其旧。如近来创置甲头与保正、副长，追税之扰，一切罢之。"① 八年，又罢甲头催税。② 自此至淳熙九年（1182）五月，福州耆长、壮丁雇募"投名"即自愿报名者，保正、长则依旧轮差税户即上户。依据该州各县上户的户数统计，平均每一千多户设置户长一名，其中有的县近700户设一名，也有的县5000多户设一名。③

从宋孝宗朝至宁宗朝，按照法律规定，乡村一都之内，一般设都副保正二名，主管本地有关盗贼、斗殴、烟火、桥梁、道路公事；下设大、小保长八名，负责"催纳税租及随税所纳钱数"。都副保正是本都"物力颇高"者，"役之二岁，尚可枝梧"；而保长"类多下户，无千金之储，限以二年，困穷特甚"。淳熙元年（1174）三月起，保长的任期缩短为一年，后来又减为"一税一替"即每任一界（半年），前提是要自愿兼充户长"轮催纳税租"④。淳熙六年（1179）四月，孝宗采纳"臣僚"所说"差役之弊，人但知保正受害，不知大保长催科者受害尤重，盖其数多于保正，而力弱于大姓"，下诏自今大保长"不许催科，止受凭由，给付人户，依限输纳"；如果遇有"顽户""欠多"，"即差保正追纳"⑤。但在执行时，又出现了保正负担过重的问题。在县衙"以文引勒令"保正副"拘催"时，"其间有顽慢不肯输纳之人，又有无着落税赋，往往迫以期限"；保正副"不堪枝责"，县衙则"勒令代

---

① （清）徐松辑：《宋会要辑稿》食货65之98《免役》。
② （宋）梁克家撰：《淳熙三山志》卷14《版籍类五·州县役人》，《宋元方志丛刊》本，第8册，第7898页下。
③ 同上书，第7898页上—第7900页上。
④ （清）徐松辑：《宋会要辑稿》食货66之21，淳熙六年九月十六日"明堂赦"；食货66之24，淳熙十二年十一月二十二日"南郊赦"。
⑤ （清）徐松辑：《宋会要辑稿》食货66之21。

纳"。理学家朱熹了解到"县道差募保正拘催二税,自承认之日,便先期借绢借米,硬令空坐人户姓名,投纳在官,曾未旬月,分限完较,或三五日一次,或五六日一次"。在"比较"过程中,"人吏、乡司皆有常例,需索稍不如数,虽所催分数已及,却计较毫厘,将多为少,未免箠楚"。而且,在"一月之内,尽是趁赴比较之日,即不曾得在乡催税"。因此,保正、长"一经役次,家产遂空"。针对这一弊病,朱熹以两浙东路提举常平茶盐公事的身份,在本路各州县乡村市镇张榜公布,声明如果县衙有如上的"违戾","许保正副、催科保长径赴本司陈诉"[①]。

不管用大保长催税,或者用甲头及都、副保正催税,时间稍长,都会产生弊病。一是一般官户可以利用权势免役,完全不承担本都、保的催税之责。二是上户则使用"诡名挟户"的办法降低户等避役。三是县衙的案吏、"乡司"即本乡的头目、乡书手等,往往受上户的"计嘱","抑勒贫乏之家充催税保长",中、下户反而被迫充役,"频年被扰,不得休息"。四是县吏在保正或保长交税时,还对无权无势的催税人敲诈勒索,迫使承担逃户、绝户田产的赋税以及"陪备输纳管物","以至破家荡产"。对于这些弊病,每隔数年总有官员上疏提出改革,有时讲"催税保长"或"大保长代户长催税",请求朝廷取消"催税户长"或"税长",改差甲头,或建议雇募;有时讲"保正、副"催税负担太重,要求州县官衙"遵守条法,不得泛有科扰"或"非泛科配物色"[②];等等。其实,不管改来改去,总有弊病出现。究其原因,正如乾道三年(1167)四川制置使汪应辰所说,是官员们"不知所以害民者,在人不在法也"。看来,世界没有百分之百的完善之法制。任何一项新法,执行时间稍长,总会出现一些漏洞,给某些人钻空子,从而产生弊病。随后,有人指出其危害,提出进行改革,于是出现了新的措施或办法。

---

① (清)徐松辑:《宋会要辑稿》食货66之21;《朱熹集》卷99《公移·约束不得骚扰保正等榜》(四川教育出版社1996年版,郭齐、尹波点校本,第8册,第5083—5084页)。此榜最后写明"淳熙九年八月榜"。

② (清)徐松辑:《宋会要辑稿》食货66之27、66之28。

三 税长和苗长

如前所述，宋高宗绍兴四年（1134）正月已经出现"税长"一词。从当时使用者的角度推断，此词是负责催夏、秋二税等赋税的户长的简称。绍兴五年至七年（1135—1137），张守在《措置江西善后札子》中提及："民间积欠税赋，多是逃绝死亡，及贫民下户。如逃绝死亡，则取办于税长、保正；贫民下户则不胜箠挞，亦逃亡而后已。臣契勘绍兴五年分积欠，已有绍兴七年七月二十五日指挥除放外，今欲乞将本路绍兴六年分积欠税租、和买，特与蠲放。"[①] 此处将税长与保正并列，似乎税长仅指催税户长，不包括保正，即使保正也被派去催税。

到孝宗淳熙十六年（1189），甲头负责催税也被称为税长。据浙东提举袁说友奏请朝廷遵行绍兴间的"甲首法"即甲头法，具体为："以三十户为一给（甲），流水排次。遇开场，则以各户合输之目，列为榜，揭之通衢，令已输者自疏其时，以待考察。限满，上其榜，以县钞点磨：其输足者，先出甲；未输或输未足者，择其尤一人罚为甲首，给甲帖，催甲内税；违者，痛绳之。"自此法实行后，效果甚佳："自是民畏充甲首，竞先输官，不费寸纸而赋集，齐民破荡之祸殆少纾矣。"但也有一些人不满意，主要是县衙的吏胥们无法从中敲诈勒索，于是"日撼岁摇"：或"怖以税长"，或"虽用甲首，而已非袁公之旧，名实交戾，利害相反，虽未如旧催头之酷，而中产上户遍患苦之矣"[②]。

从此，"税长"一词的使用频率明显增多。光宗绍熙元年（1190）六月，知绍兴府洪迈、同提举郑湜"奉诏""措置"绍兴府和买的"均敷"问题，洪迈等采取的措施之一是"诸县人户物力，有原管绝少，而新升过倍；有原系白脚，而新升十百贯者，多合升起等第充税长保正之人。缘积习累年，一旦输纳和买，又便当役，中产之家所不能堪"。指出"均敷"和买的结果，造成乡村中等户的户等提升，被迫充当本

[①]（宋）张守：《毗陵集》卷7《札子·措置江西善后札子》，《丛书集成初编》本，中华书局1985年新1版，第1972册，第36页。

[②]（宋）陈耆卿撰：《嘉定赤城志》卷17《吏役门·乡役人》，《宋元方志丛刊》本，第7册，第7419页。

保的保正，并负责催税，担任当年的"税长"。二年八月十七日，据太常少卿张叔椿统计，按照乡村的都、保制，大致"一都二年用保正、副二人"，"一都十保，一保夏、秋二税用保长二人"，"二年之间，为税长者四十人"。这里明确计算平均每都每年设保长十人，充当税长。张叔椿建议采用不论宽乡或狭乡，人户的"物力""均以十分为率，以上五分充保正、副，以下四分充保长，至末等一分之贫乏者免之"。他具体举例说，"如物力三千贯至五百贯，皆以为正、副；自四百贯至二百贯，皆以为保长"；宽乡物力不及一百贯，狭乡不及五十贯，"与免役"即不担任保长。① 光宗朝的官员蔡戡在《论州县科扰之弊》的奏疏中，说乡村中担任保正者，要承担县衙的"科买土产，科买竹木"外，"巡尉下乡，则预备酒食；居民被盗，则先纳赏钱；应期限，则有缴引钱；违期限，则有罚醋钱；以至修造公廨、桥梁、驿舍，一切取办"，所以"中人之家，无不剔屋破产以充役"。至于担任税长者，遇到邻户"逃绝"，其税则"令代纳"；邻户的土地"坍江"，其税则"令代纳"；邻户"产去税存、无所从出者"，其税则"又令代纳"；"异县它乡、不能追逮者"，其税"又令代纳"，因此"单产之民，无不典妻鬻子以免罪"。蔡戡还提及州县"催科"过程中对农民的种种骚扰。②

宋宁宗时，又出现了"苗长"一词。从其名，估计由主管催缴本地的秋税即秋苗而来。由此，如果同时出现税长和苗长的话，税长只管催缴本地的夏税，苗长则只管本地的秋税。据《名公书判清明集》记载，宁宗时，地方官范应铃在《罗柄女使来安诉主母夺去所拨田产》判词中指出，嘉定十四年（1221）秋，"已差邹明充应税长一次"。邹明是主户罗柄家女使阿邹之父，其田产系罗柄赠与阿邹及阿邹自己以铜钱和会子典买者，由于法律规定"不许起立女户，而以父邹明替之"。这说明邹明是在当年征收秋税即秋苗时，充当本地的苗长。③

宋理宗时，又出现了"税长催头"一词。端平三年（1235），胡

---

① （清）徐松辑：《宋会要辑稿》食货66之26。
② （明）黄淮、杨士奇编：《历代名臣奏议》卷109《仁民》，上海古籍出版社1989年影印本，第1457页下—1458页上。
③ （宋）不著编者，中国社会科学院历史研究所宋辽金元史研究室点校：《名公书判清明集》卷4《户婚门·争业类》，中华书局1987年版，第115—116页。

太初撰《昼帘绪论·差役篇》说："今既行绍兴甲首之法，可免税长催头之责，则应役者不过辑保伍、应期会而已，民亦不至甚惮，而巧计以求免也。"① 如前所述，宋高宗时，一度实行"甲头"催税制，胡太初认为由甲头负责催税，便可以免除税长催税的麻烦。"催头"列于"税长"之后，可能就是负责催督秋税（秋苗）者即"苗长"之意。不过，当时更多的官员不分秋税和夏税，只笼统使用"税长"一词，以代表负责催督二税之长。如黄震撰《知吉州兼江西提举、大监糜公（弇）行状》记载，糜弇任绍兴府山阴县知县时，"山阴旧苦催科"，地方官"往往抑税长代输"。糜弇到山阴后，"郡议排甲以易之"。糜弇提出反对说，"此不在变法，而在择县令。县令得人，税长可，排甲亦可。否者税长之弊，排甲独无弊乎？"他在当地"厘正税长苗税"，于是二税"不趣而办"②。王柏在《答季伯韶（按名镛）》函中针对各县乡村主户为逃避重税而出现许多逃户和亡绝户，县衙往往逼迫"税长"代缴的现象，提出"由此逃户亡绝者不与厘正，而税长代输，破荡家产，比比皆是，而争役之讼，自是而扰扰矣"③。孙应时在《与施监丞宿书》中也言及"其余保正及税长名次，一面排结，当以面呈"④。

由于负责催纳二税等成为乡村主户的沉重负担，税长等逐渐变为职役的一种，而且带来了许多纠纷。为了减少矛盾，平均负担，各地推行新的役法即义役法、倍役法等。其中义役法大致为：乡村主户为了减轻轮差保正、保长而兼任税长等的重负，自行结合，捐田收租，资助当役户。嘉熙二年（1238）正月，刘宰撰《义役记》，记载平江府常熟县的义役法说："役之大者曰保正，以式法受政令，而赋于下；役之小者曰税长、苗长，视岁时之宜，督租税以奉其上。保正则岁一人，及除而

---

① （宋）胡太初撰：《昼帘绪论·差役篇第十》，《丛书集成初编》本，中华书局1985年新1版，第932册，第16页。
② （宋）黄震撰：《黄震全集·日抄》卷96《行状·知吉州兼江西提举、大监糜公行状》，浙江大学出版社2013年版，第2470—2471页。
③ （宋）王柏：《鲁斋集》卷17《尺牍·答季伯韶》，文渊阁《四库全书》本，上海古籍出版社1987年影印本，第1186册，第246页。
④ （宋）孙应时：《烛湖集》卷8《书四·与施监丞宿书》，文渊阁《四库全书》本，上海古籍出版社1987年影印本，第1166册，第613页。

代；苗、税长则岁各二人，或一人。"① 说明常熟县的义役法是每年每保轮差保正一人，而税长和苗长轮差各二人或各一人。

在南宋人的各种记载中，人们更多地论述税长的重负，而较少谈到苗长。之所以出现这一现象，据朱熹说是因为夏税和秋税催纳时难、易程度不同。他说："尝有人充保正，来论某当催秋税，某人当催夏税。某初以为催税只一般，何争秋、夏？问之，乃知秋税苗产有定色，易催；夏税是和买绢，最为苦重。盖始者一匹，官先支得六百钱，后来变得令人先纳绢，后请钱，已自费力了。后又无钱可请，只得白纳绢；今又不纳绢，只令纳价钱，钱数又重。催不到者，保正出之，一番当役，则为之困矣。"② 朱熹原来也不知道催夏税和催秋税的难易有别，请问了一位当保正者，才弄懂其中的奥妙。由此我们推测南宋人较少提到"苗长"的原因就在于此。

四　元朝和明朝的催税人

元朝乡村也设置催税人，但没有继承南宋的税长、苗长制，而是承袭金朝之制，设立里正和主首制。据刁培俊等《元代主首的乡村管理职能及其演变》一文的研究，元朝的基层组织编制，乡村分为乡、都二级；部分乡村地区（尤其是北方）在更小的村一级还设立社制。在乡设里正，乡之下设都，都设主首。里正、主首成为元朝乡村管理基层体系的职役人员。主首具体的治理职能首先是催督民户缴纳赋税，其次是催督民户承担徭役。③ 高树林《元朝赋税》《元朝力役》二文，④ 也对元朝的二税和职役制度作了深入研究，不过都还没有涉及前代的税长和苗长的问题。明朝乡村催税人制度，在太祖洪武四年（1371）九月就设立了。据梁方仲先生研究，洪武四年九月丁丑，太祖"以郡县吏

---

① （宋）孙应时纂修：《重修琴川志》卷12《学》，《宋元方志丛刊》本，第2册，第1266页下—第1267页上。
② （宋）黎靖德编，王星贤点校：《朱子语类》卷111《朱子八·论民》，中华书局1986年版，第2714—2715页。
③ 参见刁培俊、苏显华《元代主首的乡村管理职能及其演变》，《文史》2012年第1期。
④ 参见高树林《元代赋役制度研究》，河北大学出版社1997年版。

每遇征收赋税，辄侵渔于民，乃命户部令有司科民土田，以万担为率，其中田土多者为粮长，督其乡之赋税。且谓廷臣曰：'此以良民治良民，必无侵渔之患矣。'"① 明太祖设计这一制度时，没有沿袭元朝的主首和里正制，而是直接制定粮长催税制。据明代一些方志记载，"初，嘉定之为役有四，曰粮长，曰塘长，曰里长，曰老人（塘、老人皆杂泛，唯里长为正役），而沿革损益之变，以时移易"。又说："高皇帝（按明太祖）念赋税关国重计，凡民既富方谷，乃以殷实户充粮长，督其乡租税，多者万担，少者乃数千担，部输入京，往往得召见，一语称旨，辄复拜官。当时父兄之训其子弟，以能充粮长者为贤，而不慕科第之荣。盖有累世相承不易者，官之百役以身任之，而不以及其细户，细户得以相保，男乐耕耘，女勤织纺，老死不见县门。故民淳事简，中家常有数年之蓄。"② 明太祖如何与在朝大臣商讨制定乡村催税制的，史无明文，但不可能不经过与大臣们商议，明太祖自己独自作出了这一重要的决策。至少在明初君臣的心目之中，南宋的税长和苗长催税制还留下一些历史的记忆，因此立即设计了"粮长"制。不过，与南宋之制略有不同，第一，粮长由当地的缴税"殷实户"即富户中产生，税长和苗长则有时轮差到中、下户。第二，粮长不仅负责催纳本地的租税，还要负责运往首都；税长和苗长则只负责催税，将赋税缴至本县。第三，粮长将本地租税解发至首都时，有机会谒见明太祖，如得到太祖的赏识，还可被授予官职，故富户尚愿任此差遣。由此可见，明朝的粮长制还是脱胎于南宋的税长和苗长制。

---

① （明）姚广孝等编撰：《明太祖实录》卷68，"中央研究院"历史语言研究所校勘本，上海书店1982年影印本。
② （明）韩浚撰：《（万历）嘉定县志》卷6《田赋考中·徭役》，明万历刻本。

宋代赋役征差体系下的簿帐制度考述

戴建国

(上海师范大学　古籍整理研究所)

簿帐是赋役征差的重要依据，是中国传统专制帝国机器日常借以运作的基础。宋人对此有着深刻认识："窃以天下财用，必本于赋税；赋税之法，必总于簿书。簿书虽有司之事，而升降出入，民之利害系焉。多寡虚实，国之强弱系焉。为治者，不可以不察也。"[①] "盖簿书乃财赋之根柢，财赋之出于簿书，犹禾稼之出于田亩也。"[②] 宋政府在"事为之防，曲为之制"的治国原则指导下，制定了严格的籍帐管理制度，在撰造手续、撰造时间、撰造内容格式、簿籍审计、造帐官员的设置及管理等方面都有一系列详备的规范。由于宋代复杂的行政体系，各个不同系统的部门都定期或不定期地制定有专门的簿帐，包括户口、赋役、财政、军防、治安、赈灾等等。宋代簿帐名目繁多，按功能可区分为管理类簿书、审计类簿书、汇总类簿书、监督类簿书。按持有人分，又可分为私人持有和官府持有。关于宋代赋役征差方面的簿帐问题，学界已有不少成果，[③] 但仍有些问题

---

① （宋）孔武仲：《宗伯集》卷14《代上执政书》，《豫章丛书》本。
② （宋）不著编者，中国社会科学院历史研究所宋辽金元史研究室点校：《名公书判清明集》卷3《财赋造簿法》，中华书局1987年版，第62页。
③ 主要成果有葛金芳《宋代户帖考释》，《中国社会经济史研究》1989年第1期；吴松弟《中国人口史》第3卷，复旦大学出版社2000年版；吴松弟《南宋人口史》，上海古籍出版社2008年版；方宝璋《宋代财经监督研究》，中国审计出版社2001年版；［日］池田温《中国古代籍帐研究》，龚泽铣译，中华书局2007年版；戴建国《宋代籍帐制度探析——以户口统计为中心》，《历史研究》2007年第3期；尚平《宋代户帖的性质及其使用》，《广西社会科学》2007年第5期；刘云、刁培俊《宋代户帖制度的变迁》，《江西师范大学学报》2009年第6期；吴谨伎《论唐宋库藏管理中的的帐簿制——以〈天圣令·仓库令〉为主要考核》，《新史料·新观点·新视角：〈天圣令论集〉》，台北元照出版公司2011年版，第155—182页。

值得深入研究。例如两宋的户籍类簿帐前后有何变化？宋代各类簿帐的撰造程序和撰造时间有何特点？此前笔者曾围绕户口统计问题论述过宋代的籍帐制，本文则是在前人时贤已有成果的基础上对赋役征差体系下的簿帐制所作的进一步探讨，所作考述，不求面面俱到，着重于学界未注意或有争议的问题。

一　户籍类簿帐考

如果将宋代赋役征差体系下的簿帐按主要属性进行区分的话，大致可以区分为户籍类簿帐和赋役类簿帐两大类，前者主要有五等丁产簿、省簿、户帖、砧基簿、丁籍、丁帐；后者主要有税租簿、税租帐、差役簿。以下就相关问题依次作一考述。

（一）从五等丁产簿到省簿的户籍变化

五等丁产簿，又称丁产等第簿，是宋代最为重要的基础性簿书，其他赋役征差等簿帐都是在此基础上制作和衍生出来的。元丰六年（1083），提举河东路常平等事林积仁言："熙丰良法莫大于常平免役，而常平免役之政令以户籍为本，户有五等，县置簿以籍之，凡均敷数、顾钱科差徭役及非泛抛降，合行均买者，皆以簿为据。"[①] 关于五等丁产簿制度的始设年代，笔者曾有专文论述，认为早在宋建立之初的建隆元年就产生制定了，是在沿用五代制度的基础上形成的。[②]

五等丁产簿每逢闰年撰造，登记人户丁口、税产、物力，其中一项重要程序便是根据三年来的财产变动情况推排人户等第，对照旧簿"批注升降"[③]，即依据财产的多寡，按照五等划分标准，重新调整户等等级。"在法：人户家产物业每三岁一推排，升降等第，如有未当，许人户陈诉改正，然后立为定籍，置柜，收藏于长官厅。凡有差科，令佐躬亲按籍均定。"[④]

---

① （清）徐松辑：《宋会要辑稿》食货69之20，中华书局1957年影印本。
② 参见戴建国《宋代籍帐制度探析》，《历史研究》2007年第3期。
③ （清）徐松辑：《宋会要辑稿》食货11之17至18。
④ （清）徐松辑：《宋会要辑稿》食货11之19。

北宋天圣七年制定的《天圣令》卷22《赋役令》载宋令第9条：

> 诸县令须亲知所部富贫、丁中多少、人身强弱。每因外（升）降户口，即作五等定簿，连署印记。若遭灾蝗旱涝之处，任随贫富为等级。差科、赋役，皆据此簿。凡差科，先富强，后贫弱；先多丁，后少丁（原注：凡丁分番上役者，家有兼丁者要月；家贫单身者闲月）。其赋役轻重、送纳远近，皆以此为等差，豫为次第，务令均济。簿定以后，依此差科。若有增减，随即注记。里正唯得依符催督，不得干豫差科。若县令不在，佐官亦准此法。①

所言五等丁产簿制定原则及其对差科、赋役征收的指导意义非常明确。

熙宁七年（1074），在吕惠卿倡导下，宋曾施行手实法，令人户具其丁口、田宅之实，"凡造五等簿，预以式示民，令民依式为状，纳县簿记，第其价高下为五等，乃定书所当输钱，示民两月，非用器、田谷而辄隐落者，许告"②。然而第二年，即有大臣反对，言行手实法，"家家有告讦之忧，人人有隐落之罪"。结果罢废不行。③

关于五等丁产簿，宋代还有两项重要规定，其一，撰造后须钤官府特制的"等第产业簿"印。《赋役令》载："诸税租、等第产业簿，以木长印每叶横印。"④钤官印是加强监管以防作伪的重要措施。其二，录副本存档。元丰元年（1078）宋规定"应诸县造乡村、坊郭丁产等第簿、并录副本送州印缝、于州县架阁"⑤。丁产等第簿无疑为地方重

---

① 天一阁博物馆、中国社科院历史所天圣令整理课题组：《天一阁藏明抄本天圣令校证》，下册，中华书局2006年版，第390页。本文以下所引《天圣令》录文皆本此。按："每因外降户口"，据《续资治通鉴长编》（以下简称《长编》，中华书局2004年版）卷1，建隆元年十月壬申条所载当作"升降户口"。（参见该书第26页）宋制，三年一推排户口财产，升降等第。

② （宋）李焘：《长编》卷254，熙宁七年七月癸亥，第6227页。

③ （宋）李焘：《长编》卷269，熙宁八年十月辛亥，第6606页。

④ （宋）谢深甫撰，戴建国点校：《庆元条法事类》卷47《税租簿·赋役令》，黑龙江人民出版社2002年版，第635页。按此虽是南宋时制定的法典，但此法条规定应是承袭了北宋法律而来。

⑤ （清）徐松辑：《宋会要辑稿》食货11之14。

要文书，录副本存档，其用意乃防正本毁亡时以备用。宋《文书令》规定："诸制书及重害文书（注云：州实行丁产等第、税租簿副本，县造簿案检同）若祥瑞、解官、婚田、市估、狱案之类，长留仍置籍立号，别库架阁，以时晒暴。"① 可见丁产等第簿与税租实行簿、皇帝颁布的制书一起都被列为"重害文书"。

有学者推测五等丁产簿在南宋中期以后已不再使用，认为其资产方面的内容为砧基簿及其后的物力簿所包罗。② 关于此问题，予以深究的学者不多。笔者以为宋代的户等丁产登记制度随着社会的发展，逐渐发生演变，向着更为专门的方向发展。至南宋时，地方出现了一种登记田产、税收和推割状况的文书，称"省簿"，值得关注。《名公书判清明集》载有多条相关史料，其中三条曰：

> 拖照省簿，乐侍郎户有税钱一贯七百七十二文，并无告敕、砧基簿书可以稽考。崇仁乐侍郎生于南唐，仕于国初，今不见得子孙分作几位，每位合占限田若干，仍省簿内税钱是与不是乐侍郎宅产业。③

> 对照本县颖秀一乡，共计七都，相去城闉才十五里，无非在城寄产，省簿立户，并有官称，无一编民。④

> 今据罗琛亲兄罗琦陈状，谓是本位已曾买入，复被罗琛偷去干照，转行典卖。盗窃之事，理或有之。但罗琦并无片纸执手，考之省簿，又是兄弟合为一户，税钱苗退受，复无稽考。⑤

上述三例史料表明省簿上记载有税钱，此税钱应是两税之税钱，非交易税税钱。首先，省簿与砧基簿并列，反映出省簿与砧基簿并非同一

---

① （宋）谢深甫撰，戴建国点校：《庆元条法事类》卷17《文书门·架阁》，第357页。
② 吴松弟：《南宋人口史》，上海古籍出版社2008年版，第21—22页。
③ （宋）不著编者，中国社会科学院历史研究所宋辽金元史研究室点校：《名公书判清明集》卷3《赡坟田无免役之例》，中华书局1987年版，第85页。
④ （宋）不著编者，中国社会科学院历史研究所宋辽金元史研究室点校：《名公书判清明集》卷3《限田论官品》，第88页。
⑤ （宋）不著编者，中国社会科学院历史研究所宋辽金元史研究室点校：《名公书判清明集》卷4《罗琦诉罗琛盗去契字卖田》，第102页。

种簿书。其次，省簿是登记财产的。最后，如有买卖交易，税钱的推割退受，省簿上也要记载。概而言之，省簿是官府保存的一种登记民户田产、税收和推割状况的簿书。

除此之外，县之下的都也有省簿。如同书载："今二十三都乃是王承宣赡坟庄，岂得谓别无田产，更将承宣告敕影占行使，若无分关簿书，实难照应。况本都省簿并是城中寄居产业，无非立为官户，尤难一例免差。"① 其中所言"本都省簿"，应是都一级保存的田产登记簿书。

这一簿书显然与宋代的税租簿也不一样，税租簿不反映税收推割状况。此种省簿不见于北宋文献记载，应是南宋时期出现的。笔者以为这一省簿的由来应与朱熹的奏请密切相关。光宗时朱熹上《条奏经界状》云：

> 除逐年二税造簿之外，每遇辰、戌、丑、未之年，逐县更令诸乡各造一簿，开具本乡所管田数、四至、步亩、等第，各注某人管业，有典卖则示元系某人管业，某年典卖，某人见今管业，却于后项通结，逐一开具某人田若干亩，产钱若干，使其首尾互相照应。又造合县都簿一扇，类聚诸簿，通结逐户田若干亩、产钱若干文。其有田业散在诸乡者，则并就烟爨地分开排总结，并随秋料税簿送州印押下县，知佐通行收掌。人户遇有交易，即将契书及两家砧基，照乡、县簿对行批凿，则版图一定而民业有经矣。②

朱熹建议除每年撰造的二税簿外，乡、县每三年各造一簿，随秋税簿呈送州审核印押。乡簿登载一乡所管田数、方位、步亩大小、等第、业主姓名、土地交易的历史记录、产钱数量。县簿则汇聚诸乡簿所载数据，送州钤印，由县长官保管。朱熹的奏请同时还提到了砧基簿，百姓有交易，须携买卖契约和双方的砧基簿，对照乡、县簿批凿。因此朱熹所说的这种簿书与砧基簿的功能应该是有区别的。朱熹的建议从后来的实际情况来

---

① （宋）不著编者，中国社会科学院历史研究所宋辽金元史研究室点校：《名公书判清明集》卷3《使州判下王钜状》，第87页。

② （宋）朱熹：《朱文公文集》卷19《条奏经界状》，《朱子全书》，上海古籍出版社、安徽教育出版社2002年版，第878—879页。

看，应该被宋政府所采纳，乡、县造簿遂成为定制，用于田产、赋役管理。这应该就是后来《名公书判清明集》所载省簿、都省簿的由来。"都"是南宋基层社会乡之下的区划名称，都省簿当属于乡簿之列。

须指出的是，这种省簿虽三年一造，但与也是三年一造的税租实行簿不同，后者并不登记田产交易情况。这种簿书与北宋时期的五等丁产簿相比较，都是三年一造，也需州审核钤印后，存于县衙。但其登载的内容更为具体翔实，有田地买卖的历史记录。

省簿或许是一种地方俗称，在南宋法典《庆元条法事类》中并没有这一专用名称。于崇嘉之时，婺州行经界法，相关联的簿书有结甲册、户产簿、丁口簿、鱼鳞图、类姓簿。① 其中户产簿，顾名思义，就是人户产业簿应该与北宋作为户口类簿书的五等丁产簿相似，名称虽不同，但主要内容应该是一致的。宁宗时期修订的《庆元条法事类》所载《赋役令》有这么一条规定："诸税租、等第产业簿，以木长印每叶横印。"② "诸税租、等第产业簿"，应是税租簿和等第产业簿的合称。所谓"等第产业簿"，当是南宋时户口簿书的正式名称。这一名称高宗时就已初显端倪。绍兴十二年（1142）户部奏言有"州县人户产业簿，依法三年一造，坊郭十等，乡村五等"之语。③ 人户产业簿分等，即为等第产业簿的内含之义，其与省簿及上述朱熹建议撰造的县、乡簿应该是同一种簿书。

南宋绍兴以后，五等丁产簿资产方面的内容是不是为砧基簿及其后的物力簿所包罗？这一问题值得进一步探讨。

五等丁产簿名称在南宋绍兴后虽然不再出现，但作为赋役征差的基本簿籍不可能就此退出历史舞台，而是随着社会经济的发展，因时制

---

① （元）脱脱等撰：《宋史》卷173《食货志》，中华书局1977年版，第4179页。
② （宋）谢深甫撰，戴建国点校：《庆元条法事类》卷47《税租簿·赋役令》，第635页。按此虽是南宋时制定的法典，但此法条规定应是承袭了北宋法律而来。关于此法所云"税租、等第产业簿"，不当解读为"税租等第产业簿"，其上、下文凡指税租簿者，皆不云"税租等第产业簿"，可知"税租等第产业簿"不能等同于"税租簿"。从同书同卷所载《夏秋税租簿》内容来看，税租簿并不登录家产等等信息，与等第没有关系。因此"税租等第产业簿"实际上是一个包含了两种簿书的名称。又同书卷17"架阁·文书令""诸制书及重害文书"条注文云"州实行丁产等第、税租簿副本"，所谓丁产等第簿即等第产业簿。
③ （清）徐松辑：《宋会要辑稿》食货11之17至18。

宜，演变为更能适应政府管理需求的簿书形式。五等丁产簿不管如何变化，其作为官府掌管保存的官文书的性质是不会改变的。因此它与砧基簿不同，后者是颁给私人保管的，"民以实产受常赋为砧基簿，印于县而藏之家，有出入则执以诣有司书之"[1]。因此从性质来看，砧基簿是政府认可的私文书，与五等丁产簿有着显著差别。宋代不可能用私文书性质的砧基簿来取代官文书性质的户籍簿。

其次，物力簿也并未替代砧基簿。杜範作于嘉熙二年（1238）的《常熟县版籍记》同时提到了物力簿和砧基簿。[2] 又吴革《名公书判清明集》卷6《王直之朱氏争地》判词也提到了砧基簿，内有嘉熙四年（1240）纪年。据此可知南宋后期砧基簿未被替代。

上述省簿实际上承续了北宋五等丁产簿的功能，其与北宋的五等丁产簿主要内容是一脉相承的。只不过前者登载的内容更为具体翔实。北宋五等丁产簿在宋代土地买卖日益频繁、土地产权日益细化的时代背景下，为适应宋政府管理的需求，最终演变为省簿。南宋孝宗以降，省簿与砧基簿、夏秋税租簿遂成为赋税征收体系中的基本籍帐。就此而言，笔者以为五等丁产簿资产方面的内容并没有被砧基簿所取代，砧基簿取代的只是户帖。这一问题后面将要论述。

关于物力簿部分取代五等丁产簿的问题，这里也有必要探讨一下。孝宗乾道七年（1171），臣僚奏言：

> 凡进产之家，限十日缴连小契自陈，令本县取索两家砧基、赤契，并以三色官簿系是夏税簿、秋苗簿、物力簿，却径自本县就令本县主簿对行批凿。如不先经过割，即不许人户投税。[3]

此时办理过割手续，涉及砧基簿、两税簿、物力簿。其中没有提到五等丁产簿。北宋过割税产，并不需要五等丁产簿。宁宗时，青田县主簿陈耆卿上奏曰："税之厚薄，当视其物力；物力之高下，当视其产。

---

[1] （宋）杜範：《清献集》卷16《常熟县版籍记》，文渊阁《四库全书》本，上海古籍出版社1987年影印本，第1175册，第736页。

[2] 同上书，第735—737页。

[3] （清）徐松辑：《宋会要辑稿》食货35之15至16。

今田顷亩初不见于簿，而物力之贯陌独载之簿。若是，则其源既失矣。过割用物力簿，起催用二税簿，二者所当相关，而今初不相知，岁遇攒造，不过以往年陈籍沿袭抄转而已。"① 从陈耆卿奏言所提物力簿来看，是南宋时专用来办理税产过割手续的簿籍。但是其只登载"物力之贯陌"，并不记载田亩数。这与北宋作为户产簿的五等丁产簿登载的内容不同。在北宋，五等丁产簿"录人户丁口、税产、物力为五等"②。物力原是指家业钱。③ 陈耆卿提到的"物力之贯陌"其实就是家业钱。关于过割税收，据法典记载，南宋有专门的税租割受簿。《庆元条法事类》所载《赋役令》规定：

> 诸县置税租割受簿，遇有割受，即时当官注之。（逐户之下结计见管数目，县官垂脚押字。若创新立户者，须声说某年月日于某乡里某人户下置到田产立户。）其簿于县令厅置柜收掌，三年一易。
>
> 诸税租应割移归并者，限当日以簿批注开收。（簿不在县，权别置簿，候到限次日当官尽数誊入。）造新簿日，仍以印契、簿历对照，旧无户，立新户，其乡异者，不在割并之限。④

这种税租割受簿按户登记，记录了每户推割的税租，三年一更新。这与物力簿功能相同。这种税租割受簿或许就是"物力簿"，物力簿可能是俗称，在《庆元条法事类》里并没有"物力簿"记载。税租割受簿是宋代为了加强对税产推割手续监管而设置的。早在太平兴国八年（983）开封府司录参军赵孚奏请："庄宅多有争诉，皆有衷私妄写文契，说界全则全亏丈尺，昧邻里则不使闻知，欺罔肆行，狱讼增益。请

---

① （宋）陈耆卿撰，曹莉亚点校：《陈耆卿集》卷4《奏请正簿书疏》，浙江大学出版社2010年版，第38页。
② （宋）李焘：《长编》卷254，熙宁七年七月癸亥，第6227页。
③ 参见王曾瑜《宋朝划分乡村五等户的财产标准》，载氏著《涓埃编》，河北大学出版社2008年版，第244—270页。
④ （宋）谢深甫撰，戴建国点校：《庆元条法事类》卷47《税租簿·赋役令》，第635页。

下两京及诸道州府商税院,集庄宅行人众定割移、典卖文契各一本,立为榜样。违者论如法。"① 这一建议被太宗采纳。其中割移样本是用来登记产税推割的,或即为后来税租割受簿的滥觞。北宋天圣三年(1025),劝农使建议新造税租簿时,"将版簿及归逃簿,典卖、析居、割移税簿逐一勘同"②。当时已经出现了割移税簿。割移税簿无疑就是上述《庆元条法事类》规定设置的税租割受簿的前身。如上所述,物力簿也好,税租割受簿也好,并不登载田亩数,主要用于产税过割,而北宋五等丁产簿并不用于产税过割,因此物力簿也不可能取代五等丁产簿资产方面的内容。

(二) 从户帖到砧基簿:户籍管理的功能性演进

关于户帖,学术界已有多人进行了探讨,对户帖性质的看法大致如下:认为"户帖既与户钞处在同一系列中,显系税租类文书,而与户籍无涉。户帖确为州县催科赋税而设,必然详尽登载民户赀产作为征税依据。可见户帖确为征税而设"。户帖不仅仅是定税,也可以说是一种财产凭证。发户帖的用意之一是想通过州县政府进行产税的正式认定,以防止乡里基层政权中的胥吏及豪户舞弊。到南宋,户帖逐渐被砧基簿所替代。③

应当指出的是,户帖本质上从属于户籍。户籍的一项重要功能就是为赋役征差提供依据。户帖登载的主要内容为田产,这与五等版簿登载的内容相吻合。户帖必须实时记录买卖双方的田产变化,以便为三年一造五等版簿服务。宋代的徭役分夫役和职役两大类,夫役与户等无关,职役则与户等高低息息相连。④ 宋代乡村人户依据财产多寡分为五等,等级高下决定职役的差遣,而户等的变化将直接影响职役的差遣。宋代

---

① (宋)李焘:《长编》卷24,太平兴国八年三月乙酉,第542页。
② (清)《宋会要辑稿》食货11之12。
③ 参见葛金芳《宋代户帖考释》,《中国社会经济史研究》1989年第1期;尚平《宋代户帖的性质及其使用》,《广西社会科学》2007年第5期;刘云、刁培俊《宋代户帖制度的变迁》,《江西师范大学学报》2009年第6期。
④ 参见[日]柳田节子《宋代乡村的户等制》,索介然译,载刘俊文主编《日本学者研究中国史论著选译》,中华书局1992年版,第189—270页。

田产的买卖又极为频繁，这就导致人户的等级经常处于变动之中。由于宋代的五等丁产簿逢闰年撰造，届时才会根据家产等状况调整户等。"在法：人户家产物业每三岁一推排，升降等第。"① 在非闰年时期，五等丁产簿无法及时体现户等的波动变化状况。平日百姓家产变化需要其他簿书来辅助登记，而平时人户的田产变动就登录在户帖中，以便为每年的赋役征差提供一个实时的具体依据，到闰年时再统一计入五等丁产簿。户帖承担了记录日常税产的职能，实际上是五等丁产簿的一种外延，为五等丁产簿的附属簿书。苏轼说："若析户则均分役钱，典卖则著所割仅钱于契要，便具于抄与头者各以其名附旧户供官。至三年造簿则不复用举，从其新如此。"② 造新丁产簿之前，事实上旧簿中的内容已发生变化，这些变化是记录在户帖和税租簿中的。

《续资治通鉴长编》卷96 真宗天禧四年（1020）八月条载："是月，诏：'自今逐年两税版籍，并仰令佐躬自勾凿点检，勘新收、旧管之数。民有典卖、析户者验定旧税，明出户帖。劝农使按部所至，索视帐目，其县官能用心者，批历为劳绩，当议升奖。'时上封者言诸州版籍止委吏人，失于勘验，移易税赋，多不均等，故有是命。"这一诏书谈到两个问题：一是版籍止委吏人，失于勘验；二是税赋不均。真宗针对第二个问题下令凡有典卖、析户而致财产转移的，必须验定旧税，然后发给户帖。户帖显然具有监管税赋"移易"的职能。

史书记载有官田佃种者亦发给户帖，官田佃种者为何要发给户帖？其实向官田佃种者所征收的租，本质上是一种税收，是要登记入税租簿的，故须发户帖给官田佃种户。而对于毁失买卖契书者，由官府颁给户帖，乃证明其财产的合法化。一旦财产被证明合法化，意味着财产增加了，自然需要用户帖来登记。对于宋政府来说，田产卖出与买入是对应的，有出户便有进户，即有一推必有一受，否则就会出现隐漏土地，损失税赋的状况。

户帖不只是作为财产凭证确认产权，对于已经出售田产的卖家来

---

① （清）徐松辑：《宋会要辑稿》食货11之19。
② （宋）苏轼撰，孔凡礼点校：《苏轼文集》卷48《上韩丞相论灾伤手实书》，中华书局1986年版，第1397页。

说,也是一种产税割移的证明,发放的目的,对买方而言是承认产权,对卖方而言是用以防止重复征收税租,维护正当权益,公正反映田产交易后的户等实况。笔者以为户帖除了颁给田产买方外,官府一定还有与这一户帖相对应的财产推割登记制度。绍兴十六年(1146)户部立法规定:"诸典卖田宅,应推收税租,乡书手于人户契书、户帖及税租簿内并亲书推收税租数目、并乡书手姓名,税租簿以朱书,令佐书押。"①据此可知,典卖田宅,推收产税,除了户帖,至少还要在税租簿内注明。朱熹在一份《晓谕逃移民户》文中称:

> 检会赵知军任内,访闻本军三县民贫,年谷稍不登熟,往往舍坟墓离乡井,转移之他者,非其本心逃移。未出境而豪右请佃之状已至县司。其弊多端,或止押状而无户帖;或逃请因而冒耕者;或计会乡司,作逃移多年而免科例者;或有户帖而官无簿者。②

文中谈到逃户的田被豪民请佃,但提交的只有押字的租佃书,却无户帖;有的或有户帖而官无簿。倘若户帖只有一份,仅发给田地所有者,而土地主人已经亡移他乡,从哪儿得来的户帖呢?其实文中提到的违法事项,是指官府根据先前相关的登记簿书应该发给而没有发给的户帖,或是发给了户帖而没有相应的官府记录簿书。

在宋代的田地买卖(绝卖)等死契关系中,"由于为片面义务制,所以行用单契,由义务的一方出具,归权利的一方收执"③。所谓义务的一方是指卖家。契约通常只有一份,由买家持有。在三年一造丁产户籍簿时,如果仅仅依据契约而没有其他辅助文书来调整户等,是行不通的。收执契约的一方是买进田产的人,假若他不主动出具契约而想隐瞒新买田产的话,也就无法知晓他增添了多少财产,户等调整就会落空。因此需要其他方式来监管,而户帖制度的一项职能就是用来监管财产转移的。契约与户帖的作用不同,前者着眼于具体的财产交易,后者着重

---

① (清)徐松辑:《宋会要辑稿》食货10之18。
② (宋)朱熹:《晦庵先生朱文公文集》卷99《公移》,《四部丛刊初编》本。
③ 参见张传玺主编《中国历代契约会编考释·导言》(上),北京大学出版社1995年版,第27页。

于财产登记。

有学者认为在民户及其财产状况发生变化时，要及时出具或修改契约和户帖。然而及时出具契约和户帖是对的，但修改户帖就有问题了。户帖的特点是一事一颁发，财产变动几次，相应的就有几份户帖。乾兴元年（1022），三司言："按《农田敕》：'买置及拆（析）居、归业、佃逃户未并入本户者，各出户帖关输。'今臣僚所请，'并须割入一户下'。今欲申明旧敕，令于逐县门榜壁晓示人户，与限百日，许令陈首改正。"①这里说的割入一户，是指同一户人，"避徭役，因为浮浪，或恣嬉游，更有诸般恶倖，隐占门户，田土稍多，便作佃户名目"，即所谓"诡名子户"。故政府要求这些诡名子户合并于原户一户下，并非言户帖合为一份。户帖是几份还是几份，只不过户名统一为一户而已。财产有变动，不会也不可能在同一份户帖上作修改。

也有学者认为，由于户帖制度本身存在一家数帖的弊端，不能完整地反映一个家庭的财产状况，不能适应国家赋役制度的要求，所以户帖在南宋前期开始逐渐被砧基簿所取代。②户帖被砧基簿所取代的看法是正确，但笔者以为被取代的原因不在于户帖自身存在什么弊端，而是它辅助的对象五等丁产簿发生了变化。原先户帖所具有的税赋变更登记的实时性弥补了五等丁产簿三年才能更新的不足，户帖与五等丁产簿是相互依存的关系，都是用丁录民产、记税田的，前者三年一造，相对固定；后者是日常用以记录民产、税田变动状态的。事实上户帖是随着五等丁产簿的演变而消失的。五等丁产簿演化为省簿后，原先缺乏的土地交易的历史记录由省簿涵盖了，这样户帖赖以存在的基础就被剥夺了。

北宋乾德元年（963）太祖诏"诸州版簿、户帖、户钞委本州判官、录事掌之，旧无者创造"③。户钞是已纳税租的凭证，用以防止漏缴税租，这里暂且不论，所当留意的是宋太祖将户帖与五等版簿并行强调。对此南宋吕中解释曰："后世以民产不均，税田不登，而正经界也。盖民产不均，则业归大家而产留下户；税钱不登，则官失其利而必

---

① （清）徐松辑：《宋会要辑稿》食货63之170。
② 刘云、刁培俊：《宋代户帖制度的变迁》，《江西师范大学学报》2009年第6期。
③ （宋）李焘：《长编》卷4，乾德元年冬十月庚辰，第106页。

多取于民。国初经界之法未行，则度田之使不可以不遣，版籍、户帖、户钞不可以不作也。"① 依吕中说法，北宋初因未行经界之法，故不得不造版籍、户帖、户钞。换言之，后来行经界之法，版籍、户帖也就不再造了。吕中的说法从一个侧面说明经界法的实施与户帖的消失密切相关。而行经界法的一个重要创设——就是制作砧基簿。于是户帖遂被新出的砧基簿所替代。

关于砧基簿，学界已有人作了探讨，其中尚平认为南宋最初出现的砧基簿仍属于户籍性质，其与以往产税籍册最大的不同是对土地的登记采用了打量画图的办法。② 笔者赞成这一看法。绍兴十二年（1142），宋在两浙转运副使李椿年倡议下，实施经界法，实行砧基簿制度。李椿年奏言：

> 令官民户各据画图了当，以本户诸乡管田产数目，从寔自行置造砧基簿一面，画田形坵段谷，说亩步四至，元典卖或係祖产，赴本县投纳点检印押，类聚，限一月数足缴赴措置经界所。以凭照对，画到图子，审寔发下，给付人户，永为照应。日前所有田产虽有契画而不上今来砧基簿者，并拘入官。今后遇有将产典卖，两家各赍砧基簿及契书赴县，对行批凿。如不将两家簿对行批凿，虽有契帖干照，不理为交易。县每乡置砧基簿一面，每遇人户对行交易之时，并先于本乡砧基簿批凿。每三年将新旧簿赴州，新者印押下县照使，旧者留州架阁。将来人户有诉去失砧基簿者，令自陈，照县簿给之，县簿有损动，申州照架阁簿行下照应。每县逐乡砧基簿各要三本，一本在县，一本纳州，一本纳转运司。如有损失，并仰于当日赴所属抄录。③

砧基簿特点是引入了土地实状和动态登记元素，以乡为单位撰造，平时有交易，则随时记入，与以往户帖一样都是颁给私人收藏的，这样

---

① （宋）吕中撰，张其凡、白晓霞整理：《类编皇朝宋大事记讲义》卷3《太祖皇帝》，上海人民出版社2014年版，第79页。
② 参见尚平《南宋砧基簿与鱼鳞图册的关系》，《史学月刊》2007年第6期。
③ （清）徐松辑：《宋会要辑稿》食货6之39。

就改变了以往交易一次，就要颁给一份户帖的做法，制度上更为便利和周密。南宋中期的陈宓说他在地方造砧基簿，"所载地改（段）、四至、产钱、官米，并照元契俱具。如是祖业无契，亦须明具四至。簿成之后，一本纳于县衙官，一本入户收执。两家卖买田业，契成，须各执簿经官过割批凿"[①]。砧基簿须经县令、丞审核。砧基簿不像五等丁产簿那样要等到闰年才一造，平时随时都可将田产交易情况登载入簿，每三年将日常登录的簿书赴州盖印，新、旧簿对照，一目了然，不易脱漏田产。砧基簿除了颁给本人的以外，还要撰造三本，分别于县、州、转运司存档，如有作伪，一查便知。

实践证明砧基簿在管理田产方面有许多优势，因而逐步取代了户帖。到了孝宗乾道七年（1171），有些地区在论述推割税租时，只提砧基簿，不再提及户帖，如《宋会要辑稿》食货三五之一五至一六载："臣僚言：凡进产之家，限十日缴连小契自陈，令本县取索两家砧基、赤契，并以三色官簿系是夏税簿、秋苗簿、物力簿，却径自本县就令本县主簿对行批凿。"不过户帖的退出，各地在时间上并不一致。

砧基簿的实施改变了以往以人户为中心的登记方法，改为以土地为中心，是围绕土地财产展开的。北宋以来的五等丁产簿虽与唐代的户籍有区别，但仍以人户为枢纽，添加了财产内容，其核心是以田地征税，以户等差役，而户等是以拥有的财产数量来划分的。

（三）关于丁籍、丁帐的属性及其登载内容

丁籍的属性与五等丁产簿相似，实际是宋代户籍的一个组成部分，是具有完整意义的户口籍，也是宋代据以征发夫役和征收身丁钱的基本簿书；而五等丁产簿是据以征收两税和征发差役的基本簿书。丁籍与五等丁产簿担当了不同的职能。丁籍重要性如此，如不加强管理，势必会导致身丁钱征收不均，危害不浅。"籍既不明，无以稽考。所增钱数不尽归官，凡公吏保正长皆得侵隐。而又丁籍岁终既不开收，年额所催止

---

① （宋）陈宓：《复斋集》卷20《回使府造砧基簿拟事件》，《全宋文》卷6954，上海辞书出版社2006年版，第303—304页。

凭旧籍，遂致老病死亡更不除减。"① 老病死亡者如不及时销除，则将使"丁籍久失开收，口赋之遍均及邻伍，流亡日众"②。丁籍是保存在县衙不必上报的文书。丁帐与丁籍不同，③ 是依据丁籍一年一造向上级申报的丁口汇总表。丁籍又称丁簿、丁口簿；④ 丁帐又泛称户口帐。⑤

关于丁籍、丁帐的撰造和登记对象、内容，学界已有成熟的成果。笔者这里再作些补充论述。撰造丁籍要逐户挨家抄录，按"一口一丁""一项一目"编造。南宋葛洪在《与乡令论推排利害书》中有较为详细的说法：

> 又于未造丁帐以前，先次唤上正长，丁宁开谕，令于沿门抄录之时，须要役主正身亲自行遣，不许容代役家人参预其间，一口一丁、一项一目，不管隐漏。如将来审覆似有不尽不实，罪坐役主，决无容贷。仍与结立罪罚，责状附案。所造帐式，因与增立条目。逐户先总具丁口人数，次各开丁口官名、第行、年甲，及作何艺业、业儒、业农、业工商之类。次具所居屋宇，或自己屋，或僦人屋；所种田土，系自己田，或租人田。次具有无店库出贷钱谷，生放牛羊杂畜。或系土著，或系客户，及间有犯过景迹之人，亦仰逐一开具，不得稍有隐落。⑥

这里葛洪说的丁帐是广义上的帐，实际指的是丁籍，因为只有丁籍才登记有田产，而狭义的丁帐并不登记田产。此虽为葛洪个人的建议主张，但却反映了当时丁籍的登录内容。依葛洪说法，丁籍登载的对象不分主、客户，为所有男子，包括成丁在内的其他年龄段的人口，并要登记年龄、职业、身份、房屋和田地财产。但是据丁籍统计汇总的丁帐只

---

① （清）徐松辑：《宋会要辑稿》食货12之13。
② （宋）朱熹：《晦庵先生朱文公文集》卷九三《转运判官黄公墓碣铭》，《四部丛刊初编》本。
③ 参见戴建国《宋代籍帐制度探析》，《历史研究》2007年第3期。
④ （清）徐松辑：《宋会要辑稿》食货12之11；《宋史》卷173《食货志》，第4179页。
⑤ （宋）不著编者：《宋大诏令集》卷126《典礼·政和八年三月月令》，中华书局1962年版，第439页。
⑥ （宋）葛洪：《与乡令论推排利害书》，载道光《东阳县志》卷25，道光十二年刻本。

统计户数和成丁数。

每年造丁帐，主要是将一年中新生、死亡的人数作一统计。绍兴七年（1137）薛徽上奏曰："欲望明敕有司，稽考州县丁帐，核正文籍，死亡生长以时书落。岁终，县以丁之数上州，州以县之数上漕，漕以州之数上之户部，户部合天下之数上之朝廷。"①薛徽所云"岁终"，指的是当年年终，县以此为基准统计一年中的丁口增减数，于第二年二月撰成丁帐上报州，州再汇总各县丁帐上报转运司。各级官府汇总丁帐需要一个过程，于是各县统计出来的丁帐经逐级汇总，最后汇总到户部，再由户部汇总上报尚书省，此时已经到了第二年的年终了。这有史料为证。《宋大诏令集》卷一二六《典礼门》所载政和七年（1117）《十二月月令》："是月也，户部具天下民数之升降。"即十二月由户部汇总丁口。这样朝廷年终得到的丁口统计数字，实际上是上一年年末的数据。

二　赋役类簿籍考辨

关于税租簿帐，笔者在另一篇文章中也有论述。②宋政权建立之初，税租簿帐沿用五代旧制，太祖建隆四年（963）诏曰："如闻向来州县催科都无帐历，自今诸州委本州判官、录事参军点检，逐县如官元无版籍及百姓无户帖、户抄处，便仰置造。"③可见当时并未制定统一的税租簿帐版式，而是沿用宋之前的旧式版籍。宋代税租帐制度正式形成于太宗至道元年（995），是年太宗下诏曰：

> 重造州县二税版籍，颁其式于天下。凡县所管几户、夏秋二税、苗亩桑功正税及缘科物，用大纸作长卷，排行实写，为帐一本，送州覆校定，以州印印缝，于长吏厅侧置库，作版柜藏贮封锁。自今每岁二税将起纳前，并令本县先如式造帐一本送州。本县纳税版簿，亦以州印印缝，给付令佐。④

---

① （清）徐松辑：《宋会要辑稿》食货11之17。
② 参见戴建国《宋代籍帐制度探析》，《历史研究》2007年第3期。
③ （清）徐松辑：《宋会要辑稿》食货11之10。
④ （宋）李焘：《长编》卷38，至道元年六月己卯，第817页。

首先，需要指出的是，太宗下诏要各州县依统一的范本样式于每年二税征收前撰造，用大纸写成长卷的是税租帐，一县所管户口、夏秋二税及其他杂科物品皆登录之，送州覆校，钤印，保存于州长官处。①

其次，颁布的二税版籍范本式样除税租帐外，自然还包括税租簿。县《管额帐》其实是在县纳税租簿基础上撰造的。各县每年另外撰造的纳税租簿，也要送州钤印，"更令本州官勘对，朱凿勘同官典姓名，书字结罪，勒勾院点勘。如无差伪，使州印讫，付本县收掌勾销"②。税租簿帐为官府重要文书，按规定必须锁于柜中，妥善保管。

（一）关于税租簿

税租簿是宋代赋税帐籍系统中最基本的赋税征差簿，分为空行簿和实行簿，"凡赋入，州县有籍：岁一置，谓之空行簿，以待岁中催科；闰年别置，谓之实行簿，以藏有司"③。空行簿用于"拘管催促"税收，每年一造，经州长官审核钤印后，付本县收掌。《庆元条法事类》卷四十七所载税租簿样式实即税租空行簿。

县税租簿是以乡为编制单位的，载有原管户数、税租祖额、新收户、开阁减免户及旧开阁减免数，并开列了现纳每一户户主姓名、应纳税租额。税租簿虽以乡为编制单位，然在撰造之前，必定先制作每家每户的税租簿，天圣三年（1025），京西路劝农使奏言："造簿之时，不将递年版簿对读，割移典卖，又不取关帖证对，本州亦不点检，致作弊倖，走移税赋，改作粗色。亦有贫民额外移税在户下，纵有披诉，只凭递年簿书，无由雪理。"④劝农使谈到贫民田产虽已典卖而税收仍在本户税租簿名下。倘若农户没有自己的税租簿，如何来推税呢？哲宗时王汝舟云："臣尝三为县令，每因造二税簿，即比对五等丁税，觉户眼有

---

① （宋）李焘：《长编》卷38，至道元年六月己卯，第817页。按，太宗诏书令每岁二税起纳前要造帐一本，未说报两本，县纳税版簿是另造报送的，因此是两种不同的簿帐，留州的当是税租帐。
② （清）徐松辑：《宋会要辑稿》食货11之12。
③ （宋）李焘：《长编》卷101，天圣元年十一月癸卯，第2342页。
④ （清）徐松辑：《宋会要辑稿》食货69之18。

多寡不同者，以所剩户数令人户自首。"① 若有作弊，"令人户自首"，也说明税租簿制作是以每户的税租簿为基础的。宋在每户税租簿基础上编制出一乡的税租簿，"催科则逐乡置籍，条列姓名"②，再合若干乡税租簿为一县税租簿。户税租簿较之县税租簿所载项目要细碎得多。《州县提纲》云："大率县邑赋籍每户折色必据税总数而科，如某户元税若干，收若干，推若干，今总计若干，然后合科折色某物若干。"③ 南宋虞俦在一奏章中曰："诸县税租夏秋造簿……近来诸县推割造簿之时，豪右之家计嘱乡书，只用白状，不述保分、人丁、住止，将一户税力分立诡名，减免等第，却与下户暗增色额。"④《州县提纲》所言"某户元税若干，收若干，推若干"以及虞俦提到的"述保分、人丁、住止"等内容，皆不见于《庆元条法事类》所载县税租簿，显然应该是户税租簿登记的内容。

值得注意的是，税租簿钤州印后发还县衙，其功能是用于催科"勾销"。税租簿记录了一县所管户数、一年的税租总额，税租征收进库后，依次于税租簿予以勾销。"诸县税租夏秋造簿，及已受纳，对钞朱销，凡所以关防之法，非不严且密也。"⑤ 未缴纳的，依法进行处置。宋制："赋税之输，止凭钞旁为信，谷以升，帛以尺，钱自一文以往，必具四钞受纳，亲用团印，曰户钞，则付人户收执，曰县钞，则关县司销籍；曰监钞，则纳官掌之；曰住钞，则仓库藏之。所以防伪冒，备毁失也。"⑥ 按缴纳实况勾销以后的税租簿自然就成了税收实况记录簿，故宋人谓之"实行簿"。

税租实行簿作为实况记录簿，主要用于官府存档以备查。至道二

---

① （宋）罗愿：《罗鄂州小集》卷6《王提刑汝舟传》，文渊阁《四库全书》本，上海古籍出版社1987年影印本，第1142册，第530页。
② （清）阮元编集：《两浙金石志》卷11《宋永州通判王公朝奉墓志铭》，载《宋代石刻文献全编》第2册，北京图书馆出版社2003年版，第822页。
③ 旧题（宋）陈襄撰：《州县提纲》卷4《整齐簿书》，文渊阁《四库全书》本，上海古籍出版社1987年影印本，第602册，第647页。
④ （明）黄淮、杨士奇编：《历代名臣奏议》卷258《赋役·轮对札子》，上海古籍出版社1989年影印本，第3379页。
⑤ 同上。
⑥ （元）马端临：《文献通考》卷5《田赋考五》，中华书局1986年影印本，第63页。

年，王炳建议将"诸州每年造户口租税实行簿帐，写以长卷者，别写一本送尚书省，藏于户部"，以备查。① 王炳的建议正是在上述至道元年太宗诏令"重造州县二税版籍""用大纸作长卷"基础上提出的。但王炳所言别写一本，是指租税，"实行簿"，即税收实况记录簿。因至道元年太宗诏令仅言造税租簿（空行簿），王炳的建议是从完善政府档案以备查的角度提出来的，从后来的实际情况来看被采纳了，租税"实行簿"至迟于真宗时已成为一项制度，每逢闰年一造。仁宗天圣年间一度废罢，② 至景祐二年（1035）改为"再闰一造之"③，即六年一造。不过后来还是恢复了一闰一造制。《庆元赋役令》："诸租税簿，每三年别录实行副本，保明送州，覆毕印缝，本州架阁。"④

税租空行簿又称催科簿。曾有宋人云："天下赋役之繁，但存催科一簿，一有散亡，则登耗之数无从钩考。请复置实行簿。"⑤ 郑湜云："今郡县催科一按旧籍。"⑥ 旧籍即上一年的税租簿。李元弼云："夏秋税差科才下，便牓逐村，大字楷书，告示人户。"按税租簿催科、差科，可能就是税租空行簿又称催科簿、差科簿的缘由。景祐四年（1037）威胜军录事参军杨中孚一案，御史台奏状言"中孚所请买田元在楼店簿内，开阁税赋。今来已收入催科簿内，桩管税额"⑦。所言催科簿，显然也是指税租空行簿。

税租簿又称"省籍"。《州县提纲》卷4《揭籍点追税》："顽民违省限不输官物，未免点追。若县令不亲揭籍，惟凭吏具数呈点，故多者以赂获免，而所追者无非贫弱矣。盖人户挂欠之多寡，具在省籍，要当亲揭点追，毋令具数，庶几均平。"

---

① （宋）李焘：《长编》卷39，太宗至道二年二月壬申，第829页。
② （清）徐松辑：《宋会要辑稿》食货11之12；《长编》卷101，天圣元年十一月癸卯，第2342页。
③ （宋）李焘：《长编》卷116，景祐二年正月丙午，第2719页。
④ （宋）谢深甫撰，戴建国点校：《庆元条法事类》卷47《税租簿·赋役令》，第635页。
⑤ （宋）李焘：《长编》卷116，景祐二年正月丙午，第2719页。
⑥ （宋）郑湜：《十先生奥论注》续集卷15《国体三·论固根本不若求去其害根本》，文渊阁《四库全书》本，上海古籍出版社1987年影印本，第1362册，第323页。
⑦ （清）徐松辑：《宋会要辑稿》刑法3之44。

宋代赋役征差体系下的簿帐制度考述

关于税租簿的撰造，北宋前期的《农田敕》规定："应逐县夏秋税版簿，并先桩本县元额管纳户口、税物都数，次开说见纳、见逃数，及逐村甲名税数。官典勘对，送本州请印讫，更令本州官勘对，朱凿勘同官典姓名，书字结罪，勒勾院点勘。如无差伪，使州印讫，付本县收掌勾销。"① 由于税租簿是宋代基本簿书，它直接影响到税租帐的制作和征收，宋对税租簿的撰造和审核非常重视。县税租簿先由乡书手等胥吏编造，洪迈《夷坚志》一则故事记载了基层撰造税租簿："张云蹈为信州永丰令，尝治夏税籍，命主吏拘乡胥二十辈于县舍，整封文书。吏察录讨严，自晓彻暮，不少息。胥夜走厕，小吏笼灯随之。"② 可见撰造税租簿对基层来说是件重要事情，且相当赶时间，连乡胥上厕所都要人盯着。按规定，乡司所造税租簿，必须经县长官审定，否则仅是"乡司草簿"而已。③

税租簿登记的纳税物品通常要以整数计算，"匹帛须见尺，谷须见升"。如有零头，则须合户凑成整数，"同乡人圆零就整，合旁送纳"④。于税簿内簿头上"分开下户畸零都数若干，别置簿历，专一抄上畸零钱帛物斛单名、纳到钱数"⑤。同时还要另外造簿，"正额外其人户蠲零之税，别总都数，县于起纳百日前限五日申州，州限十日申转运司，本司类聚一路，限半月报尚书户部"⑥。

宋代的五等丁产簿三年一造，但税租簿却是不计工本一年一造，究其原因在于税租簿是根据家业财产来征收的，而每年分家析户、典买田产的人数则不计其数，造成税租的频繁割移，如若税租簿不紧跟着做相应的调整，势必会造成混乱，影响税租的征收，引发社会矛盾。故必须一年一撰造。每年一造的税租簿，除了通过勾销手续，记录税租征收的

---

① （清）徐松辑：《宋会要辑稿》食货11之12。
② （宋）洪迈撰，何卓点校：《夷坚志》补卷5《张云蹈二狱》，中华书局2006年版，第1596页。
③ （宋）不著编者，中国社会科学院历史研究所宋辽金元史研究室点校：《名公书判清明集》卷3《财赋造簿法》，第62页。
④ （宋）李焘：《长编》卷377，元祐元年五月壬戌，第9158页。
⑤ （清）徐松辑：《宋会要辑稿》食货10之14，第4984页。
⑥ （宋）谢深甫撰，戴建国点校：《庆元条法事类》卷47《税租簿·赋役令》，第634页。

实况外，还担负记录一年中的税租割移状况，有典卖过割税收、分户析产者，乡书手必须逐一登记，在税租簿内用红笔注明推收的税租数目，并将自己的姓名写入，复经县令等长官审核，然后签押。为来年造新簿提供数据。

绍兴十六年（1146），户部立法云："诸典卖田宅应推收税租，乡书手于人户契书、户帖及税租簿内并亲书推收税租数目并乡书手姓名，税租簿以朱书，令佐书押。"① 这一法条说得很清楚，平时推收税租要登入税租簿。如有因分家析户、典买田产割移税额后合零就整而出现增收钱物时，须按户数统计实数，汇集总数，"于簿头别项为额"②，即在税租账簿上单独立为一项申报。

遇灾荒年份，百姓可以申请减免税租。南宋《淳熙令》："诸官私田灾伤而诉状多者，令、佐分受，置籍，其（具）载以税租簿，勘同受状，五日内缴申州，本州限一日以闻。"灾荒发生后，百姓根据田地的自然属性，"夏田以四月，秋田以七月，水田以八月"③，向县衙陈诉受灾状况，请求减免税收。陈述灾伤状的格式如下：

某县某乡村姓名，今具本户灾伤如后：
户内元管田若干顷亩，某都计夏秋税若干，夏税某色若干，秋税某色若干（非已业田依此别为开拆）。
今种到夏或秋某色田若干顷，计：
某色若干田，系旱伤损（或损余灾伤处，随状言之）
某色若干田，苗色见存（如全损亦言灾伤，及见存田并每段开折）
右所诉田段各立土埻牌子，如经差官检量，却与今状不同，先

---

① （清）徐松辑：《宋会要辑稿》食货11之18。
② （宋）谢深甫撰，戴建国点校：《庆元条法事类》卷7《监司巡历·赋役令》，第120页。
③ （宋）董煟撰：《救荒活民书》卷中《淳熙令》，文渊阁《四库全书》本，上海古籍出版社1987年影印本，第662册，第270页。

甘虚妄之罪，复此额不询。谨状，年月日姓名①

关于灾荒年份税租的减免，学术界已有成果，②此不赘述。此外遇有逃户、死绝户，也须申报，以便在税租簿上暂时扣除这部分无法征收的税额。高宗绍兴二年（1132）诏云："今后诸逃亡死绝及诡名挟佃并产去税存之户，不待造簿，画时倚阁，检察推割，著为令。"③

（二）关于税租帐

县向州申报的税租帐，是州府向县催促税租的依据，为催科的重要文书，州府长官据此掌握一州一年将要开征的税租情况，并上报转运司。按规定，除了县向州申报税租帐之外，州府须向转运司呈报夏秋税收统计帐，统计帐分《夏秋税管额帐》《夏秋税纳毕帐》，两者分别对应于税租空行簿和实行簿。《庆元条法事类》卷48刊载了这两种帐式的详细内容。州管额帐是以县为统计单位，登载一县的主客户和丁数，并开列新收、开阁、应管、逃移、见管、实催税租数。换言之，对转运司而言，从监管角度来看，管额帐既是州府税收汇总表，又是转运司向州府催征税租的依据。转运司根据州府管额帐再汇总成管额计帐上报朝廷，朝廷据以了解和掌握全国的税租征收情况。管额帐实际是一个征收税租的预报表。

管额帐又区分为刺帐和仝帐两种形式，前者一年一报，后者三年一报。④ 当年管额帐是在上一税租征收年度的管额帐基础之上，根据新增、开阁的田产和税收制定的。

《纳毕帐》则是对应于《管额帐》而申报的实际税租征收统计表。转运司须向尚书省呈报《夏秋税税纳毕计帐》，这是更高一级的税收汇

---

① （宋）董煟撰：《救荒活民书》卷中《淳熙式》，文渊阁《四库全书》本，第662册，第271页。
② 陈明光：《唐宋田赋的"损免"与"灾伤检放"论稿》，《中国史研究》2003年第2期。
③ （清）徐松辑：《宋会要辑稿》食货61之64。
④ （宋）谢深甫撰，戴建国点校：《庆元条法事类》卷48《税租帐·仓库令》，第643页。

总统计表。

在一路统计帐之外，还有一种簿书称"旁通册"。绍兴五年（1135）尚书省言："勘会诸路户口并合输夏税秋税赋帐状，虽有立定供申条限，近来州县违废法令，不即供申"，要求"户部立定体式，限一月取会诸路州县作旁通册开具申"①。关于旁通册，孔武仲有过说法："又总其大数为旁通比较图，开列赋税结绝多少，使县上于州，州上于监司，视图阅簿，转相考察。"②《宋大诏令集》卷127政和八年（1118）《九月月令》："户部总诸路常平金谷之数，以旁通图册来上。"徽宗大观四年（1110）曾诏"常平、免役岁终造帐之法，分门立项，丛胜汗漫，倦于详阅，令修成旁通格法"③。据此可此，所谓旁通册是总一路或诸路之数制成的方便比较对照的分类统计图册。

（三）关于差役簿

差役簿源于唐后期的差科簿。唐宣宗大中九年（855）诏书云："以州县差役不均，自今每县据人贫富及役轻重作差科簿，送刺史检署讫，镂于令厅，每有役事委令据簿定差。"胡三省注曰："今之差役簿始此。"④ 宋人魏了翁在释读《周礼》时也曾云"若今差役簿是也"⑤。两人都提到了宋代存在差役簿。宋差役，有时又称差科。张方平云："国家诸杂赋役每于中等以上差科所以惠贫弱也。"⑥ 所言差科指的当是差役。⑦ 但宋人所言差科的含义更为广泛，并不局限于差役，元丰四年（1081）路昌衡言："乞于河北边近本路州县差科人夫四万人，般担军须至太原府。"⑧ 此所言差科指的是夫役。元祐元年

---

① （清）徐松辑：《宋会要辑稿》食货11之16。
② （宋）孔武仲：《宗伯集》卷14《代上执政书》，《豫章丛书》本。
③ （清）徐松辑：《宋会要辑稿》食货14之15。
④ （宋）司马光撰，（元）胡三省注：《资治通鉴》卷249，大中九年闰四月，中华书局1956年版，第8056页。
⑤ （宋）魏了翁：《鹤山集》卷104《周礼折衷》，文渊阁《四库全书》本，上海古籍出版社1987年影印本，第1173册，第500页。
⑥ （宋）张方平：《乐全集》卷21《论天下州县新添置弓手事宜》，文渊阁《四库全书》本，上海古籍出版社1987年影印本，第1104册，第205页。
⑦ （宋）李焘：《长编》卷388，元祐元年九月丁丑，第9437页。
⑧ （宋）李焘：《长编》卷317，元丰四年十月乙丑，第7677页。

(1086)，傅尧俞奏言："窃谓乡村以人丁出力，城郭以等第出财，谓之差科。"

宋法令规定，"人户家产物业每三岁一推排，升降等第，如有未当，许人户陈诉改正，然后立为定籍，置柜，收藏于长官厅，凡有差科，令佐躬亲按籍均定"①。"籍"谓丁产簿，差役簿是以丁产簿为依据制定的。元祐七年（1092）役法规定："壮丁于本村合差人户依版簿名次实轮充役，半年一替。"② 说的也是依丁产簿排定差役。

关于差役簿撰造，《作邑自箴》载："差役不可仓卒，先将等第簿令（今）逐乡抄出，用朱书，某年曾充其役，曾下曾为事故未满抵替。今空闲实及几年，然后更将物力并税簿点对子细，方可依条定。"③ "诸县选差保正副，在法以物力高下、人丁多寡、歇役久近参酌定差，务要均当。"④ 这些史料记载了差役簿的内容和制作过程。宋规定制作差役簿，乡司胥吏参与，"定役之初，乡司具帐"⑤。但"不得令公吏干预，惟许检阅抄写。如有违戾，仰监司按劾以闻"⑥。绍兴四年（1134），高宗在明堂赦文中曰："比年以来，乡司案吏于造簿攒丁差大小保长之际，预行作弊，致争讼不已，使已役之人久不承替，破家荡产，深可矜恤。"⑦ 可见乡司在差役簿撰造过程的作用。

宋地方还有各种用于催税、科配的簿籍。李元弼曰："起催税赋和卖诸般合纳钱物等逐色，置簿开逐管户长催敷，并乡司，各置收分钞历子，更抄都历，每场发到朱钞，先当厅点算都数，抄上都历讫，方分上逐乡历子，即时朱凿逐色簿。"⑧ 此类簿书名目繁多，体现了宋代赋税征收系统的细密和详备。例如宋代还有用于摊派差役的鼠尾簿，以及用于管理田产的鱼鳞图籍，这两种簿籍，已有学者

---

① （清）徐松辑：《宋会要辑稿》食货11之19。
② （宋）李焘：《长编》卷479，元祐七年十二月癸酉，第11409页。
③ （宋）李元弼：《作邑自箴》卷4《处事》，《四部丛刊续》编本。
④ （清）徐松辑：《宋会要辑稿》食货65之80。
⑤ （宋）不著编者，中国社会科学院历史研究所宋辽金元史研究室点校：《名公书判清明集》卷3《比并白脚之高产者差役》，第74页。
⑥ （清）徐松辑：《宋会要辑稿》食货11之19。
⑦ （清）徐松辑：《宋会要辑稿》食货65之80。
⑧ （宋）李元弼：《作邑自箴》卷4《处事》，《四部丛刊续编》本，

作过探讨。① 此不再赘述。

三 宋代簿帐撰造时间考

(一) 五等丁产簿的撰造时间

明道二年（1033）十月，仁宗诏"天下闰年造五等版簿，自今先录户产、丁推及所更色役榜示之，不实者听民自言"②。仁宗要求各地从十月下诏起出榜告示，为第二年的闰年造簿做好准备。李元弼《作邑自箴》载："造五等簿……仍须一年前出榜约束人户各推，令名下税数着脚。次年正月已后更不得旋来推割。"③李元弼提到造五等簿须一年前出榜告示，令民户办理税收推割手续，第二年即不再受理。第二年的闰年为正式撰造五等丁产簿之年。换言之，五等丁产簿是以上一年度财产状况为基准撰造的。而闰年的哪一月开始撰造五等版簿呢？

《宋大诏令集》载政和八年（1118）《十月月令》："是月也，农务毕，然后训民兵，受田讼，乡户应造簿者亦如之。"④《十月月令》所言"乡户应造簿者"指的应是五等版簿。因为政和八年为闰年，是撰造五等版簿的年份。我们在《宋大诏令集》随后的宣和元年（1119）《十月月令》、宣和二年《十月月令》、宣和三年《十月月令》都不见有相同的文字规定，可见政和八年（1118）《十月月令》所言"乡户应造簿者亦

---

① 参见王曾瑜《宋朝的鱼鳞簿和鱼鳞图》《宋朝的鼠尾簿和鼠尾法》，载氏著《锱铢编》，河北大学出版社2006年版，第578—587页。
② （宋）李焘：《长编》卷113，明道二年十月庚子，第2637页。
③ （宋）李元弼：《作邑自箴》卷4《处事》，《四部丛刊续编》本。
④ （宋）不著编者：《宋大诏令集》卷128《典礼》，中华书局1962年影印本，第444页。按：《月令》记载了北宋时期有关籍帐制度的重要资料，迄今为止尚未引起学者充分注意。《月令》本于《礼记》。唐宋帝王有明堂读令之礼。四库馆臣评曰"古帝王法政施令之大端，皆彰彰具存，得其意而变通之，未尝非通经适用之一助"（文渊阁《四库全书》本张虙《月令解》提要）。其中不同月份的《月令》之施政要务，可视作当时各项制度实施的真实记录，以下试举一例为佐证。重和二年（二月改元宣和）《正月月令》："（是月也）夏赋始造帐。"宣和元年《四月月令》："（是月也）始造秋税籍。"《月令》所言一月、四月夏秋税帐撰造时间与《庆元条法事类》卷四十八《税租帐》所载赋役令规定的造帐时间相吻合："诸州夏秋税管额帐，夏自正月一日，秋自四月一日，各限四十五日……造申转运司。"

如之"是闰年十月独有的规定。我们把上述明道二年十月仁宗下的诏令，以及李元弼说的造簿"须一年前出榜"告示一并联系起来分析，可以得知，五等丁产簿的撰造时间起自闰年的十月。

绍兴十二年（1142）户部言"州县人户产业簿，依法三年一造，坊郭十等，乡村五等，以农隙时当官供通，自相推排"①。所谓"农隙时当官供通"，当指农闲时期撰造。宋代为不妨碍农时，规定民事诉讼只能在农闲时进行。宋务限法规定："诸诉田宅、婚姻、债负（原注：于法合理者），起十月一日，官司受理，至正月三十日住接词状，至三月三十日断也。"②可知农隙时段自十月一日起至正月三十日，此时大部分的农务已经结束，基层官吏可以腾出手来造簿，毕竟丁产簿的撰造是一项烦琐而量大的事务。这也和《月令》所言十月造丁产簿相符合。

（二）丁帐、丁籍的撰造时间

丁帐一年一造，宋文献载曰"州县丁数岁终上之"，"每岁而登户口，乾德之令也"③。丁帐具体撰造月份，是在每年的年末开始。高宗绍兴三十年（1160）诏："诸州县岁终攒造丁帐。"④即年末开始撰造来年要上报的丁帐。丁帐完成时间前后稍有不同。北宋真宗《景德农田敕》："诸州每年申奏丁口文帐，仰旨挥诸县差本村三大户长就门通抄。每年造帐，本县据户数收落，仍春季终闻奏。"⑤规定丁帐以县为基本撰造单位，于每年的三月底完成报州。此后北宋又改为县造丁帐二月报州，州三月报转运司，转运司六月报户部。《宋大诏令集》载政和八年《二月月令》云："县列户口增减报州。"《三月月令》曰："州验实报漕司。"《六月月令》："漕司报户口都帐上户部。"⑥这与南宋时制定的

---

① （清）徐松辑：《宋会要辑稿》食货11之17至18。
② 天一阁博物馆、中国社会科学院历史所天圣令整理课题组：《天一阁藏明抄本天圣令校证》卷30《杂令》，下册，中华书局2006年版，第430页。
③ （宋）不著撰人：《群书会元截江网》卷26《户口·皇朝事实》，文渊阁《四库全书》本，上海古籍出版社1987年影印本，第934册，第384页。
④ （清）徐松辑：《宋会要辑稿》食货11之2。
⑤ （宋）梁克家撰：《淳熙三山志》卷10《版籍类·户口》，文渊阁《四库全书》本，第484册，第211页。
⑥ （宋）不著编者：《宋大诏令集》卷126、127，第438、441页。

《庆元条法事类》记载的时间是一致的:"诸户口增减实数,县每岁具帐四本,一本留县架阁,三本粘连保明限二月十五日以前到州,州验实毕,具帐粘连管下县帐三本,一本留本州架阁,二本限三月终到转运司,本司验实毕具都帐两本,粘连州县帐,一本留本司架阁,一本限六月终到尚书户部。"① 上述所言时限是指报送上级部门的最后期限。

关于丁籍,每年需要根据人口的增减进行调整修订,其时间应是和县丁帐的撰造同步进行的。

(三) 丁籍每岁排定户等的时间

前文考述了闰年一造五等丁产簿,具体撰造时间在十月。此外,宋还规定每年要对户等重新进行一次排定,时间也是在十月。《宋大诏令集》载宣和元年《十月月令》:"是月也……民之版籍应升降必以实。"宣和二年《十月月令》:"是月也……第户产之籍。"宣和三年《十月月令》:"是月也……第民产。"② 宣和元年、宣和二年都是非闰年,除这二年的《十月月令》都提到了要调整百姓的户等外,闰年的宣和三年《十月月令》也有"第民产"之说。宣和三年的《十月月令》规定与其说是造新簿,不如看作非闰年的例行公事在闰年的正常举行。这是宋政府针对日常土地买卖十分频繁而采取的及时调整户籍等第的积极措施,因为户籍等第的调整牵涉上等户的差役问题,因此需要每年进行调整,当然这是在不改动五等版簿的情况下进行的,时间放在十月,这与闰年造五等丁产簿的月份是一致的。

我们已知,五等丁产簿为闰年一造,那么非闰年的十月对户等既然要排定,排定的结果登录于何种簿籍呢?笔者以为是登录在丁籍中。吴松弟根据建炎三年(1129)高宗的一份诏书等材料,认为"丁帐上应顺便登记各户的户等"③。其实丁帐是申报汇总表,无须登记户等。如果把"丁帐"二字换成"丁籍",这一判断就无误了。丁籍的撰造主要是为了征调夫役和征收身丁钱。以人丁户等科差"是夫役征发的主要

---

① (宋)谢深甫撰,戴建国点校:《庆元条法事类》卷48《税租帐·户令》,第643页。
② (宋)不著编者:《宋大诏令集》卷130《典礼》、卷132《典礼》、卷133《典礼》,第454、463、469页。
③ 吴松弟:《中国人口史》第3卷,复旦大学出版社2000年版,第31页。

办法","财产多少则是夫役征发的主要依据"①。丁籍自然要登载户等。元丰二年（1079），神宗"诏诸路修城，于中等以上户均出役夫，夫出百钱"②。《作邑自箴》卷 4《处事》载："差夫役，总计家业钱均定，遂无偏曲。"都提到了差夫据户等。薛嘉言撰、薛季宣笺《薛徽言行状》论郴、道、永、桂阳丁米均敷之弊，云"丁米前例口赋四斗均敷，以承平丁帐科于乱后，君既蠲其敷数，遂奏计口之赋，贫富一等，富者宽裕，贫者重困，均之田亩，则又偏苦上户，谓宜履亩分口算之半，以就均一，宽贫下带籴之米"③。所谓"履亩分口算之半"，实即根据户等计算。如果丁籍不计户等，如何根据户等差夫呢？因此丁籍需要每年排一次户等，户等等级与五等丁产簿一致，也分为五等。排序时间安排在每年的十月。

（四）税租簿帐的撰造申报时间

撰造申报税簿帐也有一个时间过程。我们先看税租簿的撰造时间。宋《赋役令》云："诸县税租，夏秋造簿，于起纳百日前同旧簿并干照文书送州审磨点检，书印讫，起纳前四十日付县。"④ 从这一规定来看，仅规定了一个原则，并没有规定一个具体的送交月份日期。这主要是考虑到各地因地理方位和气候的不同，农作物的收获期亦有先后，难以指定一个统一的具体月份，所以赋役令用"起纳百日前"作为期限，各地可以根据各自的收获期来确定税租簿的送审时间。这是非常实际的做法。《宋大诏令集》云："（五月）州县始督夏赋。"八月输毕。⑤"（九月）始督秋赋"⑥ 至来年正月输毕。⑦ 夏税的征收时间在五月，秋税则于九月征收。《宋大诏令集》规定的日期应是主要针对北方地区的。依上述规定计算，县夏税租簿二月上旬前造好报

---

① 梁太济：《两宋阶级关系的若干问题》，河北大学出版社 1998 年版，第 191 页。
② （宋）李焘：《长编》296，元丰二年正月丁亥，第 7198 页。
③ （宋）薛季宣：《浪语集》卷 33《薛徽言行状》，《永嘉丛书》本。
④ （宋）谢深甫撰，戴建国点校：《庆元条法事类》卷 47《税租簿》，第 634 页。
⑤ （宋）不著编者：《宋大诏令集》卷 127《典礼》，第 443 页。
⑥ （宋）不著编者：《宋大诏令集》卷 130《典礼》，第 454 页。
⑦ （宋）不著编者：《宋大诏令集》卷 128《典礼》，第 447 页。

州，州审核后三月下旬返回；秋税租簿县五月下旬前造好报州，州七月下旬返回县。

宋廷南渡后，税租管辖征收区集中在南方，关于税租簿的撰造申报也相应发生变化。《宋会要辑稿》食货七〇之七六载："淳熙十六年（1189）臣僚言：'在法，未开场前两月，县置簿以申州，州印押下县。盖缘人户轮纳，随手便欲勾销，若不先置簿书，临期何照证。或虽已印押，而收藏以待钱足者，逮至到县，纳数已多，纷然壅并，县吏得而邀阻。乞严戒州郡，今后夏税簿须管四月下旬到县，秋税簿须九月下旬到县，每收发税簿，须令州县各申监司，庶几有所稽考。或不依限收发许监司重作施行。'从之。"县夏、秋税簿申报撰造时间比起北宋都有所延迟。

接下来再看各县的税租帐又是何时撰造申报的。

《宋大诏令集》云："（正月）夏赋始造帐。""（四月）始造秋税籍。"《庆元赋役令》载："诸州《夏秋税管额帐》，夏自正月一日，秋自四月一日，各限四十五日（原注：刺帐、单状同）；《纳毕帐》自二税限满日限六十日，造申转运司。"① 这一法令是说正月一日各州开始造《夏税管额帐》，四月一日开始造《秋税管额帐》，并限四十五日，也就是夏税帐到二月十五日，秋税帐到五月十五日撰造好申报转运司。四十五天是一个撰造期限。这个期限应该包括了县一级的税帐撰造时间。因为州的《夏秋税管额帐》是据各县的税帐汇总而成的。

宋太宗端拱元年（988）诏云：

> 开封府等七十州夏税旧以五月十五日起纳，至七月三十日毕，河北、河东诸州五月十五日起纳，八月五日毕，颍州等十三州及淮南、[江]南、两浙、福建、广南、荆湖、川峡五月一日起纳，至七月十五日毕；秋税自九月一日起纳，十二月十五日毕。自今并可加一月限。或值闰月，及田蚕早晚不同处，令有司临时奏裁。其掌纳官吏以限外欠数差定，其罚限前毕者，减一选升资。夏税簿正月

---

① （宋）谢深甫撰，戴建国点校：《庆元条法事类》卷48《税租帐》，第643页。

一日造，秋税簿四月一日造，并限四十五日毕。①

诏书所言夏秋税簿，联系上文并结合上述《庆元赋役令》看，实际是指夏秋税帐。据此可见南北地区的夏秋税租起纳时间是不同的，夏税北方五月十五日起纳，南方五月一日起纳；秋税南北并于九月一日起纳。淳化二年（991）又将南方秋税起纳时间延迟到十月一日。②此后北宋有十至十五日的小幅延后调整，大致夏税起纳仍在五月，秋税仍在十月。③

四 造帐官吏与税租簿的审核

造帐有造帐官吏。北宋右司谏王觌言："臣窃谓京师场务所谓繁重者，惟在帐籍。其造帐目可别作处置。臣伏见天下州郡场务甚有出纳浩瀚之处，其专副及造帐人管勾，逐年帐籍无不如期而毕。"④宋代诸州皆置有造帐司。梁克家《淳熙三山志》卷13《版籍类四·州县役人》载：

> 造帐司，人吏四名。建隆以来，本州以使院人吏有阙，抽诸县曹司充补。治平元年以吴差人率不谙（谐）攒造，拨放归县。熙宁四年，[令]诸州募能造帐人充，合得职名，令专主造帐。非造帐月分从其便，并优与请给，以免役钱支。仍各立定限酬赏。元丰二年，本州募四人，并给雇钱。元祐三年罢给，听于吏人内抽差，

---

① （清）徐松辑：《宋会要辑稿》食货70之4。"并限四十五日毕"，原作"并限四月十五日毕"。按，秋税簿四月一日刚开始造，十五日内如何能造好？"月"字显系衍文，据《庆元条法事类》卷48《税租帐》赋役令删。

② （清）徐松辑：《宋会要辑稿》食货70之5。

③ 详见（宋）谢深甫撰，戴建国点校《庆元条法事类》卷47《拘催税租·杂格·诸州催纳二税日限》，第613—615页。据王曾瑜先生考证，《庆元条法事类》关于诸州催纳二税日限的规定为北宋后期制定的。参见王曾瑜《宋朝的两税》，载氏著《锱铢编》，河北大学出版社2006年版，第336页。

④ （宋）李焘：《长编》卷389，元祐元年十月庚寅，第9463页。

候满三年，无过，转一资，与优轻酬奖一次。①

造帐司的人员先是从吏人内抽差，但抽差的人员效率低下。熙宁四年（1091）实施招募法，以免役钱支付费用。元祐三年起一度罢免役法，至绍圣时复行之。造帐司的人员数额各地不一，如福州为四人，台州为五人。②《吏卒令》规定："诸州幕能造帐人补应得职名，专掌造帐。……无人应募者，于吏人或兵级内选，仍各立年限推赏。无可选者，雇人攒造，别差吏人二人住行。"③ 州造帐司通常选司理参军或司法参军"一员掌之"④。宋还规定，州造帐司官如与转运司计帐官有亲嫌关系者，须回避。⑤ 为了加强对造帐官吏的管理，宋制定了造帐法："诸于税租簿帐有欺弊者，不分首从，计物之值"，分别受到从杖一百到配本州不等的惩处。⑥

除了造帐司之外，宋代县乡簿帐的撰造，更多的是依靠乡里胥吏。北宋法规定撰造五等丁产簿及丁口帐"勒村耆人户就门抄上人丁"⑦。嘉祐敕："造簿，委令佐责户长、三大户，录人户丁口、税产、物力为五等。"⑧ 李元弼云："造五等簿，将乡书手、耆户长隔在三处，不得相见，各给印由子，逐户开坐家业，却一处比照。"⑨ 李椿年曰："乡司走弄二税，姓名、数目所系于籍者，翻覆皆由其手。"⑩ 这些材料都反映了胥吏在撰造簿帐过程中扮演的角色。

宋人云"一岁之入莫大于租税"⑪。对于税租的总额，宋政府每年

---

① 按：史料中的脱误，以赵彦卫《云麓漫抄》卷12补正。
② （宋）梁克家撰：《淳熙三山志》卷13《版籍类·州县役人》；（宋）陈耆卿撰：《赤城志》卷10《吏役门·造帐》。
③ （宋）谢深甫撰，戴建国点校：《庆元条法事类》卷52《差补·吏卒令》，第731页。
④ （宋）谢深甫撰，戴建国点校：《庆元条法事类》卷4《职掌·文书令》，第30页。
⑤ （宋）谢深甫撰，戴建国点校：《庆元条法事类》卷9《省员废并·职制令》，第156页。
⑥ （宋）谢深甫撰，戴建国点校：《庆元条法事类》卷48《税租帐》，第651页。
⑦ （清）徐松辑：《宋会要辑稿》食货11之13。
⑧ （宋）李焘：《长编》卷254，熙宁七年七月癸亥，第6227页。
⑨ （宋）李元弼：《作邑自箴》卷4《处事》，《四部丛刊续编》本。
⑩ （清）徐松辑：《宋会要辑稿》食货6之36。
⑪ （清）徐松辑：《宋会要辑稿》食货49之26。

都要汇总审计，比较增亏。景德二年，真宗诏三司"每岁较天下税簿登耗以闻"①。但州县"长官日困于应酬，赋财文书凡目既多，往往不暇详究，兼前后交承，首尾不相应，以至渗漏者甚多"②。"县道财赋本源全在簿书，乡典奸弊亦全在簿书……乡典受赇，随时更改，又故为草书小字，令人不可晓会，兼甲乙交易，甲已推而乙不收，乙已收而甲不推者，比比皆是。"③ 因此宋对租税簿的撰造和审核非常重视，宋将案帐、簿书齐整作为考察课绩的重要内容，与狱讼无冤、催科不扰、税赋别无失陷、宣敕条贯齐整、差役均平同"为治事之最"④。高宗曾下诏规定"民田不上税簿者没入，税簿不谨书者，罪官吏"⑤。如神宗时，陆师渊知开封县，"税入中限，犹未造簿，以弛慢冲替"⑥。

宋制定了"驱磨税簿之法"等一系列措施，即对簿帐登录的内容进行审核，宋人谓之"磨勘"。早在天禧四年（1020），真宗就下诏，命转运使"于逐州选官一员"，专管诸州帐籍。⑦ 宋《赋役令》规定：县当年新造税租簿须送州审核，"诸州磨勘税租簿，所差官听选吏人，分定户数，先以租数照逐应纳数，次以钞旁对已纳数比磨增亏。以吏人姓名印钞簿上，本官躬亲抽摘审验。三万户以下，限九十日，每一万户加三十日，至半年止，官吏保明申转运司"⑧。这一规定包含了多项内容，审核人先由吏人承担，将租数比对应纳数，将纳税凭证比对已纳数额，审核完毕，审核人于凭证和税租簿上盖印。最后由长官抽查。法令还规定了审核期限。审核过程中，审核出税租簿有误的话，造簿人杖八十；税租簿有亏失而未能审核出，审核人杖一百；税租簿不误，而审核人"故为隐漏者"，徒二年；官吏在税租簿中做手脚有欺弊行为而未能

---

① （宋）李焘：《长编》卷60，景德二年五月己未，第1340页。
② 旧题（宋）陈襄撰：《州县提纲》卷4《搜求渗漏》，文渊阁《四库全书》本，第602册，第648页。
③ 同上书，第647页。
④ （宋）李焘：《长编》卷472，元祐七年四月甲戌，第11271页。
⑤ （清）徐乾学撰：《资治通鉴后编》卷115，绍兴十三年闰四月壬寅，文渊阁《四库全书》本，上海古籍出版社1987年影印本，第344册，第294页。
⑥ （宋）李焘：《长编》卷370，元祐元年闰二月，第8966页。
⑦ （清）徐松辑：《宋会要辑稿》食货11之12。
⑧ （宋）谢深甫撰，戴建国点校：《庆元条法事类》卷48《税租帐》，第652页。

审核出，审核人"论如税租簿有欺弊当职官失觉察法"①。关于籍帐监管，学界已有详细成果，此不再赘述。②

结　语

进入宋代以后，随着社会经济的多元化发展，地方与赋役征差相关的籍帐簿书名目和数量繁多，数不胜数，特别是南宋后期，更是达到了中国历史上前所未有的程度。如绍定二年（1229）抚州金溪县行经界法，仅一县，涉及的有"丁口、田簿五百三十有三，鱼鳞图四百九十有七；簿一千有六：攒结簿五百有三，摆算簿五百八十，类姓簿四十有九，编并簿五十，科折簿百，税苗簿百，役钱簿七尺七"③。这一县的籍帐数量之多实在惊人。

宋代虽制定了详尽的籍帐制度，但在各地执行的情况好坏不一。南宋虞俦在一奏章中曰："诸县税租夏秋造簿，及已受纳，对钞朱销，凡所以关防之法，非不严且密也。近来诸县推割造簿之时，豪右之家计嘱乡书，只用白状，不述保分、人丁、住止，将一户税力分立诡名，减免等第，却与下户暗增色额。当职官略不留意点对，便以造簿为定，赴州审印，下县起理，开数给帖，付户长催科。……又民户输纳二税，除给户钞外，官司自有县监住钞可以照应。乡书不即与朱销，主簿又不书押，或去失官钞，则反追索户钞。至有不行照用，勒令再纳，以致下户重困。"④杜範云："浙右多大县，常熟田赋殆与他小郡等。绍兴经界逮今未百年，旧仅存籍之在官者漫不可考，胥吏饫口腹养妻子，其间朝窜暮易，蠹弊百出，田而不赋者有之，赋而不田者有之。"⑤两人道出了宋代籍帐管理制度中的种种弊病。尽管如此，宋代的籍帐在宋代日常经济生活中发挥了重要作用。

---

① （宋）谢深甫撰，戴建国点校：《庆元条法事类》卷48《税租帐》，第652页。
② 参见方宝璋《宋代财经监督研究》，中国审计出版社2001年版。
③ （宋）潜敷：《宝庆修复经界记》，弘治《抚州府志》卷12。
④ （明）黄淮、杨士奇编：《历代名臣奏议》卷258《赋役·轮对札子》，第3379页。
⑤ （宋）杜範：《清献集》卷16《常熟县版籍记》，文渊阁《四库全书》本，第1175册，第735页。

中唐以来，中国社会发生了重要变化，这一变化在籍帐制度上也有诸多反映。古代以来的籍帐制度趋于崩溃，"在朝向客户的附籍及以土地为标准的课税体系转变的同时，掌握人身的机能，亦随之减弱"[1]。唐代在地方实行单一的户籍制，将贱民附载在主人的户籍后。宋代改变了唐代的制度，将户籍分成五等丁产簿与丁籍，前者只统计主户，后者不分主、客户而通载之。唐代户籍以人丁为主兼及土地，宋代则是以土地财产为主兼及人丁。随着南宋社会发展，土地流转的加剧，产权日益细化，政府加强了对土地买卖和产税推割的监管，籍帐以土地财产为主的倾向越来越明显，籍帐制度也更为务实，砧基簿、鱼鳞图等应运而生。

宋代的帐籍制度深深影响了后代，例如明代的鱼鳞图册，与宋代的鱼鳞图有着密切的继承关系。[2] 鱼鳞图早在高宗绍兴李椿年行经界法时就出现在砧基簿中了。到了光宗朝，朱熹在漳州行经界法，他在《晓示经界差甲头榜》中云"打量纽算，置立土封，桩摽界至，分方造帐，画鱼鳞图、砧基簿及供报官司文字应干式样，见已讲究见得次第，旦夕当行镂版，散下诸县"[3]。朱熹将鱼鳞图和砧基簿并例，表明鱼鳞图此时已从砧基簿中独立出来。与此差不多同时，葛洪在昌国县，"令逐都各照人户所居远近抵踏，并僧舍、道院，打画鱼鳞图二本，一缴申县衙， 留本都。各与点对圆备，用印"[4]。葛洪命令"打画鱼鳞图二本"，是单独制作的。又理宗宝庆二年（1226），抚州金溪县行经界法，至绍定元年（1228）竣事，撰造了大量簿籍。"于是有丁口、田簿五百三十有三，鱼鳞图四百九十有七。"[5] 鱼鳞图也是单独绘制的。可见鱼鳞图在南宋后期已成为一种官府管理田产必备的图籍。后被元代承袭。

---

[1] ［日］池田温：《中国古代籍帐制度》，龚泽铣译，中华书局1984年版，第15页。
[2] 参见王曾瑜《宋朝的鱼鳞簿和鱼鳞图》，载氏著《锱铢编》，河北大学出版社2006年版，第578—581页。
[3] （宋）朱熹：《晦庵先生朱文公文集》卷100《晓示经界差甲头榜》，《四部丛刊初编》本。
[4] 道光《东阳县志》卷25《与乡令论推排利害书》，道光十二年刻本。葛洪，婺州东阳人，淳熙十一年（1184）登进士第，《宋史》卷415有传。此篇论书，是在任昌国县令时写的，当距其登进士第不久，时间约在光宗绍熙前后（1190—1194）。
[5] （宋）潜敷：《宝庆修复经界记》，弘治《抚州府志》卷12。

史载，元代的泰不华在越州"首正经界"，"为田五十五万三千七百亩，田一区印署盈尺纸，以给田主，谓之乌由，凡四十六万三千有奇，画之为流水册，次之为鱼鳞图，类之为兜率簿，第其高下而差徭之，谓之鼠尾册"①。所言"正经界""鱼鳞图""鼠尾册"，无疑是沿用了宋制。②后来又被明代进一步沿用，在社会经济生活中扮演了十分重要的角色。

---

① （元）贡师泰：《玩斋集》卷10《奉训大夫绍兴路余姚州知州刘辉墓志铭》。文渊阁《四库全书》本，上海古籍出版社1987年影印本，第1215册，第689页。
② 关于鼠尾册，（宋）黄震《黄氏日钞》卷79《义役差役榜》、（宋）刘克庄《后村先生大全集》卷192《浮梁县申余震龙等不伏充役事》都有记载。

论宋代的私有财产权

程民生

(河南大学 历史文化学院)

"私有财产权"概念用之于中国古代史,似乎不伦不类。[①] 因为按照基本理论与常识,中国古代无疑是私有制社会,但又是帝王专制独裁时代,"普天之下,莫非王土;率土之滨,莫非王臣",也所谓的私有是皇家的私有,国家为君主的私有财产,君主拥有全国土地等一切财富的所有权,百姓的一切至少在名义上都是皇帝恩赐。但以此推导的逻辑结论必然是:除了皇帝以外任何人没有私有财产权,也是皇家公有制或国有制,这显然是不合实际的。在中国古代,私有财产权具体体现在民间。对于这一微妙问题学界已多有关注,关于中国古代社会私有财产权利的形态也一直存在着争论,但基本都是法学界、经济学界的话题,[②] 而且

[①] 有学者反对一些中国古代民法史教科书中常见的"物权""债权"的说法,认为这不过代表了一种将古代史料填充今天法律框架的企图。不假思索借用完善的当代法学体系,使得这些说法对于当时的社会是一张倒签日期的提单,错误、漏洞百出。(郝维华:《清代民间财产权利的观念与实践》,法律出版社2011年版)这种指责有一定道理,提出这点也具有警示意义,但也不无偏激。对此类观点学界多有辩驳,笔者认为:事实上,在政治学、经济学、社会学和法学等学科里,使用"私有财产权"一词不尽相同,各有专业的侧重。古代史中的相关研究如果不借用相关词语或概念,便难以提出新问题。借鉴其他学科的理论、方法是史学研究发展的道路之一,借鉴来的概念肯定与在原来学科、语境里不完全相同,大家约定俗成地清楚这一转换,尽可能地避免机械套用。这种方法自然是有利有弊,但利多弊少,不能一概否定。

[②] 参见柴荣《中国古代物权法研究:以土地关系为研究视角》,中国检察出版社2007年版;刘丕峰《中国古代私有财产权的法律文化研究》,山东人民出版社2011年版;曾哲《私有财产权保护:中国律例史上的儒家元典精神》,《太平洋学报》2008年第6期;顾华详《论古代土地所有权保护制度的特征》,《新疆师范大学学报》2009年第1期;顾华详《我国古代物权制度考察》,《乌鲁木齐职业大学学报》2009年第2期;高玮《中国古代社会私有财产权利分析》,《湖北经济学院学报》2010年第1期。

一涉及宋代具体历史问题往往出错。① 唯陈志英《宋代物权关系研究》一书，从宋代物权状况的实际出发，运用现代的法学理论，对宋代所有权及各种他物权的形态，关联及特征进行了比较系统深入的研究，揭示了宋代物权关系的运行轨迹。指出宋代"一般社会成员的私有财产权利一定程度上获得了法律的支持和认可"②。这是从民法角度研究宋代物权关系最全面系统的研究，本文从历史和政治经济角度关注宋代民间的私有财产权，重点在于私有财产权地位及其与公权的关系。

对于私有财产权，大陆学术界的研究不断进展，认为私有财产是人类维护生存、发展的最基本的物质保障。私有财产权则体现着人的多种权利：作为一种经济权，私有财产是私人对财富的正当控制；而财富是人类生存和发展的根本，于是又成了人权——以物为载体的人的权利，而且是人权的核心；而对于财富控制的正当性及控制量多少的判断则构成了一种政治权；私有财产权还是生命权和自由权的延伸，更是经济活动和法律活动的核心。这是现代理论和认识高度，而且多由欧美理念传播而来。古人的认识水平与此不同，表达方式也不同，但主流社会对民间私有财产权并无异议。在长期占统治地位的儒家理论中就有明确的表达，如《孟子·滕文公上》曰："民之为道也，有恒产者有恒心，无恒产者无恒心。"必须让百姓拥有稳定的财产和私有财产权，社会才能稳

---

① 如有法学界学者认为："我国古代曾长期存在着土地国有与私有并存的状态，但土地所有权国有的制度始终未被彻底打破……北朝、隋唐及宋朝时期实行'均田制'……宋代仍然实行土地国有制。为了防止其私有化，宋代加强了对公田的管理。宋代的土地既有国家所有，也有私人所有，即存在着公田与私田之分。"（顾华详：《论古代土地所有权保护制度的特征》，《新疆师范大学学报》2003年第1期）无视国有土地所占比重不足5%并官田私田化的趋势。还有学者指出："尽管古代中国偶尔出现要求保护私人财产的认识，如宋代户部针对当时占田状况曾经提出'百姓弃产，已诏二年外许人请射，十年内虽已请射及充职田者，并听归业。孤幼及亲属应得财产者，守令验实给还，冒占者论如律。州县奉行不虔，监司按劾'（《宋史》卷173《食货志上·农田》）。但是，总体来说此类认识主要是基于官府对小民的怜悯，并无意在程序法或实体法方面确立私人财产权利的制度保障。"（邓建鹏：《私有制与所有权？——古代中国土地权利状态的法理分析》，《中外法学》2005年第2期）这一判断也非史实。如果完全按照西方的法理当然不同，本文将证明宋代具有中国古代特色的"在程序法或实体法方面确立私人财产权利的制度保障"。

② 陈志英：《宋代物权关系研究》，中国社会科学出版社2006年版，第190页。本文撰成半年后得见陈著，阅读后发现，由于角度、立意等不同，本文大多数问题是其未涉及或未深入的，个别问题一样但论证不同。

定。或者说只有明晰的私有财产权及稳定的预期，才能调动创造、积累财富的热情，才能实现社会经济健康稳定的发展。儒家的这种元典精神影响深远，自然不同程度地体现于古代民间以及立法执法之中，宋代就是比较典型的一个剖面，本文试做一宏观考察。

一 宋代私有财产权的观念

中国历史上一个特殊现象是，宋代立国时就率先保护私有财产。在陈桥兵变之际，赵匡胤首先提出的就是保护官、私财产："近世帝王，初入京城，皆纵兵大掠，擅劫府库，汝等毋得复然，事定，当厚赏汝。不然，当族诛汝。""众皆拜。乃整军自仁和门入，秋毫无所犯。"[1] 军队再也不大肆抢掠，但民间有趁火打劫者："上之入也，闾巷奸民往往乘便攘夺，于是索得数辈斩于市，被掠者官偿其赀。"[2] 官方果断打击并予以赔偿，稳定了民心，实现了和平方式改朝换代。宋真宗朝，京东都大巡检胡守节报告："部民王吉知群盗匿所，密以告官，请俟擒获，以其赃给之。"宋真宗拒绝道："如此，则被盗之家无乃重伤乎？宜赐官钱三万，赃悉归其主。"[3] 宁愿官方贴钱也不愿让受害者吃亏，其实质是公共财政承担了因政府原因即治安问题导致的民间财产损失，理念的先进性是不言而喻的。

宋代的私有财产权观念基本上继承了前代精髓，并在新的历中环境中有所更新。这就是私有财产权的观念确立，必须解决的两个问题：一是皇帝与天下财物的关系；二是富人与穷人的关系。

（一）皇帝与天下财物的关系

皇帝与天下财物的关系是个大前提，涉及两个方面：一方面，皇帝是否天下财产的终极所有者？另一方面，民间财产是否来自皇帝？

首先我们看到，宋人否认皇帝是天下财产的终极所有者。章如愚

---

[1] （宋）李焘：《续资治通鉴长编》（以下简称《长编》）卷1，建隆元年正月甲辰，中华书局2004年版，第3页。
[2] （宋）李焘：《长编》卷1，建隆元年正月乙巳，第6页。
[3] （宋）李焘：《长编》卷77，大中祥符五年正月己卯，第1750页。

言："天地之财，非人主所得私也。"① 天下财物不是君主的私产，不得私自拥有和擅用。杜範进而指出："人主代天理物，一毫之私，不容间也。敕天命以谨时几，畏天威以严夙夜，此念所存，何莫非天。赏曰天命，刑曰天讨，陟降厥士亦曰天监。若私怨之宿非天也，私恩之酬非天也，私匪之爵非天也，私谒之行非天也，私敕之降非天也，私财之贮非天也。"② 天子并没有最终的所有权，只是代表上天行使管理权。终极所有者是至高无上的天，实际上就是神化的大自然。

宋人进而认为天下也不是皇帝的私产。这一理念虽然早已有之，③但宋人强调得更多，更清晰透彻。北宋王禹偁提出："夫天下者非一人之天下，乃天下之天下。理之得其道则民辅，失其道则民去之，民既去，又孰与同其天下乎？"④ 离开了人民就没有所谓的天下。南宋朱熹在教科书中言："天下者，天下之天下，非一人之私有故也。"⑤ 南宋末御史刘黻说："天下事当与天下共之，非人主所可得私也。"⑥ 最具有时代精神的是南宋初御史方庭实的言论："天下者中国之大卜，祖宗之天下，群臣、万姓、三军之天下，非陛下之天下。"⑦ 与其他有关言论不同之处是，方庭实明确说宋朝天下不仅是开国皇帝打下的天下，还是"中国之天下"，"群臣、万姓、三军之天下"，意味着人民也是天下的所有者。如此，就从根本上否决了皇帝对天下财物独裁的所有权。皇帝也认可这一理念，如宋太祖说："我以四海之富，宫殿悉以金银为饰，力亦可办，但念我为天下守财耳，岂可妄用。"⑧ 虽有四海之富，但属

---

① （宋）章如愚：《群书考索》后集卷53《田赋类》，文渊阁《四库全书》本，上海古籍出版社1987年影印本，第937册，第752页。
② （宋）杜範：《清献集》卷12《签书直前奏札（壬寅）》，文渊阁《四库全书》本，上海古籍出版社1987年影印本，第1175册，第710页。
③ （战国）吕不韦等：《吕氏春秋》卷1《贵公》（山西古籍出版社1999年版，第6页）："天下非一人之天下也，天下之天下也。"
④ （宋）王禹偁：《小畜外集》卷11《代伯益上夏启书》，《四部丛刊初编》本。
⑤ （宋）赵顺孙：《孟子纂疏》卷9《朱子集注万章章句上》，文渊阁《四库全书》本，上海古籍出版社1987年影印本，第201册，第664页。
⑥ （元）脱脱等撰：《宋史》卷405《刘黻传》，中华书局1977年版，第12248页。
⑦ （元）佚名撰，李之亮点校：《宋史全文》卷20中，绍兴八年十二月辛未，黑龙江人民出版社2004年版，第1301页。
⑧ （宋）李焘：《长编》卷13，开宝五年七月甲申，第286页。

于守护者，不是所有者。

其次，与前代不同，无论是在理论上还是实际上，宋代民间财产并非来自皇帝。主要是均田制不复存在，土地占有方式的主流是私有化。叶适说："古者民与君为一，后世民与君为二。"他的理论是在三代井田制下，民众的财产等一切都来自君主，"古之为民，无不出于君者，岂直授之田而已哉？"因此民众对国家承担的义务也广泛。井田制破坏后，君民一体的关系遭到破坏，"其君民上下判然出于二本，反若外为之以临其民者"。宋代的情况更加不同，均田制崩溃，"授田之制亡矣"，土地私有制成为基本土地制度，"民自以私相贸易，而官反为之司契券而取其直"。君民一体的关系由此破坏，"官民不急不相知也，其有求请而相关通者，则视若敌国"[1]。他的另一表述方式更直接，即："县官不幸而失养民之权。"[2] 君民分离，就是授受关系的丧失。这就是说，民间土地等财产不再来自君主，而是自己购置的，不是皇帝养民众，而是民众自己养自己，"缘百姓私产，并用货买"[3]，与皇帝、官府何干？超经济强制因而削弱。叶适对历史状况的分析判断未必正确，只是为了服务于他强调的现实理论。宋神宗时的李常早就指出："今则不然。田无多少之限，民无贫富之常，吏不识其民，民不信其上。"[4] 土地自由买卖流通，人的贫富不断变化，所有权和社会经济在一定程度上不再世袭、固化，自由发展，君民关系、官民关系对立。

（二）富人与穷人的关系

私有财产权主要是对大量财富所有者而言，他们的财产是否合理，是问题的关键。

理论界的新观点认为，富人致富合理，其财产权应当尊重。苏辙曾

---

[1] （宋）叶适：《水心别集》卷2《民事上》，载《叶适集》，刘公纯、王孝鱼、李哲夫点校，中华书局1961年版，第651—652页。

[2] 同上书，第652页。

[3] （宋）梁克家：《淳熙三山志》卷11《官庄田》，《宋元方志丛刊本》，中华书局1990年版，第7882页。

[4] （宋）赵汝愚编：《宋朝诸臣奏议》卷113，李常《上神宗论青苗》，北京大学中国中古史研究中心校点整理，上海古籍出版社1999年版，第1228页。

强调指出："祖宗承五代之乱，法制明具，州郡无藩镇之强，公卿无世官之弊。古者大邦巨室之害，不见于今矣。惟州县之间，随其大小皆有富民，此理势之所必至，所谓'物之不齐，物之情也。'然州县赖之以为强，国家恃之以为固。非所当忧，亦非所当去也。能使富民安其富而不横，贫民安其贫而不匮，贫富相恃，以为长久，而天下定矣。"指责："王介甫，小丈夫也，不忍贫民而深疾富民，志欲破富民以惠贫民，不知其不可也。"[①] 贫富差别是历史自然形成的，富人应当保护。叶适也在争取富人的社会地位："今俗吏欲抑兼并，破富人以扶贫弱者，意则善矣。此可随时施之于其所治耳，非上之所恃以为治也。夫州县狱讼繁多，终日之力不能胜，大半为富人役耳。是以吏不胜忿，常欲起而诛之。县官不幸而失养民之权，转归于富人，其积非一世也。小民之无田者，假田于富人；得田而无以为耕，借资于富人；岁时有急，求于富人；其甚者，庸作奴婢，归于富人；游手末作，俳优伎艺，传食于富人；而又上当官输，杂出无数，吏常有非时之责尤以应上命，常取具于富人。然则富人者，州县之本，上下之所赖也。富人为天子养小民，又供上用，虽厚取赢以自封殖，计其勤劳亦略相当矣。"[②] 富人的财产是维护上下稳定的基石，其享用财富理所当然，对其私有财产权应当保护。陈亮也有相同观点："阡陌既开，而豪民武断乡曲，以财力相君，富商大贾操其奇赢，动辄距万，甚者以货自厕于士大夫之后。此言治者之通患，而抑兼并、困商贾之说，举世言之而莫得其要也。夫民田既已无制，谷不能以皆积；兵民既分，力不能以自卫；缓急指呼号召，则强宗豪族犹足以庇其乡井；而富商大贾出其所有，亦足以应朝廷仓卒之须"，"无乃古制之未复，则贫富之不齐当亦听其自尔乎？"[③] 他的中心思想是，贫富差别的形成是历史与时代造就的，应当顺其自然。南宋中期有士大夫上书皇帝，意图将这些理论落实到政治上："士大夫类曰抑

---

① （宋）苏辙撰，曾枣庄、马德富点校：《栾城集·第三集》卷8《诗病五事》，上海古籍出版社1987年版，第1555页。
② （宋）叶适：《水心别集》卷2《民事下》，载《叶适集》，第657页。
③ （宋）陈亮撰，邓广铭点校：《陈亮集（增订本）》卷13《问汉豪民商贾之积蓄》，中华书局1987年版，第153页。

强扶弱，而不知安富恤贫，亦所以为政也。"① 尊重富家大户的财产权，应当是执政的一种理念，显然是一种新的理念，而救济贫民则是增添其私有财产，不能用均贫富的办法挖东墙补西墙。

理论界承认贫富差异的合理性，力主保护富人的私有财产，实质上就是肯定了私有财产权，强调私有财产权的重要性。因此，朝堂之上的统治者明确反对均贫富。熙宁三年，针对程颢提出的"须限民田，令如古井田"，宋神宗予以否认："如此即致乱之道……若夺人已有之田为制限，则不可。"王安石同样不赞成，理由是："今朝廷治农事未有以，又非古昔建农官人防圩埠之类，播种收获，补助不足，待兼并有力之人而后全具者甚众，如何可遽夺其田以赋贫民？此其势固不可行，纵可行，亦未为利。"② 至少在农业方面，朝廷无论是精力还是财力投入都不多，生产的发展有赖于富户支持，剥夺其私有土地分给贫民不可实行，即使实行了也有害无利。

（三）私有财产观念增强

宋代以土地为代表的民间私有财产权逐步确立，私有财产观念日益增强。试举四个不同层面的例子以窥一斑。

其一，民众之间。洪迈载道："许元惠卿，乐平士人也。其父梦有乌衣客来语曰：'吾昨贷君钱三百，今以奉还。'未及问为何人及何时所负而觉。明日思之，殊不能晓。平常蓄十余鸭，是日归，于数外见一黑色者，小童以为他人家物，约出之。鸭盘旋憩于傍，堕一卵乃去。自是历一月，每日皆然。凡诞三十卵，遂不至。竟不知为谁氏者，计其直，恰三百钱。"③ 这则传说颇有深意：欠债还钱，天经地义，即使冥冥之中也要坚守不虞，反映了深入骨髓的潜意识。

其二，官民之间。南宋人林鼐（字伯和）担任定海县丞时，"富人用本路常平使籍，傲不受役，伯和役之如令。常平檄使改役，伯和曰：

---

① （清）徐松辑：《宋会要辑稿》职官79之28，中华书局1957年影印本。
② （宋）李焘：《长编》卷213，熙宁三年七月癸丑，第5181页。
③ （宋）洪迈撰，何卓点校：《夷坚志》甲志卷14《许客还债》，中华书局1981年版，第124—125页。

'私产可公檄乎？'不许。"①"私产可公檄乎？"在这里是比喻，意思是难道私人财产可以被公家征发吗？透露出这是一个谁也无法反驳的道理：私有财产不能被政权强制征发。

其三，君民之间。宋仁宗时，宋祁在开封郊外曾问一老农："丈人甚苦暴露，勤且至矣！虽然，有秋之时，少则百囷，大则万箱，或者其天幸然？其帝力然？"老农驳斥道："何言之鄙也！子未知农事矣！夫春膏之烝，夏阳之暴，我且踦跂竭作，杨芟挃中，以趋天泽；秋气含收，冬物盖藏，我又州处不迁，亟屋除田，以复地力。今日之获，自我得之，胡幸而天也！且我俯有拾，仰有取，合锄以时，衰征以期，皁乎财求，明乎实利，吏不能夺吾时，官不能暴吾余，今日乐之，自我享之，胡力而帝也！吾春秋高，阅天下事多矣，未始见不昏作而邀天幸，不勉强以希帝力也！"②老农明确指出获得丰收完全是自己辛勤劳动的结果，根本不是上天的恩赐，也与皇帝无关。这位社会底层农民的言论，代表了宋代历史条件下广大农民反正统的新观念，把个人财产与皇帝、官方完全隔离。自我意识在民间私有财产观念强化中充分彰显了出来。

其四，君臣之间。太平兴国八年（983），曾多年担任河南尹的前宰相向拱，"表献西京长夏门北园，诏以银五千两偿之"③。既然是献给皇帝，自然是无偿呈送所有权，但皇帝尊重私有财产权，不愿领情，照样支付价钱，关系便由贡献转化成买卖，适应了时代习俗。另一例子的关系相反。绍兴十三年（1143），淮东宣抚使韩世忠，"请以赐田及私产自昔未输之税并归之官"，有诏"奖谕而可之"④。韩世忠是高官、功臣，得到过皇帝很多奖赏的赐田。按理这些赐田由皇帝将产权转交后就属于他的财产，但韩世忠公私分得很清，来自皇帝的土地好像是临时的，可以赐给也可以收回，不比自己购置的土地属于"私产"。

---

① （宋）叶适：《水心文集》卷15《林伯和墓志铭》，载《叶适集》，第289页。
② （宋）宋祁：《景文宋公集》卷98《录田父语》，《国学基本丛书》本，商务印书馆1937年版，第976页。
③ （元）脱脱等撰：《宋史》卷255《向拱传》，第8910页。
④ （元）脱脱等撰：《宋史》卷174《食货志上二》，第4215页。

二 宋代私有财产权的流转与政府的保护

私有财产权最重要的体现，就是合法权利的自我支配，具体表现为拥有财产和转移财产，显示着私有财产权的独立与尊严。对此处分继承权和买卖权，宋代官方依法给予积极维护。

（一）财产的处分继承权

继承权是依照法律规定或者合法有效的遗嘱而享有的权利。宋人对自己的财产拥有充分的处分权。

宋仁宗嘉祐年间的《遗嘱法》规定："财产无多少之限，皆听其与也；或同宗之戚，或异姓之亲，为其能笃情义于孤老，所以财产无多少之限，皆听其受也。因而有取，所不忍焉。"也即无论财产多少，完全听从遗嘱处置分配。后来官方想从中牟利提成，更改为："不满三百贯文，始容全给，不满一千贯，给三百贯，一千贯以上，给三分之一而已。"即遗产三百贯以下全给，三百贯以上无论多少最多给三百余贯。对此，元祐初左司谏王岩叟上书指出："臣伏以天下之可哀者，莫如老而无子孙之托，故王者仁于其所求，而厚于其所施。"指责"献利之臣，不原此意，而立为限法，人情莫不伤之……国家以四海之大、九州之富，顾岂取乎此？徒立法者累朝廷之仁尔。伏望圣慈，特令复嘉祐遗嘱法，以慰天下孤老者之心，以劝天下养孤老者之意，而厚民风焉"。朝廷因此恢复了《嘉祐遗嘱法》。[①]

宋太宗时，开封一孤独的李姓女子到皇宫前敲击登闻鼓上诉，"自言无儿息，身且病，一旦死，家业无所付。诏本府随所欲裁置之"[②]。弱势女子因遗产处置问题直接向皇帝求助，皇帝指示开封府完全按照其个人意愿处置，实际上就是官府代为执行，体现了对私有财产的尊重与保护。法律规定，户绝财产收归官府，但"若亡人在日，自有遗嘱处

[①] （宋）李焘：《长编》卷383，元祐元年七月丁丑，第9325页。
[②] （元）脱脱等撰：《宋史》卷199《刑法志一》，第4969页。

分，证验分明者，不用此令"①。可见宋人对自己合法财产享有充分的处分权。

私有财产的特点就是排他性，宋代法令十分重视遗产的直系传授，确保子孙能够继承遗产，严防旁人窃取。例如，继母改嫁不准继承亡夫遗产。宋太宗诏令："尝为人继母而夫死改嫁者，不得占夫家财物，当尽付夫之子孙，幼者官为检校，俟其长然后给之，违者以盗论。"② 遗产须由子孙后代继承，继承者如果年幼无知，遗产由官方代为管理，成年后移交。再如赘婿不得与亲子分享遗产。宋太宗时崇仪副使郭载言："臣前任使剑南，见川、峡富人多招赘婿，与所生子齿，富人死即分其财，故贫人多舍亲而出赘，甚伤风化而益争讼，望禁之。"朝廷批准了他的禁令。③ 另一案例比较复杂典型。宋真宗初，有场民家子与其姐争遗产的官司，姐夫的理由是："妻父临终，此子才三岁，故见命掌赀产，且有遗书，令异日以十之三与子，七与婿。"受理此案的长官张咏审阅了遗嘱后，以酒洒地祭祀一番表示钦佩，感叹道："汝妻父，智人也。以子幼甚，故托汝，傥遽以家财十之七与子，则子死于汝手矣。"于是判决："以七分给其子，余三给婿"，众人"皆服咏明断，拜泣而去"④。此案是遗产的继承份额之争。当时其子三岁，不得不托付女儿女婿代养，遗产全部由女婿掌管。优惠条件是其子成年后仅继承遗产的十分之三，余七分归女婿继承。这一遗嘱显然不符合法理，但实属迫不得已。张咏洞察其隐情和智睿，判决其子继承七分，其婿继承三分，确保亲子的合法权益不受侵犯。这一判决由于合理合法合情，全体服判，赢得赞扬。

私有财产权的争夺，在民间主要体现在家庭内部的亲属之间。朝廷立法也尽可能明晰产权，如："诸应分田宅者，及财物，兄弟均分"，

---

① （宋）窦仪等撰，吴翊如点校：《宋刑统》卷12《户绝资产》，中华书局1984年版，第198页。
② （宋）李焘：《长编》卷18，太平兴国二年五月丙寅，第405页。
③ （宋）李焘：《长编》卷31，淳化元年九月戊寅，第705页。
④ （宋）李焘：《长编》卷44，咸平二年四月丙子，第941页。分给女婿三分也有法令依据，《名公书判清明集》卷7《立继有据不为户绝》（中国社会科学院宋辽金元史研究室点校，中华书局1987年版，第216页）："在法：诸赘婿以妻家财物营运，增置财产，至户绝日，给赘婿三分。"

"妻家所得之财，不在分限"，"兄弟亡者，子承父分"，"兄弟俱亡，则诸子均分"等。① 袁采深有感触地说道："朝廷立法，于分析一事非不委曲详悉，然有果是窃众营私，却于典卖契中称'系妻财置到'，或诡名置产，官中不能尽行根究。又有果是起于贫寒，不因父祖资产自能奋立，营置财业。或虽有祖宗财产，不因于众，别自殖立私产，其同宗之人必求分析。至于经县、经州、经所在官府累十数年，各至破荡而后已。若富者能反思，果是因众成私，不分与贫者，于心岂无所慊！"② 分析此语，可得出三点认识：一是官方对继承财产的分家立法十分严密；二是当事人在家庭财产中另有个人的财产，私中有私；三是为多得财产用尽心机，耗费大量时间和人力、财力，乃至倾家荡产。财产如此巨大的诱惑，充分说明了私有财产权的普及与威力。

（二）财产的交易权

财产权是自由经济得以运转的最重要的条件，自由贸易的实质就是财产权的流转，财产正是在这种交易中带来财富的。宋代商业发达，交易活跃，尤其是土地合法并广泛地进入市场后，私有财产权的交易盛况空前。正所谓"贫富无定势，田宅无定主，有钱则买，无钱则卖"③，激发了各阶层的活力，激荡了各阶层的变化，促进了社会加快发展。

最能反映宋代私有财产交易权的是官方的政策法令。

首先，允许、鼓励田地交易。作为最重要的不动产，土地是人类赖以生存和发展的基础，这种物权尤为重要。均田制瓦解后，国家土地政策改为维护土地的私有产权，确认土地私有制的合法性。宋太宗至道元年（995）诏云："应诸州管内旷土，并许民请佃，便为永业"，④ 即典型事例。相应地也不再抑制兼并。正如有学者指出的那样："所谓'不抑兼并'，本质上来说，就是承认并保护土地私有产权的合法性，允许

---

① （宋）窦仪等撰：《宋刑统》卷12《卑幼私用财（分异财产、别宅异居男女）》，吴翊如点校，第197页。
② （宋）袁采：《袁氏世范》卷上《分析财产贵公当》，贺恒祯、杨柳整理，天津古籍出版社1995年版，第22页。
③ （宋）袁采：《袁氏世范》卷下《富家置产当存仁心》，第162页。
④ （清）徐松辑：《宋会要辑稿》食货1之17。

其按经济规律进行流转配置，国家不再加以干预。如果站在产权制度发展变化的角度来看，'不抑兼并'无疑适应了当时土地所有制关系的变革，具有重要的进步意义，值得充分肯定。"① 非但如此，宋政府还鼓励民间土地买卖。从建国之初的"杯酒释兵权"，宋太祖就鼓励将领们"择便好田宅市之，为子孙立永远不可动之业"②。在行政方面也有体现："古者制民常产，今民自有田，州县利于税契，惟恐其不贸易也。"③ 主观上是为了多收交易税，客观上使土地交易得以顺利开展。相应的是立法保障："官中条令，惟（田产——引按）交易一事最为详备，盖欲以杜争端也"④。详尽的田产交易法规，既说明了民间交易的频繁，更说明了官方对私有财产交易权的高度重视和尊重。

其次，官方力求维护市场秩序，公平交易。主要表现于禁止官员依仗权势，强买、贱买民间物产，违反者予以严惩，以保护民间交易者的合法权益，维护私有财产权。例如禁止地方官在所任州县拥有田产："见任官不得于所任州县典买田宅，著于敕令"⑤，嘉定年间，还曾"禁两淮官吏私买民田"⑥。官员非法买卖土地，通常都会受到惩处。如元祐年间，前执政大臣章惇强买苏州民田，"章惇作其男名目，将朱迎等不愿出卖田产，逼逐人须令供下愿卖文状，并从贱价强买入己"⑦。受害民户愤然诣阙申诉，引起御史弹劾，章惇受到降级罢官处分："诏章惇买田不法，降一官，与宫观差遣，俟服阕日给告。"⑧ 而有关地方官未能秉公执法，也遭处分：时任知州刘淑、两浙提刑莫君陈，由于"不受理章惇强买昆山民田事"，有诏"刘淑特罢祠部郎中，莫君陈罢两浙提刑，与知州差遣"⑨。一位罢官，一位降职。绍兴年间，方云翼

---

① 林文勋、谷更有：《唐宋乡村社会力量与基层控制》，云南大学出版社2005年版，第19页。
② （宋）李焘：《长编》卷2，建隆二年七月戊辰，第50页。
③ （宋）何垣：《西畴老人常言·正弊》，《丛书集成初编》本，中华书局1985年新1版，第369册，第18页。
④ （宋）袁采：《袁氏世范》卷下《田产宜早印契割产》，第160页。
⑤ （清）徐松辑：《宋会要辑稿》刑法1之28。
⑥ （元）脱脱等：《宋史》卷39《宁宗纪三》，第752页。
⑦ （宋）李焘：《长编》卷420，元祐三年闰十二月末，第10174页。
⑧ （宋）李焘：《长编》卷435，元祐四年十一月庚寅，第10489页。
⑨ （宋）李焘：《长编》卷431，元祐四年八月辛亥，第10419页。

任通州通判时，"奸赃狼藉，强市民田三十余顷，驱归业之民与之耕种"。御史中丞予以揭发弹劾，要求"重赐窜逐，庶几有以惩戒"①。朝廷经过数月调查核实后，诏令："左朝散大夫方云翼追两官特勒停，袁州编管"，"坐强市民田事，有司按实故也"。② 不仅勒令停职，还送指定地区管制。这两例表明，宋政府对强制交易田产的官员处罚较重，执法较严。亲属也不准在其任职境内买田。如曾公亮初任会稽知县时，"坐父买田境中，谪监湖州酒"③。

为保护交易的公平，严禁官吏依仗权势低价购买商品。宋真宗听说"河北官吏市民物，辄直不当价，令转运使以前诏揭榜戒之"④。对于那些触犯者予以处罚：宋仁宗时，知郓州杜尧臣因"市物郡内亏价，假富民车、牛辇瓦木以营私第"等罪行被贬。⑤ 淮南转运使寇平"市物不偿价"，遭到"罢所理资序"的处罚。⑥

在交易中，官员拖欠付款有赖账嫌疑，危害了民户的经济利益，官方也会出面干涉。元祐三年（1088），右正言刘安世弹劾新任尚书右丞胡宗愈，罪状之一就是拖欠了7个月的房租："税周氏居第，每月僦直一十八千，自去年七月后至今二月终，止偿两月之直，遂致本主经官陈诉，乞差人追索及发遣起离。宗愈居风宪之长，素称高赀，固非不足于财，而税人之居不给其直。挟势贪黩，不修廉节。"⑦ 房主并不因为胡宗愈是御史中丞而有所畏惧，照样向官府起诉并要求其迁出。有的地方官还负责为民户向强势的官员追缴欠负，如宋宁宗时，温州有寄居官员购买土地后未能如数支付价钱："寓官置民田负其直"，知州杨简"追其隶责之而赏所负"⑧。维护了民户的利益。在与官员的交易中，尽管民户处于弱势地位，但利益受到侵害时维权意识较强，甚至不畏权势进

---

① （宋）李心传：《建炎以来系年要录》卷173，绍兴二十六年六月壬午，中华书局1988年版，第2864页。
② （宋）李心传：《建炎以来系年要录》卷175，绍兴二十六年闰十月壬寅，第2888页。
③ （元）脱脱等撰：《宋史》卷312《曾公亮传》，第10232页。
④ （宋）李焘：《长编》卷64，景德三年九月戊午，第1426页。
⑤ （宋）李焘：《长编》卷106，天圣六年十月癸未，第2483页。
⑥ （宋）李焘：《长编》卷193，嘉祐六年四月戊午，第4664页。
⑦ （宋）李焘：《长编》卷415，元祐三年十月甲申，第10073页。
⑧ （元）脱脱等撰：《宋史》卷407《杨简传》，第12290页。

京向皇帝告状。如宋初将领李汉超,在河北担任地方军政长官时"贷民财而不归之,民挝鼓登闻上诉"①。欠债还钱,理所当然,因而理直气壮。

三 政府对民间无主、遗弃财产的尊重与保护

按照现代理论,私有财产权对应的是公权即国家权力,私有财产权是国家公权力的重要源泉,公权行使的重要使命之一在于保障私有财产权。② 具体到宋代,所有问题的关键就是公权对私有财产权的保护程度如何。而该问题最具典型意义的具体情况,就是政府对户绝财产和遗弃财产的法令。私有财产权的主体是财产所有者,如果所有者死亡或因故逃亡,其财产便成为无主财产,但其性质仍是私有财产,官方不能擅为收缴。

(一) 户绝财产

户绝即绝户,家长全部死亡又无男丁继承,被注销户口。③ 官府对于处理户绝财产事宜高度重视。"户绝之法,朝廷行之最为周密",比如强调及时、高效、专人:"法有被差官五日起发,盖以防欺。故虽替移,不交与后官。"④ 被委派处理户绝财产的官员5日内要到位,而且要负责到底,即使调动职务也不能转交他官,都是为了防止舞弊和差错。

宋仁宗天圣四年(1026)的《详定户绝条贯》,规定了户绝财产的处分办法:"今后户绝之家,如无在室女,有出嫁女者,将资财、庄宅、物色除殡葬、营斋外,三分与一分;如无出嫁女,即给与出嫁亲姑、姊妹、侄一分,余二分;若亡人在日亲属及入舍婿、义男、随母男

---

① (宋)田况:《儒林公议》卷上,《丛书集成初编》本,中华书局1985年新1版,第2793册,第11页。
② 魏盛礼、赖丽华:《私有财产权法学论》,《南昌大学学报》2006年第6期。
③ 参见杜栋《宋代户绝财产继承制度初探》,《韶关学院学报》2006年第2期。
④ (宋)李新:《跨鳌集》卷22《与家中孺提举论优恤户绝书》,文渊阁《四库全书》本,上海古籍出版社1987年影印本,第1124册,第589页。

等自来同居营业佃莳，至户绝人身亡及三年已上者，二分店宅、财物、庄田并给为主。如无出嫁姑、姊妹、侄，并全与同居之人。若同居未及三年及户绝之人孑然无同居者，并纳官，庄田依令文均与近亲，如无近亲，即均与从来佃莳或分种之人，承税为主。若亡人遗嘱主证验分明，依遗嘱施行。"① 户绝财产除殡葬等费用外，分为三份：一份归女儿，如无出嫁女，则分给出嫁亲姑、姊妹、侄；两份给了同居者，包括赘婿、义子、随母男等，前提是同居时间须到达三年以上；如无出嫁女、出嫁姑、姊妹、侄，上述同居者可以获得全部遗产；如无同居者，庄田均给近亲；如无近亲，均给佃种之人。但是户绝之人生前有充分权利通过遗嘱处分自己的财产，而且不受上述分配比例的限制。到元符年间，对女儿的继承又作新规定："户绝财产尽均给在室及归宗女。千贯已上者，内以一分给出嫁诸女。止有归宗诸女者，三分中给二分外，余一分中以一半给出嫁诸女，不满二百贯给一百贯，不满一百贯全给。止有出嫁诸女者，不满三百贯给一百贯，不满一百贯亦全给，三百贯已上三分中给一分。已上给出嫁诸女并至二千贯止，若及二万贯已上，临时具数奏裁增给。"② 意味着女儿在其娘家户绝情况下的继承权扩大了。法规还考虑到户绝家庭有亲属在外但久无音信，不知存亡，他们的权益也要保障："户绝有分人在外不知存亡者，官为录其财产，其不可留者鬻之，竢其归给付。"③ 官方保留其应得份额，以俟归来领取。

在具体司法实践中，有时更加宽松。如天圣年间，雄州民妻张氏户绝，"田产于法当给三分之一与其出嫁女，其二分虽有同居外甥，然其估为缗钱万余，当奏听裁"。宋仁宗指示："此皆编户朝夕自营者，毋利其没入，悉令均给之。"宰相王曾、参知政事吕夷简、鲁宗道赞扬道："非至仁，何以得此也！"④ 私有财产是百姓辛苦创造的，尽管数额巨大，官方不能要其分毫，全部分给其亲属。

从保护家庭私有财产的角度出发，为减少户绝情况，宋代法律对户绝之家规定了立继与命继制。

---

① （清）徐松辑：《宋会要辑稿》食货61之58。
② （宋）李焘：《长编》卷501，元符元年八月丁亥，第11935页。
③ （宋）李焘：《长编》卷250，熙宁七年二月甲申，第6097页。
④ （宋）李焘：《长编》卷106，天圣六年二月甲午，第2467页。

立继是指家无子嗣的寡妻过继一个嗣子以继承家业,立其门户。"立继者谓夫亡而妻在,其绝则其立也当从其妻。"继子具有与亡夫之亲生子同等之法律地位,继承全部财产:"立继者与子承父分法同,当尽举其产以与之。"① 宋代《户绝法》原规定,"若祖有子未娶而亡,不得养孙为嗣。"就是说老人的儿子未及结婚就夭折了,不可以立一养孙为继承人。宋徽宗时户部尚书刘昺表示反对:"计一岁诸路户绝,不过得钱万缗。使岁失万缗而天下无绝户,岂不可乎?"诏从其议,② 自此可以立养孙为嗣,减少了户绝现象。

命继是指无子嗣之家夫妻俱亡,由丈夫的近亲指定一个嗣子以继承家业,"命继者谓夫妻俱亡,则其命也当惟近亲尊长"③。由于命继子的指定主体是户绝之家的亲属,并非由当事家庭组成人员之意志而定,所以其法律地位不能等同于亲子或继子,只能继承绝家财产的三分之一或更少:"命继者于诸无在室、归宗诸女,止得家财三分之一","诸已绝之家立继绝子孙(谓近亲尊长命继者)于绝家财产者,若只有在室诸女,即以全户四分之一给之,若又有归宗诸女,给五分之一。止有归宗诸女,依户绝法给外,即以其余减半给之,余没官。止有出嫁诸女者,即以全户三分为率,以二分与出嫁诸女均给,余一分没官"④。

保护户绝财产的法令同样适用于在外地死亡的无主商旅和来华外商。"诸商旅身死,勘问无家人亲属者,所有财物,随便纳官,仍具状申省。在后有识认勘当,灼然是其父兄子弟等,依数却酬还。"无亲属死者的财产由当地官府收纳,报朝廷备案,以后有直系亲属认领则须如数归还。元祐初,在广州居住数十年的外商辛押陁罗回国时被其国王处死,"家赀数百万缗,本获一童奴,过海遂养为子。……所养子遂主其家。今有二人在京师,各持数千缗,皆养子所遣也"。有广州商人前往户部,认为"此于法为户绝,谨以告"。户部郎官对如此巨额钱物垂涎三尺,主张按户绝没收。长官苏辙亲自问询告状的广州商人:"陁罗死蕃国,为有报来广州耶?"曰:"否,传闻耳。""陁罗养子所生父母、

---

① (宋)佚名编:《名公书判清明集》卷8《命继与立继不同·再判》,第266页。
② (元)脱脱等撰:《宋史》卷356《刘昺传》,第11207页。
③ (宋)佚名编:《名公书判清明集》卷8《命继与立继不同·再判》,第266页。
④ 同上书,第266—267页。

所养父母有在者耶？"曰："无有也。""法告户绝，必于本州县，汝何故告于户部？"曰："户部于财赋无所不治。"曰："此三项皆违法，汝姑伏此三不当，吾贷汝。"苏辙对郎中明确指出："彼所告者，皆法所不许。其所以不诉于广州，而诉于户部者，自知难行，欲假户部之重，以动州县耳。"① 可见户绝的认定程序严格，各级机构都不能将其财产没收。乾道年间，真里富国（今柬埔寨一带）的一位大商人死于明州，"囊赀巨万，吏请没入"。知州赵伯圭却反其道而行之："远人不幸至此，忍因以为利乎？""为具棺敛，属其徒护丧以归。"次年，该国君主派人致谢道："吾国贵诉广州，尚籍其家，今闻中国仁政，不胜感慕，遂除籍没之例矣。"这位外商的家属在其国内"尽捐所归之货，建三浮屠，绘工（指赵伯圭——引按）像以祈寿。岛夷传闻，无不感悦，至今其国人以琛贡至，犹问王安否"②。宋代官员对私有财产权的保护，不仅增进了两国友好感情，还直接促进了他国对私有财产权的维护，废除了籍没法。

（二）遗弃财产

遗弃财产是主人外逃或被掳掠后留下的财产，以田宅等不动产为主。在主人是否死亡、能否回乡、是否收回财产等一概不明的情况下，宋政府尽可能地维护、保留其所有权。例如，对于河北延边地区被契丹掳掠走的居民财产，咸平五年（1002）宋真宗诏令："河北陷敌民田宅，前令十五年许人请佃，自今更展五年。"③ 任凭其荒废、官方不能征收赋税也要维护其独立不可动用，原定期限是15年，此时再延长5年。后来甚至无限延长保留年限。如景德三年（1006）诏："河北民有先没契丹，自塞外归，识认庄田者，据敕给付，无得用编敕年限不与本主。"④ 只要有人返乡，即使超过了朝廷规定的时限，也要返还。在内

---

① （宋）苏辙撰，俞宗宪点校：《龙川略志》卷5《辨人告户绝事》，中华书局1982年版，第28—29页。
② （宋）楼钥撰，顾大朋点校：《楼钥集》卷89《皇伯祖太师崇宪靖王行状》，浙江古籍出版社2010年版，第1582页。
③ （宋）李焘：《长编》卷52，咸平五年八月甲子，第1145页。
④ （宋）李焘：《宋会要辑稿》食货61之57。

地邻近少数民族聚居地的州县,相同情况也是如此办理。如景德二年(1005)诏:"荆湖近溪洞州县,有没身蛮境还乡者,庄田不限年月,检勒给还。"①对于超过期限、依法被人佃种的土地,无论将土地整理得多好,只要原主人归来就须归还。景德年间河北转运司报告:"民田荒废者,或诸色人已占耕垦,才见种植滋茂,亲邻识认争夺。望自今应有人占射半年已上,不许识认。"宋真宗批示:"如亲邻止在本处见请佃稍着次第而争夺者,不须施行。实曾流移,今来归业,虽已请佃,依条给还。"②

南宋初,百姓被掳掠、逃难的情况更多,为快速恢复生产和安顿流民,绍兴三年(1133)朝廷规定:"百姓弃产,已诏二年外许人请射,十年内虽已请射及充职田者,并听归业。孤幼及亲属应得财产者,守令验实给还,冒占者论如律。州县奉行不虔,监司按劾。"③允许佃种的期限大大缩短,保留产权的时间仅有10年,属于战时非正常状态的权宜之计。及至宋孝宗隆兴元年(1163),又诏:"凡百姓逃弃田宅,出二十年无人归认者,依户绝法。"④将产权保留期延长至30年。

(三) 地下财物和矿藏

另一种情况十分特殊,那就是地下不知何人埋藏的物品,被他人发现后,所有权归谁?法令明确规定:"诸于官地内得宿藏物者,皆入得人;于他人私地得者,与地主中分之。若得古器形制异者,悉送官酬直。"⑤根据土地、器物的性质不同,分三种情况处理:在国有土地中发现的埋藏物品,归发现者所有;在私人土地中发现的埋藏物品,与土地主人平分;古代珍贵文物一律送交官府,但官府要支付酬金,也即官府并非无条件是文物的所有者,只是因为珍贵必须由官府保管研究,等

---

① (宋)李焘:《宋会要辑稿》食货61之57。
② (宋)李焘:《宋会要辑稿》食货61之56。
③ (元)脱脱等撰:《宋史》卷173《食货志上一》,第4170页。
④ 同上书,第4174页。
⑤ 天一阁博物馆、中国社会科学院历史研究所天圣令整理课题组校正:《天一阁藏明钞本天圣令校正》,中华书局2006年版,第372页;参见(宋)谢深甫《庆元条法事类》卷80《阑遗》,戴建国点校,黑龙江人民出版社2002年版,第906页。

于发现者卖给官府，实际上获得了转换成金钱的所有权。以上三条，既充分维护了私有财产权，也肯定了发现者的贡献。还有刑法专门惩治发现者据为己有："诸于他人地内得宿藏物，隐而不送者，计合还主之分，坐赃论，减三等。（若得古器，形制异而不送官者，罪亦如之。）"①认定其性质与盗窃相近。

至于矿藏，与土地所有权一致，在谁家地下就属于谁家所有。元祐中，莱州城东刘姓茔地发现金矿，"官莅取焉。乃发墓，凡砖瓦间皆金色也。……累月取尽，地为深穴，得金万亿计，自官抽官市、匠吏窃窃外，刘所得十二三焉。京东诸郡之钱尽算与刘民，刘民乃一村愚不办麦者，得钱无所用，往来诸郡，恍惚醉饱，岁余亦死，钱竟没官，刘世遂绝"②。由此可知：第一，刘家只有一位智力不高的男性村民，所以官方出面开采；第二，开采所得分四部分：一部分是官府根据法令按一定比例抽取的类似矿产开采税，一部分必须按比例卖给官方，一部分被矿工、吏人盗窃，一部分是主人所有——只剩下了十分之二三；第三，尽管数额巨大，尽管刘家唯一的主人是昏聩小民，官方仍然调集京东路各州郡所有金钱依法支付给刘家。从公权层面看，官方没有任何欺骗、轻视产权主人的行为。另一事例也发生在京东路。宋仁宗末年，密州"民田产银，或盗取之，大理当以强"。宰相曾公亮认为："此禁物也，取之虽强，与盗物民家有间矣。"经过司法部门的讨论，决定"比劫禁物法，盗得不死。初，东州人多用此抵法，自是无死者"③。居民土地下的银矿属于私有财产，凡盗采者一直按强盗罪处以死刑。曾公亮认为银矿虽是私有，但当时属于禁止开采的种类，所以盗采与强盗民家财物是有区别的。自此不再判处死刑。

（四）遗失财产

丢失的物品或发现、捡到的遗失物品，性质上仍然是原主人所有，官府负责尽可能归还。法令规定："诸得阑遗物者，皆送随近（官）

---

① （宋）窦仪等撰，吴翊如点校：《宋刑统》卷27《地内得宿藏物》，第445页。
② （宋）朱彧撰，李伟国点校：《萍洲可谈》卷2，中华书局2007年版，第147页。
③ （元）脱脱等撰：《宋史》卷312《曾公亮传》，第10233页。

司，封记收掌，录其物色，榜于要路，有主识认者，先责伍保及（令）其失物隐细，状验符合者，常官随给。其非缄封之物，亦置它所，不得令认者先见，满百日无人识认者，没官附帐。"① 其要点为：第一，捡到遗物一律就近送交官府；第二，官府登记封存，在交通要道张榜公布遗物大体品名形状以招领；第三，招领者要有保人，要讲出遗物的记号之类，确属主人者官府立即交付；第四，特殊物品无法封存者要放置另外场所，不能让认领者看到，以防冒认；第五，期满100天后无人认领者，没收归官，登记入账。为切实保障遗失者的利益，防止被捡到者私自昧藏，法律规定："诸得阑遗物，满五日不送官者，各以亡失罪论。赃重者，坐赃论，私物坐赃减二等。……私物坐赃论减二等，罪止徒二年，其物各还官主。"② 拾到物品应于5天内交予官方，否则就等于私自藏昧，捡到的私人物品按赃物多少治罪，最高可判处徒刑两年。

对于江河等水面漂流下的竹木物品，也有具体规定："诸公私竹木为暴水漂失有能接得者，并积于岸上，明立标牓，于随近官司申牒。有主识认者，江、河五分赏二，余水五分赏一。非官物，限三十日外，无主认者，入所得人。官失者不在赏限。"③ 捡到者应将其堆积岸上，明立榜牌标志并向官府申报，以待认领。由于打捞水中物品有风险且劳动强度大，所以当主人认领时，在江河中打捞者以物品的五分之二为奖赏，在其他水面者以物品的五分之一为奖赏。私人物品的认领期限是30日，期满归打捞者所有。即使被大水冲走的私人财产，只要找到也能得到大半。"诸收救得无主私船，赏以官钱充。有主认者，追赏入官。"赏金为1贯。④ 打捞到无主私船，官方给予奖赏，如无主人认领则归官方，有认领者向官府支付已代支的赏金。对外商货船同样如此，元符二年户部报告："蕃舶为风飘着沿海州界，损败及舶主不在，官为拯救，录物货，许其亲属召人保任认还，及立防守盗纵诈冒断罪法。"

---

① 天一阁博物馆、中国社会科学院历史研究所天圣令整理课题组校正：《天一阁藏明钞本天圣令校正》，第312页；参见（宋）谢深甫《庆元条法事类》卷80《阑遗》，第906页。
② （宋）窦仪等撰，吴翊如点校：《宋刑统》卷27《地内得宿藏物》，第445页。
③ 天一阁博物馆、中国社会科学院历史研究所天圣令整理课题组校正：《天一阁藏明钞本天圣令校正》，第370页。
④ （宋）谢深甫撰，戴建国点校：《庆元条法事类》卷80《阑遗》，第907—908页。

从之。①

对于遗失的大牲畜等畜产，法令另有规定："诸官私阑马、骡、骡、牛、驴、羊等，直有官印、更无私记者，送官牧。[若无官印]及虽有官印、复有私记者，经一年无主识认，即印入官，勿破本印，并送随近牧，别群牧放。若有失杂畜者，令赴牧识认，检实委无诈妄者，付主。其诸州镇等所得阑遗畜，亦仰当界内访主。若经二季无主识认者，并当处出卖，[先卖充传驿]，得价入官。后有主识认，勘当知实。还其本价。"② 具体原则是：第一，牲畜身上有官印者直接交官方畜牧机构；第二，既有官印又有私印，期限一年后无人认领者，加印官印归官所有，但还要保护好原来印记，如私印主人来认领则予交还；第三，官方收到居民捡到的牲畜，要在当地寻访主人，期限半年无人认领者就地出卖，所得钱入官，若主人来认领，还其价钱。如此则是认领的期限可以无限扩大，只要确认是主人，没有牲畜也会得到同等价钱，私有财产权得到充分保障。南宋时有关法令多有修改："诸得阑遗畜产，官为养饲，私马限十五日，余众十日。无人认识者，估价依没官法。半年内听认识，召保三人，给还，仍理官草料钱，即已给填及卖者，给元价。"③ 牲畜的保存须养饲，耗费人力、财力，马的认领期限只有15天，其他牲畜10天，无人认领者归官方，但半年内仍可认领，只是需要三位保人，还要缴纳草料钱。牲畜被出卖者则支付价钱，不会有多大损失。

四 官民利益冲突时政权对私产的保护

面对巨额私有财产和无主财产，官方能够保持公正维护民众利益，那么面对私人利益与公共利益冲突时，官方的立场如何，不仅是一个法理问题、经济问题，还是一个政治问题、道德问题。在很多情况下，我们看到宋代朝廷通常是以民众的利益为先，乃至不惜牺牲官方利益。

---

① （宋）李焘：《长编》卷510，元符二年五月甲寅，第12139页。
② 天一阁博物馆、中国社会科学院历史研究所天圣令整理课题组校正：《天一阁藏明钞本天圣令校正》，第292页。
③ （宋）谢深甫撰，戴建国点校：《庆元条法事类》卷80《阑遗》，第906页。

(一) 公共设施与民间田宅

水利等公共设施的建设与维护，必然涉及附近民田，但宋代法令严禁因此毁坏民田。如维护黄河大堤即不准侵挖民间土地："黄河诸埽修护堤道不得侵掘民田等罪，虽该德音降赦，并不原减。"即使是黄河大堤那样至关重要的公共安全设施，维修时动用堤旁民田之土也是犯罪行为，而且要严惩主管官员，即使逢德音赦免罪犯时也不宽恕，简直与"十恶不赦"接近了。一直到元祐六年（1091），河北路都转运司申诉惩处太重，请求将"其不原减、原免之文，并乞删去"。才得到减轻。①

水利设施的修建，可以说无法不占用民田，所谓："大凡开沟渠，岂有不犯民田哉！若不犯民田而能开之者，虽史起复生，亦不知计之安出。"②官方一般采用购买的方式解决问题。如熙宁年间，保州庞村一带泉水密布，官方计划扩大沟渠以发展水利，"所有侵占民田，欲乞比视侧近田土，优给其直收买，委为利便"③。要修建水利设施，先高价购买所占民田。

有时也有不赔偿或赔偿不够者，引起民众大批上诉以维护自身的合法权益，朝廷只得妥协。如元祐七年（1092），因黄河水威胁到北京大名府，水利部门要在大名之北筑堤，新堤全长17余里，"凡民冢之当道者一百六十余所，桑枣诸木八十余本，庐井九区，当尽撤毁，期有日矣。魏人号诉于外台者，足相踵也。虽人知其非，莫有敢言者"。朝廷经重新勘察，认为水患并不严重，不必修建新堤，竟取消此役。"魏人闻诏，鼓舞相庆。"④

(二) 皇家、官府设施及活动与民间利益

皇陵的修建是皇家大事也是朝廷神圣的政务，势必占用大片民田。凡用民田，都是官方购买，而且多是高价。如天圣元年（1023），河南府报告说：巩县因建造宋真宗的永定陵，"占故杜彦珪田十八顷，凡估

---

① （清）徐松辑：《宋会要辑稿》刑法1之15。
② （清）徐松辑：《宋会要辑稿》食货7之10。
③ （清）徐松辑：《宋会要辑稿》食货4之4至5。
④ （宋）李焘：《长编》卷474，元祐七年六月末，第11315—11316页。

钱七十万"。宋仁宗诏令"特给百万"①。占用民田地18顷，估价钱700贯，而宋仁宗将价格提高到1000贯，显然已不是市场价了。绍圣元年（1094），三省报告："永裕陵三里内系禁山，而民坟一千三百余，当迁去以便国音。"宋哲宗表示担忧："坟墓甚众，遽使之迁，得无扰乎？不迁可也。宜再问太史，不（害）[迁]亦无所害，则毋令迁。如于国音果非便，多给官钱，以资改（藏）[葬]之费。"②皇帝的意思是：迁徙1300多座坟墓实在扰民，能不迁就不迁，如果真的对皇家风水不利，则须多支迁葬费用于赔偿。

大中祥符七年（1014），宋真宗要建造"恭谢天地坛"，占用开封18户民田，"诏给直外，赐钱三十万，仍蠲其租"③。朝廷除了支付价钱外，还另加30万钱的赏赐，并蠲免这些人家的税收。绍兴二十八年（1158），安定下来的南宋朝廷开始扩建皇城，增展出故城13丈，"凡民所占，以隙地偿之，每楹赐钱十千，为改筑之费"④。拆迁的居民房屋，每间由官方支付10贯为补偿。次年，位于绍兴府的攒宫破土作新城门，梓宫所经由道路，因民居狭隘临时撤毁，"每楹赐钱二十千，为迁徙之费"⑤。每楹20贯是朝廷支付的拆迁赔偿费，当属在原址上重建房屋的费用。

景德年间夔州迁建新址，夔州路转运使薛颜报告说"城中创造官舍或侵民田"。宋真宗诏令："所侵民田具顷亩以闻，当除租给直。"⑥占用的民田既要免除租税，也要赔偿价钱。政和年间，宋徽宗指示各地修建州县社稷等坛，同时有明确要求，"不得侵占民居及不必增广侈华"，"是致地狭者未敢修此"⑦。既缺官有土地，宁可不修也不能占用民间土地。

皇家活动通常声势浩大，难免骚扰民间，首先考虑尽可能减少损

---

① （清）徐松辑：《宋会要辑稿·礼》29之32。
② （清）徐松辑：《宋会要辑稿·礼》37之35。
③ （宋）李焘：《长编》卷82，大中祥符七年二月壬午，第1866页。
④ （宋）李心传：《建炎以来系年要录》卷180，绍兴二十八年七月己未，第2975页。
⑤ （宋）李心传：《建炎以来系年要录》卷180，绍兴二十九年十月戊寅，第3059页。
⑥ （宋）李焘：《长编》卷63，景德三年六月丙子，第1405页。
⑦ （宋）郑居中：《政和五礼新仪·卷首》，文渊阁《四库全书》本，上海古籍出版社1987年影印本，第647册，第28—29页。

害，凡有损害一律赔偿。如大中祥符元年（1008）在前往泰山封禅前，宋真宗诏："东封路并禁采捕……修建行宫不得侵占民田。扈驾步骑辄蹂践苗稼者，御史劾之。兖州户民供应东封外，免今年徭役及支移税赋。"① 大中祥符三年（1010）宋真宗前往汾阴祭祀地祇，事先又诏："汾阴路禁弋猎，不得侵占民田，如东封之制。"② 后来宋真宗前往亳州朝拜奉元宫，"诏所过顿、递侵民田者，给复二年"③。即免除两年的赋税徭役。庆历三年（1043），侍御史赵及等报告："太庙旁接民居而间有哭声相闻，请徙其民远庙墙。"有诏指示："遇有祠事，预令禁之。"④ 宋仁宗比臣僚们开明，根本不考虑拆迁太庙周围居民的动议，采用了最简单的办法解决问题：每逢有祭祀活动，事先通知百姓不要大哭就是了。隆兴二年（1164）宋孝宗要出城检阅部队，对宰执交代："朕以今月十七日幸门外大教场……仍令临安府修固桥道，不得折毁民间屋宇。"⑤

以上史实体现了宋代在一般情况下、一定程度上，私人财产、私人利益比公共财产、公共利益乃至皇家利益具有优先性。前文提到的于私地内得宿藏物者平分，官地得者却归私，也是具体表现：官地的权益不及私地，官也不与民争利。官方、皇家无论出于什么主观愿望和目的，客观效果无疑是有利于社会和谐发展的。

五 对私有财产的保护法

作为国家意志，宋代对于私有财产的立法保护，通常与官有财产地位相等，在刑法中通常并列处于同等法律地位，偶有不同也不涉及权益。主要体现在对侵犯私有财产行为的惩罚，以打击、威慑经济犯罪。有关律令很多，在此仅举数例。

保护农田方面。如盗耕田地罪："诸盗耕种公私田者，一亩以下笞

---

① （清）徐松辑：《宋会要辑稿》礼22之4。
② （元）脱脱等撰：《宋史》卷7《真宗纪二》，第144页。
③ （元）脱脱等撰：《宋史》卷8《真宗纪三》，第155页。
④ （宋）李焘：《长编》卷143，庆历三年九月辛卯，第3459页。
⑤ （清）徐松辑：《宋会要辑稿》礼9之11。

三十，五亩加一等，过杖一百，十亩加一等，罪止徒一年半。荒田减一等，强者各加一等，苗子归官主。"① 不经主家允许耕种私田，会遭到笞30至徒1年半的刑罚；如是荒田罪减一等，如是强制耕种罪加一等；所种庄稼归原主。

保护住宅、财物方面。如放火罪："诸故烧官府廨舍，及私家舍宅若财物者，徒三年。赃满五匹，流二千里，十匹绞。"这是沿袭唐代的律令，入宋修订时加重："今后有故烧人屋舍、蚕簇及五谷财物积聚者，首处死，随从者决脊杖二十。"② 而且"不在自首之例"③，即使自首也不减轻惩治。强盗罪更重："诸强盗（谓以威若力而取其财，先强后盗、先盗后强等。若与人药酒及食，使狂乱取财亦是。即得阑遗之物，殴击财主而不还，及窃盗发觉弃财逃走，财主追捕，因相拒捍，如此之类，事有因缘者非强盗）不得财徒二年，一尺徒三年，二匹加一等，十匹及伤人者绞，杀人者斩（杀伤奴婢亦同，虽非财主，但因盗杀伤皆是）。其持仗者，虽不得财，流三千里，五匹绞，伤人者斩。"④无论用何种方式抢劫私有财产，即使未遂也判处2年徒刑，赃物达到10匹即处死；如携带武器未遂也判流放，赃至5匹即处死。太平兴国三年（978），殿直霍琼即"坐募兵劫民财，腰斩"⑤。为防范夜间入室盗窃，法律禁止夜入人家，并给予主人可将其当场打死的权利："诸夜无故入人家者，笞四十，主人登时杀者勿论。若知非侵犯而杀伤者，减斗杀伤二等。其已就拘执而杀伤者，各以斗杀伤论，至死者加役流。"⑥ 无故夜入人家，处以笞40之刑，如果主人将其按强盗当场打死无罪，属于正当防卫，此即格杀勿论。但如明知无侵犯意图而杀伤者，按减斗杀伤二等治罪，已经将其捆绑控制后又打死或打伤，按斗殴打死、打伤

---

① （宋）窦仪撰，吴翊如点校：《宋刑统》卷13《占盗侵夺公私田》，第203页。
② （宋）窦仪撰，吴翊如点校：《宋刑统》卷27《失火》，第436—437页。谢深甫《庆元条法事类》卷80《烧舍宅财物》："诸故烧有人居止之室者，绞，无人居止舍宅若积聚财物（蚕簇同积聚），依《烧私家舍宅财物律》，死罪从及为首科罪不至死，各配千里，从者配邻州。"（第915页）
③ （宋）谢深甫撰，戴建国点校：《庆元条法事类》卷80《烧舍宅财物》，第916页。
④ （宋）窦仪撰，吴翊如点校：《宋刑统》卷19《强盗窃盗（监主自盗）》，第300页。
⑤ （元）脱脱等撰：《宋史》卷4《太宗纪一》，第57页。
⑥ （宋）窦仪撰，吴翊如点校：《宋刑统》卷18《夜入人家》，第290页。

治罪。

保护马、牛等牲畜方面。如"诸故杀官私马、牛,徒三年,驼、骡、驴,减三等,因仇嫌规避而谋杀,各以盗杀论。若伤残致不堪用者,依本杀法(马、牛仍许人告),三十日内可用者,减三等"。这是故意杀死的刑罚,如果是杀死并据为己有的盗杀,刑罚更重:"诸盗杀官私马、牛,流三千里,三头匹者,虽会赦配邻州(累及者,不以赦前后准此),驼、骡、驴,徒二年,知盗情而买、杀者,各依杀己畜法。"杀他人的狗也是犯罪:"诸故杀犬者,杖七十","诸盗杀犬者,杖八十"①。

保护农作物方面。如偷食瓜果蔬菜罪:"称瓜果之类,即杂蔬菜等皆是。若于官私田园之内,而辄私食者,坐赃论。其有弃毁之者,计所弃毁,亦同辄食之罪,故云亦如之。持将去者,计赃准盗论,并征所费之赃,各还官主。……强持去者,谓以威若力强持将去者,以盗论,计赃同真盗之法,其赃倍征,赃满五匹者免官。"② 另如毁坏器物、庄稼罪:"弃毁官私器物,谓是杂器财物,辄有弃掷毁坏。及毁伐树木、稼穑者,种之曰稼、敛之曰穑,麦禾之类,各计赃准盗论。即亡失及误毁,谓亡失及误毁官私器物、树木、稼穑者,各减故犯三等,谓其赃并备偿。若误毁失私物,依下条例,偿而不坐。"③ 毁坏财物按盗窃财物论处,如果是过失毁坏,有官私差别:毁坏官方财产者,减三等治罪,并赔偿;毁坏私有财产者,只赔偿不治罪。此外还专有保护桑柘的法令:"诸因仇嫌毁伐人桑柘者,杖一百,积满五尺,徒一年,一功徒一年半(于本身去地一尺,围量积满四十二尺为一功),每功加一等,流罪配邻州。虽毁伐而不至枯死者,减三等。"④ 罪责是决杖100至流放。

保护商品、货物方面。如在运输船中发生责任事故致使货物损失,

---

① (宋)谢深甫撰,戴建国点校:《庆元条法事类》卷79《杀畜产》,第889—890页。
② (宋)窦仪撰,吴翊如点校:《宋刑统》卷27《食官私瓜果》,第441页。
③ (宋)窦仪撰,吴翊如点校:《宋刑统》卷27《弃毁官私器物树木》,第442页。同卷《弃毁亡失备偿》(第444页)载:"诸弃毁、亡失及误毁官私器物者,各备偿。"
④ (宋)谢深甫撰,戴建国点校:《庆元条法事类》卷80《采伐山林》,第911—912页。

船家负有刑事责任："诸船人行船、茹船、写漏、安标宿止不如法者，若船槊应回避而不回避者，笞五十。以故损失官私财物者，坐赃论，减五等。杀伤人者，减斗杀伤三等。其于湍碛尤难之处，致有损害者，又减二等。监当主司各加一等。卒遇风浪者勿论。"① 为人保管货物而私自使用也入刑法："受人寄付财物而辄私费用者，坐赃论，减一等，一尺笞十，一匹加一等，十匹杖一百，罪止徒二年半。诈言死失者，谓六畜财物之类，私费用而诈言死及失者，以诈欺取财物论，减一等，谓一尺笞五十，一匹加一等，五匹杖一百，五匹加一等。"② 都是为了防止私有财产受到代管者的损害。

保护债权方面。如欠债不还罪："欠负公私财物，乃违约乖期不偿者，一匹以上违二十日，笞二十，二十日加一等，罪止杖六十。三十匹加二等，谓负三十匹物，违二十日笞四十，百日不偿，合杖八十。百匹又加三等，谓负百匹之物，违契满二十日，杖七十，百日不偿，合徒一年。各令备偿。若更延日，及经恩不偿者，皆依判断及恩后之日，科罪如初。"另外也维护欠债人的合法权益："公私债负，违契不偿，应牵掣者，皆告官司听断。若不告官司，而强牵掣财物若奴婢、畜产，过本契者，坐赃论。"③ 有债务纠纷应由官方判决并执行，私自强行拿走财物、奴婢、畜产价值超过债务数额，超出部分按赃物治罪。

保护家庭财产方面。如禁止不经家长同意私自乱用财物："若卑幼不由尊长，私辄用当家财物者，十匹笞十，十匹加一等，罪止杖一百。"分家必须公正、均平："诸应分田宅者，及财物，兄弟均分，妻家所得之财，不在分限，兄弟亡者，子承父分。违此令文者，是谓不均平。谓兄弟二人均分百匹之绢，一取六十匹，计所侵十匹，合杖八十之类，是名坐赃论，减三等。"④

---

① （宋）窦仪撰，吴翊如点校：《宋刑统》卷27《官船私载物行船茹船不如法》，第433页。
② （宋）窦仪撰，吴翊如点校：《宋刑统》卷26《受寄财物辄费用》，第411页。
③ （宋）窦仪撰，吴翊如点校：《宋刑统》卷26《公私债负》，第412页。
④ （宋）窦仪撰，吴翊如点校：《宋刑统》卷12《卑幼私用财（分异财产、别宅异居男女）》，第197页。

六 政权对私有财产权的剥夺

公法对私有财产权的确认与保护主要是通过规范和控制公权力。私有财产权在本质上包含两层意思：一是拥有财产；二是抵制非法剥夺，核心价值在于防范专制权力的侵犯。[①] 具体到宋代，政权对私有财产权的剥夺分两个方面：一是依法剥夺；二是非法剥夺。

（一）依法剥夺

宋代官府依法对私有财产权的剥夺，主要是《籍没法》的运用。籍没是将犯罪人的全部财产乃至家属一律充公的刑罚，适用对象主要是性质严重的犯罪："国家立法，唯胥吏犯枉法、自盗赃罪至流以上者乃许籍没。"[②] 例如淳熙年间，知湖州长兴县茹骧"坐赃免真决，编管台州，仍籍没家财"[③]。后来有所扩大，如："诸以铜钱出中国界者……三贯配远恶州，从者配广南；五贯绞，从者配远恶州。知情引领、停藏、负载人减犯人罪一等，仍各依从者配法。以上并奏裁，各不以赦降原减。……其犯人并知情引领、停藏、负载人名下家产，并籍没入官。"[④] 所有与携带铜钱出国有关者一律籍没家产，可谓从重惩治。

像宋代所有法令一样，在执行过程中往往因人、因时而异。籍没的实行比较随意，有从宽返还者，有纠正返还者，更有从严滥用者。

从宽返还者，如宋真宗时代州民李绪"有罪，亡入敌境，州捕其家属赴阙"。宋真宗说："闻绪本边民，颇有赀蓄。傥行籍没之法，则绪无由归，况其罪亦未合缘坐。"立即将其遣还本州。[⑤] 这里的籍没包括将其家属一起没官，皇帝认为籍没会断绝其悔过返乡的后路，况且其

[①] 魏盛礼、赖丽华：《私有财产权法学论》，《南昌大学学报》2006 年第 6 期。
[②] （宋）真德秀：《西山文集》卷 12《按奏宁国府司户钱象求》，文渊阁《四库全书》本，上海古籍出版社 1987 年影印本，第 1174 册，第 189 页。
[③] （元）马端临：《文献通考》卷 167《刑考六》，上海师范大学古籍研究所、华东师范大学古籍研究所点校，中华书局 2011 年版，第 5018 页。
[④] （宋）谢深甫撰，戴建国点校：《庆元条法事类》卷 29《铜钱金银出界》，第 410 页。
[⑤] （宋）李焘：《长编》卷 51，咸平五年二月己卯，第 1116 页。

论宋代的私有财产权

罪不应当连带家属，因而不实行籍没。

纠正返还者，如宋仁宗初权相曹利用被贬并籍没家产，后来皇帝"察知利用非罪，尝还其已没财产"。但一直到宋神宗时还没有归还完毕，"尚有在京屋租、河阴、荥泽等县田，为西太一宫、洪福、奉先、慈孝等寺常住，及入左藏库金银杂物"，其孙内殿崇班宗奭请求"尽给还"。宋神宗诏"以开封府界户绝田二十顷赐曹利用家，自今毋得更有陈乞"①。最后这20顷地属于赔偿。嘉祐年间，荣州官盐井"岁久澹竭，有司责课如初"，承包盐井的民户无法缴纳课额，被官府强制执行，"民破产籍没者三百余家"。三司官员陈希亮为他们仗义执言，朝廷"还其所籍"②。嘉定二年（1209）诏："民以减会子之直籍没家财者，有司立还之。"③ 此为大规模的全国性纠正。

籍没之刑一般来说并非对私有财产权的侵犯，在当时是合法的，在现代也是合法的，即使当代西方一些国家仍有此刑。问题在于滥用就属于非法了。

宋代地方官的财政压力很大，由于籍没可以使地方政府迅速获得大批财物，财政危机得以缓解，所以动辄实行籍没法。这种行径至南宋尤甚，宋孝宗时中书舍人崔敦诗指责道："籍没家财，固有成法。近来州县利其所入，遂有桀黠之人，妄乱指陈，以投其意。或称为强盗窝藏，或称非嫡嗣户绝，或侵折场务之本，或负欠豪强之财，不问何如，便皆拘籍。朝为富室，暮为穷民。且人之得罪，岂能无冤，资财既为官司之破除，田产亦为势力之贱售，后虽辨雪，难复再还，纵使多词，终成无益，子孙穷困，骨肉散亡，干阴阳之和，害忠厚之政。"④ 其后，真德秀也痛陈："至若籍没之行，尤多滥及，盖有胥吏利其多赀而因以倾夺者矣，有间巷平时睚眦而因以中伤者矣。夫估籍之祸，甚于刑诛。刑诛虽酷，痛止其身；赀财一空，尽室沟壑。今乃不量其重轻而骤施之，亦

---

① （宋）李焘：《长编》卷289，元丰元年五月丁亥，第7076—7077页。
② （元）脱脱等撰：《宋史》卷298《陈希亮传》，第9920页。
③ （元）脱脱等撰：《宋史》卷39《宁宗纪三》，第752页。
④ （明）黄淮、杨士奇编：《历代名臣奏议》卷108，崔敦诗奏，上海古籍出版社1989年影印本，第1450页。

当朝廷立法之本意耶。"① 滥用籍没，对地方官而言是生财之道，对地方而言是一大公害，影响恶劣。

上述官吏或逼迫无奈，或挟私报复，或嫉妒仇富，滥用籍没虽气势汹汹，但主观上并不理直气壮。另有出于"正义""高尚"者，颇为自得。此即"抑夺兼并之家以宽细民"之举。② 如南宋后期，屡任地方官的吴渊"所至，好籍没豪横，惠济贫弱"③。籍没富豪财产的目的是以此救济贫民。为了这部分人的利益而强行剥夺另一部分人，即使其动机是善意的，也将导致恶行，使人不敢富裕的恶劣影响更严重。所谓："以财掇祸，宁若速贫，此何等气象耶！"④ 经济发展的基本动力遭到摧残。

为了维护私有财产和法律的尊严，朝廷采取许多措施禁止、严惩官员滥用籍没法。绍兴二十六年（1155）四月，秘书少监杨椿报告："近年两降赦文，籍没田产之人，并令所属具情犯条法申提刑司，审覆得报方许拘籍。而所至犹有不遵赦令者，盖缘未曾立法断罪故也。望诏有司申严行下，如是违法籍没罪人财产，及不先申提刑司审覆得报，便行拘籍者，科以某罪，监司不觉察者，降一等。"要求在原有制度以外再立法惩处。⑤ 五月，朝廷颁布了具体刑罚："财产不应籍没而籍没者，徒二年，即应籍没而不申提刑司审覆，及虽申而不待报者，杖一百；监司不觉察者，减一等。著为令。"⑥ 滥用籍没的官员徒2年，不按制度报提刑司复审以及不待批复便实行籍没的官员决杖100，转运司等监司负连带责任，罪减一等。成为定制的法令不可谓不严，暂时遏制了滥用籍没之风，一些违法官员也被处分。如宋孝宗时，前任参知政事兼权知枢密院事、知绍兴府钱端礼"籍人财产至六十万缗，有诣阙陈诉者，上

---

① （宋）真德秀：《西山文集》卷3《轮对札子》，文渊阁《四库全书》本，第1174册，第41页。
② （宋）叶适：《水心别集》卷2《民事下》，载《叶适集》，第655页。
③ （元）张铉：《至大金陵新志》卷13下之上《吴柔胜传》，《宋元方志丛刊》本，中华书局1990年影印本，第5862页。
④ （清）徐松辑：《宋会要辑稿》职官79之29。
⑤ （宋）李心传：《建炎以来系年要录》卷172，绍兴二十六年四月戊子，第2833页。
⑥ （宋）李心传：《建炎以来系年要录》卷172，绍兴二十六年五月丁巳，第2841页。

闻之,与旧祠。侍御史范仲艺劾端礼贪暴不悛,降职一等"①。钱端礼因滥用籍没,被罢去知府职务,贬为提举洞霄宫并降职一等。但至南宋中后期,滥用籍没之风卷土重来,而且愈演愈烈,朝廷不得不屡屡颁布禁令:

嘉泰四年(1204):"禁州县挟私籍没民产。"②

绍定二年(1229)诏:"户绝之家,许从条立嗣,不得妄行籍没。"③

绍定五年(1232)诏:"诸路监司、郡守,今后齐民犯罪,不许妄行籍没。法当籍者,先具情节,取旨施行。违者越诉。"④

先是禁止地方官挟私籍没,其实并不具操作性;继之允许户绝之家依法立嗣,不得随便籍没,但范围有限;又规定慎用籍没,事先须上报皇帝批准,否则民户允许越级上诉,等于将籍没判决权收归皇帝。此后史籍罕见有关记载,或许得以遏制。但以南宋后期的混乱与腐败政局而言,也不可乐观。

(二)非法剥夺

私有财产权的最大危害来自公权力。与依法剥夺以及滥用籍没比较起来,宋政府以及各级官吏对民间私有财产的非法剥夺更普遍、更严重,可以说在一定程度上和个别时期内属于常态,甚至可以说是制度化,这是专制体制的本性决定的。笼统地说,就是官府通过加重赋税剥削等手段巧取豪夺。

例如,宋太宗时,"关辅之民,数年以来,并有科役,畜产荡尽,室庐顿空"⑤。宣和年间,尚书左丞宇文粹中揭露道:"赋敛岁入有限,支梧繁伙,一切取足于民。陕西上户多弃产而居京师,河东富人多弃产而入川蜀。河北衣被天下,而蚕织皆废;山东频遭大水,而耕种失时;他路取办目前,不务存恤。谷麦未登,已先俵籴;岁赋已纳,复理欠

---

① (元)脱脱等撰:《宋史》卷385《钱端礼传》,第11831页。
② (元)脱脱等撰:《宋史》卷38《宁宗纪二》,第737页。
③ (元)佚名:《宋史全文》卷31,绍定二年五月甲辰,第2162页。
④ (元)佚名:《宋史全文》卷32,绍定五年五月戊戌,第2178—2179页。
⑤ (宋)李焘:《长编》卷41,至道三年正月辛卯,第860页。

负。"① 残酷的剥削导致富民大多破产，民不聊生。绍兴年间，监明州比较务杨炜悲愤地控诉说：历代"衰世掊克之法，略以尽行，剥肤椎髓，无所不至，膏血无余，不知何出乎！"② 对人民的剥削不择手段。宋孝宗时，中书舍人崔敦诗在《论州郡掊克疏》中指出："当今州县之吏，颇成掊克之风"，除了籍没外，还有"科罚之禁"："近来州县乃出巧谋，其有富室豪家懦子弱弟，既捃拾以负犯，遂恐吓以刑名，徐令有司开道所欲，或仓库城隍之未备，或舍馆学校之未全，逼使缮修，悉令出备，类多竭产，仅得赔偿，实出胁持，俾称情愿。破上户为下户，坏富民为贫民"；又有"受纳之弊"："今日已极。徒缘费用之广，须资赋入之赢，纵有宽容，宁无艺极。今乃年年增长，第第加添，不恤过多，悉期取足。……是以公私规图，上下克剥，合入米一石，今有至二石而可输；合用钱一文，或有至两文而已。"③

敲骨吸髓式的剥削，有官吏个人行为，也有地方政府行为，更有朝廷行为。朝廷行为表现在制度方面。例如南宋朝廷新增的版帐钱即："版帐钱者，自渡江军兴后诸邑皆有，惟浙中尤甚，率皆无名，凿空取办。"④ 朝廷只管收税，如何增收听任地方，只要结果，不问手段。如此，"州县之吏固知其非法，然以版帐钱额太重，虽欲不横取于民，不可得已"；绍兴二年（1132）为了供给韩世忠的部队，新增月桩钱，"当时漕司不量州军之力，一例均科，既有偏重之弊，于是郡县横敛，铢积丝累，江东、西之害尤甚"⑤。明知非法，也无可奈何。朱熹也说："今日有一件事最不好：州县多取于民，监司知之当禁止，却要分一分！此是何义理！"⑥ 朱熹认为当时最恶劣的事就是上级官府明知非法剥削民户不对，不但不制止反而要分一杯羹，等于鼓励州县实行苛捐杂税了。

罄竹难书的事实表明，宋政权对私有财产权的侵犯多有发生，破坏

---

① （元）脱脱等撰：《宋史》卷179《食货志下一》，第4362页。
② （宋）李心传：《建炎以来系年要录》卷125，绍兴九年正月乙未，第2040页。
③ （明）黄淮、杨士奇编：《历代名臣奏议》卷108，崔敦诗奏，第1405页。
④ （宋）俞文豹：《吹剑录外集》，文渊阁《四库全书》本，上海古籍出版社1987年影印本，第865册，第492页。
⑤ （元）脱脱等撰：《宋史》卷179《食货志下一》，第4369页。
⑥ （宋）黎靖德编，王星贤点校：《朱子语类》卷111《论民》，中华书局1986年版，第2716页。

了私人财产的稳定性，在某些时间和地点相当严重，近乎公开的抢夺，将私有财产当作可以任意攫取的官方外财。"今或指民业为官物……今乃视民财如外府，而百计渔取矣。"① 此时，私有财产权在政权的暴虐下显得毫无意义，私有财产权的核心价值丧失殆尽。

同时还有两点应指出：一是这种行径尽管是政府行为，但朝野上下都知道是非法的，受到舆论的指责，一些典型事件在皇帝的干预下得到纠正，也即法理上是禁止非法剥夺私有财产的；二是宋政权非法施暴的非常时期毕竟少于正常时期，也即两宋时期，多数情况下民间私有财产权有基本保障，否则宋代社会经济就不可能发展和繁荣发达。这两个基本判断，保证我们的研究不至于走向偏激。

结　语

像开篇的疑虑一样，本文的结语也颇踌躇。宋政府一方面竭力维护私有财产权，另一方面又粗暴地掠夺私有财产，如此矛盾，其实正是专制统治者的两面性。前者的呵护培植是为了发展巩固，后者的杀鸡取卵是为了应急救命。他们深知"民惟邦本，本固邦宁"，而财惟民本，财固民安，私有财产又是社会存在、稳定和发展的基石，是统治者的根本利益。"朝廷之根本在州县，州县之根本在田里……田里贫则国家贫，田里富则国家富，田里之财即国家之财也。在州县得数十润屋之民，乡井有所丐贷，官府有所倚办。……使田里之间等是穷户，则自救不赡，焉能佐公上之急哉！"② 但在体制决定下，专制的蛮横，统治者的贪婪，势必加重剥削。何况宋代外患频繁，养兵立国，军费巨大且具有爆发性、紧迫性，许多政府行为的横征暴敛都与应付军费有关。正如朱熹所说："财用不足，皆起于养兵。十分，八分是养兵，其他用度，止在二分之中。古者刻剥之法，本朝皆备。"③ 因此说宋政权对私有财产的非法施暴具有时代特点和历史原因。维持国家暴力机器，不得不采用暴力手段。

---

① （宋）孙梦观：《雪窗集》卷2《孔子对季康子问盗》，文渊阁《四库全书》本，上海古籍出版社1987年影印本，第1181册，第92页。
② （清）徐松辑：《宋会要辑稿》职官79之28至29。
③ （宋）黎靖德编，王星贤点校：《朱子语类》卷110《论兵》，第2708页。

宋代私有财产权比较完全地体现在民间，体现在个体之间。民间私有财产权是政权赋予的，古代民间私有财产权的确认来自政权，这一确认是统治的基础，极大稳定并促进了社会发展。宋代私有财产权仍处于萌芽状态，或者说是一棵随时可以被政权砍伐的大树，是社会文明发展阶段性的产物。民间私有财产权充分利用官方的制度政策，在强权施虐的时间和空间的间隙顽强发展，显示出斑斑亮点在阴霾中的宝贵。私有财产权不容他人侵犯，但官方可以侵犯，这是所有问题的核心所在，也是中国式私有财产权的特点。与其说是私有财产权，不如说是财产使用权更接近真相。私有财产权最大敌人是无限膨胀的公权力，在蛮横的专制体制下，没有真正的私有财产权。宋代的私有财产权如同一件瓷器，就其形状而言可谓精致优雅，就其质地而言有针扎不进水泼不入的坚固；但就其性质而言却十分脆弱，一遇政权的铁锤便粉身碎骨，严重者因此导致统治基础解体。法令与制度的冲突，政策与实施的冲突，本意与本性的冲突，平常与非常的冲突，大多都属不可调和的矛盾。这是社会基础不稳的根本原因。专制集权的强暴是阻碍历史发展的主要因素。

究其根本原因，恐怕还是"普天之下，莫非王土；率土之滨，莫非王臣"的理念在作祟、发酵。这是大一统政治结构中固有的病根，公是有歧义的公，私是有歧义的私。皇帝的私有财产权与民间的私有财产权是对立的统一，相对一致时则民间私有财产权巩固，社会稳定，经济发展，实际上也维护了皇帝的私有财产权；一旦社会物质财富出现短缺，皇帝的私有财产权便与民间私有权对立，必然以公的名义维护前者，剥夺后者，民间私有财产权的全面崩溃，最终导致皇帝私有财产权消亡。

宋朝"省地"范围的拓展及其政策

安国楼

(郑州大学 历史学院)

"省地"① 指正辖州县的领地,主要属于区域地理概念。宋朝的"省地"划分更多适用于川峡、荆湖及广西边区。省地外围有大量附属性的羁縻州县或散居部族地区,以及没有附属关系的生界地区。对于不同的区域及民户层次,宋廷采取了有区别的政策或边事问题处理方式。北宋中期以后,省地范围进一步拓展,推行省地化的管理方式,以及相应的过渡政策。省地外围的诸多部族地区,由疏松"系属"或其他附属、非附属形式,转变为直接统治管理的形式。南宋时期,仍有明显的省地界限划分。在北宋对拓展省地经营的基础上,南部边区的省地化管理程度和实效性进一步增强。"省地"划分成为边区地域及人户层次划分的一个重要基础,也是多样性政策实施的一个基本依据。

对于宋代南方羁縻州、南部边区的开拓与经营问题,学界已有诸多研究成果,但关于"省地"的划分及其政策问题,仍有许多方面值得

---

① 杨武泉在《岭外代答校注》中对"省地"作解为:"省地、省民、省界,为宋人习语。'省'指朝廷中之中书、门下、尚书三省,可代表朝廷。故王朝直辖之地区、人民、疆界,即为省地、省民、省界。"(周去非撰,杨武泉校注:《岭外代答校注》,中华书局1999年版,第72页)关于"省民"之说,有学者认为,宋朝的"省民即汉人"(吴永章:《论宋代对南方民族的"羁縻"政策》,《中南民族学院学报》1983年第3期,第26页)。"'省民'指经制州内编户的汉族居民"(贺国鉴:《论苗族地区历史上的羁縻州制》,《贵州民族研究》1985年第2期,第52页)。其概念不够准确。经制州内的编户之民即"省民"中,有许多属于非汉族居民。所以在宋代文献中,有些"省民"指汉民,而多数情况下指居住于省地的各族民户。

探讨。本文拟以宋代川峡、荆湖及广西边区为考察范围,探讨其"省地"范围的拓展及政策变化情况,并希望得到行家指正。

一 "省地"范围的拓展

北宋神宗至徽宗时期,相继在川峡、湖广缘边向外开拓疆土,招纳人户,其目的就是要通过设立州县城寨、授官驻兵、籍民征赋等形式,将过去的羁縻州、熟界乃至生界部族地区,转变为直接统治和管理的地区,即转变为"省地"和"省民"。因此,北宋中期以后,这些边区的"省地"范围进一步拓展。

在荆湖边区,神宗熙宁六年(1073),负责开拓事宜的章惇言:"辰州南江溪洞尽以内属,其新归地自西以北,环数千里,依险团族甚众,遣官于懿、峡、富、锦、黔州分建城寨。……辰州南江知州、管内军衔首领等,各乞纳土为土民。"① 其他"衡、永等州溪峒猺人,因招谕纳土,乞并为省民"②。为加强管理,宋廷相继在这些地区建立沅州(治今湖南芷江县)、诚州(原羁縻州,治今湖南靖州县)及相关城寨。元丰三年(1080),新知沅州谢麟言:"古诚州并小由、四旗、竹滩、大由、托口等处溪峒人户各已归明,臣续招怀九衔二十三州,地林十三州,依例奏补名目,把托边界。又招纳详州等处洞酋首,通计七千余户。乞添筑沿边城寨堡铺及差戍兵,绥辑人户,籍为省民。"③ 等等,说明开拓之后,原省地外围的羁縻州或散居部族地区,成为新的省地和省民熟户。

生界梅山洞地区的开拓也是如此,试图"臣属而郡县之"④。"招谕梅山蛮猺令作省户。"⑤ 将此地变为省地,人户变为省户。开拓后,在梅山地区"授冠带,画田亩,分保伍,列乡里,筑二邑隶之。籍其田

---

① (宋)李焘:《续资治通鉴长编》(以下简称《长编》)卷242,熙宁六年正月末,附注引《神宗史·南江传》,中华书局1985年版,第5897页。
② (宋)李焘:《长编》卷248,熙宁六年十二月庚午朔,第6052页。
③ (宋)李焘:《长编》卷308,元丰三年九月丙戌,第7489页。
④ (元)脱脱等撰:《宋史》卷494《蛮夷传》,中华书局1977年版,第14197页。
⑤ (宋)李焘:《长编》卷240,熙宁五年十一月庚申,第5830页。

以亩计者二十四万，增赋数十万"①。此一时期的开拓，使荆湖边区大范围的羁縻州或生界地区，"南江之舒氏、北江之彭氏、梅山之苏氏、诚州之杨氏相继纳土，创立城砦，使之比内地为王民"②。自此以后，在这些部族地区开始实行比照"省地"模式的建置和管理。

其他川峡、广西边区的开拓，也大体如此。如本属泸州羁縻的长宁（治今四川长宁县双河镇）十州之地，"熙宁八年，夷人得箇祥献长宁、晏、奉、高、薛、巩、消、思峨等十州，因置淯井监隶泸州"③。熙宁六年（1073）知贵州（治今广西贵港市境）沈起言："招到融州溪峒蛮人，乞籍为王民，开通道路，建置州县城寨。"④北宋末徽宗时期的开拓与招纳，其政策也诸如此类。如夔州路的珍州（治今贵州正安县），"大观二年，大骆解上下族帅献其地，复建为珍州"，其所属二县"乐源、绥阳，本羁縻夷州，大观三年酋长献其地，建为承州"⑤。广西新建的隆、兑等州，"建官分职与内地等"⑥。说明经过徽宗朝的开拓，省地范围又有所扩大，尽管有些建置短暂即废。此不赘述。

二　拓展"省地"的基本政策

省地范围的拓展，意味着这些部族地区原有的社会体制将发生改变，即由"系属"或其他附属、非附属性质，转变为宋朝官司直接统治和管理的地区，实施与内地州县一样的"省地"化管理模式。

在拓展省地"补名目""授冠带"，即授予当地部族首领各类官职名目。此时的所授职名，不同于非省地时的职名封赠。如元丰元年（1078），荆湖南路安抚使谢景温言："奉诏相度转运司乞补徽、诚州溪峒蛮职名俸给事，臣详牛初平招抚杨光僭等，各与官职、请受，其归明

---

① （宋）刘挚：《忠肃集》卷12《直龙图阁蔡君（奕）墓志铭》，文渊阁《四库全书》本，上海古籍出版社1987年影印本，第1099册，第578页。
② （元）脱脱等撰：《宋史》卷493《蛮夷传》，第14180页。
③ （元）脱脱等撰：《宋史》卷89《地理志》，第2219页。
④ （宋）李焘：《长编》卷247，熙宁六年十月庚午朔，第6018页。
⑤ （元）脱脱等撰：《宋史》卷89《地理志》，第2229页。
⑥ （宋）曾敏行撰，朱杰人点校：《独醒杂志》卷9，上海古籍出版社1986年版，第84页。

地依旧住坐。……今近上首领既已受命,利于俸给。"① 原为羁縻州的徽(治今湖南绥宁县境)、诚二州,开拓后成为省地州。杨光僭原为溪洞"三州一镇"② 即徽、诚州地区的首领,纳土归附后,授予省地官职。已往所封职名,以钱物赠予为主,而省地职名则是相应的"请受""俸给",类同内地之官。就其所统领的三州一镇而言,拓展为省地前后,宋朝官司支出钱物的名目和数额也有较大差别:"三州一镇自未归明以前,每岁进奉总请券二千四百余缗。昨补逐人官职料钱、衣绢,岁计三千七百余缗。"③ 此前是"请券",即进奉后的回赠。此后则是宋朝一般官职应有的俸钱、俸料之类,数额上也远超于前。可见,成为省地后,其所授职名及待遇已发生了较大变化,体现出两种体制的差异。

对于转变为省民的普通人户而言,税征标准的变化是一个明显标志。如熙宁九年(1076),"诏荆湖北路转运司,北江下溪州已纳土,其每户合纳丁身粟米,自熙宁十年为始"④。元丰元年(1078),"扶竹水山猺梁义等愿附招纳,籍为省民,隶邵阳县,输丁身钱米"⑤。在开拓的梅山洞地区,"籍其民,得主、客万四千八百九户,万九千八十九丁,田二十六万四百三十六亩。均定其税,使岁一输"⑥。等等,说明羁縻州或其他部族地区转变为省地后,其原住民则以交纳丁身钱米为标志,"出租赋如汉民"⑦,而成为新的省民。按统一标准纳税,是省民应承担的义务,其他拓展省地的情况也例当如此。

当然,有些地区也实行一些过渡性政策。如海南黎人地区,开拓后部分"黎峒田土"划归省地,元丰三年(1080)琼管体量安抚朱初平等上言:"自来黎峒田土,各峒通同占据,共耕分收,初无文记。今既

---

① (宋)李焘:《长编》卷287,元丰元年正月己未,第7013页。
② 据马力考证:"三州一镇",即徽州、诚州、古诚州,以及位于诚州的融岭镇,"简化"所指为徽、诚州地区。参见氏著《羁縻诚、徽州考》,《民族研究》1991年第6期,第92页。
③ (宋)李焘:《长编》卷287,元丰元年正月己未,第7014页。
④ (宋)李焘:《长编》卷273,熙宁九年二月壬寅,第6685页。
⑤ (宋)李焘:《长编》卷290,元丰元年六月癸卯朔,第7085页。
⑥ (元)脱脱等撰:《宋史》卷494《蛮夷传二》,第14197页。
⑦ (元)脱脱等撰:《宋史》卷493《蛮夷传一》,第14179页。

投降入省地，止纳丁身及量纳苗米。"① 说明划归省地的黎人熟户，除比照省民交纳丁身苗米外，还有些仍属"量纳"性质。川峡泸州边面的罗箇牟村，为神宗开边之时"熊本所团结熟夷也"②。开拓之初，针对罗箇牟村是否按省地标准纳税问题，尚有一些争议。元丰三年（1080）四月：

> 梓州路（治今四川三台县）转运司言："缘罗箇牟村蛮熙宁七年后方量纳官税，不同省地熟夷纳二税役钱。"诏："罗箇牟村蛮既纳税赋，即是省地熟户。见在图籍，并系熟夷，不委所奏，有此异同。今不独为王宣接战所因，缘系久远地界事。令转运、钤辖司审实以闻。"后遂可奏罗箇牟村蛮但量纳税物以羁縻之，实与省地熟蛮不同。③

说明在熙宁七年（1074）以前，罗箇牟村属于生户，开拓之后成为"省地熟户"，但对于这些原本生户转变为"省地熟户"的情况，短期内仍采用"量纳官税"的方式，可谓过渡性政策。

在法治方面，新省地也着力向省地的管理法转变。如元丰四年（1081），权荆湖南路转运副使朱初平上言："徽、诚州归明团峒，应未（见）[建] 城寨以前有相雠杀及他讼，并令以溪峒旧法理断讫。乞自今有侵犯，并须经官陈诉。如敢擅相雠杀，并依汉法处断。"④ 在这些拓展省地，原"溪峒旧法"已不再适用，而统一以省地汉法为执行标准。北宋末徽宗时期的开拓，也采取了类似政策。如政和六年（1116），诏"播州（治今贵州遵义市）管界都巡检杨光文等，已系归明，身为王民，受爵命，目当遵守令法"。岩擅相仇杀，当依法理断。"似此归明人，并依此。"⑤ 可见，在拓展省地建立统一的法治标准，树立省地法令的权威性和约束力，对于拓展地区统治秩序的稳定，显然十

---

① （宋）李焘：《长编》卷310，元丰三年十二月庚申，第7520页。
② （清）徐松辑：《宋会要辑稿》蕃夷5之26，中华书局1957年影印本。
③ （宋）李焘：《长编》卷303，元丰三年四月辛亥，第7385页。
④ （清）徐松辑：《宋会要辑稿》蕃夷5之87。
⑤ （清）徐松辑：《宋会要辑稿》兵17之9。

分必要。

同时，由于各地区情况差异，对于部族内部问题的处理，某些拓展省地仍实行与汉法有别的标准。神宗熙宁八年（1075），知黔州（治今重庆彭水县）张克明言：

> 领思、费、夷、播四州，又新籍蛮人部族不少，语言不通，习俗各异，若一概以敕律治之，恐必致惊扰，乞别为法。下详定一司敕所，请黔南獠与汉人相犯，论如常法；同类相犯，杀人者罚钱（自）[百]五十千，伤人折二支。已下罚自二十千至六十千。窃盗视所盗数罚两倍，强盗视所盗数罚两倍。其罚钱听以畜产、器甲等物计价准当。从之。①

这是神宗开拓之初，针对拓展省地语言、习俗各异的情况，制定的一项旨在调解部族内部纠纷的专门法令。其中除杀人、伤人、盗窃罚纳之外，"自二十千至六十千"，是比照宋朝"五刑"敕律划分的五等罚纳标准，即所谓的"黔州法"。此法重在钱物罚纳，而不以敕律五等刑罚绳治，显然兼顾各部族以"和断"为法的传统。

此法后来也用于其他开拓的省地。如在泸州边区，元丰五年（1082），仍据当时该州知州的张克明奏言，"同类相犯，即比附黔州蛮五等罚法"②。到哲宗元祐五年（1090），泸州边区的罚纳标准又有所减低："若是同类相犯，乞比附黔州见行蛮人条制，以五刑立定钱数，量减数目断罚入官。应笞罪三贯，杖罪五贯，徒罪十贯，流罪二十贯，死罪三十贯。"同样可以畜产、器物折纳。③这里仍是以"黔州法"为基础，其罚纳数额自三千至三十千，已大为减少。不过，这些与汉法有别的标准，仅适用部族内部纠纷的处理。部族人户与汉民相犯，仍以敕律常法论治。

在社会生活的其他方面，新省民也享有省民应有的权利和自由。如

---

① （宋）李焘：《长编》卷263，熙宁八年闰四月乙巳，第6437页。
② （宋）李焘：《长编》卷331，元丰五年十二月丁巳，第7984页。
③ （宋）李焘：《长编》卷453，元祐五年十二月乙卯，第10872页。

元丰八年（1085），"诏邵州（治今湖南邵阳市）芙蓉、石驿、浮城等峒已修寨铺，其归明户及元省地百姓如省地法，应婚姻、出入、典卖田、招佃客，并听从便"①。表明"省地法"所规定的权利和自由，对新旧之民是均等的。此项规定，对于新民尽快融入省地的社会生活，无疑具有十分重要的意义。在文化教育方面，新省地要达到省地化的标准，往往需要一个较长的过渡期。如徽宗政和四年（1114）"中书省言：勘会新民子弟初被教养，故立法稍（忧）[优]，以为激劝。若归明已久，自当依州县学法，缘未有立定年限。诏新民归明后，经十五年，并依县学法施行。虽限未满而能依州县学法呈试者，依此"②。针对各部族地区文化教育相对落后的现实，规定为十五年以内的过渡时限，也属合乎情理的举措。

可见，为实现拓展省地的一体化统治和管理，宋廷采取了一系列的转制措施。与一般省民相比照，这些措施既有相同，又有差异。其差异性，即照顾到各部族地区传统、习俗及社会状况的不同。如南宋宁宗嘉定七年（1214）臣僚上言中提到：原拓展之地的荆湖辰、沅、靖（原诚州，徽宗时改，治今湖南靖州县）三州，"创郡之初，区处详密，堤防曲尽。故立法有溪洞之专条，行事有溪洞之体例，无非为绥边之策"③。说明自从这些地区开拓成为省地之后，就制定了针对溪洞部族"详密""曲尽"的专门立法和行事标准。其他开拓省地的情况，也可见一斑。

北宋时期"省地"的开拓及经营，充满了曲折、复杂和艰辛。其庞大的兵力、财力支出，以及武力征服、强制归附的一面，又招致诸多非议。由于种种原因，一些拓展之地又不得不再度放弃，其经营政策的实效性难以一概而论。但北宋时期的开拓及经营，的确使原省地外围的羁縻州或其他散居部族地区的统治体制、社会风貌，发生了根本性变化。如荆湖沅州建立之初，陶弼赠新任知州谢麟诗云："险尽天开溪路平，诗书新将典新城。三千戍卒今无几，十万屯田古未耕。属县乞除防

---

① （宋）李焘：《长编》卷351，元丰八年二月丁卯，第8407页。
② （清）徐松辑：《宋会要辑稿》兵17之8。
③ （清）徐松辑：《宋会要辑稿》刑法2之138。

虎槛，生蛮原献采砂坑。从兹预拟风尘息，尽是仁威下旆旌。"① 南宋祝穆《方舆胜览》中记述原生界梅山洞："自熙宁中，纳梅山为省地，通道、置驿而郡。"② 显然，北宋后期"省地"的拓展及经营，对于这些边区统治秩序的稳定和管理效力的增强，具有值得肯定的一面。

三 南宋时期"省地"政策的发展趋势

南宋时期，对于北宋开边举措仍不乏指责之声。如高宗认为，"前朝开拓土疆，似此等处（指广西置隆、兑等州）尤为无益，首议之臣深为可罪"③。但毋庸置疑的是，南宋时期，在北宋对拓展省地经营的基础上，川峡、湖广边区的统治、管理效力和一体化程度得到了极大提升。

南宋时期，川峡、湖广边区仍存在着"省地"界限的划分。如在荆湖边区，南宋初武岗军（治今湖南武冈市境）瑶人"杨再兴父子自建炎中侵占省地，几二十年"④。孝宗隆兴二年（1164）右正言尹穑言，"湖南州县地界多与溪峒蛮徭差互连接，以故省民与瑶人交结往来，以田产擅生交易。……欲望下湖南安抚司于逐州选差办吏，亲诣所属州县，将省地与瑶人相连旧有界至处，明立封堠"⑤。据成书于孝宗淳熙二年（1175）的范成大《桂海虞衡志》所记，在广西桂林（今属广西）地区，"沿边省民与猺犬牙者，风声气习及筋力技艺略相当。……又猺人常以山货、沙板、滑石之属，窃与省民博盐米"⑥。在海南，乾道二年（1166）诏诸郡"守倅能慰安黎人及收复省地者，视功大小为

---

① （宋）陶弼：《邕州小集·寄沅州新守谢麟》，文渊阁《四库全书》本，第1096册，第400页。
② （宋）祝穆撰，祝洙增订，施和金点校：《方舆胜览》卷26《宝庆府》，引侯延庆《修门记》，中华书局2003年版，第465页。
③ （宋）曾敏行撰，朱杰人点校：《独醒杂志》卷9，第84页。
④ （宋）李心传：《建炎以来系年要录》卷154，绍兴十五年十月乙酉，中华书局1988年版，第2487页。
⑤ （清）徐松辑：《宋会要辑稿》蕃夷5之96。
⑥ （元）马端临撰：《文献通考》卷328《四裔五》，引范成大《桂海虞衡志》，中华书局1986年影印本，第2575页。

赏有差,失地及民者有重罚"①。可见,在这些边区,省地与外围部族之间仍有着明显的界线划分。

同时,仍有省地汉民、省地熟户、生界之类的地域及民户层次区别。如宁宗嘉定七年（1214）臣僚言:"辰、沅、靖三州,内则省民居之,外则为熟户山徭,又有号曰峒丁,接近生界,迤逦深入,围峒甚多。平时省民得以安居,实赖熟户之徭与夫峒丁相为捍蔽。"②此三州,即北宋开边之后重新设置或调整的省地州,州内为"省民",即指省地汉民。其外围熟户山徭、峒丁,则是居于省地的熟户。再往外则是"生界"。同时也可以看到,原系属羁縻州众多的省地正州辰州,此时的"系属"职能已不明显,但其外围仍有羁縻州存在。如乾道七年（1171）,前知辰州章才邵上言:"辰之诸蛮与羁縻保静、南渭、永顺三州接壤,其蛮酋岁贡溪布,利于回赐,颇觉驯伏。"③不过,与宋初相比,此一地区的羁縻州数量已大为减少。

以上辰、沅、靖三州的山徭、峒丁熟户,是按照省地的方式进行管理,而非省地外羁縻附属性质的熟户。"其初,区处详密,立法行事悉有定制。峒丁等皆计口给田,多寡阔狭,疆畔井井,擅鬻者有禁,私易者有罚。一夫岁输租三斗,无他徭役,故皆乐为之用。"④对于这些山徭、峒丁熟户,从授田、买卖、税征等方面,自北宋开拓之后,直到南宋中期,已形成"详密"的定制,实现了省地化的管理。同时,其税役负担要轻于省地汉民,实行有差别的政策。南宋孝宗淳熙时,周必大奏言中提道:"靖之为州,起于崇宁,民居仅数百家,城外皆是蛮洞,朝廷意在羁縻,止令量纳丁米,每岁却令广西漕司应副三万缗,支遣官吏军兵俸给。"⑤说明到南宋时期,对原拓展省地的部分人户仍实行"量纳丁米"政策,但无疑是比照省民方式进行管理。

其他边地也有不少类似情况。如光宗绍熙四年（1193）,诏"郴、

---

① （元）脱脱等撰:《宋史》卷495《蛮夷传三》,第14219页。
② （清）徐松辑:《宋会要辑稿》刑法2之138。
③ （元）脱脱等撰:《宋史》卷494《蛮夷传二》,第14192页。
④ 同上书,第14196页。
⑤ （宋）周必大撰,周纶编:《文忠集》卷139《乞申严谋入溪洞人法》,文渊阁《四库全书》本,第1148册,第537页。

桂、衡、道诸州溪峒猺户,不系省民者,并免随税均纳夏秋免役钱"①。这些溪峒猺户要按标准缴纳夏秋之税,显然属于省地熟户,但免纳役钱,与"省民"即省地汉民有别。同时,南宋时期,仍有省地外熟户的区分。如南宋末朱辅《溪蛮丛笑》中称:省地外部族"既纳款听命,纵其出入省(他)[地],州县差人管辖"。对其采取如省地外"熟户之猺"的政策。②"纳款听命",即以"量纳"钱物形式而形成的附属关系。

南宋时期,广西路边区的情况发生了较大变化。如左右江羁縻州地区,与宋朝官司之间形成了更为紧密的联系与融合。高宗绍兴二十七年(1157),权发遣邕州田经言:"邕州左右两江,并是归明羁縻州洞居止,外通交阯诸蕃,自来于溪洞内置五寨镇弹压洞民,每寨有都同巡检、知寨、都监、主簿及兵级三四伯人。"这些知寨之官,需"申朝廷差注,任满候正官交替方得离任,有事故者以次官兼权"③。可见,这时的两江地区,已是"归明"的羁縻州洞居止,与宋朝官司的联系和依从度进一步增强。

又据范成大《桂海虞衡志》所记:在广西两江地区,"此州县虽曰羁縻,然皆耕作省地,岁输税米于官"。其首领"元丰以后,渐任中州官。近岁洞酋,多寄籍内地,纳粟补授,无非大小使臣"④。可见,此时的左右江羁縻州县,对内已被视为"省地"范围,其民"岁输税米"。许多溪洞首领已寄居并加入内地户籍,纳粟授官。这种情况,与宋初相对独立的羁縻州自治体制相比,显然发生了较大变化。因此,至迟到南宋孝宗时期,这些地区历史上形成且长期延续的"蛮"的概念,发生了重大转变:"南方曰蛮。今郡县之外羁縻州洞,虽故皆蛮地,犹近省民,供税役,故不以蛮命之。过羁縻,则谓之化外真蛮矣。"⑤ 说

---

① (清)徐松辑:《宋会要辑稿》蕃夷5之50。
② (宋)朱辅:《溪蛮丛笑·卖首》,文渊阁《四库全书》本,第594册,第49页。
③ (清)徐松辑:《宋会要辑稿》方域9之12。
④ (元)马端临撰:《文献通考》卷330《四裔七》,引范成大《桂海虞衡志》,第2588—2589页。
⑤ (宋)范成大撰,孔凡礼点校:《桂海虞衡志·志蛮》,中华书局2002年版,第146页。

明到南宋时期，宋朝官司对于两江羁縻州地区的统治和管理，已向省地化、一体化方面迈进了一大步。不过，从实际体制而论，广西边区仍以羁縻州形式为主。如直到宁宗嘉定三年（1210），知静江府（治今广西桂林市）章戬的上言中仍强调说："西南最为重地，邕、钦之外，羁縻七十有二，地里绵邈，镇戍非一。"① 这里的羁縻州之数，与宋初相比仍基本一致。

除广西边区外，其他散居部族地区也有不少类似情况。如南宋孝宗淳熙时期，在衡州常宁县（今湖南常宁市境），"溪洞之民，往往于洞外买省地之田以为己业，役省地之民以为耕夫，而岁以租赋输之于官。官吏虑其事，而幸其输租于我，则因循而不敢问，遂致其田多为溪洞所有，其民多为溪洞所役"②。这里的溪洞之民，俨然成了省地的税户地主。正如孝宗时陈傅良的《桂阳军（治今湖南桂阳县）告谕百姓榜文》中说："至如瑶人，实同省地。久来往还，何分彼此！"③ 说明到南宋时期，随着相互联系的日益增强，省地与外围部族之间的地域隔限逐渐被打破，"省地"的划分事实上呈现出逐渐淡化的趋势。

可见，南宋时期，川峡、湖广边区仍存在着"省地"界限的划分，以及相关的地域及民户层次划分。这是北宋边政体制的延续，也是多样化边区政策的需要。同时，与宋初相比，省地正州"系属"羁縻州的范围和数量已大为缩减，④ 某些地区的"省地"界限逐渐趋于淡化，部分边区的形势格局发生了重大改变，其边区统治和管理呈现出进一步强化的趋势。

---

① （元）脱脱等撰：《宋史》卷495《蛮夷传》，第14214页。
② （清）徐松辑：《宋会要辑稿》蕃夷5之99。
③ （宋）陈傅良撰，曹叔远编：《止斋集》卷44《桂阳军告谕百姓榜文》，文渊阁《四库全书》本，第1150册，第849页。
④ 对此问题，有学者也曾论及。如刘复生认为："数次'开边'更使许多地方的羁縻州不复存在……至于南宋时期，除广西路和夔门路部分地方外，其他地区的羁縻州已经消亡或名存实亡。""南宋时广西路之羁縻州保持了强势格局。"参见《宋代羁縻州"虚像"及其制度问题》，《中国边疆史地研究》2007年第4期。本文不作更多论述。

论宋代中央与地方的税权分隶

黄纯艳

(云南大学 历史与档案学院)

财权分割是宋代财政管理体制的重要特点,而实现财权分割的重要手段是赋税裹名所有权和使用权的"分隶"。税权分隶既有在中央和地方间分隶,也有在中央各财政机构间及地方各财政机构间分隶。这一视角的考察可以更清晰地认识宋代如何通过具体的制度设计实现中央与地方及各财政机构间的财权分割。这对认识宋代中央与地方关系,财政集权的实现途径和地方财政的存在特点等问题都具有重要意义。目前关于宋代财政史的研究成果中尚未有人从这一角度进行讨论。本文拟以中央与地方税权分隶为中心,对宋代税权分隶状况作一探讨。

一 宋代主体税正税的权属分隶

中国古代文献对赋税性质的记载往往比较模糊,按照财政学的划分对宋代赋税性质略加区分有利于更清晰地认识宋代赋税裹名的性质及赋税分隶的特点。财政学将在财政结构中占据主体地位的税称为主体税,只占辅助地位的税称为辅助税(中国古代文献及研究者多以"杂税"表述)。将有独立征税对象和计税依据的税称为正税,以正税为母体,无独立征税对象和计税依据、附着于正税征收的税称为附加税。附加税主要附着于主体正税征收。宋代财政收入是农业两税和工商业税并驾齐驱的格局,其中财政最为倚重的主体税正税是两税、禁榷税和商税。

宋代财政收入管理权和支配权被多重分割,不仅在中央与地方间实行分隶,而且中央财政又在内藏、朝廷、三司(元丰改制后为户部)、总领所（南宋绍兴十一年以后出现）间分割，地方转运司、提刑司、常平司，州、县的知州、县令及通判、县丞也各有财权。本文主要讨论中央与地方间的税权分隶。宋代财政收入管理权和支配权的分割是主要以税权（或更具体地表述为赋税窠名权属）的分隶为基础的，这是其与汉唐统收统支财政最大的不同。宋代的两税、禁榷、商税等主体正税，以及附加税和杂税权属都通过多种方式在中央和地方，以及不同财政机构间实行分隶。《群书考索》续集卷四四《兵制门》称"其税赋、榷酤、商税、茶盐、坑冶山泽之利各以分数隶给州郡，及系省房廊、地利、坊场、河渡支酬衙前不尽者尽归本州"。这说的是北宋前期的情况，反映了从两税、禁榷税等主体正税和多种杂税都在中央与地方间实行分隶的基本状况，后来虽有变化，赋税窠名权属的分隶始终存在，而且是宋代实行财权分割的制度基础。

中央和地方各级理财机构的赋税收入各有规定的窠名来源。从明州赋税的分隶就可见一斑：明州须缴纳赋税被分为朝廷窠名、监司窠名等，其中"朝廷窠名"包括圣节银、大礼银、夏税和买绢、岁币绢、圣节绢、人礼绢、折帛钱、无额上供钱、御膳羊钱、供给钱、起发七分酒息钱、僧道免丁钱、经总制钱、内藏库钱（坊场正名钱）、左藏库钱（坊场七分宽剩钱、坊场净利钱、官户不减半役钱、圣节折银价钱、大礼年分折银价钱、减省人吏雇钱、在京官员雇钱）等。这里的"朝廷窠名"显然不单指宰相掌握的朝廷财政，实际就是包括内藏财政和户部财政在内的中央财政。"监司窠名"中，转运司窠名包括月解钱、移用降本钱、殿步司马草钱、重华宫糯米钱、御酒库糯米钱、宽余耗剩米、官吏茶汤食钱及杂支等钱，提刑司窠名包括圣节抛降银折钱、赃赏钱。[①] 上述明州各机构窠名既有主体税正税，也有附加税和杂税，大部分设立定额且并非由某一机构独占，而由各机构，包括中央与地方共享分成，这是宋代税权属分隶的主要形式之一。

我们首先考察一下两税、禁榷税和商税等几种主体税正税的权属分隶。北宋前期两税收入有规定数额留归州县，在中央与地方间实行分

[①] （宋）罗濬等纂：《宝庆四明志》卷6《叙赋下》，《宋元方志丛刊》本，中华书局1990年版。

隶，即《群书考索》续集卷三七所称"国初之制"，"二税有定例分数隶属州郡"，"二税分数隶属州县，地利赢余归之本州"。到熙宁变法，收夺了州县的两税分数："二税分数旧属州县也，至是归运司以备经费矣。"① 就是原来属于地方的份额也全部纳入三司财政。熙宁以前归属州县的两税分数应该是指两税正税中有规定的数额分隶于州县。因史籍缺载，已不得其详。

两税正税基本上用于上供，相对而言，禁榷税和商税分隶地方数量更多，但是情况也不断变化。北宋前期"天下财赋除其供辇送京师之外，余者并留之州郡。至于坊场、坑冶、酒税、商税则兴废增亏不常，是以未尝立为定额，其留州郡者，军资库、公使库系省钱物长吏得以擅收支之柄"②。定额上供之余留归地方及主要留归地方的无定额赋税收支权都归地方。熙宁以后，原来归属地方的赋税很多被逐步收归中央："坊场河渡昔归州县，今充为上供焉"；"茶盐、坑冶昔在州县，今归使者焉"。③ 但禁榷税和商税收入中仍有中央和地方分隶和共享的案名。其中酒利对于地方财政最为重要。朱熹说南康军"财赋匮乏，官兵支遣常是不足，逐时全仰酒税课利分隶相助"④。所谓分隶应该就是按比例，或根据定额及额外之数确定地方所得。例如，绍兴六年（1136）胡寅奏请"设置（淳安县郭）官酒务，认还名课钱外，以所得息钱充本州经费"⑤。就是定额外的息钱归州用。

禁榷税收入中盐课是国家财政的重要来源，但是盐课正税在某些地区和特定的盐法下地方可以分享一定，甚至大部分盐利份额。例如，至道二年（996）杨允恭改革淮浙盐法，完全恢复官卖制，食盐的运输与销售主要由地方政府承担，"盐荚只听州县给卖，岁以所入

---

① （宋）林駉撰：《古今源流至论》续集卷3《州县财》，文渊阁《四库全书》本，上海古籍出版社1987年影印本。
② （元）马端临撰：《文献通考》卷19《征榷考六》，中华书局2011年点校本。
③ （宋）林駉撰：《古今源流至论》续集卷3《税赋》。
④ （宋）朱熹：《晦庵先生朱文公文集》卷20《乞减移用钱额札子》，《朱子全书》本，上海古籍出版社2010年点校本。
⑤ （明）姚鸣鸾修、余坤等纂：《嘉靖淳安县志》卷4《酒税》，《天一阁明代方志丛刊》第7册，第2页。

课利申省，而转运司操其赢，以佐一路之费"①。通过卖盐，"诸路岁得盐课无虑数十万缗以充经费"②。官卖制下地方分享很大一部分盐利。两广和福建盐法在官卖和钞盐间多次反复，官卖制时地方有很大分成。实行官卖制时，"二广诸州岁计财用并仰漕司盐利。漕司量诸州每岁合用之数给之以盐，使之发卖"。广西路"漕臣专一路煮海之利，州郡所用财计尽皆仰给漕臣"③。官卖制下盐利基本上归属地方，只是在漕司和州县间分成共享。"漕司鬻盐，以其息什四为州用。"④即"六分漕计，四分诸州岁用"，这是最初的分隶规定，乾道元年改为"漕司收其八分，州军止得二分"，淳熙二年又增加了诸州的份额，改为"三分拨付诸州，七分充漕司岁计"⑤。广西盐利也有划归中央的，如邕州所卖盐初每斤100文，绍定以后因"通判厅申请，以经制钱亏额，添六文，每斤一百六文，内百文归州家，六文归倅厅，遂为永例"⑥。通判所收经制钱是属于中央财政的窠名。但仍可看到广西官卖制下地方分享了最大盐利。

福建上四州官卖盐，规定了每纲盐中的盐利分成："每盐纲内例有转运司增盐、通判厅经总制盐"，各州在本州发卖的岁额盐有"转运司盐、有本州盐、有通判厅盐、有本县盐"⑦。如建安县卖盐，分隶于诸司及府库、本县："每月以九日卖大上供，其钱专解上供库，余解府司。以二十一日卖小上供，所卖到钱解转运司，其余分隶提举司、经总制库及府司诸库。若纲本盐钱则解盐钱库，诸县助学盐钱则解学事库，诸纲市利盐钱则解公使库，诸县折纳春冬衣盐钱则解军资库，丰国盐罢

---

① （元）马端临撰：《文献通考》卷15《征榷考二》。
② （宋）王应麟撰：《玉海》卷182《建隆发运使绍兴经制发运使》，广陵书社2003年排印本。
③ （宋）吴儆：《竹洲集》卷2《论乞委漕臣同帅臣措置备边》，文渊阁《四库全书》本，上海古籍出版社1987年影印本。
④ （元）脱脱等撰：《宋史》卷183《食货下五》，中华书局1977年点校本。
⑤ （清）徐松辑：《宋会要辑稿》食货28之3，中华书局1957年影印本。
⑥ （宋）尹安中纂：《建武志·赋税》，《永乐大典方志辑佚》第5册，中华书局2004年点校本。
⑦ （明）黄淮、杨士奇编：《历代名臣奏议》卷319《论汀赣江盗贼利害》，上海古籍出版社1989年影印本。

科茶盐钱则解盐钱库"①。汀州每年发卖盐钱须解纳转运司盐息钱7605贯416文，提举司吏禄钱312贯，通判厅头子赡学钱1284贯720文。汀州宁化县卖盐息钱中地方留用的有提举司吏禄钱123贯（钱会合计），州净利钱2176贯388文（钱会合计），通判厅头子赡学钱1508贯422文（钱会合计）②。福建最初"以其息什四为州用"，与广西一样，"其后或乃夺取其息之半"，后来又"以盐息什三予诸郡"③。正因为在官卖制下地方可以分享盐利，所以福建上四州依靠"官鬻盐以给岁费"，"公私百计皆倚盐以办"④，对盐利依赖很大。

交引或钞引盐制，即官购商销制下盐利则主要归属中央，而且解盐和淮浙盐在两宋的大部分是实行官购商销制。范祥实行解盐钞引制之初"恐失州县征算"，还给地方政府一些补偿："乃计所历所至合输算钱，并率以为入中之数，自后州县犹算如旧。嘉祐六年（薛）向悉罢之。"⑤淮浙盐官卖时也同时伴行钞引制，其中增收到盐钞引"五分入朝廷封桩，五分转运司。元符元年九月令福建准此"⑥。也让地方分享盐利，但只是增收部分。这说明钞引盐制比官搬官卖更有利于中央最大限度地占有盐利。特别是蔡京推行政和盐法后，"商旅赴榷货务算请"，运销过程管理"并如茶笼篰法"，且"视茶法而多为节目"⑦。"利通外计者，悉归朝廷"，"诸路空乏"。⑧

所谓的"茶笼篰法"或"视茶法而多为节目"是指蔡京实行以引榷茶的改革，商人往榷货务买茶引，持引直接向园户买茶，官府通过对商人收购环节的卖引、验引、封印管理，运销环节查验、批填、销引、茶引和笼篰回收销毁等措施，将茶叶购销的每一个环节都置于官府的控

---

① （宋）尹安中纂：《建安志》，《永乐大典方志辑佚》第2册，中华书局2004年点校本。
② 同上。
③ （宋）朱熹：《晦庵先生朱文公文集》卷89《右文殿修撰张公神道碑》。
④ （宋）朱熹：《晦庵先生朱文公文集》卷89《中奉大夫直焕章阁王公神道碑铭》。
⑤ （元）脱脱等撰：《宋史》卷181《食货下三》，第4419页。
⑥ （元）马端临撰：《文献通考》卷15《征榷考二》，第438页。
⑦ （元）脱脱等撰：《宋史》卷182《食货下四》，第4451页。
⑧ （宋）胡寅撰，容肇祖点校：《斐然集》卷25《先公行状》，中华书局1993年版，第542页。

制之中，从而保障茶利"自一钱以上皆归京师矣"①。这就是宋人所说的"崇观以来茶盐之利在朝廷，则朝廷富实"②。而茶法在实行交引法即官购商销制时，地方在收购和运输环节上也可截留茶利，"官运收息，郡县之用所以足者，以茶盐之利在郡县也"。"祖宗之时茶盐之利在州县则州县丰饶。"③ 南宋时茶盐都继承蔡京之法，禁榷利益完全归属中央，"所有茶盐钱并充朝廷封桩，诸司毋得移用"④。使茶盐之利"专一应付国家大计，州县不得擅用"⑤。临安、建康、镇江三榷货务每年茶盐正税钞钱额共2400万贯全部归属朝廷。

酒课自北宋初期主要归属地方，逐步实行中央和地方间的分隶。陈傅良阐述了酒课分隶的演变，指出北宋初期大部分路分不榷酒，淳化四年"敕令诸州以茶盐酒税课利送纳军资府"，属于地方财政。咸平四年酒课始立额，"然则藏之州县而已"，仍然属于地方财政。庆历二年（1042）将新收增添酒钱上供，"所谓王福部一文添酒钱"，开始部分分隶中央。但分隶的方式是，不改变原有税权，而将新增的税率划归中央。这成为官酒务酒课分隶的主要方式。如，熙宁五年"令官务每升添一文，不入系省文帐"；崇宁二年、四年都增添酒价作赡学钱；政和五年诸路增添酒价，入无额上供；建炎四年添酒钱"每升上色四十二文，次色十八文，以其钱一分州用，一分充漕计，一分提刑司椿管"；绍兴元年令诸州增酒价，"不以多寡，一分州用，一分漕计，一分隶经制"。该年的诏令明确把定价权授予地方，"前此酒有定价，每添一文，皆起请后行之，至是，州郡始自增酒价而价不等矣"。同年再添酒钱，"每升上色二十文，下色十文，一半提刑司椿管，一半州用"。绍兴三年令添酒钱，起发上供；五年"每升各增五文，隶总制"，纳入新设的总制钱；六年添酒价每"升十文，以四文州用，

---

① （宋）王应麟撰：《玉海》卷181《乾德榷茶》。
② （宋）李纲：《梁溪集》卷63《乞修盐茶之法以三分之一与州县札子》，文渊阁《四库全书》本，上海古籍出版社1987年影印本。
③ （宋）李纲：《梁溪集》卷144《理财中》。
④ （宋）李心传：《建炎以来系年要录》卷5，建炎元年五月辛丑，《国学基本丛书》本，中华书局1955年排印本。
⑤ （宋）李心传：《建炎以来系年要录》卷102，绍兴六年六月壬子。

六文令项椿管赡军";七年诸州增置户部赡军酒库一所,"以其息钱三分留本州充本,余钱(七分)应副大军月椿,无月椿处起发";九年添酒价一十文,"内四文本州糜费,六文三省枢密院桩管";等等①。以上分隶的方式主要是通过增价酒课,对新增的酒课进行分隶。由文献记载可见,南宋后期已对酒课总收入实行分力。如庆元府(明州)就有明确的"分隶则例",规定都酒、比较、赡军三务"每卖到一百贯,本府收三十九贯六百四十二文,本柄在内,其余分隶经总制司四十二贯三百九十四文、籴本司一十五贯一百八十二文、移用司二贯七百八十二文"。庆元府(明州)连同本钱在内所得不到40%。在每年62009贯609文酒息钱中,庆元府只能获得1547贯377文。②鄞县、定海、奉化、慈溪等县官务酒课也分隶于经总制司、籴本司、移用司、内藏、庆元府等。庆元府大嵩坊等八坊场抱纳息钱156891贯680文,分隶于常平司、籴本司、庆元府。③鄞县小溪务系省场宝庆三年(1227)4247贯170文酒息钱中分隶诸司的占4108贯338文,庆元府得138贯32文。诸司中经总制司得2643贯188文,所占份额最多,庆元府留用钱只占3%。④其他各县不一一枚举。虽比例不同,但酒课都在各机构间分成共享。

商税也是地方能够分成共享的主要税种和地方财政的重要来源。淳化三年(992)以前商税不立额,地方留用部分不能有效限制,该年设立岁额,中央的分隶逐步增加。但"场务课利增亏,并自本州保明三司,立定新额",各州自己申报,岁额可以变化,定额外自然归属地方。熙宁变法时"立定祖额比较",结果只能"有增而无减",积压了地方的收入。商税也曾如酒课一样采取增加税率,对新增税率实行分隶的办法,政和间,商税"于则例外增收一分税钱","以五分充州用,五分充转运司上供"。绍兴二年(1132)"令诸路转运司量度州县收税紧慢,增添税额三分或五分","以十分为率,三分本州,七分隶经总

---

① (元)马端临撰:《文献通考》卷17《征榷考四》。
② (宋)罗濬等撰:《宝庆四明志》卷5《叙赋上》。
③ (宋)梅应发、刘锡同纂:《开庆四明续志》卷4,《宋元方志丛刊》本,中华书局1990年影印本。
④ (宋)罗濬等撰:《宝庆四明志》卷13《鄞县志卷第二叙赋》。

制司"。① 这实际上也将部分制税权授予地方。

到南宋，已可见对商税正税在诸司和州县间实行明确分隶。绍兴元年，令两浙州府抽税竹木由转运司和发运司各得五分，其中临安府抽税竹木转运司得四分，发运司得六分②。庆元府（明州）商税的"分隶则例"规定"商税（正税）钱一百贯文，本府共得四十八贯四百六十二文，诸司共得五十一贯五百三十八文"，即商税正税收入48.5%归州府，51.5%归诸司。诸司是指总制司和籴本司，其财赋属于中央财政。南宋后期庆元府都税院岁额35662贯475文，其中诸司得19296贯391文，庆元府得16366贯84文。诸门引辖岁额10912贯5文，其中诸司得5904贯310文，庆元府得5007贯695文。奉化、慈溪、定海、小溪、石碶、宝幢、瀚浦七税场岁额共收40530贯，其中诸司得21170贯823文，庆元府得19359贯177文。③ 奉化县宝庆元年（1225）商税岁额钱1800贯，其中诸司927贯684文。④ 上述商税收入的分隶都准确遵照48.46%归州府，51.54%归诸司的分隶则例，余不一一枚举。其他州郡的商税也同样实行分隶。《至顺镇江志》引《咸淳志》载：杭州"江口务，旧例月以四万贯为额比较，除本府分隶诸司外，余尽解府"。"景定四年总计解府二十万四千三百三十八贯六百六十文。"⑤ 汀州州城商税务商税于绍兴十八年（1148）立新额4999贯167文，"以十分为率，解赴知、通衙交纳，州库六分，通判衙四分"⑥。州库是州计财政，通判所征是中央财政。商品经济较发展的地方商税收入较多。知英州陈孝曾说："（英州）州郡财计除民租之外全赖商税。"⑦ 江陵府对商税的依赖也比较大："独有商税，州用百

---

① （元）马端临撰：《文献通考》卷14《征榷考一》，第401页。
② （清）徐松辑：《宋会要辑稿》食货50之11。
③ （宋）罗濬等撰：《宝庆四明志》卷5《叙赋上》。
④ 分见（宋）罗濬等撰《宝庆四明志》卷13、15、17、19。
⑤ （元）俞希鲁：《至顺镇江志》卷6《商税》，《宋元方志丛刊》本，中华书局1990年影印本。
⑥ （宋）赵与沐纂：《临汀志》，《永乐大典方志辑佚》第2册，中华书局2004年点校本。
⑦ （清）徐松辑：《宋会要辑稿》食货17之41。

色取办于此。"① 甚至"江上诸州自归、峡、荆、岳、鄂、黄、蕲、江、池、太平十州,皆仰商税以充利源"②。可见商税分隶对于地方财政具有重要意义。

宋朝对数额较小的酒坊或商税场立定税额,授权民间经营,所得坊场钱也中央和地方间实行分隶。元丰二年(1079)诏令"诸路应发坊场钱百万缗(笔者注:称坊场正名钱),令司农寺分定逐路年额,立限于内藏库寄纳"③。此即规定每年"于诸路(场务)那移一百万贯赴内藏库寄帐封桩"的"元丰敕"。④ 这是以定额的方式规定了坊场钱分隶内藏的份额。这一制度一直沿袭到宋徽宗朝。政和五年(1115)诏"内藏库每岁起诸路坊场钱一百万贯文送纳,不如期到库,可差左司郎官一员专一催促勾销"⑤。但坊场钱的总收入并不止于内藏库定额的一百万贯,如元符三年(1100)户部所言"天下坊场三万一千余处,总一界一千一百余万,每岁以一百万入内帑,助邦国用"⑥。其余又在朝廷和地方间分隶。从绍兴年间的规定可略见坊场钱的分隶情况。绍兴三十一年(1161)殿前司献纳两浙路酒坊收入"以十分为率,七分起赴行在,三分应副漕计"⑦,在中央和地方间实行分成共享。内藏是实行定额的,而"坊场净利钱除认发内藏外,余为七分宽剩,三分州用","七分宽剩"就是以宽剩(盈余)的名义解发朝廷。这似乎是关于坊场钱的通用规定。只是在坊场钱征收中,"诸州不许未敷内库正额先纳宽剩",首先要保障内藏定额。绍兴十七年(1147)明州解发七分宽剩钱34000贯,如按"三分州用"的比例计算,应有14571余贯归州用。这是内藏定额以外的坊场收入。南宋后期庆元府(明州)坊场钱内藏"旧额一万五千贯",嘉定十七年(1224)立新

---

① (宋)彭龟年:《止堂集》卷6《江陵条奏边备疏》,《丛书集成初编》本,中华书局1985年新1版,原作"不用百色",据文渊阁《四库全书》本改。
② (明)黄淮、杨士奇编:《历代名臣奏议》卷258《赋役》,李椿奏议。
③ (清)徐松辑:《宋会要辑稿》职官27之12。
④ (宋)罗濬等撰:《宝庆四明志》卷6《叙赋下》。
⑤ (清)徐松辑:《宋会要辑稿》职官27之22。
⑥ (宋)彭百川:《太平治迹统类》卷29《用度损益》,文渊阁《四库全书》本,上海古籍出版社1987年影印本。
⑦ (元)马端临撰:《文献通考》卷17《征榷考四》。

额13000贯。① 又如台州坊场钱总额30000贯，"内拨（坊场正名钱）一万五千贯发纳内库外，余钱以十分为率，七分作宽剩起解（左藏库），三分充州用"②。分隶方式与庆元府相同。坊场钱也有通过增加税率实行分隶的情况。绍兴元年（1131）又于"买扑坊场价上增添净利钱五分"，解发朝廷。绍兴十七年（1147）明州（庆元府）解发五分净利钱24000余贯。③

坑冶金银课利自宋初以来旧例除本钱外"其物悉归之内帑"④。熙宁间，仍诏令"诸路提点银铜坑冶司所辖金银场冶课利并依久例，尽数卜供入内库"，"坑冶之入不理为左藏库年额之数"。元祐年间将部分课利分隶地方，改为"诸路坑冶课利七分起发赴内藏库，三分充漕计"。此后又经过全入内藏库和三分归漕司的反复，到靖康改元（1126）再将"三分复尽输内藏矣"⑤。

二 宋代附加税和杂税的权属分隶

宋代主体正税以外的赋税窠名名目繁多，且呈不断增加趋势。在学者们的研究中常常将古代主体税以外的附加税和收入细小的正税泛称苛捐杂税。如上文所述，这两类税实际有着本质区别。本文所言附加税是指没有独立征税对象和计税依据，附着于征税征收的赋税窠名，"杂税"则专指有独立征收对象和计税依据而收入细碎的赋税窠名。宋代附加税和杂税既有明确归属中央或地方的，也有在中央和地方间实行分隶的。

宋代对所有的主体税正税都征收附加税。两税正税基本上归属中央，但有多种附加税归属地方。蔡戡曾说到南宋两税的附加税："今二税之内有所谓暗耗，有所谓漕计，有所谓州用，有所谓斛面"，"又有

---

① （宋）罗濬等纂：《宝庆四明志》卷6《叙赋下》。
② （宋）陈耆卿纂：《嘉定赤城志》卷16《财赋门》，《宋元方志丛刊》本，中华书局1990年影印本。
③ （宋）罗濬等撰：《宝庆四明志》卷6《叙赋下》。
④ （元）马端临撰：《文献通考》卷18《征榷考五》。
⑤ （元）马端临撰：《文献通考》卷23《国用考一》。

水脚，又有糜费"。① 水脚钱是保障运输而征收的附加税，为保障两税税物上供，两税水脚钱被划规中央财政，南宋的水脚钱由负责中央财政征收的通判厅和县丞厅负责，纳于经总制库。② "漕计""州用"则是归属转运司和州郡的附加税。嘉定九年（1216）时宣城征收两税苗米，"每石除一省石起发纲解外，转运司耗米贰升，本府得用米六斗三升"③，所言即加征附加税的"漕计"和"州用"。斛面、糜费等附加税原本往往是地方筹集经费的办法。而且有些地方征收两税附加税的数额可能超过正税，南宋湖北路就出现"常以一亩之田而出数亩之赋，如米曰上供、钱曰马草，皆额外敛"，"巴陵亩至为钱二百六十有畸，而仓例受民输者既三加之又五加之，一斛之苗几三斛有畸而未已也。非此则州县无所取给"。"州县用度不给，辄阴以取之民，又巧为名色，多于赋什六七。"④ 附加税名目也层出不穷，"率敛之名种类闳大。秋苗之外又有苗头，苗头未已又行八折，八折未已又曰大姓，大姓竭矣又曰经实，经实均矣又曰均敷，均敷之外名字未易数也"⑤。这些附加税都是地方解决岁计的主要来源。这些各地名目不一的附加税不可能都由中央制定，而是地方设立，地方的这种制税可能未得朝廷认可，但确在实际中存在。

绍兴二十年（1150）臣僚说，本来允许百姓缴纳夏秋二税时"或在州，或就县，各从其便"，但是"州郡利于出剩，及合干专库等人利于糜费，遂致须管就州送纳"，官府"切取出剩归公使库"。所谓出剩就是征收两税时所收的市例、糜费、加耗、头子、斛面等附加税，都归入地方财政。绍兴五年（1135）曾规定"受纳苗米所收水脚、市例、糜费等钱，每硕不过二百文省。如不及二百文处，依旧数收纳"。但在实际征收中州县常于每硕加征六斗五升或七斗，甚至州县所征"加耗

---

① （宋）蔡戡：《定斋集》卷5《论州县科扰之弊札子》，文渊阁《四库全书》本，上海古籍出版社1987年影印本。
② （清）徐松辑：《宋会要辑稿》食货44之4。
③ 《续宣城志》，《永乐大典方志辑佚》第二册，中华书局2004年点校本。
④ （宋）廖行之：《省斋集》卷5《论湖北田赋之弊宜有法以为公私无穷之利札子》，文渊阁《四库全书》本，上海古籍出版社1987年影印本。
⑤ （宋）李心传：《建炎以来系年要录》卷52，绍兴二年三月甲寅。

之入，或过于正数。官收一岁之租，而人输两倍之赋"。因为两税附加主要归属州县，导致州县妄征，有人建议"莫若度州县所用，有不可阙者，多寡之数，立为定例"，"委监司约束所部州县，不得过收加耗"。但因为州县可以将"出剩之数虚作籴到，所得价钱，尽资妄用"①，归地方使用，也就不可能禁绝州县多增附加税。州县的经费甚至依赖于加耗。转运司为了完成上供，"不恤州县之有无，诛求无厌，致秋税之入少得留州"，但一州有岁计，"岁有养兵、吏禄之费，无所从出，故不免于输纳之间收取耗剩，以取赡给"②。例如，南康军苗米尽充上供起发，而本军官吏军兵一岁粮廪无着，"从来只十人户输纳苗米多收加耗，高量斛面，及侵支漕司科拨未尽米斛，应副支遣"③。甚至江西一路"经常之费惟仰加耗"④。加耗也是地方财政重要来源的附加税。

食盐实行官卖制时地方可以获得盐课正税的分隶，实行钞盐法时榷盐正税全部归属中央，地方只能从附加税中获得收入。如淮浙盐实行钞法时，商人请盐，一袋三百斤，"先于榷货务入纳钞引钱二十四贯省，别于主管司纳窠名钱请盐"。窠名钱就是附加税。如庆元府卖盐窠名钱有贴纳钱、盐本钱、雇船水脚钱、贴收水脚钱、袋本钱等17种，或作为买盐和造袋本钱归诸盐场，或留州充官吏食钱，或解发榷货务、封桩库、提盐司、经总制司。另有各盐场"出剩廒底（盐货），所卖盐货支官吏俸给"，"每月不下收二三百千"，归属庆元府。⑤ 实行钞盐法以后，地方能分享的盐利主要来自附加税。

商税也有多种附加税，分隶不同机构。南宋庆元府商税"分隶则例"规定，每100贯商税征收5贯600文头子钱，其中诸司5贯400文，庆元府公使钱195文，诸司中总制司2贯、移用司550文、提刑司公使钱50文。⑥ 另如商税附加的事例钱也属地方。为了预防税场官吏

---

① （清）徐松辑：《宋会要辑稿》食货68之2至7、68之11。
② （清）徐松辑：《宋会要辑稿》食货70之50。
③ （宋）朱熹：《晦庵先生朱文公文集》卷16《乞截留米纲充军粮赈粜赈给状》。
④ （宋）张守：《毗陵集》卷6《乞除豁上供充军粮札子》，《四部丛刊初编》本。
⑤ （宋）罗濬等纂：《宝庆四明志》卷6《叙赋下》。
⑥ （宋）罗濬等纂：《宝庆四明志》卷5《叙赋》。

拘拦商旅，宋代"立条约，专拦皆有食钱"，"约官税一百，专拦等合得事例钱十文。官中遂以为定例。每纳税钱一百文，别取客人事例钱六文，以给专拦等食钱"。① 李新说到税务专拦甚至"一专拦之身一岁之得几七八千缗"②。可见这一专项使用的附加税数量很可观。

头子钱是对多种正税和官钱征收的附加税，主要归属地方，也有分隶中央的。《建炎以来朝野杂记》卷15《经制钱》称"头子钱者，唐德宗除陌之法也。五代、国初亦取之，以供州用"，说明宋初的头子钱就完全归属地方。《文献通考》卷四《田赋考四》载：开宝六年（973）有诏"诸仓场受纳所收头子一半纳官，一半公用，令监司与知州、通判同支使。头子钱纳官始于此"。此所谓纳官应该是指一半纳入系省钱，而非分隶中央。《元符令》规定，仓库头子钱"以五分充系省，五分充不系省"。系省之钱也属地方经费，只是受转运司监管，州县不能擅用。广西路则自大观元年"更无转运司五分之数，一衮作不系省钱侵用"。南宋一度"以二分属转运司"，后又恢复大观元年的做法，完全归州县支配。③ 熙宁变法后所征的"役钱每千别纳头子五钱"，用于"修官舍，作什器，夫力輂载之类"④，作为地方经费。南宋再对系省钱和杂税钱出纳时征收头子钱，分隶于中央和地方。南宋初规定"诸路州县出纳系省钱所收头子钱，贯收钱二十三文省，内一十文省作经制起发上供，余一十三文充本路郡县并漕司用"。又"令诸路州县杂税出纳钱贯收头子钱上量增作二十三文足，除漕司及州旧合得一十三文省，余尽入经制窠名帐内，起发助军"⑤。经制钱是收归中央的财政。

宋代杂税名目繁多，有的完全归属中央或地方，有的由中央和地方共享，本文略举几种以窥其分隶状况。醋息钱在熙宁六年（1073）以前全部归地方所有，是公使钱的来源之一。苏轼曾说，扬州"公使额

---

① （宋）郑侠：《西塘集》卷1《市利钱》，文渊阁《四库全书》本，上海古籍出版社1987年影印本，第1117册，第373页。
② （宋）李新：《跨鳌集》卷22《上漕使书》，文渊阁《四库全书》本，上海古籍出版社1987年影印本，第1124册，第586页。
③ （清）徐松辑：《宋会要辑稿》食货49之28。
④ （清）徐松辑：《宋会要辑稿》食货65之13。
⑤ （元）脱脱等撰：《宋史》卷179《食货下一》，第4367页。

钱每年五千贯文，除正赐六百贯、诸杂收簇一千九百贯外，二千五百贯并系卖醋钱"①。醋息钱占了一半。所谓"收簇"是若干杂税的总称，《文献通考·国用考一》称"州郡所入醋息、房园、祠庙之利，谓之收簇"。开宝六年（973）允许公使库买扑酒务糟酵造醋沽卖，熙宁六年（1073）又规定"官监醋务如公使库愿认纳课利，造醋沽卖收钱，贴助公使库者听"。设立经制钱以后，"都酒务拨糟酵造醋，纳糟本钱，充经制、直达二窠名，其余息钱归公使库"。开始由中央和地方分隶。绍兴间，"令诸州公使库卖醋息及糟麸蘖牛畜产价钱，谓非抑配出卖者听步额外支用"。而东西二醋库纳公使库钱外，其余交纳经制司、籴本司和移用司。②但主要还是归属地方，以至于乾道六年（1170）有人说，此前"卖醋收息，一岁所入不赀，尽入公使以资妄用，户部不曾检察措置"，即醋息钱全部归地方所有，中央全不干涉。并于该年改为"于十分内拨五分赴发运司贴助籴本"，并由负责中央财政征收的通判、县丞拘收③。到南宋后期，庆元府（明州）属下奉化、定海、象山三县醋息钱甚至全部隶属公使库。④李新说到地方官为了增加公使钱，"商旅去来，舟车一至，不问课利之多寡，先令认醋息，然后收税"。因为南宋醋息主要归属州县"以添置公用为文"，"使司公库仅有二分之得，而州郡所（得）倍之"。商税正税多归属中央，所以地方官征收动力不同，"醋息有厚得而利速，课利有常数而增亏不问"⑤。以至于新淦县每年以醋息钱为名征收数千缗，而实际上"若是县道卖醋，则不过五六百缗"⑥。大概是地方将其他杂收钱系于归属地方的醋息钱名下。

糟钱最初也归属地方。《宝庆四明志》载：熙宁六年（1073）诸酒务新征五分糟钱并出卖糟木钱，都属于"不系省额钱"，"应副本务内诸般支用"。宋徽宗朝改为中央和地方分隶。政和四年（1114）令州县

---

① （宋）苏轼：《苏东坡全集·奏议集》卷12《申明扬州公使钱状》，中国书店1986年排印本。
② （宋）罗濬等纂：《宝庆四明志》卷5《叙赋上》。
③ （清）徐松辑：《宋会要辑稿》职官42之56。
④ （宋）罗濬等纂：《宝庆四明志》卷5《叙赋上》。
⑤ （宋）李新：《跨鳌集》卷22《上漕使书》。
⑥ （宋）黄榦：《勉斋集》卷27《申临江军乞减醋息钱》，文渊阁《四库全书》本，上海古籍出版社1987年影印本。

· 113 ·

卖糟钱从每斤一文三分或一文五分增为每斤三文足，"其所添钱专充直达纲支费"，宣和四年（1122）糟价再每斤增二文足，归入经制钱，即新增部分归属中央财政。南宋时增添的卖糟钱依旧归属经制钱。① 也有部分归属地方，如鄞县省酒场宝庆三年糟钱 111 贯 888 文中经总制等诸司得 36 贯 796 文，庆元府得 75 贯 92 文（占 68%）。林村酒务糟钱 283 贯 940 文、下庄酒务糟钱 164 贯 620 文都全部归庆元府。奉化县糟钱 165 贯 846 文中诸司得 69 贯 84 文，庆元府得 96 贯 762 文（占 58%）。慈溪县糟钱 163 贯 390 文，诸司得 48 贯 894 文，庆元府得 114 贯 496 文（占 70%）。象山县糟钱 191 贯 172 文全部纳庆元府。② 可见糟钱大部分或全部归属州县。

契税是对田宅交易所收的杂税，又称牙契，由中央和地方分隶。契税始于开宝二年（969）"令民典卖田宅输钱印契税"，庆历四年（1044）始定"每贯收税钱四十文省"的比例，未言分隶状况，应是主要归属地方。宣和四年于"每贯增收二十文充经制移用"，将新增部分归属中央财政。绍兴五年（1135）又于每贯增收"合同钱一十文入总制"，也属中央财政。此时应已有契税的明确分隶规定。绍兴三十一年王之望说到四川契税因"所收窠名七分隶经总制，三分属系省。诸州以系省所得既少，不复经意"。归属州县的比例太少，而使州县缺乏征收热情。他建议改由四川总领所征收，收到钱除留足原属经总司和州用系省钱外，取消分隶诸司的数目，全部归属总领所。③ 乾道七年（1171）规定契税每"纳正税钱一贯，除六百七十五文充经总制钱外，三百二十五文存留，一半充州用，余一半入总制钱帐"④。地方所得的比例仍很少。平江府曾因本府财力窘匮，而"牙契税钱拨隶制司，充上供解发"，特申请"今年所收全年牙契税钱免充上供解发，专一应副修城使用"⑤。

---

① （宋）罗濬等纂：《宝庆四明志》卷 5《叙赋上》。
② （宋）罗濬等纂：《宝庆四明志》卷 13《鄞县志卷第二叙赋》、卷 15《奉化县志卷第二叙赋》、卷 17《慈溪县志卷第二叙赋》、卷 21《象山县志全叙赋》。
③ （宋）李心传：《建炎以来系年要录》卷 194，绍兴三十一年十一月丁酉。
④ （元）马端临撰：《文献通考》卷 19《征榷考六》。
⑤ （宋）崔敦礼：《宫教集》卷 5《代平江守臣乞截拨牙契钱修城札子》，文渊阁《四库全书》本，第 1151 册，第 819 页。

但契税在南宋后期大部归属中央的状况仍然未变，如汀州牙契"以十分为率，随季行算，分隶解纳，内三分拨充经制，一分充州用，六分解赴提领安边太平库送纳"[1]。

契税"有正限纳者，有放限纳者，分隶不同"，"正限则以其七隶经总制，放限则以其七归州用"。如庆元府嘉定十七年（1224）所收契税，正限缴纳5426贯796文，归属诸司4703贯766文，占86.7%，归属庆元府723贯30文，占13.3%，而放限缴纳有72004贯857文，归属诸司37621贯617文，占52.2%，庆元府可得34383贯240文，占47.8%。比例虽不是"正限则以其七隶经总制，放限则以其七归州用"，但可见放限的总数和地方所占比例都比正限大为提高。契税虽然由负责上供的通判与更关注州用的知州通签，"然倅之权非敢与郡比，故正限少而放限多"。知州为多得州用，甚至减税三分之一吸引百姓放限投税，甚至规定"民以匿契（限外之契）来者，首许犯人从便投税，而贷其罪"。故而"民乐于限外投税"，"县官到任未暇理民事，而先议借契钱讼牒在庭"，但导致了"经总制之额所以日亏甚"[2]。

熙丰以后，宋朝廷推行了一系列收夺地方财利的措施，将多项地方财赋封桩入朝廷，元丰时又有无额上供钱，宣和时有经制钱，绍兴时增设总制钱、月桩钱和版帐钱。熙宁以后归于朝廷封桩钱的有"卖盐宽剩钱、阙额禁军请受、减省造船钱之类，名目县多，本皆转运司之物，而一切封桩"[3]。就是将原归属地方的窠名收归中央。无额上供钱包括坊场税钱、增添盐酒钱、卖香矾钱、卖秤斗钱、卖铜锡钱、披剃钱、封赠钱、淘寻野料钱、额外铸到钱、铜铅木脚钱、竹木税钱、误支请受钱、代支失陷赏钱、赃罚钱、户绝物帛钱。[4] 原来也属地方。但这些钱并非完全收归中央，而是采取分隶的形式，如上文论及的坊场钱和竹木

---

[1] （宋）赵与沐纂：《临汀志》，《永乐大典方志辑佚》第2册，中华书局2004年点校本。

[2] （宋）罗濬等纂：《宝庆四明志》卷6《叙赋下》；（清）徐松辑：《宋会要辑稿》食货64之111。

[3] （宋）赵汝愚编：《宋朝诸臣奏议》卷107，王觌：《上哲宗论封桩钱》，上海古籍出版社1999年点校本。

[4] （元）马端临撰：《文献通考》卷23《国用考一》。

税钱就是实行中央与地方共享分成。

经制钱的来源最初有卖酒钱、鬻糟钱、商税、契税、头子钱、楼店钱等,"皆稍增其数,别隶收系"①,即主要采取将新加收的部分归入中央财政的方式。建炎三年"令东南八路提刑司岁收诸色经制钱赴行在",其增添的性质说得更清楚:"一曰权添酒钱,二曰量添卖糟钱,三曰增添田宅牙税钱,四曰官员等请给头子钱,五曰楼店务添三分房钱"②。宋人还明确说到中央收夺财利时常用将新增税率划归中央的办法:"如经制并无额钱增收窠名之类,则绍兴间因旧增添者也。如添收头子钱、增收勘合钱、增添盐袋钱之类,凡四百余万,则又乾道间因旧增添者也。"③南宋经制钱名目较北宋更多,除上述外,还有勘合朱墨钱、茶盐司袋息等钱等等,"凡十数色合而为经制"④。总制钱的来源有"税契、七分得产勘合、添酒、五文茶盐袋息之类,凡二十余色,合而为总制"。其中耆户长雇钱、抵当库桩四分息钱、转运司移用钱、勘合朱墨钱、常平司七分钱、免役一分宽剩钱、官户不减半、民户增三分役钱、人户合零就整二税钱⑤,窠名皆与经制钱相同。也说明已经纳经制钱的窠名也并非全部归入了经制钱,而是有部分分隶于地方。总制钱窠名也是如此。如构成经总制窠名的"场务课利而至于两税头脚等钱"就是"其三归州家,其七隶经总制"⑥。

月桩钱初以酒税、上供、经制等朝廷窠名钱应副,因"经制钱州县皆有定额,不尽分隶月桩。此外所存名目惟上供钱及七分酒息钱二种而已,其余盖尽以取足于州县也"⑦。州县用来筹集月桩钱的就是三等以下人户夏税畸零⑧以及"曲引钱、白纳醋钱、卖纸钱、户长甲帖

---

① (宋)章如愚撰:《山堂先生群书考索》后集卷63《经总制》,文渊阁《四库全书》本,上海古籍出版社1987年影印本,第937册,第870页。
② (宋)李心传:《建炎以来系年要录》卷28,建炎三年九月戊戌。
③ (清)徐松辑:《宋会要辑稿》食货56之66。
④ (宋)李心传:《建炎以来系年要录》卷86,绍兴五年闰二月己巳;(宋)陈傅良:《止斋先生文集》卷19《赴桂阳军拟奏事札子》,《四部丛刊》初编本。
⑤ (元)马端临撰:《文献通考》卷19《征榷六》;(宋)李心传撰,徐规点校:《建炎以来朝野杂记》甲集卷15《总制钱》,中华书局2000年版。
⑥ (清)徐松辑:《宋会要辑稿》食货64之111。
⑦ (元)马端临撰:《文献通考》卷19《征榷考六》,第552页。
⑧ (宋)朱熹:《晦庵先生朱文公集》卷20《乞除豁经总制钱及月桩钱状》。

钱、保正牌限钱、折纳牛皮筋角钱、两讼不胜则有罚钱,既胜则令纳欢喜钱",此外还有增收头子钱、勘合钱、闰月坊场钱等①。昆山的版帐钱"并系酒息桩办",也有以围田收入补助版帐的版帐围田租②。被纳入月桩钱和版帐钱的附加税和杂税原来都属于地方财政,实际上就是将原来归属地方的若干附加税和杂税收归或分隶中央。这使得地方财政日益困窘。如福州在南宋前期赋税分隶已经严重不足,"凡州之费岁为缗钱至七十万",而"岁之所收以归州用者"仅系省窠名钱113378贯688文省及州税务商税和牙契中分隶于本州的25000贯文省。③ 导致的恶果是"州军窘匮,因而作名色科敛于民"④,即不断增加杂税和附加税名目。

结　语

唐代两税法下,地方财政的唯一合法来源就是留使、留州的两税定额收入,也就是主要通过与中央共享两税获得收入。而专卖、青苗地头钱、除陌钱等属于中央财政,商税(唐朝尚无此称)等杂征都不合法。宋代沿袭和发展五代之制,商税和繁多的杂征合法化。中央财政和地方财政的关系也发生了巨大变化。两税由地方财政可以共享到完全归属中央财政。茶盐钞引制下的专卖止税完全归属中央财政,但食盐实行官卖制时地方财政也可以分享,而榷酒钱始终实行中央财政和地方财政共享。商税和众多的附加税、杂税有完全归属中央财政或地方财政的窠名,但更普遍的是在中央和地方间实行分隶。

宋代所有赋税都在中央和地方间分隶,划分为中央税、地方税和共享税三种形式。如熙宁以后的两税正税、钞(交)引制下的茶盐正税

---

① (宋)史浩:《鄮峰真隐漫录》卷9《临陛辞日进内修八事札子》,文渊阁《四库全书》本,上海古籍出版社1987年影印本,第1141册,第606页。
② (宋)凌万顷、边实纂:《淳祐玉峰志》卷中《税赋》,《宋元方志丛刊》本,中华书局1990年版,第1册,第1069页。
③ (宋)梁克家纂:《淳熙三山志》卷17《财赋类》,《宋元方志丛刊》本,中华书局1990年版,第8册,第7924页。
④ (清)徐松辑:《宋会要辑稿》食货28之3。

完全归属中央财政，头子钱、醋息钱、糟钱等最初都完全归属地方财政，此外，中央财政实行分隶以前还有很多附加税和杂税是地方独享的。分成共享又有比例分成、定额外分隶、新增税分隶等方式。比例分成是宋代最常见的分隶方式，规定十分为率，中央财政和地方财政各得几分，官卖盐制和多种附加税、杂税的分隶都采取这一方式。定额外分隶就是规定某一窠名由中央财政或地方财政占有规定额度，余额部分实行分隶，如坊场钱中内藏占有定额的坊场正名钱，余额在朝廷和州郡间分隶。新增税分隶是熙宁以后中央财政分享附加税和杂税的重要方式，酒课和商税正税都实行了新增税分隶，被纳入经制钱和总制钱的多种附加税和杂税就是采取了增税部分归属中央财政或实行分隶的方式。多种形式的分隶方式使地方政府获得了有较大空间的合法制税权，地方政府对多种正税和附加税有支配权，各地名目繁多、差异很大的附加税和杂税的存在也体现了地方政府实际拥有的制税权，地方政府还有部分制定税率的权力，如绍兴元年允许地方财政自增酒价。

上文可以看到宋代赋税分隶的突出特点。首先，在赋税分隶中中央财政占据绝对有利的地位，主体税和优质税都划归中央，两税和茶盐专卖税几乎全部划归中央，酒专卖税的大部分归属中央，商税也向主要归属中央演变。地方财政在一定时期或制度下能够分享部分主体正税，但其主要来源是附加税和杂税。这些赋税数量巨大，来源稳定，征收相对容易。其次，中央财政份额不断增加，中央财权不断强化。中央不仅把两税收入完全收夺，通过制度变革完全收夺了茶盐收入，还不断强化对附加税和杂税的分隶。最后，中央在不断强化收夺利权的同时，通过增加税率和默许地方政府擅增附加税和杂税的方式保持地方政府的财力，而最终将财政增收的负担转嫁给社会。这是地方政府在中央财政不断强化的环境下保持财力的重要原因。这些都加剧了地方政府在赋税征收中的苛政和违法行为。

同时，也可看到，不论与两税法以前地方完全没有制税权的统收统支时期相比，还是与唐中后期两税法下地方政府只有分享两税收入这唯一财政来源及有限的两税配税权相比，宋代地方政府的税权无疑显著增强了。与唐代相比，宋代地方财政不仅来源大为丰富，制税权显著增加，而且随之而来的赋税支配的自主权和灵活性也显著增强了，地方政府的行政能力也必然相应增强。因而可以说，就地方税权而言，宋代较唐朝更为分权，而非更为集权。熙宁以后地方财政的两税收入被剥夺，收夺地方财权的措施接踵出台，但地方尚能分享榷酒和商税正税，并不断开征主要归属地方财政的附加税和杂税。

宋代乡村社会的生存秩序与权力结构
——以"纠役"为中心的考察

耿元骊

(辽宁大学 历史学院唐宋史研究所)

毫无疑义,中国古代社会是一个乡村社会。从秦汉到明清,乡村社会与国家之间的复杂关系,一直都是学术界研讨的重点。国家权力如何渗透到基层社会,地方政治运作以及其与基层社会(县以下)的互动关系等主要问题,都得到了较为深入的讨论。[①] 但是对于乡村社会内部,村民之间的微妙关系,尤其是对乡村社会内部权力网络和秩序形成

---

① 关于宋代乡村社会秩序与控制的研究,可参阅朱奎泽《20世纪80年代以来国内两宋乡村政权与社会控制研究述评》,《甘肃社会科学》2007年第1期,该文已提及之论著,以下不再列举。吴雅婷亦曾对宋代基层社会加以总结,氏论《回顾1980年以来宋代的基层社会研究——中文论著的讨论》,《中国史学》第12卷,2002年,未见。刁培俊有一系列论文,均涉及乡村社会秩序问题,主要可参阅氏论《唐宋时期乡村控制理念的转变》,《厦门大学学报》2009年第1期;《两宋国家权力与乡村秩序的整合——以乡役制度为中心》,《厦门大学国学研究院集刊(第二辑)》,中华书局2010年版;亦期待刁氏所著《官民交接:宋朝乡村职役研究》能早日面世。另可参阅黄宽重主编《中国史新论:基层社会分册》,台北联经出版股份有限公司2009年版,黄氏亦有其他多篇论文涉及宋代乡村社会问题;康武刚《论宋代基层势力与基层社会控制》,博士学位论文,华东师范大学,2009年;傅俊《南宋的村落世界》,博士学位论文,浙江大学,2009年;谭景玉《宋代乡村组织研究》,山东大学出版社2010年版;廖寅《宋代两湖地区民间强势力量与地域秩序》,人民出版社2011年版。关于秦汉明清乡村社会秩序的研究,可参阅马新《里父老与汉代乡村社会秩序略论》,《东岳论丛》2005年第6期;黎明钊《辐辏与秩序:汉帝国地方社会研究》,香港中文大学出版社2012年版,未见;侯旭东《北朝村民的生活世界——朝廷、州县与村里》,商务印书馆2005年版;杨国安《明清两湖地区基层组织与乡村社会研究》,武汉大学出版社2004年版;孙海泉《清代中叶直隶地区乡村管理体制——兼论清代国家与基层社会的关系》,《中国社会科学》2003年第1期;张小也《官、民与法:明清国家与基层社会》,中华书局2007年版;李治安主编《基层社会与国家权力研究丛书》,天津古籍出版社2009年版,该丛书囊括了由先秦到近代的10部著作,均关涉了基层社会与国家关系这一主题。日本学者围绕宋代乡村社会主题,也有极深刻的讨论,由于目力所限,未能一一检索。

机制的关注则尚嫌不足。作为一个在乡村管控策略上承先启后的重要时期，在宋代，国家一方面继续试图把行政控制强力深入乡村社会内部，另一方面又允许乡村产生部分自发自治秩序。探讨宋代乡村社会内部的权力结构，以及由乡村中所常见之"纠役"纷争而展现出来的权力网络构成，对深入理解乡村社会特质，探讨宋代乡村社会中的生存和秩序问题，厘清宋代乡村社会的自我运转、人际关系、社会网络等均有相当重要的作用。同时，这也对深入了解地方性权力运作过程，进一步探讨基层社会与国家之间关系有着多重启发性的意义。

一 乡村权力网络建构

规划设置县以下乡村权力机构建制并及将其形成网络，是中央政府、地方政府控制基层和提供管理服务的前提及手段。但囿于政治、经济、文化等多方面的条件限制，秦汉以来的乡官制，隋唐时期逐步走向了瓦解。中央政府虽然逐步放弃了对县以下的行政建制直接管辖及建立正式行政机关，但是丝毫没有放松对县以下区域的行政控制，甚至在某些方面全面强化了统治网络以加强其管制能力。宋代的乡村权力网络，亦先在国家层面提出建设框架，然后交由地方（州县）根据本地情况去具体实施。所谓正规的"机构建制"虽然变化层出，但其基本演变脉络，经由学术界的多年研讨，已初步清晰。[①] 要而言之，无论这些基层组织是不是正式机关，它的工作就是要把所有乡村百姓都纳入一个统一的网络当中，方便掌控，而主要目的则是最大限度地催驱赋役。

宋初若干年，基本承续了唐末五代的乡里制度，利用里正等原有体系作为主要管理方式。开宝七年，曾经提出"废乡分为管，置户长主

[①] 关于宋代县以下基层管理体系的变迁，争论极多。主要是围绕着乡、里、都、管等机构是不是行政政权等问题展开，郑世刚、马新认为乡是基层政权；王棣认为乡是财政区划，里是行政区划；梁建国认为乡不具有完备的行政功能；夏维中认为宋代乡村基层组织是乡都制，但未涉及其行政地位问题；谭景玉认为乡是基层行政组织。参阅郑世刚《宋代的乡和管》，邓广铭、漆侠主编《中日宋史研讨会中方论文选编》，河北大学出版社1991年版，第246页；马新《试论宋代的乡村建制》，《文史哲》2012年第5期；王棣《宋代乡里两级制度质疑》，《历史研究》1999年第4期；梁建国《北宋前期的乡村区划》，《史学集刊》2006年第3期；谭景玉《宋代乡村组织研究》，山东大学出版社2010年版，第114页。

纳赋，耆长主盗贼、词讼"①，但是没有在全国推行开来。这与唐初"每乡置长一人，佐二人"②的举措相类似，是一个试图把正规机构贯穿到县以下基层的尝试。两者均没有得到全面推行，则似乎意味着以唐宋时期的政治、经济条件，国家政权直接管理县以下地域，还是一件非常困难的事情。所以试探之后，不得不收回。仍以"乡"作为县以下的管理层级，只不过这种管理层级并不是确定下来的一级权力机构。同时，里正作为基层头目，经过数十年的运行，从之初"主催税及预县差役之事，号为脂膏"的地位直线下降，"科禁渐密，凡差户役，皆令佐亲阅簿书，里正代纳逃户税租及应无名科率，亦有未曾催纳，已勾集上州主管纲运"，很难继续持续下去，到至和二年，最终"罢诸路里正衙前"③。里正作为一种职役名目，所承担的职役负担虽然没有了，但作为一个职务，仍然是"乡"的头领。"乡"的地位仍然存在，是县以下区域进行空间分隔的主体，主要为划分"役"而编排。在"乡"继续存在同时，并有"耆"的设置，神宗时期，张方平在奏文中说："旧制：防禁盗贼之法，乡村即有耆长、壮丁、弓手"④，《宋会要》中也提到，乾道八年时，"在法：乡村盗贼、斗殴、烟火、桥道公事并耆长干当"⑤。说明"耆"一直都是作为一种社区单位，其职能以乡村治安和一般纠纷处理为主。

王安石变法以后，将原来已有部分运行的保甲法正式向全国推广。熙宁六年，司农寺正式确立了保甲制度："开封府界保甲，以五家相近者为一保，五保为一大保，十大保为一都保。"⑥虽然这个时期的保甲更偏于军事性质，换做现代用语可算是一种公共安全管理措施。不过既然形成为有组织的成系统半（准）军事编制，就成为官员管控的有利

---

① （清）徐松辑：《宋会要辑稿》职官48之25，中华书局1957年影印本。
② （唐）杜佑撰，王文锦等点校：《通典》卷33《职官十五》，中华书局1996年版，第924页。
③ （宋）李焘：《续资治通鉴长编》卷179，至和二年四月辛亥，中华书局2004年版，第4330页。
④ （宋）张方平：《乐全集》卷27《请详定盗贼条法事》，文渊阁《四库全书》本，台湾商务印书馆1983年影印本，第1104册，第283页。
⑤ （清）徐松辑：《宋会要辑稿》食货14之47。
⑥ （宋）李焘：《续资治通鉴长编》卷248，熙宁六年十一月戊午，第6045页。

工具，将其作用改造为催驱赋役："大保长皆选差物力高强、人丁众多者，其催科，则人丁既壮，可以遍走四远；物力既强，虽有逃亡死绝户，易于偿补……保长多有惯熟官司人，乡村亦颇畏之。"① 与此大约同时，废去户长、坊正，设置了甲头，"州县坊郭税赋、苗役钱，以邻近主户三二十家排成甲次，轮置甲头催纳"②。都保和甲头很快合流，迅速成为基层政府权力下沉的管道。大体而言，宋代在县以下管理体制里面，多设置三层或者两层体系。这种两层或者三层的体系，并没有全盘依据人为划定的都、保规格，而是按照基层的具体情况排定的，有的地方甚至很久都没有贯彻都保制而维持原来的乡里制。

元丰以后，司马光执政时期，废除了为战争而准备的保甲体系，特别是沿边地区，基本都加以裁撤。但是都保设置则维持了下来，和约定俗成的"乡"一起，成为官府管控下的乡村行政管理组织。南渡以后，对保甲又加以调整，乾道九年规定："诸村瞳，五家相比为一小保，选保内有心力者一人为保长；五保为一大保，通选保内物力高者一人为大保长；十大保为一都保，通选都保内有行止材勇、物力最高者二人为都、副保正。余及三保者，亦置大保长一人，及五大保者，置都保正一人。若不及，即小保附大保，大保附都保。"③ 大体上仍然是二级体制，进一步强化了都保作为基层管制组织的功能，一直沿用到宋代灭国。

总体而言，无论是乡里、保甲还是都保，都是乡村社会权力网络的最主要架构。不管基层管理组织体系如何变迁，其不变的基础一是民户，二是村落（自然聚落）。④ 乡村社会权力网络，关键在于线与线之间的节点建置。通过这些节点，民户和村落即可采用某种方式组织起来，形成控制层级。在宋代来说，乡书手（乡司）和不同称呼的县以下二级或三级机构，是一类关键性的节点。通过乡书手和县以下机构，县得以接触、掌控乡村民户。而村落则构成了权力网络最基础的自然单位，国家权力的行使和落实就是针对这些村落。

---

① （清）徐松辑：《宋会要辑稿》食货66之73。
② （宋）李焘：《续资治通鉴长编》卷257，熙宁七年十月辛巳，第6277页。
③ （清）徐松辑：《宋会要辑稿》食货65之101。
④ 傅俊、马新均注意到了此问题，特别关注于村落，认为村落是乡村当中最基本的组织单位，所见甚是。

在县以下管理机制变迁过程中，乡司的地位变化最为特殊。[①] 宋初，书手地位在里正之下，"国初，里正、户长掌课输，乡书手隶焉。……天圣后以第四等户差。熙宁行募法，以第三等以下户充，免户下役钱。无人就，即给雇钱。其后不限有无产业，招募吏有阙，与贴司依名次补充。元丰七年听投名，不支雇钱。"[②] 可见书手一直都是作为职役行事。熙宁三年，韩琦谈及青苗钱操作时指出，如果借给乡民的青苗钱无法归还，则"必难催纳，将来必有行刑督索，及勒干系书手、典押、耆户长、同保人等均赔之患"[③]，书手已位列负责者之首，似有地位提高之感。同时，由于书手所负责事务极为繁杂，具有相当的专业能力，特别是既要能计算账目也要能书写账目，在乡村中很难被取代，故而逐步纳入了胥吏行列。[④] 据王棣的分析，大概在王安石变法期间，乡书手成了胥吏，有了独立的办公机构"乡司"。南宋以后，对乡书手的惩罚性规定越发多了起来，其违纪作弊的可能性越大，可见其所掌握的权力也就越大。绍兴二年，有官员指出，乡书手在乡村报灾时可以串通作弊："人户田苗实有灾伤，自合检视分数蠲放。若本县界或邻近县分小有水旱，人户实无灾伤，未敢披诉，多是被本县书手、贴司先将税簿出外，雇人将逐户顷亩一面写灾伤状，依限随众赴县陈。其检灾官又不曾亲行检视，一例将省税蠲减，却于人户处敛掠钱物不赀。其乡书手等代人户陈诉灾伤，乞行立法。"[⑤] 绍兴十六年，户部规定："诸典卖田宅，应推收税租，乡书手于人户契书户帖及税租簿内，并亲书推收税租数目并乡书手姓名，税租簿以朱书，令佐书押。又诸典卖田宅，应推收税租，乡书手不于人户契书户帖及税租簿内亲书推收税租数目、姓名、书押令佐者，杖一百，许人告。又，诸色人告获典卖田宅，应推收税

[①] 王棣：《从乡司地位变化看宋代乡村管理体制的转变》，《中国史研究》2000年第1期。

[②] （宋）陈耆卿撰：《嘉定赤城志》卷17《乡书手》，《宋元方志丛刊》本，中华书局1990年版，第7418页。

[③] （清）徐松辑：《宋会要辑稿》食货4之20。

[④] 如"州县往往以此县户眼弊幸，皆在周森胸中，若行配去，恐后欲整顿版籍，更无知首末乡胥"。此周森即为胥吏。见（宋）不署撰人，中国社会科学院历史研究所宋辽金元史研究室点校《名公书判清明集》卷11《恣乡胥之奸》，中华书局2002年版，第424页。

[⑤] （清）徐松辑：《宋会要辑稿》食货1之7。

租,乡书手不于人户契书户帖及税租簿内亲书推收税租数目、姓名、书押令佐者,赏钱一十贯。"① 这些规定,无不说明乡书手在乡村社会当中地位的重要。和乡书手发生关系最多的,大概就是这些普通的"人户"。又据王棣统计,《庆元条法事类》当中关于乡司运作的法条就有数十条,主要是针对乡司走弄两税的问题。这无不表明,乡司(乡书手)处于征税的核心位置。是乡村权力网络当中能把民户贯穿起来非常有代表性的关节点。权力网络之所以形成,其最大的目的是从乡村中汲取赋税。乡书手成为官府和乡村民户之间的沟通渠道,也就是官府管控乡村民户的重要权力网络节点。无论是乡里,还是耆、管、都保、乡书手等都是基层管控的体系,里正等作为职役,取消和恢复,都是局限在县以下区域内,为了建立县和县以下的直接沟通管道,乡书手由于直接掌控数目,逐渐提升了地位,最后成为胥吏。

而无论是乡里、保甲还是都保,其所建立基础一般很难针对分散的民户,而是建立在村落(自然聚落)的基础上。无论县以下采用什么样的管理方式,设置多少层级,它的基础都是自然村落。乡里、保甲、都保的最重要功能,就是把自然村落归并起来,使之形成网络。早白先秦以来,村落(聚落)就因各种因素而形成。② 宋代的村落(聚落)分布,当然已无法详细考证。但是大体上北方较少,南方较多;西部较少,东部较多,应为事实。四明地区的奉化县所辖乡,多记载其管、里、村名。如奉化乡,有记载其有一管一里四村,并详列村名:明化村、长汀村、茗山村、龙潭村。③ 其他记载虽无村名,但多载村数。另外,宋代的县以下权力建制,经常没有全部贯彻基层,有的地方就依然以村落(聚落)为基础,如荆湖等路察访蒲宗孟言曾奏曰:"湖北路保甲,无一县稍遵条诏,应排保甲村疃,并以大保、都保,止于逐村编排,更不通入别村,全不依元降指挥,其监司违法官乞施行。"因而要求"编排保甲不当职官并提举官并上簿"④。

---

① (清)徐松辑:《宋会要辑稿》食货11之19。
② 参阅刘沛林《古村落:和谐的人聚空间》,上海三联书店1997年版,第56页。
③ (宋)罗濬撰:《宝庆四明志》卷15《叙赋》,《宋元方志丛刊》本,中华书局1990年版,第5188页。
④ (宋)李焘:《续资治通鉴长编》卷274,熙宁九年四月戊戌,第6707页。

· 125 ·

傅俊曾搜罗材料，列举了南宋 12 个村的情况，从其所列举数据来看，最多的有"七百户"，最少的有"数家"①。数据虽然是南宋的，但是大体可以说宋代基本如此。乡村百姓以地缘或者血缘聚居在一起，按照距离分别为不同村落（聚落），其具体面貌又各不相同。王岩叟在上奏中说过，管城县孙张村，"本村旧七十余户，今所存者二十八家而已。皆自保甲起教后来消减至此，当时人人急于逃避，其家薄产，或委而不顾，听任官收；或贱以与人，自甘佣作。今虽荷至恩，得免冬教，而业已破荡，无由可归"②。村落也有繁盛平静的，如范成大所描绘的村落景象："昼出耘田夜绩麻，村中儿女各当家。童孙未解供耕织，也傍桑阴学种瓜。"③ 或者如韩琦所描写的村落世界："山脚林成簇舍棐，门前流水养嘉禾，森森松柏围先陇，溅溅牛羊满近坡。官赋已供余岁备，村歌无节得天和，安全尽责廉平吏，三岁齐民更孰过。"④ 或如王庭圭所住的东村："避地东村深几许，青山窟里起炊烟。敢嫌茅屋绝低小，净扫土床堪醉眠。"⑤ 且不论其衰败还是繁盛，这些自然聚集起来的村落，就是乡里、保甲或者都保所整合的对象。

从宋代的乡村权力机构建制来看，有着诸如乡、里、耆、都、保、团、甲等名目，其间层级关系也十分复杂。均不是正式的乡村管理权力机构，可确实有着乡村管理权限，也承担一定程度的行政职能，在某种程度上也存在专门人员，但无论如何，的确不是正式的权力设置。不过这不妨碍县及州府、朝廷的操控之权，既把管控体系深入了县以下的地域，又不必维持庞大的官员队伍，可算一举多得。当然，朝廷不是没有掌控县以下全部地域的意图，只不过难以做到而已。总体来看，县以下一般设置两级管理组织，是宋代的常态。而这两级机构之间关系又是虚虚实实，介于虚实之间。说它虚，它肯定没有实际的得到认可的权力建

---

① 傅俊：《南宋的村落世界》，第 77 页。
② （宋）李焘：《续资治通鉴长编》卷 369，元祐元年闰二月壬寅，第 8994 页。
③ （宋）范成大：《范石湖集》卷 27《四时田园杂兴》，上海古籍出版社 1981 年版，第 374 页。
④ （宋）韩琦：《安阳集》卷 8《襒亭道中农居》，《宋集珍本丛刊》本，线装书局 2004 年版，第 6 册，第 442 页。
⑤ （宋）王庭圭：《卢溪文集》卷《和居东村作》，文渊阁《四库全书》本，上海古籍出版社 1987 年影印本，第 1134 册，第 147 页。

制；说它实，它确确实实是朝廷掌控的工具。县以下的权力，如果不经过这些机构，是无法运行的，这些机构就是乡村的权力网络主干。当然，乡村亦有隐蔽的权力网络，这些所谓隐蔽的"权力"或基于血缘，或基于文化，或基于地缘，但总体还是依附于由国家主导的"正式"网络当中。有时候隐蔽的权力也会和这种正规网络发生矛盾，但更多时候双方可做到各取所需。官方在技术、经济、文化等条件不许可的前提下，满足于依赖权力网络取得赋税，催税足则其他大可放手。也正因如此，在基层管控网络当中，官府最重视的不是里正等"主管"人物，反而是"乡书手"一类的账目知情者。通过乡书手，把民户（人户）连成了网络，通过各级组织，把自然的聚落连成了网络。当然，这两者相辅相成，自然聚落先连成网络，然后乡书手在其中又把民户联系起来。最终的指向目标，就是在农村中汲取赋税。其最明显的外在表现，就是役事的纷争。

二 "纠役"纷争中的百姓

宋代乡村差役负担之沉重，早有学者详细分析之。[①] 百姓采用类似孀母改嫁、亲族分居、弃田与人、非命求死等手段避役者虽层出不穷，[②] 但终归是少数。多数百姓还是躲避不开，只能被迫执役。不过民户又不是全然被动，执役只是一户，但是备选实有多户。何户当先，何户当后，其中就大有玄机。执役的先后顺序，对于百姓来说可谓意义重大，不得不下死力以争之。在这种争执当中，乡村社会的权力运作得以淋漓尽致地展现出来。

[①] 黄繁光：《宋代民户的职役负担》，博士学位论文，中国文化大学史学研究所，1980年，未见。刁培俊撰有多篇论文，对于宋代职役特别是乡都职役有着精到的分析，是职役研究的最重要成果之一。如下3篇对于认识乡役负担有着重要的意义：《由"职"到"役"：两宋乡役负担的演变》，《云南社会科学》2004年第5期；《在官治与民治之间：宋朝乡役性质辨析》，《云南社会科学》2006年第4期；《从"稽古行道"到"随时立法"——两宋乡役"迁延不定"的历时性考察》，《中国社会经济史研究》2008年第3期。

[②] （元）脱脱等撰：《宋史》卷177《食货志上五》，中华书局2002年版，第4297页。同卷亦有韩绛、吴充等官员所述，具体情形虽不同，但大体不出这四种避役方式，见第4296、4298、4299页。

宋代役法初行，役出于民，各州县均有定额，各有其"职"。"宋因前代之制，以衙前主官物，以里正、户长、乡书手课督赋税，以耆长、弓手、壮丁逐捕盗贼，以承符、人力、手力、散从官给使令。县曹司至押、录，州曹司至孔目官，下至杂职、虞候、拣、掏等人，各以乡户等第定差。"① 这里所提到的诸般职役，虽然不是宋代职役的全部，但后来衍生者多只是变换名目，而实际负担并未有重大变化。其地位则各有升降，乡书手等职逐渐上升，而里正衙前地位逐步下降。到了王安石变法前后，在国家角度看来，乡户衙前役已难以持续。而在民众角度看来，衙前负担之沉重，已无可复加，这成为役法变革的重要起因之一。② 王安石变法之后，变出"人"为出"钱"，在朝廷上体现为关于役事的争论，集中在"出钱"还是"出人"何者为好，除了一般政策取向性的辩论，又在很大程度上掺杂了"站队"的政治斗争因素。而在民间，就是百姓争诉户等高下。③ 元祐更化之后，又折回差役，民间的争执又变为服役先后之争。哲宗"绍述"之后，又改为免役。百姓之争，又随之而为争户等高下。徽宗当政后，也尊崇新党，所以在役法上只有微调，而无根本性的改变，也是以"免役"为主。不过这时所出现的重要变化，就是官户的"免役钱"问题，成为一大重要纠纷起源。南宋以后，对王安石的政治态度又一大变，在役法上则差役、义役并行。但是此时免役钱仍强行收取，已经成为一种赋税。既收钱又轮差执役，实为重复汲取民力。而由于收取的阻力，则不得不自"绍兴以来，讲究推割、推排之制：凡百姓典卖产业，税赋与物力一并推割。至于推排，则因其赀产"④。总之，在宋代差役、免役、义役的政策反复当中，围绕乡村职役

---

① （元）脱脱等撰：《宋史》卷177《食货志上五》，第4295页。
② "有衙前赴千里输金七钱，库吏邀乞，逾年不得还者。帝重伤之，乃诏制置条例司讲立役法。"见《宋史》卷177《食货志上五》，第4299页。又如"役之重者，自里正、乡户为衙前，主典府库或辇运官物，往往破产。"见马端临撰，上海师范大学古籍整理研究所、华东师范大学古籍研究所点校《文献通考》卷12《职役考一》，中华书局2011年版，第343页。
③ "东明县民数百诣开封府诉超升等第，不受，遂突入王安石私第。"见《宋史》卷177《食货上五》，第4301页。按，此事甚为复杂，既有政策意见的不同，同时也深深牵连党争。见李焘《续资治通鉴长编》卷223，熙宁四年五月戊戌，第5425页。不过从百姓层面来说，与"纠役"仍是同一心理，试图最少支付而已。
④ （元）脱脱等撰：《宋史》卷178《食货志上六》，第4333页。

产生了一系列纠纷,在调处这些纠纷的过程中,权力得以行使。

建隆初年,在国家政策层面,就鼓励和允许百姓"纠役",并以之作为制约基层官吏的手段:"诏县令佐检察差役,务底均平。或有不当者,许民自相纠举。"① 所谓"自相纠举"并非纠举官员,而是要百姓之间先互相纠举,然后才由官府处理。国家的意图是通过两户之间的纠举来对官吏进行核查。但是官府定夺不当,就是在两户之间排出了顺序,也就是涉及了另外的民户,其实也就等于两个民户之间互相纠举。范仲淹曾举了河西县的一个例子:"河中府倚郭一县……河西县主户一千九百,内八百余户属乡村,本县尚差公吏三百四十人,内一百九十五人于乡村差到。缘乡村中等户只有一百三十户,更于以下抽差,是使堪役之家,无所休息。"② 按范仲淹所说,则河西县800乡村户,共要负担195名役人。无法考虑诡名等诸般避役手段,所以130户中等户是不是真的中等户,暂不可辨识。只以总数计算,则每5户就要出1人。如果5户之间轮差,那就是5年。这5户绝无人要抢先应役,当然要一争先后。至和元年,福建路转运使蔡襄也讨论过乡户衙前的排序问题:"前转运使蔡襄上言本路差使衙前不均,请行重定。以产多少均重难分数,产钱五百者定如十九分重难,以上递加至三十三分止。其乡户衙前,岁以六十六人为额,以十二县产钱课排,共存留九百九十户。仍请罢里正,以宽衙前歇役年限。"③ 因此,这990户,分担了66人额度的乡户衙前,大致是每15户出1人。从理论上来说,每户的轮差概率就是15年一次。但是谁也不愿意带头服役,总想拖到最后。所以,在这些民户之间就会出现一个纠役的问题。而排定顺序,其最后的决断者,均为县级机构。陈襄曾经提到过胡真和丁怀两乡村户的纠役问题。④ 胡

---

① (宋)李焘:《续资治通鉴长编》卷3,建隆三年五月乙酉,第68页。
② (宋)范仲淹撰,李勇先、王蓉贵点校:《范仲淹全集·范文正公集补编》之《奏议·奏减郡邑以平差役》,四川大学出版社2002年版,第710页。
③ (宋)梁克家撰:《淳熙三山志》卷13《版籍类四·州县役人》,第7889页。
④ (宋)陈襄:《古灵集》卷6《乞均差衙前等第状》,《宋集珍本丛刊》本,第8册,第780页。陈襄后人为纪念陈襄,曾将陈襄著作加以标点整理,惜错误较多。见《陈襄文化文集》,福建省纪念陈襄暨陈氏首届源流研讨会筹委会刊行,2000年,第42页。土田健次郎对《古灵集》版本有详细的介绍,见氏著《道学之形成》,朱刚译,上海古籍出版社2010年版,第71页。

真户家业有 1865 贯，丁怀户家业有 1245 贯。虽然丁怀较低，不过胡真已经过一任重难，刚刚歇役 2 年 5 个月。根据嘉祐编敕，允许被差人户纠举一户物力高强者，而未规定已承役问题。所以丁怀依此，纠举胡真应役。陈襄认为，丁怀属于"白脚奸户"，专找法条的空子。这对于刚刚经历过衙前重难的胡真户，实属不公。而且，丁怀本人，也曾经签字画押同意承担衙前役。况且本县有第一等户 30 多人，丁怀都不敢纠其应役。可见在白脚户里面，丁怀一定是最高的。其反复纠举胡真户，内中一定有所由来。在陈襄看来，如果胡真再次应役，则似嫌不公。所以他建议派丁怀户承役，同时他考虑其他州军也可能有类似情况，可以同样依据嘉祐编敕纠举其他人户，因此他建议应该是歇役 5 年以上的物力最高人户，方可按照"空闲人户"比较差役。

程颐为程颢写的行状里面也指出："先时民惮差役，役及则互相纠诉，乡邻遂为仇雠。先生尽知民产厚薄，第其先后，按籍而命之，无有辞者。"① 这是程颢在泽州晋城县任县令时的事情，王安石变法之后，改为征收役钱而免役。随着役钱征收方式的变化，百姓的矛盾焦点则转移至户等高下。免役法初行，以京畿为样板，其规定是："乡户计产业若家赀之贫富，上户分甲乙五等，中户上中下三等，下户二等，坊郭十等，岁分夏秋随等输钱。乡户自四等，坊郭自六等以下，勿输。"② 民户之间的矛盾，已经转变为互相攀比户等高下。③ 在北宋后期翻烧饼似的政局演变当中，役法也随之翻来覆去。但是民户之间的矛盾主线，却从来没有变化，那就是如何自己少担役，让他人多承担。发生矛盾的最终裁判者，均为县级官吏。

南宋以后，纠役依然如此，虽然表现形式不同，但所争仍同。乡村职役事务很多，在执行方式上非差即雇。而乡户作弊问题，仍与前此相同。绍兴三年，提举淮南东路茶盐公事郭揖指出："差役之法，比年以

---

① （宋）程颢、程颐撰，王孝鱼点校：《二程集·河南程氏遗书》附录之《明道先生行状》，中华书局 2004 年版，第 328 页。韩维所作墓志铭，全袭之。见《南阳集》卷 29《程伯纯墓志铭》，文渊阁《四库全书》本，上海古籍出版社 1987 年影印本，第 1101 册，第 755 页。
② （宋）李焘：《续资治通鉴长编》卷 227，熙宁四年十月壬子，第 5522 页。
③ 如东明县、酸枣县民诉户等升降不实，实为典型代表。见（宋）李焘《续资治通鉴长编》卷 223，熙宁四年五月庚子，第 5426 页。

来，吏缘为奸，并不依法。五家相比者为一小保，却以五上户为一小保。于法数内选一名充小保长，其余四上户尽挟在保丁内。若大保长阙，合于小保长内选差；保正副阙，合于大保长内选差。其上户挟在保丁内者，皆不著差役，却致差及下户。故当保正副一次，辄至破产。"①由此可见，避役之人早有准备。有作弊者，就有纠弊者。绍兴四年九月，在一件赦文中提道："比年以来，乡司案吏于造簿攒丁、差大小保长之际，预行作弊，致争讼不已，使已役之人久不承替，破荡家产，深可矜恤。仰常平司常切觉察差役不均之弊，如有违犯，重行按劾。"②此可为郭揖所说做证，不作弊，已经纠役不止，③再加有作弊者，更是争讼不已。

再如行义役之时，追述义役之所形成原因，更对"纠役"有着淋漓尽致的展现。"今天下上无横敛，下无繁征，而民极困于保正长，则以保甲催科之故也。民不能堪，虽叔伯兄弟，相讼以避役久矣。叔伯兄弟，相讼以避役，非其愿相雠也，势使然也。……吾都不过四五望族，凡庆吊问报之事，大抵相好，而又家务为学，人务省事，其俗甚厚。独时以役讼失欢，一日会集，割租以行仁义，各以力厚薄，无勉强不得已之色。"④文天祥也说过："义役之不行，而差役之纷纷何甚也。民无以相友助，相扶持。乙曰甲当役，甲推之乙，乙复曰甲，展转而听命于长民者之一语。时则其权在丁官……时则其权在丁吏　时则其权在于乡胥……时则其权在于奸民……"⑤可见相互推脱，已成常态。再如琴川："豪民挟诈，滑吏舞文，寄名串籍，并缘为奸，一经代更，百计规免，事力雄者以役近告，岁月远者以产薄辞，谍诉纷然，互角已胜。甚

---

① （清）徐松辑：《宋会要辑稿》食货14之20。
② （清）徐松辑：《宋会要辑稿》食货14之23。
③ 黄繁光已经对此有很好的阐述，因为差役根据的是"鼠尾流水法"，要差遍白脚，已差户才同意再次执役。由于很多白脚不具备承役能力，而已承担户又拒绝在未遍差的情况下再次承役，就会出现大量矛盾。可参见氏论《南宋中晚期的役法实况——以〈名公书判清明集〉为考察中心》，第170页。
④ （宋）陈傅良：《止斋集》卷40《义役规约序》，文渊阁《四库全书》本，上海古籍出版社1987年影印本，第1150册，第816页。
⑤ （宋）文天祥：《文山先生全集》卷13《吉水县永昌乡义役序》，《宋集珍本丛刊》本，第88册，第689页。

而闺门不相爱，宗族不遑恤，况邻里乡党乎?"①

叶适也曾指出："其计较物力推排先后，流水鼠尾，白脚歇替之差，乡胥高下其手，而民不惮出死力以争之。今天下之诉讼，其大而难决者，无甚于差役。"② 这说明，无论是差役还是雇役甚至义役，民户之间都有一个先后承役的问题，没有人愿意首先应役，都想推迟应役。这是一个常态的现象，贯穿于役法的始终，是役事当中百姓间的最重大矛盾。汪应辰曾说："契勘催科户长，最为难事。寻常人户当差役之际，不问当否，例须词诉。比及本州行下属县，往复取会，迁回留滞，州县人吏，得以夤缘卖弄，尤为百姓之害。"③ 袁说友曾长期执掌役法事务，他特意强调，"诉枉申屈，外若可念而中实为奸者，莫如纠役是也"。纠役对民众生活实为大扰，他认为："今当官者，往往知有差役之弊，而不知纠役者，其弊尤甚于差役。差役之不公，害固及于一家也。纠役之不当，其害岂止一家哉！盖甲役已满而当替，则乙合充役，而妄奸被纠者不一人。官司与之追呼，与之审证，犹未肯已也，又诉之诸司省部焉。凡妄纠一人，有经涉一二年而不能决者。故甲之当替，则不容其去。于是破家荡产，益重其祸。逃亡避免，都分无见役之人；乙之当役，则久而不充。于是被纠者或一二家或三四家，其扰卒未已也。然则纠役之弊，其曰甚于差役，信矣！"④ 正是在争执当中，权力得以展现出来。

《名公书判清明集》记载了南宋社会生活的方方面面，是第一手最切实际的资料，共收录了关于差役的 17 个案子。其中 7 个案子是平民之间的纠役问题，如果分别以纠役的主要发起人为案子代表，则有张世昌、张茂、刘益、赵八郡主、赵姓、石才、熊澜等案。这些案件，牵连

---

① （元）卢镇撰：《琴川志》卷 12《归政乡义役记》，《宋元方志丛刊》本，中华书局 1990 年版，第 1266 页。
② （宋）叶适撰，刘公纯、王孝鱼、李哲夫点校：《叶适集·水心别集》卷 14《役法》，中华书局 2010 年版，第 804 页。
③ （宋）汪应辰：《文定集》卷 13《与邵提举书》，《丛书集成新编》本，第 63 册，第 630 页。本书有简体横排标点本，由江西玉山县政协组织标点整理，学林出版社 2009 年版，第 141 页。
④ （宋）袁说友：《东塘集》卷 9《纠役疏》，《宋集珍本丛刊》本，线装书局 2004 年版，第 64 册，第 327 页。

宋代乡村社会的生存秩序与权力结构

极广,不少乡户被迫参与其中,造成了很多无谓的损耗。但是,从挑起纠役者的心理来说,纠一下总比不纠强,万一胜诉,则可多拖延若干时日。即使纠役不成,也要给周遭多造成些麻烦,以备下次差役时可以理论。张世昌纠役案,就直接牵连了8户进来。① 这一纠役持续了一年多。张世昌列举了四条理由,认为自己不当执役,这些理由包括:曾卖出田产与鲍通、阿蔡,虽然没有过割,但是已经有了合同;明现已经买到了蔡海、郑汝贤产业,虽然没有过割到名下;张世昌当过保长,收取过十三年的夏税;张世昌的产业里面有湖面,根据"芦场顷亩折半计数"的原则,② 应当折半计算。拟判者范应铃认为,首要的原则是白脚为先。所以张世昌(36贯)、明现(24贯)、谢通(17贯)同为白脚,应该在比较后承役。而其他人已负担过差役,物力又未达到1倍以上,所以不当再次牵连进来。虽然明现主动要承担差役,其他人愿意陪送钱物给他,范应铃还是认为不合适。他逐项批驳了张世昌的各种理由,同时又要求乡司和役案当场举出应该负担差役的一人,两者都认为应该是张世昌。范应铃对吏人表示了严重的不信任之后,决定对张世昌杖一百,同时押赴着役。张世昌虽然纠役不成,且杖责一百,但已经拖延一年多,显然就是部分胜利。如果遇到的是其他不那么精明强干的地方官员,甚至有可能纠役成功。③

石才纠役王珍,又是另一种情况。④ 他认为自己属于义役,而根据义役里面所定的关约,产钱超过一贯才服役。而他有一部分土地已经卖出,卖出的土地应该豁免计算产钱,所以他产钱已经达不到一贯。不过署名"人境"的官员从交易内容、交易数额、交易时间等方面都看出了破绽,被纠役的王珍,又举报出土地交易的双方及代书、牙人都是亲戚关系。地方官员认为,契约签订是在嘉定九年五月,当年秋天应该除

---

① (宋)不著撰人,中国社会科学院历史研究所宋辽金元史研究室点校:《名公书判清明集》卷3《比并白脚之高产者差役》,第73页。
② (清)徐松辑:《宋会要辑稿》食货6之4。
③ 据本传,有人评价范应铃:"应铃经术似儿宽,决狱似隽不疑,治民似龚遂,风采似范滂,理财似刘晏,而正大过之",见《宋史》卷410《范应铃传》,第12347页。
④ (宋)不著撰人,中国社会科学院历史研究所宋辽金元史研究室点校:《名公书判清明集》卷3《走弄产钱之弊》,第80页。

· 133 ·

割产钱，但是一直拖延到嘉定十年，面临应役时才提出要推割。被指出这个问题之后，石才又认为自己是朱脚、王珍是白脚，所以理当由王珍先执役。"人境"认为，石才、王珍双方都是义役，只凭关约。只根据原先所定的名次来排队，而不是以产钱高下、朱脚白脚论。而且，就算石才卖地合情合理，那么他较一贯产钱的标准，也就仅低十文多，还是应该由他执役。上案是白脚问题，此案则是双方为义役人的问题。

总之，在纠役过程中，乡村的权力得以运行起来发挥作用。村民之间互相推，原子化的乡村，很难形成自治力量，基本都是依靠官府力量做出最后裁决。当然，可能有很大的部分，问题已经解决，而没能留存下来历史记载。但是从官员的判词，当时人的记录来看，更多的人倾向于认为，乡村社会的纠纷非常麻烦，只有依赖政府官员。这意味着正是在纠役当中，权力得以显性运行起来。

三　生存和秩序：权力序列

从"纠役"所展现出来的乡村社会权力运作过程来看，县官对于县以下乡村社会的关注点，不外乎稳定和赋役两个主要内容。完成额定的赋役并保证县衙的经费，同时不引起乡民的直接反抗，就是最大成功。而从乡民的角度来看，每减少一分赋役的数量，都是关乎生存的重大事项，在不进行武装反抗的前提下，少缴赋役，是最大的生存选择。也就是说，在县以下的乡村社会当中，以县官为代表的国家和乡民之间，是一个生存和秩序的问题。以县官为代表的国家权力从乡村汲取了越多赋役，乡民也就要损失掉同样多的财富（无论是粮食、现金或者人力）。因此，处于矛盾的双方总要进行公开或者隐性的博弈。长期以来，学术界一般高度关注于朝廷对乡村社会的掠夺，这无疑是非常有必要加以深入探讨的。但是在面对掠夺的时候，乡村社会中个体抵抗策略是不一致的。或者说，乡民之间也是有矛盾存在。乡民基本无意或者不能拒绝赋役，但是尽量把赋役转嫁到其他人身上是最佳的选择。而县官要尽量保证乡村社会的稳定同时要最大限度完成赋役任务，需要建立一个管制的秩序，但管制有成本也需要规则。对于县官来说，只要有人承担成本即可，但由何人承担管制成本并不重要。对于乡民来说，由其他人承担建立秩序所需的成本并在规则允许情况下最大限度利用规则是最优的选择。围绕着所付出的"成本"和规则，在由县官所代表的国家权力主导下，在乡村社会中村民中形成了不同类型的多种权力序列。以官府的主导序列为主，其他序列缠绕其中，形成了一个复杂而且相互影响的序列体系，这是以权力为中心的生存和秩序结构状态。生存要依靠权力，秩序也要依靠权力。所有的所谓自发秩序，都要面对强大的国家权力。当然自发秩序在强大的国家面前，在帝制体系下，没有监督的可能性，所以最终或倒向国家或由于失信而自然消亡。不过乡村社会内部权力序列还是在逐渐滋生，国家也因应情势，允许一部分自治力量作为辅助，特别是在江南地区。但是这种自治力量，仍不会形成自发的管理秩序。

乡村社会的主要权力，是围绕着官府权力打转的，或者说是严重依附于国家权力之下。熙宁时期，杨绘在奏章中举出了一个酸枣县的例子：

> 乡村第一等，元申一百三十户，今司农寺抛降，却要二百四户，即是升起七十四户；第二等元申二百六十户，今司农寺却抛降三百六户，乃是升起四十六户；第三等元申三百三十九户，今司农寺却抛降四百五十九户，乃是升起一百二十户。臣窃谓凡等第升降，盖视人户家活高下，须凭本县，本县须凭户长、里正，户长、里正须凭邻里，自卜而上，乃得其实。今来却自司农寺预先画下数目，令本县依数定簿。[①]

一般的常理，正如其中所说，应该是邻里、里正、本县、朝廷这样的一个顺序来逐级申报核实。但是现在直接由司农寺划定乡村的农户等级数量和比例，这说明了国家权力直接影响到了乡村。当然作为朝廷负责部门，虽然直接把目标划定到了乡村社会，它只需提出额度即可。但是具体到乡民中间，则人人利害攸关。本县原来的第四等以下户，原来

---

① （宋）赵汝愚编，北京大学中国中古史研究中心校点整理：《宋朝诸臣奏议》卷116《上神宗论助役》，上海古籍出版社1999年版，第1262页。

不需要承担更多的赋役数量。但是司农寺直接规定了前三等户的定额，意味着每个等级都有大量的户要被提升户等。原来在乡村中的第四等户为数甚多，到底具体何户成为第三等户，就是一个重大的博弈过程。再如司农寺所要求升到第一等的有74户，而原第二等的有260户，那么意味着原二等户当中28%的户要升为一等。同时杨绘所说是静态增加，如果考虑到动态过程，增加的数额还要更多。原一等户有130户，提升到204户的额度，职能从二等户当中提升，那么二等户减去74户是186户，从二等升级后仍有186户的基础上，又要达到二等新标准的306户，则原有三等户（339户）中要有120户升为二等。如此则三等户当中只剩219户，要达到新定额的459户，则原四等户有240户要升级为三等户。可以想见，没有人乐意升级户等，这个过程中，就是乡民之间的纠纷过程。而胥吏、里正作为熟悉乡里情况的基层执行者，他们的意见很明显对于外来的县官是具有决定性意义，对乡村社会、对乡民矛盾真正的决定权转移到了胥吏和里正手中。

又如，绍兴时期，因为战争所需马草的征发，王之道曾经很简明地概括了从朝廷到乡村社会的权力路径：

> 最为扰民者马草一事，宣抚司行下安抚司，安抚司行下诸州，州行下县，县行下保正长。文移联函，继踵催督起发，而不言其受纳去处。州县既已责办保正长，更不肯为申明。保正长迫于程限，且畏军法。正当获稻艺麦之际，尽起保内丁壮，人负草四束，自朝至暮，彷徨道涂。东西南北，莫知所向，如是者几一月。后来寇退，既就庐州置场受纳。而其受纳官吏，务在请赇，竟为阻节。斯民既苦一月，无处交纳，幸有其交纳处，不复计较所费。由是每草一束，会计水运亦不下四百金。其负担者，往往至七倍，深可怜悯。乞欲朝廷明降指挥，自今民间所科马草，除情愿般赴军前交纳人户外，余听束纳钱二百文省。①

---

① （宋）王之道：《相山集》卷21《预置大军马草札子》，《宋集珍本丛刊》本，线装书局2004年版，第40册，第479页。

由朝廷下发的要求，到了保正长处就要开始执行。而乡村社会是毫无反抗能力，甚至对不合理的要求都无法做出任何一点抵抗。保正长和保内丁壮，收获之时，抛家舍业，在外月余，就是因为莫名其妙的指令。乡村社会对于来自朝廷和县官的压迫，几乎毫无反抗的能力。在收取征草的过程中，胥吏从中谋私是十分常见的，官府权力在胥吏的执行中几乎变成没有任何约束的权力。它有行使的权力，而乡村百姓无法反抗只有服从的义务。

胡宏也表示过："自都甸至于州，自州至于县，自县至于都保，自都保至于主户，自主户至于客户，递相听从，以供王事，不可一日废也。"① 可见与前述是同一逻辑，从朝廷到最基层的主客户，都在同一链条当中。在同一个"权力序列"当中发挥作用。而且这最主要的权力序列，也必须通过形成一个完善的链条，才能形成一个序列并发挥作用。黄榦说："监司行下州郡，州郡行下县道，县道行下保正，保正敷之大小保长，大小保长抑勒百姓。既责以出草出木，又责以出钱湫结，又责以水脚般运。一丁之夫，一叶之舟，不得免也。为淮之民，何其重不幸也。"② 朝廷到县的管理路径，姑且不论。县以下，直接指挥到保正，然后到大小保长。但保正的系统，更多是偏于一种治安系统。在操作中，更多是因为这种治安系统成条理，有可供支配的基层壮丁。朝廷的正式命令或者正式公文的运转，到县就基本结束了。县以下的运作，官府虽然操控不断，但是在正式制度上，可以把保正等看作非政府系统的组成。这种方式的好处，是官府不用承担正式官府所应该有的行政道德也就没有束缚。胥吏成为乡村权力行使的关键，州县官员对于胥吏的防范，说明它是乡村社会的重要力量。越发严密地要监控胥吏，意味着它已经在乡村社会里面成为重要的力量，而且不可替代。从《清明集》中所展现的地方官员的选择来看，他们宁可自己形成一套数据，按此数据征税。而不是派遣胥吏下乡。

在主导性的权力序列之下，还有隐蔽的权力序列。权力不仅仅是统

---

① （宋）胡宏：《五峰集》卷2《与刘信叔书五首》，文渊阁《四库全书》本，上海古籍出版社1987年影印本，第1137册，第128页。
② （宋）黄榦：《勉斋集》卷25《安庆府拟奏便民五事》，文渊阁《四库全书》本，上海古籍出版社1987年影印本，第1168册，第269页。

治性的权力，也包括微妙的人际关系权力、身份性的威慑软权力。乡村社会的两个关键：一个是生存；一个是秩序。不仅官府要保证基层的秩序，民间自发也要建立秩序，这种秩序未必是有规则的，但是确实是乡村社会当中所遵循的。在官府管制不到或者不屑于管制的地方，留给了乡民，也就留给了宗教、宗族、礼俗等等。如《名公书判清明集》中记载：

> 赵桂等抵负国税，今追到官，本合便行勘断，惩一戒百。当职又念尔等既为上户，平日在家，为奴仆之所敬畏，乡曲之所仰望，若一旦遭挞，市曹械系，则自今已后，奴仆皆得侮慢之，乡曲皆得欺虐之，终身抬头不起矣。当职于百姓身上，每事务从宽厚，不欲因此事遽生怨嫉之心，各人且免勘断。但保正、户长前后为催税尔等税钱不到，不知受了几多荆杖，陪了几多钱财，若尔等今日只恁清脱而去，略不伤及毫毛，则非惟奸民得计，国赋益亏，而保正、户长亦不得吐气矣。案具各乡欠户姓名，锢身赵桂等以次人，承引下乡，逐户催追，立为三限，每限十日。其各人正身并寄收厢房，候催足日方与收纳本户税。如违不到，照户长例讯决。一则可以少纾户长之劳，一则可以薄为顽户之戒。①

此案中可见，户长、保正在一些地方，很难掌控乡间上户。他们可以做到"数年不纳"，而前任地方官员又无可奈何，胡石壁显然也做不到"械系"，而这明显是他的权限。最大的惩罚，就是把这些欠税者本人软禁起来，由其派人下乡逐户催税。这些地方官员难以惩罚的村民，应该就是所谓"豪横"。赵桂此类人物，如果没有强有力又不乐于与其勾结的地方官员，则已然在当地建立了自己的秩序和规则。与豪横同时，在乡村社会当中，村民为了争取利益，采用了各种手段加以规避。如淳熙时，据基层官员观察：

---

① （宋）不署撰人，中国社会科学院历史研究所宋辽金元史研究室点校：《名公书判清明集》卷3《顽户抵负税赋》，第67页。

> 夫差役以都而不以乡，此前人成法也。何法行既久，人伪滋起，于是有徙都之弊。谓如一乡有三都，其第一、第二都富者多而贫者少，则所差之役当及富者，而贫者得以安乐。若第三都，贫者多富者少，则富者虑役及己，巧生计较，预图迁徙于邻都以避，谓富者颇多，迭相循环，而充役之时少也。是以富少贫多之都，每遇点差，殊乏其人，才及数千之产，亦使之充役。①

由于乡村社会中的役次排定，是在一都之内轮流，且只在富户当中轮流。如果某都富户较多，则轮流到的频率降低不少。如果贫户居多，那么富户当然不乐居此，更乐于迁居到富者较多的都。而役额早已固定，贫户之都亦必须出人，所以贫户也不得不填补富户迁走之后的空白。官员的对策，就是尽量不允许迁移，而且将差役平衡的区域扩大到乡级。如果迁移，但是应该在原来都保执役。由此可见，乡村社会的百姓并不是全然被动地等待，而是采取各种办法规避政策。而能规避政策的，肯定不是贫民下户，而是在乡村当中既有财富又具有一定身份地位的村民，这是另外一种隐性的权力序列。又如义役，本身就是形成乡村社会内部稳定秩序的努力。但是在乡民博弈当中，最终又依附回到了官府管控。义役的最终裁判者，都是官府，这也就决定了最终都要败坏掉的命运。如处州：

> 臣巡历到处州，窃见本州，昨奉圣旨，依布衣杨权所请，结立义役。此见陛下爱民之切，虽草茅之言，苟有便于民者，无不采纳施行，天下幸甚。然本州日今奉行，却有未尽善者。如令上户官户寺观出田，以充义田。此诚善矣，而本州却令下户只有田一二亩者，亦皆出田，或令出钱买田入官。而上户田多之人，却计会减缩，所出殊少。其下户，今既或被科出田，将来却无充役，无缘复收此田之租，乃是困贫民，以资上户，此一未尽善也。如逐都各立役首，管收田租，排定役次，此其出纳先后之间，亦未免却有不公

---

① （宋）朱熹：《晦庵集》卷 21《论差役利害状》，载《朱子全书》，上海古籍出版社、安徽教育出版社 2002 年版，第 21 册，第 954 页。

之弊。将来难施刑罚，转添词诉，此二未尽善也。又如逐都所排役次，今日已是多有不公，而况三五年后，贫者或富，富者或贫，临事不免，却致争讼，此三未尽善也。所排役次，以上户轮充都副保正，中下户轮充夏秋户长。上户安逸，而下户赔费，此四未尽善也。凡此四事，是其大概目下词诉纷然，何况其间更有隐微曲折，未可猝见。若不兼采众论，熟加考究，窃恐将来弊病百出，词诉愈多。改之则枉费前功，不改则反贻后患。将使义役之名，重为异议者所笑，无复可行之日，诚有未便。臣昨见绍兴府山阴县，见行义役，只是本县劝谕人户，各出义田，均给保正户长。各有亩数，具载砧基。其保正户长，依旧只从本县定差，更不别置役首，亦不先排役次。而其当役之户，既有义田可收，自然乐于充应，不至甚相纠讦。但其割田未广，去处未免尚仍旧弊。若更葺理增置，便无此患。窃谓其法，虽似阔疏，然却简直易明，无他弊病。又且不须冲改见行条法，委实利便。故尝取其印本砧基行下州县。然以未经奏请，尽降指挥，州县往往未肯奉行。臣愚欲望圣慈详酌，行下处州，止令合当应役人户，及官户寺观均出义田。罢去役首，免排役次，止用山阴县法，官差保正副长，轮收义田。仍令上户兼充户长，俟处州行之有绪，却令诸州体仿施行，庶几一变义风，永息争竞。①

其中所提到的办法，未必高明。但是所展现的村民关系，十分确实。在乡村社会当中，役首依靠着官府权力，在乡村社会中占据了较高的权力地位。而且按其所云，每一个弊端都会带来大量的"争讼"，那也就意味着乡村社会的村民并不是一味服从者。在所有的环节上，都会给乡村管理者乃至官府带来极大的麻烦。"而顽民得以援引条法，把持论诉，监司难以移文行下，冲改成法，大率归于豪猾得志，贫弱受弊。"② 所以在乡村社会的权力序列里面，官府一方面占据了最大的优

---

① （宋）朱熹：《晦庵集》卷18《奏义役利害状》，载《朱子全书》，第20册，第824页。
② （宋）朱熹：《晦庵集》卷21《论差役利害状》，载《朱子全书》，第21册，第953页。

势地位，另一方面也不得不面对民众的各类反抗。同时，民众内部也不是同一面貌，在面对共同的"朝廷"时，呈现了不同的面貌。每个个体都试图寻找利益的最大化，同时又不能突破冒犯和非公开反抗的底线。当然，在役事过程中所展现的权力序列是乡村权力结构当中最重要的一方面，与此同时，在乡村社会的其他方面（宗族、宗教、民间信仰等等）也展示出了权力序列的运作过程，此不赘述。

　　总之，宋代乡村社会最重大的社会矛盾来自役事的纠纷，这种纠纷几乎贯穿了两宋始终。既显示为村民与朝廷、村民与胥吏，更显示为村民与村民之间的矛盾过程。这是为了生存而展开的博弈，在博弈当中展现了各种"权力"的运作过程。其中有正规的显性的权力序列运作，也有非正规、非显性的权力序列运作。这既呈现了宋代乡村社会生活的多面相，更为思考宋代乡村社会内部关系提供了新的讨论基础。

司命千里：宋朝司理参军制度研究*

贾文龙

(河北大学　宋史研究中心暨历史学院)

宋朝司理参军是赵宋一代新设立的重要的州级属官，目前学术界主要从政治制度角度对这一职官进行了充分研究。龚延明先生考证了司理参军的职源与沿革、职掌、品位、编制、简称与别名，为研究者提供了必要参考。① 苗书梅先生详细考察了宋代州级各种属官职源、设置状况与主要职能。② 程彩利从官制史角度对宋代司理参军进行了详细研究，探讨了其职能种类、编制选任、官品俸禄、考课转任、监督奖惩等各方面的管理制度。③ 戴建国先生在论述宋朝刑事审判制度时也涉及司理参军的职能问题。④ 但这些成果都受研究重心所限，均未对司理参军展开详细论述，因此本文从法律史角度对宋朝司理参军司法职能进行专题研究。

一　州委之生杀：宋朝司理参军制度的源起

唐末五代以来，随着藩镇割据的发展，使盛唐以来良好的司法传统几乎革失殆尽，而五代乱局中司法体系更是进入最混乱时期。五代

---

* [基金项目]2010年教育部基地项目《宋代地方法制研究》(10JJD770009)、2011年国家社会科学青年项目《宋朝地方司法结构变革与治理效能研究》(11CFX010)

① 龚延明：《宋代官制辞典》，中华书局1997年版，第547—548页。
② 苗书梅：《宋代州级属官体制初探》，《中国史研究》2002年第3期。
③ 程彩利：《宋代司理参军制度研究》，硕士学位论文，河南大学，2009年。
④ 戴建国：《宋代刑事审判制度研究》，《文史》第31辑，中华书局1988年版。

时期的司法权力脱离统一控制，在中央和地方层面都出现了弊政。中央方面表现为中央政府失去了死刑案件的检察权："五代用兵以来，藩侯跋扈，率多枉法杀人。朝廷务行姑息之政，多置不问，刑部按覆之制遂废。"① 五代地方司法弊政的表现为：五代军府中掌司法的武职将校"马步司"已经成为事实上州一级的司法部门。五代军人掌司法产生的严重后果是酷刑的滥用，经常"小问罪之轻重，理之是非，但云有犯，即处极刑，枉滥之家，莫敢上诉，军吏因之为奸，嫁祸胁人，不可胜数"②，从而使五代成为中国法制史上最混乱和最黑暗的时期之一。

宋太祖建隆三年（962），首先对地方司法权进行限制，"定大辟详覆法"③，把死刑执行的复核权收回中央，令"诸州自今决大辟讫，录案闻奏，委刑部详覆之"④。宋太祖整顿地方司法权的最重要措施是新设专理刑狱的曹官。宋太祖对五代司法弊政有着深刻认识："五代之马步军都虞候判官也，以牙校为之，州镇专杀，而司狱事者轻视人命"⑤，"太祖虑其任私，高下其手"⑥，于建隆元年（960）诏："两京军巡、诸州马步院判官合吏部流内铨择选人，无遗省听减两选补之，始用文吏也。"⑦ 开宝六年（973）废马步院建司寇院："先是，诸道州府任牙校为马步都虞候及判官断狱，多失其中。秋七月壬子朔，诏罢之，改马步院为司寇院，以新及第进士、九经五经及选人资序相当者为司寇参军。"⑧ "命子城院毋得收系，改军巡为司寇，始以士人为参军，天下巨

---

① （元）马端临撰：《文献通考》卷170《刑考九》，中华书局1986年影印本，第1474页。
② （清）赵翼撰，叶瑛校证：《廿二史札记校证》卷22《五代滥刑》，中华书局1984年版，第478—479页。
③ （元）马端临撰：《文献通考》卷166《刑考五》，第1443页。
④ （宋）李焘：《续资治通鉴长编》卷3，建隆三年三月，中华书局2004年版，第63—64页。
⑤ （宋）王栐撰，诚刚点校：《燕翼诒谋录》卷1《置司理参军》，中华书局1981年版，第4页。
⑥ （宋）王辟之撰，吕友仁点校：《渑水燕谈录》卷5，中华书局1983年版，第59页。
⑦ （宋）李攸撰：《宋朝事实》卷9，《国学基本丛书》本，上海商务印书馆1935年版。
⑧ （宋）李焘：《续资治通鉴长编》卷14，开宝六年七月壬子，第305页。

镇得置左右两院者凡十有六。"① 宋太宗太平兴国四年（979）又作出更司寇为司理的改革：

> 诏改司寇参军为司理参军，以司寇院为司理院，令于选部中选历任清白、能折狱辨讼者为之，秩满免选赴集。……寻又诏诸州察司理参军有不明推鞫，致刑狱淹滞，具名以闻，蔽匿不举者罪之。②

司理参军是宋朝唯一新设的州级属官，而其设立的本意就在于负责刑狱，很大程度上关系着宋初地方司法能否实现新的地方司法秩序，因此宋太宗很重视司理参军的选任问题。太平兴国八年（983）又下《司理判官于邻近州府选充诏》："诸道州府司理判官，比来悉以牙校为之，在其本部必有亲党，自今各于邻近州府选强明历事者充。"③ 太平兴国九年（984）诏书中明确指出司理参军的职能在"专于推鞫"：

> 司理参军，专于推鞫，研覆情实，尤在得人。如闻诸道多阙此官，盖吏部拘以资叙，难为注拟。自今应有阙处，宜令本州于见任、前任簿尉判司内，选择明敏有官业者充，秩满当与升奖。其罢软不任职者，便可选官代之。④

宋太宗秉信"法吏寖用儒臣，务存仁恕"⑤。随着科举取士人数增多，"太平兴国时，始用士人为司理判官"⑥。宋太宗认为："郡司理，

---

① （宋）张栻：《新刊南轩先生文集》卷11《潭州重修左右司理院记》，《宋集珍本丛刊》本，线装书局2004年版，第60册，第85页。
② （宋）李焘：《续资治通鉴长编》卷20，太平兴国四年十二月丁卯，第466页。
③ （宋）李焘：《续资治通鉴长编》卷24，太平兴国八年八月甲辰，第550页。
④ （宋）不署编者：《宋大诏令集》卷160《官制一·司理阙令本州于见任簿尉判司内选充诏》，中华书局1961年版，第606页。
⑤ （元）脱脱等撰：《宋史》卷199《刑法一》，中华书局1977年版，第4966页。
⑥ （元）马端临撰：《文献通考》卷166《刑考五》，第1444页。

古小国之秋官也。比来佐僚皆用郡吏，朕重惜人命，乃选士流。"① 雍熙二年（985）八月，太宗又谓宰相曰："朕于狱犴之寄，夙夜焦劳，比分遣使臣按巡诸道，盖虑或有冤滞耳。因思新及第进士为司理参军，彼于法律固未精习，宜令诸州长吏视其不胜任者，于判司、簿尉中两易之。"② "太宗尤严牧守之任……令阅属部司理参军，廉慎而明于推鞫者，举之。"③ 可见，经宋太祖和太宗两朝的努力，宋朝用20多年的时间在全国各地建立起司理参军制度。

宋朝后继统治者一直坚持州县亲民官才有司法权，地方驻扎军队不能断罪司法："非州县长官不许受辞……非亲民不许科决杖罪，而镇寨敢自专推司辄自讯囚，荆杖代用藤条，觊望锻炼，备极荼毒……前后禁约科罚惨酷条令大字镂板，行下诸路郡邑，揭于通衢。其有犯者，必罚无赦。"④ 当然，宋朝司理参军是十分重要的地方亲民官，赵宋一代，始终都在维护司理参军的司法权力。

北宋被金灭亡后，仓促建立的南宋在恢复"祖宗家法"的过程中，官僚又重新提起设立司理参军的初衷。宋高宗绍兴二十六年（1156）吏部郎中汪应辰奏称："国家累圣相授，民之犯于有司者，常恐不得其情，故特致详于听断之初。"⑤ 宋孝宗乾道九年（1173）臣僚上言："狱贵初情……大辟之囚……州狱一成，奏案遂上，刑寺拟案，制之于法，则死者不可复生矣。"⑥ 司理参军作为"专于推鞫，研覆情实"的刑狱专职官，"特致详于听断之初"与"狱贵初情"正道明了此项职官制度设立最初的制度设想。

宋沿袭唐制，规定县无权处置杖刑以上的刑事案件，"诸犯罪，杖以下，县决之；徒以上，送州信断"⑦，所以宋代"凡州郡之治，非兵

---

① （宋）刘克庄撰，辛更儒笺校：《刘克庄集笺校》卷111《徐氏二告（一）》，中华书局2011年版，第4600页。
② （宋）李焘：《续资治通鉴长编》卷26，雍熙二年八月庚辰，第597页。
③ （元）脱脱等撰：《宋史》卷一六〇《选举六》，第3740页。
④ （清）徐松辑：《宋会要辑稿》刑法2之129，中华书局1957年影印本。
⑤ （明）黄淮、杨士奇编：《历代名臣奏议》卷217《慎刑·论刑部理寺谳决当分职札子》，上海古籍出版社1989年影印本，第2852页。
⑥ （清）徐松辑：《宋会要辑稿》刑法3之87。
⑦ 《天一阁藏明钞本天圣令校证·狱官令》，中华书局2006年版，第327页。

戎则尽农事、狱讼、简书也"①。对于州县在政治体制中的职能分工，宋人曾言："祖宗之规模在于州县，州委之生杀，县委之赋役。"② 而司理参军专职刑狱，执掌审讯权，正是"委之生杀"最重要的属官设置。

二 专鞫狱事：宋朝司理参军的职能运行

宋朝司理参军是地方刑事审判的重要官员，宋太宗时规定司理判官的职务是专于刑狱："司理参军，专于推鞫，研覆情实。"③ 司理参军的办公廨署为司理院或司理厅，全国大府、大州共16处，可设置左、右两所司理院。有的小州，省去州院，只设一所司理院。④ 州衙内的"司理院"下设监狱，管辖推院、杖直、狱子等人吏若干名。司理处理的案件以盗贼的重大刑案为主，县尉捕盗后，则送州衙的司理院，再由司理参军进行治狱推鞫。⑤ 大辟犯和劫盗在逮捕归案之初要先进行刑讯，"大辟窃盗捕至之初，例于两腿及两足底，辄讯杖数百，名曰入门杖子，然后付狱"⑥。司理院下设监狱，"诸狱并一更三点下锁，五更五点开锁"⑦。

为保证司理参军集中精力用于司法事务，宋太宗时规定司理不许其兼职。雍熙三年（986）诏："司理，司法不得预帑藏之事"⑧，端拱元年（988）又诏："诸道州府，不得以司理参军兼莅他职。"⑨ 真宗时也重申"诸州勿遣司理参军监莅场务"⑩。南宋规定，派充司理参军，一定要"试中刑法"或者曾经担任过这一职务的人："中兴，诏曹掾官依

---

① （宋）刘攽：《彭城集》卷32《汝州推官厅记》，文渊阁《四库全书》本，上海古籍出版社1987年影印本，第1096册，第316页。
② （宋）赵汝愚编：《宋朝诸臣奏议》卷111，范镇：《上神宗论新法》，北京大学中国中古史研究中心校点整理，上海古籍出版社1999年版，第1208页
③ （宋）钱若水撰，范学辉校注：《宋太宗皇帝实录校注》，中华书局2012年版，第171页。
④ （清）徐松辑：《宋会要辑稿》职官47之74。
⑤ 刘馨珺：《明镜高悬：南宋县衙的狱讼》，北京大学出版社2007年版，第26页。
⑥ 旧题（宋）陈襄撰：《州县提纲》卷3《捕到人勿讯》，《官箴书集成》本。
⑦ （元）马端临撰：《文献通考》卷167《刑考六》，第1454页。
⑧ （宋）孙逢吉撰：《职官分纪》卷41《司理参军》，中华书局1988年版，第782页。
⑨ （宋）李焘：《续资治通鉴长编》卷29，端拱元年正月庚辰，第647页。
⑩ （宋）李焘：《续资治通鉴长编》卷75，大中祥符四年四月壬申，第1721页。

旧，惟司理、司法并注经任及试中刑法人……司理例以狱事为重，不兼他职。……嘉定中，申明年满六十不许为狱官之令，仍不许恩科人注授。"①

宋仁宗《禁狱官辄预游宴送迎诏》规定诸州有徒以上重要罪犯，狱官不得离开监狱："天下狱有重系，狱官不得辄预游宴、送迎。"②"诸州有徒以上囚禁，（原注：寄禁非。）而狱官辄出谒及见宾客，并见之者，并依路分兵官将副法。"③"诸州有大辟，当职官先审情实，然后付狱。狱官不得赴宴会及出城迎送。"④ 同时禁止于司理院按习宴乐。⑤"推鞫大辟之狱，自检验始"⑥，对犯罪现场的检验最重要的是对受害人身体伤迹的检查，轻则验伤，重则验尸，这可以确定自杀还是他杀及伤情严重程度，对确定案件性质、量刑十分重要。由于要审理狱案，复察案情，所以司理参军还专门负责本州涉案的人证和物证的检验事务。宋代地方命案的检验官主要是县尉与司理参军，司理是法定的州检验官。咸平三年（1000）十月《杀伤公事检验诣实诏》规定："今后杀伤公事，在县委尉，在州委司理参军，如阙正官差以次官，画时部领一行人躬亲检验，委的要害致命去处；或的是病死之人，只仰命官员画时检验。若是非理致命及有他故即检验毕，画时申州，差官覆检诣实方可给与殡埋，其远处县分先委本县尉检验毕，取邻近相去一程以下县分内牒请令尉或主簿一程以上，只关报本县令佐覆检，独员处亦取邻州县最近者覆检，诣实即给尸首殡埋，申报所录州府不得推延。"⑦《天圣令》又规定："诸地分有死人，不知姓名、家属者，经随近官司申牒推究，验其死人。委无冤横者，当界藏埋，立榜于上，书其形状，以访家人。"⑧

---

① （元）脱脱等撰：《宋史》167《职官志七》，第3976页。
② （宋）李焘：《续资治通鉴长编》卷115，景祐元年冬十月癸酉，第2705页。
③ （宋）谢深甫撰，戴建国点校：《庆元条法事类》卷4《职制门·禁谒·职制敕》，黑龙江人民出版社2002年版，第33页。
④ （宋）谢深甫撰，戴建国点校：《庆元条法事类》卷9《职制门·迎送宴会·断狱令》，第164页。
⑤ （宋）李焘：《续资治通鉴长编》卷81，大中祥符六年冬十月乙丑，第1849—1850页。
⑥ （清）徐松辑：《宋会要辑稿》刑法6之7。
⑦ （清）徐松辑：《宋会要辑稿》刑法6之1。
⑧ 《天一阁藏明钞本天圣令校证·关市令》，第311页。

关于确是"病死之人，只仰命官一员画时检验"的规定，现存北宋陕州官方墓地漏泽园的出土 M0370 墓志砖可资证明司理为检验官："司理院头子抬到澶州兵士祝信，十一月初四日葬埋讫。"① 南宋延续了这一规定："诸验尸，州差司理参军（本院囚，别差官，或止有司理一院，准此），县差尉。"②

司理参军主要负责刑事案件的侦破工作，如王平为许州司理参军时，有一杀人夺财案。一女骑驴单行，遭盗杀害于田间，衣物被抢走，驴被附近一户人家收系，胥吏察访得驴，指田旁家为杀人凶手，审问长达四十天，田旁家"认收系驴，实不杀女子"。王平知道案情有疑，上报知州，却遭到喝斥，令其迅速结案，王平坚持己见，最后获得真杀人者。知州道歉曰："微司理，向几误杀人。"③

宋祁之父为江州司理参军，精思于讯鞫爰书之间，"州界有行商，部辎重，夜经泽中，将宿佛祠，值奸人前杀群僧。廷内狼藉，商人入寺，蹀其血，乃觉，因轻骑逃去。晓逢逻者，见衣履有污，执以为贼。传考数狱，商遂自诬"，宋祁之父心中疑问："是辈操奇赢，举千百计，胡怨而蹈死耶？"没有轻下结论，后经人举报，终于破案。④ 张文规为英州司理参军时，"真阳县民张五数辈盗牛，里人胡达、朱圭、张运、张周孙等率保伍追捕之。群盗散走，独张五拒抗不去，达杀之而取其资。盗不得志，反以被劫告于县。县令吴邈欲邀功，尽取达、圭以下十二人送狱，劾以强盗杀人，锻炼备至，皆自诬服。圭、运二人瘐死。既上府，事下司理院。文规察囚辞色，疑不实。一问得其情，又获盗牛党以证，狱具。胡达以手杀人杖脊，余人但等第杖臀而已，圭、运乃无罪"⑤。胡向为袁州司理参军时，"有盗七人，皆当死，向疑其有冤，乃

---

① 三门峡市文物工作队：《北宋陕州漏泽园》，文物出版社 1999 年版，第 255 页。
② （宋）谢深甫撰，戴建国点校：《庆元条法事类》卷 75《验尸·令·职制令》，第 799 页。
③ （宋）吴曾：《能改斋漫录》卷 12《记事·微司理几误杀人》，上海古籍出版社 1979 年版，第 369 页。
④ （宋）宋祁：《景文集》卷 62《荆南府君行状》，文渊阁《四库全书》本，上海古籍出版社 1987 年影印本，第 1088 册，第 606 页。
⑤ （宋）洪迈撰，何卓点校：《夷坚志》乙志卷 4《张文规》，中华书局 2006 年版，第 211 页。

留讯之。则二人者，果不同谋，始受其佣，而中道被胁以行"①。李彤为万州司理参军，"有箧人之脉者，提点刑狱视之，疑且怒，欲以骨折论。太守畏不敢辩，君（李彤）提伤者以告曰：'折则上下不相属，今举其上而下不少曲，非折明矣。'使者无以胜，卒轻之"。其摄督邮（录事参军）时"有三人谋杀一人者"，白于守曰："一人死，安可戮三人，坐谋首可也。"守不听，言语有斥责之意，李彤持之益坚，请于提点刑狱，且曰："某宁解印绶去，安忍妄杀人，求顺太守意耶！"后上报朝廷，只处罚一人。②

孙观国为彭州司理参军时，"兵夜直，其妇死于家，兵就鞫，惨楚将诬服。公疑访于外，乃得妇奸，尝与夫反目，知为自戕，兵始得脱"。另有一案，"有与娼狎，而或约同死。娼毙，其人不殊，舆至狱，懵不能白。一日牵其衣，见字股间，具道所以为者，谳笞之"③。因为司理参军负责一州之内的所有刑事案件的审讯，州狱一成就决定判决的走向，可以说在一定程度上掌握了生杀大权，"州郡之狱，所系甚重，刑名有出入之殊，人命有死生之判。流徒而下，其事实繁，苟推鞫之际，一失其平，则冤抑之民，何所赴愬？然则狱官所系，顾不重哉"！④故当时人说："凡县邑之民事，不得其平者则平之于尹；尹之不能平及事之大者，咸得平之于守；守视其事之小者立决之，其大者下于理官，理官得以考其情而齐之杀之。故曰：守之责不若理官之重。"⑤ 所以时人这样评价司理参军："狱掾者，千里之司命也。"⑥

----

① （宋）郑克著，杨奉琨校注：《折狱龟鉴校释》，复旦大学出版社1988年版，第426页。
② （宋）吕陶：《净德集》卷25《李太博墓志铭》，文渊阁《四库全书》本，上海古籍出版社1987年影印本，第1098册，第203—204页。
③ （宋）李流谦：《澹斋集》卷17《朝奉大夫知嘉州孙公墓志铭》，《宋集珍本丛刊》本，第46册，第460页。
④ （明）黄淮、杨士奇编：《历代名臣奏议》卷217《慎刑·乞慎择狱官奖掖有功者札子》，第2854页。
⑤ （宋）蔡襄撰，吴以宁点校：《蔡襄集》卷29《送张总之温州司理序》，上海古籍出版社1996年版，第513页。
⑥ （宋）程珌：《程端明公洺水集》卷9《建康府教授续题名记》，《宋集珍本丛刊》本，第71册，第85页。

三　新官与旧臣：司理参军制度对宋朝地方司法模式的影响

宋朝州级司理参军的设置带来了地方审判模式的改变，形成独具特色的"鞫谳分司"制度。宋朝司理参军"专于推鞫，研覆情实"，办公衙署为司理院或司理厅，下辖监狱，配置推院、杖直、狱子等吏人，因此成为"鞫司"，其职能主要在于履行审讯权。宋朝司理参军的设置，使司法参军成为"谳司"。唐朝时，司法参军称为"法曹"，职能广泛："司法参军掌律、令、格、式，鞫狱定刑，督捕盗贼，纠逖奸非之事，以究其情伪，而制其文法。赦从重而罚从轻，使人知所避而迁善远罪。"① 宋初司法参军还享有审讯权："凡诸州狱，则录事参军与司法掾参断之。"② 前期以后，司法参军只掌"议法断刑"③，不再享有鞫狱权和督盗贼的职能，且"诸州法司吏人，只许检出事状，不得辄言予夺"④，即在司理参军等审理案件后检出适应的法律条文，以供判决时参照使用，但不许提供判决建议，因此称为"谳司"。

宋朝州级司法参军作为检法之官，负责保管中央下达于地方的各种诏令："诸被受手诏，以黄纸造册编录。并续颁诏册并于长官厅柜帕封锁，法司掌之，无法司者，选差职级一名，替日对簿交受。遇有检用，委官一员，（原注：……州委司法参军）监视出入。"⑤ 因此，在案件录问后需援法定罪时，由负责检断法律的司法参军根据犯罪供审事实，将有关法律条文摘录出来供长官定罪量刑使用。

谳司具体检法顺序是律、令、敕、例。《宋刑统》引后唐长兴二年（931）八月的敕条规定："今后凡有刑狱，宜据所犯罪名，须具引律、

---

① （唐）李林甫撰：《唐六典》卷30《三府都护州县官吏》，中华书局1992年版，第750页。
② （元）脱脱等撰：《宋史》卷199《刑法一》，第4967页。
③ （元）马端临撰：《文献通考》卷63《职官一七》，第572页。
④ （宋）李心传：《建炎以来系年要录》卷156，绍兴十七年十二月己亥，中华书局1988年版，第2576页。
⑤ （宋）谢深甫撰，戴建国点校：《庆元条法事类》卷16《文书门·诏敕条制·文书令》，第334页。

令、格、式，逐色有无正文，然后检详后敕，须是名目条件同，即以后敕定罪。敕内无正条，即以格文定罪。格内又无正条，即以律文定罪。律、格及后敕内并无正条，即比附定刑，亦先自后敕为比，事实无疑，方得定罪。"① 后"神宗以律不足以周事情，凡律所不载者一断以敕"②，敕正式取得律的优先地位。由于检法阶段很容易影响长官的决断，因此当时法律规定法司只能检出法令，不能提供参考意见，南宋重申："诸州法司吏人，只许检出事状，不得辄言予夺。"③

宋朝司理参军的设置，改善了宋朝州级的双系统属官司法职能的相互关系问题。唐代中后期各藩镇自辟属官，"文武将吏，擅自署置"④，"始置判官二人，支使二人，推官一人也"⑤，"判官而下，皆自延请"⑥。由此在州级形成双系统属官制：一是原有的中央政府任命的录事、司法、司户诸参军，称为州曹官；二是后来出现的由藩镇长官任命的判官、推官，称为幕职官。随着割据政治的发展，在唐代后期以来的行政体系中，幕职官成为地方政务的实际主持者，⑦ 州曹官的实际地位低于幕职官。宋朝建立后，承认了唐末五代以来州郡藩镇化的政治格局，在州级继续实行双系统属官制。在收回了幕职官任命权的前提下，承认了幕职官作为知州、通判佐助的政治地位，使之成为治理地方政务的州级政府正式官员。宋朝"判官、推官掌受发符移，分案治事"⑧，办公地点称为签厅，幕职官在协助本州正副长官处理政务公文，"斟酌可受理、可施行、或可转发、可奏上与否"⑨，幕职官成为知州和通判的助手。

---

① （宋）窦仪编，薛梅卿点校：《宋刑统》卷30《断罪不具引律令格式》，法律出版社1999年版，第551页。
② （元）脱脱等撰：《宋史》卷199《刑法一》 第4963页。
③ （宋）李心传：《建炎以来系年要录》卷156，绍兴十七年十二月己亥，第2576页。
④ （后晋）刘昫等撰：《旧唐书》卷143《李怀仙传》，中华书局1975年版，第3895—3896页。
⑤ （宋）高承撰，（明）李果订，金圆、许沛藻点校：《事物纪原》卷6《抚字长民部》，中华书局1989年版，第318—319页。
⑥ （宋）张方平：《乐全集》卷9《辟署之制》，文渊阁《四库全书》本，上海古籍出版社，第1104册，第81页。
⑦ 杨志玖、张国刚：《唐代藩镇使府辟署制度》，《社会科学战线》1984年第1期。
⑧ （清）徐松辑：《宋会要辑稿》职官47之11—12。
⑨ 龚延明：《宋代官制辞典》，中华书局1997年版，第541页。

唐末五代以来，幕职官与州曹官二者互不隶属而并列存在，幕职官是"藩侯跋扈，率多枉法杀人"的司法执行者，因而幕职官重于州曹官。宋朝设立司理参军后，将二者整合在州级行政体制中，州曹官虽仍轻于幕职官，但司理参军掌刑事审讯权，司法参军掌检法权，州曹官负责的司法职能已大大加重，而幕职官的地位虽仍高于州曹官，但不再执掌生杀大权，而主要负责"拟判"环节。《名公书判清明集》记载了幕职官拟判的情况："金厅所拟，已尽情理，照行"①，"陆兼金所拟，固已曲尽其情矣"②，"本州金厅之所断"③。在盛荣与盛友叔侄争屋业案中，临安府通判吴革就肯定了推官的拟判意见："察推谓予夺田地之讼，所据在契照，所供在众证，此说极是。"④《侄假立叔契昏赖田业》案署名建金所拟⑤，《兄弟争业》为"本县所断，金厅所拟"⑥，《违法交易妄赎同姓亡殁田业》署名金厅所拟⑦，《假宗室冒官爵》也署金厅所拟⑧，另《对移贪吏》中记载："本司已追吴傑赴司，押送司理院根勘到上件情节，寻呈金厅官书拟因依，欲将吴傑决脊杖七十，于原配州上加刺配一千里。"⑨ 以上这些例子集中体现了幕职官"拟判"职能的现实运作。此外，《名公书判清明集》中还有些判例署名"拟笔"，但未言是何属官所为，如《父官虽卑于祖祖子孙众而父只一子即合从父

---

① （宋）不署编者，中国社会科学院历史研究所宋辽金元史研究室点校：《名公书判清明集》卷7《出继子破一家不可归宗》，中华书局1987年版，第227页。
② （宋）不署编者，中国社会科学院历史研究所宋辽金元史研究室点校：《名公书判清明集》卷7《欺凌孤幼》，第229页。
③ （宋）不署编者，中国社会科学院历史研究所宋辽金元史研究室点校：《名公书判清明集》卷9《卑幼为所生父卖业》，第298页。
④ （宋）不署编者，中国社会科学院历史研究所宋辽金元史研究室点校：《名公书判清明集》卷6《叔侄争》，第189页。
⑤ （宋）不署编者，中国社会科学院历史研究所宋辽金元史研究室点校：《名公书判清明集》卷5《侄假立叔契昏赖田业》，第146页。
⑥ （宋）不署编者，中国社会科学院历史研究所宋辽金元史研究室点校：《名公书判清明集》卷6《兄弟争业》，第173页。
⑦ （宋）不署编者，中国社会科学院历史研究所宋辽金元史研究室点校：《名公书判清明集》卷9《妄赎同姓亡殁田业》，第319页。
⑧ （宋）不署编者，中国社会科学院历史研究所宋辽金元史研究室点校：《名公书判清明集》卷11《假宗室冒官爵》，第400页。
⑨ （宋）不署编者，中国社会科学院历史研究所宋辽金元史研究室点校：《名公书判清明集》卷2《对移贪吏》，第56页。

限田法》《出继子不肖勒令归宗》《命继与立继不同》《伪作坟墓取赎》《共帐园业不应典卖》等，应该也有部分为幕职官所拟。另如宋孝宗时陈希点为平江府观察推官，丘崈为知州，"屡以职事争辩，丘公或凭怒折之，公退立屏息，俟其少霁，执论如初，至于再三，竟不能夺。自尔，公所书拟，望而许之"①，也说明幕职官常担任拟判的工作，从这个角度讲宋朝州级幕职也可以称为"判司"。

宋朝司理参军设立之后，宋朝地方刑事审判模式可以分为四个环节：司理参军负责审讯，司法参军负责检法，判官或推官负责拟判，最后知州定判。因此在宋朝的州级司法中一定程度上实现了审权与判权的分离，这在司法隶属行政的古代中国是独特的制度设计。

结　语

总而言之，宋朝州级司法制度一方面受到唐末五代历史的制约，另一方面又受到唐末五代政治体制和宋初皇帝个人因素的影响，带有时代的印痕与政治设计者的偏好。宋朝司理参军的设立，促使司法参军专职于检法工作，因此在州曹官内部实现了鞫司和谳司两个子系统的分离，形成了"鞫谳分司"制度。而州曹官的职能分化，进而又促使幕职官专职于拟判工作，实现了审讯、检法、拟判权力的环节化，完成了宋朝州级审判的鞫、谳、判三司权力分离制度。

宋朝州级审判模式受到后世的高度评价，20世纪70年代徐道邻先生提出："整个的说来，宋朝——尤其是北宋——的司法制度，可以说是已经达到十分成熟的阶段"，"就司法制度而言，这是中国法制史上的黄金时代"，"中国传统法律，到了宋朝，才发达到最高峰"。② 这些观点深刻影响了后世的法史学者，"鞫谳分司"制度被公认为中国传统法律制度的最高峰。而宋朝司理参军的设置，正是这一制度高峰形成的初始动力。

---

① （宋）楼钥撰，顾大朋点校：《楼钥集》卷104《中书舍人赠光禄大夫陈公神道碑》，浙江古籍出版社2010年版，第1810页。

② 徐道邻：《中国法制史论集》，台北志文出版社1975年版，第104、128、88页。

宋代枢密直学士职权演变考论

田志光

(河南大学　中国古代史研究中心)

"枢密直学士"一职始设于五代后唐时期。后梁太祖朱温曾改枢密院为崇政院，设崇政使、副使，开平二年（908），置直学士二员。后唐同光时复崇政院为枢密院，改崇政院直学士为枢密直学士，置枢密直学士一人，"枢密直学士"一名自此始。[①] 之后的晋、汉、周各朝均设此职。入宋后，枢密直学士一职仍沿置。宋代枢密直学士的职能与地位经历了多次变化，主要发生在北宋太祖、太宗与真宗三朝。太祖前期，枢密直学士与端明殿学士承担着"为侍从、备顾问、掌机务"的职责，中后期则成为官员的一种带职。太宗时期，枢密直学士地位又获提升，职能有了新的变化。从真宗时期开始，随着枢密直学士大量外任，枢密直学士从拥有较多职能的职事官逐渐转变为完全意义上的帖职。徽宗政和四年（1114）八月至十月，枢密直学士曾短暂改称述古殿直学士，其帖职性质依旧。南宋绍兴中期以后，枢密直学士置而不授，仅存其名。

关于宋代的枢密直学士，学界迄今尚无专篇论述，仅见有李昌宪先生《宋代文官帖职制度》一文对宋代枢密直学士设置情况有简要记述。[②] 龚延明先生《宋代官制辞典》第三编之《附殿阁学士与三馆秘阁门·枢密直学士》条指出枢密直学士具有职事官和职名的双重性质，并指出南宋宁宗《庆元条法事类》"职制令"中仍存"枢密直学士"

---

① （宋）孙逢吉撰：《职官分纪》卷15《枢密直学士》，中华书局1988年版，第359页。
② 李昌宪：《宋代文官帖职制度》，《文史》总第30辑，中华书局1988年版。

之名。① 具有职事官职能且最终帖职化的枢密直学士，既有同于一般职名的地方，又有异于其他殿阁（直）学士之处，其职能与性质随着北宋政治形势的发展经历了诸多变化，因此该问题尚有进一步探究的空间。

一 宋太祖朝"职事官"化的枢密直学士——兼论端明殿学士的职能演变

宋代的枢密直学士，学界一般将其归为帖职，性质类似于三馆、秘阁、诸殿的学士、直学士、直阁等，但是它的这种帖职性质并非设立之初既有，而是经历了一个变化发展的过程。后唐同光时，枢密直学士设立之初是一个类似于职事官或是"差遣"性质的职务。此时的"枢密直学士没有固定的品秩，初居其官者，品秩悬殊很大，最高者可达到正三品的左散骑常侍，而最低者仅为从八品的左拾遗，一般则为从五品上的各部郎中"②。五代时期的枢密直学士掌管诸多实际政事，在国家政务决策和处理中发挥了重要作用。后唐明宗之前的枢密直学士"承领文书，参掌庶务"，明宗天成元年（926）四月以成德军中门使安重诲为枢密使，天成三年（928）五月，安重诲推荐文士史圭为枢密直学士，并可"升殿侍立"，以"备顾问"③。后来枢密直学士获得了"谋议"的权力，即参与军政事务的决策。后唐清泰时枢密直学士要"宿于禁中"，常与皇帝共议军国大事，时任枢密直学士的"吕琦内宿于内廷，琦因从容密问国家运祚"④。这在一定程度上侵夺了枢密使的权力。之后的枢密直学士薛文遇和副使刘延朗"居中用事，（枢密使房）暠虽处密地，其听用之言，十不得三四"⑤。此虽非常态，但也说明了五代时期枢密直学士地位的重要和职权的不断加重，从而成为天子的近臣。后唐除了沿置枢密直学士参与政务外，于天成元年（926）五月又设置

---

① 龚延明：《宋代官制辞典》，中华书局1997年版，第138页。
② 参见樊文礼《五代的枢密直学士》，《烟台师范学院学报》2003年第4期。
③ （宋）欧阳修撰：《新五代史》卷56《史圭传》，中华书局1974年版，第649页。
④ （宋）薛居正撰：《旧五代史》卷131《赵延义传》，中华书局1976年版，第1730页。
⑤ （宋）薛居正撰：《旧五代史》卷96《房暠传》，第1277页。

端明殿学士，史载：

> 帝（明宗）目不知书，四方奏事皆令安重诲读之，重诲亦不能尽通，乃奏称："臣徒以忠实之心事陛下，得典枢机，今事粗能晓知，至于古事，非臣所及。愿仿前朝侍讲、侍读、近代直崇政、枢密院，选文学之臣与之共事，以备应对。"乃置端明殿学士。①

引文中所言"近代直崇政、枢密院"即指后梁以来至庄宗同光时期所设置的直崇政院、崇政院直学士或枢密直学士，而端明殿学士的设置缘由及其职能与枢密直学士类似，承担共议政事、以备应对的职责。此外，明宗还命端明殿学士与枢密直学士负责轮修日历，然后送史馆以备纂修。② 这样他们与皇帝有了更多亲密接触的机会。之后的清泰元年（934）四月，当史馆奏请"凡书诏及处分公事、臣下奏议，望令近臣录付当馆"的时候，末帝又诏："端明殿学士韩昭裔、枢密直学士李专美录送。"③ 此时的端明殿学士与枢密直学士俨然成为皇帝认可的近臣，凡皇帝诏书、群臣奏议、政事文书皆可抄录，这样二者有了更多的了解政务、参与政事的机会。关于五代时期端明殿学士和枢密直学士的性质，宋人有这样的看法：

> 梁改枢密院为崇政院，因置直崇政院。唐庄宗复旧名，遂改为枢密院直学士。至明宗时，安重诲为枢密使。明宗既不知书，而重诲又武人，故孔循始议置端明殿学士二人，专备顾问，以冯道、赵凤为之，班翰林学士上，盖枢密院职事官也。④

宋人根据五代时期端明殿学士和枢密直学士的职责与作用，将其归为枢密院的"职事官"，而并未将其纳入馆阁（殿）学士一类的职名，

---

① （宋）司马光撰：《资治通鉴》卷275，中华书局1956年版，第8985页。
② （宋）薛居正撰：《旧五代史》卷114《世宗纪一》，第1521页。
③ （宋）薛居正撰：《旧五代史》卷46《末帝纪上》，第634页。
④ （宋）叶梦得撰，（宋）宇文绍奕考异，侯忠义点校：《石林燕语》卷2，中华书局1984年版，第25页。

说明他们在五代时期负责处理诸多的实际事务，具有职事官或"差遣"的性质。端明殿学士于后晋天福五年（940）曾废置，开运元年（944）又恢复。①后周世宗柴荣去世后，其子柴宗训以幼龄即位，身为殿前都点检，掌握禁军兵权的赵匡胤代周自立，建立宋朝，是为宋太祖。太祖即位不久，就颁布了一项富有深意的人事任命：

> 建隆元年正月壬戌，归德节度判官宁陵刘熙古为左谏议大夫，掌书记赵普为右谏议大夫、枢密直学士，宋、亳观察判官安次吕余庆为给事中、端明殿学士，摄观察推官太康沈义伦为户部郎中。②

以上刘熙古、赵普、吕余庆、沈义伦四人均为太祖的亲信、霸府元从。史称"初，上（太祖）领宋镇，普为书记，与节度判官刘熙古、观察判官吕余庆、摄推官沈义伦皆在幕府"③。虽然四人皆为太祖亲随，均由幕职州县官升为朝官，但新的除命还是有所区别的。太祖曾随周世宗南征北战，后又掌管禁军，多参与军政决策，深知枢密直学士、端明殿学士的职能与作用。所以在新的任命中以赵普为右谏议大夫、枢密直学士，吕余庆为给事中、端明殿学士。赵普的"右谏议大夫"和吕余庆的"给事中"为他们所带之官阶，我们知悉唐中期至五代宋初，使职差遣制度盛行，像三省六部九寺五监的正官绝大多数都成为闲散官位，基本无职事，而是以各种名目的差遣管理本司事务，即所谓的"虽有正官，非别敕不治本司事，事之所寄，十亡二三。故中书令、侍中、尚书令不预朝政，侍郎、给事（中）不领省职，谏议无言责"④。因此，赵、吕二人的"右谏议大夫""给事中"虽官阶较优但无实际职事，而枢密直学士、端明殿学士的职衔则是他们参与军机要务的资格和

---

① （宋）马端临撰，上海师范大学古籍整理研究所、华东师范大学古籍研究所点校：《文献通考》卷54《职官考八》，中华书局2011年版，第3册，第1595页。
② （宋）李焘：《续资治通鉴长编》（以下简称《长编》）卷1，建隆元年正月壬戌，中华书局2004年版，第7—8页。
③ （宋）陈均撰，许沛藻等点校：《皇朝编年纲目备要》卷1，中华书局2006年版，第3页。
④ （元）脱脱等撰：《宋史》卷161《职官志一》，中华书局1977年版，第3768页。

条件。《宋会要辑稿》职官七《枢密直学士》载："枢密直学士与文明殿学士并掌侍从，备顾问应对。崇德殿受朝，则升以侍立。日会于枢密院，厅事在宣徽院。"① 可见枢密直学士和端明殿学士职责的类似、关系的密切以及天子近臣的性质。关于太祖为何要首先重用赵普和吕余庆，史无明文。原因可能是赵普为太祖登基襄助良多，而吕余庆则才干突出②。后来宰相范质在建隆二年（961）七月曾上疏太祖推荐赵、吕二人为相时言道：

> 端明殿学士吕余庆、枢密副使赵普，富有时才，精通治道，经事霸府，历岁滋深，自陛下委以重难，不孤倚任，每因款接，备睹公忠。伏乞授以台司，俾申才用。今宰辅未备，久难其人，以二臣之器能，攀附之幸会，置之此任，孰谓不然。③

太祖在看到这份奏疏后的态度是"嘉纳之"，这也可以看出太祖对赵、吕二人的器重已为朝臣所知，所以入宋不久即任命二人为有实权且被看作天子近臣的枢密直学士和端明殿学士职务。建隆元年（960）五月，太祖下诏亲征反叛的后周旧臣昭义节度使李筠。以枢密使吴廷祚为东京留守，端明殿学士、知开封府吕余庆副之。④ 由此可知，吕余庆在任端明殿学士后又知开封府，这是入宋后端明殿学士一职首次带出朝廷，但未离京师。关于此时吕余庆的职能，现存史籍没有记载，他很可能是既掌管开封府畿内事务，又以端明殿学士之职参与朝廷军政要务。此时的枢密直学士赵普则为亲征李筠的太祖出谋划策，如太祖驻扎在荥阳时，赵普向其建议："贼意国家新造，未能出征。若倍道兼行，掩其不备，可一战而克。"得到太祖采纳。⑤ 宋太祖赵匡胤此时将自己富有才干的亲信赵、吕二人安排在枢密直学士、端明殿学士任上应是经过

---

① （清）徐松辑：《宋会要辑稿》职官7之19，中华书局1957年影印本，第2544页。
② 按：宋太祖领同州节制时，即"闻余庆有材，奏为从事"。后太祖历滑、许、宋三镇，余庆皆为宾佐。参见《宋史》卷263《吕余庆传》，第9098—9099页。
③ （宋）李焘：《长编》卷2，建隆二年七月壬午，第51页。
④ （宋）李焘：《长编》卷1，建隆元年五月丁巳，第16页。
⑤ 同上。

深思熟虑的。以吕余庆为端明殿学士并兼知开封府，负责京师及畿内的军民事务，这对稳定新生的赵宋政权至关重要。赵普任枢密直学士，因此时的枢密使为吴廷祚和魏仁浦，未置枢密副使，吴廷祚为专职枢密使，魏仁浦为宰相兼任枢密使，从职务上看魏仁浦虽兼掌二府，但实际上并未获得管理枢密院的权力，极少参与枢密院的军政事务。① 这样，仅剩枢密使吴廷祚一人管理枢密院，吴廷祚与宰相范质、王溥、魏仁浦一样同为后周旧臣，虽然吴廷祚对太祖并无二心，入宋后还曾向太祖献策征李筠，但是其毕竟是后周旧臣，并非太祖心腹，太祖对这位"事周祖，为亲校"② 的吴廷祚还是有防范之心的，更何况其掌管枢密院军政，这让"黄袍加身"不久的太祖更是多加小心，所以太祖令赵普任枢密直学士，以此防察、牵制吴廷祚。以上所述太祖亲征李筠时，令吴廷祚为东京留守，而使吕余庆副之，同样可以看出太祖对吴廷祚任用的谨慎。

太祖此时沿用吴廷祚为枢密使与留用后周三相（范质、王溥、魏仁浦）的意义相同，主要是基于政权的平稳过渡，不至于出现后周诸大臣的反对或是不合作的情况，以他们能够仕于新朝作为后周诸臣的表率，在新政权建立之初，这种象征意义远远大于他们能否很好施政的现实意义。待赵宋政权稳定后，过渡意义上的后周旧臣就已完成新朝赋予的使命，其罢免也就顺理成章。而此时太祖"赵匡胤所倚信智囊人物如赵普、吕余庆等，名望资历皆过于卑浅，显然一时尚无法出面主持政务"③。所以枢密直学士、端明殿学士只是赵普、吕余庆担任更重要职务前的过渡职衔，建隆元年（960）八月，李筠叛乱平定后，太祖即以枢密直学士赵普为枢密副使，名正言顺地成了枢密院的副长官。建隆三年（962）十月，枢密使吴廷祚罢，赵普又从副使升为枢密使。吕余庆建隆元年（960）五月以端明殿学士知开封府，然从《开封府题名记》可知，吕余庆任知开封府的时间并不长，当年十月吴廷祚以枢密使判开

---

① 参见拙文《试论北宋前期宰辅军事决策机制的演变》，《史林》2011年第2期。
② （元）脱脱等撰：《宋史》卷257《吴廷祚传》，第8947页。
③ 参见陈振主编《中国通史》（白寿彝总主编）第七卷《中古时代·五代辽宋夏金时期》，上海人民出版社1998年版，第1362页；邓小南《祖宗之法：北宋前期政治述略》，生活·读书·新知三联书店2006年版，第214页。

封府，从上引宰相范质在建隆二年（961）七月上疏太祖时仍称吕余庆为端明殿学士可知，吕余庆离任知开封府后返朝专任端明殿学士一职，后于乾德元年（963）三月以户部侍郎知潭州，乾德二年（964）四月以兵部侍郎参知政事，成为副宰相。太祖的另外两个亲信刘熙古、沈义伦，虽然当时未被委任枢密直学士和端明殿学士，但后来太祖也予以重用，沈义伦于乾德五年（967）二月任枢密副使，开宝六年（973）九月又升任宰相。刘熙古于开宝五年（972）二月任参知政事，一年后因足疾致仕。

建隆元年（960）八月赵普由枢密直学士升任枢密副使后，"枢密直学士"作为天子近臣的"备顾问、掌机务"的地位迅速弱化，至建隆、乾德时期枢密直学士则成为一种加职。由于现存史籍没有直接记载其职权弱化的过程，我们只能从枢密直学士的人事任命中来寻找答案，史载："李重进平，以宣徽北院使李处新知扬州，枢密直学士杜韡监州税。"[①] 平定李重进是在建隆元年十一月以后，太祖即令枢密直学士杜韡监管原李重进所领之扬州税收。这也是赵普之后，枢密直学士一职首次带出外任，其天子"近臣"的地位不再。后杜韡虽然又返回朝廷，但其地位、权力并未因其担任枢密直学士而上升，史载：

> 建隆三年秋七月乙丑，枢密直学士、司门郎中杜韡，美风仪，工尺牍，仕周世宗居近职，上章言事，颇中时病，然恃酒不逊。上时典禁卫，每优容之，于是罢为驾部郎中，宰相拟授韡谏议大夫，上不许。[②]

杜韡为后周世宗的近臣，非太祖亲信，且从前对太祖常有失礼之举，按理太祖不应授予他枢密直学士的要职来接替赵普参掌军政事务。然其居此职，首先说明枢密直学士至此已没有赵普任该职时的权力，其次，杜韡枢密直学士所任官阶"司门郎中"的品级仅是从五品上。而

---

① （宋）马端临撰，上海师范大学古籍整理研究所、华东师范大学古籍研究所点校：《文献通考》卷14《征榷考一》，第1册，第402页。
② （宋）李焘：《长编》卷3，建隆三年七月乙丑，第69—70页。

赵普枢密直学士所任官阶右谏议大夫的品级是正四品下，两者相差五级，不可同日而语，表明了枢密直学士地位的下降。杜韡被罢去枢密直学士，仅保有"驾部郎中"（从五品上）的阶官留在朝中。这从侧面说明了枢密直学士虽然职权与地位下降了，但此时仍具有一定的荣誉性质，否则杜韡也不会只罢"枢密直学士"，而改为同前品级一样的官阶。以后的枢密直学士多带出赴外就职，如乾德元年四月丙午，以枢密直学士、户部侍郎薛居正权知朗州。①乾德元年五月辛酉，命枢密直学士、尚书左丞高防权知凤翔府。②乾德三年二月癸卯，枢密直学士冯瓒权知梓州。③枢密直学士带出外任，不可能再是天子的近臣，以备顾问，参掌机务了，此时完全成为官员的一种带职，标志着该职是"原天子近臣"的一种荣誉象征。

端明殿学士，它的命运与枢密直学士相差无几。如前所述，端明殿学士被带出朝廷是在建隆元年（960）五月，当时吕余庆以端明殿学士、知开封府。不久吕余庆即离任知开封府以"端明殿学士"任职朝廷，后于乾德元年（963）三月以户部侍郎知潭州。之后即未见有人仜端明殿学士的记载了，直至开宝元年（968）春正月庚寅，诏刘熙古为端明殿学士、权知成都府。这是入宋后端明殿学士第二次带出朝廷，至开宝五年（972）二月刘熙古返朝以兵部侍郎、参知政事，成为副宰相，其所带端明殿学士一职则被免去。④至此，端明殿学士也成为官员的一种加职，没有实际职掌，作用同于枢密直学士。徐自明《宋宰辅编年录》在记述刘熙古以端明殿学士、兵部侍郎除参知政事时引用《旧典》一段话，说明了"端明殿学士"的作用："国朝旧制，职掌官外有学士、待制等员，端明殿学士等职，皆为侍从清望之选，并无职掌，多带职以领。在内省府寺监、在外藩方任使。"⑤刘熙古之后便无人担任"端明殿学士"一职了。太平兴国五年（980）正

---

① （宋）李焘：《长编》卷4，乾德元年四月丙午，第90页。
② （宋）李焘：《长编》卷4，乾德元年五月辛酉，第91页。
③ （宋）李焘：《长编》卷6，乾德三年二月癸卯，第148页。
④ （宋）李焘：《长编》卷13，开宝五年二月庚寅，第280页。
⑤ （宋）徐自明撰，王瑞来校补：《宋宰辅编年录校补》卷1，开宝五年二月庚寅，中华书局1986年版，第20页。

月，端明殿学士改为文明殿学士，并以礼部侍郎程羽为文明殿学士，班位在枢密副使之下。① 程羽之后文明殿学士只除李昉一人，以后便不再除人。② 直到仁宗明道二年（1033），复置端明殿学士，但此时已完全成为帖职。

综上所述，枢密直学士与端明殿学士从五代时期的天子近臣，备顾问、掌机务，入宋后，宋太祖赵匡胤为了稳定政权任命自己的亲信元从担任这两个重要职务，随着政权的稳固和平叛的胜利，太祖将原本资历尚浅的亲随提拔到更重要的职位，逐步进入宰辅行列。所以用来安排"资浅"但有实权的枢密直学士和端明殿学士便失去了意义。以至于太祖朝后期，这两种职务均成为官员的一种带职，不再具有实际的职权。然而宋太祖去世后，其弟赵匡义即位，是为宋太宗。太宗时期枢密直学士的地位与权力有所变化，而端明殿学士（文明殿学士）则完全成为帖职。

二　宋太宗朝枢密直学士的职能与地位

开宝九年十月癸丑（20日），宋太祖赵匡胤去世，其弟晋王、开封府尹赵匡义于第二天（甲寅）即位，是为宋太宗。太宗即位疑点颇多，其即位存在诸多争议，可谓得位不正。③ 所以在其即位后的第三日便下了一道人事任命书：

> 开宝九年十月丙辰（23日），以开封府判官、著作郎陆泽程羽为给事中、权知开封府，推官、右赞善大夫贾琰为左正谏大夫、枢密直学士，门人襄邑郭贽为著作佐郎。正谏即谏议也，避上名改之。④

---

① （宋）李焘：《长编》卷21，太平兴国五年正月庚寅，第471页。
② （宋）李焘：《长编》卷113，明道二年八月丁巳，第2633页。
③ 参见邓广铭《宋太祖太宗皇位授受问题辨析》，《真理杂志》第1卷第2期，1944年；后收入《邓广铭治史丛稿》，北京大学出版社1997年版，第475—502页。
④ （宋）李焘：《长编》卷17，开宝九年十月丙辰，第382页。

以上新除命的官员均是太宗的藩邸旧僚，程羽，开宝八年，"领开封府判官。羽性淳厚，莅事恪谨，时太宗尹京，颇以长者待之"①。贾琰，"太宗领开封府尹……时贾琰为推官"②。郭贽，"因事藩邸，太平兴国初擢为著作佐郎"③。太宗即位后迫不及待地提拔藩邸旧僚占据重要位置，这类似于太祖代周后对霸府元从的安排。太宗即位后，开封府尹空缺，因太宗曾任府尹，程羽则任权知开封府。这类似太祖当初对吕余庆的安排，只不过太祖任命吕余庆知开封府是在即位五个月后，而太宗即位伊始就把还是开封府判官（幕职州县官）程羽直接升为"给事中"（朝官，正五品上）权知开封府，掌管京师及畿内事务，这对稳定新政权至关重要。太宗对贾琰的除命类似太祖当初对赵普的安排——谏议大夫（正谏大夫）、枢密直学士。贾琰此人"性便佞"④，"能先意希旨"⑤，当时深得太宗信任，被委以枢密直学士职务。郭贽由无品级的藩邸"门人"晋升著作佐郎（从六品上），后于太平兴国七年四月升任参知政事。这是太宗即位后即颁布的新除命，其中程羽的权知开封府是当然的实权职务，而贾琰的枢密直学士此时是否还类似于太祖后期的性质——荣誉加职？太平兴国元年（976 年，亦即开宝九年，太宗即位，未逾年改元）十二月丁巳（25 日），以枢密直学士、左正谏大夫贾琰为三司副使。⑥贾琰在任枢密直学士的两个月零两天里，现存史籍没有其以枢密直学士身份参与政治活动的记录，这说明"枢密直学士"此时虽由太宗亲信担任，而其职权似未恢复，但从"太宗即位……时程羽、贾琰皆自府邸攀附致显要"⑦的记载来分析其地位要较太祖后期为高，成为官员晋升的一个过渡或阶梯。贾琰任三司副使后，便无人再除枢密直学士了，直至太平兴国四年石熙载任枢密直学士后，这一职务的权力和地位才得以根本改变。

---

① （元）脱脱等撰：《宋史》卷 262《程羽传》，第 9082 页。
② （元）脱脱等撰：《宋史》卷 263《窦仪附弟偁传》，第 9098 页。
③ （元）脱脱等撰：《宋史》卷 266《郭贽传》，第 9174 页。
④ （宋）江少虞撰：《宋朝事实类苑》卷 16，上海古籍出版社 1981 年版，第 189 页。
⑤ （宋）李焘：《长编》卷 21，太平兴国五年十一月戊午，第 481 页。
⑥ （宋）李焘：《长编》卷 17，太平兴国元年十二月丁巳，第 387 页。
⑦ （元）脱脱等撰：《宋史》卷 264《宋琪传》，第 9121 页。

太平兴国四年（979）正月，太宗将北征太原提上日程，同月丁亥，太宗"以右补阙石熙载为兵部员外郎、枢密直学士"。六日后的癸巳，又命枢密直学士石熙载签署枢密院事。① 太宗此时为何作这一委任，我们稍作分析，《宋史》卷二六三《石熙载传》言：

> 宋初，太宗以殿前都虞候领泰宁军节制，辟为掌书记。及（太宗）尹京邑，表为开封府推官，授右拾遗，迁左补阙。丁外艰，将起复，以谯出为忠武、崇义二军掌书记。太宗即位，复以左补阙召，同知贡举。时梅山洞蛮屡为寇，以熙载知潭州。召还，擢为兵部员外郎，领枢密直学士。未几，签书枢密院事，诏赐官第一区。②

从以上记载可知，作为太宗藩邸旧臣的石熙载，非常受太宗器重，太宗即位后即从贬所召至朝廷，属于太宗的亲随侧近之臣。太宗命其出任枢密直学士、签署枢密院事，可以进一步控制枢密院以配合太宗的北伐战略，这是太宗在北伐前对枢密院人事所作的一次精心安排。此时担任枢密使的曹彬、楚昭辅虽很配合太宗，也积极参与太宗的北伐决策，但曹、楚二人毕竟是太祖旧臣。在太宗即位后的第一次征讨之前，太宗很想安排一位自己的亲信进入枢密院，也使太宗能够及时地与枢密院进行沟通、协调。在当时枢密副使缺员的情况下，枢密直学士的地位仅次于枢密使。以石熙载为枢密直学士，六日后又以其签署枢密院事，这是宋朝第一次出现"签署枢密院事"一衔，此时的"签署"应为动词，签署枢密院事意味着石熙载可以参与管理枢密院全面事务。石熙载是以枢密直学士的身份签署枢密院事的，这可以从石熙载之后升任枢密副使的诏令中得窥。总之，签署枢密院事为资浅的石熙载掌管更多的枢密院事务提供了保障，赋予了枢密直学士更大的谋议权。

《文献通考》卷五八载："太平兴国四年，以石熙载为枢密直学士，

---

① （宋）李焘：《长编》卷20，太平兴国四年正月丁亥、癸巳，第442、443页。
② （元）脱脱等撰：《宋史》卷263《石熙载传》，第9102—9103页。

以签书院事；直学士六人，备顾问应对，然未尝尽除。"①马端临认为此时的枢密直学士再次成为天子"近臣"的角色，承担着"备顾问"和"应对"的职责。在当时的情况下，枢密使楚昭辅"无他才略、性复吝啬"②且是太祖霸府旧僚，曾"事太祖、隶麾下"③。另一枢密使曹彬虽是武将出身，但其"即无谋略，又不善战，只以忠实循谨著称"④，加之"仁敬和厚"⑤的性格，曹彬并不贪权好胜，即"在朝廷未尝忤旨，亦未尝言人过失"⑥。楚、曹二人所处的境遇决定了他们在枢密院长官任上的尴尬局面，此时的石熙载先以枢密直学士后又加带签署枢密院事，掌握着枢密院的实际权力。太平兴国四年（979）四月庚申，以"枢密直学士签署院事、兵部员外郎石熙载为给事中、枢密副使"⑦。石熙载在任枢密直学士的三个月后成为枢密副使，太平兴国六年（981）九月又升任枢密使，石熙载的升迁路径与太祖初期的赵普异曲同工。

继石熙载担任枢密直学士的是窦偁，太平兴国五年（980）十一月癸亥，"以（窦）偁为比部郎中。时方议北征，偁因抗疏请还都，休士养马，徐为后图，上悦其言。及至自大名，以偁为枢密直学士"⑧。窦偁与以上担任枢密直学士的贾琰、石熙载一样，也是太宗的藩邸旧僚，史载："周广顺初，（窦偁）登进士第，其后同与贾琰在开封府晋王幕下。"⑨作为藩邸旧僚的窦偁为人刚直正派，敢于直言，《宋史》卷二六三《窦偁传》载："太宗领开封府尹，选（窦）偁判官，时贾琰为推

---

① （宋）马端临撰，上海师范大学古籍整理研究所、华东师范大学古籍研究所点校：《文献通考》卷58《职官考一二》，第3册，第1713页。
② （宋）李焘：《长编》卷22，太平兴国六年十一月己未，第500页。
③ （元）脱脱等撰：《宋史》卷257《楚昭辅传》，第8959页。
④ 张其凡：《庸将负盛名——略论曹彬》，载《宋史研究论文集》，浙江人民出版社1987年版；后收入氏著《宋代人物论稿》，上海人民出版社2009年版，第424页。
⑤ （元）脱脱等撰：《宋史》卷258《曹彬传》，第8982页。
⑥ （宋）曾巩撰，王瑞来校证：《隆平集校证》卷9《枢密曹彬》，中华书局2012年版，第284页。
⑦ （宋）李焘：《长编》卷20，太平兴国四年四月庚申，第448页。
⑧ （宋）李焘：《长编》卷21，太平兴国五年十一月癸亥，第482页。
⑨ （宋）杜大珪编：《名臣碑传琬琰集》下卷8《窦参政偁》，文渊阁《四库全书》本，上海古籍出版社1987年影印本，第450册，第719页。

官，不乐其为人。太宗尝宴诸王，偁、琰与会，琰言矫诞，偁叱之曰：'巧言令色，心独不愧乎！'上愕然，因罢会，出偁为彰义军节度判官。"① 这也是太宗欣赏他的原因。太平兴国六年升迁窦偁官阶为左谏议大夫，继续任枢密直学士。太平兴国七年（982）四月，以左正谏大夫、枢密直学士窦偁为参知政事，正式成为宰辅集团成员。关于窦偁的这次除命，史载：

> 上谓偁曰："汝自揣何以致此？"偁曰："陛下念藩邸之旧臣，出于际会。"上曰："非也，乃汝尝面折贾琰，赏卿之直尔。"偁顿首谢。②

窦偁任参知政事后本来可以发挥更大的作用，可惜他于该年十月就病逝于任上。窦偁之后担任枢密直学士的是张齐贤和王沔。张齐贤担任枢密直学士的具体时间，史未明言，据《容斋随笔》四笔卷一三载："（张）齐贤以太平兴国二年方登科，六年为使者，八年还朝由密学拜执政。"③ 可知，他是在太平兴国八年返朝任密学一职的，在任该职前张齐贤的职务是"江南西路转运使"④。而王沔也是在太平兴国八年由知怀州任上被擢升为枢密直学士。⑤ 关于张齐贤、王沔任枢密直学士，与太宗之前提拔任此职的人员有所不同，他们不是太宗的藩邸旧僚，并非亲信，太宗任用二人也许有其他方面的原因。张齐贤"孤贫力学、有远志"⑥，青年时曾以平民身份觐见太祖，针对时局陈言献策，应对慷慨自然，受到太祖好评。后太宗即位，对张齐贤亦十分赏识，如太平兴国二年张齐贤考进士时，"上（太宗）决欲置之高等，而有司第其名适在数十人后，上不悦，乃诏进士尽第二等及九经凡一百三十人，悉与

---

① （元）脱脱等撰：《宋史》卷263《窦仪附弟偁传》，第9098页。
② （宋）李焘：《长编》卷23，太平兴国七年四月甲子，第515页。
③ （宋）洪迈撰，孔凡礼点校：《容斋随笔》4笔卷13《国初救弊》，中华书局2005年版，第784页。
④ （元）脱脱等撰：《宋史》卷265《张齐贤传》，第9152页。
⑤ （元）脱脱等撰：《宋史》卷266《王沔传》，第9180页。
⑥ （元）脱脱等撰：《宋史》卷265《张齐贤传》，第9150页。

超除，盖为齐贤故也"①。这是入宋后皇帝第一次专为一名考生而破例超除如此多的人，这为太宗日后重用张齐贤做了铺垫。② 王沔，齐州人，太平兴国初年中进士，授大理评事，他与太宗结识是在太平兴国四年，时太宗亲征太原，"见（王沔）于行在，授著作郎、直史馆"③。留在朝中任职，后历任京西转运副使、知怀州。太宗重用王沔，可能因王沔常以"甘言悦人"④，以及"聪察敏辩，善敷奏，有适时材用"⑤，"敏于裁断"⑥，简言之，王沔的才干和善于迎合得到了太宗的认可，所以才授予其枢密直学士的要职。太平兴国八年（983）九月丁丑，太宗"以河决未塞，遣枢密直学士张齐贤乘传诣白马津，用太牢加璧以祭"⑦。这是现存史籍所载的张齐贤任枢密直学士后所从事的第一件政治活动——作为天子特使，代天子祭告天地。这是枢密直学士作为天子"近臣"形象的真实写照。

太平兴国八年（983）十一月壬申，"以翰林学士李穆、吕蒙正、李至并为左谏议大夫、参知政事，枢密直学士张齐贤、王沔并为右谏议大夫、同签署枢密院事"⑧。"签署枢密院事"在枢密院的地位、权力类似枢密副使，同为枢密院的副长官，张齐贤、王沔任枢密直学士几个月后即升迁，以右谏议大夫签署枢密院事。这次与张齐贤、王沔同时升迁

---

① （宋）李焘：《长编》卷18，太平兴国二年正月丙寅，第394页。
② 按：太宗重用张齐贤也可能是因为太祖的一席话，史载："太祖幸西都，齐贤以布衣献策于马前，召至行宫，问以所言，齐贤条陈十策：一下并汾、二富民、三封建、四敦孝、五举贤、六太学、七籍田、八遣吏、九惩奸、十详刑。应对明辩，略无惧色，太祖赐束帛而遣之。归，谓太宗曰：'吾幸西都得一张齐贤，朕不欲爵之以官，异时可使辅汝为相也。'"见（宋）王称《东都事略》卷32《张齐贤传》，齐鲁书社2000年版，第262页。由于太宗得位不正，在即位后竭力标榜太祖决意传位于己的主张，所以重用张齐贤也就成为太宗继统合法的一块招牌，淳化二年太宗便将历任枢密直学士、签署枢密院事、枢密副使、参知政事的张齐贤任命为宰相。
③ （元）脱脱等撰：《宋史》卷266《王沔传》，第9180页。
④ （宋）王称：《东都事略》卷36《王沔传》，第286页。
⑤ （宋）李焘：《长编》卷31，淳化元年四月甲寅，第700—701页。
⑥ （宋）文莹撰，郑世刚、杨立扬点校：《玉壶清话》卷8，中华书局1981年版，第77页。
⑦ （宋）李焘：《长编》卷24，太平兴国八年九月丁丑，第554页。
⑧ （宋）李焘：《长编》卷24，太平兴国八年十一月壬申，第558页。按：此处"同签署枢密院事"之"同"疑为衍字，参见梁天锡《宋枢密院制度》附录"北宋枢密表"之注释52的分析，台北黎明文化事业股份有限公司1981年版，第1084—1085页。

为执政的还有翰林学士李穆、吕蒙正、李至。"翰林学士"一职在宋代是公认的天子近臣,内宿宫中,备顾问、出入侍从,负责草拟重大的内制诏令,即"掌内庭书诏,指挥边事,晓达机谋,天子机事密命在焉"①,成为"执政四人头"②之一,太宗曾感慨"学士之职,清切贵重,非他官可比,朕尝恨不得为之"③。太宗将任翰林学士和枢密直学士的臣僚等同观之,升迁任翰林学士的官员之本官阶为左谏议大夫(正四品下),升迁任枢密直学士的官员之本官阶为右谏议大夫(正四品下),差遣一为参知政事,一为签署枢密院事,均是二府(中书门下和枢密院)的副长官,均进入执政序列。由此可见,在太宗朝作为天子近臣的枢密直学士地位之高,仅次于翰林学士。这种情况也反映在天子曲宴酒会的名次安排上,史载:

> 雍熙二年(985)四月丙子,召宰相,参知政事,枢密,三司使,翰林,枢密直学士,尚书省四品、两省五品以上,三馆学士,宴于后苑,赏花钓鱼,张乐赐饮,命群臣赋诗、习射。自是每岁皆然。赏花钓鱼曲宴,始于是也。④

可见,除了宰辅大臣(宰相、参知政事、枢密使副)和有"计相"之称的三司使外,翰林学士与枢密直学士紧随其后,又如淳化四年十一月丁卯,因武宁节度使曹彬来朝,太宗慰劳曹彬并设宴于长春殿,诏"翰林学士钱若水、枢密直学士张咏并赴宴"⑤。淳化五年六月甲辰,又规定翰林学士、枢密直学士序立班位在丞郎之上。⑥此外,二者除了本职工作还受委任掌管其他部门,如淳化四年(993)五月丁未,以审官院管辖京朝官差遣院。太宗令翰林学士钱若水、枢密直学士刘昌言同知

---

① (宋)马端临撰,上海师范大学古籍整理研究所、华东师范大学古籍研究所点校:《文献通考》卷54《职官考八》,第3册,第1583页。
② (宋)洪迈撰,孔凡礼点校:《容斋随笔》续笔卷3《执政四人头》,第253页。
③ (宋)李焘:《长编》卷34,淳化四年五月丙午,第749页。
④ (宋)李焘:《长编》卷26,雍熙二年四月丙子,第595—596页。
⑤ (宋)李焘:《长编》卷34,淳化四年十一月丁卯,第759页。
⑥ (宋)李焘:《长编》卷36,淳化五年六月甲辰,第789页。

审官院，负责"考覆（官员）功过，以定升降"①。通过以上分析可知太宗朝枢密直学士与翰林学士的地位十分相近，受重视的程度几乎等同。继张齐贤、王沔之后任枢密直学士的是寇准和温仲舒。关于寇准的除任，史载：

> 初，左正言、直史馆下邽寇准承诏极言北边利害，上器之，谓宰相曰："朕欲擢用准，当授何官？"宰相请用为开封推官。上曰："此官岂所以待准者耶？"宰相请用为枢密直学士。上沉思良久，曰："且使为此官可也。"（端拱二年）秋七月己卯，拜虞部郎中、枢密直学士。②

太宗对寇准的赏识以及君臣际会由来已久，③ 这次因其上章陈述北部边防备御而使太宗更加器重，当宰相建议授予寇准开封府推官时，太宗认为官爵太小不足以示重用之意，于是宰相看出了太宗的意思，而改授太宗一向用来安排亲信或是资浅而有才干的枢密直学士，由此也可以看出宰臣们深知太宗是很重视枢密直学士一职的。此外，寇准任枢密直学士的同时还兼"判吏部东铨"④。吏部东铨即吏部流内诠，负责幕职州县官的选调之事。关于温仲舒的履任，《隆平集校证》卷六言："太平兴国三年，（温仲舒）登进士第，尝摈废久之，因言称旨进用。"⑤ 所谓的"因言称旨"应是端拱二年（989）正月，时太宗"诏文武臣僚各陈备边御戎之策，右正言、直史馆河南温仲舒章独先上，上悦。乙未，赐仲舒金紫"⑥。而其进用也应在端拱二年正月后，温仲舒任枢密直学士的时间现存史籍未有确切记载。《东都事略》卷三六言："温仲舒，字秉阳，河南人也。举进士为大理评事、通判吉

---

① （宋）李焘：《长编》卷34，淳化四年五月丁未，第749页。
② （宋）李焘：《长编》卷30，端拱二年七月己卯，第680页。
③ 参见王瑞来《宋代の皇帝権力と士大夫政治》第五章"使気の寇準"，汲古书院2001年版，第178—179页。
④ （元）脱脱等撰：《宋史》卷281《寇准传》，第9527页；《名臣碑传琬琰之集》上卷2《寇忠愍公准旌忠之碑》，第12页。
⑤ （宋）曾巩撰，王瑞来校证：《隆平集校证》卷6《参知政事温仲舒》，第218页。
⑥ （宋）李焘：《续资治通鉴长编》卷30，端拱二年正月癸巳，第666页。

州，迁右正言、直史馆，拜工部郎中、枢密直学士。"① 可知，温仲舒担任枢密直学士是在端拱二年正月右正言、直史馆之任后。《宋史·温仲舒传》载："端拱初，拜右正言、直史馆判户部凭由司。三年，拜工部郎中、枢密直学士知三班院。"② 此处的"三年"应为"二年"之误，因为如按其升迁的时间顺推此为端拱三年，但端拱纪年只有两年（988—989），如继续顺推也不可能是淳化三年，因为温仲舒在淳化二年四月就由枢密直学士升为枢密副使。又据《容斋随笔》四笔卷一二载："温仲舒、寇准皆自正言、直馆迁郎中充职，二年并为枢密副使。"③ 综上分析，温仲舒任枢密直学士的时间在端拱二年，具体时间可能与寇准同时或前后相差无几。太宗这次任命寇准与温仲舒为枢密直学士，与其之前所任有些许不同，之前的枢密直学士不带兼职，即使需要枢密直学士临时公干也是实时委派，这次寇准任枢密直学士还兼判吏部流内诠，温仲舒任枢密直学士知三班院，三班院掌低级武臣铨选、差遣以及知县、寨主、走马承受公事等。也就是说寇准、温仲舒在枢密直学士任上除了备顾问、掌机务外，还掌有专门的业务，这也是太宗朝枢密直学士首次兼管其他部门的事务，而枢密直学士的天子近臣的性质并未改变。

淳化二年三月，因天气持续干旱，蝗虫泛滥，太宗冠以天谴而自责，于是"召近臣问时政得失"，枢密直学士寇准对曰：

> 《洪范》天人之际，其应若影响。大旱之证，盖刑有所不平。顷者祖吉、王淮皆侮法受贿，赃数万计。吉既伏诛，家且籍没，而淮以参知政事沔之母弟，止杖于私室，仍领定远主簿。用法轻重如是，亢暵之咎，殆不虚发也。

太宗听后大悟，第二日见到参知政事王沔时即予以责罚。④ 这说明枢密直学士作为天子近臣，更容易影响和引导君主的看法，之前曾担任

---

① （宋）王称：《东都事略》卷36《温仲舒传》，第290页。
② （宋）脱脱等撰：《宋史》卷266《温仲舒传》，第9182页。
③ （宋）洪迈撰，孔凡礼点校：《容斋随笔》4笔卷12《神宗用人》，第779页。
④ （宋）李焘：《长编》卷32，淳化二年三月己巳，第713—714页。

过枢密直学士的王沔也许有相同的经历。淳化二年（991）四月辛巳，枢密直学士温仲舒、寇准并为枢密副使。① 在担任枢密直学士一年九个月后寇准、温仲舒升任枢密副使，进入执政序列。继寇准、温仲舒之后担任枢密直学士的是李昌龄，史载："淳化二年八月丁卯上（太宗）钦恤庶狱，虑大理、刑部吏舞文巧诋，己卯，置审刑院于禁中，以枢密直学士李昌龄知院事。"② 李昌龄任枢密直学士时间及前后迁转，《宋史·李昌龄传》有如下记载：

> 淮南转运使（李昌龄），转户部员外郎、知广州。……淳化二年代还……召赐金紫、擢礼部郎中，逾月为枢密直学士。……是秋，初置审刑院于禁中，凡狱具上奏，先申审刑院，印付大理、刑部断覆以闻，又下审刑中覆裁决，以付中书，当者行之，否则宰相闻以论决。命昌龄知院事。月余，又权判吏部流内铨，数日，授右谏议大夫，充户部使。③

李昌龄在知广州任上被召回朝廷，本官阶由户部员外郎升为礼部郎中，一个月后又委以枢密直学士一职。现存史籍未有李昌龄任枢密直学士具体时间的记载，他很可能是在淳化二年返朝后，待该年四月寇准、温仲舒升任枢密副使后继任枢密直学士的。同年八月，太宗诏置审刑院，审刑院的设置是太宗加强司法控制的新手段，本来由大理寺审判后经刑部复核的案件，自此还要经过审刑院详议裁决，实际上是在尚书省刑部之上又增加了一级复审机构。审刑院设立于"禁中"更有利于太宗直接干预和控制司法审判和复核环节，审刑院设立之初，太宗即令枢密直学士兼掌院事，可见枢密直学士职位的侧近性质。李昌龄在兼掌审刑院一个多月后，又奉调兼判吏部流内诠，与寇准任枢密直学士时兼职相同。九月，太宗又命李昌龄为三司户部使，掌管其熟悉的老本行——

---

① （宋）李焘：《长编》卷32，淳化二年四月辛巳，第714页。
② （宋）李焘：《长编》卷32，淳化二年八月己卯，第718页。
③ （元）脱脱等撰：《宋史》卷287《李昌龄传》，第9652—9653页。

财计工作。① 此后担任枢密直学士的是吕端和刘昌言。吕端乃宋初参知政事吕余庆之胞弟，后周时曾任著作佐郎、直史馆，宋建隆初迁太常丞、知浚仪县，知成都府、开封府判官（太宗弟齐王廷美、太宗子许王元僖任开封府尹时）、卫尉少卿，"历官四十年始大用，淳化四年，参知政事，至道初拜相。太宗尝憾任用之晚"②。吕端入仕四十年后才蒙朝廷重用，之前一直担任地方官或中央低级官员，而他"始大用"的职务就是担任枢密直学士，史载"（吕端）为枢密直学士，逾月，拜参知政事"③。吕端担任枢密直学士一个月后就升为参知政事，成为副宰相，进入执政序列，至道元年四月太宗又升其为宰相，对其十分信任，曾"内出手札戒谕，自今中书事经吕端裁决，乃得闻奏"④。即中书行政事务须经过宰相吕端裁决后方可禀奏太宗。吕端这种"持重、识大体"⑤"大事不糊涂"⑥的性格和作风，与太宗晚年休养生息的施政风格相得益彰，这也许是太宗重用吕端的原因所在，而枢密直学士则成为吕端晋升宰执的阶梯。刘昌言在调往朝廷之前，曾为徐州、保信、武信判官、泰宁军节度判官、广南安抚使等职，淳化初年，赵普罢相出知河南府，刘昌言为通判，赵普去世后刘昌言受托精心办理赵普后事，得到太宗赏识。刘昌言为人"捷给诙诡、能揣人主意"，凡奏对"无不称旨"，于是太宗迁刘昌言为"工部郎中，逾月，守本官充枢密直学士，与钱若水同知审官院。二十八日，迁右谏议大夫、同知枢密院

---

① 按：李昌龄任户部使当在淳化二年九月，该年八月丁卯（初一日）其知审刑院，月余权判吏部流内铨，数日后即任户部使。据《续资治通鉴长编》卷三二载，淳化二年九月丁丑，户部使樊知古与参知政事王沔、陈恕并罢，李昌龄应是接替樊知古之任。该月"丁丑"应为"丁酉"之误，丁酉为初一日，因该年九月无"丁丑"纪日，《续资治通鉴长编》是按时间顺序纪事，在"丁丑"日纪事后又有"庚子"初四、"辛丑"初五、"甲辰"初八纪事，所以樊知古罢任是在初四之前，而该月有"丁酉"、"丁未"11日、"丁巳"21日、"癸丑"17日、"乙丑"29日皆不符合；又据《宰辅编年录校补》卷2载王沔、陈恕罢参知政事亦在九月丁酉。所以此处《续资治通鉴长编》所记"丁丑"应为"丁酉"之误，参见第719页。
② （宋）曾巩撰，王瑞来校证：《隆平集校证》卷4《宰臣吕端》，第150页。
③ （元）脱脱等撰：《宋史》卷281《吕端传》，第9514页。
④ （宋）杜大珪编：《名臣碑传琬琰集》下卷3《吕正惠公端》，文渊阁《四库全书》本，第450册，第685页。
⑤ （宋）曾巩撰，王瑞来校证：《隆平集校证》卷4《宰臣吕端》，第150页。
⑥ （元）脱脱等撰：《宋史》卷281《吕端传》，第9514页。

事"①。刘昌言任枢密直学士二十八日即为同知枢密院事,进入执政行列,其升迁速度与吕端相差无几,而且二人的任命诏书也是同时颁发,史载:"淳化四年六月壬申,枢密直学士刘昌言为右谏议大夫、同知枢密院事,右谏议大夫、枢密直学士吕端守本官、参知政事。"② 不同的是吕端以持重老成的作风赢得太宗青睐,而刘昌言以"善捭阖,以迎主意"③而获得太宗提拔,他们的升迁路径均是枢密直学士一职。

接下来任枢密直学士的是向敏中和张咏。关于二人的选任,史载:"先是,上急召广南转运使向敏中归阙,擢工部郎中。一日,御笔飞白书敏中及虞部郎中鄄城张咏姓名付宰相,曰:'此二人名臣也,朕将用之。'左右因称其材。(淳化四年)秋七月己酉,并命为枢密直学士。"④ 祖无择《龙学文集》卷15《向公神道碑铭》亦载:

（敏中）诏还,且以为工部郎中。一日,宸笔作飞白体书公及故礼部尚书张公咏之名以赐相府。诘朝,二三执政进对,上曰:"斯二人名臣也,卿颇知之乎？"左右因盛称其才,上大悦。公既至,即拜枢密直学士,与张公并命焉。⑤

通过以上记述可知,无论是祖无择所记还是李焘所言,向、张二人的枢密直学士的职务任命是十分迅速的,从"左右因称其材""左右因盛称其才"可见当时的宰执对向敏中、张咏的才干很欣赏,也很赞同太宗重用此二人。向、张二人任枢密直学士不到一个月,太宗又令二人兼管通进银台司。淳化四年（993）八月癸酉:

诏以宣徽北院厅事为通进、银台司,命敏中及张咏同知二司公

---

① （元）脱脱等撰:《宋史》卷267《刘昌言传》,第9207页。
② （宋）李焘:《续资治通鉴长编》卷34,淳化四年六月壬申,第750页。
③ （宋）陈鹄:《耆旧续闻》卷10,《宋元笔记小说大观》,上海古籍出版社2001年版,第5册,第4856页。
④ （宋）李焘:《续资治通鉴长编》卷34,淳化四年六月戊寅,第751页。
⑤ （宋）祖无择:《龙学文集》卷15《向公神道碑铭》,文渊阁《四库全书》本,第1098册,第866页。《全宋文》卷363《向公神道碑铭》,上海辞书出版社、安徽教育出版社2006年版,第17册,第369页。

事，凡内外奏章案牍谨视其出入而勾稽焉，月一奏课，事无大小不敢有所留滞矣。发敕司旧隶中书，寻令银台司兼领之。①

通进、银台司二司在淳化四年八月前隶属于枢密院，由内官与枢密院吏员掌领，因无专门长官负责管理，经常致使远方州军的章奏不能及时进御，造成章疏的"壅遏"，通进效率极为低下。太宗命枢密直学士向敏中、张咏兼掌通进银台司，对中外章奏实施严格管理，逐一勾捡，以防稽滞。通过这次调整，通进、银台合二为一，其由专官负责。在此基础上太宗又于九月将给事中封驳职权隶属于通进银台司，同时将原隶属于中书门下的发敕司也令银台司兼领。规定"凡诏敕并令枢密直学士、知通进银台司公事向敏中、张咏详酌可否，然后行下"②。这样，淳化四年九月后，通进银台司就获得诏令制敕的封驳之权，成为诏敕是否颁下施行的最后一道关口。《宋会要辑稿》职官二之四二载：

> 九年（月），诏："停废知给事中封驳公事，令枢密直学士向敏中、张咏，点检、看读、发放敕命，不得住滞差错。所有行下敕文依旧编录，仍令发敕院应承受到中书敕令并须画时赴向敏中等处点检，候看读、发放逐处。内有实封敕文，并仰逐房候印押下实封送赴向敏中等看读点检了却，实封依例发放。"自是始以封驳司隶银台。③

由于通进银台司具有了点检、看读、发放敕命的权力，所以其对不适宜、不合规定的诏敕也就有权提出意见，这样通进银台司有了诏令的封驳权，使唐末就已废止的封驳权再次得以施行。④ 太宗令枢密直学士兼掌如此重要的机构，可以看出该职在当时地位的崇高和受君主信任的

---

① （宋）李焘：《长编》卷34，太宗淳化四年八月癸酉，第752页。
② （宋）李焘：《长编》卷34，淳化四年九月乙巳，第752—753页。
③ （清）徐松辑：《宋会要辑稿》职官2之42，中华书局1957年影印本。"九年"应为"九月"之误，据《长编》卷34，淳化四年九月乙巳条改。
④ 参见拙文《北宋通进银台司在中枢决策中的封驳权》，《史学集刊》2013年第3期。

程度。张咏在兼管通进银台司的同时还"勾当三班院"①，负责三班院事务。在兼管银台司两个月后的淳化四年十月辛未，枢密直学士向敏中为左谏议大夫，同知枢密院事，②进入宰执行列。而张咏则在参知政事苏易简的推荐下，于淳化五年九月以枢密直学士知益州。③这是太宗朝枢密直学士一职首次带出外任，时川蜀农民起义被镇压不久，各地仍不时出现小规模的暴动和骚乱。张咏临行前，太宗面谕之曰："西川乱后，民不聊生，卿往，当以便宜从事。"④即给予"便宜从事"的特权。枢密直学士张咏知益州类似以"天子特使"的身份治理川蜀。性格"强干"⑤的张咏入川后恩威并用，在"化贼为民"上做了不少工作，稳定了川蜀局势⑥。使"蜀民畏而爱之"⑦，张咏虽未从枢密直学士任上晋升执政，但其才能和治绩同样得到了太宗的肯定，其"虽不登相位，而眷倚特隆"⑧。张咏入川后，接替其职的是张鉴，史载"擢拜（张鉴）枢密直学士、知通进银台封驳司，又掌三班。"⑨淳化五年（994）十二月，奉命平定川蜀的剑南两川招安使宦官王继恩御军无纪，其部下恃功暴横，多有劫掠财物、妇女者。此时知益州张咏恐军中有变，"乃密奏（太宗），请遣心腹近臣可以弹压主帅者，亟来分屯师旅"。该月辛巳，太宗命"枢密直学士张鉴、西京作坊副使冯守规偕往"，并召对张鉴、冯守规于后苑，太宗面授方略。史载：

> （张）鉴曰："益部新复，卒乘不和，若闻使者骤至，易其戎伍，虑彼猜惧，变生不测，请假臣安抚之名。"上称善。鉴至成都，继恩犹偃蹇，不意朝廷闻其纵肆。鉴之行，上付以空名宣头及

---

① （宋）韩琦：《安阳集》卷50《故枢密直学士礼部尚书赠左仆射张公神道碑铭》，《宋集珍本丛刊》本，线装书局2004年版，第6册，第613页。
② （宋）李焘：《长编》卷34，淳化四年十月辛未，第755页。
③ （宋）彭百川：《太平治迹统类》卷3，广陵书社1981年版，第2册，第525页。
④ （宋）李焘：《长编》卷36，淳化五年九月，第795页。
⑤ （元）脱脱等撰：《宋史》卷293《张咏传》，第9801页。
⑥ 虞云国：《细说宋朝》之《天下已治蜀未治》，上海人民出版社2002年版，第105页。
⑦ （宋）王称：《东都事略》卷45《张咏传》，第354页。
⑧ （宋）张咏撰，张其凡点校：《张乖崖集·序》，中华书局2000年版，第1页。
⑨ （元）脱脱等撰：《宋史》卷277《张鉴传》，第9416页。

· 175 ·

廷臣数人，鉴与咏即遣部戍兵出境，继恩麾下使臣亦多遣东还，督继恩等讨捕残寇，而鉴等招辑反侧，蜀民始奠枕矣。①

通过以上记载可知，淳化五年十二月是太宗朝的晚期，此时的枢密直学士在太宗眼里仍是"心腹近臣"，这次张鉴以"枢密直学士"并冠以"安抚"之名出使，与之前张咏以此职兼任地方官不同，是真正意义上的"天子特使""钦差大臣"，太宗付予张鉴"空名宣头"，表明此时枢密直学士张鉴为枢密院之属官，"宣"是枢密院处理重大事务而经皇帝批准后下发的正式文书，即"大事则禀奏，其付授者用宣；小事则拟进，其付授者用札"②。所谓"空名宣头"即给张鉴更多的行事自主权力，可以先行后奏。张鉴是太宗朝最后一个担任枢密直学士职务的官员，太宗对张鉴的重用为"枢密直学士"一职在太宗朝的优越地位和侧近性质画上了完美的句号。兹将太宗朝十三位担任枢密直学士职衔的官员情况作一列表如下③：

	姓名	任密学前的官衔或差遣	任枢密直学士的时间	升任的官衔或差遣	在太宗朝的最高职任	其他
1	贾琰	开封府推官	开宝九年十月	三司副使，太平兴国元年十二月		藩邸旧僚
2	石熙载	右补阙	太平兴国四年正月（六日后签署院事）	枢密副使，太平兴国四年四月	枢密使，太平兴国六年九月	藩邸旧僚

---

① （宋）李焘：《长编》卷36，淳化五年十二月辛巳，第802页。
② （元）脱脱等撰：《宋史》卷162《职官志二》，第3797页。
③ 按：此表根据《宋史》《续资治通鉴长编》《隆平集校证》《东都事略》《宋宰辅编年录校补》《文献通考》《宋会要辑稿》《名臣碑传琬琰集》等书相关条目制作。除以上十三人任枢密直学士外，还有徐休复曾担任枢密直学士，但此人从未在朝中履行过枢密直学士的职权，《宋史·徐休复传》载："（太平兴国）九年（休复）出知广州，是岁加水部郎中。雍熙二年就迁比郎中、充枢密直学士，赐金紫，依旧知州事。"徐休复在知广州任内就地充任枢密直学士一职，这次枢密直学士带出，其意义不同于之后的张咏带职知益州。徐休复充枢密直学士更类似于荣誉性加职，没有实际职事，也是太宗朝枢密直学士任命的一次例外，故不计入上表。

续表

	姓名	任密学前的官衔或差遣	任枢密直学士的时间	升任的官衔或差遣	在太宗朝的最高职任	其他
3	窦偁	彰义军节度判官	太平兴国五年十一月	参知政事,太平兴国七年四月	参知政事,太平兴国七年十月卒于任	藩邸旧僚
4	张齐贤	江南西路转运使	太平兴国八年(九月前)	同签署枢密院事,太平兴国八年十一月	宰相,淳化二年九月	
5	王沔	知怀州	太平兴国八年	同签署枢密院事,太平兴国八年十一月	参知政事,端拱元年二月	
6	寇准	三司盐铁判官	端拱二年七月	枢密副使,淳化二年四月	参知政事,淳化五年九月	兼任他职,真宗朝宰相
7	温仲舒	判户部凭由司	端拱二年	枢密副使,淳化二年四月	参知政事,至道三年正月	兼任他职
8	李昌龄	礼部郎中	淳化二年	三司户部使,淳化二年九月	参知政事,至道二年二月	兼任他职
9	吕端	卫尉少卿	淳化四年五月	参知政事,淳化四年六月	宰相,至道元年四月	
10	刘昌言	工部郎中	淳化四年五月	同知枢密院事,淳化四年六月	同知枢密院事	兼任他职
11	向敏中	广南东路转运使	淳化四年七月	同知枢密院事,淳化四年十月	同知枢密院事	兼任他职,真宗朝宰相
12	张咏	虞部郎中	淳化四年七月	以密学知益州,淳化五年九月		兼任他职,真宗朝御史中丞
13	张鉴	判三司都勾院	淳化五年九月	安抚川蜀,淳化五年十二月	户部使	

综上所述,在宋太宗一朝,枢密直学士得到重用,地位与职权和太

· 177 ·

祖初年类似,"备顾问、掌机务",扭转了太祖后期以来枢密直学士作为荣誉性加职的趋势,太宗即位伊始,迫不及待地提拔自己的亲信藩邸旧僚贾琰担任枢密直学士一职,之后的石熙载、窦偁无不是太宗的亲随旧臣。直到张齐贤开始,太宗才不再从藩邸旧僚中选任枢密直学士。自寇准以后,枢密直学士除了本职工作外,常兼任其他机构的长官,如寇准兼判吏部东铨,温仲舒兼知三班院,李昌龄兼知审刑院、吏部流内诠,刘昌言兼知审官院,向敏中和张咏兼知通进银台司,最后张鉴还以枢密直学士安抚川蜀,这说明太宗对这些担任枢密直学士的官员们的信任和重视。从以上13位任职的官员履历来看,他们在担任枢密直学士前,官阶较低或是差遣较轻,自被任命为枢密直学士后升迁速度十分迅速。据统计,他们由枢密直学士升任高一级职务的平均速度是六个月,也就是半年就会得到晋升,关于太宗朝枢密直学士的选任和迁转速度,洪迈《容斋随笔·四笔》卷12言道:

> 当日职名,唯有密直多从庶僚得之,旋即大用。张齐贤、王沔皆自补阙、直史馆迁郎中,充学士,越半岁并迁谏议、签枢。温仲舒、寇准皆自正言、直馆迁郎中、充职二年,并为枢密副使。向敏中自工部郎中以本官充职,越三月,同知密院。①

而且这13人中由枢密直学士直接升任执政的9人,升任三司长贰的2人,其中张齐贤和吕端在太宗朝还升任宰相,寇准和向敏中则在真宗朝升任宰相,位极人臣。而枢密直学士成为他们的历练之"所"和晋升之阶。如果说整个宋朝的"执政四入头"是三司使、翰林学士、权知开封府、御史中丞,②那么单就太宗一朝而言应该称为"执政五入头",据统计太宗朝执政(含宰相、参知政事、枢密使副、同知枢密院事、同签署枢密院事)共有39人,宰相9人,由枢密直学士升任执政的人数占总数的23%,升任宰相的人数占总数的22%,已超越"五入头"各占20%的平均数。由此观之,在太宗朝作为天子近臣的枢密直

---

① (宋)洪迈撰,孔凡礼点校:《容斋随笔》4笔卷12《神宗用人》,第779页。
② (宋)洪迈撰,孔凡礼点校:《容斋随笔》续笔卷3《执政四入头》,第253页。

学士拥有光明的政治前途。宋太宗之所以如此重视枢密直学士一职,可能与该职的由来相关,枢密直学士作为枢密院的职事官,直接参与和管理军政要务,虽然太祖朝后期该职帖职化趋势明显,但是枢密直学士给人们的印象总是与军政相联系。戎马出身的宋太宗深知兵权的重要性,在即位不正的阴影下,十分重视枢密院,严控兵权,任用藩邸旧僚担任枢密院的长贰。① 而提拔资浅的亲信为枢密直学士,则为将来成为枢密院长贰作铺垫,在13位枢密直学士中有7位成为枢密院的长贰官员,其中2位(张咏、张鉴)还以枢密直学士的身份任地方官或出抚来平定叛乱,与军政不无关系。由于枢密直学士在任期间除军政外还掌其他事务,甚至特命兼管其他机构,所以枢密直学士除升任枢密院长贰外,也可能升任中书宰执或是三司长官。

三 宋真宗朝以后枢密直学士的帖职化

宋真宗即位伊始,枢密直学士的职能与地位大体上延续太宗时期的状态。真宗即位后选任的第一位枢密直学士是杨徽之,真宗选任此职的原则与太祖、太宗即位之初的做法相同,也是在自己的旧部中选任,史载:"真宗为开封尹,妙选僚属,召(杨)徽之为府判官兼左庶子。真宗即位,拜枢密直学士兼秘书监。"② 杨徽之作为真宗的潜邸旧臣,受到真宗恩遇。然而此时杨徽之已经七十多岁,加之身体有疾,所以不能很好地胜任事务繁杂的枢密直学士一职,咸平二年(999)春,杨徽之"以衰疾求解近职"③,咸平二年正月甲戌,授杨徽之为兵部侍郎,依前兼秘书监,史载:

> 及(杨徽之)占谢,便殿命坐,(真宗)屏左右劳问久之,且曰:"图书之府,清净无事,可以养性也。"徽之纯厚清介,守规检,尚名教,尤疾非道以干进者,自为郎官、御史,朝廷即以旧德

---

① 邓小南:《祖宗之法:北宋前期政治述略》第3章之《走向外朝:宋初的枢密院及其长官》,第239—243页。
② (宋)王称:《东都事略》卷38《杨徽之传》,第299页。
③ (元)脱脱等撰:《宋史》296《杨徽之传》,第9868页。

目之。①

杨徽之咸平初的官衔为礼部侍郎、枢密直学士兼秘书监，调整以后为兵部侍郎兼秘书监。仅被免去"枢密直学士"一职，官阶由礼部侍郎升为兵部侍郎，从真宗的谈话中亦可看出杨徽之被免去枢密直学士一职，可以避免繁杂事务的劳扰，以"清净无事"的秘书监修身养性，而杨徽之将枢密直学士称为"近职"，由上可知，真宗即位后枢密直学士仍是天子近臣的角色，而且承担着大量的实际工作。之后真宗选任枢密直学士不再限定是否为潜邸旧臣，如杨徽之之后的冯拯、陈尧叟都不是真宗旧部，这可能是因为真宗在潜邸时受太宗控制较严，其潜邸臣僚大多由太宗亲自安排，如李沆、李至等，皆是在任的参知政事，并让真宗事以师礼。所以真宗在潜邸时并没有培养出几个真正隶属于自己的亲信僚佐，况且有资格和水平担任枢密直学士的就更寥寥无几，而像李沆、李至等潜邸辅臣又是前朝执政，自然不能授予资浅的枢密直学士职务，所以该职很少由潜邸旧臣担任了。但是此时的枢密直学士仍以天子近臣的角色出现，也会受皇帝临时委派去执行某项任务，如咸平三年（1000）六月，辽国军队渡过黄河，对河北地区大肆劫掠而归，真宗决定派遣重臣巡慰两河，于是"命参知政事向敏中为河北、河东宣抚大使，枢密直学士冯拯、陈尧叟为副大使，发禁兵万人翼从。所至访民疾苦，宴犒官吏"②。咸平三年九月，设置群牧司，又命枢密直学士陈尧叟为制置使，兼管内外厩牧之事。③ 咸平三年十一月，枢密直学士冯拯还就中书户房不经发敕院点检而直接下发札子一事向真宗反映，于是下诏"三司、开封府、御史台、进奏院等处，凡受宣敕札子，须见发敕院官封方得承禀，违者遣吏押送发敕院"④。咸平四年（1001）正月甲申，因中外官员上封事者众多，于是"诏枢密直学士冯拯、陈尧叟详定利害以闻"⑤。咸平四年正月壬戌，枢密直学士冯拯、陈尧叟上言：

---

① （宋）李焘：《长编》卷44，咸平二年正月甲戌，第929页。
② （宋）李焘：《长编》卷47，咸平三年六月丙寅，第1019—1020页。
③ （宋）李焘：《长编》卷47，咸平三年九月庚寅，第1025页。
④ （宋）李焘：《长编》卷47，咸平三年十一月庚寅，第1033页。
⑤ （宋）李焘：《长编》卷48，咸平四年正月甲申，第1043页。

"请令群臣子弟奏补京官或出身者，并试读一经，写家状，以精熟为合格。"得到真宗批准。① 从以上冯拯、陈尧叟所做的这些事来看，枢密直学士"备顾问、掌机务"的职责依旧。咸平四年三月辛卯，真宗以"枢密直学士冯拯、陈尧叟并为给事中、同知枢密院事"②。这是真宗朝枢密直学士首次升任枢密院副长官，冯拯、陈尧叟进入执政行列。咸平五年（1002）七月甲寅，真宗诏有司："每行幸，翰林学士侍读侍讲、枢密直学士并从，不须临时取旨。"③ 枢密直学士出入侍从，亲随侧近性质明显。

咸平六年（1003）四月成都阙守，朝廷商议知州的人选，真宗认为工部侍郎、知永兴军府张咏之前在蜀为政清明，身体力行，深受川蜀百姓拥护。于是该月甲申，"加（张）咏刑部侍郎、充枢密直学士、知益州。民闻咏再至，皆鼓舞自庆"④。这是真宗朝枢密直学士第一次带出外任。景德二年（1005）八月丙申，因与曹州奸民赵谏交往而受牵累的枢密直学士、兵部郎中边肃知宣州。⑤ 景德三年（1006）二月丁未，以枢密直学士李浚权知开封府。⑥ 景德三年六月甲午，以兵部员外郎、直史馆任中正为枢密直学士、工部郎中、知益州，以代替任期届满的张咏。⑦ 这一系列的任命拉开了枢密直学士的外任的序幕，枢密直学士带出外任使其天子近臣的性质逐渐改变，朝着帖职的方向发展。景德四年（1007）八月丁巳，宋朝设置龙图阁直学士一职，以龙图阁待制、司封郎中杜镐为右谏议大夫充职，班在枢密直学士之下。⑧ 这是宋朝首次将完全帖职的龙图阁直学士与枢密直学士并在同一杂压班序之中，这加快了枢密直学士帖职化的进程。大中祥符三年（1010）八月，真宗西祀汾阴，以枢密直学士戚纶、昭宣使刘承珪负责转运物资事务，不久

---

① （宋）李焘：《长编》卷48，咸平四年二月壬戌，第1046页。
② （宋）李焘：《长编》卷48，咸平四年三月辛卯，第1054页。
③ （宋）李焘：《长编》卷52，咸平五年七月甲寅，第1144页。
④ （宋）李焘：《长编》卷54，咸平六年四月甲申，第1190页。
⑤ （宋）李焘：《长编》卷61，景德二年八月丙申，第1359页。
⑥ （宋）李焘：《长编》卷62，景德三年三月丁未，第1391页。
⑦ （宋）李焘：《长编》卷63，景德三年六月甲午，第1409页。
⑧ （宋）李焘：《长编》卷66，景德四年八月丁巳，第1485页。

戚纶出知杭州，真宗以龙图阁待制王曙代之。① 此时在真宗眼中枢密直学士与龙图阁待制的性质几乎相同。大中祥符八年（1015）十月壬午，"以右谏议大夫、权知开封府王曙守本官，加枢密直学士，知益州；枢密直学士、刑部郎中周起加右谏议大夫，知并州"②。这标志着外任枢密直学士同本官阶一样已经成为没有实际职事的加衔，从咸平后期经过景德时期至大中祥符后期，枢密直学士经历了十余年的帖职化，从具有诸多职事的天子近臣转变成为一种荣誉性的帖职。

从现存史籍中可以看出自景德以后枢密直学士大量赴外任知州、府，只有极少数枢密直学士在朝中任职，并办理皇帝临时交给的任务，大中祥符九年（1016）九月己酉，命枢密直学士、工部侍郎薛映为契丹国主生辰使。③ 天禧二年（1018）十一月甲戌，真宗命枢密直学士王曙与翰林学士钱惟演、盛度，龙图阁待制李虚己、李行简等人在秘阁再次核对开封府得解举人员的试卷。④ 枢密直学士的大量外任及帖职化势必影响其晋升执政的机会。纵观真宗一朝由枢密直学士一职晋升执政的仅2人，分别是大中祥符九年九月枢密直学士任中正为工部侍郎、枢密副使；天禧元年（1017）九月枢密直学士周起为同知枢密院事。因此，由枢密直学士晋升执政的机会要比太宗时期少许多。之后的枢密直学士更多地用于对官员的奖惩、褒贬，表示对官员的犒劳和恩典以激励事功，或对官员罚过责罪以警后效，标志着官员地位、尊荣的变化，起着类似阶官的作用。如天禧三年（1019）十月丙戌，以知秦州、太常少卿李及为左司郎中、枢密直学士，依前知秦州。⑤ 即加枢密直学士一职。天禧四年（1020）七月丁丑，太子太傅寇准降授太常卿、知相州。翰林学士盛度、枢密直学士王曙并落职，盛度知光州，王曙知汝州，皆坐与周怀政交通。⑥ 寇准在与丁谓的政争中失败，被排挤出朝，而同党盛度和王曙也因此被免去枢密直学士一职出知地方。仁宗宝元元年

---

① （宋）李焘：《长编》卷74，大中祥符三年八月戊申，第1682页。
② （宋）李焘：《长编》卷85，大中祥符八年十月壬午，第1952页。
③ （宋）李焘：《长编》卷88，大中祥符九年九月己酉，第2015页。
④ （宋）李焘：《长编》卷92，天禧二年十一月甲戌，第2129页。
⑤ （宋）李焘：《长编》卷94，天禧三年十月丙戌，第2168页。
⑥ （宋）李焘：《长编》卷96，天禧四年七月丁丑，第2210页。

（1038）十二月甲戌，"知并州、枢密直学士杜衍加龙图阁（直）学士，以太原要重，藉衍镇抚故也"①。龙图阁学士朝班在枢密直学士上，因太原为军事重镇，提升杜衍的帖职以提高他的地位。庆历元年（1041）五月辛未，枢密直学士、右谏议大夫、知益州任中师、龙图直学士、给事中、知河南府任布并为枢密副使。任中师与任布同时升任枢密副使，对于他们此时帖职的作用是一样的。任中师不是因为他担任枢密直学士而提升他为枢密院副长官，起实际作用的，主要是他的差遣知益州，而任布则是知河南府。此时两人所带的枢密直学士、龙图阁学士的作用完全等同。

直至神宗元丰八年（1085）八月己丑，"龙图阁直学士知永兴军刘庠，加枢密直学士"②。刘庠知永兴军期间，所任职衔由从三品的龙图阁直学士加职为正三品的枢密直学士。枢密直学士作为加衔的作用依旧。《神宗正史·职官志》言："旧制，昭文、史馆、集贤皆置大学士，凡命相，以次迁授。而枢密直学士隶枢密院，遇朝得升殿侍立。及行官制，宰相正名，不领他职，枢密院惟都、副承旨为属。"③ 引文中的昭文、史馆、集贤殿大学士在北宋元丰官制改革前依次是首相、次相、末相所带之帖职，枢密直学士隶属枢密院是五代至宋太祖、太宗时期，真宗以后随着大量枢密直学士的外任，其不再管理枢密院军政事务，其为枢密院属官的性质已与现实不符，但在时人看来元丰改制前枢密直学士在名义上仍隶属枢密院。元丰改制后，枢密院属官惟有枢密都承旨和副都承旨，枢密直学士不再隶属枢密院。叶梦得《石林燕语》卷2载："官制行，（枢密直学士）乃与学士皆为职名，为直学士之冠，不隶枢

---

① （宋）李焘：《长编》卷122，宝元元年十二月甲戌，第2887页。按：此处李焘将杜衍所加的"龙图阁学士"误为"龙图阁直学士"，北宋枢密直学士为正三品，而龙图阁直学士为从三品，据《宋史》卷一六八《职官志八·建隆以后合班之制》所载龙图阁直学士的班位也在枢密直学士之下。此时西夏元昊加剧了对宋边境的侵扰，太原为宋朝西北军事重镇，为提高知州杜衍的威望，是在其原来的"枢密直学士"一职上加重其帖职的分量，所以不可能加比枢密直学士品级还低的"龙图阁直学士"，而是加"龙图阁学士"。杜衍去世后，其好友兼同僚欧阳修在为其所作的墓志铭中言道："拜枢密直学士、知永兴军，徙知并州，迁龙图阁学士、复知永兴军。"参见（宋）欧阳修《欧阳修全集》卷31《太子太师致仕杜祁公墓志铭》，中华书局2001年版，第467页。可证杜衍所加为龙图阁学士。

② （宋）李焘：《长编》卷359，元丰八年八月己丑，第8588页。

③ （清）徐松辑：《宋会要辑稿》职官7之2。

密院。"① 说明了枢密直学士的性质已同其他诸阁馆殿之学士一样成为名副其实的"职名",即帖职。如哲宗元祐三年(1088)九月辛酉,"知河南府、资政殿大学士张璪知定州,知河阳、资政殿学士李清臣知河南府,知定州、枢密直学士韩忠彦为户部尚书,知襄州、朝奉郎、直龙图阁邢恕知河阳,朝奉大夫、直龙图阁、太府卿叶均为秘书监"②。引文中的资政殿大学士、资政殿学士、枢密直学士、直龙图阁皆为帖职,其在官员一系列的职衔中仅作为尊望、荣誉的标识,没有实际意义,韩忠彦为户部尚书前的实职为知定州。

宋神宗元丰官制改革以后,中央的大部分使职差遣被废除,三省六部、九寺五监的长官成了负责本司事务的实际长官,所以官员的升迁更看重"本官",如元祐四年(1089)六月丙午,"枢密直学士、朝奉大夫、户部尚书韩忠彦为中大夫、尚书左丞,枢密直学士、中散大夫、签书枢密院事赵瞻为中大夫、同知枢密院事"③。韩忠彦升为尚书左丞进入执政行列,是由其担任的具有实权的本官"户部尚书"之故,并非因为其所带的枢密直学士和朝奉大夫的职名与寄禄官衔,同样,赵瞻同知枢密院事是由其签书枢密院事升任,而非枢密直学士、中散大夫的职名与寄禄官衔。这同太宗时期由枢密直学士直接升任执政有本质的区别。徽宗政和四年(1114)八月三日,诏改枢密直学士为述古殿直学士,恩数品秩并依旧。这其实只是名称的改变,述古殿直学士的帖职性质同枢密直学士。同年十月二十四日,又将述古殿直学士恢复为枢密直学士。④ 南宋初年胡世将曾带枢密直学士为四川安抚制置使兼知成都府,⑤ 后来龙图阁直学士、知顺昌府陈规于绍兴十年(1140)六月顺昌大捷后加枢密直学士一职,绍兴十一年(1141)正月乙丑去世。⑥ 从现存史料来看,陈规之后便无人任枢密直学士一职,成书于南宋理宗初年

---

① (宋)叶梦得撰,(宋)宇文绍奕考异,侯忠义点校:《石林燕语》卷2,第25页。
② (宋)李焘:《长编》卷414,元祐三年九月辛酉,第10063页。
③ (宋)李焘:《长编》卷429,元祐四年六月丙午,第10363页。
④ (清)徐松辑:《宋会要辑稿》职官7之19。
⑤ (元)脱脱等撰:《宋史》370《胡世将传》,第11511页。
⑥ (宋)李心传:《建炎以来系年要录》卷136,绍兴十年六月戊子,卷139,绍兴十一年正月乙丑,中华书局1956年版,第2193、2229页。

的王栐《燕翼诒谋录》卷四载："中兴以后,述古与枢密直皆废矣。"① 而南宋《庆元条法事类》卷四《职制门一·官品令》中仍存"枢密直学士"之名。② 综上可知,南宋绍兴中期以后枢密直学士虽存其职,但不再授人,这应是王栐认为中兴以后"枢密直"废罢的原因。

结　语

综上所述,宋代的枢密直学士沿袭了五代,入宋后,枢密直学士承担着"为侍从,备顾问、掌机务"的职责,作为天子的近臣,地位十分突出。皇帝以此职来安排自己的亲随侧近之旧臣,如太祖朝的赵普、吕余庆,太宗朝的贾琰、窦偶、石熙载等人皆是。由于枢密直学士隶属于枢密院,负责管理枢密院具体军政事务,宋太祖、太宗行伍出身,其位又面临诸多质疑声,所以他们对兵权尤为重视,皇帝任用亲信旧僚担任此职更有利于控制兵权,从而巩固皇权。太宗一朝,是枢密直学士地位和职权稳步提升的时期,在这一时期共有13位官员担任该职,其中9人直接升任执政,2人升任三司长贰,成为进入宰执集团的重要路径和阶梯。进入真宗朝,枢密直学士的职能和地位逐渐弱化,开始大量赴外担任知州、府,其天子近臣的性质有所改变,并朝着"帖职"化方向发展。究其原因,首先,相对于宋初二帝,宋真宗是一个由太子继位的合法君主;其次,作为升平皇帝的真宗与太祖、太宗的行伍背景不同,他对与军政有密切关系的枢密直学士存在着不同的认识;再次,真宗在潜邸时受到太宗的严格管控,没有培养出一些可以提拔的旧僚。因此,真宗对枢密直学士一职的重视程度远未及太祖、太宗。从景德时期至大中祥符后期,枢密直学士经历了十余年的帖职化,从具有诸多职事的天子近臣已经转变成为一种荣誉性的帖职。最后,赵宋建立后,崇文抑武的治国方略逐渐得到巩固和强化,科举取士获得空前发展,至真宗时该方略已成为基本国策,在这种政策的影响下,具有军事背景且用来

---

① （宋）王栐撰,诚刚点校:《燕翼诒谋录》卷4,中华书局1979年版,第38页。
② （宋）谢深甫撰,戴建国点校:《庆元条法事类》卷4《职制门一·官品令》,黑龙江人民出版社2002年版,第17页。

安排天子旧臣的"枢密直学士"一职的发展空间受到很大限制。宋神宗元丰官制改革，枢密直学士的帖职性质被正式确认，同其他诸阁馆殿学士一样多用于官员赴外任职的加衔。南宋绍兴中期以后枢密直学士一职便不再授人，从此也就失去了帖职的作用与意义。

进退之间：北宋治理南江诸"蛮"的理念及其变化

陈 曦

(武汉大学 历史学院)

今洞庭湖以西、以南地区与湖北西南地区，即宋代荆湖路南北江"蛮"、诚徽州"蛮"（又称渠阳"蛮"）、梅山"蛮"、桂阳"蛮"、黑风峒等活动的地区，与长江中游"腹地"相接，唐宋时期在这里推行了羁縻制度，对宋代以降该地区的族群结构、民族关系以及经济、文化等方面影响深刻。[①] 长期以来，学者们多将诸"蛮"视为南方的诸民族或族系之一，称之为"蛮族"；近年来，有学者认为汉魏六朝时期长江中游的诸"蛮"，主要是华夏士人对该地区因各种原因未纳入国家版籍系统的土著居民的称谓，是一种"文化创造"，当这些土著族群逐渐成

---

① 参见谭其骧《湖南人由来考》《近代湖南人中之蛮族血统》，收入氏著《长水集》，人民出版社2009年版，第312—410页；翁独健主编《中国民族关系史纲要》，中国社会科学出版社1990年版；吴永章主编《中南民族关系史》，民族出版社1992年版；李昌宪《中国行政区划通史》（宋西夏卷），复旦大学出版社2007年版；刘馨珺《南宋荆湖南路的变乱之研究》，台湾大学出版委员会1994年版；［日］冈田宏二《中国华南民族社会史研究》，赵令志、李德龙译，民族出版社2002年版；丁中炎《"飞山蛮"初探》，《民族论坛》1985年第1期；伍新福《长沙蛮初考》，《中南民族学院学报》1986年第4期；马力《北宋北江羁縻州》《北宋南江地区羁縻州考》《羁縻诚、徽州考》，分别载《史学月刊》1988年第1期，《文史》第34辑，中华书局1992年版，《民族研究》1991年第6期；张雄《王安石开边湖南"蛮"地述论》，《民族研究》1990年第1期；郭声波《试论宋朝的羁縻州管理》，《中国历史地理论丛》2000年第1期；刘复生《宋代羁縻州"虚像"及其制度问题》，《中国边疆史地研究》2007年第4期；罗新《王化与山险——中古早期南方诸蛮历史命运之概观》，《历史研究》2009年第2期；李荣村《宋代湖北路两江地区的蛮乱》《溪州彭氏蛮部的兴起及其辖地范围》，分别载《宋史研究集》第15辑，"国立"编译馆中华丛书编审委员会1984年版，《"中研院"历史语言研究所集刊》第56本第4分，1985年；等等。

为编户齐民时，便不再是"蛮"，只有"偏僻山谷者"仍为"蛮"，这有助于我们重新思考宋代诸"蛮"与国家政权之间的关系。①

荆湖路诸"蛮"中，梅山峒"东接潭，南接邵，其西则辰，其北则鼎、澧"，本"不与中国通"②，嘉祐至熙宁年间，随着宋朝筹措开梅山，梅山"蛮"变乱的记载便逐渐消失。与此同时，宋朝亦开始经制南北江等地，然而，终宋之世，南北江、诚徽州、黑风峒等地"蛮"动不息，诸"蛮"叛服无常，所谓"无蛮患"③只是一时之势。宋朝的羁縻政策在上述地区带来不同的结果，④这些差异或可揭示诸"蛮"在与国家互动过程中保持自身的地理与文化"边界"、国家在上述地区推行的羁縻政策等方面的不同。20世纪以来，学者们对于历史时期长江中游诸"蛮"复杂的族源、族属问题，以及两宋在荆湖路推行的羁縻制度与作用等方面进行了广泛的探讨，本文拟在已有成果的基础上，以南江"蛮"为例，进一步考察宋朝国家政权在逐步渗透"蛮"疆后，诸"蛮"的抉择以及朝廷政策的调整。⑤

一 宋代文献与南江羁縻州

宋代文献关于羁縻州的记载，以熙宁五年（1072）十一月章惇开梅山的一幕常为论者提及："招谕梅山蛮猺令作省户，皆欢喜，争开道路，迎所遣招谕人。"⑥实际上，早在宋太祖开宝八年（975）五月，梅山峒蛮即开始侵袭潭州（治今湖南长沙市）与邵州（治今湖南邵阳市）。⑦至熙宁五年，宋朝已逐渐从"禁梅山"发展至"通梅山""开

---

① 参见鲁西奇《释"蛮"》，《文史》2008年第3辑，中华书局2008年版，第55—75页。
② （元）脱脱等撰：《宋史》卷494《梅山峒传》，中华书局1985年版，第14196页。
③ （宋）李焘：《续资治通鉴长编》（以下简称《长编》）卷13，开宝五年十一月丁巳朔，中华书局2004年版，第291页。
④ 前揭张雄《王安石开边湖南"蛮"地述论》对比了熙宁年间王安石在南北江与梅山峒、诚徽州的开边活动，可参。
⑤ 关于宋代治理梅山峒、南江地区与北江地区和诚徽州的得失对比，笔者拟另文讨论。
⑥ （宋）李焘：《长编》卷240，熙宁五年十一月庚申，第5830页。
⑦ （宋）李焘：《长编》卷18，开宝八年五月甲申，第340页。

梅山"①，得其地，"东起宁乡县司徒岭，西抵邵阳白沙砦，北界益阳四里河，南止湘乡佛子岭。籍其民，得主、客万四千八百九户，万九千八十九丁。田二十六万四百三十六亩，均定其税，使岁一输。乃筑武阳、关峡二城，诏以山地置新化县，并二城隶邵州"②。熙宁六年（1073）正月，复置安化县于梅山峒，隶潭州，升潭州七星寨为镇，以加强控扼梅山峒。③ 新化、安化二县分属二州，有分而治之之意。④

刘挚对上述过程有进一步的描述：

> 从授冠带，画田亩，分保伍，列乡里，筑二邑隶之。籍其田以亩以者二十四万，增赋数十万，遂招怀邵之武冈峒蛮三百余族，户数万，岁输米以万计。纳其所畜兵仗，以其地建二寨。六年五月，上遣使者劳君，赐名邑曰新化、安化，寨曰武阳、关峡。⑤

授予归附首领官职，是宋朝羁縻制度的重要内容之一，但以筑城、籍田、缴纳租赋、保伍乡里等方式进行管理，实则将上下梅山这个"旧不与中国通"的化外之地纳入了国家政权体系，使之"华夏化"；新化、安化二县的设立，更使得国家的触角深入"内地的边缘"⑥。限于资料，我们较难讨论梅山"蛮"在南宋以后的境况。

关于五溪"蛮"与南、北江（又称两江）羁縻州，因史籍记载互有不同甚至舛误，导致后世认识歧异。如宋人提到的"五溪"地区，大体包括南、北江两部分，常以五溪"蛮"指称南北江地区诸"蛮"，

---

① 参见袁愈雄《北宋开梅山与章惇》，《湖南人文科技学院学报》2006年第5期。
② （元）脱脱等撰：《宋史》卷494《梅山峒传》，第14197页；关于丁数，《长编》卷245，熙宁六年五月癸亥作"丁七万九千八十九口"，第5956页。
③ （宋）李焘：《长编》卷242，熙宁六年正月，第5897页。
④ 袁愈雄：《北宋开梅山与章惇》，《湖南人文科技学院学报》2006年第5期。
⑤ （宋）刘挚撰，裴汝诚、陈晓平点校：《忠肃集》卷12《直龙图阁蔡君墓志铭》，中华书局2002年版，第249页。
⑥ 参见鲁西奇《释"蛮"》，《文史》2008年第3辑，第67页；《新县的置立及其意义——以唐五代至宋初新置的县为中心》，《唐研究》第19卷，北京大学出版社2013年版，第229—231页。同时，前文指出，"是否著籍、是否输纳赋役以及'城居'（聚居）还是'村居'（散居），是中古时期区别华夏与群蛮的根本标志"，第67页。

这与汉魏六朝时期的地理观念相去甚远。①据谭其骧先生考订，宋世北江，即辰州（治今湖南沅陵县）北唐溪州之地，南江则辰州西南潕水南北，北包武溪，南逾沅水，唐锦、奖、叙三州之地。②对于南江的地理范围，马力先生以为，来源于《神宗国史·南江传》"南江诸蛮自辰州达于长沙邵阳"的记载并不准确，实际上"长沙邵阳"仅指邵阳，并未达到潭州；而且，魏泰《东轩笔录》所说南江"乃古锦州"与《续资治通鉴长编》（以下简称《长编》）所称"本唐叙州"之地都有失偏颇，锦、叙二说当合而为一。③

在宋朝南北江羁縻州的数量与地望的问题上，宋人的记载较为混乱，亦使得后人的看法产生分歧。④刘复生先生认为，史籍记载的宋代羁縻州存在"虚像"，有入宋以来"名存实亡"和北宋以后"不复存在"两种情况，如熙宁六年（1073）章惇经制两江后，宋朝政府新设沅州，下辖三县，"南江羁縻州基本不复存在"⑤。《长编》亦称：南江地区"五代失守，群蛮擅其地，虚立州名十六"⑥，羁縻州"虚立"的情形在宋代文献记载中有所体现。关于五溪地区羁縻州的记载，宋代文献大体分为两类：一类以《武经总要》《元丰九域志》为代表；另一类以《宋史》《文献通考》《宋会要辑稿》《长编》为代表，前者记载北江羁縻州三十六，南江羁縻州二十；后者记载北江羁縻州二十，南江羁縻州十六。这些记载中，不仅两类差异较大，而且同一类资料记载也不

---

① 参见张永安《武陵"五溪蛮"的"五溪"考述》，《吉首大学学报》1984年第4期；陈致远《"五溪"地望说异》，《中国历史地理论丛》2000年第1期；李昌宪《中国行政区划通史》（宋西夏卷）第5编"宋朝西部的地方羁縻体制"第2章"宋朝西南地区的羁縻州县"，第615—618页，等等。

② 参见氏撰《近代湖南人中之蛮族血统》，《长水集》，第380页。另，马力先生将北江地区进一步分为东、西两个区域，即酉水上游与下游地区，参见氏撰《北宋北江羁縻州》，《史学月刊》1988年第1期，第38页。

③ 参见氏撰《北宋南江地区羁縻州考》，《文史》第34辑，第187—188页。

④ 如马力《北宋北江羁縻州》《北宋南江地区羁縻州考》，分别载《史学月刊》1988年第1期，《文史》第34辑；李昌宪《中国行政区划通史》（宋西夏卷）第5编《宋朝西部的地方羁縻体制》第2章《宋朝西南地区的羁縻州县》，第615—632页。

⑤ 刘复生：《宋代羁縻州"虚像"及其制度问题》，《中国边疆史地研究》2007年第4期。

⑥ （宋）李焘：《长编》卷236，熙宁五年闰七月庚戌，第5727页。

进退之间：北宋治理南江诸"蛮"的理念及其变化

尽相同。①

文献记载差异的一个原因，或与成书年代有关。《武经总要》《元丰九域志》成书于北宋，反映了两江羁縻州在北宋初、中期的状况，这个时期记录的羁縻州数量较多。《长编》《文献通考》《宋史》成书于南宋以后，记录的羁縻州数量较少，很可能反映的是南宋以来的情况与部分宋人的观念。《长编》曾引熙宁四年（1071）张翘上书一事称："南江蛮虽有十六州，惟富、峡、叙州仅有千户，余各户不满百，土广无兵……"② 这里，户数多少或成为判断虚立与否的一个标准；经过熙丰时期的开边，加上在羁縻地区新设州县，都直接导致了羁縻州数量减少。但是，已有成果也显示，北宋南北江羁縻州的数量要大于《武经总要》《元丰九域志》等书的记载，尤其是类似《元丰九域志》的书写体例，给人一种错误印象，即沅州建立后，沅州条下的十七州被废，至元丰时南江仅存懿、锦（鯀）二州。③

同时，宋人在续写唐志时存在着舛误，这也影响了后世的判断，如鹤州、奖州和西高州之间的关系。《元和郡县图志》在"奖州"条下云："本汉武阳县地，贞观八年于些置夜郎，属巫州。长安四年于此置舞州，开元十三年改为鹤州，二十年又改为业州，大历五年又改为奖州。"④《文献通考》卷三百十九"业州"条则称：

> 古蛮夷之地，唐长安四年，以沅州之夜郎、渭溪二县置舞州。开元十三年，以"舞""武"声相近，更名鹤州。二十年，又名业州。大历五年，又更名奖州，或为龙溪郡。属江南道。领县二。峨

---

① 参见李昌宪《中国行政区划通史》（宋西夏卷）第 5 编《宋朝西部的地方羁縻体制》第 2 章《宋朝西南地区的羁縻州县》，第 619 页。
② （宋）李焘：《长编》卷 236，熙宁五年闰七月庚戌，第 5727 页。
③ 马力《北宋北江羁縻州》《北宋南江地区羁縻州考》，分别载《史学月刊》1988 年第 1 期，《文史》第 34 辑。按，据（宋）王存《元丰九域志》卷 10《羁縻州》，"锦州"记为"鯀州"，中华书局 1984 年版，第 487 页。
④ （唐）李吉甫撰，贺次君整理：《元和郡县图志》卷 30《江南道六》，中华书局 1983 年版，第 753 页。

· 191 ·

山、渭溪。宋无此州。①

对比两处记载，奖州与鹤州实为一州，其变迁还算清晰，只是后者将"奖州"条的名称换成了"业州"。同卷南北江另外二州"锦州"与"溪州"条下也有类似的表述："或为某某郡""宋无此州"。"或为龙溪郡"与"宋无此州"二句，似乎表明宋末元初时马端临对三州的地望已难以确指，与五代至北宋的记载相比，马端临的谨慎值得注意。下面通过《旧唐书·地理志》《太平寰宇记》《新唐书·地理志》关于业州、奖州的记载，可以找到一些线索。

业州下，长安四年，分沅州二县置舞州。开元十三年，改为鹤州。二十年，又改为业州。天宝元年，改龙标郡。乾元元年，复为业州。②

业州，龙溪郡。今理峨山县。长安四年分沅州二县置舞州。开元十三年又改为业州。天宝元年改为龙溪郡。乾元元年复为业州。③

奖州龙溪郡，下。本舞州，长安四年以沅州之夜郎、渭溪二县置，开元十三年以"舞""武"声相近，更名鹤州，二十年曰业州，大历五年又更名。④

马端临的观点更接近于《新唐书·地理志》，或因为《元和郡县图志》"奖州"条没有龙溪郡的内容，马端临在这个说法前加上了"或"

---

① （元）马端临撰，上海师范大学古籍整理研究所、华东师范大学古籍研究所点校：《文献通考》卷319《舆地考五》，中华书局2011年版，第8713页。
② （后晋）刘昫撰：《旧唐书》卷40《地理志三》，中华书局1975年版，第1624页。
③ （宋）乐史撰，王文楚点校：《太平寰宇记》卷122《江南西道二十》，中华书局2007年版，第2432页。
④ （宋）欧阳修，宋祁撰：《新唐书》卷41《地理志五》，中华书局1975年版，第1074页。

字。从《元和郡县图志》《新唐书》至《文献通考》，皆可看到鹤州与奖州为一州。然而，与《新唐书》成书年代相距不远的《武经总要前集》在列举南江溪洞二十州时，在鹤州后附注"今为西高州"，在奖州后注："卢阳郡，唐垂拱中分麻阳县并开山洞置。州西至费州六百里，龙溪郡北至锦州一百五十里"①，试图将鹤州与奖州相区分；而同书前集卷十九却将西高州称为珍州、蒋州与龙溪郡并提，同置于夔州路羁縻州下，前后牴牾。②《元丰九域志》则将业州、西高州置于夔州路的化外州下。③

北宋不同文献对南北江羁縻州的"改写"致使后人在认识上发生歧异，而州名的重出较容易引起"虚立"羁縻州的判断。南宋及元代的文献所记载的两江羁縻州数量少于北宋时期的情况，更重要的原因恐怕还是在于熙丰间的开边活动，前引《元丰九域志》所记南江仅两个羁縻州可以说明这一问题。

熙宁六年（1073）五月，宋朝在南江地区以硖州新城置安江寨，富州新城置镇江寨，其中，安江寨乃硖、中胜、云、鹤、绣五羁縻州之地，镇江寨为富、锦、圆三羁縻州之地。④ 次年四月，章惇因收复南江州峒黔、衡、古、显、叙、峡、中胜、富、瀛、绣、允、云、洽、俄、奖、晃、波、宣十七州，向朝廷请建州县城寨，于是以懿州新城为州治所，即卢阳县（治今湖南芷江县），置沅州，以辰州麻阳、招谕二县隶沅州；熙宁八年（1075），废锦州寨及招谕县入麻阳；元丰三年（1080）以黔江寨为黔阳县，并以安江寨、镇江寨人户并入，沅州共领卢阳、麻阳、黔阳三县。⑤ 这一时期，宋朝政府在南江地区设立寨一级

---

① （宋）曾公亮等：《武经总要前集》卷21《荆湖北路》，《中国古代版画丛刊》本，上海古籍出版社影印明正德刊本1988年版，第748页。
② （宋）曾公亮等：《武经总要前集》卷20《梓夔路》，第743、745页。马力先生详细辨析了北宋诸志中关于"奖州"的记载，指出了其中诸多错误，认为"鹤州从未见过改名的记载"，《武经总要》关于鹤州的附注"必误"，参见氏撰《北宋南江地区羁縻州考》，《文史》第34辑，第192—193、198—199页。
③ （宋）王存撰，王文楚、魏嵩山点校：《元丰九域志》卷10《化外州》，第483页。
④ （宋）李焘：《长编》卷238，熙宁五年九月丁卯，第5801页。
⑤ （宋）王存撰，王文楚、魏嵩山点校：《元丰九域志》卷6《荆湖路》，第275—276页。并见（宋）李焘《长编》卷252、卷255、卷307，熙宁七年四月丙戌、熙宁七年八月丙午、元丰三年六月，第6170—6171、6245、7433页。

的地方机构,[①] 向 "边缘" 地区渗透,进而置立州县,逐步将原羁縻州逐渐置于中央政权之下。

二 "荒服不征"与"巧以方略措置"

沅州设置后,宋朝采取招纳其他州峒、授予官职、修筑城寨堡铺、设立屯田务、罢免役法、鼓励邻州人户请射本州荒闲田地、建立沅州厢军、推行汉法、重视教化等一系列措施,以期"永息边患"[②]。那么,宋朝政府是否可以凭借设立于羁縻州林立的沅州,不断收复化外之区呢?

直至嘉定七年(1214),臣僚在论及当时的省地与"生界"的矛盾时,仍感慨北宋时的绥边之策有成效:

> 窃见辰、沅、靖三州,内地省民居其中,外则为熟户、山猺。又有号曰峒丁,接近生界,迤逦深入,团峒甚多。年时省民得以安居,实赖熟户、山猺与夫峒丁相为捍蔽。创郡之初,区处详密,堤防曲尽,故立法有溪峒之专条,行事有溪峒之体例,无非为绥边之策。一生界有警,侵扰省地,则团结熟户、山猺,与夫峒丁操戈挟矢以捍御之,不费郡县斗粮尺兵,冒万死一生而乐为用,盖本朝成宪有以使之然也。夫熟户、山猺、峒丁,有田不许擅鬻,不问顷亩多寡,山畲阔狭,各有界至,任其耕种,但以丁各系籍,每丁量课米三斗,悉无他科配,熟户、山猺、峒丁乐其有田之可耕。生界有警,极力为卫,盖欲保守田业也。近年以来,生界猺獠出没省地,而州县无以禁戢者,皆繇不能遵守良法,有以致之。溪峒之专条,山猺、洞丁田地并不许与省民交易,盖虑其穷困而无所顾藉,不为

[①] 参见杨果、郭祥文《北宋湘西"寨"的兴替及其与区域开发的关系》对于宋代"寨"制的讨论,载本书组委会编《漆侠先生纪念文集》,河北大学出版社2002年版,第361—362页。

[②] 参见李昌宪《中国行政区划通史》(宋西夏卷)第5编《宋朝西部的地方羁縻体制》第1章"宋朝西部的羁縻制度",第593—605页;张雄《中国中南民族史》第四章"唐宋时期中南地区各族",第173—175页。

我用。今州郡谩不加意，山猺、峒丁有田者悉听其与省民交易，利于牙契所得，而又省民得田，输税在版籍常赋之外，可以资郡帑泛用，而山猺、峒丁之来挂籍自如，催督严峻，多不聊生，往往奔入生界溪洞，受顾以赡口腹，或为向导、或为徒伴，引惹生界出没省地，駸駸不已，害不胜言。臣所目击者三郡而已，其他湖广边蛮去处，未必不皆然。①

据引文，宋朝所置辰、沅、靖三州，其"中心"地区为省民居住，大体与省地相当；熟户、山猺与峒丁介于省民与边"蛮"之间，或似羁縻与化外之区，他们既可庇护省地，亦可与生界联手，成为边患；因此，朝廷创立溪峒专条与体例，保护溪峒的土地所有，促使其乐为宋朝所用。同时，这些溪峒专条与体例也透露出，两宋政府均无意继续拓边，满足于以辰、沅、靖一类的原羁縻地区作为省地的捍蔽之区。然而，南宋后期，溪峒专条与体例遭到破坏，臣僚认为，州县不守良法、擅取土地交易之利，以致熟户、山猺与峒丁逃亡生界，侵扰省地，"宋边防藩篱因之大坏"②。朝廷最关注的，还是省地失去诸"蛮"屏护后所面临的危险。可以说，两宋间朝廷、地方政府与两江地区的关系发生了明显变化。

宋初，太宗无意收复两江，太平兴国八年（983），"绵、溪、叙、富四州蛮相率诣辰州，言愿比内郡输租税，不许"③。真宗时以羁縻为要，拒绝"蛮酋"献土，因而咸平元年（998），富州刺史向通汉"又请定租赋，真宗以荒服不征，弗之许"④。

向通汉，"本青州人，唐僖宗朝隔在溪峒。因母疾不茹荤，迨今三十年，言语与中华无异，所居与辰州接境。时工师讨彭儒猛之叛，通汉表请纳土入觐，故优礼之"⑤。从向通汉的经历来看，他本非溪峒之人，

---

① （清）徐松辑：《宋会要辑稿》蕃夷5之71，中华书局1957年影印本。
② 参见李昌宪《中国行政区划通史》（宋西夏卷）第5编《宋朝西部的地方羁縻体制》第1章"宋朝西部的羁縻制度"，第599页。
③ （清）徐松辑：《宋会要辑稿》蕃夷5之74。
④ （清）徐松辑：《宋会要辑稿》蕃夷5之75。
⑤ （清）徐松辑：《宋会要辑稿》蕃夷5之80。

入溪峒三十年尚能保持中华语言，可见其"蛮化"程度不算深，这与两江土著"蛮酋"颇为不同。向氏自认为在五溪诸州中，唯富州"自昔至今，为辰州墙壁，障护辰州五邑，王民安居"，而他本人"虽僻处遐荒，洗心事上"，具"勤王之诚"①，故真宗赞其"能慕风化"，特加检校司徒，进封河内郡侯，并封赠其父母和妻子。②

天禧元年（1017），北江下溪州刺史彭儒猛变乱，向通汉、却在此时"请纳疆土，举宗赴阙"③；次年，向通汉、向朝廷献五溪地图，乞留京师，真宗授通汉本州防御使，赐还其疆土，但不允许留在京师。④该年，朝廷明确还表示："富州本是蛮界，不可建置郡县"⑤，仍以富州为羁縻州。天禧三年（1019）二月，向通汉卒，其子向光舜知富州刺史；是年底，富州内部相争，向通汉兄子向光泽向朝廷"表纳疆土"，真宗云："朝廷得之安用，当是其亲族不相容尔。"⑥

熙宁初，朝廷的态度发生大转变，这与当时的局势有关，一是在进行王安石变法，二是西北与西夏展开频繁战事，三是章惇开始经制荆湖南北路诸"蛮"。此时，向通汉后人向永晤与绣、叙诸州"蛮"相互仇杀，"百姓苦之，咸思归化"，愿朝廷招抚。⑦熙宁六年（1073）六月，在梅山"蛮"被收复之后，向永晤"奉其祖防御使通汉所受真宗涂金交倚、银装剑及富州印来献"⑧，富州向氏成为归明人，神宗颇为赞赏地说："江南诸向，首出归明，最为忠顺。"⑨同时，神宗也清醒地认识到："章惇奏富州向永晤亦欲构变，以百姓不从，遂止。详此，乃知内附蛮酋以其不能擅诛剥之利，大底皆怀怏怏，所乐归化者独部民耳。"⑩

归明溪峒内部的利益考量及其反复，成为沅州及其他溪峒地区新立

---

① （元）脱脱等撰：《宋史》卷493《西南溪峒诸蛮传上》，第14174页。
② （清）徐松辑：《宋会要辑稿》蕃夷5之75，第7804页。
③ （宋）李焘：《长编》卷91，天禧二年二月丁丑，第2100页。
④ （宋）李焘：《长编》卷92，天禧二年六月壬寅，第2118页。
⑤ （清）徐松辑：《宋会要辑稿》蕃夷5之80。
⑥ （宋）李焘：《长编》卷94，天禧三年十二月丙戌，第2173页。
⑦ （宋）李焘：《长编》卷236，熙宁五年闰七月庚戌，第5727页。
⑧ （宋）李焘：《长编》卷245，熙宁六年六月辛巳，第5966页。
⑨ （清）徐松辑：《宋会要辑稿》蕃夷5之87。
⑩ （宋）李焘：《长编》卷242，熙宁六年二月癸巳，第5903页。

州县的动荡隐患。如，熙宁九年（1076）十月，荆湖北路钤辖司奏言："沅州归明人张奉等作过未获"，但另一归明首领舒光禄则与东路都巡检一起"与贼斗杀，获首级，夺器械，及招降人户，兼光禄等领黔江城兵数次，共杀贼五十余级，并生擒首恶"，"诏舒光禄与右班直，添差沅州黔江城巡检，仍赐锡袍、银带，及绢三百匹"①。一个"贼"字，道出了归明人的不同表现。又如中胜州首领杨晟坚，初因知沅州谢麟（详见下文）修筑城寨，对其形成逼迫之势，乞属湖北沅州，后来邵州使人招谕，杨氏又乞属湖南，因其"常盗取向银週妻子，惧银週在湖北，来取其妻"②。

在杨晟坚的问题上，提点刑狱章粢认为：晟坚狡狯反覆，宜详酌处置，但朝廷认为："晟坚系归明人中头角，虽先与银週有隙，亦蛮人之常。今朝廷已降指挥隶湖北，正欲安存抚帖，示以诚信，今高镈、章粢所奏，全不晓边事，若稍有漏露，致惊疑生事，镈、粢当重有行遣。"③此诏书体现了宋初以来朝廷处置诸"蛮"的原则与核心：安抚为主、以免"生事"，咸平三年（1000），真宗即曰："边境不宁，多因首臣生事。国家条制甚明，苟奉而行之，必无事矣。"④ 因此，是否能够不致诸"蛮"惊疑、不"生事"，成为衡量守臣是否"晓边事"的一个标准，也是选择与评价边臣的一个重要条件。熙宁至元祐间经制荆湖与广南西路诸"蛮"的谢麟即其中一个例子。

谢麟，熙宁七年（1074）五月知沅州、兼缘边溪洞都巡检使。赴任后，谢麟在沅州实行了一系列措施"招抚蛮獠"，如修建寨堡、置博买务、屯田务、为归明人奏补名目、建立地方武力，至熙宁八年闰四月，已招纳古、诚州峒二十三、户二千七百一十九、丁九千四百九十六，元祐五年（1090）御史中丞苏辙称："谢麟屡经蛮事，颇有勤绩，溪峒之间，服其智勇，众议皆谓欲制群蛮，未见有如麟者。"⑤

---

① （宋）李焘：《长编》卷278，熙宁九年冬十月庚戌，第6807页。
② （宋）李焘：《长编》卷312，元丰四年夏四月甲子，第7560—7561页。
③ 同上书，第7561页。
④ （清）徐松辑：《宋会要辑稿》蕃夷5之75。
⑤ （宋）李焘：《长编》卷253、263、447，熙宁七年五月甲辰、熙宁八年闰四月丙申、元祐五年八月丙辰，第6191、6427、10755页。

谢麟深谙朝廷之意,他说:"奉诏:接纳群蛮,不得进兵,巧以方略措置。"① 因此,他实非"生事"之臣,元丰五年(1082),神宗对谢麟委以重任:"边情在远,朝廷不见利害之实,委谢麟等便宜措置,无致生事";同僚亦认可谢麟,同年,知诚州周士隆言:"准朝旨,招纳上江、多星、铜鼓、潭溪、上和、鸡公两路溪峒。所有西道胡耳、塞溪等处犬牙相入,窃虑犒赏不及或不虞生事,乞下谢麟措置,或许本州抚纳。"②

应该说,在谢麟经制诸"蛮"的措施中,以修筑寨堡来招怀溪峒、控扼险要、弹压峒民最为有效,但也颇有争议。元丰三年(1080)开始,谢麟在沅州与靖州(治今湖南靖州县)交界的沅水上筑托口寨,在渠河上筑贯保寨(后隶诚州),另创筑小由、长渡堡,合为小由寨;寨堡所建之处,溪峒人户"各已归明",并以此为据点"招怀九衙二十三州,地林十三州""招纳详州等处峒酋首,通计七千余户",并依靠他们"把托边界",进而"差戍兵绥辑人户籍为省民"③。

元丰六年(1083),朝廷将托口、小由、贯堡、丰山四寨改隶诚州,谢麟力争其事,言:

> "缘沅州与诚州元自梅口为界,今因割移四堡,遂以洪江口为界。自洪江口至梅口江约三驿,又从托口寨卢阳县界至梅口江约四驿,削取沅州封守附益诚州太广,不惟沅州户赋、人兵不足以成郡,兼诚州见招约上和、潭溪等峒,自可以开拓疆封。兼结狼、九衙等诸峒并在托口寨西南,见隶沅州,水陆道皆出托口寨。设或溪峒入寇,诚州地远,力不能制,沅州又为托口等所隔,难便措置,或以生事。乞以小由、托口两寨依旧隶沅州,以大由等溪峒割隶诚州。"从之。④

---

① (宋)李焘:《长编》卷332,元丰六年春正月丙申,第8001页。
② (宋)李焘:《长编》卷331,元丰五年冬十一月己卯、元丰五年冬十一月己丑,第7967、7973页。
③ (宋)李焘:《长编》卷308,元丰三年九月丙子、元丰三年九月丙戌、元丰四年二月甲申,第7484、7489—7490、7546页。
④ (宋)李焘:《长编》卷335,元丰六年五月戊子,第8068页。

进退之间：北宋治理南江诸"蛮"的理念及其变化

由引文可见，谢麟所筑寨堡俱在水陆要冲，既可招徕诸峒，又可控扼形势，守护省地，若依朝廷的方案，将托口等四寨全部改隶诚州，则"或以生事"，故朝廷从之。

对于谢麟在南江地区修筑寨堡一事，朝廷前后态度不一，相去甚远。元丰八年（1085）七月，枢密院认为，此时距沅州设置已逾十年，宜、峨等州"蛮人"已无做过，谢麟当初在托口等处增修寨堡，民力已是困于远输，"今若晃、宜之间更建寨堡，费用尤广。及将来添屯兵马，增置官吏，供馈耗蠹，生事无补。诏去年九月二十一日所降修堡寨指挥，更不施行"。这份"九月二十一日修堡寨指挥"提到了沅州上游创筑寨堡的重要性：宜、峨等州，控制着沅水上游，"万一有桀黠酋首，结连群蛮为患，水路叫一二日径至沅州城下，不可不虑。朝廷必欲招纳麻阳两县之间生恶猎狼，势须晃、宜之间先建城寨镇抚。两司看详九箇、上卿、大小平、猎狼等处溪峒，虽已归明，僻远合乞依旧羁縻，不须措画外，今相度沅州所乞于宜、洽州地分修寨，波、晃州地分建堡，经久稳便。伏望依沅州所乞施行"。然而，事隔不到一年，枢密院担心沅州的设想会"生事无补"，奏罢了沅州提议，于是"诏罢沅州所置堡寨"①。该指挥还认为，对于一些僻远的归明溪峒，"不须措画"，只是"依旧羁縻"，使得他们依然游离于王朝的体系之外，散落在省地与"生蛮"之间，叛服无常，他们或许就是北宋后期以至南宋时的实际羁縻州。

元祐初，诸"蛮"果然复叛。元符三年（1100）十月，朝廷以为，正是由于开通了湖南北至广西的道路、修筑寨堡，侵逼了溪峒，才使得渠阳"蛮"杨晟台疑惧而叛，对于这位做过的"蛮酋"，朝廷"特免追讨"，"湖北所开道路，创置多星、收溪、天封、罗蒙、大由等堡寨并废"②。此后，"五溪郡县弃而不问"③。

---

① 参见（宋）李焘《长编》卷358，元丰八年秋七月丙辰，第8573—8574页。
② （清）徐松辑：《宋会要辑稿》方域19之19。
③ （元）脱脱等撰：《宋史》卷493《西南溪峒诸蛮传上》，第14181页。

· 199 ·

三　南江羁縻问题的"虚"与"实"

宋人常以溪峒概称"蛮夷"和其居住地，[①] 在南北江和诚、徽州地区以及西南其他地区，溪峒特有的环境特点决定了他们在省地之外，会以固有的方式继续生活。熙宁开边以后，他们或许不以羁縻州的形式被记载，或许如九衙、上卿、大小平、猺狼等溪峒一样，因为突发事件被记载下来，但从沅州与相邻辰州、靖州的情况来看，省地在很大程度上需要依靠这些熟户、山猺与峒丁来防范"生蛮"的侵扰。熟户、山猺、峒丁与省民有着严格的身份与地理界限，但与"生蛮"之间的界限并不清晰，随时可以进入生界。如何处理省地与交界诸"蛮"的关系，是宋朝政府需要解决的重要问题。

宋朝在沅州等处，"皆用兵诛锄首领，或徙置内地，荡平巢穴"，以为"所置州县久远得安"[②]，并希望它们成为屏护内地的藩篱，但是，在沅州这些边陲新立州县的外围，依然存在着大量溪峒。北宋对这些新立州县的治理常表现出满足于一时之势，收复时得意于增赋之利、户丁增加，治理时却患得患失，从"荒服不征"到"巧措置""不生事"，都反映出北宋政府在南江地区的拓展较为缓慢。当谢麟等人试图打通与广西溪峒的通道时，招致了当地溪峒与朝廷的双重反对。元符之后，宋朝政府放弃了寨堡这种能够有效向溪峒推进，具有政治、经济、军事、法律等意见的拓展工具，对"五溪郡县弃而不问"，带来的是南宋时期"蛮"动不断，嘉泰三年（1203），前知潭州、湖南安抚使赵彦励谈及当时湖南与溪峒的关系："湖南九郡皆与溪洞相接，其地阔远，南接二广、北连湖右，其人狼子野心，不能长保其无事，或因饥馑，或因仇怨，或行劫掠，或至杀伤，州县稍失堤防，则不安巢穴，越界生事，为害不细……奏请溪峒乞置总首，此控制蛮猺之上策也……所谓以蛮猺治蛮猺，其策莫急于此。"[③] 无论是省地面临的困境，还是处理与诸"蛮"

[①] 参见李荣村《溪峒溯源》，《"国立"编译馆馆刊》第 1 卷第 1 期，1971 年，第 20 页。
[②] （宋）李焘：《长编》卷 447，元祐五年八月，第 10756 页。
[③] （清）徐松辑：《宋会要辑稿》蕃夷 5 之 102、5 之 103。

关系时的无措，都与北宋时差别不大。

其实，北宋在处理与南江溪峒的关系时，除了上文提到的溪峒之专条、溪峒之体例可以参据外，还出现过归明溪峒例、南江溪峒例、湖北沅州例、沅州城寨例、富州例、杨晟同例等具体的规定。例如，熙宁十年（1077）六月，"允州蛮舒光勇为三班奉职、安州监当。以知沅州谢麟言光勇先纳土而逃，今诣州自陈，乞依南江溪峒例补授故也"①；元丰三年，"荆湖北路提点刑狱司乞辰州会溪城、黔安寨依沅州城寨例，置牢屋区断公事"②。值得注意的是杨晟同例，它详细规定了在溪峒相互雠杀时省地政府的应对措施："若在溪洞自相雠杀，但令城寨密为堤备，毋轻出兵应援。若攻犯归明篱落，不侵省地，只令沅州依杨晟同例，量事大小，支牛、酒、盐、绫，令自犒召邻近团洞救助杀逐。"③在杨晟同例中，北宋政府划清了省地、归明溪洞与未归明溪洞之间的界限，归明溪洞之间或归明与未归明溪洞之间的雠杀，皆与省地无涉，省地无须为溪洞间的残杀出兵，这同样体现了"不生事"的原则。

虽然沅州的设立导致南江地区的羁縻州在元丰之后很少见诸史籍，但正如刘复生先生所言，无羁縻州不等于不实行"羁縻"统治，只是形式不同而已，羁縻州仅仅是宋代羁縻统治的形式之一。④熙宁开边后，两宋政府在南江地区的羁縻统治不仅没有因羁縻州的失载而消失，而且还与北江、广南西路及西南地区的溪峒问题联成一体，错综复杂。

---

① （宋）李焘：《长编》卷283，熙宁十年六月甲午，第6925页。
② （宋）李焘：《长编》卷287，元丰元年闰正月戊寅，第7024页。
③ （宋）李焘：《长编》卷479，元祐七年十二月丙子，第11410页。按，关于杨晟同的记载十分有限，《长编》卷480有两处提到杨晟同：元祐八年正月，"荆湖北路钤辖司言：溪峒杨晟好等攻侵大田地分，巡检杨晟同已令沅州晓谕，及以厚赏募获杨晟好等首级"；"今据湖北钤辖司言奏：'余卜申、杨晟好等结集溪峒，欲并杨晟同寨栅。'虑缘边官吏初作无事，泊结集渐盛，隐庇不得，方是立赏购捕。欲令指挥沅州，今后如有蛮人结集争斗，并须觉察堤备，不得隐庇，养成边患。"第11426—11427页。
④ 参见刘复生《宋代羁縻州"虚像"及其制度问题》，《中国边疆史地研究》2007年第4期。

北宋宽衣天武禁军考论

王军营　朱德军

（西北大学　历史学院；西安文理学院　历史学系）

北宋时期，天武禁军隶属于中央禁军精锐"上四军"之一，所谓"诸禁军名额系捧日、天武、龙卫、神卫为上军"①。天武禁军包括"宽衣、金屈直、左射，总指挥三十四"②。因此，宽衣天武属于天武禁军的一支。据史籍记载，宽衣天武禁军又是北宋皇帝仪卫的组成部分之一，所谓"宽衣天武指挥二百一十六人"，与当时重要的皇宫宿卫武装——诸班直和皇城司亲从官等并列，一起组成皇帝"行幸仪卫"的扈从武装。③

诸班直是北宋禁军精锐之精锐，所谓"最亲近扈从者，号诸班直"④；亲从官隶属于皇城司，也深为天子信任，并委以重责。宋仁宗时张方平即指出："国初循周制，置诸班直备爪牙士，属殿前司，又置亲从官，属皇城司。其宿卫之法，殿外则相间设庐，更为防制，殿内则专用亲从，最为亲兵也。"⑤以往对宋代皇城司与诸班直禁军的研究已比较清晰⑥，然而，

---

① （元）脱脱等撰：《宋史》卷187《兵志一》，中华书局1985年版，第4579页。
② 同上书，第4588页。
③ （元）脱脱等撰：《宋史》卷144《仪卫二》，第3386页。
④ （元）脱脱等撰：《宋史》卷187《兵志一》，第4570页。
⑤ （宋）李焘：《续资治通鉴长编》卷163，庆历八年二月甲寅，中华书局1992年版，第3927页。
⑥ 目前学界有关皇城司研究成果较多，如佐伯富《论宋代的皇城司》，载《日本学者研究中国史论著选译》第5卷（五代宋元），中华书局1993年版；程民生《北宋探事机构——皇城司》，《河南大学学报》1984年第4期；赵雨乐《试析宋代改武德司为皇城司的因由》，载暨南大学中国文化史籍研究所编《宋代历史文化研究》，人民出版社2000年版；范学辉《从崩溃到重建：论宋太祖时期的武德司》，《郑州大学学报》2006年第5期等。有关诸班直禁军研究主要有王曾瑜《宋朝军制初探（增订本）》，中华书局2011年版；杨倩描《两宋诸班直番号及沿革考》，《浙江学刊》2002年第4期等。

· 202 ·

"宽衣天武"究竟是一支什么军队？主要承担什么职责？其番号有什么渊源？等等，迄今为止，学界尚未有专文就此进行研究。以下，欲对此略作考论，冀以求教方家。

一 宽衣天武之属性

北宋时期，宽衣天武具体承担皇宫宿卫职责，是属于皇宫宿卫禁军的一支。宋人范镇主要活动在仁宗至神宗时的政坛，其所著《东斋记事》是一部有关时事见闻的笔记，其中对皇帝禁卫的部署情况有下面一段记载：

> 禁卫凡五重，以亲从官为一重，宽衣天武官为一重，御龙弓箭直、弩直为一重，御龙骨朵子直为一重，御龙直为一重。凡入禁卫一重，徒一年至三年止，误者减二等。傅卞尝误入禁卫，定私罪，永叔再为论奏为公罪，得应制举。[1]

此则有关宋代禁卫构成的记事与南宋李焘《续资治通鉴长编》、江少虞《宋朝事实类苑》等所录内容基本相同。[2]《宋史·兵志一》记载，宋代殿前司属下有"诸班"与"诸直"禁军，诸直有"御龙、御龙骨金朵（朵）、御龙弓箭、御龙弩直"[3]。而亲从官隶属于皇城司所辖。依上文所记，北宋皇帝禁卫所用军力基本可分为三类，即皇城司亲从官、宽衣天武官、诸直卫士（包括御龙弓箭直、弩直、御龙骨朵子直、御龙直）。亦即此三类禁军基本上构成了北宋皇帝最亲密的常规禁卫武装。可以看出，宽衣天武在北宋关于重要的"禁卫五重"体系制度中占有其中一环。

---

[1] （宋）范镇撰，汝沛点校：《东斋记事》卷2，中华书局1980年版，第20页。
[2] （宋）李焘：《续资治通鉴长编》卷116，景祐二年四月辛巳，第2729页；（宋）江少虞：《宋朝事实类苑》卷33《典故沿革·禁卫五重》，上海古籍出版社1981年版，第419页。
[3] （元）脱脱等撰：《宋史》卷187《兵志一》，第4577页。

《宋会要·职官》有如此一条记载：[①]

> （哲宗绍圣元年，1094）十一月二十二日，引进副使宋球言："殿前司旧有宽衣天武一指挥，驾出禁卫围子，常日守把在内诸门，熙宁中废。乞复置宽衣一指挥，或于天武本军内以一指挥为之。"诏：禁围子合用天武人兵，令殿前司遇阙选填。

相同之史实在《宋史·兵志二》中也得以反映，不过略有差异，其文详记如下：[②]

> 绍圣元年十一月，引进副使宋球言："自立殿前司以来，有宽衣天武一指挥充驾出禁卫围子，常守把在内诸门，熙宁中废并，禁围只差天武，皇城诸门更不差人。乞复置宽衣一指挥；或不欲添置，乞将天武本军内以一指挥为宽衣天武。"诏：禁围子合用天武人兵，令殿前司今后并选定四十已上、有行止无过犯、不系新招拣至人充，遇阙选填。

"禁围"或者"禁卫围子"，是对宋代帝王行幸外出时，禁卫人员以其为中心环绕四周而组成的一种安保与扈从仪仗的称呼。如《宋史·礼志》所云："自（真宗）咸平中，车驾每出，金吾将军帅士二百人，执楇周绕，谓之禁围。"[③]《梦溪笔谈·故事一》也记："车驾行幸，前驱谓之队，则古之清道也。其次卫仗，卫仗者，视阑入宫门法，则古之外仗也。其中谓之禁围，如殿中仗。"[④] 可见，北宋禁围之仪仗类似平日皇宫殿中的扈从仪仗，而禁围卫士必然是皇帝非常亲近的禁军。

结合前文天子"禁卫五重"之记载，以及《宋会要·职官》《宋

---

① （清）徐松辑：《宋会要辑稿》职官32之6，中华书局1957年影印本。
② （元）脱脱等撰：《宋史》卷188《兵志二》，中华书局1985年版，第4612页。
③ （元）脱脱等撰：《宋史》卷114《礼十七》，第2704页。
④ （宋）沈括撰，胡道静校正：《新校正梦溪笔谈》卷1《故事一》，中华书局1957年版，第29—30页。

史·兵志二》上列之史事，两相对照来看，可以断定宽衣天武禁军应是北宋皇宫宿卫的部分禁军，其宿卫皇宫人数约固定为"一指挥"。人数相对较少，但也在北宋皇宫宿卫体系中占据一席之地。在北宋神宗朝，宽衣天武曾经一度废并，哲宗时经臣僚建议又恢复过来。原因不为其他，而是长期以来形成的传统。自从设立殿前司以来，长期就有一指挥的宽衣天武禁军充当"驾出禁卫围子，常守把在内诸门"，而且"禁围只差天武，皇城诸门更不差人"，"禁围子合用天武人兵"，已经形成了北宋天子禁卫固有的一种传统和习惯。

二　宽衣天武之特点

天武禁军是北宋精锐禁军"上四军"之一，宽衣天武又属于天武禁军一支，并且在传统上长期成为北宋皇宫宿卫禁军，那么，是否如同诸班直或者皇城司亲从禁军，宽衣天武也因较强的武技而获得如此地位呢？下面，对其特点略作考察即可作答此问。

首先，宽衣天武军人年龄偏大。

宋人高承《事物纪原》载："《皇祐大飨明堂记》云：五代禁军号控鹤，年多者号宽衣控鹤。太宗太平兴国中，改控鹤为天武，宽衣控鹤为天武散手，后又改为宽衣天武。"[①] 说明宋代宽衣天武沿袭了五代宽衣控鹤禁军，而五代宽衣控鹤军人一般年纪都偏长。前文引述《宋史·兵志二》天武条下附注记载，宋哲宗绍圣元年时，引进副使宋球曾建议，恢复一个指挥的宽衣天武禁军充当皇宫禁卫和扈从人员，"或不欲添置，乞将天武本军内以一指挥为宽衣天武"。但后来，哲宗并未从天武禁军内随意划拨一指挥军兵充当宽衣天武，而是颁下诏书，特别规定："禁围子合用天武人兵，令殿前司今后并选定四十已上、有行止无过犯、不系新招拣到人充，遇阙选填。"明确规定了宽衣天武军士的选拔年龄。军人年纪大，一般做事比较稳重，而履历清白，在皇帝周边活动也相对放心。因为宽衣天武职责非常，所以，宋廷从制度上专门规

[①] （宋）高承撰，（明）李果订，金圆、许沛藻点校：《事物纪原》卷10《军伍名额部第五十一·天武》，中华书局1989年版，第518页。

范了宽衣天武禁军的这种特殊的选拔和填补标准。

然而，诸班直与皇城司亲从官的选拔填补，除考察军兵的履历外，相对更关注个人勇武身手。如诸班直一般由低层军队至上层逐级严格拣选，尽可能将一些武艺高强的军人吸纳其中，若要成为上禁军以至班直成员，往往皇帝也亲自过问。所谓"拣选之制，有自厢军升禁军，禁军升上军，上军升班直。升上军及班直者，皆临轩亲阅，自非材勇绝群，不以应召募"①，仁宗天圣年间，"尝诏枢密院次禁军选补法……凡班直经上亲阅隶籍者，有司勿复按试。其升军额者，或取少壮拳勇，或旗边有劳"②。神宗元丰元年（1078）诏："以马军选上军，上军选诸班者，并马射弓一石力。诸班直枪弩手阙，选亲从、亲事官，余并选捧日、龙卫弓箭手。"③ 由此可见，即使同为皇宫宿卫的诸班直与皇城司禁军（包括亲从官、亲事官），军人武技也要求不同。而诸班直一般还要强于皇城司，甚至也从皇城司属下禁军中选填。至于军人年龄，并未作明确记载。笔者推测，当属北宋禁军一般正常年龄范围。哲宗"治平元年（1064），阅亲从官武技，得百二十人以补诸班直"。并且专门颁布诏书，规定："自今亲从官，限年35以下者充。"④ 时至今日，35岁以下年纪普遍被认为成年男子一生精力、体力最旺盛的时期。而宋廷规定皇城司亲从官选拔恰好以此为界限，不能说仅是简单的巧合。因此相比之下，亲从官较侧重军人的年轻化。此外，亲从官也重视武技训练。如神宗熙宁六年（1073），"诏皇城司系教阅亲从官，比诸军例，支楪子教射"⑤，元丰二年，"内侍押班石得一乞专差勾当皇城司官，提举教习亲从、亲事官弓箭手武艺。从之。诏得一提举训练"⑥。

由此看来，主要选自天武禁军年长者的宽衣天武，不仅强调个人军龄以及历史背景清白，而且对于军事技能，相较于诸班直和亲从官来说并不很重视。所以，宽衣天武的武技水平或许即为普通天武禁军的选拔

---

① （宋）马端临：《文献通考》卷152《兵考四》，中华书局2011年版，第4546页。
② （元）脱脱等撰：《宋史》卷194《兵志八》，第4828页。
③ 同上书，第4836页。
④ 同上书，第4830页。
⑤ （宋）李焘：《续资治通鉴长编》卷245，熙宁六年五月丁巳，第5954页。
⑥ （宋）李焘：《续资治通鉴长编》卷300，元丰二年九月癸酉，第7300页。

标准，在此之上并未作特殊和明确规定。或许正因如此，在神宗对禁军裁员时曾一度将宽衣天武废并，而皇宫宿卫武装在其缺少后也基本能正常运转；所以，哲宗朝的宋球有鉴于传统因素，请求恢复宽衣天武建置，并提出从天武禁军内随意划拨一指挥军兵充当宽衣天武的建议。由此可见，宽衣天武虽为皇宫宿卫禁军，但作用自然无法与诸班直、皇城司亲从官相衡量。

其次，宽衣天武对军人身材外表比较重视。

就笔者目前掌握的宋代文献来看，有关宽衣天武禁军的记载相对较少，但通过部分传世史料尚可略窥一些端倪。譬如，欧阳修在《太常因革礼·卤簿》中描述皇帝大驾出行的仪仗队伍，其中："金甲长人二人分左右。是年诸州献长人，隶宽衣天武，视朝则守殿门，行幸则前导。"① 当时地方上专门选拔出一些个头特别高的人，推荐给朝廷，被划归宽衣天武禁军隶属。让其穿上金光灿灿的铠甲，皇帝升朝时把守殿门，出行时则作为仪仗队伍的前导。稍晚一些的沈括在《梦溪笔谈》中也记载"车驾行幸"的场面，指出："《天官》：'掌舍，无宫，则供人门。'今谓之'殿门天武官'，极天下长人之选八人。上御前殿，则执钺立于紫宸门下；行幸则为'禁围门'，行于仗马之前。"② 从沈括所记"殿门天武官"在车驾行幸仪仗中承担的职责、出现的位次以及军人身材要求判断，其应与欧阳修描述的、隶属于宽衣天武的"金甲长人"禁卫同属一类人。而这部分宽衣天武禁军"极天下长人之选"，一定程度上说明宽衣天武作为皇帝禁卫对军人外表身材的重视。

身材高大者并非即拥有突出的格斗技巧。之所以如此，也进而说明宽衣天武主要目的显然不在于依靠武技来护卫皇帝，而是有皇家形式上威严、体面和排场需要的用意。

最后，宽衣天武军人身穿宽大的衣服。

---

① （宋）欧阳修：《太常因革礼》卷27《总例二七·卤簿上》，《丛书集成初编本》，中华书局1985年新1版，第1044册，第169页。

② （宋）沈括撰，胡道静校正：《新校正梦溪笔谈》卷1《故事一》，第29页。胡道静先生原书"今谓之'殿门（文）〔天〕武官'，极天下长人之选八人"。笔者认为此句校正为"殿门天武官"比较合理，因为相同记载可见江少虞《宋朝事实类苑》卷27《官职仪制·卫士》，上海古籍出版社1981年版，第336页。

上引欧阳修《太常因革礼·卤簿》又记载，"天武官三百人，中道，分左右，为四行。五代禁军号控鹤，年多者号宽衣控鹤，衣宽衣，给事殿廷。二年，改控鹤为天武，分左右厢，宽衣控鹤为天武散手，后又改为宽衣天武"[①]。看来，欧阳修认为，宋代皇帝卤簿仪卫中占据显眼位置的宽衣天武，在五代时即已出现。军人的特点就是年纪较大，以及身穿宽大的军服。孟元老在《东京梦华录》卷六中记载正月十四日"车驾幸五岳观"的场面，详细描述了皇帝扈从禁卫人员的服饰穿戴，指出"围子亲从官皆顶毯头大帽，簪花，红锦团答戏狮子衫，金镀天王腰带，数重骨朵。天武官皆顶双卷脚幞头，紫上大搭天鹅结带、宽衫"[②]。根据仪仗位次描述，这里的"天武官"很有可能即宽衣天武禁军，相比其他亲近扈从禁军，其服饰特征一个明显特征即为"宽衫"。因此可推断，北宋"宽衣天武"禁军番号得名，应同军人们身穿宽大军服关系密切。然而，军人若着装烦琐宽大，自然不便充分准备格斗。战国时赵武灵王胡服骑射，进行军服改革的目的即能说明问题。

总之，相对于同为皇宫宿卫禁军的诸班直与皇城司亲从官，北宋宽衣天武军人年纪偏长，选拔时重视身材外表，军服宽大，而对军事技能水平并未作特别规定。单以武技而论，宽衣天武或与北宋上禁军，尤其天武的水平等同，并非因其是皇宫宿卫禁军，而具有如同诸班直和亲从官类似的较强武技。因此可说，虽然日常活动于殿庭之中，但宽衣天武禁军本身建立的主要目的很可能不在于凭借突出的武技来宿卫皇宫或者扈从皇帝。

三 宽衣天武之历史源流

宽衣天武对军人的武技水平貌似不太注重，但史籍却称其为北宋宿卫武装中比较特殊的、属于皇帝"禁卫五重"之一，与诸班直、皇城司亲从官等这些北宋禁军最精锐力量，一起构成扈从皇帝与宿卫皇宫的

---

① （宋）欧阳修：《太常因革礼》卷27《总例二七·卤簿上》，《丛书集成初编》本，第1044册，第169页。
② （宋）孟元老撰，伊永文笺注：《东京梦华录笺注》卷6《十四日车驾幸五岳观》，中华书局2006年版，第583页。

严密安保网络。究竟又是什么原因呢？宋代时人认为，追溯宽衣天武之名号渊源，与历史上的天武和控鹤有关。① 因此，有必要考述一下天武、控鹤两支禁军番号发展的历史轨迹。

其一，天武军的渊源发展。

从天武军号的建置、发展来看，自一开始，天武军即皇帝禁军中颇为亲信的武装，战斗力也比较强大。五代更迭，唐朝皇帝的一些禁军番号得到沿袭，而天武禁军也曾几度作为天子亲近禁军的面目出现。

"天武"军号应在唐玄宗时已经出现。安禄山反叛后，唐王朝"于京师召募十万众，号曰'天武健儿'"②，命高仙芝统率以抵御叛军。《旧唐书·玄宗纪下》曰："（天宝十四载，即755年，十一月）甲申，以京兆牧、荣王琬为元帅，命高仙芝副之，于京城召募，号曰天武军，其众十万。丙戌，高仙芝等进军，上御勤政楼送之。"③ 同书《宪宗纪下》又记载，元和八年（813）"乙巳，废天武军，并入神策军"④，可知天武军一度曾经废罢。同书《孔纬传》又载："（唐昭宗）大顺初，天武都头李顺节恃恩颇横，不期年领浙西节度使，俄加平章事。谢日，台吏申中书，称天武相公衙谢，准例班见百僚"，而孔纬予以否决，后来与其面谈，直接指称李顺节"公握天武健儿"⑤。据此推测，天武军在唐昭宗时复置起来，又成为唐末的皇家禁军之一。

唐代禁军番号在五代后梁得到袭用。《五代会要》记载："（后梁开平二年，即908）十二月，改左右天武为左右龙虎军，左右龙虎为左右天武军，左右天威为左右羽林军，左右羽林为左右天威军，左右英武为左右神武军，左右神武为左右英武军"，其下注曰："前朝置龙虎六军，谓之卫士。至是，以天武、天威、英武等六军，易其军号而任勋旧焉。"⑥ 因此杜文玉先生认为，后梁禁卫六军名号虽沿用了唐代禁军旧

---

① （宋）高承撰，（明）李果订，金圆、许沛藻点校：《事物纪原》卷10《军伍名额部第五十一·天武》，中华书局1989年版，第518页。
② （宋）王溥：《唐会要》卷72《军杂录》，中华书局1955年版，第1539页。
③ （后晋）刘昫：《旧唐书》卷9《玄宗纪下》，中华书局1975年版，第230页。
④ （后晋）刘昫：《旧唐书》卷15《宪宗纪下》，第447页。
⑤ （后晋）刘昫：《旧唐书》卷179《孔纬传》，第4652页。
⑥ （宋）王溥：《五代会要》卷12《京城诸军》，上海古籍出版社1981年版，第205页。

号，但本身已与唐中央关系不大，而是在原宣武藩镇所属各支军队基础上重新组建并发展起来的禁军。① 后唐、后梁、后汉时，天武禁军番号在传世史料中尚未发现，至于是否存在还不确定。《宋史·常思德传》记载，"周显德初，（常思德）以材勇应募，隶天武军，累迁神卫都虞候"②。因此，后周设置有天武番号的军队，但有关后周天武军状况的记载却语焉不详。

北宋建国后，军制沿袭五代后周。推测此时的天武军番号虽存，但实力不强。故将原先天子亲近的控鹤军也更名为天武禁军，极大地增强了天武军的实力。太宗太平兴国二年（977年）正月，"庚辰，诏以美名易禁军旧号，铁骑曰日骑，控鹤曰天武，龙骑曰龙卫，虎捷曰神卫"③。宋太宗为何要将控鹤禁军番号改为天武等，史籍并无翔实记载，或许此与天武军号自身来源与发展具有一定关系。《玉海·宋朝四厢军》中明确记载："天武四厢，管旧城右厢及殿前司马军。"④ 在北宋诸种禁军中，天武隶属殿前司所辖。宋代殿前司"掌殿前诸班直及步骑诸指挥之名籍……入则侍卫殿陛，出则扈从乘舆，大礼则提点编排，整肃禁卫卤簿仪仗，掌宿卫之事"⑤。所以，在北宋诸种禁军中，天武不仅属于殿前司步军精锐力量，而且负有"守京师、备征戍"之责，也要经常为皇帝的许多礼仪活动充当仪卫。宋代将参与皇帝仪卫的殿前司天武军习惯称作"天武官"，此在当时文献中有大量记载。如澶渊会盟后，宋朝制定的契丹国使入聘见辞仪注中，具体规定朝堂之上"天武官"的礼仪职责，"天武官抬礼物分东西面入，列于殿下，以东为上。舍人喝天武官起居，两拜，随呼万岁，奏圣躬万福，喝各祗候"⑥。天子行幸禁卫仪仗"凡天武官旧二百一十六人，空行"，经过仁宗康定时改革，"今添执哥舒，为一重"⑦。此外，《宋史》等文献中也数次记载

---

① 杜文玉：《五代十国制度研究》，人民出版社2006年版，第374页。
② （元）脱脱等撰：《宋史》卷275《常思德传》，第9374页。
③ （宋）李焘：《续资治通鉴长编》卷18，太平兴国二年正月乙亥，第395页。
④ （宋）王应麟：《玉海》卷139《宋朝四厢军》，江苏古籍出版社、上海书店1987年版，第2586页。
⑤ （元）脱脱等撰：《宋史》卷166《职官六》，第3927页。
⑥ （元）脱脱等撰：《宋史》卷119《礼二十二》，第2805页。
⑦ （元）脱脱等撰：《宋史》卷144《仪卫二》，第3388页。

太上皇、皇太后、皇太妃仪卫中配置有天武官。孟元老《东京梦华录》描述"公主出降"的仪仗中,也出现"紫衫卷脚幞头天武官抬舁"①。

其二,控鹤军的渊源发展。

北宋天武军号由控鹤改来。控鹤军从开始建置到北宋初年,也经历了一个漫长的历史过程。自出现之始,控鹤名号便一直为帝王所亲信。

控鹤名称大致在武则天时已出现。据张鷟记载:"周张易之为控鹤监,弟昌宗为秘书监,昌仪为洛阳令,竞为豪侈。"② 此事在《旧唐书·则天皇后纪》中曰:"初为宠臣张易之及其弟昌宗置控鹤府官员,寻改为奉宸府。"③ 同书《张行成传》记载:"圣历二年(699),置控鹤府官员,以易之为控鹤监内供奉,余官如故。"④ 但是,唐代的控鹤监自初置虽禁中直宿,尚不属于禁卫机构,故未尝有统兵之责。唐末昭宗乾宁三年(896),"茂贞再犯阙,嗣覃王战败,昭宗幸华州",禁卫军队遭受大肆削弱,"明年,韩建畏诸王有兵,请皆归十六宅,留殿后兵三十人,为控鹤排马官,隶飞龙坊,余悉散之"⑤。飞龙坊即唐代的飞龙厩,应为宫廷马匹的管理机构,由宦官负责且领有一定武装,对保卫宫禁和皇城也起到一定作用。⑥ 由此看来,控鹤作为皇帝的侍从禁卫名称,最晚在唐末已经出现了。

五代时期,中原王朝皆设有控鹤禁军。后梁时控鹤军属天兴军。《旧五代史·朱友珪传》曰:"开平四年(908)十月,(朱友珪)检校司徒,充左右控鹤都指挥使,兼管四蕃将军"⑦,其实力比较强大。后梁时控鹤军也参与宫城守卫,同书《太祖纪四》记载,开平三年七月颁敕:"大内皇墙使诸门,素来未得严谨,将令整肃,须示条章。宜令

---

① (宋)孟元老撰,伊永文笺注:《东京梦华录笺注》卷4《公主出降》,第400页。
② (唐)张鷟撰,赵守俨点校:《朝野佥载》卷2,中华书局1979年版,第31页。
③ (后晋)刘昫:《旧唐书》卷6《则天皇后纪》,第128页。
④ (后晋)刘昫:《旧唐书》卷78《张行成传》,第2706页。
⑤ (宋)欧阳修、宋祁:《新唐书》卷50《兵志》,中华书局1976年版,第1335—1336页。
⑥ 赵雨乐:《唐宋变革期之军政制度——官僚机构与等级之编成》,台北文史哲出版社1999年版,第31页。
⑦ (宋)薛居正:《旧五代史》卷12《朱友珪传》,中华书局1976年版,第165页。

· 211 ·

控鹤指挥，应于诸门各添差控鹤官两人，守帖把门。"① 司马光《资治通鉴》记载，贞明二年（916）四月，捉生都指挥使李霸领千人在汴梁作乱，龙骧都指挥使杜晏球率兵镇压叛军，并对后梁末帝如此说："陛下但帅控鹤守宫城，迟明，臣必破之。"② 后唐时也有控鹤番号的禁军，明宗时一度成为与捧圣、严卫番号鼎足而立的大军。《旧五代史·闵帝纪》记载：潞王李从珂自凤翔起兵后，步步逼近，康义诚在汴京也响应背叛，应顺元年（934）三月戊辰夜晚，"帝以百骑出玄武门，谓控鹤指挥史慕容迁曰：'尔诚有马，控鹤从予。'及驾出，即阖门不行。迁乃帝素亲信者也，临危如是，人皆恶之"③。同书《李重吉传》记载："重吉，末帝长子，为控鹤都指挥使。闵帝嗣位，出为亳州团练使。末帝兵起，为闵帝所害。"④ 由此可知，后唐时控鹤军也是帝王亲信禁军之一。后晋时控鹤仍存，且有屯戍者。史载："（史弘肇）尝在晋祖麾下，遂留为亲从，及践阼，用为控鹤小校。"⑤ 五代后汉、后周时控鹤军号依旧被沿用下来。张其凡先生考证说："后汉时，控鹤亦存，但其军规模小，少见于史籍了。后周太祖时期，控鹤一名仍旧沿用……显德元年十月整军时，并非新置控鹤班，仅系补充与加强之，并隶属于殿前班而已。"⑥

总之，自"控鹤"名号产生伊始，即为帝王的近侍亲从，后来更以帝王亲卫禁军的面目呈现于历史社会。但是，将"天武"与"控鹤"两种军号对比来看，"天武"之名虽略晚于"控鹤"出现，但以军号命名却较早，且作为天子禁军制度而得以长期延续；禁军以"控鹤"为番号，唐昭宗时始见于史载，而主要活跃于唐末五代，五代的后梁、后唐、后汉、后周皆有延续，且多作为皇帝近卫面目出现。后周显德整军，更以其隶属于殿前司。

---

① （宋）薛居正：《旧五代史》卷4《太祖纪四》，第70页。
② （宋）司马光编：《资治通鉴》卷269，贞明二年四月癸卯，中华书局1956年版，第8802—8803页。
③ （宋）薛居正：《旧五代史》卷45《闵帝纪》，第621页。
④ （宋）薛居正：《旧五代史》卷51《李重吉传》，第697页。
⑤ （宋）薛居正：《旧五代史》卷107《史弘肇传》，第1403页。
⑥ 张其凡：《五代禁军初探》，暨南大学出版社1993年版，第35页。

其三，北宋天武禁军。

北宋初年，控鹤军也是皇帝亲信的禁军，其将领一般都由太祖亲近之人担任。如《宋史·杨信传》记载，后来成为殿前司将帅的杨信，"显德中，隶太祖麾下为裨校。宋初，权内外马步军副都军头。建隆二年（961），领贺州刺史。改铁骑、控鹤都指挥使，迁殿前都虞候，领汉州防御使"①。杨信经过太祖一手提拔，属于典型的亲信人员，即曾担任过控鹤禁军的将官。同书《徐兴传》又记载："（徐兴）宋初，隶御龙直。会平泽、潞，上其功，补控鹤军使。征晋阳，部卒壅汾水灌并州城，益多其劳。还，迁本军副指挥使。"② 御龙直为北宋班直禁军之一，据前文所引范镇《东斋记事》载，北宋皇帝"禁卫凡五重，以亲从官为一重，宽衣天武官为一重，御龙弓箭直、弩直为一重，御龙骨朵子直为一重，御龙直为一重"。也就是说，以皇帝为中心的安保禁卫网，由外围至内层五重防护，御龙直距离天子最近，一般也是皇帝最放心、最亲近的禁卫力量。而徐兴由"御龙直"起家，自然为天子亲信，在立战功后即被提拔为"控鹤军使"，进而又升为"本军副指挥使"。同书《高琼传》记载：③

> 太宗尝侍宴禁中，甚醉，及退，太祖送至苑门。时琼与戴兴、王超、李斌、桑赞从，琼左手执鞚，右手执镫，太宗乃能乘马。太祖顾琼等壮之，因赐以控鹤官衣带及器帛，且勖令尽心焉。

太祖将"控鹤官衣带及器帛"作为对高琼的奖赏，这也是控鹤禁军在北宋初年与皇帝确实存在非常亲近关系的重要佐证，以此也足见控鹤军在宋初的地位非比寻常，当是宋初中央重要的禁卫力量。

太宗即位初年，将一些禁军番号进行改动，如以上所记，"控鹤"亦被改为"天武"。《宋史·兵志》作如此记载："太平兴国二年，诏改簇御马直曰簇御龙直，铁骑曰日骑，龙捷曰龙卫，控鹤曰天武……宽衣

---

① （元）脱脱等撰：《宋史》卷260《杨信传》，第9016页。
② （元）脱脱等撰：《宋史》卷280《徐兴传》，第9503页。
③ （元）脱脱等撰：《宋史》卷289《高琼传》，第9691页。

· 213 ·

控鹤曰宽衣天武……"① 凡是以控鹤为名号的禁军皆被改为"天武"。

基于以上"天武""控鹤"两种禁军番号的渊源发展，可以推断，北宋太宗时将"控鹤"禁军改为"天武"，应该不仅是"天武"为"美名"缘故而致太宗本人特殊喜好，此当与"天武"番号自身的历史渊流，即其产生之始便作为天子近卫禁军，且以后渐次发展为皇帝威严与礼仪的象征具有很大关系。五代时此种制度又被部分传承下来，宋朝立国后便又得以自然沿袭。另外，控鹤实质上虽为五代以至北宋初期禁军的精锐力量，但溯其源流则与乱世相联系，存在一个乱世影响的问题，而且其军力较强并深为帝王所亲信。因此，太宗将禁军"控鹤"名号改为"天武"，无论是出于礼仪还是军事目的，以至于其他用意，这也能称得上实至名归。

北宋宽衣天武隶属于天武禁军，现实中的天武禁军是北宋精锐禁军之一。历史上无论是控鹤还是天武，一般都是禁军中的精锐，并且被历代帝王所亲近。因此而言，北宋宽衣天武能够长期成为皇宫宿卫禁军，不仅仅在于表面上对前代制度有因袭，或者更重要的是，当时出于形式上的用意，表现出天子对传统以来所倚重的、皇家禁卫的象征——天武禁军的重视。

四　北宋宽衣天武之认识

宽衣天武是北宋皇帝扈从与皇宫宿卫的部分安保武装力量，但并非如诸班直、皇城司亲从官等精锐禁军，北宋宽衣天武对军人的武技水平未作明确要求。宽衣天武作为皇宫宿卫禁军，或许有北宋王朝出于形式上军事和礼仪需要的一面，从而建立并保留下来。这也可由宽衣天武在北宋的主要活动来说明。

宽衣天武在北宋的活动主要体现于两方面：一是宫门守卫及皇宫大内诸杂务；二是参与皇帝及亲属的礼仪活动。

关于宫门守卫前文已有所论。另外宽衣天武也往往承担皇室诸般杂役。如宋真宗大中祥符二年（1009），祈雨礼"赛谢日，诸宫观、寺院

---

① （元）脱脱等撰：《宋史》卷187《兵志一》，第4571页。

官给钱五千造食,宫观仍用青词。神庙则翰林给酒,御厨造食,遣宽衣天武官舁往,仍给纸钱、驰马"①。记载宽衣天武禁军受皇帝派遣,将皇宫大内造作的酒食抬送并献给神庙。梅尧臣诗《王乐道太丞立春早朝》有句云:"宽衣武卒曡至庭,人归下箸殊难称。"② 则描述宽衣武卒即宽衣天武军人,将早朝后的王乐道舆送回家的事情。释文莹《玉壶清话》中有如此记载:③

> 庆历壬午岁,土帅失律于西河好水川,亡没数巨将刘平、葛怀敏、任福等,石元孙陷虏。急奏入,已旬余,大臣固缓之。仁宗因御化成殿,一宽衣老卒拥帚扫木阴下,忽厉声长叹曰:"可惜刘太尉。"上怪问:"何故独语此?"此老卒曰:"官家岂不知刘太尉与五六大将一时杀了?"上惊问:"汝何闻此?"老卒因舍帚,解衣带书进呈曰:"臣知营州西虎翼一营尽折,臣塔亦物故于西阵,此书乃家中人急报也。"上以书急召执政视之,大臣始具奏:"臣实得报,恐未审,候旦夕得其详,方议奏闻,乞自宽圣虑。"上厉声曰:"事至如此,犹言自宽圣虑,卿忍人也!"冢宰因谢病,乞骸骨。

相传宋夏战败的消息送达朝廷,宰执大臣担心仁宗皇帝怪罪并忧虑,未及时上报其知晓。最后,却因为一位在皇宫之内从事杂役——清洁卫生的宽衣老卒而事发。《续湘山野录》记载另一事④:

> 嘉祐中,仁宗自内阁降密敕:"近以女谒纵横,无由禁止。今后应内降批出事,主司未得擅行,次日执奏定可否。"始数日,左

---

① (清)徐松辑:《宋会要辑稿》礼18之6。
② (宋)梅尧臣:《宛陵集》卷55《王乐道太丞立春早朝》,文渊阁《四库全书》本,上海古籍出版社1987年影印本,第1099册,第394页。
③ (宋)文莹撰,郑世刚、杨立扬点校:《玉壶清话》卷6,中华书局1984年版,第62页。
④ (宋)文莹撰,郑世刚、杨立扬点校:《续湘山野录》,中华书局1984年版,第68页。

· 215 ·

承天门一宽衣老兵持竹弊器,上以败荷覆之。门吏搜之,乃金巨蚌一枚,上缀巨蚌,灿然不知其数。禁门旧律尽依外门例,凡有搜拦更不申覆,即送所司。时开封方鞠劾次,一小珰驰骑急传旨令放,其物即进呈。府尹魏公瓘不用执奏法,遂放之。

唐介当时正好担任谏院官职,屡次上疏论开封府尹魏公瓘违制之事,最终迫使仁宗将其撤职降级。而在此事件中,宽衣老兵或许正为皇室应命办差,结果却在禁门遭遇搜拦,从而发生后来的故事。虽然两件事情皆出自笔记野史,但从中可见,当时社会上流传有宽衣天武禁军在宫中从事杂役事务的一般说法。然而,同为皇宫宿卫禁军的诸班直与皇城司亲从官,承担这种具体职役的记载却相对比较少见。

再者,宽衣天武禁军参与北宋皇室一些礼仪活动。如前文所引《宋史·仪卫二》"宽衣天武指挥二百一十六人",是与诸班直并列的皇帝"行幸仪卫"成员。同书该卷《皇太后仪卫》条也记载,天圣元年制定的皇太后车驾出行队伍,其中包括"皇城司禁卫二百人,宽衣天武二百人,供御辇官六十二人,宽衣天武百人"在内,作为皇太后出行的扈从仪卫。① 从其作用上看,宽衣天武不仅在于扈从警卫之目的,而更多的是出于形式和礼仪上的需要。

北宋宽衣天武的主要职能体现于宫门守卫以及皇宫大内诸般杂务,参与皇帝及亲属等各种礼仪活动。由此而论,北宋宽衣天武更多地以形式和礼仪的方式保存了天武与控鹤两种番号禁军发展的历史痕迹。宽衣天武禁军能够在北宋皇宫宿卫中占有一席之地,与历史的顺延和习惯性或许具有很大关系。

总而言之,北宋宽衣天武是皇宫宿卫禁军之一,但其军人具有年纪偏长、选拔时重视身材外表以及军服宽大等特点,而对军事技能水平并未作明确规定。虽然日常活动于殿庭之中,但宽衣天武禁军本身建立的主要目的很可能不在于凭借突出武技来宿卫皇宫和扈从皇帝,或者更重要的是出于形式上的用意,表现为天子对传统以来所倚重的、皇家禁卫

---

① (元)脱脱等撰:《宋史》卷144《仪卫二》,第3392页。

象征——天武禁军的重视。北宋宽衣天武的主要职能具体表现于宫门守卫以及皇宫大内诸般杂务，参与皇帝及亲属等各种礼仪活动。由此而论，北宋宽衣天武或者更多地以形式和礼仪的方式保存了天武与控鹤两种番号禁军发展的源流痕迹。在北宋皇宫宿卫体系中，宽衣天武禁军能够长期占有一席之地，也是历史的顺延习惯在当时的必然体现。

北宋时期县主簿任职资格与迁转趋向研究*
——立足于开封府赤畿县主簿的论述

祁琛云

（河南大学　中国古代史研究中心）

一　引论

  主簿是古代县级政权中最重要的佐官之一，在宋代，由于县丞置废无常，主簿成为知县、令最重要的助手，在不设丞的县，主簿成为名副其实的副长官，而在一些不设县令的中、小县，主簿更是代行长官之职。[①] 作为基层政权中的属官，县主簿很少受到学界的关注，加之宋代文献中关于县主簿的资料不仅有限，而且很分散，因此相关研究较少。迄今仅有李立的《宋代县主簿初探》一文对宋代县主簿制度做了专题研究，该文分别从宋代县簿的设置、职掌、差出等方面对有宋一代县主簿制度做了比较全面的探析。[②] 不过文中并没有对主簿的选任条件与迁

 ＊［基金项目］国家社科基金项目《宋代"三冗"问题与积贫积弱现象的历史教训研究》(10BZS028)；河南省教育厅人文社会科学重点研究项目《地方官僚制度与基层社会稳定研究——以宋代为例》(2009—JD—006)。

 ① 据（宋）李焘《续资治通鉴长编》卷11，开宝三年六月壬子条载：宋初朝廷对县级官员设置的标准与员额做了详细规定，大致以户口为率，差而减之。在以户口多寡而划分的四种类型的县中，除了四百户到千户县不置主簿外，其余三种类型的县均设主簿，另外，四百户以下的县不设县令，以主簿为实际上的长官，二百户以下的县则只设主簿一名县官。也就是说，县簿是这一时期中、下县的最高或唯一长官，其在基层统治中发挥着重要作用。中华书局2004年版，第247页。

 ② 李立：《宋代县主簿初探》，《城市研究》1995年第4期。

转途径等做具体深入的分析，使人对宋代基层县官的管理制度缺乏深入的了解。此外，一些研究宋代政治制度与官员选任的论著也涉及主簿等县级佐官的管理问题，这些著作对宋代政治制度与官员管理做了全面探究，其中也有关于县级官吏选任与管理的论述。① 但由于不是专题研究，所以对县官制度的探讨不够深入，且相关研究主要集中在对知县、令等县级长官管理制度的论述，对主簿等佐官体系涉及不多，难以揭示宋代县主簿管理制度的全貌。

从以上学术史的回顾中可以看出，学界对宋代县级政权的重要佐官——县主簿的研究相当有限。同时，由于研究视角与方法相对传统，在探讨主簿管理制度时，多立足于对制度规定的分析，对制度之外的人为因素考虑较少，对在宋代官员管理中有重要影响的地理因素则几乎没有涉及。另外，因受资料所限，相关研究多是从整体上进行笼统的描述，缺少对县主簿选任与迁转制度的专题研究。鉴于此，本文在对个案进行统计与分析的基础上，对具有代表性的北宋开封府赤畿县主簿的任职资格与迁转途径做专题研究，在具体的论述中，将充分考虑人际关系、地理因素等制度外因素对赤畿县主簿选任与迁转的影响，以期深化对这一时期县主簿管理制度的认识。

北宋时期，作为开封府直辖的赤畿县是全国级别最高的县，由于这种行政地位上的特殊性，使得赤畿县官的管理制度明显有别于普通县官。就县主簿的选任而言，普通县的主簿多由新科进士或荫补初仕人担任，对入选者的出身与从政经验没有特别规定。如宋初名臣杨大雅以新科进士任新息县主簿②、马元方"进士及第为韦城县主簿"③、司马光

---

① 这方面的重要论著有邓小南《宋代文官选任制度诸层面》，河北教育出版社1993年版；朱瑞熙《中国政治制度通史·宋代卷》，人民出版社1996年版；苗书梅《宋代官员选任和管理制度》，河南大学出版社1996年版；龚延明《宋代官制词典》，中华书局2007年版；[日]梅原郁《宋初的寄禄官及其周围》，载《日本学者研究中国史论著选译》第5卷《五代宋元》，索介然译，中华书局1993年版；邓小南《北宋的循资原则及其普遍作用》，《北京大学学报》1986年第2期；龚延明《宋代官吏的管理制度》，《历史研究》1991年第6期；曾小华《宋代的资格法——兼论中国古代任官资格制度》，《历史研究》1992年第6期。

② （元）脱脱等撰：《宋史》卷300《杨大雅传》，中华书局1977年版，第9979页。

③ （元）脱脱等撰：《宋史》卷301《马元方传》，第9986页。

兄司马旦"以父任"为郑县主簿[1]、名士狄遵度"以父任"为襄县主簿[2]等，相对而言，赤畿县主簿的任职条件要严苛得多，原则上只有进士出身且拥有丰富从政经历的官员才有资格担任赤县或畿县主簿，初入仕途的新科进士或任子是没有资格直接任出赤畿县主簿一职的。不仅如此，北宋中期以前赤畿县不设县丞，主簿是实际上的县级副长官[3]，而繁重的县政要求主簿具有较强的行政能力，因此在赤畿县主簿的选拔中，更强调能力与经历，而非官场资历。当然，由于赤畿县的特殊地位，其县官职位是权贵子弟争相角逐的对象，而这直接导致赤畿县主簿的选拔受到来自权势阶层的干预，一些素质低下的贵势子弟充斥于赤畿县主簿的队伍中，这一点也是其有别于普通县簿的地方。关于赤畿县主簿管理制度方面的这些特殊性，我们可以从接下来的具体考察中获得更为清晰的认识。

二 开封府赤畿县主簿的任职资格

关于赤畿县主簿的选任，《宋史》《续资治通鉴长编》（以下简称《长编》）等宋代基本文献中缺乏系统记载，《宋会要辑稿》（以下简称《宋会要》）中收录了一道仁宗天圣五年颁布的关于选拔开封府赤畿县簿、尉的诏令及主管部门流内铨的奏札，其中透露了赤畿县主簿选任方面的一些规定。《宋会要》职官48记载："天圣五年八月，流内铨言：'准诏，开封府界阙簿、尉，于选人中拣无遗阙、有出身、书判人材稍优者引见取旨，权超资注拟。今府界簿、尉有过满员阙，缘少得有出身人拣选引见，欲望许于见该参选合入判、司、簿、尉人内拣有出身、历任无赃私罪、或止是公罪三两度者，并引见取旨，权超资注拟。'从之。"[4] 这则史料透露了朝廷关于赤、畿县主簿、尉任职资格方面的规定：其一，赤、畿县主簿、尉主要从低级文官即选人中选拔而来；其

---

[1] （元）脱脱等撰：《宋史》卷298《司马池传》，第9905页。
[2] （元）脱脱等撰：《宋史》卷299《狄棐传》，第9926页。
[3] 参见拙文《北宋县丞任职资格与迁转途径述论——以开封府赤畿县丞为例》，《北方论丛》2013年第3期。
[4] （清）徐松辑：《宋会要辑稿》职官48之62—63，中华书局1957年影印本。

二，并非所有的选人都有资格入选，主要限于那些有出身、历任无过失且在书判考试中成绩优异者。显然这样的规定过于严苛，很少有合格者，以致赤、畿县簿、尉出现了任满而无人接替的问题。于是流内铨请求降低标准，改从有出身的低级选人即判、司、簿、尉中挑拣虽曾犯过，但情节轻微者充任，仁宗同意了这一请求。这便是北宋中期以来开封府赤畿县主簿任职资格的基本情况，由于选人资序较低，由其出任京府赤畿县主簿，属于超迁，故称为"权超资注拟"。神宗熙宁元年，权知开封府吕公著请严格赤畿县丞、簿、尉的选拔程序，除有举主外，还需流内铨严格把关，"精加选择"①。据此可知除了上述规定外，普通选人想要出任赤畿县主簿，还需有人荐举。以上便是文献中仅有的关于赤畿县主簿选任方面的规定，下面我们通过对个案的分析，进一步了解赤畿县主簿的选拔制度。

本文从《宋史》《长编》及宋人诗文集等资料中共统计到36位迁入、迁出信息可考的赤畿县主簿，具体如表1所示：

表1　　　　　　　　开封府赤畿县主簿迁入与迁出一览

县名	主簿	出身	迁入前任职		迁任后职务	
			职务	地区	职务	地区
开封	苏惟简				大理寺丞（寄禄官）	
开封	孙量				保大军节度掌书记	陕西路
开封	贾蕃	荫补	以荫初仕		封邱（畿）县主簿	开封府
祥符	徐天锡	进士	筠州司理参军	江南路	著作佐郎（京官）知宁应县（紧）	淮南路
祥符	陆宪元	赐进士出身	陈州司户参军	京西路	任满待次都下，卒	
陈留	李广途	布衣	河东（次赤）县主簿	河东路	卒于任	
陈留	叶份	荫补	须城（望）县主簿	京东路	临安（望）县丞	两浙路
雍丘	贾琰	荫补	临淄（上）县主簿	京东路	通判澧州	荆湖路
雍丘	陈琪	荫补	徐州教授	京东路	忠武军节度推官	京西路
雍丘	黄策	进士	杭州司理参军	两浙	齐州州学教谕	京东路

---

① （清）徐松辑：《宋会要辑稿》职官48之63。

续表

县名	主簿	出身	迁入前任职		迁任后职务	
			职务	地区	职务	地区
封丘	盛度	进士	济阴（望）县尉	京西路	开封府仓曹参军	开封府
封丘	刘煜	进士	临晋（次畿）县主簿	陕西路	颍阳（畿）知县	河南府
封丘	葛书思	进士	监湖州新市务	两浙路	知连山（中）县丞	淮南路
中牟	郭谘	进士	通利军司理参军	河北路	知济阴县（望）	京东路
中牟	张汉臣	进士	宁国（紧）县主簿	江南路	晋江（上）县尉	福建路
中牟	丁伯初	进士	余杭（望）县主簿	两浙路	建宁军节度推官	福建路
中牟	乔某	诸科	石州录事参军	河东路	陕西转运司勾当公事	陕西路
阳武	侍其玮	进士	富阳（紧）县主簿	两浙路	阆州节度掌书记	利州路
酸枣	郑伸	赐同进士出身	枢密使李崇矩门客			
酸枣	蒋璨	荫补	兰溪（望）县主簿	淮南路	监京东抽税竹木场	京东路
长垣	吴奎	进士	古田（望）县主簿	福建路	权广信军判官	河北路
长垣	蒲慎密	进士	荣河（次畿）县主簿	陕西路	蒲县（中）令	河东路
东明	孔维	诸科	新及第人		鄢陵（畿）县主簿	开封府
东明	李文渊	荫补	摄卢氏（中）县令	陕西路	荥泽（中）县丞	京西路
襄邑	张通	布衣				
襄邑	连南夫	进士	澧阳（望）县尉	荆湖路	擢辟雍正	在京
扶沟	苏舜元	赐进士出身	新昌（紧）县尉	两浙路	大理寺丞（京官）知咸平县（畿）	开封府
扶沟	王平	赐同进士出身	临安（望）县主簿	两浙路	开封府法曹参军	开封府
扶沟	孙沔	进士	赵州（望）司理参军	河北路	保静军节度推官	淮南路
扶沟	石君瑜	进士	河阴（中）县主簿	京西路	大理寺丞（京官）知虹县（中）	淮南路
鄢陵	杨大雅	进士	新息（中）县主簿	京西路	光禄寺丞（京官）知新昌县（紧）	两浙路
鄢陵	孔维	诸科	东明（畿）县主簿	开封府	滁州军事推官	淮南路
鄢陵	丁刚	进士	宁海（紧）县尉	两浙路	监在京医药惠民局	在京
鄢陵	魏宪	进士	新及第人		颍昌府学教授	京西路
考城	李某	诸科	沂水（望）县尉	京东路	大理寺详断官	在京
咸平	张先	进士	汉阳军司理参军	荆湖路	河南府法曹参军	三京府

表1是统计到的36位开封府赤畿县主簿选任与迁转的基本信息，下面将分别从其出身、迁入前任职及任职地分布等方面对赤畿县主簿的任职资格做具体考察。

(一) 开封府赤畿县主簿的出身

在上表所列的36位主簿中，有34位出身可考，具体情况如下：

表2　　　　　北宋开封府赤畿县主簿出身统计（总34人）

出身	进士	赐进士	诸科	荫补	布衣
人数	18	4	4	6	2

如表2所示，赤畿县主簿中拥有进士及第出身者18人，占了出身可考县簿的一半以上，另有赐进士出身者4人、诸科及第者4人，这样一来，有接近80%的主簿拥有出身，这与前述朝廷规定的以有出身人担任赤畿县主簿的要求基本保持一致。除了26位有出身的县簿外，另有8位出自杂途，其中荫补人6位、布衣出身者2位。荫补出身的县主簿多为高级官僚的亲旧，如雍丘主簿贾琰，是后晋时给事中贾纬之子[①]。另一位荫补出身的雍丘主簿陈琪则是时任枢密使庞籍的女婿，而其父陈泊曾任三司盐铁副使[②]。升封主簿贾蕃为宰相贾昌朝之侄，后娶名臣范仲淹之女[③]。酸枣县主簿蒋璨乃知枢密院将之奇之侄[④]、东明县主簿李文渊之父李规仕至中奉大夫[⑤]，也属于高级官僚序列，只有陈留

---

① (元) 脱脱等撰：《宋史》卷285《贾昌朝传》，第9622页。
② (宋) 陈师道：《后山集》卷16，文渊阁《四库全书》本，上海古籍出版社1987年影印本，第1114册，第673页。
③ (宋) 毕仲游：《西台集》卷13《朝议大夫贾公墓志铭》，《丛书集成初编》本，中华书局1985年新1版，第1944册，第206页。
④ (宋) 孙觌：《鸿庆居士集》卷37，文渊阁《四库全书》本，上海古籍出版社1987年影印本，第1135册，第393页。
⑤ (宋) 韩元吉：《南涧甲乙稿》卷19，《丛书集成初编》本，中华书局1985年新1版，第1982册，第384页。

主簿叶份的父亲叶唐懿仕至末等朝官通直郎，算不上什么高官①。两位布衣出身的县簿分别是陈留主簿李广途与襄邑主簿张遁，据徐铉《骑省集》介绍：李广途为五代经生，屡举进士不中，以布衣仕后唐，宋初因太祖宠臣陶谷之荐，出任陈留主簿②。张遁之所以能以布衣直接出任畿县主簿，完全是沾了宋太宗的光，史载："以布衣张遁为开封府襄邑县主簿，张文旦为澶州濮阳县主簿。上（太宗）微时尝与遁等同肄业乡校，至是诣阙自言，故有是命。"③ 综上，北宋时期开封府赤县主簿的出身构成以有出身人为主，而对于少数无科举出身者，在很大程度上依靠显赫的家世及特殊的人脉关系才得以入选。

（二）开封府赤畿县主簿迁入前的任职情况

与出身统计一样，迁入前个人经历或任职情况可考的赤畿县主簿也是34位，详情如表3所示。

表3　　　　北宋开封府赤畿县主簿迁入前任职统计（总34人）

所任职	令录	州学教授	司理参军	司户参军	县主簿	县尉	监当官	无任职初仕人④
人数	2	1	5	1	13	5	2	5

如表3所示，在34位迁入前经历可考的主簿中，有5位在之前实际上是没有从政经历的，他们分别是开封主簿贾蕃、酸枣主簿郑伸、东明主簿孔维、襄邑主簿张遁及鄢陵主簿魏宪。贾蕃以父荫授郊社斋郎，后直接调任开封县主簿⑤。郑伸本是太祖朝枢密使李崇矩的门客，以告

---

① （宋）李弥逊：《筠谿集》卷24，文渊阁《四库全书》本，上海古籍出版社1987年影印本，第1130册，第819页。
② （宋）徐铉：《徐骑省集》卷29，文渊阁《四库全书》本，上海古籍出版社1987年影印本，第1085册，第228页。
③ （宋）李焘：《续资治通鉴长编》卷19，太平兴国三年九月壬子，中华书局2004年版，第434页。
④ 无任职初仕人包括科举新及第人、荫补初仕人及没有官身的布衣。
⑤ （宋）毕仲游：《西台集》卷13《朝议大夫贾公墓志铭》，《丛书集成初编》本，第1944册，第206页。

评崇矩有功，被赐同进士出身，任酸枣主簿①。孔维于太祖乾德四年《九经》及第后被直接授予东明县主簿，任满后又迁任鄢陵主簿②。张逊的经历前文已有交代，他是因为曾经与太宗同学过而直接自布衣授襄邑县主簿。魏宪于哲宗绍圣四年进士及第后被授予鄢陵县主簿③。按前述北宋赤畿县主簿的选拔条件，其主要来源应该是曾在州县担任过实际职务的选人。京府赤、畿县不同于普通县，政务繁重，责任重大，只有从政经验丰富的官员才能胜任，因此在县官选拔中，特别强调候选人的任职经历，尤其是在基层任职的经历。因此正常情况下，没有任何从政经历的新及第人、布衣及初荫仕者，是没有资格直接出任赤畿县佐官的，只有在最高统治者或手握实权的大臣亲自干预下才会出现打破常规的例外情况。

除了上述5位，其余29位赤畿县主簿均选自有从政经历的前任职事官，其中以前任县主簿充任的赤畿县簿多达13位，接近总数的40%，如果再加上那些虽非直接由其他县主簿迁入，但曾经出任过主簿一职的人选，则由前任或曾任县主簿迁入的赤畿县主簿比例更高。这足以表明，前任主簿是开封府赤畿县主簿最主要的来源，也从一个侧面反映了系统内递迁即同一系统的下级岗位向同类型的上级岗位的递迁成为出任特殊职务的官员迁转的重要途径之一。县主簿负责一县的土地管理、户口登记、赋税征调、财政收支及民事诉讼案件的审理，需要有专业的财务管理方面知识与较强的统筹协调能力，而在不设县令、丞的县份，主簿还须兼长贰之责，可见县主簿虽然地位不高，但专业性很强，属于特殊岗位，不是谁都能胜任的，唯其如此，才会有如此多的赤畿县簿迁自前任县主簿，这种针对特殊职位的对口迁调反映了北宋官员管理制度的科学性与专业化程度相对较高。除了前任主簿外，赤畿县簿迁入前的任职中还包括1位州录事参军、1位摄官县令、1位州司户参军、5位州司理参军、5位县尉、1位州学教授和2位监当官。这些职务中，除了州学教授与监当官外，其余均在朝廷规定的赤畿县簿人选的范围之

---

① （元）脱脱等撰：《宋史》卷257《李崇矩传》，第8953页。
② （元）脱脱等撰：《宋史》卷431《孔维传》，第12809页。
③ （宋）葛胜仲：《丹阳集》卷12《故显谟阁直学士魏公墓志铭》，文渊阁《四库全书》本，上海古籍出版社1987年影印本，第1127册，第510页。

内,即所谓的选人。录事参军与县令合称为令录,属于四等选人的第三等,由于其资序高于县主簿,所以由令录入选的赤畿县簿比较少。由三京军巡判官、州级司理、司户、司法等参军、县主簿及县尉构成的判、司、簿、尉是北宋最低层次的文官集团,处于选人系统的最末等。他们是朝廷规定的赤畿县簿的法定人选,除了军巡判官外,其余司、簿、尉均出现在了上表统计的赤畿县簿的前任职务中,他们的总和达到24位,在赤畿县簿迁入前任职构成中占绝对多数,这从侧面反映了出任赤畿县主簿,成为判、司、簿、尉,尤其是普通县主簿升迁的重要途径。

另外,部分赤畿县主簿拥有丰富的基层任职的经历,如陈留县簿李广途,在迁入之前历任蔡州汝阳、冀州南宫、京兆府兴平、河中府河东四任县主簿,其资当令望县,以大臣陶谷之荐,特授陈留主簿。据徐铉《李府君墓志铭》载:广途以屡历县佐,"当迁望令,时皇运肇启,多士徇名。君之次子巨源已从乡荐,获知于尚书陶公,公时典选事(主吏部),谓曰:'丈人才高,运否遭回,下位区区,一宰未足为光孰?若复佐近畿,以便吾子之举事,不亦可乎?'乃除陈留主簿"[1]。李广途屡历县簿,在基层治理方面经验非常丰富,这也是陶谷力荐其佐畿邑的原因,而广途舍望县之长而屈就畿县主簿,亦足见京府赤畿县任对基层官吏的巨大吸引力。中牟主簿乔某也是一位拥有丰富仕历的低级官吏,史载其入仕以来,历任京兆府咸阳县主簿、泰州海陵、真定府藁城二县尉、石州录事参军,历四任后始调任开封府中牟县主簿[2]。另如长垣主簿蒲慎密迁入前历任泾州保定、河中府荥河二县主簿[3]。扶沟主簿王平迁入前历任许州司理参军、杭州临安县主簿[4]等。这些人或连任州县职务,仕历丰富,或佐理重要路分的上州巨邑,资望颇重,往往被视为选人中的优质资源,在赤畿县佐官的选拔中具有一定优势。

---

[1] (宋)徐铉:《徐骑省集》卷29,文渊阁《四库全书》本,第1085册,第228页。
[2] (宋)黄庭坚:《宋黄文节公全集·正集》卷30,载刘琳等点校《黄庭坚全集》,四川大学出版社2001年版,第825页。
[3] (宋)王珪:《华阳集》卷38,《朝奉郎守尚书屯田郎中致仕上骑都尉赐绯鱼袋蒲君墓志铭》,《丛书集成初编》本,中华书局1985年新1版,第1916册,第514页。
[4] (宋)王安石撰,李之亮笺注:《王荆公文集笺注》卷61,巴蜀书社2005年版,第2083页。

(三) 开封府赤畿县主簿迁入前任职地及所任州县的行政等级

以上分析了赤畿县簿的出身、前任职务等，接下来对其迁入前任职地及所任州县的行政等级略做考察，以便对赤畿县簿的任职资格有更清楚具体的把握。在上表中所列的36位主簿中，有2位迁入前任职情况不详，另有5位迁入之前没有任职经历，赤畿县主簿就是他们的起家官，因此可供我们考察的主簿只有29位，这些主簿迁入前任职地分布情况如表4所示。

表4　　北宋开封府赤畿县主簿迁入前任职地分布统计（总29人）

任职地	开封府	京东路	京西路	河北路	河东路	陕西路	淮南路	两浙路	江南路	荆湖北路	福建路
人数	1	4	4	2	2	3	1	7	2	2	1

从表4可以看出，赤畿县主簿迁入前任职地的分布相当广泛，其任职地包括三路[①]及近畿、江淮等核心统治区的所有路分。其中来自两浙路的赤畿县簿最多，有7位之多，几乎占了可统计总数的四分之一。其次是京城附近的京东与京西路，这两路分别有4位基层官员任满后迁为赤畿县簿，加起来也占了总数的四分之一强。占第三多的是三路地区，来自三路的赤畿县簿共有7位，同样有接近四分之一的赤畿县簿来自这一地区。如果将三者叠加，则在可统计的范围内，有超过75%的赤畿县簿来自三路、近畿路分及江浙等发达地区，这在一定程度上反映了地域因素对赤畿县簿选拔有至关重要的影响，那些在重路、近畿路及发达路分任职的基层文官能够获得更多就任赤畿县阙的机会。另外四分之一的赤畿县簿分别来自开封府及江南、淮南、荆湖北等路分，其中只有1位畿县主簿是由开封府所辖的其他前任畿县主簿平调而来，原则上赤畿县官任满后应外调地方任职，像这种在畿县之间互调的情况比较少见。边

---

① 北宋时期将与辽及西夏接境的河北路、河东路、陕西路统称为三路，三路地区是关系北宋王朝的安危，深受统治者的重视，又有"重路"之称。

远路分几乎成为赤畿县簿选拔的盲区,在广袤的边远"七路"[①] 地区,只有1位来自福建路的基层官员幸运地获得了出任畿县主簿的机会,这进一步印证了地域因素在赤畿县官选任中的影响,在北宋政权执行的由远及近、渐次迁转的任官原则下,边远路分的地方官很少能获得直接迁任京职的机会,赤畿县主簿的选任正是这一任官原则的具体表现。

另外,大部分赤畿县主簿迁入前在县级政权任职,其所在县的行政等级相对较高,以望、紧等繁剧大县为主,如前表所列,有13位赤畿县主簿迁入前在望、紧县担任簿、尉,另4位来自畿县、次赤及次畿县,在赤畿县及望、紧县的任职经历使其积累了驾驭繁剧、莅县治民的经验与能力,而这些正是治理政务繁杂的赤畿县所应具备的基本素质。可见除了重视资历外,看重入选者的仕历与能力也是赤畿县官选拔的重要原则。

三 开封府赤畿县主簿的迁转趋向

表1所列的36位赤畿县簿中,有2位迁出后任职未详、1位卒于任、另有1位任满后卒于待次,其余32位赤畿县簿迁任情况均可考。与迁入前任职相比,大部分赤畿县簿任满后都获得了优迁,其中一部分人任满后即脱身选籍,获改京秩,另一些虽然仍沉潜铨海,但多擢为以两使职官为主的高阶选人,与迁入前所任的末等选人——判、司、簿、尉不可同日而语。更有幸运者,任尚未满,已得京官,为日后的仕途竞进打下了良好的基础,如苏惟简就是在开封县主簿任内超迁为大理寺丞的,韩维《南阳集》中有《开封县主簿苏惟简可大理寺丞》制词一通[②],从内容看,苏惟简的改官得益于他人的推荐,这说明赤畿县官更易于获得荐举的机会。就迁出后的具体任职看,这些迁入前主要在地方上担任县主簿、县尉及州掾的低级文官,经过在赤畿县簿任上的历练,迁出后大多

[①] 北宋时期将西南地区的利州路、梓州路、夔州路,东南地区的福建路、广南东路、广南西路及中南地区的荆湖南路统称为边远"七路",这些路分由于地处偏远,发展滞后,又是自古以来有名的烟瘴之地,游离于国家行统治核心区之外。

[②] (宋)韩维:《南阳集》卷16,文渊阁《四库全书》本,上海古籍出版社1987年影印本,第1101册,第653页。

出任知县、州镇幕职、京司僚属等中外职务，有的甚至超擢为通判，这些都已经超出了普通县佐官的迁转轨迹，属于典型的超迁。由此可见，出任赤畿县主簿，是州县低级文官迁改京秩、获得超迁的一条捷途。下面我们依据前表的内容，来具体考察赤畿县主簿迁出后的任职情况。

在前述32位升迁情况可考的主簿中，除了开封主簿苏惟简迁出后任职不明外①，其余31位主簿迁出后的下一任差遣任职均见于表1，其中有8位主簿任满后继续留任于京城或京畿地区，他们分别为开封主簿贾蕃，转任开封府封丘县主簿②；封丘主簿盛度，擢任开封府仓曹参军③；东明主簿孔维，转任开封府鄢陵县主簿④；襄邑主簿连南夫，升任辟雍正⑤；扶沟主簿苏舜元，擢知开封府咸平县⑥；扶沟主簿王平，擢为开封府法曹参军⑦；鄢陵主簿丁刚，调监在京医药惠民局⑧；考城主簿李某，超迁为大理寺详断官⑨。上述8人的迁转基本上遵循着同职优先的选官原则：8位主簿迁出后所担任的职务在性质上多与其历任职务有相同或相类之处，如8人中除了两位直接转任其他畿县主簿外，另有几位的迁转任职与历任职务在业务上相趋同，如封丘主簿盛度升任开封府仓曹参军，主管仓场库务的仓曹参军在业务上与主司一县财赋的主簿很接近。襄邑主簿连南夫之所以被授予辟雍正，很大程度上是因为其任畿县簿之前有过担任州学教授经历，据韩元吉的《连公墓碑》载：连南夫进士及第后"授颍州司理参军，移鼎州教授……调襄邑主簿，

---

① 苏惟简迁任的大理寺丞为寄禄官阶，并非差遣职任，其时他尚在开封县主簿任上。
② （宋）毕仲游：《西台集》卷13，《丛书集成初编》本，第1944册，第206页。
③ （元）脱脱等撰：《宋史》卷292《盛度传》，第9759页。
④ （元）脱脱等撰：《宋史》卷431《孔维传》，第12809页。
⑤ （宋）韩元吉：《南涧甲乙稿》卷19《连公墓碑》，《丛书集成初编》本，第1982册，第381页。
⑥ （宋）蔡襄：《端明集》卷39《苏才翁墓志铭》，文渊阁《四库全书》本，上海古籍出版社1987年影印本，第1090册，第671页。
⑦ （宋）胡宿：《文恭集》卷37《宋故奉直郎守侍御史王公墓志铭》，《丛书集成初编》本，第1888册，第444页。
⑧ （宋）许景衡：《横塘集》卷19《丁大夫墓志铭》，文渊阁《四库全书》本，上海古籍出版社1987年影印本，第1127册，第336页。
⑨ （宋）李昭玘：《乐静集》卷29《宋故益州路诸州军水陆计度转运使直史馆护军赐紫金鱼袋赠尚书工部侍郎李公神道碑》，文渊阁《四库全书》本，上海古籍出版社1987年影印本，第1122册，第403页。

虔州教授，未赴，除辟雍正"①。由此可知连某入仕之初就曾担任州学教授，畿簿任满后本来也迁为州学教职，尚未赴任，即改授辟雍正，从连南夫任满迁转的过程可以看出，其曾担任鼎州教授经历对其迁出后任职有很大影响。与连南夫类似的还有扶沟主簿王平，按王平自扶沟主簿迁任开封府法曹参军，据王安石为王平所作的《墓碣铭》载：王平入仕后任许州司理参军，"以其职与强贵人抗曲直，狱疑当死，赖以活者至数人。再主簿于杭之临安、开封之扶沟。遂选开封府法曹参军"②。而据胡宿的《王公墓志铭》称王平是在时任开封知府徐奭的荐举之下自扶沟主簿升任京府法曹参军的③。很显然，王平担任过司法官的经历及擅长治狱的能力是徐奭荐举其担任法曹参军的主要原因。这种同职优先的任官原则更强调官员的经验与专业性，反映了官员选任的严谨性与务实性，这一原则给行政地位较低但业务精专的下级官员提供了快速升迁的机会。

总之，8位任满后继续留任京畿地区的赤畿县簿的迁转过程在一定程度上体现了北宋官员选任与管理的某些原则，这些原则对当今国家的人事管理制度有着重要的借鉴意义。

除了8位留任京畿的赤畿县簿外，其余任满后均迁往地方，在地方各级政府中任职。这些赤畿县簿迁出后的任职最高可达到州级副长官通判，最低则仅为县尉，当然这只是个别情况，知县、县令、两使职官等中层地方官成为赤畿县簿迁出后最常担任的职务。在23位迁往地方的赤畿县簿中，有6位出任县级长官——知县、令，他们分别是以著作佐郎知宝应县的前祥符主簿徐天锡④、知河南府所辖畿县——颍阳县的前封丘主簿刘煜⑤、以大理寺丞知济阴县的前中牟主簿郭谘⑥、以大理寺

---

① （宋）韩元吉：《南涧甲乙稿》卷19，《丛书集成初编》本，第1982册，第384页。
② （宋）王安石撰、李之亮笺注：《王荆公文集笺注》卷61，第2083页。
③ （宋）胡宿：《文恭集》卷37，《丛书集成初编》本，第1888册，第444页。
④ （宋）王令：《广陵集》卷20《故秘书丞徐君墓志铭》，文渊阁《四库全书》本，上海古籍出版社1987年影印本，第1106册，第548页。
⑤ （宋）尹洙：《河南先生文集》卷13《故龙图阁直学士朝散大夫尚书刑部郎中知河中军府事兼管内河堤劝农使驻泊军马公事护军彭城郡开国伯食邑八百户食实封三百户赐紫金鱼袋刘公墓表》，文渊阁《四库全书》本，上海古籍出版社1987年影印本，第1090册，第64页。
⑥ （元）脱脱等撰：《宋史》卷326《郭谘传》，第10530页。

丞知虹县的前扶沟主簿石君瑜[①]、以光禄寺丞知新昌县的前鄢陵主簿杨大雅[②]以及出任蒲县令的前长垣主簿蒲慎密[③]。这6人中，有5位为京官知县，其中更有1位畿知县，只有1位是属于选人范畴的县令，这说明以京官的身份任知县是赤畿县簿重要的迁转途径之一。担任县级长官之外，另有4位赤畿县簿迁出后出任诸县佐官，其中包括3县丞与1县尉。这样，迁出后担任县级官员的前任赤畿县簿的人数接近迁往地方县簿总数的一半，进一步印证了前文得出的系统内递迁是赤畿县佐官最主要迁转途径的结论。出任州府幕职属官是赤畿县簿迁出后的另一个重要的归宿，幕职官有两使职官与初等职官之别，二者是最高阶与次高阶的选人。在上述赤畿县簿中，总计有7人迁出后担任幕职官，其中包括2位节度掌书记、3位节度推官、1位军事判官和1位军事推官，除军事推官属于初等职官外，其余6位均为阶次较高的两使职官。从赤畿县主簿到幕职官，其迁转的优势虽不如直接改京官任知县那么明显，但也属于升迁，毕竟他们已经从判、司、簿、尉等末等选人递迁为高阶选人了。除了出任知县、幕职外，还有少数赤畿县簿迁出后担任州府属官，个别人甚至实现越级超迁，越过幕职与知县、令，直接出任州级政权的副长官——通判，如贾琰就是从雍丘县主簿的任上迁为澧州通判的[④]。按照北宋地方官的递迁次序，基层官员在经过两任知县后才有资格出任通判，而贾琰直接从县簿擢为通判，当然属于越级超迁，这种情况并不多见。除了上述任职外，还有2位赤畿县簿迁出后担任州学教授、1位出任三京府法曹参军、1位调任监司属官、1位出任路分监当，这些都是正常的迁调。

总之，赤畿县簿任满后大多数人都获得了优迁的机会，如果将迁入前与迁出后的任职情况相对照，其升迁的优势更为明显。如赤畿县簿迁入前的任职以末等选为主，迁出后多数人获得了改京官的机会。选人改

---

① （宋）文同：《丹渊集》卷36《屯田郎中石君墓志铭》，文渊阁《四库全书》本，上海古籍出版社1987年影印本，第1096册，第765页。
② （元）脱脱等撰：《宋史》卷300《杨大雅传》，第9980页。
③ （宋）王珪：《华阳集》卷38《朝奉郎守尚书屯田郎中致仕上骑都尉赐绯鱼袋蒲君墓志铭》，《丛书集成初编》本，第1916册，第514页。
④ （元）脱脱等撰：《宋史》卷285《贾昌朝传》，第9622页。

京官是宋代下级官员跻身中高级官僚集团的一大门槛,朝廷为了控制中高级官员的数量,为选人改京官设置了很多严苛的条件,不仅有任数考数、资序治绩方面的要求,更需要拥有荐举权的举主的推荐,仅举主一项,就难倒了无数官场"英雄汉",翻阅宋人文集,有关求人荐举的干荐书信可信手拈来。与大多数改官无途的基层官员相比,赤畿县簿迁出后或直接改官,或取得改官的资格,其在迁转方面,拥有普通县官难以比拟的优势与更为便捷的途径。

四 赤畿县主簿与京畿地区的治理

北宋时期的赤畿县与普通县相比,其特殊性不仅体现在直辖于京府的行政地位上,更反映在治理的难度方面。作为京师的所在地,赤畿县肩负有拱卫京师安全、维护京畿地区稳定的特殊使命,其县政之繁、治理难度之大,非普通县所能比。关于赤畿县的难治程度,宋人多有感触。如北宋人刘攽所说:"畿内诸县,古称三辅之剧也,兵屯所在,尤号难治。"[1] 苏轼在论及赤县不易治理时也说:"赤县之众,甚于剧郡,五方豪杰之林,百贾盗贼之渊,盖自平时,号为难治。"[2] 苏辙也认为赤畿县因为"仰有朝廷,俯有吏民,善恶之效,朝夕可见"而难以治理[3]。从上述诸人的言论中,不难看出,朝廷直接监控下的赤畿县因为兵民汇聚、鱼龙混杂、政务浩繁而难以治理。唯其重要及难治,朝廷才会慎选县官,以有能力、有资历的人充任赤畿县官,以期更好地治理京畿地区,这一点在前述赤畿县主簿的选任中有充分的体现。

实践证明,那些经过严格选拔而来的主簿,的确在治理赤畿县与维护京畿地区统治秩序中发挥着重要的作用,一些人还因为有突出贡献而获得了优迁的机会。如宋仁宗明道年间担任扶沟县主簿的苏舜元,当境

---

[1] (宋)刘攽:《彭城集》卷19《奉议郎新差签书镇海军节度判官厅公事章显可知开封府尉氏县制》,清武英殿聚珍版丛书本。
[2] (宋)苏轼撰,孔凡礼点校:《苏轼文集》卷39《罗适知开封县程之邵知祥符县》,中华书局1986年版,第1112页。
[3] (宋)苏辙撰,曾枣庄、马德富点校:《栾城集》卷30《孙之敏知雍丘杨环宝知咸平》,上海古籍出版社1987年版,第636页。

内爆发饥荒之时，不顾知县的阻挠，果断开官仓"以活饥者"，虽然有越权之嫌，却很好地赈济了灾民，维护了社会秩序，因此事后被推荐出任另一畿县咸平县的知县[①]。又如考城县主簿李某在任期间，正值灾年，"躬行饘粥，授病者以药，朝暮数问，劳如其家人，得活者数千人。相率谢公曰：'父母生我，能脱吾死者主簿也，世为牛马以偿。'"因为在赈灾期间的突出表现，李某被推荐以京官出任大理寺详断官，直接由选人跻身京官行列[②]。赤畿主簿不仅在赈济灾民中表现突出，在维护京畿稳定与打击权贵豪族等方面也做出了重要的贡献。北宋名士陈师道之父陈琪在担任雍丘县主簿期间，就成功地化解了一场兵变，师道在为其父作的《事状》中称："先君在雍丘，都巡检使严酷人，有告其军变，先君行令事，招语尉曰：'大事不可竟，众心一动，则祸大矣，非静乱乃助之也。间其始事者十人得而诛之足矣，然不可力致，可计得也。'……是夕，狱具，明日谕其军曰：'罪人得矣，余毋恐。'一军乃安。"[③] 如果没有陈琪的弹压，一场兵变将不可避免。这里当然不能排除陈师道有为其父炫功之嫌，但从中也不难看出，赤畿县主簿在维护京畿稳定中的重要作用。东明县主簿李文渊，受命在开封、祥符、中牟三县推行方田均税法，"三邑多权贵豪族，皆敛避莫敢奸，号为平允"[④]。赤畿县难治的原因之一就在于境内有大量的权贵与豪民，这些人依仗权势干扰县政、阻挠法令，给赤畿县的治理及京畿社会的稳定造成了严重的影响，面对他们，地位卑微的县官往往采取息事宁人的态度，正如时人吕陶所言："畿甸民素骄横，官政尚姑息，幸无事以去。"[⑤] 而李文渊以县簿之卑，为了执行朝廷法令，敢于跟权势阶层对抗，这种不畏强权的精神是非常难能可贵的。赤畿县主簿在文教事业上的发展与社会教化

---

① （宋）蔡襄：《端明集》卷39《苏才翁墓志铭》，文渊阁《四库全书》本，第1090册，第671页。

② （宋）李昭玘：《乐静集》29《宋故益州路诸州军水陆计度转运使直史馆护军赐紫金鱼袋赠尚书工部侍郎李公神道碑》，文渊阁《四库全书》本，第1122册，第403页。

③ （宋）陈师道：《后山集》卷16《先君行状》，文渊阁《四库全书》本，第1114册，第672页。

④ （宋）韩元吉：《南涧甲乙稿》卷19《右朝请大夫知虔州赠通议大夫李公墓碑》，《丛书集成初编》本，第1982册，第384页。

⑤ （宋）吕陶：《净德集》卷21《太中大夫武昌程公墓志铭》，清武英殿聚珍版丛书本。

方面同样有出色的表现,如鄢陵县主簿丁刚在任期间,"作劝学文,宾礼耆德,邑人翕然趋于学"。不仅如此,他崇尚儒术,以仁政化民,在因知县空缺而临时主持县政期间,丁某"御吏民如家人,柔声缓气,循循训饬之,使各适理至,其不悛则刑之。久之皆驯服"。由于其在文教发展与社会教化方面的突出贡献,得到广大民众的爱戴,以至于在其离任时,"鄢人遮道相丐留者以数百计"[①]。

以上对赤畿县主簿在京畿地区治理中的作用略做介绍,其实作为县府的重要佐官,其贡献远远不止这些,尤其在不设县丞的北宋中前期,主簿实际上是赤畿县的副长官,他们协助长官处理一县政务,在知县空缺时,甚至全权代行长官之职,主持全面工作。可见,赤畿县主簿对赤畿县的治理及京畿地区的发展与稳定有重要的影响。

结　语

前文对北宋开封府赤畿县主簿的任职资格与迁转途径做了考察,朝廷对赤畿县主簿的任职资格有严格限制,官方规定,赤畿县主簿应从有出身的低级选人即判、司、簿、尉中选拔,而前文对其任职资格的考察结果也印证了这一点。这一结论不仅反映了宋廷有关官员管理的相关规定在实际操作中得到了有效的执行,而且也体现了国家法令的时效性与稳定性。另外,在赤畿县主簿的选任中,还特别强调入选者的从政经历与业务能力,那些拥有丰富仕历及曾经担任过县主簿的官员在赤畿县主簿职位的竞争中能够获得更多的机会,这一选任原则体现了宋代官员管理的科学性与严谨度。赤畿县簿任满后大多数人都获得了优迁的机会,突出表现为其改迁京官的难度更小、途径更为简捷,而这种迁转优势是普通县级主簿所没有的。获得优迁的原因一方面是由于赤畿县主簿本身在行政级别高于普通知县,迁转自然更快;另一方面则因为这些经过严格选拔而来的主簿在赤畿县治理及京畿社会发展稳定中做出了重要的贡献,优迁是其治绩的认可与嘉奖。

---

① (宋)许景衡:《横塘集》卷19《丁大夫墓志铭》,文渊阁《四库全书》本,第1127册,第336页。

北宋亲邻法令的演变与运行实态
——兼论政令运行

高 楠

(河北经贸大学 法学院)

学界对宋代亲邻问题的研究发端于20世纪90年代,21世纪以来的十多年间,仍有不少学者关注这一问题,郭东旭、李锡厚、吕志兴、刘云生、宋宗宁、王昉、靳小龙、秦勇、魏天安、柴荣、姜密、刘学荣等学者是其代表。[①] 他们或专论宋代亲邻优先权,或综论中国古代亲邻优先权时谈及宋代,论述可谓细致。比对这些论述,笔者发现,它们有一个共同的特点——静态研究居多,其余少量的动态研究探讨了亲邻条令所反映的土地流转等社会经济问题。就宋代亲邻问题来看,研究者均把北宋和南宋看作一个整体,没有对其进行区分。那么,与前代相比,北宋时期的亲邻法有无变化?在北宋160多年间,亲邻法的发展脉络如何?其运行状况,是否为当时政令运行的冰山一角?

---

① 参见郭东旭《宋代买卖契约制度的发展》,《河北大学学报》1991年第3期;李锡厚《宋代私有田宅的亲邻权利》,《中国社会科学院研究生院学报》1999年第1期,吕志兴《中国古代不动产优先购买权制度研究》,《现代法学》2000年第1期;刘云生、宋宗宁《中国古代优先权论略——概念·源流·种类》,《重庆大学学报》2002年第3期;王昉《成文法、习惯法与传统中国社会中的土地流转》,《法制与社会发展》2004年第4期;靳小龙《隋唐五代亲邻关系与社会经济生活述论》,《西北师范大学学报》2005年第2期;秦勇《古代不动产亲邻先买权的经济分析》,《甘肃农业》2005年第2期;魏天安《论宋代的亲邻法》,《中州学刊》2007年第4期;柴荣《中国古代先问亲邻制度考析》,《法学研究》2007年第4期;姜密《试论宋代"系官田产"的产权变动与"亲邻关系"》,《河北师范大学学报》2008年第1期;刘学荣《浅谈宋朝"先问亲邻"制度》,《湖北经济学院学报》2010年第4期;韩伟《习惯法视野下的中国古代"亲邻之法"的源起》,《法制与社会发展》2011年第3期。

一　北宋之前的亲邻之法

田宅典卖"先问亲邻"早已存在，宋人郑克说："卖田问邻，成券会邻，古法也。"① 因其只言"古法"，没讲确切时间，不少学者对此问题进行了考证。但关于"先问亲邻"制度产生的确切时代，学人看法却不相同，有汉代说、北魏说、唐代说和习惯说。

持"汉代说"者仅郭健一人，他认为，从汉代王莽改制以来，民间就有"先问亲邻"的做法，并被认为是"古法也"；而从律法制度来说，"五代时很可能已经有了田宅买卖必须征求亲邻意见的法律，或至少是法律确认民间的这一惯例"②。"北魏说"的代表人物有郭东旭、刘云生、魏天安和许尚豪等学者，他们认为"先问亲邻"在北魏时即已出现，至唐代定型，"北魏隋唐均田制下的户绝田土再分配，已具有亲邻法的萌芽"。许尚豪的观点更为具体，他根据《魏书》"食货志"的记载，认为当时"已经具有了优先购买权的雏形，由此推断出亲族优先购买权最迟不晚于北魏就已出现，但从中也可以看出，此种优先购买权的权利主体仅限于亲而不适用于邻"③。仁井田陞、吕志兴、柴荣是"唐代说"的代表人物，他们虽都持"唐代说"，但也有细微的差别。仁井田陞认为，唐及五代的资料里，已经存在房亲和邻地者的不动产先买权；吕志兴说亲邻之法滥觞于中唐，于宋、元形成制度；柴荣指出，唐朝中后期，民间田土交易中出现了"先问亲邻"现象；五代后周时期，"先问亲邻"正式写入法典。④ 这三种观点中，仁井田陞所言的亲

---

① （宋）郑克著，杨奉琨校释：《折狱龟鉴校释》卷6《刘沆问邻》，复旦大学出版社1988年版。

② 郭建：《中国财产法史稿》，中国政法大学出版社2005年版，第217—218页。

③ 郭东旭：《宋代买卖契约制度的发展》，《河北大学学报》1991年第3期；刘云生、宋宗宁：《中国古代优先权论略——概念·源流·种类》，《重庆大学学报》2002年第3期；魏天安：《论宋代的亲邻法》，《中州学刊》2007年第4期；许尚豪等：《优先购买权制度研究》，中国法制出版社2006年版，第80页。

④ ［日］仁井田陞：《中国法制史研究：法と慣習·法と道德》，东京大学出版会1991年版，第387页；吕志兴：《中国古代不动产优先购买权制度研究》，《现代法学》2000年第1期；柴荣：《中国古代物权法研究》，中国检察出版社2007年版，第296页。

邻之法起源既然没有确指中唐，就有可能指的是初唐；吕志兴和柴荣则明确认定亲邻之法起源于中唐，但在关于亲邻之法写入法典的时间问题上，二人又有了分歧，吕志兴是"宋元说"，柴荣是"五代后周说"。韩伟则认为，"亲邻之法"源自习惯，"宋元时期作为国家正式制度的'亲邻之法'，如果向前追溯，它的前身完全可能是某种习惯法，甚至仅仅是某些地方的惯行"[①]。

在此，我们首先需要解决的是对"亲邻之法"的理解问题。由字面来看，"亲邻之法"有两种理解：一是"亲"法和"邻"法的合称；二是既"亲"又"邻"之法。先来看一则史料：

> 诸远流配谪、无子孙、及户绝者，墟宅、桑榆尽为公田，以供授受。授受之次，给其所亲；未给之间，亦借其所亲。[②]

这是"北魏说"观点的论据支撑。按照许尚豪所言，这则资料显示的是亲族的优先购买权。这一说法并不全面，因为按照这一规定，"诸远流配谪、无子孙、及户绝者"身后的墟宅和桑榆田首先要充作公田，以供再次分配；授受有富余时，"给其所亲"，既是将分配之余的田宅给这些人的亲族，那就肯定不是分配；因"给"有交付之意，当然可以将其理解为"卖给"，即许尚豪观点中的"亲族优先购买权"。那么，后半句"未给之间，亦借其所亲"就可以这么来理解：这些田宅在出卖之前，优先给原田主的亲族租种。之所以这么讲，是因为"借"字有"暂时把财物等给别人使用"的意思，强调的是"暂时性"，那么，把田宅暂时给上述人等的亲族使用，当然就是租给他们了。因而，北魏的这则材料讲的是"亲族优先购买权"和"亲族优先租种权"。等到这些已是"公田"性质的田宅出卖时，租种的亲族就又具有了现佃人身份，从这一方面看，宋代的现佃人优先于亲邻的规定也是有渊源的。这条资料中既然没提宅邻或地邻，现代学人将其作为

---

① 韩伟：《习惯法视野下的中国古代"亲邻之法"的源起》，《法制与社会发展》2011年第3期。

② （北齐）魏收：《魏书》卷110《食货志六》，中华书局1974年版，第2855页。

"亲邻法"的萌芽或"先问亲邻"出现于北魏的论断当然有失偏颇。值得注意的是，北魏政府这么做的目的明显是为避免土地抛荒，意在增加国赋。这和宋代"系官田产"①亲邻优先原则的立法目的是一致的。这则规定出自北魏朝廷，被收入正史，是北魏律令制度范畴内的，显见属于"国家法"和"成文法"领域，因而，前述韩伟的"习惯说"是错误的。

"亲邻之法"中亲族优先购买权和优先租种权的出现时间确定了，接下来要讨论的是邻和亲邻的优先权。到目前为止，北魏之后中唐之前单讲邻的优先权的资料尚未发现。这可能是由于记载的缺漏，也可能是这一时段与白居易描绘的朱陈村的情况一样，"一村唯两姓，世世为婚姻"，亲即是邻，邻即是亲，故而没必要再单独明确邻的优先权。至于亲邻优先权，学界用来引证的资料是窦仪等人在修撰《宋刑统》时，整理的唐宪宗元和六年（811）以来与物业典卖有关的敕文

> 应典卖、倚当物业，先问房亲，房亲不要，次问四邻，四邻不要，他人并得交易。房亲着价不尽，亦任得价高处交易。如业主、牙人等欺罔邻亲，契帖内虚抬价钱，及邻亲妄有遮恡者，并据所欺钱数，与情状轻重，酌量科断。②

以这条资料确定亲邻优先权滥觞于中唐，不太妥当。原因有三：一是《宋刑统》是以《显德刑统》为基础，参考了唐、后唐和后周律敕，别加详定而成，"又有《元和删定格后敕》《太和新编后敕》《开成详定刑法总要格敕》、后唐《同光刑律统类》《清泰编敕》、周《广顺续编敕》《显德刑统》，皆参用焉"③。以此推之，《宋刑统》收录的这道敕文可能是唐的，也可能是后唐和后周时期的。二是后周广顺二年（952）的一则"例"文：

---

① 姜密：《试论宋代"系官田产"的产权变动与"亲邻关系"》，《河北师范大学学报》2008年第1期。
② （宋）窦仪等撰，吴翊如点校：《宋刑统》卷13《户婚律·典卖指当论竞物业》，中华书局1984年版。
③ （清）徐松辑：《宋会要辑稿》刑法1之1，中华书局1957年影印本。

如有典卖庄宅，准例，房亲邻人合得承当。若是亲人不要，及著价不及，方得别处商量。不得虚抬价例，蒙昧公私。有发觉，一任亲人论理。勘责不虚，业主、牙保人并行重断，仍改正物业。或亲邻人不收买，妄有遮怪阻碍交易者，亦当深罪。①

这条资料与上述《宋刑统》所收唐元和六年（811）以来的"亲邻"敕文相比，内容极其相似，讲的都是私有个动产交易时"亲邻"的优先购买权，只不过交易对象、交易形式、优先权人次序稍有差别（如下表所示）：

后周与北宋亲邻优先购买权比较

条目＼时代	后周	北宋
交易对象	田宅	物业
交易形式	典卖	典卖、倚当
优先权人次序	房亲邻人→别处商量	房亲→四邻→他人

《宋刑统》中的这一律条，是窦仪等人新创的"起请"条之一，"'起请'条主要是对原律文或附律敕令格式内容变化所作的解释"②，此律条前面也有"酌详旧条"之语，由此推之，《宋刑统》中的亲邻敕条当是继承后周无疑，而且是将后周"亲邻之法"修改后收入，即"亲邻之法"写入国家律法的时间是后周广顺二年（952）。以此反推，在北魏田宅交易"亲族优先"和后周"亲邻入律"之间的时段，应是"邻"优先和"亲邻之法"的出现时间，是毫无疑问的。接下来的原因之三也能够解释这一问题。先来看《唐会要》中的一则材料：

天宝十四载八月制：天下诸郡逃户，有田宅产业，妄被人破

---

① （宋）王溥：《五代会要》卷26《市》，上海古籍出版社1978年版。
② 郭东旭：《宋代法制研究》，河北大学出版社2000年版，第22页。

除，并缘欠负租庸，先已亲邻买卖。及其归复，无所依投。永言此流，须加安辑。应有复业者，宜并却还。纵已代出租税，亦不在徵赔之限。①

这则材料说得很清楚，在天宝十四载（755）之前，"天下诸郡逃户""先已亲邻买卖"，即诸郡逃户田宅产业由亲邻优先购买并负责缴纳逃户的"欠负租庸"。虽然这里没有提及是否依法而行，但既然"天下诸郡逃户"的田宅产业都是如此处理，当是有律法为依凭。而且这条资料中所讲之事不过是重申天宝八载（749）的禁约而已：

> 天宝八载正月敕：……盖为牧宰等，授任亲民，职在安辑。稍有逃逸，耻言减耗。籍帐之间，虚存户口。调赋之际，旁及亲邻。此弊因循，其事自久。瘠瘵兴念，良用怃然。不有釐革，孰致殷阜。其承前所有虚挂丁户，应赋租庸课税，令近亲邻保代输者，宜一切并停，应令除削。各委本道采访使，与外州相知审细检覆，申牒所由处分。其有逃还复业者，务令优恤，使得安存。纵先为代输租庸，不在酬还之限。②

这道敕令里的"此弊因循，其事自久"之语，又将唐代官方令亲邻购买逃户产业的上限的可能性提至初唐或之前。由此来看至少初唐应是已经有了房亲和邻地者的不动产先买权。需要注意的是，这时实行均田制，田主逃亡离乡后，其田地的处理办法是收归国有，再重新授予或售出，所以这里的"诸郡逃田"的性质是公田，也就是说，"近亲邻保"拥有的是公田优先购买权。至此，宋之前"亲邻之法"的产生和发展脉络已经很清晰了：先是北魏公田中的"亲族"优先之法（含优先购买权和优先租种权），接下来至迟在初唐公田中出现了"邻"和"亲邻"的优先之法（现有史料显示为优先购买权），后周时，适用范围扩大至私有田宅交易领域的"亲邻之法"先后被收入《广顺续编敕》

---

① （宋）王溥：《唐会要》卷85《逃户》，上海古籍出版社2006年版。
② 同上。

和《显德刑统》中，正式入律。北宋建隆间撰修《宋刑统》时，又对其进行修订，并收入《户婚律》。

二 北宋"亲邻之法"的演变

《宋刑统》中虽有与亲邻相关的法律条款，确认了私有不动产交易时亲邻的优先购买权，以及与之相关的交易对象、交易形式和优先权人次序等问题，但远远不能满足现实社会生活的需要。因此，自开宝二年（969）至绍圣元年（1094）的120多年中，北宋政府针对亲邻之法运行中的种种问题，多次对其进行修订和完善。下面即以时间为序，逐一述之。①

开宝二年（969）九月之前，京畿和诸道州府的物业交易中，四邻之间常因优先购买权而致讼：

> 开宝二年九月，开封府司录参军孙屿言："每奉中书及本府令，勘责京畿并诸道州府论事人等，内论讼典卖物业者，或四邻争买，以何邻为先？或一邻数家，以孰家为上？盖格文无例，致此争端。累集左右军庄宅牙人议定称：凡典卖物业，先问房亲。不买，次问四邻。其邻以东南为上，西北次之。上邻不买，递问次邻，四邻俱不售，乃外召钱主。或一邻至著两家以上，东西二邻则以南为上，南北二邻则以东为上。此是京城则例。检寻条令，并无此格。乞下法司详定可否施行。所贵应元典卖物业者，详知次序，民止讼端。"据大理寺详定："所进事件乞颁下诸道州府，应有人户争竞典卖物业，并勒依此施行。"从之。②

"四邻争买"说明邻人知晓自己具有优先购买权，但因宋律中没有明确规定四邻各自的优先次序，是这类讼争的起因，就只能通过立法解

---

① 为了更加直观地展示北宋"亲邻之法"的修订过程及修订内容，兹根据所掌握资料，选取其中有代表性的部分，制成《北宋"亲邻之法"修订表》，附于文后。
② （清）徐松辑：《宋会要辑稿》食货37之1。

决这类问题。值得注意的是，在制定新法时，为增加新法的可行性，宋廷修法时允许本行业专业人员参与，并在多次论证之后，充分参考了他们的意见。这里所确定的"邻至次第"以"京城则例"为参考，实际上是将地方性法规升格为国家法。同时，我们还须特别注意的是，此次修立新法的实际发起者是开封府司录参军孙峋，他在奉命"勘责京畿并诸道州府论事人等"的过程中，发现了各地物业交易中"邻至次第"的立法空白。北宋官方这种通过定期对民事卷宗查询、归类，主动寻找立法疏漏的方法是非常可取的，亦展现出宋代"亲邻之法"适时立法、体时适变的时代特征。

当然，是否需要修订"亲邻之法"或订立补充条款，也看具体情况而定。太平兴国八年（983）三月，开封府司录参军事赵孚奏称，两京及诸道州府"庄宅多有争诉，皆由衷私妄写文契，说界至则全无丈尺，昧邻里则不使闻知，欺罔肆行，狱讼增益"。因这类亲邻之讼的根源之一在文契的混乱，故解决的办法是制定标准文契，规范其格式，"下两京及诸道州府商税院，集庄宅行人众定割移典卖文契各一本，立为榜样，违者论如法"①。

宋太宗雍熙年间曾规定，若百姓出卖产业，"据全业所至之邻皆须一一遍问，候四邻不要，方得与外人交易"②。这一"卖田问邻、成券会邻"③的亲邻批退的法定程序有利于明确田宅权属，快速解决田宅争端；"典卖田宅遍问四邻，乃于贫而急售者有害"④则是其弊端，即当典卖田土一方是为了救急，不得已而出此下策的贫弱之家时，亲邻若迁延时日，不遵守官司规定的时限予以批退，业主将因多负钱债而困苦至极。因此，其后几经反复，如熙宁、元丰时废止了此法令，"不问邻以便之"，元祐敕重新规定要遍问四邻，绍圣元年（1094）再次对其做了

---

① （宋）李焘：《续资治通鉴长编》（以下简称《长编》）卷24，太平兴国八年三月乙酉，中华书局2004年版，第542页。
② （清）徐松辑：《宋会要辑稿》食货61之56。
③ （宋）郑克撰，杨奉琨校释：《折狱龟鉴校释》卷6《核奸·刘沆》，复旦大学出版社1988年版。
④ （元）马端临撰：《文献通考》卷5《田赋考五·历代田赋之制》，中华书局1986年版影印本。

调整，规定邻专指"本宗有服亲"或墓田邻。① 对此，郑克的态度十分鲜明："近年有司苟取小快，遂改此法，未之思欤？"②

大中祥符六年（1013），有大臣反映"民间质卖邸舍，而邻并权要家，留其契券以艰难之"的现象很是普遍。③ 邻人如何"留其契券"刁难业主，因资料过于简单，无法详说。值得我们注意的是这条资料的两个特别之处：一是"质卖"；二是"邸舍"。"质"的概念萌生于先秦，许慎《说文解字》六下贝部训"质"曰："以物相赘"；训"赘"曰："以物质钱"。显然，质可为经济性的债务担保，那么，此处所言的"质卖邸舍"当然是以不动产"邸舍"为担保物。"居物之处为邸，沽卖之所为店。"④"亲邻之法"是物业典卖之法，虽然可以推断物业是指所有不动产，但前面所有的证据都指向田宅，所以"邸舍"在这里出现，却是毫无疑问的证据。也就是说，北宋邸舍典卖时，同样也要符合"亲邻之法"。当然，由于邸舍为商业性房产，所以此处的邻可能是指业缘关系下的邻，这就超出了血缘关系的羁绊，反映出"亲邻之法"适用范围的扩大。宋代官方对这类事件的处理方式"可申明条约，无使复然"，既印证了这一推测，同时也说明"亲邻之法"是适用所有类型不动产典卖的。

真宗大中祥符七年（1014），京兆府的亲邻诉讼，又暴露了"亲邻之法"的一项缺憾，"民有讼田，以典到地为邻至者，法无明文"。针对这一问题，真宗于当年二月颁诏，"自今典卖田宅，其邻至内如有已将田业正典人者，只问见典人，更不曾问元业主。若元业主除已典外，更有田业邻至，即依邻至次第施行"⑤。根据这道诏令，如果人户出典田业在前，后来售卖，"见典人"比原业主更具优先权；如果原业主除已出典田产外，另外还有地块与先前出典的田产毗邻，则按前述开宝二

---

① （元）马端临撰：《文献通考》卷5《田赋考五·历代田赋之制》，中华书局1986年版影印本。
② （宋）郑克撰，杨奉琨校释：《折狱龟鉴校释》卷六《核奸·刘沆》。
③ （宋）李焘：《长编》卷81，大中祥符六年九月辛卯，第1846页。
④ （宋）窦仪等撰，吴翊如点校：《宋刑统》卷4《名例律·赃物没官及征还官主并勿征》。
⑤ （清）徐松辑：《宋会要辑稿》食货63之165。

年（969）制定的"邻至次第"决定"见典人"和原业主谁更具有优先权。要断卖本已出典与人的田宅时，不需问亲邻，"先须问见典之人承当"①，与亲邻优先并不矛盾，因为在原业主出典产业时，亲邻已在出典田宅的契书上签押，放弃了依法所应享有的优先购买权，即"亲邻批退"。

真宗天禧时出现了业主典田之后身亡户绝，其产业被邻里论争的事例：

> 天禧二年（1018）二月，梓州黄昭益、遂州滕世宁言："州界多争论追赎远年典卖庄土，及至勘诘，皆于业主生前以钱典市，及业主户绝，本人不经官自陈，便为己业。直至邻里争讼，方始承伏，出钱估买。望自今每户绝，如有曾典得物业人，并须具事白官，或隐匿诖误，事发，即决罚讫，勿许复买。"诏法寺参议，且请"自今应以田宅典人上而业主户绝者，与限一年，许见佃人具事白官估直，召人收市。限满不告，论如法，庄宅纳官"。从之。②

这道诏令也是对"亲邻之法"的补充，它解决了户绝人出典田土后身亡情况下邻里争讼的问题——户绝人是依法出典田土，已经履行了问邻程序，所以无论将田土出典给亲邻，还是亲邻之外的他人，都是合法的。但户绝人身亡之后，其原出典田多被"见佃人"占有，不经官府确权，直接认作己业。此时，户绝人的邻人不伏，要求回赎。于是"见佃人"和户绝人邻里之间的财产矛盾便产生了。由本条材料的内容来看，此类案件如何处理原本无法可依，故而，由大理寺议定新法，以补充原本的"亲邻之法"。按照大理寺所定新规，以后若有此类情况，"见佃人"必须在一年内上报当地官府，由官府对户绝之产估价并"召人收市"。如有隐匿或在限期内不主动申官，依法论处。一旦事发，"见佃人"将同时承担刑事责任（决罚）和民事责任（庄宅纳官，同时勿许复买）。

---

① （清）徐松辑：《宋会要辑稿》食货61之56。
② （清）徐松辑：《宋会要辑稿》食货63之166。

北宋亲邻法令的演变与运行实态

天禧四年（1020），两浙路劝农使上言："人户自括田均税已后，多耘耕官荒田，今成熟土。岁月已久，今不即首露者，虑邻人争夺。望听元佃人首罪收税，复给佃者。"既然耕耘官荒田者因担心邻人争夺而不主动自首，改正税籍，那就可能是有邻人争夺的前车之鉴。所以，虽然这则资料中没有明确讲邻人因此争讼，但邻人之间却极有可能由此而争讼。官府对此采取的措施是"正名分"，只要元佃人主动到官改正，听其继续耕佃。①

户绝人身亡后，户绝庄田的归属问题，早在北宋初年制定户令时，已有一定之规，"如有庄田，均与近亲承佃"②。但户令中的这条规定并未考虑到户绝人出典后身死这一特殊情况，再加上大中祥符八年（1015）对户绝田归属做了修改，"户绝田并不均与近亲，卖钱入官，肥沃者不卖，除二税外，召人承佃，出纳租课"。这就使得户令与大中祥符八年（1015）敕明显冲突，地方官无所适从，"变易旧条，无所榖据，深成烦扰"。针对法令打架的这一情况，仁宗天圣元年（1023）七月，殿中丞齐嵩建议区别对待，通过"请射"③和承佃两种方式解决，并获得批准，"欲请自今后如不依户令均与近亲，即立限许无产业及中等已下户，不以肥瘠，全户请射。如须没纳入官，即乞许全户不分肥瘠，召人承佃"。这只是一个原则性的建议，还有几个细节需要进一步完善——既然户绝人的近亲被排除在外，"亲邻之法"中的"田邻"能否"请射"或承佃？他们与"无产业中等以下户"的"请射"和请佃次序孰先孰后？"立限""请射"或请佃的时间上限是多长？"一户承买不尽"可又不愿放弃优先权时如何处理？若有欺弊，是否允许告诉？三司和大理寺共同斟酌后，就此立定条法：

---

① （清）徐松辑：《宋会要辑稿》食货63之167，63之168。
② （宋）窦仪等撰，吴翊如点校：《宋刑统》卷12《户婚律·户绝资产》，第198页。
③ "请射"一词与均田制有关，这里是借用了唐代的说法。王永兴先生指出，与授田有关的"请"以及"请授"的含义是："制度规定的受田者，可以履行请授或请射的手续被授予应受的土地；不是制度规定的受田人，不能请授或请射土地。这些'请授''请射'等都是具体的，都是各类授田的必要手续，都是实行均田制过程中的一个必有的程序。"在"制度规定的前提下（或范围内），应受田者在狭乡要一般申请授田，在宽乡的可以指定地点地段请授。指定地点地段的请授，就是请射。指物而取曰射。这里的物就是地"。参见王永兴《陈门问学丛稿》，江西人民出版社1993年版。

今参详，应户绝户合纳官田，许或兑下瘠田已远，无人请买，荒废亏失税额。欲乞勘会户绝田，勒令佐打量地步、什物，估计钱数申州。州选幕职官再行覆检，印榜示见佃户，依估纳钱买充永业，不得更将肥田请佃，兑下瘠簿。若见佃户无力收买，即问地邻。地邻不要，方许中等以下户全户收买，其钱限一年内送纳；如一户承买不尽，许众户共状收买。如同情欺悖，小估亏官，许知次第人论告，并当严断，仍以元买田价十分给三分赏告事人。从之。①

根据这条法令，户绝田中的"瘠田"，"见佃户"、地邻、中等以下户都有资格购买，但要依次序而行。认购结束，田价要在一年内送缴官方；一户无力全部承买，允许多户共同承买。若有欺弊，许人检举揭发，一旦查实，严加惩处，并以原买田价的十分之三奖励告事人。户绝田土典卖中，承佃人优先于亲邻之法最终被确立下来，与此时的户绝田产的产权实际上已归官府，其性质是官有田宅有关，"户绝庄田检覆估价晓示，见佃户依价纳钱，竭产买充水（应为'永'字）业，或见佃户无力即问地邻，地邻不要，方许无产业中等以下户全户收买"②。至此，无论是非户绝之家（见前述真宗大中祥符七年）的私家田产典卖，还是户绝之家的"合纳官田"典卖，见佃户均具有法定优先权。元祐四年（1091），洺州平恩县户绝田土的承佃次第变化不大，只不过不再强调"余人"的资产等第，"合入广惠仓者，立定租课，先问元佃人，两户以上者亦许分佃。无见佃人或不愿承佃则遍问四邻，及不愿即给余人承佃"③。

不唯户绝瘠土，其他抛荒官田售卖时，具备资格购田的佃户、邻人、诸色人也须循序购买，"如佃户不买，却告示邻人，邻人不买，即召诸色人"，官方也会"牒州估价及具单贫人数"，在将田产估价的同

---

① （清）徐松辑：《宋会要辑稿》食货1之21。
② （清）徐松辑：《宋会要辑稿》食货61之57。
③ （宋）李焘：《长编》卷457，元祐六年夏四月甲辰，第10942页。

时，比对、审查买主的购买资格及人数，这是天圣四年（1026）六月福州的闽、侯官等12县抛荒官庄的售卖原则。这12县的官庄共计104所，"内七县田中、下相半，五县田色低下"。其中，"元管荒田园有后来请垦佃者五十四顷九亩，见今未有人佃。已牒福州估价召人请佃。"为确保这些田园成功售卖，还有诸多限制和激励措施，如"并须全业收买，依令限三年纳钱，不收牙税"；现佃户"全业收买"，可立刻办理户籍变更；若佃户不买，就将"元卸肥田"和瘠土品搭，"一处出卖"；为减轻佃户负担，三司还将福州对官庄的原估价减去三分之一，允许佃户"将见钱并但堪供军金银、䌷绢依市价折纳"；付款方式令佃户自愿选择，若分期三年付清田价，"其合应副差徭，亦候三年外"，每年要交的价款，"令州县置籍拘管，纽定逐年合拘纳钱数，随税追催封桩收附"，付清余款之日，"给户帖与买田人，执为永业，应副差徭"。"如愿一并纳足价钱，亦听从便"。福州屯田的售卖方式和原则也和官庄相同，"量定租课，罢行估卖"，"见佃户内单贫户承买者……更展限一年"。值得我们注意的是，福州官田庄出卖时，出现了"僧人元有官田已卸别户承佃者，敢争执妄生词说"的情况，对此，官方特别强调佃户中的僧户，属无资格购买者，"佃户名亦有僧户，元条僧人不得买田，已牒州出榜告示，许本主收买"①。僧户不得买田见于《天圣令》，是当时的新规定，"诸官人、百姓，并不得将田宅舍施及卖易与寺观。违者，钱物及田宅并没官。即严加勘断"②。

北宋田宅典卖中，虽然宋廷多次强调并重申问邻方为合法，但依然有人不问邻而典卖，宋仁宗天圣五年（1027）二月果州同判李锡的奏章里就有对这类违法交易的描述，"本州典卖田宅，多不问亲邻……致有争讼"。他同时还指出，这一问题同时存在于其他地区，"虑诸道亦有似此之类"，故而请求朝廷降下指挥，予以禁止。出现这种情况，主要是由于买主无力筹足"抽贯钱（土地交易税）"，另外也不排除交易双方不晓亲邻之法，或虽晓得却急于典卖，或有意违反敕条厘革之心理

---

① （清）徐松辑：《宋会要辑稿》食货63之175，63之177。又见《宋会要辑稿》食货1之23，1之24。
② 天一阁博物馆、中国社会科学院历史研究所天圣令整理课题组校正：《天一阁藏明本天圣令校证》田令卷第21，中华书局2006年版，第253页。

· 247 ·

因素。为维护大家族的整体利益，巩固纲常伦理秩序和稳固统治基础，宋政府对此种行为定性为违法："准敕，应典卖田宅，若从初交易之时，不曾问邻书契，与限百日陈首，免罪，只收抽贯税钱。"①

典卖田宅不问邻，业主有过错；若是不可抗力导致的业主想问邻而不能，则又另当别论了。天圣八年（1030）八月七日，审刑院言："河北天圣八年四月已前值灾伤逐急典卖与人，其四邻逐熟在外不曾会问者，如见执文契印税分明，其邻人不曾著字，却有论认者，官司不得为理，并依元契为主。"② 根据这一规定，田主因灾伤典卖田业时，若四邻亦因灾伤逃亡在外不曾在文契上签押且日后前来"论认"，只要文契已经官府过割，改正税籍，官司可不予受理，承认元契的法律效力。这种情形下，田主之所以没有履行问邻责任并不违法，乃因导致其不能履责的缘由是自然灾伤，还有它所引起的四邻逃亡这一社会异常事件，故而，在问邻问题上田主可以免责。这是尊重自然，保护当事人权益的表现。

北宋时，北界边民中有与敌国进行土地交易者，"久则疆畔不明，往往生事"。庆历中，贾昌朝尝为约束，后屡申明，不能禁止。神宗熙宁八年（1075）六月，再次就此问题立法，"诏边民典卖地与北界，论如私相交易律，皆配黄河南本城，许人告，亩赏钱十千；所典卖地勒犯人家或地邻赎归，犯人家财不足，官为借给，已有北人居者，官司婉顺发遣。其典买北人地者，钱不追，地不得耕，两地供输，与全属南人典卖地者立法有差"③。按照此法的规定，如果北宋边民把土地典卖给北界，边民的地邻负有连带责任，其收赎权具有强制性。

哲宗绍圣元年（1094），有大臣建言："应问邻者，止问本宗有服亲及墓田相去百户内，与所断田宅接者，仍限日以节其迟。"④ "亲邻"范围缩至"本宗有服亲"和墓田邻出现的立法目的，仍是以保护贫弱之家的典卖权益，减少争讼为考量。在这里我们需要注意两个问题，第一，既然熙宁、元丰旧法中将"邻"限制在"本宗有服亲"范围之内，

---

① （清）徐松辑：《宋会要辑稿》食货61之58。
② （清）徐松辑：《宋会要辑稿》食货1之25，又见《宋会要辑稿》食货63之179。
③ （宋）李焘：《长编》卷265，熙宁八年六月己酉，第6493页。
④ （元）马端临撰：《文献通考》卷5《田赋考五·历代田赋之制》。

那么，之前律令中的"邻"与业主之间，既可能是近亲，也可能是远亲，还可能是没有任何血缘关系、仅仅毗邻而居的外姓人。由此亦可想见自赵宋建国至熙、丰之间，不动产产权变动之频繁。第二，墓田邻法的制定，反映出北宋时代家族物质基础的不甚牢固，下文所述康定、皇祐、大观时围绕江氏祖墓（在衢州开化县治开元乡）所发生的诉讼即是明证。①

由上述可知，为使"亲邻之法"保持活力，北宋官方体时适变，适时立法，用以解决亲邻律令本身的疏漏问题。关注和参与修订律令的官方机构和人员，上有中书省、尚书省、三司，下有各道州府商税院和州县亲民官、幕职官、吏人，而且，地方则例和民间专业人士——庄宅牙人的意见亦被吸收进来，从而有益于亲邻法的顺利实施。经过修订的亲邻法同时适用于官荒田、屯田、户绝纳官田、户绝瘠田等官有田土和私家田宅；清楚划分了四邻次第，以及原业主、见典人、邻人、僧户及除此之外的诸色人在不同情况下的优先权；问邻、批退、交纳田宅价款、补税时限的规定亦很具体；分期或展期交纳田价等规定兼顾到见佃户中单贫户的利益；对业主、钱主、亲邻、庄宅牙人违法的惩罚性条款，对举告者的奖励性措施，对不可抗力下的问邻问题，以及北界边民地邻的连带责任等细节性规定，反映出北宋亲邻法的日渐周密。神宗熙、丰时"有服纪亲"和墓田邻的新规定，哲宗绍圣时对其再次确认，反映出亲邻范围逐渐缩小的趋势。邸舍类商业性房产交易中的"邻"，突破了血缘亲邻的范畴，丰富了"邻"的内涵。

三 北宋"亲邻之法"纷争与政令运行

由上述可知，随着时间的推移，北宋的"亲邻之法"越来越趋完善。但当时田宅买卖中形形色色、纷繁多样的亲邻之争，却反映出因亲邻问题发生的矛盾冲突始终存在，为此而提起诉讼者不在少数。例如，宋初律令中的"亲邻之法"有对亲邻、业主、牙保人不依法典卖田宅的重责条款，后来修订的律令中也有对亲邻等人的约束，但在当时的社

---

① （宋）郑刚中：《北山集》卷19《江氏小山祖墓记》，《四部丛刊》续编景宋写本。

会经济生活中，因业主、钱主、亲邻诸色人违法引起的纷争仍时时出现。有的业主故意欺罔亲邻，前述太平兴国八年（983），开封府录事参军赵孚所言的庄宅交易不问亲邻，即一例，"庄宅多有争诉，皆由衷私妄写文契……昧邻里则不使闻知，欺罔肆行，狱讼增益"①。当时田宅典卖中，虽然宋廷多次强调并重申问邻为法定程序，但有时买主会因经济条件不允许而规避问邻，如仁宗天圣五年（1027）二月，果州通判李锡奏章中所描述的因买主无力筹足"抽贯钱（土地交易税）"而导致的"本州典卖田宅，多不问亲邻……致有争讼"现象，他同时指出这一问题具有普遍性，果州并非个例，"虑他道亦有似此之类"②。在不可抗力状态下，业主想依法履行问邻程序也是难以办到的事情，如天圣八年（1030）八月七日，审刑院所言的业主因灾伤急售，但四邻亦因灾伤逃亡"不曾著字"所致"论认"③。大中祥符六年（1013）。"民间质卖邸舍，而邻并权要家，留其契券以艰难之"④ 现象中，邻人或钱主"留其契券"刁难业主行为，属于故意违法。人性是自私的，人户开垦官荒田时，由于土地瘠薄，邻人自无话说；经过垦荒人户的精心侍弄，官荒田变成沃土之时，邻人可能会因眼热而以自己是官荒田地邻为由告发或争夺。垦荒人自然不会轻易放弃自己付出诸多心力的土地，冲突也就不可避免了，前述天禧四年（1020）两浙路劝农使所言的"邻人争夺"已成熟土的官荒田⑤，即属此类。

北宋史籍中收录了不少与亲邻之法相关的邻里争田事件，这类争讼大多耗时弥久，手法多端。如真宗时的福州连江县，"民有邻里争田者，讼之，历十余岁不决"⑥。仁宗时，"仁寿洪氏，尝为里胥，利邻人田"，他以免役为诱饵，哄骗邻人："我为若税，免若役。"邻人喜不自胜，"划其税归之，名于公上，逾二十年"。洪里胥诈欺得田成功后，

---

① （宋）李焘：《长编》卷24，太平兴国八年三月乙酉，第542页。
② （清）徐松辑：《宋会要辑稿》食货61之58。
③ （清）徐松辑：《宋会要辑稿》食货1之25，又见《宋会要辑稿》食货63之179。
④ （宋）李焘：《长编》卷81，大中祥符六年九月辛卯，第1846页。
⑤ （清）徐松辑：《宋会要辑稿》食货63之167，63之168。
⑥ （宋）刘敞：《公是集》卷51《先考益州府君行状》，文渊阁《四库全书》本，上海古籍出版社1987年影印本，第1095册，第847页。

又伪造契约，认作己业，"伪为券，茶染纸，类远年者"。二十多年后，邻人知晓原委，诉讼遂起。① 对于此案，当时的连江县令通过辨别伪券所用纸张的色泽，判定伪契无效，"公取纸，即伸之曰：'若远年纸，里当白，今表里一色，伪也。'讯之，即服"。刘沆知衡州时，也遇到这么一件邻人争田案，"有大姓尹氏欲买邻人田，莫能得，邻人老而子幼，乃伪为券，及邻人死，即逐其子，二十年不得直。沆至，又出诉"②。刘沆独辟蹊径，发现了尹氏提供的书证——"积岁所收户抄"中的猫儿腻，尤其是伪券上没有邻证书押的漏洞，"若田千顷，户抄岂特收此乎？始为券时，尝问他邻乎？其人固多在者，可以取为证也"。郑克就此案所作的按语也反映出"亲邻之法"是这一案情真相大白的关键，"卖田问邻，成券会邻，古法也。使当时法不存，则将何以核其奸乎？"③ 宣和五年（1123）八月四日，提举江州太平观聂山责授崇信军节度副使，衡州安置。其被黜降的原因乃是强买邻田的强盗行径，"有邻田，其人孤幼，给其立券之后，一文不与"④。如这几例所示，最终胜诉者都付出了少则10余年，多则20余年的艰辛努力。他们能够赢得官司，也和官员个人的断案能力、为政态度有着很大的关联。前述福州连江县"所讼得田者"对判案的刘知县感恩戴德、溢于言表的感激之情及其在刘知县离任时赠送数斤白金的意思表示和行动⑤，也在某种程度上昭示着胜诉的不易。

因扩建宅院而强买邻舍现象时有发生，如太平兴国六年（981）十一月己未日，枢密使楚昭辅以"恐侵四邻地"为由谢绝了太宗要为其扩建宅院的好意⑥。若反向思考，这类问题及其引发的诉讼应该不在少数。譬如，大中祥符五年（1012），卫国长公主"请市比邻张氏舍，以广其居"。对此，真宗的态度是"如立券出卖，则可也"。但张氏不愿

---

① （宋）李觏撰，王国轩点校：《李觏集》卷30《宋故朝散大夫守尚书屯田郎中上轻车都尉赐绯鱼袋江公墓碑铭并序》，中华书局1981年版，第367页。
② （宋）郑克撰，杨奉琨校释：《折狱龟鉴校释》卷6《刘沆问邻》。
③ 同上。
④ （清）徐松辑：《宋会要辑稿》职官69之12。
⑤ （宋）刘敞：《公是集》卷51《先考益州府君行状》，文渊阁《四库全书》本，第1095册，第847页。
⑥ （宋）李焘：《长编》卷22，太平兴国六年十一月己未，第505—506页。

出卖，"云日僦钱五百，方所仰给"。于是，真宗"戒令不得强市，止赐钱二百万，听于他处图置"①。大中祥符八年（1015），开封府又出现了一起恶性强买邻人宅舍事件：

> （大中祥符）八年八月二日，开封府判官国子博士韩允、殿中丞权大理少卿阎允恭并除名，允授岳州文学，允恭授复州文学。百姓崔白杖脊配崖州牢城，白子端决杖配江州本城。白家于京师，素无赖，凌胁弱小，取财以致富。先有满子路，强狠任侠，名闻都下。又有赵谏，以豪横伏法。白谓人曰："满子路，吾之流辈也；赵谏，吾门人尔。余不足算也。"百姓梁文蔚与白邻居，白素欲强买其舍，文蔚未之许，屡加诟辱。会文蔚死，妻张与二子皆幼，白日、夕遣人投瓦石以骇之。张不得已徙去，即以其舍求质钱百三十万，白固以九十万，因市之。张诉于京府，白遂增钱三十万，因潜减赁课，以已仆为证，诣府讼张，且厚赂胥吏。白素与允恭善，遂祈允恭达其事于允，祈坐张妄增屋课，杖之。白因大言，炫其事于廛间。皇城司廉知以闻，诏捕白付御史台，鞫问得实，故并及罪责。②

此事件中的开封无赖崔白，不仅运用阴私手段强逼邻人就范，还"厚赂胥吏"，诬告原业主，通过人情请托达致目的。而且，崔白还低价强买，属于《宋刑统》中规定的"着价不尽"。"若亲邻着价不尽，亦任就高价处交易者。"③ 在这种情况下否决亲邻优先权，是为了保护业主的利益，最大限度地减少田宅典卖中因亲邻故意压低价位而产生的纠纷。此案中的崔白所违之法多矣，却在"诉于京府"后胜诉，这是"亲邻法"运行中的弊病。此事件中的侵权人及相关责任人之所以最终受到惩处，非因苦主之诉，而是皇城司的监察起了作用。因为此事件非常典型且性质极为恶劣，故宋廷在惩处了相关人员后，"仍下诏戒谕都人"，以

---

① （宋）李焘：《长编》卷78，大中祥符五年六月戊申，第1770页。
② （清）徐松辑：《宋会要辑稿》刑法4之70。
③ （清）徐松辑：《宋会要辑稿》食货61之56。

警戒后来者。[①] 哲宗绍圣中，也有此类事件发生。神宗向皇后的母族，“于其坟造慈云寺，户部尚书蔡京以向氏后戚，规欲自结，奏拓四邻田庐，民有诉者”。当时，范纯仁之子范正平当时为开封尉，他到实地勘察后，“以为所拓皆民业，不可夺。民又挝鼓上诉，京坐罚金二十斤”[②]。向氏邻人最后敲响登闻鼓，直诉此事，事件的主导人蔡京也受到了相应处罚。徽宗宣和时，京畿之外也有官户强市民宅的事件发生，如宣和六年（1124），奉祠里居的郑擢，因“渔夺邻里，不能安居”受到殿中侍御史石宗万弹劾，“罢宫观”。之后又有大臣就此上言，称“既罢宫观，愈无顾藉”，于是，郑擢“更降一官”[③]。由对郑擢的最终处理结果来看，北宋对官员渔夺邻里的处置考虑到了社会效果，可谓严厉。

程俱的《江氏小山祖墓记》一文，记述了大观三年（1109）江氏和乡豪汪氏之间的墓田争讼。在其前因后果的叙述中，透露出围绕江氏祖墓发生的家庭内部的纷争一直没有间断。这种纷争可分为两类，一类是寄居在祖墓房舍中的江氏“近族之贫者”，因居住时间过久，把墓产当已产售卖所致纠纷，“近族之贫者往往寓著其间，岁且久，因以为己产，稍斥卖之”。程俱虽未言明此类墓产冲突是否升级为争讼，但由康定年间的墓地边界的确权来看，此类矛盾早就存在，“太常少卿钧任两浙转运使日，具墓地界，俾宗子廼等主之，岁一补治垣墙，则宗司白宗长，凡宗人共其事”。大观三年（1109）的墓田争讼结束后，江氏子孙再次确权，“乃始周域其地，为垣墙，稍树、松林櫝，揭其阡曰，江氏皇祖之墓”。另一类是墓田邻侵耕所致纷争，“四域之外，耕艺者相接，岁攘日蹙，莫之谁何”。墓田邻纷争，早在皇祐年间便已出现，“尚书郎铖以邻人之侵其地也，言于县，县按所侵地归之，俾宗人祐主之”。《宋刑统》中列有对盗耕人墓田的刑事处罚方法，“盗耕不问多少，即杖一百”，“伤坟者，徒一年”[④]。由“县按所侵地归之”来看，仅是退

① （宋）李焘：《长编》卷85，大中祥符八年八月戊寅，第1943页。

② （元）脱脱等撰：《宋史》卷314《范纯仁传附子正平传》，中华书局1977年版，第10293—10294页。

③ （清）徐松辑：《宋会要辑稿》职官74之45，74之46。

④ （宋）窦仪等撰，吴翊如点校：《宋刑统》卷13《户婚律·占盗侵夺公私田》，第204—205页。

还侵耕墓田，没有对侵耕者的刑事处罚，开化知县似乎是按一般土地侵耕处理的，"若亲属相侵，得罪各依服纪，准亲属盗财物法，应减者节级减科"①。值得注意的是，江氏祖墓本有"地四十亩"，大观三年（1109）胜诉之后，其面积②和原来相比反而减少了，"然不能四十亩矣"。减少的原因不外乎上述两个：一是近族贫者的售卖；二是墓田邻的侵扰。从仁宗康定年间到徽宗大观时，不过六七十年，围绕江氏祖墓的诉讼一而再，再而三地出现，日后的纷争当然也是难以避免的，所以江仲嘉慨叹："惧来日之无穷也，事浸远而浸忘，则其不为前日之戕败者几希！"③

北宋时，与田宅典卖相关的亲邻法修订和亲邻之争，较为真实地反映了当时"亲邻之法"的实际运行状况。孔子曰："人能弘道，非道弘人。"④ 古代"人治"背景下，官员尤其是基层官吏是政令顺利运行的关键所在，为政不得人是不可能有成就的。宋代亦然。为免害民，北宋朝廷虽多次颁降"不得将逃户田土抑勒亲邻佃莳"的编敕、指挥，但有些地方官却置若罔闻，如陕西延边州县官吏不仅把"远年瘠薄无人请佃逃田，抑勒近邻人户分种，或令送纳租课"，还将每亩出产不过一二斗的官庄地土，勒令邻人分种。⑤ 前述亲邻争讼事例中，强势的高官贵要、以人情"达其事"影响案件裁决的地方官、渔夺邻里的宫观官、收受"厚赂"的里胥、奸猾的地方大姓和无赖等人物的出现，阻碍着亲邻法法律正功能的发挥。罚金、罢宫观等惩罚性措施并不能从根本上解决问题。

此外，官吏突破亲邻法适用范畴的违法操作亦时有发生。如真宗、仁宗时，鄂州吏人将"逃户税责邻人"⑥。英宗时，荆南府江陵、枝江

---

① （宋）窦仪等撰，吴翊如点校：《宋刑统》卷13《户婚律·占盗侵夺公私田》，第203页。
② 宋人墓田面积大小见《宋刑统·丧葬令》，《宋刑统》卷26《杂律·营造舍宅车服违令》，第417页。
③ （宋）程俱：《北山集》卷19《江氏小山祖墓记》，《四部丛刊续编》本。
④ （清）刘宝楠撰：《论语正义》卷18《卫灵公》，上海书店1986年影印本，第345页。
⑤ 《长编》卷142，庆历三年七月辛巳，第3402页。
⑥ （宋）王安石：《王文公文集》卷95《赠尚书吏部侍郎句公墓志铭》，上海人民出版社1974年版。

二县人户，正税外有丁盐麴钱。如若"本户人丁多已亡没"，官方便会把这笔杂税摊派到户长和地邻人名下，"只是催科户长及地邻人，均陪代纳"①。

将亲邻法应用于坊场钱催纳，亦是北宋某些地方官的创举。庆历五年（1045）十一月敕规定，"今日以前先降指挥令百姓及衙前人送纳交卖酒坊钱条贯更不施行，其所根究到酒场净利钱数更不催纳"。然而，直到皇祐四年（1053），泗州知州陈式"为己劳绩"，不顾条贯，仍旧在辖下的临淮、招信、盱眙三县监催这项酒坊钱。有的百姓为此无名欠付破荡财产后，依旧填纳不足，以致死亡或逃窜之后，"州县枷锢欠人骨肉，追及亲邻"②。四邻贫乏或无亲邻可供摊派时，则摊至飞邻和望邻：

> 自古所谓四邻，盖指东西南北四者而言耳。然贪虐害民者，一切肆其私心。元丰以后，州县榷卖坊场，而收净息以募役，行之浸久，弊从而生。往往鬻其抵产，抑配四邻，四邻贫乏，则散及飞邻、望邻之家，不复问远近，必得偿乃止。飞邻、望邻之说，诚所未闻。元祐元年，殿中侍御史吕陶奏疏论之，虽尝暂革，至绍圣又复然。③

非独亲邻法令，北宋其他政令的运行亦不乏类似情形。譬如，"《常平条敕》纤悉具在，患在不行，非法之弊"④。究其缘由，表面上看，各级政令实施者难辞其咎，他们或私心作祟，或受利益驱使，或为

---

① （宋）郑獬：《郧溪集》卷12《论免丁身钱状》，文渊阁《四库全书》本，上海古籍出版社1987年影印本，第1097册，第223页。

② （宋）赵抃：《清献集》卷6《奏札·乞放泗州酒坊钱（九月）》，文渊阁《四库全书》本，上海古籍出版社1987年影印本，第1094册，第828页。

③ （宋）洪迈撰，上海师范大学古籍整理研究所校点整理：《容斋随笔》3笔卷15《飞邻望邻》，上海古籍出版社1978年版，第585页。此条资料亦见吕陶《净德集》卷2《奏乞放坊场欠钱状》，《长编》卷376，哲宗元祐元年乙卯条也收录了这篇奏章。因洪迈的记述简短精练，故于此处引用之。

④ （清）黄以周等辑注，顾吉辰点校：《续资治通鉴长编拾补》（以下简称《长编拾补》）卷5，熙宁二年八月庚戌，中华书局2004年版，第226页。

粉饰政绩而阳奉阴违或"沮格"[1],"此吏之罪,非法之过也"[2]。但其根源却是高度中央集权制度下等级授职制[3],下级揣摩上级意思而行事是其具体表现形式,"人臣事君之常情,不从其令而从其意"[4],加之按察官员"是无损于我,而徒以惹怨"[5]的敷衍态度,以致"官吏慢法而不奉行"[6]现象比较突出。这是"人治"社会的痼疾,与宋代乃至中国古代社会相伴始终。

附:北宋"亲邻之法"修订过程

序号	时间	亲邻法运行中的问题	亲邻法的新内容	备注
1	开宝二年(969)九月	四邻争买,何邻为先?一邻数家,以孰家为上	确定四邻次第	1)京城则例推广到全国 2)左右军庄宅牙人参与修法
2	太平兴国八年(983)三月	妄写文契,昧邻里,致狱讼增益	由两京及诸道州府商税院牵头,制定标准典卖文契各一本,立为榜样	1)全国性问题 2)庄宅行人参与
3	雍熙年间(984—987)		据全业所至之邻皆须一一遍问,候四邻不要,方得与外人交易	
4	大中祥符六年(1013)	民间质卖邸舍,而邻并权要家,留其契券以艰难之	申明条约,无使复然	邸舍为商业性房产,业缘之邻

---

[1] (清)黄以周等辑注,顾吉辰点校:《长编拾补》卷5,熙宁二年八月丙午,第224页。
[2] (清)黄以周等辑注,顾吉辰点校:《长编拾补》卷12,绍圣三年七月己亥,第475页。
[3] 参见王曾瑜《回眸中国古代地方政治的贪腐与黑暗》,《史学集刊》2011年第1期。
[4] (清)黄以周等辑注,顾吉辰点校:《长编拾补》卷6,熙宁二年十二月是月,第281页。
[5] (清)黄以周等辑注,顾吉辰点校:《长编拾补》卷4,熙宁二年三月癸未,第163页。
[6] (清)黄以周等辑注,顾吉辰点校:《长编拾补》卷7,熙宁三年三月甲辰,第340页。

续表

序号	时间	亲邻法运行中的问题	亲邻法的新内容	备注
5	大中祥符七年（1014）三月	民有讼田，以典到地为邻至者，法无明文	1）自今典卖田宅，其邻至内如有已将田业正典人者，只问见典人，更不曾问元业主 2）若元业主除已典外，更有田业邻至，即依邻至次第施行	见典人与原业主优先权
6	天禧二年（1018）	业主典田之后身亡户绝，其产业被邻里论争	见佃人一年内主动申报办理，否则承担相应法律责任	梓州、遂州知州上言
7	天禧四年（1020）	官荒田变熟土后，邻人争夺	正名分：听元佃人首罪，收税，复给佃者	两浙路劝农使上言
8	天圣元年（1023）	户绝户合纳官田中的瘠田归属	1）见佃户优先，地邻次之，中等以下户再次之（全户收买） 2）一年内送纳价钱（如一户承买不尽，许众户共状收买）	
9	天圣四年（1026）六月	1）抛荒官田归属 2）福州屯田	1）佃户优先，邻人次之，诸色人再次之 2）见佃户内单丁户承买者，更展限一年 3）僧户无购买资格	福州闽、侯官等12县
10	天圣五年（1027）二月	从初交易之时，不曾问邻书契，以致争讼	与限百日陈首，免罪，只收抽贯税钱	果州问题，他道亦有
11	天圣八年（1030）八月	1）因灾伤典卖不曾问邻 2）邻因灾逃亡，未曾著字	不予受理，元契合法	河北路 考虑到不可抗力
12	熙宁、元丰年间(1068—1085)	亲邻范围的重新界定与缩小	1）本宗有服亲 2）墓田邻是指相去百步内，与所断田宅接者	限日以节其迟

续表

序号	时间	亲邻法运行中的问题	亲邻法的新内容	备注
13	熙宁八年（1075）六月	边民以地与敌交易，久则疆畔不明，往往生事	边民典卖地与北界，是违法交易，所典卖地勒犯人家或地邻赎归	庆历中至熙宁八年间，屡有申明，不能禁止
14	元祐中（1086—1093）		元祐敕：典卖田宅遍问四邻	
15	元祐六年（1091）四月		户绝田土合入广惠仓者，立定租课，先问元佃人，两户以上者亦许分佃。无见佃人或不愿承佃则遍问四邻，及不愿即给余人承佃	洺州户绝田承佃次第
16	绍圣元年（1098）		请复熙宁、元丰旧法	

允文允武
——北宋家族文武转化探析

姜 勇

(浙江工商大学 人文学院)

为了扭转晚唐五代以来武夫跋扈、纲纪陵替的局面，宋初统治者在立国之初便确立了文治的导向。在各种文治政策特别是大量科举取士的导向下，读书业文的社会风气逐渐形成，士大夫阶层也逐渐崛起，文治的局面终得以确立。推进文治的过程也贯穿着对武臣群体的改造，这必将对武官家族的发展取向产生重要的影响。虽然有不少武官家族开始转换门庭，"其子孙之家，往往转而从进士矣"，并常被作为"重文轻武"说法的注脚，但这一转变的范围多广，深度如何，还需要进一步探讨。学界基于"文不换武"说法的讨论，也加深了我们对宋代文武之间区分与对立的认知。但是，在家族发展的取向方面，文官家族当中也有不少投笔从戎者，家族的发展道路也呈现出不同程度的转变，更值得注意。宋代家族史的研究经历过一个繁荣期，但绝大多数研究的关注点集中于各个家族在文官抑或武官各自系统内的兴衰沉浮，对文武家族相互转化的问题却较少涉及。这两种不同的家族发展取向与北宋朝廷文治政策的关系，以及影响其家族发展取向的因素，是本文主要讨论的问题。

一 武官家族向文官家族的转化

宋初三朝的政策，从太祖时提倡读书至真宗朝崇儒、文治的导向越发明朗。作为树立文治导向的一个重要方面，改变晚唐五代以来武臣群体唯力是视、恃权跋扈的习气，促使武臣"识君臣父子之道，知忠孝弟顺之理",也是追求治道的一个必须解决的问题。因此,太祖提出:"今之武臣,欲尽令读书,贵知为治之道。"这一具有划时代意义的一句话,在武将心中的导向作用是实实在在的①。朝廷的倡导、时论的认同以及任职的需要,使武臣读书越来越普遍。如远处西北的府州折继祖,在临政二十余年后仍"奏乞书籍,仁宗赐以九经"②。常年在西北征战的姚兕,"力学兵法,老不废书"③。以至于除了武将本身武勇的属性之外,谋略成为时论评价标准中重要的组成部分,也成为武将为文臣所认同的切入点。

而且,武臣不仅自身多折节读书,还更加注重教育子孙向学。典型的例子就是真宗时禁军将领高琼,由于在澶渊之盟事件中的过激言行,事后被真宗训诫:"卿本武臣,勿强学儒士作经书语也。"④但当真宗问及"卿子几人"时,高琼仍答曰:"臣子十有四人,臣诚愚不肖,然未尝不教以知书。"⑤再如孙继邺,"年十五,左藏(继邺父孙承睿)以元白诗示之"⑥。

君主的提倡与家庭的教育,使武臣子孙读书的风气变得甚为普遍。如太祖主婿王承衍"善骑射,晓音律,颇涉学艺,好吟咏"⑦;其孙克臣还曾及景祐进士第。同时,也有不少武臣子孙一改父辈"不事学"的形象,读书向学。如王显"昧于学识",但其子希逸,"以荫补供奉官。好学,尤熟唐史,聚书万余卷"⑧。后来还"换秩授朝奉大夫,太子中允,咸平初改殿中丞,直史馆"⑨,并曾预修《册府元龟》,已然

---

① 邓小南:《祖宗之法:北宋前期政治述略》,生活·读书·新知三联书店2006年版,第153页。
② (元)脱脱等撰:《宋史》卷253《折继祖传》,中华书局1977年版,第8865页。以下《宋史》版本同。
③ (元)脱脱等撰:《宋史》卷349《姚兕传》,第11058页。
④ (宋)司马光撰,邓广铭、张希清点校:《涑水记闻》卷6,中华书局1989年版,第114页。
⑤ (宋)王珪:《华阳集》卷36《高琼神道碑》,《丛书集成初编》本,中华书局1985年新1版。
⑥ (清)胡聘之辑:《山右石刻丛编》卷13《孙继邺神道碑》,清光绪二十七年刻本。
⑦ (元)脱脱等撰:《宋史》卷250《王承衍传》,第8818页。
⑧ (元)脱脱等撰:《宋史》卷268《王显传》,第9233页。
⑨ 同上。

成为饱学之士。

　　武臣特别是其子孙的读书活动，对其家族的发展产生了重要的影响。像王希逸这种因读书好学而转为文资的武臣子孙并不少见。另外，兴盛的科举也为武臣子孙转向文资提供了另一个重要途径。北宋初已有不少武官家族的子弟参与科举[1]，开始文官生涯，家族的发展道路也呈现出不同程度的转变，北宋中后期这种转化有增无减。

　　武官家族向文官家族转化的例子，最为典型的要数太原慕容氏。自五代以来见诸史籍的最早人物为慕容章，曾任"襄州马步军都校、领开州刺史"。生有三子，长为延钊，次为延忠，三子名延卿，均在军中。延钊是这一家族成就最为显赫的成员，后周时任为殿前副都点检，并与赵匡胤保持着比较友好的关系，陈桥兵变时按治北边边境，以"起义将帅"身份入宋，并受到宋太祖器重。慕容氏的第三代中，延钊四子，德业、德丰、德均、德正；延忠二子，德俨，另一子名讳无考，为彦逢祖父；延卿一子，德琛，均为武职。较为知名者为德丰与德琛二人，均继续戎马生涯。第四代，其家族便明显从史籍中淡出，可考者仅有德丰子惟素，德俨子惟绪，延忠孙、彦逢父慕容理数人。事迹也乏善可陈，除了慕容理仕途不详之外，其余慕容氏子孙仍旧是以武职进取，但已不见有军功。到了第五代，家族发生了较大的变化，延忠一支的后代已经普遍转向文官。代表人物有两个，一个是慕容伯才，另一个是慕容彦逢。从仕宦经历来看，伯才以文登科之后并没有太显赫的官位和作为，致仕之后，朝廷录其子彙为官。伯才"孙男五人：长曰嗣祖、次嗣弼、次嗣功，皆业进士"[2]，女婿皆文职，据此情况看来，慕容氏这一房已渐渐转为文官世家。彦逢则受知于徽宗，列侍从达十五年，何澹也将慕容彦逢与其家族最有影响力的慕容延钊相提并论："延钊，佐太祖定天下，启王爵。其四世孙曰彦逢，位文昌，门风始振。"[3] 在彦逢

---

[1] 何冠环曾就宋初武臣子弟循科举出身做过统计，将近有二十家。详见氏著《败军之将刘平——兼论宋代的儒将》，载《北宋武将研究》，香港中华书局2003年版，第286页。

[2] （宋）王森：《宋朝请郎致仕慕容君遗戒》，载《千唐志斋藏志》，文物出版社1984年版，第1302页。

[3] （宋）何澹：《故恭人慕容氏墓志》，《永乐大典》卷539，中华书局1986年影印本，第79页。

的刻意经营下，诸兄弟基本都任文职官员，二子邦佐和邦用，也分别为承议郎、行太府寺丞和承事郎。孙男九人：纲，承事郎；绍、绹，皆通仕郎；纶、约、绘、綖、绛、纯，皆将仕郎。彦逢这一房也已经呈现为一个典型的文官世家。

慕容氏家族由武向文转化的轨迹有两个特点：一是在时间上比较晚。慕容伯才为皇祐五年（1053）进士，此时已经是仁宗朝后期。慕容彦逢则要更迟一些，直到哲宗元祐三年（1088）才进士及第，入仕时已是北宋后期了。而无论是慕容伯才还是慕容彦逢，如从有史可考的慕容章算起，均为慕容氏家族的第五代子孙；即便是从慕容延钊这一后世共同追忆的祖先算起，他们也已经是慕容氏第四代子孙。二是在向文转化的范围上，仅限于慕容延忠这一支的子孙，而且慕容彦逢之兄慕容彦义官职不详，尚无从确认是否转为文官。慕容延钊和慕容延卿两支，其子孙并无相关向文官家族转化的记载。

北宋其他向文官转化的武官家族，与慕容氏所反映出的这两个特点相比，虽有差异，但相似之处颇多。尽管也有在宋初便迅速向文转化的家族，但更多的则是如慕容氏所呈现的那样，子孙通过荫补入仕，进入军职或武选官的行列，其向文官转化也多是自孙辈或曾孙辈才逐渐开始。不仅仅慕容氏这样的北方武官家族如此，就连宋初颇受排挤的南方诸政权的武官，其家族也多有至第四代才出现文官或参与科举的。如后蜀武官苏厚，仕蜀为尚食使，其子苏进之，为蜀牙兵校长，入宋之后署为东宫率府副率。其孙苏继，"以父任，累迁殿直，太平兴国中，授深州安平寨主"①。至曾孙苏咸熙才明经擢第，而家族第一个进士，玄孙安世，仁宗天圣二年（1024）才及第。另外，来自漳泉的苏诲以及南唐的侍其祯家族也均与之相似。

较早向文官转化的家族，都有自身的内在因素。太宗朝，有许多武官的子辈进士及第或转为文资，如五代入宋的武官赵延进之子赵昂，"太平兴国二年登进士第，至户部郎中、直昭文馆"②。再如太宗晋邸旧

---

① （宋）余靖撰，黄志辉校笺：《武溪集校笺》卷19《宋故殿直苏府君墓志铭》，天津古籍出版社2000年版，第596页。
② （元）脱脱等撰：《宋史》卷271《赵延进传》，第9300页。

臣杨守一之子安期"历国子博士，坐事贬卒"①。安期之子梦得，后来也曾进士及第。这两个家族子辈或考取进士或转为文官，家族转化如此迅速，并非偶然，从其父辈的经历来看，其实已经做好了铺垫。赵延进自幼颇亲学，《宋史》本传记载，其少时"尝与军中少年入民家，竞取财贿，延进独持书数十编以归"②。结果遭到了同辈的耻笑。但也正因为如此，"士流以此多之"。杨守一虽然不像赵延进那样"涉猎经史，好作诗什"，但在太宗晋邸之时，也"稍通《周易》及《左氏春秋》"③。父辈的好学读书自然容易对子孙的文化教育和职业选择产生影响，而相对于文化素质普遍不高的宋初武臣群体而言，这些家族向文官群体的转化尤其具有优势。父辈的好尚及与士人的交游同样也会对子孙产生影响，如杨廷璋"美髯，长上短下，好修容仪，虽见小吏未尝懈惰"④，显然一副文士风范。其"善待士，幕府多知名人"，亦应对子孙习文有正面的引导作用。其儿子中有两个进士及第："垣至屯田员外郎，盐铁副使、判官，埙为都官郎中。"⑤而"廷璋子七人，皆不为求官"，似乎并不为他们的仕途担心，也许这是他有意让后代走文官道路的一种引导。

家族成员的仕途前景也是促使武官家族较早向文官家族转化的因素之一。参与平蜀的将领康延泽，因主将王全斌得罪，坐贬唐州教练使，"十年不调"，直至宋太祖开宝末年才重新起用为供奉官、留监左藏库。这十年的时间，使得康延泽颇有些心灰意冷，他曾对权河南尹许仲宣说："三代为将，道家所忌。吾自蔚州太师而下，世传将帅。今幸功名以继祖祢，年享寿考，运逢治平，使子与孙去橐鞬，袭缝掖，熙熙自乐，以终天年，吾愿足矣。"⑥于是，在被贬的十年间，康延泽"筑室垦田，聚书训子"。五子当中，长子怀玉举进士业；次子怀玭，仟文

---

① （元）脱脱等撰：《宋史》卷268《杨守一传》，第9224页。
② （元）脱脱等撰：《宋史》卷271《赵延进传》，第9299页。
③ （元）脱脱等撰：《宋史》卷268《杨守一传》，第9224页。
④ （元）脱脱等撰：《宋史》卷255《杨廷璋传》，第8905页。
⑤ 同上。
⑥ （宋）王禹偁：《小畜集》卷28《前普州刺史康公预撰神道碑》，《四部丛刊初编》本。

职，在康延泽神道碑中的职衔记载是"前平江军节度推官，试大理司直"①。孙辈当中，赞华也举进士。另如王侁家族，父王朴本是五代进士，后周枢密使，王侁始改武职，但仕途并不理想。雍熙北伐时，因为杨业之死，其"坐除名，配隶金州"②。其弟王僎，"供奉官、阁门祗候，坐征交阯军败诛"③。兄弟二人在武职方面的仕进受到极大挫折。王侁的另外两个弟弟王倚和王偓一并举进士业，很可能是受到其兄遭际的影响。

就向文官家族转化的范围而言，与慕容氏家族所展现的类似，我们较少能见到整个家族彻底转换的情况。反而，像侍其玮那样"家世以武显，族大且贵，闻天下。公独自刻习儒学词章，从进士"④的情况则是较为常见。相似者如翟守素家族，其父翟令图官至率府率，守素在后晋天福年间以荫入仕，补左班殿直，入宋后颇为太祖亲信任事，官至商州团练使。兄守序，以太子左清道率府率致仕。守素子继恩，为右班殿直，长孙惟德，官至商州衙内都指挥使。其族人多为武吏，只有守序之子翟希言"独好文学，举进士中第"⑤。

再如曾与皇室联姻的焦继勋家族。焦继勋在太祖朝为西京留守，颇有治绩。其女开宝八年（975）嫁为赵德芳夫人。继勋有二子，长为守吉，次守节。守吉三子，宗嗣、宗简及宗彝，均为武职。守节一房子孙较多，共九子。有史可考的为焦宗说及宗古二房。长子宗说"出将门，席世勋，不以骄伐自逸"⑥，膝下有三子，"长曰世卿，内殿崇班、曹州兵马都监；次曰世安，右侍禁；次曰世宁，终右班殿直"⑦，均为武职。另有焦世隆和焦世昌，虽然无从得知是属于哪一房，但应是焦宗说子侄

---

① （宋）王禹偁：《小畜集》卷28《前普州刺史康公预撰神道碑》，《四部丛刊初编》本。
② （元）脱脱等撰：《宋史》卷274《王侁传》，第9364页。
③ 同上。
④ （宋）葛胜仲：《丹阳集》卷13《朝散大夫致仕柱国赐紫金鱼袋侍其公墓志铭》，文渊阁《四库全书》本，上海古籍出版社1987年影印本，第1127册，第524页。
⑤ （宋）王安石：《临川先生文集》卷100《乐安郡君翟氏墓志铭》，《四部丛刊初编》本。
⑥ （宋）李昭文：《大宋故右侍禁焦君墓志铭》，河南省文物研究所、河南省洛阳地区文管处编《千唐志斋藏志》，文物出版社1984年版，第1271页。
⑦ 同上。

辈的亲属。世昌官至右侍禁；世隆为左藏库副使，七子也均为武职。而焦宗古则是八岁隶进士业，已善属辞。祥符初中进士第，试教书郎。李昭遘为其作的墓志中说："君挺生将门，世跻美仕。幼闻军旅之学，家传韬略之书。联姻王室，喧嚇贵盛，伯仲尤众，银茭相照。独能逊志励□，肩儒素伍，褒衣博带，游场屋间，耻□任子之禄，自致决科之美。"① 所言非虚。就史籍和其家族墓志的记载来看，在焦继勋家族中，焦守节的确是唯一业文的成员。据其妻薛氏的墓志铭记载，焦宗古有一子从约，为内藏库使。一女，适东头供奉官、阁门祗候杨宗说。孙男四人：平叔，左班殿直，颖叔、和叔，并三班奉职，康叔尚幼，看来似无子孙继承其文学家风。

北宋长期的文治导向，崇文的社会风尚日益兴盛。在英宗治平年间，文同在为郭周田之父所作墓志铭中也曾记有其少任侠、不琐琐治家事的行迹，当别人劝诫他时，他却说："尔焉知我？但我业此，而所恃者，我有子矣。异日教之，使立千万人上。令晓道义、善文章者，争来推高之。"② 神宗熙宁年间，王珪为著作佐郎、知司农寺丞事俞充之母辜氏所作墓志铭中，记有其日夜教诸子读书时的教诲："学所以求仕，仕矣，必求名誉于其身，使人知汝父有子。"③ 元丰年间，守南康军星子县令黄康民为繁昌县尉董之奇写的墓志铭中也曾记有其母胡氏教导他的言语："汝曹无父，不为儒学，何以光□□□。"④ 这些教育子孙的记载所反映的，正是北宋长期文治导向对社会风尚的影响，读书人的地位提高，读书业儒，以考取功名、光大门楣是许多普通的平民家族对子孙的期望。

不过，我们也应该看到，文治导向对不同阶层的家族影响是有所区别的。对于上述郭氏、俞氏及董氏这几个尚无先祖步入仕途的家族来说，通过读书参与科举起家是一条不错的道路。但是，对于

---

① （宋）李昭遘：《故朝奉郎尚书屯田员外郎上骑都尉南安焦府君墓志铭》，《千唐志斋藏志》，第1264页。
② （宋）文同：《丹渊集》卷38《邛州处士郭君墓志铭》，《四部丛刊》影印明汲古阁刊本。
③ （宋）王珪：《华阳集》卷57《辜氏墓志铭》。
④ （民国）《安徽通志稿·金石古物考》卷3《繁昌县尉董君墓志铭》，1934年。

早就通过军功进入仕途的一些武官家族而言,文治导向的影响则如前面所总结的那样,并非立竿见影。究其原因,与武官家族延嗣的方式息息相关,即使没有军功,仅靠荫补也能使许多武官家族在武官序列中延续数代。而如慕容氏家族到了慕容彦逢一辈,军功既少,恩荫渐衰之时,科举这一重要的文治政策才成为家族重新振兴的主要途径。

二 文官家族向武官家族的转化

与武官家族向文官家族转化方向完全相反,文官家族中也有不少向武官家族转化的。自宋初以来这种转化的家族就有不少,太祖朝既有许均转为军职,太宗朝也有张昭允娶潘美女而换为武职,曹利用之父曹谏换崇仪副使。真宗朝时有雷有终、靳怀德、卞日华、胥致尧等家族,仁宗朝有王翊、张亢、陆廙、王世隆、郭庆宗、郭谘、蒋偕、景泰、萧注、种世衡等,神宗朝党光嗣、杨宗闵、徐量、王果等武官家族也都是从文官家族中转化而来。

这些向武官转化的文官家族成员有些是因为军功或本身的军事才能而获得皇帝青睐的。如曹利用之父曹谏,本"擢明经第,仕至右补阙",因在知定远军时,"会虏入寇,兵少而城不固,人心危惧,欲降于虏,谏斩数人乃定。因率励士卒,虏不敢犯,遂引去"①,获得太宗嘉奖,由左拾遗改秩为崇仪使。从此,曹氏这一支便走向了武官的道路。曹利用便是凭借其父的恩荫入仕的:"谏卒,补殿前承旨,改右班殿直,选为鄜延路走马承受公事。"② 再如雷有终,父雷德骧,为后周广顺三年(953)进士,入宋后累任殿中侍御史、兵部郎中、户部侍郎,兄有邻也曾任秘书省正字。有终以荫补入仕,多年在蜀,常任随军转运使。真宗即位不久,会王均叛乱,"主上讲求将帅,思得颇、牧,公久于边事,深达武经,陟以廉车,付之兵柄,

---

① (宋)钱若水撰,燕永成点校:《宋太宗实录》卷41,甘肃人民出版社2005年版,第102页。

② (元)脱脱等撰:《宋史》卷290《曹利用传》,第9705页。

特拜庐州观察使,知成都军府事,兼兵马钤辖"①。张亢字公寿,中真宗天禧三年(1019)甲科。仁宗朝时曾通判镇戎军,"揣知元昊性凶残喜诛杀,势必难制,上书请先为之备。又论西北二垂攻守大计,其言深切较著。前后章数十上。于是,天子知公有将帅之材,数欲用之"②。

而得到大臣的荐举则是从文官转为武官的最主要的途径。靳怀德,"祖昌范,殿中丞。父隐,禹城令。怀德太平兴国中明法,解褐广安军判官"③。真宗咸平中,知德州,契丹入寇,怀德固守城壁,连获褒奖。其后,"盐铁使陈恕、判官王济荐其武干,换如京使,知邛州"④。王世隆,字可久,"少举明经上第,授洪州分宁主簿"⑤。在秦州时,为曹玮所器重,"世多知其有武略,王丞相遂典枢密,言公策略叶试,遂领使职"⑥。王翊,以书艺补官,为泾州保定主簿。仁宗朝对陕西用兵讨元昊时,他曾上章言边事,获召对延和殿。"夏随为陕西招讨使,荐君智能,授左侍禁、泾州长武寨主。"⑦郭谘,字仲谋,赵州人。第进士,历迁殿中丞,知馆陶县。善于制作各种兵械。康定西征,曾献《拒马枪阵法》,被擢为判镇戎军。后来,"用宰相吕夷简荐,起为崇仪副使、提举黄御河堤岸"⑧。蒋偕,字齐贤,华州郑县人,"举进士,补韶州司理参军,以秘书省著作佐郎为大理寺详断官"⑨。仁宗朝中期,陕西用兵,曾数次上书论边事。随后,"用庞籍、范仲淹荐,改北作坊副使,

---

① (宋)王曙:《大宋故雷公之墓志铭》,载《新中国出土墓志·陕西》一下,文物出版社2000年版,第152页。
② (宋)韩琦:《安阳集》卷47,《故客省使眉州防御使赠遂州观察使张公墓志铭》,明正德九年张士隆刻本。
③ (元)脱脱等撰:《宋史》卷310《靳怀德传》,第10168页。
④ 同上。
⑤ (宋)尹洙:《河南集》卷16《王世隆墓志铭》,文渊阁《四库全书》本,上海古籍出版社1987年影印本,第1090册,第94页。
⑥ 同上。
⑦ (宋)蔡襄:《端明集》卷39《内殿承制王君墓志铭》,文渊阁《四库全书》本,上海古籍出版社1987年影印本,第1090册,第676页。
⑧ (元)脱脱等撰:《宋史》卷326《郭谘传》,第10503页。
⑨ (元)脱脱等撰:《宋史》卷326《蒋偕传》,第10519页。

环庆路兵马都监"①。另外，进士起家的景泰、习儒业的张佶，也都曾为人所荐"知兵、有武干"，而换为武职。

上述两种方式多为在文官任内以个人才干获得换授，除此之外，许多文人子孙还可以通过其他方式获得武职，如应募从军、入武学、参加武举等。太祖朝许均以文官子孙应募为禁军，史载："许均，开封人。父邈，太常博士。均，建隆中应募为龙捷卒，征辽州，以功补武骑十将。"②而显名真宗朝的武官冯守信，也是在太宗太平兴国年间以儒者身份应募入伍的。

通过武学和武举进入武官序列的，也有不少，尤以神宗朝居多。如杨宗闵，"字景贤，代州崞县人。曾大父倍，以儒学称于乡里，值五代乱世，晦迹不仕。大父日新，明经上第，仕至承奉郎，赐五品服。父仲臣，举明法科，仕至宣德郎……公少而气节，尝语人曰：'丈夫处世，要以功名自见，不能为章句儒。'"③于是，在神宗朝，参加武举，"以绝伦科试艺殿庭，与卫士较骑射，皆莫及……时神宗皇帝特授三班借职，调雁门县巡教保甲"④。再如徐量，字子平，其行状中记载："公之曾大父初以儒术起家，为郎出使有指，子孙继登进士第。"⑤曾祖父曾任尚书屯田郎中，祖父任朝散大夫、太子中舍，父任中大夫、尚书屯田郎中，赠正议大夫。徐量可谓出身典型的文官世家，但却"独慷慨沉固，喜读《司马兵法》"。并在神宗元丰年间入武学，而且成绩出色，只不过在廷试中，"用字犯昌陵嫌名，财（才）得三班借职"⑥。

以上文官向武官转化的种种方式，体现了国家对武官的实际需求和选择标准。宋初两朝着意于纠正五代以来武人政治之弊，兼用文士以对武臣群体进行改造。太祖时即选"儒臣有武干者"百余人，分治大藩。宋太宗也"以五代战争已来，自节镇至刺史，皆用武臣，多不晓政事，

---

① （元）脱脱等撰：《宋史》卷326《蒋偕传》，第10519页。
② （元）脱脱等撰：《宋史》卷279《许均传》，第9484页。
③ （宋）刘一止：《苕溪集》卷48《杨宗闵墓碑》，文渊阁《四库全书》本，上海古籍出版社1987年影印本，第1132册，第228—229页。
④ 同上书，第229页。
⑤ （宋）程俱：《北山小集》卷34《故武功大夫昭州团练使骁骑尉徐公行状》，《四部丛刊续编》本。
⑥ （宋）程俱：《北山小集》卷34《故武功大夫昭州团练使骁骑尉徐公行状》。

人受其弊。上欲兼用文士，渐复旧制"①，继续实施着太祖朝的政策。但文臣转为武职目的并不仅限于此，在雍熙北伐失利，边防告急之时，也有大量文臣愿意"任以河朔用兵之地"，转为武职。"于是，上亦欲并用文武，戡定寇乱。乃诏文臣中有武略知兵者，许换秩。"② 柳开即是因此自殿中侍御史转授崇仪使，曹利用之父曹谏也是此时转为武职。真宗即位之初，边防形势及蜀中叛乱也促使"主上讲求将帅"，选用儒将的呼声，也推动了文臣向武官的转化。仁宗朝中期，"元昊既叛，边将数败。朝廷颇访知兵者，士大夫人人言兵矣"③。王世隆、王翊、郭谘、蒋偕、景泰等大批有武干的文臣也纷纷获得荐举，改为武职，被任命为将帅。

　　同时，文官家族向武官家族转化的过程也贯穿着家族成员的个体选择。冯守信，早年曾"从其乡人受学，以三礼举于乡"。宋太宗太平兴国年间，宋廷"取兵民间"，"有司以公儒者，欲免之。公曰：'吾以子弟免，而父兄任其劳，此儒者所不为。'遂行"，似乎从军是他不忍心父兄的被迫选择。但又有记载他"自为儿童，状貌巍然，慷慨有大意，人固已奇之矣"④，以此看来，从军应该是冯守信自己主动的选择。再如神宗朝出身文臣世家的杨宗闵和徐量，一个"要以功名自见，不能为章句儒"，一个"独慷慨沉固，喜读《司马兵法》"，更加明确地阐明了自己向武官方向发展的志向。

　　文官家族向武官家族的转化，就范围而言，既有仅一两位家族成员换授武职者，也有家族中的一支大都转为武职的例子。前者如陆廙，字彦恭，曾祖讳景迁，曾为吴越骁卫上将军，祖讳崇宸，随钱氏入宋后官至殿中丞，父讳中和，赠官至职方员外郎。兄陆广，进士及第，官至集贤校理。陆廙有二子，长子宪元，嘉祐二年（1057）赐进士出身；次子长宾，为蔡州司理参军。陆廙连蹇场屋，"庆历二年春特奏名，试中

---

① （宋）程俱：《北山小集》卷34《故武功大夫昭州团练使骁骑尉徐公行状》。
② （宋）李焘：《续资治通鉴长编》（以下简称《长编》）卷28，雍熙四年五月乙丑，中华书局，2004年，第637页。
③ （宋）晁公武撰，孙猛校证：《郡斋读书志校证》卷14，上海古籍出版社1990年版，第634页。
④ （宋）王安石：《临川先生文集》卷88《冯守信神道碑》。

方略，为三班奉职，四转至左侍禁，历官河中府及建州、剑州、汀州、邵武军五巡检"[1]。陆氏家族中的成员大多都是文职官员，仅有陆廙一人转为武职。

家族中一支大都转为武职的例子也有不少，而较为典型者，如仁宗朝中期由进士转武职的景泰家族。景泰字周卿，普州人，进士起家，补坊州军事推官。元昊犯边，曾上《边臣要略》二十卷，奏《平戎策》十五篇，获得大臣荐举，"召对称旨，换左藏库使、知宁州"[2]。景泰三子，思忠、思立和思谊。思忠，"以父西上阁门使荫，累官西京左藏库使"[3]，思立，"以荫主渭州治平砦"[4]，兄弟二人皆于神宗朝死于王事。景思谊也因此获准从文官转为武官："大理寺丞景思谊为内殿崇班、秦州都监。思谊，思立弟也。时丁母忧，以思立故，特有是命。"[5]但不幸的是，景思谊也在永乐城之战中死难。景氏第三代中，名字可考的仅景思忠之子昌符，据《长编》记载，熙宁六年（1073）五月乙丑"录思忠子昌符等凡七人为三班奉职至殿侍，余军士各赐其家钱帛有差"[6]。景思谊随军殁于永乐城之后，"录死事者东上阁门副使景思谊等九十人父、子、弟、侄、孙及婿、妻兄，迁官者十四人，授东头供奉官一人，左、右侍禁各一人，左右班殿直二十四人，奉职、借职百五十六人，差使二人。有余资及无子孙，赐其家钱各有差"[7]。由此可推知，景氏第三代子孙景昌符等应均补为武职。如此，自景泰以进士转为武官以来，家族通过恩荫的方式，已三代从武。

再如党光嗣家族。党光嗣，字明远。其曾祖父党素，不仕。祖父党宣，以文臣起家，曾为秘书省著作佐郎。父党武，已转为武职，至西头供奉官。党光嗣长于京师，虽然曾应进士举，但失利后即以小校身份从

---

[1] （宋）陈襄：《古灵集》卷20《左侍禁陆君墓志铭》，文渊阁《四库全书》本，上海古籍出版社1987年影印本，第1093册，第661页。
[2] （元）脱脱等撰：《宋史》卷326《景泰传》，第10517页。
[3] （元）脱脱等撰：《宋史》卷452《景思忠传》，第13286页。
[4] 同上书，第13287页。
[5] （宋）李焘：《长编》卷273，熙宁九年三月庚辰，第6696页。
[6] （宋）李焘：《长编》卷245，熙宁六年五月乙丑，第5959页。
[7] （宋）李焘：《长编》卷331，元丰五年十二月乙亥，第7991页。

王韶入熙河开边，辄有战功，累迁至左藏库使①。已知入仕的二子中，涣为三班奉职，淳为三班差使。其家族似已完全转化成为武官世家。

以上各个家族的转化，无论范围大小，均基于家族核心成员的由文换武，这与目前学界较为流行的"文不换武"的观点有些出入。太祖朝辛仲甫、真宗朝陈尧咨、仁宗朝余靖、范仲淹等著名文臣的确有不情愿改为武职的事例，但是，如果据此认定北宋存在着普遍的"文不换武"现象，且将其作为北宋重文轻武的一种体现，则不免有失偏颇。据统计，北宋文官换为武职的人数远比武职转为文官要多②。不仅包括诸如曹谏、景泰等得到帝王青睐以及得到大臣举荐而改为武职的情况，更有冯守业、杨宗闵、徐量等主动从文官家族走进武官序列的事例。"文不换武"的现象有其特殊情形。

根据前面的分析可知，文官向武官的转化，体现出了北宋朝廷对武官的实际需求，而将辛仲甫、陈尧咨及范仲淹等文臣转授武职的提议，也均因北宋朝廷对他们军事才能的需求和依赖。也就是说，文官向武官的转化，朝廷的立场较为一致，只是在文官的团体中出现了分歧，即是否换武体现出的是文官的个体选择。

具体来看，文不换武的几位均为一时名臣，其官位要比前文所列张亢、郭谘、党光嗣等高出不少，名望也远非这些人所能及。且陈尧咨"策名第一，父子以义章立朝为名臣"，他在文官序列的发展应当比武官前景更加广阔。范仲淹等拒绝换武职，在《让观察使第一表》中其实已经说得较为明白了，即换为武职之后，"入朝则不复其位"，他在文臣方向发展的各种优势均会丧失③。本文所列之武官，大多官位较低，且均有武干，正可在武职上发挥优势，建功立业。同时，也是帮助家族走向兴盛的一个难得的机会。如景泰、杨宗闵等家族的崛起，即是在这种情况之下实现的。

---

① （宋）黄庭坚：《豫章黄先生文集》卷22《左藏库使知宣州党君墓志铭》，《四部丛刊》景宋乾道刊本。

② 有明确史料记载的北宋文换武人数为108，武换文人数为57。详见杜情义《北宋文武换官制度研究》，硕士学位论文，浙江大学，2009年，第7页。

③ ［日］王瑞来：《宋代士大夫主流精神论——以范仲淹为中心的考察》，《宋史研究论丛》第六辑，河北大学出版社2005年版，第169—198页。

三 政策导向与家族利益

(一) 兼顾文武二途——家族转化后的生存状态

同样有家族成员向文官转化,焦氏家族与慕容氏家族的情况有着明显的差异。焦宗古虽然未冠及第,但在其家族中始终是自己一人业文,子孙并无继承其文风者。慕容伯才及慕容彦逢的家族发展则不同,其子孙均秉承其父家风,以文世其家。如果把这两个家族的情况作为两个由武转文的典型家族的话,则处于二者之间的那些文武兼顾的家族更为普遍。

先来看高赋家族的例子。高赋,字正臣,祖柔,赠左神武官军,父尹,右卫将军,累赠太尉。高赋出身武官之家,初"以太尉荫补右班殿直",但"公初为武爵,非其所好。力学中第,乃仕"①。景祐中登进士乙科,改授奉礼郎,神宗朝时为集贤院学士。可谓成功地由武转文,但二子中,兴礼为文职,另一子兴仁却仍官如京副使。孙辈中,虽然大多也荫补文职,但也有为三班借职者。

张牧家族与高氏家族发展状况类似。张牧,字养正。父皓,卒于东头供奉官,因在澶渊之战时汇报过重要军事情报而得录其一子。张牧虽因举进士不第而受荫为三班借职,但"其少强学",仍"以其素学,不乐以武用,自谒为苏州常熟主簿"②,终改为文资。牧有二子,亦一文一武,长子荔,为刑部郎中、秘阁校理;次子荛,为三班奉职。

而文武兼顾的家族中,最为典型的当属号称唐丞相裴耀卿后人的裴延家族。裴延生平不详,但三个儿子却比较有名:长子丽泽,右补阙;次子济,内客省使;季子丽正,尚书金部员外郎,赠刑部尚书。三人的仕途特点,沈遘总结为:"补阙以文学,客省以武功,尚书以政事,皆为祖宗名臣。于是,开封之裴独盛于世。"③ 即兄弟三人中既有文臣又

---

① (宋)范祖禹:《范太史集》卷43《集贤院学士致仕高公墓志铭》,文渊阁《四库全书》本,第1100册,第468页。
② (宋)沈括:《长兴集》卷25《张中允墓志》,《四部丛刊》三编景明翻宋刻本。
③ (宋)沈遘:《西溪集》卷10《洛苑使英州刺史裴公墓志铭》,《四部丛刊》三编景明翻宋刻本。

有武官，庙堂之上与疆场之远，全都有裴氏家族的身影。而裴济诸子德谷、德丰等逐步从武官向文官转化的同时，丽正之子德舆的身份却从文官换成了武官，"大臣荐公有文武材，拜西上阁门使、益州路兵马钤辖"①。家族的发展始终是以兼顾文武的面貌呈现。

自文转武的家族，多数也呈现出横跨文武二途的态势。其中最具代表性的当属活跃在仁宗朝的张亢家族。张亢字公寿，其先为濮州临濮人。至祖父居实时，起家为鄂州嘉鱼令。父余庆，为太子右赞善大夫，赠吏部尚书。张亢兄奎，大中祥符五年（1012）进士，累官河东转运使，知河南府，以能政闻。"治身有法度，风力精强，所至有治迹，吏不敢欺，第伤苛细。"② 而张亢"豪放喜功名，不事小谨，兄弟所为不同如此，然皆知名一时"③。虽然张亢亦中天禧二年（1019）甲科，但其"磊落有大志，博学能文之外，喜读诸家兵法，常慕古大丈夫立奇功伟节以震暴于当世，不为拘儒踧踧之行"④。尤其是在通判镇戎军时，"于兵事益以究习"，并前后上章数十次，使得"天子知公有将帅才，数欲用之"，不久便因"契丹聚兵幽、涿，北边摇动"，换为武职，擢"公为如京使、知安肃军事"。宝元初年元昊反叛之时，改右骐骥使、泾原路兵马钤辖兼知渭州事，官至客省使、眉州防御使，在麟、府二州多有建树，御史中丞王畴曾上奏乞褒赠其功，"愿陛下特加褒赠，或录其子孙。以劝官吏之尽心，而使知朝廷察臣下之勤劳"⑤。故其子男九人中，有五子被荫为武职，而只有樵、煦及已官至试秘书省校书郎的倪三人继续从事文职。张亢兄奎之子张焘，官至龙图阁直学士，以文世其家。而张亢这一房，则已兼在文武两个领域拓展家族的势力。

再如神宗朝以武举实现转化的杨宗闵家族。杨宗闵祖、父均为文官，前已述及。宗闵在神宗朝以武举绝伦科获授三班借职，调雁门县巡教保甲，历仕五朝，官至武功大夫。先娶贾氏，继室刘氏，供备库使刘

---

① （宋）沈遘：《西溪集》卷10《洛苑使英州刺史裴公墓志铭》，《四部丛刊》三编景明翻宋刻本。
② （元）脱脱等撰：《宋史》卷324《张奎传》，第10492页。
③ 同上。
④ （宋）韩琦：《安阳集》卷47《故客省使眉州防御使赠遂州观察使张公墓志铭》。
⑤ （宋）李焘：《长编》卷195，嘉祐六年十月辛巳，第4725页。

居易之女。有子四人，长子杨震，虽然起初"以明经上第，历保定、清源二县主簿"，但成年后仍转为武官，"既冠从戎，以斩馘功补三班差使"①。后随姚平仲、折可存参与平定方腊的战役。靖康年间，在麟州建宁寨战殁，终敦武郎。次子杨霖，为乡贡进士，三子杨云，为承信郎，四子杨霆，为承节郎。四子之中，既有文士，也有武官。孙辈的七人中，杨存中最为知名，高宗朝时任宁远军节度使，兼领殿前都指挥使职事。杨居中、杨执中皆早卒。杨师中为右奉议郎，杨彦中未仕，杨安中为右儒林郎，杨守中为右从事郎。可见，杨氏的孙辈中虽然多为文官，但也有知名将领杨存中。家族始终是在文武两个领域发展。

还有一些家族，看似是典型的武官或文官家族，其子孙也并未有明显的向文官或武官转化的趋势，但通过家族的姻亲关系，同样可以达到兼顾文武的效果。哲宗朝神龙卫四厢都指挥使贾嵒，拔自行伍，五子也皆就武职，但其女婿中高建一、折可畏、李孝纯等均为进士出身者。而文官中同样不乏类似的情况，如被称为"大范老子"的范雍，其祖父在后蜀时为刑部侍郎，入宋转为左屯卫将军。父荫补为供奉官。家族自范雍之后重新转为文官家族，子孙未见有再入武职者。但范雍生前唯一出适之女就嫁给了眉州防御使高继宣。再如，仁宗朝曾为枢密副使的淄州长山人姜遵，其次女也出适东头供奉官、阎门祗候宿若需。

综合上述诸武转文家族的情况，既有焦氏家族中仅焦宗古一人独自从文的例子，也有慕容氏家族中慕容彦逢一房子孙均能秉承其父家风、以文世家的范式，更多的则是出现转化之后文武兼备的家族群体。就北宋文治导向的影响范围而言，向文官群体的转化并非全体家族成员的普遍行动，而是一个或几个家族成员的个体行为。这些成员的子孙是否遵循父辈读书的风气要视具体情况而定，其个人职业生涯的选择，也并不局限于父辈所选择的以文入仕之路。文转武家族的情况亦与此类似，既有仅一两位家族成员换授武职的家族，也有家族中的一支大都转为武职的例子。但最为普遍的仍是文武兼顾的情况。总而言之，即我们很少能见到武官家族与文官家族全员替换的类型。

---

① （宋）刘一止：《苕溪集》卷48《杨震墓碑》，文渊阁《四库全书》本，第1132册，第229页。

家族发展过程中，兼有文武二途也成为家族向文或向武这两个方向转化之后共同的生存状态。我们很难再单纯以文官家族或武官家族区分他们家族发展的趋势。之所以能够在家族内部突破文武之间的间隔，虽然与北宋的政策导向及现实需求有很大关系，但应有更重要的因素贯穿在家族发展的理念之中。

（二）家族利益的考量

家族的发展是一个趋利避害、不断追求壮大的过程，家族整体利益的最大化是一个具备理性发展思维家族的明显特征，家族利益的考量，是贯穿在这些家族发展脉络中的一条主线。

在宋朝文治的导向下，虽然武官家族有向文官家族转化的倾向，但就其转化的时间和范围而言，这一倾向并未形成一种彻底转换的趋势。反倒是另一种逆向的转化，即仁宗朝以降从文官转为武官，更值得我们注意。这种转化并非文治导向所能解释，与认定宋朝"重文轻武"的观念更是背道而驰。

综合这两个完全相逆的过程及相关家族的发展情况，我们不难看出，各个不同的家族都在不停地对自己的发展方向和方式进行着抉择。如前述之赵延进及杨守一家族，父辈已经为家族的转化做好了铺垫，对子孙的文化教育自然成为其参与科举或转为文资的资本和优势条件，早早顺应朝廷的政策倡导无疑会为家族的发展占得先机。而康延泽本人仕途的挫折及无望也迫使他重新考虑以后家族延续的方式，教子读书考取功名是他想到的主要手段，但以老疾辞官之时，也并未忘上奏为其二子求补三班奉职。而这一抉择的过程，虽然体现着朝廷政策的清晰导向，但家族的利益及发展资本则是更为重要的参考指标。

且看《玉壶清话》所载的一条材料：

> 昝太尉居润，博州人。不识字，每按牍，以左手捉巨笔一画，长画寸余，虽狡史善诈也，摹之则败。沈相伦在幕府，谓所亲曰："吾观沈推官五载未曾妄发一笑一语，行步端重，如履庙堂，吾见则礼敬之，必为宰相。"遂力荐于太祖，称沈沉厚可用。后果作相。昝恨其不知书，昝氏子孙皆召于家，建学立师傅，如己子教

之,以报其知人之德也。①

沈伦为报答昝居润当年推荐之恩,将昝氏子孙招致家中,聘请教师,如同对待自己的子孙那样教其读书,不可谓不用心。但昝氏子孙中,"子惟质,至内园使……大中祥符三年,录其孙建中为三班借职"②,有史可考者皆为武职。良好的文化教育并未促使昝氏的子孙中有人参与科举取士,也没有换取文资的记载。大中祥符年间,其孙尚能被录为三班借职,说明其家族仍能维持武职的荫补,并不一定需要参与到科举行列进行竞争。

焦继勋家族与北宋宗室联姻不断,太祖子赵德芳娶其女为妃,至其曾孙焦世隆仍与太宗皇帝之曾孙女婚配。焦宗古虽然能试进士业,"致决科之美",但其孙平叔,仍"尚宗室女,任左班殿直"。与宗室的累世联姻能使其恩荫不衰,应该是焦氏家族成员仍主要在武职道路发展的主要原因。

而另一个典型,即慕容氏家族向文官转化的家族发展背景却明显不同。慕容氏家族发展到第四代,即慕容伯才与慕容彦逢的父辈时,家族仕宦出现了明显的衰落迹象。慕容伯才之父惟绪、慕容彦逢之父慕容理并无战功的记录,而通过荫补所得官位俱不显,更无力荫及子孙,到慕容彦逢时,已经属于"起家单平"③者了。军功与荫补,是武官家族赖以延续的两个重要条件。而既无战功,恩荫渐衰的情势,使得慕容氏家族不得不考虑"嗣其家而以文登科"。据王寀的墓志记载:"洛阳王君彦辅卒,里人慕容嗣祖状其行来请铭,且曰:'昔我大父朝请公授组之归乡里,十余年间得君,且以教诸孙,既相与游处,燕乐酬咏滋久,益见其操,知为德人。'"④可知,慕容伯才在致仕后,特意聘请了"自苦

---

① (宋)文莹撰,郑世刚、杨立扬点校:《玉壶清话》卷6,中华书局1984年版,第59—60页。

② (元)脱脱等撰:《宋史》卷262《昝居润传》,第9057页。

③ (宋)慕容彦逢:《摛文堂集》附录《慕容彦逢墓志铭》,文渊阁《四库全书》本,第1123册,第489页。

④ (宋)李尧文:《王寀墓志》,载《北京图书馆藏中国历代石刻拓本汇编》第41册,中州古籍出版社1989年版,第30页。

以学"的王寀来教导其子孙读书业文,以争取通过科举的手段来光大其门。

同样的境遇还可见于南宋初校书郎曹崇之家族。其高祖曹霸隆,以勇略从太宗平河东有功,官至瀛州团练使。其后"累世皆右职,而仕不大显"。曹崇之父曹辅曾感叹"天下承平久,谋臣猛将无所用其武",故"独感激读书,欲以文儒起身"①。无论是慕容氏的以文嗣其家还是曹氏的以文儒起身,都是针对家族日益衰落的仕途被迫做出的选择。而曹辅所言"天下承平久,谋臣猛将无所用其武"的理由,更像是讳言家族衰落现实的借口。

虽然自澶渊之盟后,北宋很快又缓和了与党项的冲突,经历了几十年天下承平的局面。正如范仲淹所描述的:"塞垣之下,逾三十年,有耕无战。禾黍云合,甲胄尘委,养生送死,各终天年。使蕃汉之民,同尧舜之俗。"② 但仁宗宝元以后,在西北边境,北宋与西夏的战争时断时续,并一直维持到北宋末期。而这一阶段,北宋朝廷面临的问题则是时时缺乏将领。苏辙曾总结道:"往者天下既安,先世老将已死,而西寇作难。当此之时,天子茫然反顾,思得奇才良将,以属之兵,而终莫可得。其后数年,边鄙日蹙,兵势日急,士大夫始渐习兵,而西夏臣服,以至于今,又将十有余年。而曩之所谓西边之良将,亦已略尽矣。"③ 在这种情况下,出现了许多由文向武转型的家族个案,同时,也有许多已经实现向义官转化的武官家族成员,又重新做回武官的情况。郭逢原之父、刘平等均属此类。

郭逢原,字公域,开封人。曾祖超,为邓州团练使;祖守信,为右侍禁;父庆宗,补京兆府文学参军,本已经转为文资,后"文正范公、忠献韩公荐其材武",又换授武职,至副供备库使。

刘平字士衡,开封祥符人。父汉凝,尝从太宗征河东岢岚、宪州,累迁崇仪使。刘平弟兼济用父荫为三班奉职,累迁西上阁门使。

---

① (宋)王庭珪:《卢溪文集》卷47《故校书郎曹公行状》,文渊阁《四库全书》本,上海古籍出版社1987年影印本,第1134册,第322页。
② (宋)李焘:《长编》卷130,庆历元年春正月戊寅,第3086页。
③ (宋)苏辙撰,陈宏天、高秀芳点校:《苏辙集·栾城应诏集》卷7,中华书局1990年版,第1298页。

而"刚直任侠,善弓马"的刘平,"读书强记,进士及第"①,选择了向文官方向发展。虽然"真宗知其才,将用之",但"丁谓乘间曰:'平将家子,素知兵,若使将西北,可以制敌。'后章献太后思谓言,特改衣库使,知汾州"②,刘平最终又走回了以武世其家的路子。丁谓是因对刘平有所忌恨才向真宗推荐他去改武职,但何冠环认为:"刘平转任武官,相信他是自愿的。他以将家子而进士登第,出仕后又有平定内寇及击退外夷之政绩,别人称许他有武干时,大概他心中实以儒将自命。"③毕竟,只有战争才能为武官家族的生存与发展提供更加充分的空间。

况且,自武转文的家族成员,仕途也未必顺利。如翟守素从子翟希言,"独好文学,举进士中第,负材任气,不肯有所屈,以终不得意"④。慕容彦逢入仕之初也无所附丽,刘平也是在做文臣时遭丁谓所忌。而西北边防的压力和战争的启动,对郭庆宗这种原本已没落或刘平这种仕宦并不大显的家族是一个利好消息,这对于他们重振家声或光大其门都是一个机会。

最后,我们再通过一个没落之家的例子来看家族发展的策略选择。王明,字如晦,大名成安人。后晋时曾为药元福辟为从事。入宋后,先后参与平定广南和南唐的诸战役,官至光州刺史,后"表求换秩",改礼部侍郎。其有三子,"挺、扶,并进士及第。历台省,累为转运使,皆知名。挺至殿中侍御史,扶尝直集贤院,至工部员外郎"⑤。幼子掞,景德中录为光禄寺主簿。其孙辈中仅有王扶之子王师颜一人见诸史籍,《宋史》记载:"大中祥符八年,又录其孙师颜为三班借职。"⑥而围绕荫补之事,曾有一段有意思的讨论。

为王师颜上奏请求恩荫的并非其父王扶,而是陈尧佐。王扶在真宗

---

① (元)脱脱等撰:《宋史》卷325《刘平传》,第10499页。
② 同上书,第10500页。
③ 何冠环:《败军之将刘平(973—1040后)——兼论宋代的儒将》,《中国文化研究所学报》1999年新第8期,第103—135页。收入氏著《北宋武将研究》,香港中华书局2003年版,第299页。
④ (宋)王安石:《临川先生文集》卷100《乐安郡君翟氏墓志铭》。
⑤ 同上书,第9267页。
⑥ (元)脱脱等撰:《宋史》卷270《王明传》,第9267页。

咸平二年（999），因与索湘"交相请托，擅易版籍"①而坐责为将作监丞之后，史籍中便很少见到关于他的记载。至大中祥符年间，不知王扶去世与否，但其家族应该已经开始没落。故由陈尧佐上奏王师颜恩荫之事："君功臣之家，有行谊，不宜使终身为布衣，乃补三班借职。"②面对这一入仕的时机，也许是仍然坚持其"少时有奇操，不肯从荫补，欲以辞学自奋于一时"③的梦想，王师颜竟然"辞不就"。但鉴于他"及举进士，辄黜于有司"的现实，王氏亲旧却与之有着截然相反的观点："家世落寞如此，尚择禄耶？"④ 最终，王师颜"乃受命"，接受了补为武职这一更加理性的建议。

从王氏的例子来看，从进士业考取功名，虽然是某个具有士大夫情结的家族成员所坚持的入仕途径，但大多数亲旧所考虑的，则首先是入仕的机会，而并非文武职业的选择。王师颜有子七人，其中广延、广巨未仕，另二子早卒，广渊为兵部员外郎、直龙图阁、东京转运使，广临为左骐骥使、河北沿边安抚副使，广廉为太常博士、河北都转运司勾当公事；孙五人中，得与为郑州司户参军，得君为进士、承三班差使，得凝为郊社斋郎。从他们的仕宦情况也可以看出，既有文官也有武官，其家族的发展较之早前显示出更加理性化的一面。

结　语

综合上述诸种家族发展的取向，北宋文治导向的影响不可谓不深远。宋初即有武官家族的第二代子孙转从进士业者，教子读书也在各级武官家族中普及，甚至连世代与宗室联姻的各家族也不乏读书业文、考取进士者，武转文的家族也相对普遍。但同时我们也可以看到，各个家族所选择的道路无不是根据自身优势条件，从自身根本利益出发进行的。康延泽虽聚书教子，考取功名，但仍不忘奏荫子孙。焦宗古虽在科

---

① （宋）李焘：《长编》卷45，咸平二年十月甲戌，第967页。
② （宋）郑獬：《郧溪集》卷20《右侍禁赠工部侍郎王公墓志铭》，文渊阁《四库全书》本，上海古籍出版社1987年影印本，第1097册，第300页。
③ 同上。
④ 同上。

举与政坛均"才具该洽""绰有余裕",但恩荫颇盛的子孙竟无一人继承其文学家风。昝居润的子孙,在宰相沈伦家中所受的教育,也未能让其向文官转化。在这些家族身上,我们其实看不出文、武两种职业观念的明显差异。而在张亢、景泰、杨宗闵等由文转武的家族以及从武到文再转回武官的刘平、郭庆宗家族中,竟然出现了与北宋文治导向相逆的转化过程,究其原因,不外乎严峻的边防形势及战争为其家族的发展提供了新的机遇,而他们本身"知兵""习边事"的个人或家族优势更促成了这样的转化。而这种转化本身也成就了这些武官"以功名自显"的个人追求,他们的家族也因此而世代获益。文与武的观念,在他们眼里,仅仅是嗣其家的两种不同的职业方式而已。而对于没落之家或欲跻身仕途的家族而言,更加理性的选择是入仕的机遇而非文或武的职业选择。

绝密军事会议如何会惊现于世
——《宋史·杨业传》揭秘

李裕民

(陕西师范大学 历史文化学院)

一 杨业之死尚存在一些未揭开的谜团

二十四史中篇幅最庞大的《宋史》，洋洋洒洒八百余万字，记录战事千百次，一般都只记战争的外在表现，不记决策过程，唯有《杨业传》特殊，它详细记载了杨业战死前一次军事会议辩论的细节。根据这一记载，人们得以知悉，杨业之死，是王侁、刘文裕逼着杨业采取错误路线，又是潘美等人违背诺言，撤走援兵造成的。但是，悲剧发生之初，朝廷对杨业的抚恤比其副千环少，表明潘美等人隐瞒了事实真相，把责任全推到杨业头上。那么，为什么朝廷很快给予纠正，并对潘三人作了严肃处理？以前，人们只能从戏剧小说中找到一个答案，是佘太君告状的结果。历史的真相如何？现在的研究证明是刘吉冒死上奏起的作用。但是新的问题出来了，当时参加会议的4人中，杨业已死，潘等3人一起瞒报，只要他们抱成一团，朝廷何由得知真相？前几年笔者在论文中指出，《宋史·杨业传》所记四人，只是发言人，不是与会的全部名单，现已查明参加会议的至少还有一位都监郭超[①]。但是，这只是为解决问题提供了一个新的思路，如果只有郭某在场，潘等3人一起给他做工作，真相也很难揭开。这一定还有其他人在场，使得潘等3人无法

---

① 李裕民：《杨业死因之再探索》，载《首届全国杨家将历史文化研讨会论文集》，科学出版社2009年版。

——做工作去隐瞒。那么,究竟还有哪些人在场呢?这是问题之一。其次,刘吉是南唐降宋的官员,而且级别并不高,为什么他一上奏,太宗就会查处呢?最后,《宋史·杨业传》所记会议真相的史料来自何方?一般说《宋史》的材料来自宋人编的《国史》和《实录》,然而《国史》《实录》的记载又从何而来?

二 解决问题的新材料终于出现了

2012年11月,笔者应邀赴香港参加岭南宋史讨论会,会上遇见原上海人民出版社社长李伟国,他谈起新近到洛阳,在一家文物商店购得宋人墓志拓本十七八张,其中李若拙墓志内有杨家将的新史料,他知笔者对此很感兴趣,以一份缩小的拓本复印件相赠。随后,笔者去广州参加纪念陈乐素先生110周年学术讨论会,见到李伟国发表的介绍李若拙墓志一文,公布了大部分志文,提及杨家将,但未作仔细剖析,故有必要再做进一步研究。

《李若拙墓志》为宋代状元孙仅所撰,全文如下[①]:

> 大宋故谏议大夫赠礼部侍郎李公(若拙)墓志铭并序
> 　门生朝请大夫、守给事中、集贤院学士、判审刑院事、柱国、赐紫金鱼袋[孙仅]
> 　　门人成州军事推官、将仕郎、试秘书省校书郎袁烨书并篆盖
> 　　公讳若拙(944—1001),字藏用。有唐郧王褘八代孙。大王父讳定,夏州观察使。王父讳琬,宗正少卿。皇考讳[光赞,贝冀]等州观察推官,赠左谏议大夫。皇妣彭城刘氏,赠本县太君。洪源巨派,姓族居高。国史家牒,勋德尤盛。子孙振振,□□□冕,或主祀在镐,或因官入洛,久为唐两京人也。公即大谏长嗣也。
> 　　年十五(958),以父任补太庙斋郎。年十九(962),应拔萃,

[①] 原文有缺或字迹无法辨认者,用□表示,可据文意补者及据残笔辨认者用[ ]号表示。涉及年代之处,为了方便阅读,用括弧加注公元。

判入高等，除大名府户曹。时烈考在魏王幕府，就甘旨也。年二十二（965），举进士，故兵部侍郎、赠太师王公祜①，乾德中典诰掖垣，兼掌贡籍，词宗公望，卿大夫无出其右。四年（966）春，中第者六，公居其四。失巍峨者，抑少年也。王公独以雄文博学许之，曰："垂名不后于我矣。"寻授密州防御推官。年二十七（970），应贤良方正能言极谏科，太祖皇帝临轩亲试，条对圣目，日及申而奏成。太祖执卷曰："儒者有如是之才者，三千字，写亦难了，况文理乎！"迁著作佐郎。公以遇英明之主，登制策科，方伸壮志，偶辅弼之司，除著作局，靡遵故事，因致书干执政，出监商州坑冶务，行府失人，颇动物议。

太宗即位（976），改赞善大夫、知乾州。公受命次，怛然感至，乃拜章云："官虽君恩，字乃父讳，乞守前秩。"朝旨不允。未期岁（978），坐与诈称走马使臣李飞雄②顷刻相见，不能辨伪，偶与其父若愚连名，太宗赫斯，事将不测。有司执议，本非党系，由是削去官籍。非公洁身有素，祖祢积庆，几难免矣。

朝廷悯陷深辜，个经岁，特授尉卫寺丞，自春及秋，牵复旧秩□知陇州。课最，超拜监察御史、通判秦州，重边任也。三辅雄盛，左冯尤剧，太师宋偓节制于藩，老于富贵，国家恤□刑政，旋移通判同州。下车未季③，御史中丞滕中正④知公廉直，举奉台职，屡劾大狱，皆出片言。横迁右补阙、监在京香药［榷］易院，岁课五十万缗。卫王、广平王出阁，进颂称美，太宗召对，赐五品服章。

王师取代北诸县（986），将足兵食，诏公同河东漕运，飞刍挽粟，智计如神。随大军入云中，登城，望而叹曰："古郡也，既得

---

① 王祜（924—987），字景叔，大名莘人。官至知开封府。《宋史》卷269有传。子旦，为宋代名相。
② 李飞雄（？—978），秦州节度判官若愚之子。太平兴国三年（978），以假传圣旨、企图谋反，被处死。事见《宋史》卷463。
③ "季"当为"几"之误。
④ 滕中正（908—991），字普光，青州北海人。雍熙元年（984）为御史中丞。《宋史》卷276有传。

之，患失之，守之者将何人乎？"乘传赴阙，奏便宜事，太宗益加赞叹。飞狐北副将杨继业不还，公惜其勇而有谋，为众不救，虑史氏失其功实，乃撰《杨继业传》传于世。

太平兴国纪号之后，六合为家，厥民富庶，先帝念吴越、荆楚、巴蜀、并汾之地，新奉职贡，梯航实劳，朝至夕到，填委京邸，乃置水陆发运司，专决留滞，事权禄位，吏局白直，亚三部一等，与计相抗行文牒，命公贰职，待器能也。

日南国自征讨不取之后，屯戍贪泉，积岁未解。雍熙中（986年十月），黎桓服我德，惧我威，请罪纳款，乞授真爵。太宗仁抚远俗，遂以分闽可之，诏公借秘书监持节往焉。车服仪注，悉从官给。遵路日，具行人之式，缙绅咏皇华诗，饯于都门之南，荣观者如堵焉。爰止海滨，黎桓备兰舟桂楫，迎出天池，接于境上，冠盖色目，尚存窃号，僚属称呼，仍多僭拟。公遣左右通好，责以臣礼，明谕受恩之则，俾改从事之官。黎桓听服，靡不禀正，公然后揽辔徐行，始相见焉。翊日，黎桓具军容抃舞拜命，士民欢呼曰："复见汉之衣冠矣。"馆谷浃旬，燕会朝夕，屡以大贝明珠，间列樽俎，公略不流视，主师官联，愈增恭畏，因取先陷蛮蜑使臣邓君辩以归，交贽礼币，赆行方物，非书送者让去，由是橐中装绝于他使。周岁复命，对扬日，面奏异域风俗，黎桓喜受正朔两使之恩。太宗曰："使于四方，不辱君命，卿得之矣。"所获例物，连书上进。系榷法者入公帑，余皆回赐。迁起居舍人、三司盐铁判官。

幽、蓟阻兵，镇、定、瀛、郑重挽运之务，出为河北转运使（994），改职方员外郎，面赐金紫。秩满归阙，直昭文馆，迁主客郎中、充江南转运使。（至道二年正月，996）南郊覃恩，加骑都尉。

交州自公奉使后，朝廷累颁恩信，行人或非其人，黎桓多聚巨蟒侮之。至道中，来扰海隅，国家谓公前使得宜，亟召赴阙，借礼部侍郎，持节再往①。黎桓郊迎曰："万里小国，叠降玉趾，潇湘

---

① （宋）彭百川《太平治迹统类》卷3："至道二年（996）七月，朝廷遣李若拙以诏书国信玉带赐亘（即桓）。"

之会，何以加也。"公申明存大体，俾箕踞慢态变为肃容，南鄙顿安。

时公之力，未出番禺，太宗晚驾（997），转金部郎中。入觐日，今上面慰出疆之劳，仍赐座，对数刻。召试三题，迁兵部郎中、充史馆修撰。越旬，与吏部郎中王禹偁①并命知制诰。

咸平初（998），天下诸侯十二荐士，圣上谅闇不言，诏公同知贡举，一依唐室故事，放榜后，序门生，谢衣钵，醵宴题名，绰有元和、会昌之风焉。南郊礼毕，加上骑都尉。公再使鸢城，染郁蒸之气，渐成疾疹，数乞假告，除右谏议大夫（1000），封陇西县开国男，食邑三百户。经半载，病稍间，奉诏出河朔，密计边事，引进使何承矩②副焉。复命差知昇州，未发轫，改知贝州军州事。甘陵在渭北，水陆冲要，甲兵屯聚。是时，单于飞骑，颇有侵轶，朝廷以公文武之才，故赖兹任。

咸平四年（1001）五月二十五日，旧疾膏肓，终于治所，享年五十八。皇上闻之，嗟悼颇久，赗给加等。七月五日权殡于东京西郊法宝院。岁在丁巳（天禧元年，1017），嗣子繹以襄事拜章，乞假奔走上都，扶护先君泊三母及弟妹灵柩，卜孟夏月二十有二日，归祔永兴军万年县洪固乡大赵村祖茔，礼也。

首娶郑氏，早亡，先封马鬣，以长子立朝，追赠福昌县太君。次娶郑氏，封会稽县君，皆故奉先县令郑嗣光之女、尚书左丞韬光③之侄也。胄贵门清，二姓所慕。女工母则，四德无亏。次娶汾阳郭氏，范阳符氏，并封本县县君，簪组余庆，公侯令孙，宜配君子，亨汤沐之荣焉。

有男六人，长曰繹，举进士第，守秘书丞、知耀州。次口䋌，随侍南使，卒于湘潭。次曰缜，大理评事、监阆州商税。次曰绶，次曰总，未冠而卒。次曰绰，京兆府士曹参军，俱以终词，必谋克

---

① 王禹偁（954—1001），字元之，济州巨野人。著名政治家、文学家。著有《小畜集》。《宋史》卷293有传。
② 何承矩（946—1006），字正则，河南人。知雄州，守边有方。《宋史》卷273有传。
③ 郑韬光（861—940），字龙府，洛京清河人。官至尚书左丞。《旧五代史》卷92有传。

荷，陈力就列，常惧辱先，龙驹凤毛，斯不忝矣。有女四人，长适前进士曹实，次二人早亡，次一人在室。

呜呼！公禀英粹之气，赋奇俊之姿，卯岁力学，手不释卷，爱周公、孔子之书，嗜子长、孟坚之史，凡经于口，即暗于心，虽古号经笥、汉圣无以加也。天性纯孝，丁考妣忧，殆至毁灭。未壮室，三取文章之科。我朝儒风大盛，已六十年，由宰相而下，比公策名，莫有及者，爰佐初筵，动有婉画，典山泽之利，固出纳之宏。通守大藩二，出知列郡三，仁义化民，或强明畏吏，考绩皆最，真良二千石也！佐邦计，绾利权，叹厚敛为不法，用轻赋为至公，常欲富国振斯箱，如坯之咏焉。奉使南域，小陆贾之功；演诰西掖，下元稹之誉。主文柄，贤者进，滥者退。居谏司，直者喜，佞者惧。历事三圣，垂四十年，凡受一官，述一职，未尝有缺。三圣乃眷，不谓不至，越知命之年，始直史职，代王言。捐馆之日，官止谏议大夫、阶朝散大夫、勋上骑都尉、爵开国男、邑三百户而已。议者谓公符彩沉整，俨若有大臣之风；襟量宏显，慨然负丈夫之气。才美超迈，所望渲沸，宜副将相之拜，为当轴者忌，而止于此乎！

呜呼哀哉！嗣子等以远日有期，惠书求志，仅器业浅陋，辱公殊常之遇，泽宫选士，擢冠四科。先飞鹦谷之春，获继雁行之美。践扬台省，从容馆殿。切还报德，遽恨颓山。虽乏好词，难于牢让。谨为铭曰：

岳渎炳灵，景纬腾精。挺生王佐，郁为国桢。公实人杰，奕世扬声。紫气钟异，仙李流英。髫年老成，弱冠秀出。才周变通，名兼望实。一命起家，三捷入室。乃睠斯厚，惟良有秩。践更外计，均输所资。两使绝域，专对是宜。既吟红药，爰伏青规。获麟纪事，华衮无私。壮志凌云，徽猷迈俗。妙誉铿金，英词润玉。仰贺推心，常思效足。方协帝畴，奄终天禄。命不臧兮泣琼瑰，哲人逝兮泰山颓。隙驹谢兮不返，朝露晞兮增哀。远日臻兮即长夜，佳城郁兮永无开。

墓志的作者孙仅（969—1017），字邻几，蔡州汝阳人。自幼聪明

过人，22岁即已出版诗集《甘棠集》一卷①，著名诗人王禹偁读后赋诗称赞，并预言："明年再就尧堦试，应被人呼小状元。"② 果然到下一榜时，高中状元，时在咸平元年（998），而主考官四人中正有李若拙，时任"权同知贡举"③，所以孙仅在墓志中署名时自称门生。几年后，孙仅升任知开封府、给事中。为人正直敢言，宋真宗大兴土木，修建豪华的玉清昭应宫，孙仅作《骊山诗》二首加以讽刺，最后二句云："秦帝墓成陈胜起，明皇宫就禄山来。"有人故意将诗抄送给真宗，真宗读第一句"朱衣吏引上骊山"，觉得很普通，便放下了，这才没有惹出麻烦来④。孙仅作有《文集》五十卷，可惜没有传下来。

其兄孙何是比他早一榜的状元，两人天分很高，但寿命不长。孙仅才四十七岁，其兄更短，才四十四岁。弟兄俩，《宋史》卷306有传。

李若拙卒于咸平四年（1001）五月，到天禧元年（1017），其子绎移葬到永兴军万年县祖坟，并请孙仅作墓志铭。孙仅才写成志文，即于是年正月二十九日去世⑤。到四月李若拙才下葬，显然，墓志中"孟夏月"下葬等字，应是李若拙家人所补。

李若拙，《宋史》卷307有传，是一位敢说敢干的正派官员，才兼文武，做谏官，直者喜，佞者惧；做考官，贤者进，滥者退。出使外国，不辱使命，使边疆安宁。官至右谏议大夫，离执政官只差一个台阶，论其才能、资历、业绩，都够格了，然而因为他太正直，得罪了权贵，而未能进入决策圈、发挥更大的作用，世人为之感到遗憾。其子李绎同样能干正直，同样升至右谏议大夫为止，同在《宋史》中有传。其门生孙仅官至知开封府，距执政同样只一步之遥。3人均留下一些遗憾，好在都名垂青史、聊作安慰了。

---

① （宋）陈振孙撰，徐小蛮、顾美华点校：《直斋书录解题》卷20《诗集类下》，上海古籍出版社1987年版，第589页。
② （宋）王禹偁：《小畜集》卷9《书孙仅甘棠集后》，文渊阁《四库全书》本，上海古籍出版社1987年影印本，第1086册，第91页。
③ （清）徐松辑：《宋会要辑稿》选举1之6，中华书局1957年影印本。
④ （宋）欧阳修撰，李伟国点校：《归田录》卷1，中华书局1981年版，第16页。
⑤ （宋）李焘《续资治通鉴长编》（以下简称《长编》）卷89，天禧元年春正月己巳，中华书局2004年版，第2039页。

三 新史料考释

《李若拙墓志》最重要的价值就在于提供了有关杨家将的新史料，虽然仅105字，却包含丰富的信息。为便于分析，再次引录于下：

> 王师取代北诸县，将足兵食，诏公同河东漕运，飞刍挽粟，智计如神。随大军入云中，登城，望而叹曰："古郡也，既得之，患失之，守之者将何人乎？"乘传赴阙，奏便宜事，太宗益加赞叹。飞狐北副将杨继业不还，公惜其勇而有谋，为众不救，虑史氏失其功实，乃撰《杨继业传》传于世。

"王师取代北诸县"点明了时代背景，是雍熙三年（986）北伐时，宋初"取代北诸县"只有这一次。代指代州，今山西代县。代北指代州以北应、云、寰、朔四州及其所属的县。相当于今大同市、朔州市全境。

"将足兵食，诏公同河东漕运"，是说：为了满足军队的粮草供应，任命李若拙"同河东漕运"，"河东漕运"，是河东路随军转运使的简称。这里关键是一个"同"字，宋代任命官职时在一位正职之外，另外设一名或多名副职，此时在职名前加一"同"字，如枢密院的"一把手"称知枢密院事，其副手则称同知枢密院事。如天禧元年，马知节为知枢密院事，曹利用、任中正、周起为同知枢密院事①。又如在科举考试时，国家设立主考官一员称为知贡举，副手称同知贡举，如咸平元年，杨砺知贡举，李若拙、梁颢、朱台符同知贡举②。

"同河东漕运"是简称，《宋史·李若拙传》称其为"同勾当河东转运兼云应等八州事"。则是其较全的称呼，其全称应具体罗列八州之名。勾当是负责、管理的意思。官职前加一"同"字，说明在他之上

---

① （宋）李焘：《长编》卷90，天禧元年九月癸卯，第2079页。
② （清）徐松辑：《宋会要辑稿》选举1之6。咸平元年二月十九日，"以翰林学士杨砺权知贡举，知制诰李若拙、直昭文馆梁颢、直史馆朱台符权同知贡举"。

尚有一名正职，或者另有一名与他同职的官员。

宋代转运使有两类。一类是常设的，宋在各路设转运司，其司的负责人即称"转运使"，副手则称"转运副使"。另一类是随军转运使，是专为作战而设立的临时性职务，打完仗即另任新职。李若拙所任属后者，随军转运使是很重要的职务，需要懂军事、会调度民工、粮食、兵器等，故需选"通才"担任。雍熙北伐分兵东、西、中三路，东路是主力。西路负责占领云、应、朔、寰四州，中路攻蔚州飞狐。中路的随军转运使是雷有终（947—1005），他就是一名"通才"①。

"飞刍挽粟，智计如神。"是称赞李若拙后勤工作干得很出色。

"随大军入云中，登城，望而叹曰：'古郡也，既得之，患失之，守之者将何人乎？'"说明他并非在后方待着，而是随大军一起出征，到了云中（今山西大同），登上了城楼，并为如何任用合适的将领守城而操心。

"乘传赴阙，奏便宜事，太宗益加赞叹。"在西路军杨业等完成攻占四州任务之后，李若拙负责奔赴开封，向太宗汇报作战的具体情况，太宗非常满意。这说明随军转运使是深受皇帝信赖的，是皇帝在军中的耳目。

"飞狐北副将杨继业不还"，飞狐，今河北省涞源县，在蔚州南，是中路军进攻的目标。其地本与杨业无关，但杨业是在陈家谷口受伤被俘，随即被押解去燕京（今北京），不食三日而死。过去不知道死于何地，现在可知是在押解时途经飞狐北死的。从陈家谷口到飞狐北，大约三四百里，骑兵三日可到。"不还"是"死"的代称。副将指杨业是西路军的副手，即第二把手。

"公惜其勇而有谋，为众不救，虑史氏失其功实，乃撰《杨继业传》传于世。"

"勇而有谋"，说明杨业当时顺利攻占数州，并非单靠勇敢，正如《孙子兵法》谋攻篇说："百战百胜，非善之善者也，不战而屈人之兵，

---

① 王曙《雷有终墓志铭》："雍熙中，海县无事，财力丰富，太宗欲扬威荒外，观兵塞垣，十乘启行，五将分道，瞻彼飞狐之口，实惟束马之途。既衔枚而进师，须挽粟以济众。董兹军食，必藉通才。敕公带本职，充蔚州飞狐路随军转运使。"参见中国文物研究所、陕西省古籍整理办公室编《新中国出土墓志·陕西（壹）》，文物出版社2000年版。

善之善者也。"杨业很可能采用奇袭或劝降等多种手法,巧妙地用最小的代价取得最大的成果。

"虑史氏失其功实,乃撰《杨继业传》传于世。"说明李专门写一本《杨继业传》,是为了给史官提供一份可靠的材料,以免将来写国史、实录时"失其功实",显然,他写完后首先要送交史馆,作为原始资料保存。"传于世",说明李为了扩大影响,又将此书正式刻印,在社会上流传。

过去,学者熟知各路转运使的职责,不仅掌管财赋的运输,还有监察路内各级官员的权力。至于随军转运使,除了保障后勤供给之外,是否还有其他功能,不太清楚,李若拙墓志的记载说明,它不是只站在后方提供物资,还随军上前线,并具有监察功能,可直接向皇帝汇报。随军转运使既然负有这样的重任,战前的军事会议必参加无疑。

考察至此,可以回答本文开始所提的问题了。参加战前会议的人,除了杨、潘、王、刘之外,有都监郭超,此外,至少还有一位河东随军转运使,其姓名目前尚难确知,有待今后史料的发现,相信同在一个岗位工作的官员,其立场应该是一致的。这样,朝廷不调查则已,一旦调查,真相就无法包住。

可以想见,当刘吉根据他所熟知杨业的为人,上奏为其呼冤时,李若拙也会站出来表示赞同,宋太宗就不能不派人前往调查真相,一般得派两名至三名官员[①],具体派哪些人,没有记载,估计很可能有李若拙,因为他了解实际情况,汇报军情时,得到过太宗的夸奖。即使没有他在场,他也会关心此事,向他的同事或其他参与调查的官员打听,得知真相后,为了伸张正义,为了让世人了解真相,让史官据实书写,就在雍熙三年(986)特意写了一本《杨继业传》。一份送史馆,一份刻印成书。既然流传于世,想必篇幅不小,将杨业的家世、生平,特别是最后壮烈牺牲的经过,详细写明。此书南宋初郑樵《通志·艺文略》、晁公武《郡斋读书志》均不载,大概在两宋之际战乱时已亡佚,但其

---

① 康定元年(1040),宋、夏三川口之战,都监黄德和带兵退走,使主将刘平、石元孙兵败被执,事后黄诬奏二人降敌。有官员夏守赟力辨其枉,朝廷遂派殿中侍御史文彦博、内臣梁知诚、知同州待制庞籍三人审问,查明真相后,将黄处死。参见司马光撰,邓广铭、张希清点校《涑水记闻》卷11,中华书局1989年版,第212—216页。

主要内容已被吸收到《宋会要》《杨文公谈苑》《宋史》中。

其书传播的情况，按年代顺序，大致如下：

宋真宗咸平元年（998），钱若水、柴成务、吴淑、杨亿纂修《太宗实录》八十卷。写入雍熙三年（986）条下的《杨业传》中。四人中杨亿是最主要的撰写人，共写了五十六卷，《杨业传》可能出自其手，依据的原始资料就是李若拙的《杨继业传》。时仅距《杨继业传》成书12年，这是李书内容首次被写入官修史中。

大中祥符九年（1016）二月，王旦等《两朝（太祖、太宗）国史》一百二十卷，有《杨业传》。《长编》卷20引到《国史·杨业传》即《两朝国史》之《杨业传》。

天禧四年（1020）前，杨亿（974—1020）口述所见所闻，让黄鉴记录下来，编成《杨文公谈苑》一书，其中谈及杨业的事迹，特别是战死前辩论细节，应来自李若拙的《杨继业传》。

庆历四年（1044），《国朝会要》150卷修成。杨业事迹写入职官类中。

元丰六年（1083）前，曾巩（1019 1083）写入《隆平集》卷17中。其中说到"杨邺，一作继邺"，说明他在史馆工作时见到过李若拙的《杨继业传》。"业"写成"邺"，可能是后人传抄中产生的错误。

淳熙十年（1183），李焘（1115—1184）《续资治通鉴长编》，所记杨业事迹来自《国史》，可证此时李若拙的《杨继业传》在世上已经绝迹。

淳熙十二年（1185），王称《东都事略》，情况与《长编》略同。

元至正五年（1345），脱脱《宋史》，其中《杨业传》当采自宋《两朝国中》。

最后还需要探讨一下，杨业姓名的变化。他最初叫杨重贵[①]。入北汉后，被北汉皇帝刘崇收养，赐名为刘继业，路振（957—1014）《九国志》里有《刘继业传》。北汉被宋灭后，李焘《长编》说他"复姓杨氏，止名业"[②]。现在看来，这一说法不完全正确。李若拙《杨继业

[①] （宋）李焘：《长编》卷9，开宝元年九月辛卯，第208页。
[②] （宋）李焘：《长编》卷20，太平兴国四年八月丁巳，第459页。

传》,说明他曾经叫作杨继业。换言之,刚入宋时,只是改为原姓,名没有变,又过了若干年,才去掉继字,单名业。大概称杨继业的时间比较长,所以李若拙仍写成《杨继业传》,而曾巩《隆平集》卷11《潘美传》中仍称之为杨继业。

试论宋神宗熙宁时期的宋越战争

雷家圣

(中国文化大学 史学系)

一 前言

一般认为宋代是一个积弱、积贫的朝代，对外关系上，受到辽、夏的威胁，后来北宋、南宋分别被金、元所灭亡。不过，近年的研究成果，显示宋神宗熙宁变法之后，宋朝积弱、积贫的现象已有改变。王安石变法，以富国强兵为目标，在经济上，推行青苗法、市易法、方田均税法的措施，大量增加了宋朝的财政收入；在军事上，推行置将法、保甲法、保马法等军事改革，提升军队的战斗能力；对外关系上，宋神宗开始积极对外开边，与北宋澶渊之盟后的守势政策不同。神宗熙宁时期除了王韶提出《平戎三策》，主张"欲平西夏，当先定河湟"，使得宋朝积极向西北用兵之外，宋朝同时积极在南方整顿军备，准备讨伐交阯（即越南）。交阯在宋朝的威胁之下，竟先发制人，于熙宁八年（1075）攻陷钦、廉、邕各州，宋越战争因此爆发。

由于宋朝积弱，对辽、金交纳岁币以换取和平，因此关于宋朝的外交，历来研究学者甚多，然而，对于宋朝与越南关系方面，研究成果却较少，具有代表性者，为汤佩津《北宋的南边政策——以交阯为中心》，该文指出：自秦始皇统一中国后，为了获得南海经济利益，将势力扩展至南方，并将中原文化输入岭南百越地区。秦灭亡后，赵佗自立建南越国，西汉初年，赵佗遣使纳贡，直至武帝讨平南越，岭南和交阯内属中国，交阯展开长期的北属时代。交阯自汉到唐代的北属时期，长期接受中原文化的浸润，中原官吏和土著酋长的长期势力结合，逐渐发展出地方豪酋阶级。唐末藩镇割据时，地方豪酋的势力越来越大，出现了地方政权。北宋初期，太祖平定南汉，交阯丁朝纳贡臣服，太祖即停止了进一步讨伐交阯的动作。到了太宗时期，前黎朝黎桓以武力取丁氏而代之，太宗乃趁机讨伐交阯，然因宋军不适应南方气候，诸军多死于炎瘴，太宗最后只能放弃军事手段，对交阯改采"恩信抚绥"政策，即使交阯发生政变，李朝李公蕴推翻前黎朝政权，北宋也保持"不干涉主义"。北宋为了应付北方辽夏的战事，在边防呈现"重北轻南"的现象，交阯察觉北宋不欲用兵的心态，态度日趋傲慢，不断"开疆拓土"征服边境部族，这些边境族群逃入宋朝境内，甚至引发了仁宗皇祐年间的侬智高之乱。北宋对交阯的态度，到神宗时期改为"开疆纳土"的积极扩张政策，因此引发了熙宁八年（1075）北宋与交阯的战争，宋朝虽击退了交阯的入侵并占领广源州等地，但瘴疠疾病使屯兵派官困难、动荡不安使管辖困难、财政负担使经略困难、众臣反对使辟土困难，最后只能归还土地，改以抚绥，哲宗继位后，对交阯又回归保守抚绥的政策。[①]

虽然汤佩津此文已对北宋时期宋越关系，做了完整而详细的讨论，然该文偏重于分析北宋不同时期对交阯外交策略的变化，对于熙宁八年的宋越战争，较缺少军事观点上的分析，而且熙宁八年的宋越战争，在中国军事史上也鲜少被论及，因此本文以外交军事并重的角度，对此一战争进行探讨，希望能为研究宋代军事、外交问题者提供参考。

二 宋越战争的背景

（一）宋代的交阯

交阯位于今越南北部，古称"南越""百越"，宋人赵汝适《诸蕃志》记载：

> 交阯，古交州，东南薄海，接占城，西通白衣蛮，北抵钦州。

---

① 参见汤佩津《北宋的南边政策——以交阯为中心》，博士学位论文，台湾中正大学，2004年。

历代置守不绝，赋入至薄，守御甚劳，皇朝重武爱人，不愿宿兵瘴疠之区，以守无用之土，因其献款，从而羁縻之。①

秦始皇平百越，设南海、桂林、象郡，其中象郡即在今日之越南北部，此为中国经略越南之始。秦末，南海尉赵佗割据南海、桂林、象郡三郡之地自立，是为南越武王，并向汉朝称臣。吕后时，赵佗一度称帝，汉文帝遣陆贾出使南越，说服赵佗取消帝号，重新向汉朝称臣。至汉武帝元鼎五年（前112），南越国丞相吕嘉杀其王赵兴，拥立赵建德为王，武帝乃出兵讨伐，灭南越国，设交州刺史及南海、苍梧、郁林、合浦、交阯、九真、日南、珠崖、儋耳九郡（其中交阯、九真、日南三郡在今越南北部），于是越南纳入中国版图，进入了"北属时期"。

五代十国时期，交州当地土著吴权击败南汉，控有交州之地，于后晋天福四年（939）正式称王，越南史称"吴朝"。吴朝末年，交州各地官吏割据为乱，有交州人丁部领削平群雄，于宋太祖开宝元年（968）自称万胜王（或作"大胜王"），遂称帝，国号"大瞿越"，越南史称"丁朝"。丁部领并遣使向北宋入贡，宋太祖册封为"交阯郡王"②。

虽然交阯逐渐摆脱中国的控制而建国，成为中国的藩属国，但宋朝仍伺机而动，希望重新将交阯之地收为州县。宋太宗时，值交阯丁朝末年，国主丁璇年幼，大将黎桓擅权，宋太宗遂于太平兴国五年（980）七月下诏讨交州黎桓。③然而到太平兴国六年（981）三月："交州行营破贼于白藤江口，获战舰二百艘，知邕州侯仁宝死之。会炎瘴，军士多死者，转运使许仲宣驿闻，诏班师。诏斩刘澄、贾湜于军中，征孙全兴下狱。"④按《宋史·交阯传》记载：

转运使侯仁宝率前军先进，全兴等顿兵花步七十日以候澄，仁

---

① （宋）赵汝适：《诸蕃志》卷上《交阯国》，中华书局1996年版，第1页。
② 参见明峥《越南史略》，生活·读书·新知三联书店1958年版，第50—53页；陈重金《越南通史》，商务印书馆1992年版，第57—60页。
③ （元）脱脱等撰：《宋史》卷4《太宗纪一》，中华书局1985年版，第64页。
④ 同上书，第66页。

宝累促之，不进。及澄至，并军由水路至多罗村，不遇贼，复擅回花步。桓诈降以诱仁宝，遂为所害。转运使许仲宣驰奏其事，遂班师。上遣使就劾澄、湜、僎，澄寻病死，戮湜等邕州市。全兴至阙，亦下吏诛，余抵罪有差。①

此役宋军大败，原因是多方面的：一为宋军协调不善，孙全兴为等候刘澄而顿兵不前，致侯仁宝孤军深入；二为侯仁宝中黎桓"诈降"之计，因而战死；三为气候"炎瘴，军士多死者"，宋太宗只好下令班师。最后宋太宗于雍熙三年（986）封黎桓"检校太保、使持节、都督交州诸军事、安南都护，充静海军节度、交州管内观察处置等使，封京兆郡侯，食邑三千户，仍赐号推诚顺化功臣"②，承认了黎桓"前黎朝"政权的合法性，宋朝对交阯也放弃了军事征服的企图。

宋真宗大中祥符三年（1010），前黎朝国主黎至忠失权，大校李公蕴篡位，自称留后，遣使贡奉。真宗认为："黎桓不义而得，公蕴尤而效之，甚可恶也。"然以其蛮俗不足责，遂用黎桓故事，册封李公蕴为"交阯郡王"。③前黎朝遂灭亡，为李朝所取代，李公蕴即李太祖。由此也可看出，宋真宗以后，对交阯的态度是无为而治，不干涉交阯内部政权的改变，只要交阯称臣纳贡，即承认现实的统治者。宋仁宗皇祐元年（1049），交阯豪酋侬智高入寇，占领邕、横诸州，仁宗派遣狄青为帅，于崑仑关大破侬智高，智高败走大理。侬智高之乱，起因于交阯对智高的压迫，致使智高入寇中国，但宋朝也并未以侬智高事件问罪于交阯，与交阯继续维持和睦的宗藩关系。④

（二）熙宁变法与对外拓边政策

然而，到了宋神宗时期，宋朝对内、对外政策，都有了重大的改变。对内政策方面，宋神宗熙宁二年（1069）二月，以王安石为参知

---

① （元）脱脱等撰：《宋史》卷488《交阯传》，第14059页。
② 同上书，第14060页。
③ 同上书，第14066页。
④ 参见汤佩津《北宋真、仁宗时期对交阯的政策》，载《中国历史学会史学集刊》第38期，2006年7月，第75—118页。

政事，设"制置三司条例司"，积极推动变法，以富国强兵为目标。王安石的变法，财政方面推行"淮浙江湖六路均输法""青苗法""募役法""市易法""方田均税法"等新政，增加了国家的财政收入。

在科举与学校改革方面，王安石更定科举制度，罢明经诸科，进士科罢考诗赋，专以经义、论策试士。又立"太学三舍法"以取士，分太学为外舍、内舍、上舍，上舍生可直接授官。

在军事改革方面，推行"置将法""保甲法""保马法"，加强军事建设。其中"置将法"，于边境诸路置"将"，"将"为军事单位，每将人数数千至万人，设正将、副将以统之。为应付北方辽、夏的军事威胁，熙宁七年（1074），于京畿河北京东西设37将，于陕西五路设42将。①

王安石变法的内容，虽然遭到司马光、欧阳修、苏轼等众多官员的反对，但在宋神宗的支持之下，各种新法陆续推行。变法的效果逐渐呈现，宋朝的财政收入大幅增加，而军事力量也得到了提升。

宋神宗除了对内主张变法改革之外，对外也一改北宋中期消极无为的保守策略，主张对外拓边。熙宁元年（1068），王韶上奏《平戎三策》，主张欲取西夏，必先征服河、湟。《宋史·王韶传》记载《平戎三策》如下：

> 西夏可取。欲取西夏，当先复河、湟，则夏人有腹背受敌之忧。夏人比年攻青唐，不能克，万一克之，必并兵南向，大掠秦、渭之间，牧马于兰、会，继古渭境，尽服南山生羌，西筑武胜，遣兵时掠洮、河，则陇、蜀诸郡当尽惊扰，瞎征兄弟其能自保邪？今唃氏子孙，唯董毡粗能自立，瞎征、欺巴温之徒，文法所及，各不过一二百里，其势岂能与西人抗哉！武威之南，至于洮、河、兰、鄯，皆故汉郡县，所谓湟中、浩亹、大小榆、枹罕，土地肥美，宜五种者在焉。幸今诸羌瓜分，莫相统一，此正可并合而兼抚之时也。诸种既服，唃氏敢不归？唃氏归则河西李氏在吾股掌中矣。且

---

① （元）马端临：《文献通考》卷153《兵考五》，台湾商务印书馆1987年版，第1335页。

唃氏子孙，瞎征差盛，为诸羌所畏，若招谕之，使居武胜或渭源城，使纠合宗党，制其部族，习用汉法，异时族类虽盛，不过一延州李士彬、环州慕恩耳。为汉有肘腋之助，且使夏人无所连结，策之上也。①

这是一篇影响北宋后期国家战略的关键文章，宋神宗拓边西北，设熙河路，哲宗绍圣时增设鄯州、湟州，徽宗时对西夏的征伐，都是按此战略而行。若论神宗时期一改保守消极的心态，积极拓边，王韶的奏议实有关键的影响。

王韶上奏之后，神宗赞同王韶的建议，任命王韶为"管干秦凤经略司机宜文字"②。熙宁四年八月，宋朝设置"洮河安抚司"，神宗任命王韶主其事。③ 在王韶的指挥之下，宋军在河、湟地区攻城略地，于熙宁五年设置"熙河路"④，熙宁六年，在王韶收复河州（今甘肃省临夏市）之后，王安石献捷以闻，"（十月）辛巳，以复熙、河、洮、岷、叠、宕等州，（神宗）御紫宸殿受群臣贺，解所服玉带赐安石"⑤。王韶"收复河、湟"的计划，取得了相当丰硕的成果。

（三）宋朝与交阯的对立

在神宗有意积极拓边，而王韶在西北又屡立战功，迅速晋升。使宋朝中央与地方官员皆跃跃欲试，希望开疆拓土，建功立业。神宗以沈起为广西经略安抚使知桂州，为经略交阯的第一步。李焘《续资治通鉴长编》记载：

（熙宁六年二月）辛丑，权度支副使、刑部郎中、集贤殿修撰沈起为天章阁待制、知桂州，代萧注也。注在桂州，自特磨至田冻

---

① （元）脱脱等撰：《宋史》卷328《王韶传》，第10579页。
② 同上。按"管干"应作"管勾"，南宋避高宗赵构之讳，改"管勾"为"管干"，此处《宋史》应取材于南宋人之记载。
③ （元）脱脱等撰：《宋史》卷15《神宗纪二》，第280页。
④ 同上书，第282页。
⑤ 同上书，第284页。

州酋长远近狎至,注问其山川曲折、老幼存亡,甚得其欢心,故李乾德(按:即交阯李朝李仁宗)动息必知之。然有献策平交州者,辄火其书。会起言交州小丑,无不可取之理,乃罢注归,其后起更为征讨计,卒以此败。①

萧注对于交阯的各种情报,知之甚详,但对于交阯采保守无为的策略,对于各种征讨交阯的献策,"辄火其书"。这种保境安民的消极作法显然无法满足宋神宗的开边企图,于是神宗以积极主张开边的沈起取代萧注。沈起到任后,即积极招兵买马,整顿军备。《长编》记载:

> 新知桂州沈起,乞自今本路有边事,依陕西四路止申经略司专委处置及具以闻,从之。起又乞差人出外界勾当,上顾王安石曰:"如何指挥?"安石请依所乞,札与监司,上曰:"可。"安石私记又云:"上令起密经制交阯事,诸公皆不与闻,凡所奏请皆报听。"②

当时沈起欲专一事权,故向神宗请求如果"本路有边事"则专委经略司处置,沈起并请求"差人出外界勾当",亦即派人赴国境外从事秘密活动,似乎预言未来将有"边事"。王安石认为"上令起密经制交阯事",显然沈起背后的指使者,即为宋神宗。此外:

> 广南西路经略沈起言:"邕州五十一郡峒丁,凡四万五千二百。请行保甲,给戎械,教阵队。艺出众者,依府界推恩补授。"奏可。③

沈起奏请将邕州峒丁四万五千二百人编组为保甲,作为民兵组织,

---

① (宋)李焘:《续资治通鉴长编》(以下简称《长编》),卷242,熙宁六年二月辛丑,中华书局2004年版,第5905页。
② (宋)李焘:《长编》卷244,熙宁六年四月戊寅,第5933页。
③ (元)脱脱等撰:《宋史》卷191《兵志五》,第4747页。另见(宋)李焘《长编》卷244,熙宁六年四月壬辰,第5939页。

· 299 ·

也得到了神宗的同意。《长编》又载：

> （熙宁六年十月庚午）知桂州沈起言："招到融州溪峒蛮人，乞籍为王民，开通道路，建置州县城寨。"诏具当补首领职位及所经制事以闻。①

沈起又招纳交阯逃人：

> 交阯郡王李乾德表言："恩情州首领麻泰溢是本道定边州人，移住恩情，今改称侬善美，与其属七百余人逃过省地，乞根问。"先是，广南西路经略使沈起言："知恩情州侬善美与其家属等六百余人归明至七源州，臣勘会侬善美等，旧系省地七源州管下村峒，往年为交阯侵取，改为恩情州，以赋役诛求烦苦来归，不纳，必为交阯所戮。"诏听归明，厚加存恤。至是，乾德以为言，乃诏广西路经略司勘会牒报，赐乾德诏不许。②

沈起一连串招募峒丁、编练保甲、招纳交阯逃人的举动，引起了交阯的关注与边界的紧张。因此，广西转运使张觐弹劾沈起，《长编》记载：

> 知虔州、都官员外郎刘彝直史馆、知桂州。知桂州、刑部郎中、天章阁待制、集贤殿修撰沈起令于潭州听旨。初，广西转运使张觐言都巡检薛举擅纳侬善美于省地而起不之禁，上批："熙河方用兵未息，而沈起又于南方干赏妄作，引惹蛮事，若不早为平治，则必滋长为中国巨患，实不可忽。宜速议罢起，治其擅招纳之罪，以安中外。"……乃诏遣彝，而又令以前日付起约束付之，且使彝体量起纳善美事，后彝体量奏至，仍命起知潭州。③

---

① （宋）李焘：《长编》卷247，熙宁六年十月庚午，第6018页。
② （宋）李焘：《长编》卷259，熙宁八年正月己未，第6324页。
③ （宋）李焘：《长编》卷251，熙宁七年三月庚子，第6108—6109页。

在沈起赴任之初，"上令起密经制交阯事"，交代沈起经略交阯的任务，此时神宗"以前日付（沈）起约束付之（刘彝）"，也就是将此一任务再度交代给刘彝。而神宗要将沈起"治其擅招纳之罪"，实际上也是雷声大雨点小，让沈起改知潭州，避避风头去了。所以神宗以刘彝取代沈起，只是"以安中外"的表面做法。

刘彝任广西经略安抚使知桂州之后，继续加强边防。《长编》记载：

> 诏广南路经略安抚、转运司，据元管枪手、土丁户，依义勇例，东路枪手、西路土丁并每三丁差一丁，其自来无枪手、土丁州军更不置。……知桂州刘彝言："旧制：宜、融、桂、邕、钦五郡土丁，成丁以上者皆籍之，既接蛮徼，自惧寇掠，守御应援，不待驱策。而近制主户自第四等以上，三丁取一，以为土丁，而傍塞多非四等以上者，若三丁籍一，则减旧丁十之七，余三分以为保丁，保丁多处内地，又俟以益习武事，则当多蠲土丁之籍。恐边备有阙，请如旧制便。"奏可。①

当时朝廷下令将广东枪手、广西土丁依义勇例，三丁抽一。然广西宜、融、桂、邕、钦五州土丁，旧制已是成年以上全部籍为土丁，若改三丁抽一，实际上土丁人数将减少十分之七，故刘彝请求五州土丁仍依旧制。此外，《长编》又记载：

> 知桂州刘彝言："（交阯）广源州刘纪帅乡兵三千侵略邕州，归化州侬智会率其子进安逆战有功。"诏给智会俸钱，授进安西头供奉官，仍令经略司选差使臣，募峒丁于进便处扎寨，以为声援，日给口食。如遇贼，每生擒一人、获一首级，依见行赏格外，更支绢十匹。初，彝奏曰："智会能断绝交阯买夷马路，为邕州藩障，刘纪患其隔绝买马路，故与之战。"又曰："智会亦不可保，使其

---

① （宋）李焘：《长编》卷254，熙宁七年六月癸巳，第6216页。

两相对，互有胜负，皆朝廷之利。"①

刘彝采取"以夷制夷"的策略，利用侬智会断绝交阯买马的通路，引起交阯广源州刘纪帅乡兵攻击邕州，与侬智会交战。可见，刘彝步步进逼的策略，断绝交阯买马的通道，引起了交阯的紧张。越南方面的史书《钦定越史通鉴纲目》也说道："（沈）起罢，刘彝代之，籍溪洞，治戈船，为侵伐计。又严禁州县，不通贸易。帝（李仁宗）致书于宋，彝辄抑之。"② 所谓"籍溪洞"，即指前引刘彝主张宜、融、桂、邕、钦五州土丁依旧制全部籍为土丁之事，而所谓"严禁州县，不通贸易"，似指侬智会阻断买马道路之事，可见交阯方面的指控，并非空穴来风。而交阯与宋朝的地方非正规部队已经互相攻战，两国的对立也日趋升高。

对立不断升高的结果，熙宁八年（1075）十一月，交阯李仁宗"命李常杰等大举伐宋，陷钦、廉二州"③。战争正式爆发。

三 战争的爆发与双方战争准备

（一）宋越战争爆发与邕州攻防战

当时的交阯，是李朝第四代君主李乾德在位，史称李仁宗。李仁宗面对宋朝步步进逼，已经有了战争的准备。然而在开战之前，交阯首先要防范宋朝会可能联合交阯南方的占城，南北夹攻交阯，使交阯首尾不能兼顾。因此李仁宗先于熙宁八年八月，"命李常杰伐占城，不克而还"。"占城扰边，（李仁宗）命常杰征之，不克，乃图画布政、麻令、地哩三州山川形势而还。"④ 这一军事行动的目的不是要征服占城，而是威吓占城，使其不敢与宋朝合作。

在解决了后方的顾虑之后，熙宁八年十一月，李仁宗正式发动战

---

① （宋）李焘：《长编》卷263，熙宁八年闰四月乙未，第6425页。
② 潘清简等纂修：《钦定越史通鉴纲目》卷3，台北"中央图书馆"1969年影印本，第35页下。
③ 同上。
④ 同上。

争,《钦定越史通鉴纲目》记载:

> (李仁宗)命李常杰、尊亶等领兵十余万,分道伐宋。常杰兵至钦、廉,攻陷之,宋兵死者八千人。①

而根据宋朝方面的史料,《长编》记载熙宁八年十一月己巳,广西经略司言:"谍报交阯广源州集乡兵,欲图入寇。"② 广西经略司已发现交阯有入寇的企图。但尚未及反应,九日后,十一月戊寅,"交阯陷钦州,后三日又陷廉州"③。而广西经略司直到十二月癸巳(初六)才得知钦、廉二州失陷的消息,并上报京师:

> (熙宁八年十二月癸巳)广南西路经略司言:"交阯以舟师驻湖阳镇,谋以两路入寇,钦、廉已陷矣。"(原注:十一月二十日陷钦州,十二月二十日奏方到。廉州当是十一月二十三日陷,十二月二十二日奏到。)④

宋神宗是在十二月丁未(二十日)、己酉(二十二日)才陆续得知钦、廉失陷。⑤ 这种情况,反映了广西前线与汴京相隔遥远,因此汴京无法立即掌握广西的战况,并采取有效的对策,因此导致战事爆发之初,交阯军可以不断攻城略地。

在钦、廉二州失陷后,交阯将领尊亶续攻邕州,邕州知州苏缄率少数士卒固守:

> (苏)缄闻贼且至,阅郡兵,得厢禁卒并老弱才二千八百人,

---

① 潘清简等纂修:《钦定越史通鉴纲目》卷3,第35页下。又据吴士连等修,陈荆和编校《大越史记全书》卷3,东京大学东洋文化研究所,1984年,上册,第248页的记载,将李常杰、尊亶分道伐宋的时间定在熙宁八年二月,今依《钦定越史通鉴纲目》。
② (宋)李焘:《长编》卷270,熙宁八年十一月己巳,第6621页。
③ (宋)李焘:《长编》卷270,熙宁八年十一月戊寅,第6624页。
④ (宋)李焘:《长编》卷271,熙宁八年十二月癸巳,第6638页。
⑤ (宋)李焘:《长编》卷271,熙宁八年十二月丁未、己酉,第6645—6646页。

召官吏与郡人之才勇者，授以方略，使以部分地自守。州民震惊，将窜逃者不可胜数。缄悉出官帑及私财示之曰："吾兵械素具，蓄聚亦不乏，今贼众已薄城下，惟有坚壁固守，以待外援，可以坐胜。若一人举足，则群心动摇，大事先去矣。汝辈幸听吾言，冀蒙厚赏，或不听而出，当先并其孥斩之。"大校翟积阴欲出奔，缄使人伏门外枭其首以徇。由是上下胁息听命。缄复募死士，得数百人，挐舟邕江，与贼逆战，斩首二百余级，杀其巨象十数，贼遂围城。缄日夜行劳士卒，以神臂弓仆贼、殪象不可胜计。贼为攻具，四面瞰城，城上发火箭，焚其梯冲，前后杀伤万五千余人，城中人心益固，虽老幼皆谓救至在刻漏，围即解矣。①

苏缄以重赏重罚约束士卒，以救兵将至安定民心，以敢死队突袭敌军，以"神臂弓"仆贼殪象，由城上放火箭焚敌冲车云梯，可谓尽其所能矣。

然而，苏缄与邕州军民殷殷盼望的援兵，却在赴援途中遭到歼灭。《钦定越史通鉴纲目》记载：

尊亶攻邕州，广西都监张守节将兵来救，常杰逆击于昆仑关，大破之，斩守节于阵。②

在弹尽援绝的情况下，邕州终于沦陷：

（熙宁九年正月庚辰）是日，交贼陷邕州，苏缄死之。张守节败，生获于贼者数百人。贼知北军善攻城，啗以厚利，使为云梯，既成，为缄所焚。又为攻濠洞，蒙以生皮，缄俟其既度，纵火焚于穴中。贼计尽，稍欲引去，而知外援不至。会有能土攻者，教贼囊土数万，向城山积，顷刻高数丈，贼众登土囊以入，城遂陷。缄犹

---

① （宋）李焘：《长编》卷271，熙宁八年十二月丁酉，第6640页。
② 潘清简等纂修：《钦定越史通鉴纲目》卷3，第35页下。另见（宋）李焘《长编》卷272，熙宁九年正月己未，第6656页。

领伤卒驰骑苦战,力不敌,缄曰:"吾义不死贼手。"乃还州廨,阖门,命其家三十六人皆先死,藏尸于坎,纵火自焚。贼至,求缄及其家遗骸,皆不能得。杀吏卒、土丁、居民五万余人,以百首为一积,凡五百八十余积。并钦、廉州所杀,无虑十万余人,并毁其城以填江。邕州凡被围四十二日,缄率厉将士固守,粮储既竭,又岁旱,井泉皆涸,人饥渴,汲沤麻汗水以饮,多病下痢,死者相枕,而人无叛者。缄愤沈起、刘彝致寇,彝又坐视城覆不救,欲尽疏以闻,属道梗不通,乃列起、彝罪牓于市,冀达朝廷。①

邕州虽然失陷,但苏缄死守邕州四十二日,邕州军民五万多人的牺牲,为宋朝争取了宝贵的时间。《长编》记载:

缄既死,交贼复谋寇桂州,前锋行数舍,或见大兵自北南行,呼曰:"苏皇城领兵来报交阯之怨。"贼师惧,遂引归。②

苏缄死守邕州,使得交阯军付出了重大伤亡代价,并迟滞了交阯军的攻势,使得宋朝北方军队乘时南下,阻止交阯扩张战果。神宗曾向苏缄之子苏子元称赞其父的贡献:

邕州若非卿父守御,如钦、廉二州贼至而城破,乘胜奔突,则宾、象、桂州皆不得保矣。昔唐张巡、许远以睢阳蔽捍江淮,较之卿父,未为远过也。③

神宗之言,实为的评。交阯在开战之初,攻占钦、廉、邕三州,这便是交阯军扩张的最大限度。

(二) 宋朝方面的战争准备

宋神宗在钦、廉失陷后将近一个月才得到消息,因此改善传送信息

---

① (宋)李焘:《长编》卷272,熙宁九年正月庚辰,第6664—6665页。
② 同上书,第6665页。
③ (宋)李焘:《长编》卷273,熙宁九年二月辛丑,第6684页。

的速度，是首要之务。熙宁八年十二月丁未，神宗下令："自京至邕、桂以来置急脚递铺，差内侍一人点检，系阙人处，即差人贴铺。"①

其次，是要求广西各地官府，招募兵马，严加防守。神宗要求广西"逐州军但严城守，毋轻出战"②，又因广西兵力薄弱，令广西经略司"募丁壮三二千，守邕、宾等州城，不足，即选土丁"。又"遣使臣分诸州军，选配军少壮有胆勇堪披带者赴桂州，每约五百人团成一指挥校阅，以新澄海为名"③。要求广西招募丁壮、土丁甚至选择"配军"的罪犯，补充兵员，加强防守。

对于向交阯挑衅生事的沈起、刘彝，神宗下令"安南招讨司同石鉴、周沃体量沈起、刘彝妄生边事，具实以闻"。实际上，神宗已先定调：

>沈起昨在广西，妄传密受朝廷意旨，经略讨交州，又不俟诏，擅委边吏，招接恩、靖州侬善美，及于融、宜州溪峒强置营寨，虚奏言蛮众同附。既兴版筑，果至版扰，杀土丁、兵校、官吏以千数，今交贼犯顺，宜獠内侵，使一道生灵横遭屠戮，职其致寇，罪悉在起，了无疑者。……沈起可贷死，削夺在身官爵，送远恶州军编管。④

神宗指责沈起"妄传密受朝廷意旨"，意在与沈起划清界限，又说沈起"职其致寇，罪悉在起，了无疑者"，点名沈起就是罪魁祸首了。沈起于是成了神宗弃车保帅的牺牲品。至于刘彝，中书、枢密院也主张比照沈起办理：

>刘彝亦相继生事，请罢屯札兵，致所招之人未堪使，并造战船，止绝交阯人卖买，不许与苏缄相见商量边事，及不为收接文

---

① （宋）李焘：《长编》卷271，熙宁八年十二月丁未，第6645页。
② 同上书，第6645—6646页。
③ （宋）李焘：《长编》卷271，熙宁八年十二月己酉，第6647页。
④ （宋）李焘：《长编》卷272，熙宁九年正月丙寅，第6657—6658页。

字，令疑惧为变。事恐不独起，而亦有可疑者。①

最后，沈起责授检校水部员外郎、郢州团练副使、本州安置、不得签署公事；刘彝责授检校水部员外郎、均州团练副使、随州安置。②

最重要者，是调兵遣将，出师征伐。统帅方面，神宗最初以赵卨为安南道行营马步军都总管、经略招讨使、广南西路安抚使，李宪为副使，燕达为副都总管。③熙宁九年二月，因赵卨推荐郭逵老于边事，神宗遂以郭逵为安南道行营马步军都总管、招讨使、荆湖广南路宣抚使，改赵卨为副使。④

此外，要调派正规部队剿寇平乱。熙宁八年十二月庚戌，"发河北第三十五将赴桂州，第十九将驻潭州，以备广西经略司勾抽策应"⑤。这是加强南方边防的先行部队。又按《钦定越史通鉴纲目》记载：

> （宋朝）以郭逵为招讨使，赵卨副之，总九将军，约占城、真腊来侵。⑥

文中"总九将军"，亦即"总九将之兵"，所谓"九将"，即熙宁九年正月，宋神宗从各地抽调而来的主力部队，包括：

皇城使、泾原路钤辖姚兕。

引进副使、熙河路钤辖李浩。

右骐骥副使、秦凤路都监、兼知甘谷城、兼第三将张之谏。

内藏库副使、权发遣通远军杨万。

左藏库副使、权环庆路都监、兼第三将雷嗣文。

鄜延路都监、兼副将吕真。

---

① （宋）李焘：《长编》卷272，熙宁九年正月丙寅，第6658页。
② （宋）李焘：《长编》卷273，熙宁九年二月庚寅，第6676页。刘彝责授应为均州团练副使，《长编》做均州团练使，为高级武官之寄禄官，有误。
③ （宋）李焘：《长编》卷271，熙宁八年十二月辛亥，第6649页。
④ （宋）李焘：《长编》卷273，熙宁九年二月戊子，第6674页。
⑤ （宋）李焘：《长编》卷271，熙宁八年十二月庚戌，第6648页。
⑥ 潘清简等纂修：《钦定越史通鉴纲目》卷3，第38页上、下。

供备库副使、环庆路都监、兼第四将李孝孙。

内殿承制、鄜延路都监、兼副将曲珍。

阁门祗候、权发遣丰州张世矩。

内殿承制、河北第二十将狄详。

西头供奉官、阁门祗候、京西第四副将管伟。

河东第七副将王愍。

据《长编》考察相关史料："（姚）兕本传：兕将中军。（曲）珍本传：珍为第一将。六月三日《实录》乃以珍为左第二副将。"① 可见"九将之兵"应为配合战争需要，按照"置将法"临时设立的编制。这种"临时置将"的编制，包括了将北方已编成的各"将"直接调到南方作战，如秦凤第三将（张之谏）、环庆第三将（雷嗣文）、鄜延某副将（吕真，番号不详）、环庆第四将（李孝孙）、鄜延某副将（曲珍，番号不详）、河北第二十将（狄详）、京西第四副将（管伟）、河东第七副将（王愍），以及把其他"不系将禁兵"（未实施置将法的禁兵，如姚兕、李浩等）编成一将，共为九将，并重新赋以"中军将""左第一将""左第二将""左第三将""左第四将""右第一将""右第二将""右第三将""右第四将"等番号，以正将或副将为统兵官，成为宋朝南征的主力。

每"将"的兵力，根据熙宁十年（1077）宋越战后中书、枢密院向神宗奏报的行营兵马数："兵四万九千五百六人，马四千六百九十匹。"② 平均每"将"约五千五百人。这应是当时宋朝镇守西北与北方最精锐的部队。

战略方面，神宗希望趁此机会，一举消灭交趾，收为州县，《长编》记载：

> 诏郭逵等，交州平日，依内地列置州县。③

---

① （宋）李焘：《长编》卷272，熙宁九年正月庚午，第6659页。
② （宋）李焘：《长编》卷280，熙宁十年二月丙午，第6868—6869页。
③ （宋）李焘《长编》卷273，熙宁九年二月甲寅，第6689页。

因此除了陆路进攻之外，宋神宗下诏：

> 交阯为寇，朝廷已议水陆攻讨，占城、占腊（真腊）于贼素有血雠，委许彦先、刘初同募海商三五人，作经略司委曲说谕彼君长，豫为计置，候王师前进，协力攻讨。①

熙宁九年二月，神宗派遣容州节度推官李勃、三班奉职罗昌皓持敕书与药物、器币，前往占城、真腊，进行游说。②《长编》又记载：

> （熙宁九年三月）癸未，西京左藏库副使杨从先为安南道行营战棹都监。先是，从先言从海道出兵为便。欲冒大洋，深入西南隅，绕出贼后，捣其空虚，因以兵邀会占城、真腊之众，同力攻讨。上是其言，遂授此职，令募兵以往。③

按杨从先的计划，希望海陆二路并进，海路与占城、真腊联军，由交阯南部发动进攻，以期南北合击。不过，交阯李仁宗在对宋开战之先，已先攻打占城威吓之。因此这一策略恐不可行。安南招讨司考虑之后，认为：

> 丁忧人将作监丞苏子元言："朝廷命将至占城、占腊，使牵制交贼，广东所备战船，海风不定，必不能尽达。况占城畏交阯，占腊未尝至广州贸易，人情不通，若舟师至而二国疑惧，则事危矣。"……并据广东转运副使陈倩状："前此发船舶至占城、占腊，各避九月至十二月飓风飘溺，须正月初北风乃可过洋。本司看详杨从先之计诚疏，苏子元之说甚长，乞朝廷详酌指挥。"诏招讨司从长施行。④

---

① （宋）李焘：《长编》卷271，熙宁八年十二月癸丑，第6651页。
② （宋）李焘：《长编》卷273，熙宁九年二月戊子，第6675—6676页。
③ （宋）李焘：《长编》卷273，熙宁九年三月癸未，第6697页。
④ （宋）李焘：《长编》卷276，熙宁九年六月辛丑，第6748页。

安南招讨司考虑到占城、真腊未必配合，贸然出兵恐引起二国疑惧，且九月到十二月有飓风，要等到正月才有北风，适合船只南行，因此认为杨从先的计划不可行，请神宗重新考虑海路出兵的计划。七月，安南行营抵达桂州，郭逵仍然计划海陆二路并进："广南东路钤辖和斌及杨从先等督水军涉海自广东进，诸将九军自广西进。"① 但宋神宗最后决定，放弃海路征讨行动：

（熙宁九年八月）乙未，诏："安南道行营战棹都监杨从先所总兵甲，既不过海洋，宜令悉取招讨司处分，其空名宣札及节制朝旨，并令送招讨司。"②

陆路方面，大军未动，粮草先行，九将之兵约十万人，所需粮草及搬运人力，是宋朝头痛之事，《长编》记载：

熙宁九年夏四月丙戌朔，上批付郭逵等："近据广西转运使李平一奏：'将来大军进讨，合用般粮人夫四十余万，乞自湖已南，一例差科前去。'显是张皇，惊动人情，传闻远近，上达朝廷，深为不便。卿等可多方计度，的确合运致兵食人力数目，疾速以闻。"逵言："契勘平一所奏，约兵十万人，马一万匹，月日口食、马草料，计度般运脚夫四十余万。况入界讨荡交贼巢穴，难以指准一月为期，若更宽剩计度，又恐费用转多。今计度将来入界随军粮草，除人马量力自负，及于出产处买水牛驮米，其牛便充军食，如军食不阙，即充屯田耕稼使用，可减省米及脚乘。并将九军轻重不急之物权留，量差禁军相兼充火头等，亦不妨战斗。可那厢兵或用小车、骡子往来驮载，及将不得力马更不带行。如此擘画，可于平一所奏合用般粮人夫内减一半外，只以二十万人节次般运，供军食用。及候本司到彼，更有可以裁减处，别具奏闻。"③

---

① （宋）李焘：《长编》卷277，熙宁九年七月末，第6772页。
② 同上书，第6776页。
③ （宋）李焘：《长编》卷274，熙宁九年四月丙戌，第6700—6701页。

可见宋朝"九将之兵"约十万人,目标是要在一个月之内"讨荡交贼巢穴",征服交阯。广西转运使李平一认为需要四十万人搬运粮草,而郭逵虽尽力减少动员人数,仍须二十万人,浩大的军需费用,将成为宋朝的重大负担。

此外,前面提到,这九将之兵,都来自北方河北、陕西、河东、京西等地,在南方作战,恐有水土不服的问题,这是宋军最大的挑战。战争爆发之初,神宗即考虑到此问题,下令:"翰林医官院选治岚瘴药方五、七种,下合药所修制。"① 当时元老大臣张方平即说道:

> 秦、渭马军、弓箭手,本备羌戎,皆是捍边锐兵劲骑,有到京师,犹为不服水土,辄生疾病。而驱之瘴雾沮洳之中,巉崿之地,水多沙毒,草无蒿秸,进又不能驰突决胜,其能还者无几矣。②

清楚地指出北方军人至南方瘴疠之地,必有水土不服的疾病问题,对北军的处境相当悲观。果然,宋军至南方之后,得疫疾而死者甚多。《长编》记载:

> (熙宁九年八月戊子)又批:"闻安南兵过岭者多疾病,其令宣抚司晓告毋食生冷,严立酒禁。"③

此为八月之事。十月时,神宗下诏:

> (熙宁九年十月)丙申,诏:"安南行营兵士以不习水土,多病瘴疠致死,并宜令随所在州县即时依编敕及移牒住营州县,依广勇例给孝赠。"④

神宗又下令:

---

① (宋)李焘:《长编》卷271,熙宁八年十二月庚戌,第6648页。
② (宋)李焘:《长编》卷276,熙宁九年六月末,第6762页。
③ (宋)李焘:《长编》卷277,熙宁九年八月戊子,第6775页。
④ (宋)李焘:《长编》卷278,熙宁九年十月丙申,第6800页。

> 安南行营至邕州四将下诸军，九月上旬死病近四五千人，此乃将副全不约束，恣令饮食北人所忌之物，以致生疾，可火急严诫励，仍切责医用药治之。①

可见九月时，宋朝十万大军已有四五千人生病或死亡。为此，神宗再度令太医局合治瘴药三十种，差使臣赍付安宁行营总管司，并令内供奉官梁从政率医官院习知治瘴者五人至七人，赴邕州治疗病患。②

宋朝十万大军，在兵力武器上虽有绝对优势，但是转粮运输困难、北人水土不服两大问题，却是宋军的致命伤。

（三）交阯的战争准备

交阯在攻占钦、廉、邕三州之后，掳掠人口，随即撤离宋境。司马光《涑水记闻》记载：

> 正月二十一日，（邕州）矢石且尽，城遂溃破，苏缄犹誓士卒殊死战，兵民死者十余万口，掳妇女小弱者七八万口。二十二日，贼焚邕州城。二十三日，遂回本洞。③

交阯为何要撤回本国，缩小防线？原因在于交阯人口太少，此次出兵已是举国尽出，孤注一掷了。王安石说道：

> 有略卖在交阯者，因随贼至邕州得脱，召问，昨入寇六万人众内，多妇女老弱略卖得脱者，其主人一家六口，五口来随军，一口不能动，故留。前日苏子元亦言一家八口，七人来，一人病不能行，故留。然则交阯举国入寇，其国乃空无人也，失此机会，诚

---

① （宋）李焘：《长编》卷278，熙宁九年十月丁酉，第6800页。
② （宋）李焘：《长编》卷278，熙宁九年十月乙巳，第6803页。
③ （宋）司马光撰，邓广铭、张希清点校：《涑水记闻》卷13，中华书局1989年版，第249页。

试论宋神宗熙宁时期的宋越战争

可惜。①

在史料中我们也发现交阯在中国大量掳掠人口,《长编》记载:

> 诏以广西进士徐伯祥为右侍禁,钦、廉、白州巡检。先是,交贼自邕州驱略老小数千人,将道广州归。伯祥募得数十人,辄追蹑其后,而所斩获亦数十级,于是所略去老小因得乘间脱免者至七百余人。经略司以闻,故有是命。②

可见交阯发动战争的主要目标,不在占领城池,而在掠夺人口,带回本国供奴役驱使,作为劳力来源。

因此,当中国大军压境时,交阯以有限兵力,必须缩小防线。交阯撤军之际,并开始进行宣传战,《涑水记闻》又载:

> 时交阯所破城邑,即为露布,榜之衢路,言:"所部之民叛如中国者,官吏容受庇匿,我遣使诉于桂管,不报,又遣使泛海诉于广州,亦不报,故我帅兵追捕亡叛者。而钤辖张守节等辄相邀遮,士众奋击,应时授首。"又言:"桂管点阅峒兵,明言又见讨伐。"又言:"中国作青苗、助役之法,穷困生民,我今出师,欲相拯济。"③

交阯诉求有三,第一点为"帅兵追捕亡叛者",这一点为小题大做,追捕亡叛者,何至于攻占钦、廉、邕三州,杀害十余万人?第二点为桂管(广西经略安抚使知桂州刘彝)点阅峒丁,明言要讨伐交阯,故交阯先发制人,这一点倒是符合实情。第三点"言中国作青苗、助役之法,穷困生民,我今出兵,欲相拯济",可见交阯方面也知道中国正在推行新法,并知反对新法者甚多,交阯强调此点,就是希望分化宋

---

① (宋)李焘:《长编》卷275,熙宁九年五月己卯,第6734—6735页。
② (宋)李焘:《长编》卷273,熙宁九年三月丁丑,第6693页。
③ (宋)司马光撰,邓广铭、张希清点校:《涑水记闻》卷13,第250页。又见于(宋)李焘《长编》卷271,熙宁八年十二月癸丑,第6650—6651页。

· 313 ·

人，使反对派不支持王安石对交阯作战，这一做法似乎已引起反对派司马光的注意，还收录于《涑水记闻》之中，可见此宣传不无效果。

交阯面对宋朝大军进攻，必须精准掌握宋军的动态，因此派遣间谍在宋朝大量搜集情报。神宗已察觉此问题，下令："广东、江西、福建募人效用，虑奸细在其间，令招讨司指挥将官常加觉察。"① 又诏："闻交贼多遣奸人侦事于二广，令宣抚司指挥将官，所至审察教阅，无听人纵观，免窥觇击敌进退之法。"② 广东转运司也奏言："闻交阯昨陷钦、廉等州，执僧道百余人，夺其公凭而杀之，令间谍诈为僧道以侦事。"③ 前述因救回被掳人口而授官的广西进士徐伯（百）祥，实际即为交阯间谍：

> 岭南进士徐百祥屡举不中第，阴遗交阯书曰："大王先世本闽人，闻今交阯公卿贵人多闽人也。百祥才略不在人后，而不用于中国，愿得佐大王下风。今中国欲大举以灭交阯，兵法：'先人有夺人之心。'不若先举兵入寇，百祥请为内应。"于是交阯大发兵入寇，陷钦、廉、邕三州，百祥未得间往归之。会石鉴与百祥有亲，奏称百祥有战功，除侍禁，充钦廉白州巡检。朝廷命宣徽使郭逵讨交阯，交阯请降，曰："我本不入寇，中国人呼我耳。"因以百祥书与逵，逵檄广西转运司按鞠，百祥逃去，自经死。④

宋神宗亦告诫郭逵："贼勇锐致死或在夏国之右，缘此举近系二广安危，远关四方观望，若不万全致胜，于国计深为不便，切宜稳审也。"⑤ 可见交阯虽小国，但战斗力不比西夏差，是宋朝不可忽视的敌人。

---

① （宋）李焘：《长编》卷273，熙宁九年三月庚申，第6690页。
② （宋）李焘：《长编》卷274，熙宁九年四月丁酉，第6707页。
③ （宋）李焘：《长编》卷277，熙宁九年八月壬子，第6780页。
④ （宋）司马光撰，邓广铭、张希清点校：《涑水记闻》卷13，第248页。
⑤ （宋）李焘：《长编》卷277，熙宁九年八月己亥，第6777页。

四　虎头蛇尾的"十日战争"

虽然征讨交阯问题重重，但宋神宗却要求速战速决，神宗告诉郭逵："安南之举惟万全速了为上，卿等可更体国，精加筹策，博极群议，亟期殄灭，以尊强华夏，使边隅自此稍知敛戢。"① 在神宗"万全速了""尊强华夏"的期盼下，郭逵在大军尚未抵桂州时，便要先做出成绩，于是下令前线宋军对交阯发动突袭：

（熙宁九年七月癸亥）先是，郭逵次潭州，遣知钦州任起领兵袭贼界永安州玉山寨，是日，起攻拔永安州。②

宋朝大军压境，以及小规模的攻击行动，已使交阯方面震惊，边境领袖纷纷向宋朝投降。《长编》记载：

（熙宁九年十二月）丙戌，安南招讨司言："广源州伪观察使刘纪率家属并峒长降。"诏："刘纪如因大兵压境，不得已出降，并家属护送赴阙。"③

此外：

（熙宁九年十二月）癸巳，安南招讨司言："广源古农八峒头首侬士忠、卢豹等乞降。"诏："内有尝归明反覆之人，令招讨司选使臣押赴阙。"④

虽然宋神宗并不信任这些投降者，要求将这些投降者押赴京师。但郭逵决定趁交阯士气衰落，以及时序进入冬天，气候较适合北军作战的

---

① （宋）李焘：《长编》卷276，熙宁九年六月壬子，第6753页。
② （宋）李焘：《长编》卷277，熙宁九年七月癸亥，第6769页。
③ （宋）李焘：《长编》卷279，熙宁九年十二月丙戌，第6830页。
④ （宋）李焘：《长编》卷279，熙宁九年十二月癸巳，第6832页。

机会，向交阯发动进攻。十二月癸巳，郭逵正式举兵攻入交阯。《钦定越史通鉴纲目》记载：

> （熙宁九年）冬十二月，宋军来侵，取广源诸州而还。①

《长编》则记载：

> （熙宁九年十二月癸巳）是日，郭逵等举兵出界，贼屯决里隘，逵遣张世矩攻之。贼以象拒战，逵使强弩射之，以巨刀斩象鼻，象却走，自践其军，大兵乘之，贼溃去。乘胜拔桄榔县。别将曲珍又攻拔门州，溪峒悉降。②

张世矩以强弩、巨刀大破交阯军的象阵，攻占机榔县，曲珍则攻占门州，宋军旗开得胜。

首战得胜之后，宋军继续进兵至富良江，然而宋军除继续遭遇交阯军的抵抗外，军士因疫疾而死者也日益增多，《长编》记载：

> （熙宁九年十二月癸卯）是日，郭逵等次富良江，初，逵遣燕达先破广源，复还永平，与大兵会。赵卨以为广源间道距交州十二驿，趣利掩击，出其不意，川途并进，三路致讨，势必分溃。逵不从。广源既降，达议还赴逵约，时下连、古弄洞败兵犹万余众，达恐去则彼必来袭，乃留曲珍将轻骑三千，扬言由二洞入交州，纵二蛮俘使归，贼果自守不敢动。贼始设伏于夹口隘以待我师，逵知之，乃由间道兜顶岭以进，遂抵富良江，未至交州三十里。贼舣战舰四百余艘于江南岸，我师不能济，欲战弗得。达请示弱以诱贼，贼果轻我师，数万众鼓譟逆战，前军不利，逵率亲兵当之。达等继进，贼少却，叱骑将张世矩、王愍合斗，诸伏尽发，贼大败，赴入江水者不可胜数，水为之三日不流。杀其大将洪真太子，禽左郎将

---

① 潘清简等纂修：《钦定越史通鉴纲目》卷3，第38页上。
② （宋）李焘：《长编》卷279，熙宁九年十二月癸巳，第6832页。

阮根。乾德（李仁宗）惧，奉表诣军门乞降，纳苏、茂、思琅、门谅、广源五州之地，仍归所掠子女。于是逵与诸将议帅大兵济江，诸将曰："九军食尽矣。凡兵之在行者十万，夫二十余万，冒暑涉瘴，死亡过半，存者皆病瘁。"逵曰："吾不能覆贼巢，俘乾德以报朝廷，天也。愿以一身活十余万人命。"乃班师，以乾德降表闻，约交人听旨。①

越南方面的《钦定越史通鉴纲目》亦载：

（宋朝）以郭逵为招讨使，赵卨副之，总九将军，约占城、真腊来侵。帝（李仁宗）命常杰领兵逆击，至如月江，大战，破之，宋人死者千余人，遂引退。至是逵等复引兵西进，直至富良江，官军乘船逆战，宋兵不得渡，乃伐木治攻具，机石如雨，官船皆坏，官军为所袭击，死者数千人。帝因遣使诣宋军门纳款，以求缓师。宋人深入瘴地，士卒八万人，死者过半，久屯江岸不得渡，乃从其请。退取广源、思琅、苏、茂、桄榔等州县而还。②

双方的记载大至相符。《钦定越史通鉴纲目》所记"帝命常杰领兵逆击，至如月江，大战，破之，宋人死者千余人，遂引退"，可能即是《长编》所说"燕达请示弱以诱贼，贼果轻我师，数万众鼓噪逆战，前军不利"，只为宋军诱敌的行动。

双方主力的决战，《长编》记载郭逵"叱骑将张世矩、王愍合斗，诸伏尽发，贼大败，蹙入江水者不可胜数，水为之三日不流。杀其大将洪真太子，禽左郎将阮根"，《钦定越史通鉴纲目》则说宋军"伐木治攻具，机石如雨，官船皆坏，官军为所袭击，死者数千人"，双方记载皆是宋军大胜。

最后李仁宗李乾德请降，郭逵因宋军"冒暑涉瘴，死亡过半"，只好放弃进攻交州的计划，接受了李仁宗的降表。郭逵发动的征讨行动，

---

① （宋）李焘：《长编》卷279，熙宁九年十二月癸卯，第6843—6844页。
② 潘清简等纂修：《钦定越史通鉴纲目》卷3，第38页上—第39页上。

自十二月癸巳开始，至十二月癸卯为止，凡十日。

综观宋朝胜而不进、仓促停战的原因，还是在于军士十万人（九将之兵四万九千五百零六人，其他为广南地方禁军、乡兵弓箭手、蕃兵等）、民夫二十余万因瘴疠而死者过半，运粮民夫的大量死亡，更导致后方军粮无法顺利运至前线，导致前线"九军食尽矣"的危机。据中书、枢密院向神宗奏报的行营兵马数："兵四万九千五百六人，马四千六百九十四。除病死及事故，见存二万三千四百人，马三千一百七十四匹。"① 九将之兵四万九千五百零六人中，在十日战争中即因病死及事故减员二万六千一百零六人，剩二万三千四百人，死亡率为52.7%，伤（病）亡率实在太高，因此郭逵决定"以一身活十余万人命"，由自己承担胜而不进、擅自停战的责任。郭逵在熙宁十年二月上奏：

> 王师以去年十二月十一日举兵出界讨伐，是日破大里隘，各路贼党望风逃溃，二十一日抵富良江，未至交州三十里，贼以精兵乘舠逆战，我师奋击，大破之，斩伪大将洪真太子，其余驱拥入江，溺死不知其数。乾德上表，乞修贡如初。遂收复广源、门、苏茂、思琅等州，先后降贼将刘应纪共一百九十人，飞捷以闻。②

显然宋神宗对这一"飞捷"很不满意，但也必须承认现实。宣布"安南道经略招讨都总管、荆湖南路宣抚司并罢""以广源州为顺州"，结束了这一短暂的战争。③

至于宋军统帅郭逵，《宋史·郭逵传》记载：

> 时兵夫三十万人，冒暑涉瘴地，死者过半。至是，与贼隔一水不得进，乃班师。坐贬左卫将军，西京安置，屏处十年。哲宗立，复左屯卫大将军致仕。起知潞州，进广州观察使、知河中。辞归洛，改左武卫上将军、提举崇福宫，卒。……虽坐征南无功久废，

---

① （宋）李焘：《长编》卷280，熙宁十年二月丙午，第6868—6869页。
② （清）徐松辑：《宋会要辑稿》蕃夷4之36，中华书局1957年影印本。
③ （宋）李焘：《长编》卷280，熙宁十年二月丙午，第6867—6868页。

试论宋神宗熙宁时期的宋越战争

犹隐然为一时宿将云。①

郭逵果然应验了他所说"以一身活十余万人命",战后被贬官,屏处十年,但郭逵不以个人宠辱为念,以国家大局为先,保全官兵性命为重,真不愧《宋史》"一时宿将"的评价。

次年,元丰元年(1078),交阯李仁宗遣陶元为使,出使宋朝,②双方关系开始改善。元丰二年(1079),李仁宗又将部分被俘宋人放还回国。宋神宗则将广源州(顺州)归还交阯,作为回报。③ 宋朝与交阯,又回归原先的宗主国与藩属国之关系。

此外,宋朝为了改善北军南征不习水土的弱点,元丰四年(1081)又将"置将法"推行于东南诸路,设置"东南十三将":

(元丰)四年,诏团结东南路诸军,亦如畿京法,其十三将自淮南始,东路为第一,西路为第二,两浙西路为第三,东路为第四,江南东路为第五,西路为第六,荆湖北路为第七,南路潭州为第八,全邵永州应援广西为第九,福建路为第十,广南东路为第十一,西路桂州为第十二,邕州为第十三,总天下为九十二将。④

东南十三将中,全邵永州第九将、广西桂州第十二将、广西邕州第十三将明显是为了防范交阯而设,加强了宋朝在南方的军力,因此终宋之世,交阯不敢再为患中国。

五 结论

熙宁八年的宋越战争的起因,在于宋朝在变法尚未完成,内部党争

---

① (元)脱脱等撰:《宋史》卷290《郭逵传》,第9725—9726页。
② 潘清简等纂修:《钦定越史通鉴纲目》卷3,第40页下。
③ 同上书,第41页上—第42页下。
④ (元)马端临:《文献通考》卷153《兵考五》,第1335页;潘清简等纂修:《钦定越史通鉴纲目》卷3,第40页下;潘清简等纂修:《钦定越史通鉴纲目》卷3,第41页上—第42页下;(元)马端临:《文献通考》卷153《兵五》,第1335页;(元)脱脱等撰:《宋史》卷334《刘彝传》,第10729—10730页。

问题严重,南方军备未足的情形之下,纵容边臣沈起、刘彝等人对交阯采取强硬政策,引起交阯的不安,遂导致交阯先发制人,起兵入寇。从这一点来说,宋朝的外交策略是失败的,宋神宗以及负责执行的沈起、刘彝要负相当大的责任。《宋史》评论道:

> 论曰:兵,凶器也,虽圣人犹曰未学。轻敌寡谋,鲜有不自焚者。永乐之陷,安南之衅,死者百万,罹祸甚惨,良由数人者不自量度,以开边衅。……(沈)起执议益坚,妄意轻举,虽贬官莫赎其责。(刘)彝不能行所学,而规规然蹈前车之辙,以济其过,焉得无罪?①

《宋史》的评论一针见血,允为谠论。

相对来说,交阯掌握了宋朝南侵野心已露但军事尚未充备的时机,先发制人,取得了战场上的主动,其后宋朝虽大军南下,攻占广源州等地,交阯又利用宋军水土不服、疾病丛生的缺点,趁机与宋言和,迫使宋朝罢兵。从这些方面来说,交阯的外交与军事策略运用得相当成功,其最大的回报就是,终两宋之世,宋朝不再对交阯用兵,取得了边境的长期和平。

对于宋朝来说,熙宁八年宋越战争,宋军来自北方,水土不服,导致因瘴疬而死者甚多,影响了宋朝的军事行动,但宋军统帅郭逵却能认识本身的缺点,在占领边界广源州、思琅州、苏州、茂州、桄榔县等地,兵抵富良江之后,便停止跨江进攻,不做无谓的推进,避免了战线过长易被敌军伏击的缺点,且迅速接受越南的请和,结束战争,减少了兵士的伤亡,避免陷入长期战争的泥淖,这一点是值得称道的。

其次,宋神宗时期的最高战略,是王韶《平戎三策》征服河湟,进而讨伐西夏的大计划,宋朝在迅速解决了交阯的问题后,宋神宗重新将注意力放在西北,继续推动王韶《平戎三策》征服河湟的计划,若没有安定的南方,则西北拓边的计划恐未易完成。在战略的角度上来看,迅速结束宋越战争是有利于大局的。

---

① (元)脱脱等撰:《宋史》卷334《刘彝传》,第10729—10730页。

宋朝为了改善北军南征水土不服的弱点，于东南诸路增置"东南十三将"，加强了宋朝在南方的军力，在强大军力的支持下，终宋之世，交阯亦不敢再为患中国。

"为贫"与"行道"之间：一个科举失败者的求仕心路

粟品孝

(四川大学　历史文化学院)

在科举时代，对于一个普通家庭出身的读书人，虽然科举失败并不意味着无官可做，但真要求得一官半职，也并非易事。过去学界对科举制度、荫补制度这些体制性的仕进通道，有着非常丰富的研究，而对科举失败者的求仕之路，一直关注不够。事实上，当时科举失败者是一个庞大的社会群体，他们中的很多人自然顺从命运的摆布，但也有相当一部分人不愿服输，他们千方百计地寻求各种仕进的机会。本文讨论的主角苏洵（1009—1066），是"唐宋散文八大家"中唯一一个科举失败者，他虽然年轻时一度游荡不学，但在二十七岁后发愤苦读，"卒成大儒"[1]，却无奈被科举拒之门外。后来者在惊讶其巨大的文学成就的同时，恐怕很少有人认真梳理过他那段寻求仕进的辛酸历程。本文希望通过若干史实的拼结[2]，再现苏洵一生的求仕心路[3]，或有助于加深我们

---

[1] （宋）司马光：《传家集》卷78《程夫人墓志铭》，文渊阁《四库全书》本，第1094册，第719页。

[2] 本文在资料上主要依据苏洵自己的诗文和时人的相关记载，但对托名苏洵的《辨奸论》、托名张方平的《文安先生墓表》（详细的考证见邓广铭《〈辨奸论〉真伪问题的重提与再判》，载《邓广铭治史丛稿》，北京大学出版社1997年版，第316—346页），则不予取用。

[3] 吴武雄先生曾著《苏洵之心态探索》（《中兴大学中文学报》1993年第6期），从人事、国家和学术三方面探讨苏洵的心态；又著《苏洵性格及其交游情况》，认为苏洵属于刚烈而不易屈服型的性格，并从落拓少年、催折复学、绝意功名、傲岸坚卓、刚正不阿和纯明笃实六大方面加以论证，还述及其学界之友、同乡故人和方外之交三方面的交游情况（《中兴大学中文学报》1994年第7期）。二文与本文重点和主旨均不同，读者自可参读比较。笔者能读二文，得力于好友杨宇勋先生鼎助，谨此致谢！

对科举时代的读书人及社会文化的了解。

一 "少时自处不甚卑"——苏洵早期的读书与应举生活

苏洵兄弟出生前后的11世纪初[①]，是四川地区由乱而治的关键时期。从北宋太祖乾德三年（965）平蜀到真宗咸平三年（1000）这三十多年的时间里，四川地区先后发生全师雄领导的蜀兵反宋斗争（965—966）、王小波李顺起义（993—995）和王均兵变（1000）等多次武装反宋斗争，社会呈现出剧烈的动荡。经过益州知州张咏前后两次入蜀主政（第一次是994—998，第二次是1003—1006），四川地区才转危为安，开始进入长期稳定发展的新阶段。张咏治蜀采取了一系列安抚民众、取悦蜀人的措施，其中一项就是调整蜀中士人的仕宦心态。史称："初，蜀人虽知向学，而不乐仕宦。张公詠察其有闻于乡里者，得张及、李畋、张逵，屡召与语民间事，往往延入卧内，从容款曲，故公于民情无不察者，三人之佐也。其后三人皆荐于朝，俱为员外郎，而蜀人自此寖多仕宦也。"[②] 社会局面的持续稳定和张及等三人后来科举及第的示范效应，使四川士人开始由"不乐仕宦"向积极应举求仕方向转变。

眉山苏氏家族正是及时顺应了这一风气之变。从唐末到宋初，苏氏"三世皆不显"，苏洵高祖苏祜（905—958）、祖苏杲（944—994）、父苏序（973—1047）三代均无人进士，而且经济情况也很一般，苏杲虽"善治生，有余财"，但乐善好施，"终其身田不满二顷，屋弊陋不茸"。至苏序，少孤，"居家不治生事"，也没有读多少书。[③] 但苏序非常聪明，他能敏锐地注意到四川地区仕宦风气的变化，重视教子读书应举。苏洵二兄苏澹（？—1037）、苏涣（1001—1062）均

[①] 苏洵生于1009年，其二兄苏涣生于1001年，长兄苏澹也大不了几岁，毕竟他们父亲出生于973年。
[②] （宋）范镇撰，汝沛点校：《东斋记事》卷4，中华书局1980年版，第33—34页。
[③] （宋）苏洵著，曾枣庄、金成礼笺注：《嘉祐集笺注》卷14《族谱后录下篇》，上海古籍出版社1993年版，第384—385页。

曾"以文学举进士"①，其中苏涣和同乡程浚更是在天圣二年（1024）进士及第，造成很大轰动，以致"蜀人荣之，意始大变，皆喜受学"②。生活在这样一个时代和家庭环境下，苏洵早年很自然地也走上了读书应举的道路。

苏洵年轻时非常自信，自称"少时自处不甚卑，以为遇时得位当不卤莽"③，认为应举求仕是一件容易之事。不过在经过一段"学句读、属对、声律"的学习后，他却"未成而废"④。这里的"未成"，有学者考证认为是苏洵在天圣四年（1026）十八岁时参加第一次科举考试失败的记录。⑤ 此后，苏洵有相当长一段时间的"游荡不学"⑥。

或许有母亲病逝（时苏洵二十四岁）的刺激，以及进士得官的兄长苏涣回家守丧时的劝勉，苏洵在明道二年（1033）二十五岁时已"知读书，从士君子游"⑦，"二十七始大发愤，谢其素所往来少年，闭户读书为文辞"⑧，并在二十九岁时参加了景祐四年（1037）京城举行的礼部贡举考试（省试）。从他后来的《忆山送人》长诗来看，当时的苏洵是从水路东出三峡，一路踌躇满志，"揭来游荆渚，谈笑登峡船""长风送轻帆，瞥过难详观"；结果却名落孙山，悻悻而归："振鞭入京师，累岁不得官。悠悠故乡念，中夜成惨然。《五噫》不复留，驰车走镮辕。"时长子两三岁，苏轼也出生不久，都需要特别的照顾。但失败而归的苏洵并没有安心待在家里劳作，"归来顾妻子，壮抱难留连；遂

---

① （宋）欧阳修：《故霸州文安县主簿苏君墓志铭并序》，附载《嘉祐集笺注》附录一，第520页。
② （宋）曾巩：《曾巩集》卷43《赠职方员外郎苏君墓志铭》，陈杏珍、晁继周点校，中华书局1984年版，第587页。
③ （宋）苏洵著，曾枣庄、金成礼笺注：《嘉祐集笺注》卷13《上韩丞相书》，第353页。
④ （宋）苏洵著，曾枣庄、金成礼笺注：《嘉祐集笺注》卷14《送石昌言使北引》，第419页。
⑤ 曾枣庄：《苏洵评传》，四川人民出版社1983年版，第5页。
⑥ （宋）苏洵著，曾枣庄、金成礼笺注：《嘉祐集笺注》卷15《祭亡妻文》，第429页。
⑦ （宋）苏洵著，曾枣庄、金成礼笺注：《嘉祐集笺注》卷12《上欧阳内翰第一书》，第329页。
⑧ （宋）欧阳修：《故霸州文安县主簿苏君墓志铭并序》，附载《嘉祐集笺注》附录一，第520页。

"为贫"与"行道"之间：一个科举失败者的求仕心路

使十余载,此路常周旋"①。所谓"此路常周旋",是说他继续围绕求仕之路进行着读书和交游生活。

从现存零星的一些资料来看,苏洵这期间的"周旋"中结交了一些地方名士和官僚。如眉山史经臣,性格豪爽,"奇文怪论,卓者无敌"②,与苏洵经常一起读书论道,后来还一同到京城参加了制科考试;苏洵与后来外出做官的陈公美也关系亲密,自称"念昔居乡里,游处了无猜。饮食不相舍,谈笑久所陪。拜君以为兄,分蜜谁能开?"③ 郫县张愈（1000—1064）,与苏洵一样胸怀大志,"游学四方,屡举不第"④,擅长古文,曾得古文运动健将苏舜钦的赞扬,苏洵曾与其游居青城山白云溪⑤。另外苏洵还曾与眉州知州董储交往⑥。而且,当时苏洵并没有完全沉下心来,浮躁与轻狂仍然主导着他的内心,后来他自言当时"年既已晚,而又不遂刻意厉行,以古人自期,而视与己同列者,皆不胜己,则遂以为可矣"⑦。仅仅与所见有限的同列者比,而没有与更为优秀的古人比,结果学识未臻成熟,以至于在庆历六年（1046）三十八岁的制科考试时再度失手。

据记载,当时"制科必先用从官二人,举上其所为文五十篇,考于学士院,中选而后召试,得召者不过三之一"⑧。如此,参加制科考

---

① （宋）苏洵著,曾枣庄、金成礼笺注:《嘉祐集笺注》卷16《忆山送人》,第452—453页。
② （宋）苏洵著,曾枣庄、金成礼笺注:《嘉祐集笺注》卷15《祭史彦辅文》,第424页。
③ （宋）苏洵著,曾枣庄、金成礼笺注:《嘉祐集笺注》卷16《答陈公美》,第463页。按:北宋吕南公《灌园集》（影印文渊阁《四库全书》本）卷3亦收此诗。究竟为谁所作,待考,此暂归苏洵。
④ （元）脱脱等撰:《宋史》卷458《张愈传》,中华书局1977年版,第13440页。
⑤ （宋）苏轼云:"张愈,西蜀隐君子也,与予先君游,居岷山下白云溪,自号白云居士。本有经世志,特以自重难合,故老死草野,非槁项黄馘盗名者也。"参见氏著《东坡志林》卷2《白云居士》,王松龄点校,中华书局1981年版,第33页。
⑥ 参见（宋）苏轼撰,（清）查慎行补注《苏诗补注》卷14《董储郎中尝知眉州,与先人游,过安丘访其故居,见其子希甫,留诗屋壁》,文渊阁《四库全书》本,第1111册,第296页。
⑦ （宋）苏洵著,曾枣庄、金成礼笺注:《嘉祐集笺注》卷12《上欧阳内翰第一书》,第329页。
⑧ （宋）叶梦得:《避暑录话》卷下,明《津逮秘书》本。

· 325 ·

试的苏洵必定精心撰写了大量文章,并经过一些重要官僚的举荐和学士院的考试。苏洵能够从中脱颖而出,并不容易,也说明他的水平不低,只是最终不符合有关标准而被淘汰。但究竟哪些官员推荐了苏洵,苏洵究竟进献的是哪些文章,他是如何参加学士院考试的,我们一概不知。我们现在所知的是,他在庆历五年(1045)与同乡史经臣一同赴京应试,开始还不够自信,但在长安得到做官的亲戚石昌言的称赞后变得高兴起来,他后来回忆说:"见昌言于长安,相与劳苦,如平生欢。出文十数首,昌言甚喜称善。吾晚学无师,虽日为文,中甚自惭。及闻昌言说,乃颇自喜。"① 次年正式参加茂才异等的制科考试,非常辛苦,他后来回忆说:"自思少年尝举茂才,中夜起坐,裹饭携饼,待晓东华门外,逐队而入,屈膝就席,俯首据案。"并说自己"每思至此,即为寒心"②。

如果说苏洵18岁时,参加首次科举考试时还主要出于时势的趋逼和父兄的影响,那么他后来的两次科举考试在主观上则有很强的"为贫"即"摆脱贫穷、追求富贵"的功利目的。诚如前言,苏洵家境一般,父祖并没有留下多少家产,他19岁与乡贡进士程文应的女儿成家时,家庭甚至已很贫穷,故有"程氏富而苏氏极贫"之说。后来苏洵27岁准备发愤苦读时,还在忧虑家庭的经济问题,对妻子说:"家待我而生,学且废生,奈何?"只是在妻子"子苟有志,以生累我可也"的支持下,他才毅然决然地放下治生的重担,"专志于学"。虽然或称此后程氏"罄出服玩鬻之以治生,不数年遂为富家"③,但恐怕也不能估计过高(后来苏家经济状况长期不是很好)。所以苏洵一直有较重的生活压力,他在29岁参加的礼部考试和38岁参加的制科考试,都应该有"为贫"的目的。可惜接连的科举不第,对苏洵打击沉重,他失去了早

---

① (宋)苏洵著,曾枣庄、金成礼笺注:《嘉祐集笺注》卷14《送石昌言使北引》,第420页。
② (宋)苏洵著,曾枣庄、金成礼笺注:《嘉祐集笺注》卷13《与梅圣俞书》,第361页。
③ (宋)司马光:《传家集》卷78《程夫人墓志铭》,文渊阁《四库全书》本,第1094册,第719页。

年的自信与轻狂,不能不在命运面前感叹"取士之难"① 了。

二 "居家不能乐,忽忽思中原"
——制举失败后苏洵的闭门苦读及与地方官的交往

苏洵在庆历六年(1046)制举失败、次年八月回家守丧(父苏序卒于五月十一日)。最初归家的苏洵既有科举不第之耻,又有丧父之痛,心情的苦闷可想而知,故自称"归抱愁煎煎"②。但他是否如晚年所说是"绝意于功名"了呢?笔者认为至少不能绝对地去看。后来苏洵自己有一段追述:

> 曩者见执事于益州,当时之文,浅狭可笑,饥寒穷困乱其心,而声律记问又从而破坏其体,不足观也已。数年来,退居山野,自分永弃,与世俗日疏阔,得以大肆其力于文章。③

这里的"执事"是指益州知州田况。田况知益州在庆历八年(1048)下半年至皇祐二年(1050)十一月。苏洵的赘文拜见当在此期间,其意无非求取田况对自己的举荐,仕进之心无可否定。这就说明,至少苏洵在庆历七年秋回家守丧的最初两三年里,还没有断绝仕进之念,仍然在积极谋求出路。而所谓"饥寒穷困乱其心",又说明苏洵的求仕具有很强的"为贫"目的。

之后苏洵家庭的经济状况或许没有多大改善,但他却意识到自己文章的致命弱点,决定沉下心来,一方面减少与外面的交游,"退居山野,自分永弃,与世俗日疏阔"④,这可能是我们今天没有看到他与后来益州知州杨察、程勘交往的原因;另一方面改变过去"声律记问"

---

① (宋)苏洵著,曾枣庄、金成礼笺注:《嘉祐集笺注》卷13《上韩丞相书》,第353页。
② (宋)苏洵著,曾枣庄、金成礼笺注:《嘉祐集笺注》卷16《忆山送人》,第453页。
③ (宋)苏洵著,曾枣庄、金成礼笺注:《嘉祐集笺注》卷11《与田枢密书》,第318—319页。
④ 同上书,第319页。

之习，转变文风。这种文风之变在他教育苏轼那里已得到了反映，多年以后，苏轼回忆说：

> 昔吾先君适京师，与卿士大夫游，归以语轼曰："自今以往，文章其日工，而道将散矣。士慕远而忽近，贵华而贱实，吾已见其兆矣。"以鲁人皂绎先生之诗文十余篇示轼曰："小子识之。后数十年，天下无复为斯文者也。"先生之诗文，皆有为而作，精悍确苦，言必中当世之过，凿凿乎如五谷必可以疗饥，断断乎如药石必可以伐病。其游谈以为高，枝叶以为观美者，先生无一言焉。①

这段话说明苏洵继承了韩愈"文以载道"的思想，注重文道结合，主张"有为而作"，文章要为现实服务，反对只重形式工巧而不讲内容实用的浮华文风。这一觉悟恰好顺应了当时古文运动诸君子的文风要求。如欧阳修就明确反对"工其词以为华，张其言以为大""务高言而鲜事实"之风，②力主简练实用的文风。这为苏洵父子后来被欧阳修赏识奠定了重要基础。在这一文风转变的过程中，苏洵表现得十分勇决，他将此前数百篇带有"声律记问"之习的文章全部烧毁，转而用心研读"古人之文"并进行新的文学创作，经过七八年的努力，终于达到了古文运动的最高水平。后来他在给欧阳修的上书中详细述说了自己的这一转变历程：

> 其后困益甚（按指制举失败后），然后取古人之文而读之，始觉其出言用意与己大别，时复内顾，自思其才则又似夫不遂止于是而已者。由是尽烧曩时所为文数百篇，取《论语》《孟子》韩子及其它圣人贤人之文，而兀然端坐，终日以读之者七八年矣。方其始也，入其中而惶然，博观于其外而骇然以惊；及其久也，读之益精，而其胸中豁然以明，若人之言固当然者，然犹未敢自出其言

---

① （宋）苏轼著，孔凡礼点校：《苏轼文集》卷10《皂绎先生诗集叙》，中华书局1986年版，第313页。
② （宋）欧阳修：《居士外集》卷16《与张秀才第二书》、卷19《与乐秀才第一书》，载《欧阳文忠公集》，《四部丛刊》景元本。

也。时既久，胸中之言日益多，不能自制，试出而书之，已而再三读之，浑浑乎觉其来之易矣，然犹未敢以为是也。①

这里的"方其始""及其久""时既久"等时间词汇，展示的是苏洵读书作文过程中逐渐领会、步步深入并最终豁然贯通的历程。正是在这几年的时间里，苏洵的学识水平发生了质的飞跃，形成了长于经史计策、"好为权谋""颇喜言兵"的思想旨趣，代表作《机策》《权书》《衡论》《六经论》《洪范论》和《史论》等作品，均完成于这一时期②。这些著作，谈古论今，针砭时弊，经世致用，具有强烈的现实关怀，标志着苏洵思想的完全成熟。

正当苏洵构想和撰写这些"经世"之作时，即宋仁宗皇祐四年（1052），承平已久的四川地区突然出现"甲午再乱"的流言，即是说在李顺攻占成都（时在甲午年，994）满一甲子即60年时，四川地区将再次出现大的社会动乱。③ 这一流言在宋仁宗至和元年（1054）夏秋达到高潮，当时四川地区盛传在广西失败的叛军侬智高部遁入云南，"将借兵南诏以入蜀"④，结果"边军夜呼，野无居人，妖言流闻，京师震惊"⑤，造成朝野上下特别是四川地区的巨大震动。这一流言和传闻对当时的朝廷和四川自然不是福音，但对"有志于今世"的苏洵的仕进之路来说，却具有积极意义。他很好地抓住了这一时机，结识了一批有权势的地方官僚，参与了有关问题的讨论，展示了自己的学识水平，再度焕发起强烈的求仕愿望，为他日后结交朝中显贵、走上仕途奠定了基础。

---

① （宋）苏洵著，曾枣庄、金成礼笺注：《嘉祐集笺注》卷12《上欧阳内翰第一书》，第329页。
② 学者考证认为是在皇祐三年至嘉祐元年（1051—1056）间，参见（宋）苏洵著，曾枣庄、金成礼笺注《嘉祐集笺注》卷2《权书叙》注［一］，第27页。
③ 详见黄博《甲午再乱：北宋中期的蜀地流言和朝野应对》，《四川师范大学学报》2013年第1期。
④ （宋）苏辙著，俞宗宪点校：《龙川别志》卷下，中华书局1982年版，第97页。
⑤ （宋）苏洵著，曾枣庄、金成礼笺注：《嘉祐集笺注》卷15《张益州画像记》，第394页。

从现存资料来看，苏洵首先是上书"职大责重"的成都通判吴照邻①。吴照邻与苏洵兄苏涣是同榜进士②，其弟又读过苏文，并主动探访过苏洵，对苏洵非常关心，有若"故旧"。缘此，吴照邻对苏洵并不陌生，所以在权领嘉州时曾向地方官主动提及苏洵，并说自己很了解他。基于此，当至和元年（1054）秋四川地区出现侬智高寇蜀的传闻、吴照邻奉命来嘉州检查有关守备情况后，苏洵向他详细谈了对当时四川政治形势的看法，特别就如何应对侬智高寇蜀的传闻提出了与当局不同的意见。

当时知益州程戡已经离任（六月），新任知益州张方平还未到任（十一月到任）之际，成都诸事由益州路转运使高良夫暂时负责，高本人对侬智高入寇的传闻深信不疑，大做军备，"移檄属郡劝民迁入城郭，且令逐县添弓手"，结果"民大惊扰，争迁居城中。男女婚会，不复以年，贱鬻谷帛市金银，埋之地中"③。这就是苏洵在上书中提到的情况："今郡县大修攻守战斗之具，而愚民汹汹惊顾，间有瘗金而囊糗以待窜匿者。"苏洵不同意高良夫这一大做军备的做法，认为关键是要结恩施惠于西南"沿边杂虏"这一屏障："密委边守，宽恤常加，其人之商于吾境者，严讥而薄征之，疾则医之，死则殡之，使其至如归焉，彼将益乐吾德而求为我用矣。"如此，"则向所谓邕管逋寇之在南诏者，又安能数千里越求为我用之虏而犯我哉？纵使尽力能攻而越之，则其锐兵坚甲，固已缺顿于沿边杂虏，而我坐收其弊，擒之易耳。"为了得到吴照邻的更大关注和面谈的机会，苏洵在上书的最后还特别写道："平生所学《春秋》《洪范》、礼乐、律历，皆著之书，非遇执事闲燕讲道时，未敢以赞。《兵论》三篇，冀执事观之而知洵与夫迂儒腐生盖少异

---

① （宋）苏洵：《上府倅吴职方书》，载袁说友等编、赵晓兰整理《成都文类》卷21，中华书局2011年版，第438—441页。按：吴照邻最初通判成都的时间史无明载，时人梅尧臣有《送吴照邻都官通判成都》诗，朱东润《梅尧臣集编年校注》将其系于嘉祐元年（1056），不知何据。但从苏洵早在至和元年（1054）即有《上府倅吴职方书》来看，朱东润的系年明显有误。

② （宋）苏轼：《苏轼文集》卷69《跋先君书送吴职方引》："先伯父及第吴公榜中，而轼与其子子上再世为同年，契故深矣。"参见孔凡礼点校，第2192页。

③ （宋）李焘：《续资治通鉴长编》卷178，至和二年正月末条，中华书局2004年版，第4306页。

"为贫"与"行道"之间：一个科举失败者的求仕心路

矣。"苏洵后来应该与吴照邻有见面论道之欢，所以后来吴氏任满回京述职时，苏洵既写《送吴职方赴阙引》，又作《忆山送人》[①]；吴照邻并把苏洵的一些文章带给了早有交情的欧阳修[②]，欧阳修就是从吴处最早得知苏文的[③]。

对苏洵仕宦之路带来更大影响的是新任益州知州张方平。张方平是专为处理侬智高寇蜀传闻一事而来，早就关注此事的苏洵又及时把有关意见上书给张方平，他说：

> 西南徼外，杂虏棋布星列，总而言之，其众近数千万，御得其道，则敛足屏气，皆吾臣、皆吾妾；御失其道，则圜视而起，皆吾雠、皆吾敌。此贤人君子之所尤畏者也。惟明公以此思忧。惧则思所以安之，忧则思所以谋之，非不忽草茅贫贱之言，不能也。

与上吴书不同，苏洵这里只是说了正确应对西南边地"杂虏"的重要性，没有具体的对策。这有两种可能，一是苏洵先前已在上吴书中讲得比较详细，其中还说："异日府公、漕、刑必将咨计执事，执事择其说之可者发之。"他认为吴照邻会把他谈到的对策转告张方平；二是苏洵故意有所保留，他是希望得到张方平的召见，当面进献他的"草茅贫贱之言"。为了增进张方平对自己情况的了解，苏洵还特别呈献了精心结撰的讨论兵事的《机策》一篇、《权书》十篇，并自信地表示：这些作"尽古今之利害，复皆易行，而非迂阔浮诞之言"[④]。

苏洵反对大做军备，认为侬智高几乎不可能攻入四川内地的看法，与后来张方平的措置具有相通性。张方平认为大理不可能勾结侬智高入寇："南诏去蜀二千里，道险不通，其间皆杂种，不相役属，

[①] 分别见（宋）苏洵著，曾枣庄、金成礼笺注《嘉祐集笺注》卷15，第417—418页；卷16，第452—454页。
[②] （宋）欧阳修：《居士外集》卷11《送前巫山宰吴殿丞（字照邻）》，称赞吴"高文落笔妙天下，清论挥犀服坐中。"
[③] （宋）苏轼：《苏轼文集》卷69《跋先君书送吴职方引》："始先君家居，人罕知之者。公携其文至京师，欧阳文忠公始见而知之。"参见孔凡礼点校，第2192页。
[④] （宋）苏洵：《上张文定公书》，载《成都文类》卷21，第435—437页。

· 331 ·

安能举大兵为智高寇我哉！此必妄也。"主张"以静镇之"，停止各种军备："道遇戍卒兵仗，辄遣还"，又"悉归屯边兵，散遣弓手"，"罢筑城之役"，等等。① 大约正是鉴于苏洵处理侬智高入寇传闻一事的明智态度，和在《机策》《权书》等作品中所表现的高超谋略，以及苏洵专程拜见张方平时的投机之谈，或许也有吴照邻的美言，张方平对苏洵确实另眼相看："一见其文，叹曰：司马迁死矣，非子吾谁与？"② 竟然将他比之为汉代大儒司马迁，并千里上书朝廷，推荐苏洵为成都学官。

这是我们所见苏洵一生中第一次有人推荐他官职，虽然只是低微的州学学官，但这对多次科举求仕不遂、已年近五十的苏洵来说，无疑是意义非凡的大事。为此苏洵非常高兴，特地作书致谢。③

不久苏洵又到雅州拜见了知州雷简夫。④ 雷简夫本知阆州，是在张方平推荐下来知雅州的，苏洵的这一拜访或出于张方平的指示。雷简夫并非科举出身，而是通过文章议论打动朝廷，从而得官的。⑤ 有此经历，雷简夫对擅长文章议论的苏洵有更多的同情和理解，而苏洵所展示的才华确实打动了雷简夫，所以在得知张方平推荐苏洵一事"累月不下"后，雷简夫又专门致书张方平，盛赞苏洵才华，"其间如《洪范论》，真王佐才也；《史论》，真良史才也。岂惟西南之秀，乃天下之奇才耳"。这样的人才当然"不只一学官"可以满足，进而举出"昔萧昕荐张镐云：用之则为帝王师，不用则幽谷一叟耳"一事，希望张方平

---

① （宋）李焘：《续资治通鉴长编》卷178，至和二年正月末条，第4306页。
② （宋）邵博著，刘德权、李剑雄点校：《邵氏闻见后录》卷15引雷简夫《上欧阳内翰书》，中华书局1981年版，第120页。
③ （宋）苏洵：《谢张文定公书》，载《成都文类》卷21，第437—438页。
④ 南宋初邵博《邵氏闻见后录》卷15曾记："眉山老苏先生里居，未为世所知。时雷简夫太简为雅州，独知之，以书荐之韩忠献、张文定、欧阳文忠三公，皆有味其言也，三公自太简始知先生。"认为雷简夫是最早发现苏洵父子的。此说流传甚广，近又有人专门著文，说苏洵父子是由雷简夫"慧眼识才为国力荐的"。参见李克用《雷简夫荐"三苏"》，《光明日报》2003年8月19日。但从本文所得史料来看，这些说法均有夸大雷简夫作用之嫌，实不足取。
⑤ 参见（宋）王称《东都事略》卷43《雷有终传附雷简夫传》，文渊阁《四库全书》本，第382册，第277—278页；（元）脱脱等撰《宋史》卷278《雷德骧传附雷简夫传》，第9464页。

继续大力举荐,"至于再,至于三,俟得其请而后已"①。

苏洵从庆历七年（1047）秋起,"到家不再出,一顿俄十年"②。到嘉祐元年（1056）春,他不但完成了一系列高水平的"经世"之作,思想臻于成熟;而且在应对侬智高寇蜀传闻一事上,结识了益州知州张方平等一批地方官僚,得到了他们的高度称赞或热情推荐。这些无疑使苏洵原本强烈的自信和仕进之心又重新激荡起来,他完全无法在家安静下来,他陷入了更大的苦闷,他不得不再度出发,赴京求仕。这种躁动的心情在他不久携子进京的途中有多次表露。如《答陈公美》诗写道：

> 昨者本不出,豪杰苦见哈。
> 郁郁自不乐,谁为子悲哀？
> 翻然感其说,东走陵巅崖。③

《途次长安上都漕傅谏议》诗说得更直白：

> 丈夫正多念,老大不自安。
> 居家不能乐,忽忽思中原。
> ……
> 缅怀当今人,草草无复闲。
> 坚卧固不起,芒背实在肩。④

其时苏轼兄弟也已长大成人,并做好了科举考试的准备。为此,苏洵决定和赶考的二子一道,北上京城,求取功名。但他家的经济状况实在一般,很难满足他们三人的出行需要。为此,苏洵不得不专门上书张

---

① （宋）邵博著,刘德权、李剑雄点校：《邵氏闻见后录》卷15引雷简夫《上张文定书》,第120页。
② （宋）苏洵著,曾枣庄、金成礼笺注：《嘉祐集笺注》卷16《忆山送人》,第453页。
③ （宋）苏洵著,曾枣庄、金成礼笺注：《嘉祐集笺注》卷16《答陈公美》,第463页。
④ （宋）苏洵著,曾枣庄、金成礼笺注：《嘉祐集笺注》卷16《途次长安上都漕傅谏议》,第461页。

方平，寻求特别资助。这封求助书写得比较含蓄，如不仔细推敲，很难读懂其中用意。开头一段就明说有"私"事相求，并说这是不好意思但又不得不提的：

> 今将以屑屑之私，坏败其至公之节，欲忍而不言而不能，欲言而不果，勃然交于胸中，心不宁而颜怩怩者累月而后决。

接着在介绍了即将赴京应举的二子的学业情况后就说起了此行的艰难情况：

> 今年三月，将与之如京师。一门之中，行者三人，而居者尚十数口。为行者计，则害居者；为居者计，则不能行。恓恓焉无所告诉。夫以负贩之夫，左提妻，右挈子，奋身而往，尚不可御。有明公以为主，夫焉往而不济？今也望数千里之外，茫然如梯天而航海，蓄缩而不进，洵亦羞见朋友。①

结合上下文，这里的"有明公以为主"，显然就是希望张方平能够对他们父子三人的赴京应举之旅提供特别的经济资助。这充分说明：当时苏家的经济状况并不是很好，苏洵即将开始的赴京求仕一定带有很强的"为贫"目的。幸运的是，张方平满足了他的请求，接见了他们父子，称赞苏轼兄弟为"国士"，并"作书办装"，既向朝臣欧阳修写信推荐苏洵，又给予实惠的经济资助。②

令苏洵宽慰的还有，在他出发前，热心的雷简夫又分别给朝廷重臣韩琦（时任枢密使）、欧阳修（翰林学士）写了推荐信，其中有"愿加奖进，则斯人斯文，不为不遇也"③；"洵之穷达，宜在执事"等恳求的

---

① （宋）苏洵著，曾枣庄、金成礼笺注：《嘉祐集笺注》卷12《上张侍郎第一书》，第345—346页。
② （宋）叶梦得：《避暑录话》卷下，明《津逮秘书》本。
③ （宋）邵博著，刘德权、李剑雄点校：《邵氏闻见后录》卷15引雷简夫《上韩忠献书》，第119页。

话语。① 就这样，带着家乡的期待，和张方平、雷简夫等地方官的鼓励和推荐，苏洵及其二子一行于嘉祐元年（1056）三月从成都出发北上。

三 "天所以与我者，必有以用我也"
——苏洵携子赴京求仕的种种努力

虽然有张方平、雷简夫等人的称赞和推荐，但苏洵对自己的仕途前景仍无自信："穷山多虎狼，行路非不难。"② 在经过忐忑不安的千里之行后，苏洵父子一行在当年五月到达京师。从上一部分的论述可知，张方平、雷简夫都向欧阳修写信推荐，吴照邻又携带苏文献给欧阳修，这一集中指向显示出欧阳修这位"以笔舌进退天下士大夫"③ 者的重要性。故苏洵在京城首先就上书欧阳修求见，第一段在表达对以欧阳修为代表的庆历新政诸君子敬意的同时，也述说着自己"养其心，成其道"的历程：

> 方是之时，天下之人，毛发丝粟之才，纷纷然而起，合而为一。而洵也，自度其愚鲁无用之身，不足以自奋于其间，退而养其心，幸其道之将成，而可以复见于当世之贤人君子。不幸道未成，而范公西，富公北……洵时在京师，亲见其事，忽忽仰天叹息，以为斯人之去，而道虽成，不复足以为荣也。既复自思……姑养其心，使其道大有成而待之，何伤？退而处十年，虽未敢自谓其道有成矣，然浩浩乎，其胸中若与曩者异。④

这段话先后出现"幸其道之将成""不幸道未成""道虽成""使

---

① （宋）邵博著，刘德权、李剑雄点校：《邵氏闻见后录》卷15引雷简夫《上欧阳内翰书》，第121页。
② （宋）苏洵著，曾枣庄、金成礼笺注：《嘉祐集笺注》卷16《途次长安上都漕傅谏议》，第461页。
③ （宋）邵博著，刘德权、李剑雄点校：《邵氏闻见后录》卷15引雷简夫《上欧阳内翰书》，第120页。
④ （宋）苏洵著，曾枣庄、金成礼笺注：《嘉祐集笺注》卷12《上欧阳内翰第一书》，第327—328页。

其道大有成而待之""未敢自谓其道有成"这一连串的表达，由此我们完全可以说，此时苏洵已自信地宣告"其道有成"了。既然如此，在苏洵的内心深处，必已燃烧起志在"行道"的熊熊之火了。

由于苏洵学识已臻成熟，其简练实用的文风又与欧阳修高度契合，所以在苏洵拜见欧阳修、修得读苏文后，欧阳修立即给予了高度称赞："吾阅文士多矣，独喜尹师鲁（洙）、石守道（介），然意犹有所未足，今见子之文，吾意足矣。"①并毫不吝啬地把他与先秦大儒荀子相提并论："子之《六经论》，荀卿子之文也。"这一评价，较之欧阳修对当时的能文之士尹洙（师鲁）、苏舜钦（子美）、梅尧臣（圣俞）的评价都要高，用苏洵的话来说就是："执事于文称师鲁，于诗称子美、圣俞，未闻其有此言也。"而在苏洵看来，孔子之后，孟子、荀子、扬雄、韩愈四人是数千年历史上无以复加的文化大儒，自己"得齿于四人者之中"，实在愧不敢当，并反问欧阳修：韩愈之后，"天下病无斯人，天下而有斯人也，宜何以待之？"②意思无非是说，既然您先生如此看重我，把我看成是历史上少有的大儒荀子，那么朝廷将如何对待我呢？

欧阳修不仅是热情地奖誉苏洵，而且还积极向朝廷举荐，称赞苏洵"履行淳（一作纯）固，性识明达"，"论议精于物理而善识变权，文章不为空言而期于有用。其所撰《权书》《衡论》《机策》二十篇，辞辨闳伟，博于古而宜于今，实有用之言，非特能文之士也"。并随状上其撰书二十篇，希望皇帝"下两制看详，如有可采，乞赐甄录"③。

虽然欧阳修名望甚高，但苏洵心里清楚，仅仅得到他的称誉和举荐是不够的，还必须谋求当时朝中重臣的支持。从今存资料来看，苏洵还拜见过当时的宰相文彦博、富弼，枢密使韩琦、副使田况等人。

---

① （宋）邵博著，刘德权、李剑雄点校：《邵氏闻见后录》卷15，第116页。
② （宋）苏洵著，曾枣庄、金成礼笺注：《嘉祐集笺注》卷12《上欧阳内翰第二书》，第334页。
③ （宋）欧阳修：《奏议集》卷14《荐布衣苏洵状》，载《欧阳文忠公集》，《四部丛刊》景元本。

"为贫"与"行道"之间：一个科举失败者的求仕心路

在《与文丞相书》中，苏洵提出了"略于始而精于终"的入仕主张①，颇类于今日所谓的"宽进严出"，这显然是希望以文彦博为首的政府能够大开入仕之门，汲引像自己这样没有科举出身、尚是布衣之徒的人进入官场。

富弼是苏洵敬重的庆历新政诸君子之一，苏洵是在欧阳修的引荐下得以与其交往的。今存苏洵《上富丞相书》一通，本是一封求见信，末有"洵西蜀之人也，窃有志于今世，愿一见于堂上"，但主体内容都是在批评富弼的保守和无所作为。虽然苏洵自称"古之君子，爱其人也则忧其无成"，是心怀"爱"意而来，并举西汉的例子："昔者诸吕用事，陈平忧惧，计无所出。陆贾入见说之，使交欢周勃。陈平用其策，卒得绛侯北军之助以灭诸吕。"② 这无非把富弼比作陈平，把自己比作陆贾，苏洵急欲要在宰相面前表现自己才干的心态展露无遗；但这种带刺的求见，未免交浅言深，实在有些冒险。

这种急于想在高官显宦面前证明自己、以便尽快打通仕进之路的心态，还反映在苏洵与韩琦的交往上。雷简夫曾向韩琦推荐苏洵，苏洵到京城后即拜见过韩琦，现存《上韩枢密书》一通，就是"昨因请见，求进末议，太尉许诺"的情况下，"谨撰其说"而成。由于韩琦是负责军事的枢密使，所以苏洵一开头就说自己在军事方面的长处，"洵著书无他长，及言兵事，论古今形势，至自比贾谊"，并献上讨论兵事的《权书》，自称"虽古人已往成败之迹，苟深晓其义，施之于今，无所不可"，表现出极大的"得道"自信。至于这通书信的具体内容，则针对当时军纪涣散，兵士虽多而战斗力不足的现实，提出整顿军纪的问题。③ 但韩琦似乎并未用其言。

苏洵把他的"得道"自信发挥到极致，把求仕的急切心态提到无

---

① （宋）苏洵著，曾枣庄、金成礼笺注：《嘉祐集笺注》卷11《上文丞相书》，第313页。
② （宋）苏洵著，曾枣庄、金成礼笺注：《嘉祐集笺注》卷11《上富丞相书》，第308—309页。
③ （宋）苏洵著，曾枣庄、金成礼笺注：《嘉祐集笺注》卷11《上韩枢密书》，第301—304页。

以复加的地步,是给枢密副使田况的一信①。在这封信里,苏洵形容自己的文章,"诗人之优柔,骚人之精深,孟、韩之温淳,迁、固之雄刚,孙、吴之简切,投之所向,无不如意",简直是完美无瑕;而且说董仲舒"得圣人之经,其失也流而为迂",晁错"得圣人之权,其失也流而为诈",只有贾谊兼有其长而无其短,"有二子之才而不流者"。联系到他在《上韩枢密书》中"自比贾谊"来看,苏洵就自认为是当代难得一见的贾谊了。这是笔者所见苏洵与他人书信中最为自信——甚至可说是最为自负的表白。他说这些的目的是什么呢?就是要田况等人能够重用他。所以他在书信的开头就直言"天之所以与我者不偶然也",接着说"夫其所以与我者,必有以用我也",意思是说自己已经"得道",现在是"行道"的机会了。所以他之后连用"弃天""亵天"和"逆天"三个词来说"我"是否"行道""用道"的情况:

> 我知之不得行之,不以告人,天固用之,我实置之,其名曰弃天;自卑以求幸其言,自小以求用其道,天之所以与我者何如,而我如此也,其名曰亵天。弃天,我之罪也;亵天,亦我之罪也;不弃不亵,而人不我用,不我用之罪也,其名曰逆天。

并进一步说:"弃天、亵天者其责在我,逆天者其责在人。在我者,吾将尽吾力之所能为者,以塞夫天之所以与我之意,而求免乎天下后世之讥。在人者,吾何知焉。"由此可知,苏洵把他人不重用自己说成是"逆天"。田况何许人也?岂敢做逆天之事?这与其说是在求助田况,不如说是逼迫田况。再看他最后的话:

> 洵有山田一顷,非凶岁可以无饥,力耕而节用,亦足以自老。不肖之身不足惜,而天之所与者不忍弃,且不敢亵也。执事之名满天下,天下之士用与不用在执事。……若夫其言之可用与其身之可贵与否者,执事事也,执事责也,于洵何有哉!

---

① (宋)苏洵著,曾枣庄、金成礼笺注:《嘉祐集笺注》卷11《上田枢密书》,第317—319页。

这段话实际是说自己的求仕不是"为贫"而来,而是有"行道"之志的;而且表面是在高抬田况("名满天下"),实际上却把田况逼向难以回旋的地步:重用苏洵,正合他意;不用苏洵,就成了"逆天"之罪!

尽管苏洵与举荐自己最力的欧阳修交往密切,并至少拜见过当时天子之下两位最高行政首脑和两位最高军事长官,甚至不惜采用极端的语言表达方式,但似乎效果并不理想,以致不得不发出"他人无足求"的哀叹。转眼到了冬天,他又把希望寄托在刚刚从四川归来的新任三司使张方平的身上。他在《与张侍郎第二书》中首先借用亲旧的话说:"子欲有求,无事他人,须张益州来乃济。"又说:"公不惜数千里走表为子求官,苟归,立便殿上,与天子相唯诺,顾不肯邪?"这固然主要是在吹捧张方平,但下面的举动又说明苏洵对张方平确实寄予了很大期望:

> 昨闻车马至此有日,西出百余里迎见。雪后苦风,扇至郑州,唇黑面烈,僮仆无人色。从逆旅主人得束薪缊火。良久,乃能以见。出郑州十里许,有导骑从东来,惊愕下马立道周,云宋端明且至,从者数百人,足声如雷,已过,乃敢上马徐去。私自伤羞此,伏惟明公所谓洁廉而有文,可以比汉之司马子长者,盖穷困如此,岂不为之动心而待其多言邪!①

苏洵不惜在严寒的大冬天远赴郑州去迎接张方平,并把这一卑躬屈膝之状无所保留地写给张方平看,反映出久等无望的苏洵内心那股燃烧的"行道"之火已变得日渐微弱,他多么渴望这位把自己比作大儒司马迁的"明公"能够可怜自己的"穷困"、在皇帝面前再为自己唠叨,让自己绝处逢生啊!

张方平是否在面见皇帝时举荐了苏洵,未见史载,但苏洵直到第二

---

① (宋)苏洵著,曾枣庄、金成礼笺注:《嘉祐集笺注》卷12《与张侍郎第二书》,第348页。

年五月因得知妻子病逝而仓皇西归时，还是两手空空，抱道求仕的努力没有任何进展。只是令他欣慰的是，他精心培养的两个儿子高中进士，他们父子的文章也大受欢迎而流行一时，他还没有完全丧失希望。

四 "吾固非求仕者，亦非固不求仕者"
——苏洵被召试舍人院前后的心态

当苏洵父子仓皇西归时，缺乏壮年男子操持的家里已是破败不堪："屋庐倒坏，篱落破漏，如逃亡人家。"苏洵父子不过离家一年有余，已是如此，这再次说明此时苏洵家境非常一般。当然，苏洵更多考虑的还是：他这一走，是否还有机会回到京师，实现他的求仕梦想呢？他实在不敢相信，所以在给欧阳修书信的最后一段写道："自蜀至秦，山行一月，自秦至京师，又沙行数千里。非有名利之所驱与凡事之不得已者，孰为来哉？洵老矣，恐不能复东。"[①] 苦闷之情，溢于言表。这种情结，长期占据着他丧妻之痛的内心世界。如他专门为安葬妻子坟墓旁边的老翁井写有一诗：

> 井中老翁误年华，白沙翠石公之家。
> 公来无踪去无迹，井面团团水生花。
> 公今与世两何预，无事纷纷惊牧竖。
> 改颜易服与世同，毋使世人知有翁。[②]

不难看出，苏洵自比老翁，通过老翁退隐泉井的心理折射出他郁郁不得志的沉闷心情。苏洵在答谢好友任汲、任孜的诗中更直接地表达了退隐的无奈心态：

> 贫穷已衰老，短发垂鬖鬖。重禄无意取，思治山中畲。……

---

① （宋）苏洵著，曾枣庄、金成礼笺注：《嘉祐集笺注》卷12《上欧阳内翰第三书》，第337页。

② （宋）苏洵著，曾枣庄、金成礼笺注：《嘉祐集笺注》卷末《佚诗·老翁井》，第516—517页。另可参见《嘉祐集笺注》卷15《老翁井铭》，第406—407页。

"为贫"与"行道"之间：一个科举失败者的求仕心路

当前鉴方池，寒泉照谽岈。玩此可竟日，胡为踏朝衙？①

他无意取"重禄"，不想"踏朝衙"，一副逍遥自在的隐士形象跃然纸上。

苏洵不愿仕进、试图隐居的这一面，当然只是他在京城求仕不遂和丧妻之痛双重打击下的短暂心理反应。他内心世界最本质的还是"有志于今世"，一旦形势变化，机会来临，便又会重新激活起来。只是嘉祐三年（1058）十月朝廷召苏洵试策论于舍人院的符命，令他有些哭笑不得，以至于发出了"吾固非求仕者，亦非固求不仕者"②的矛盾心声。

按常理，苏洵应该感到高兴，从嘉祐元年（1056）秋欧阳修上书举荐，到嘉祐三年（1058）十月朝廷下令召试，他整整苦等了"七百余日"，终于有了结果，他又有机会重返京城、寻求仕进之路了。但苏洵面对召命，却开心不起来，而且有些"不乐"。考试实在非其所长，"惟其平生不能区区附合有司之尺度，是以至此穷困"，他还没有走出此前几次科举考试失败的阴影；而且他觉得自己年老朽衰，再去考试也会受到他人耻笑："今乃以五十衰病之身，奔走万里以就试，不亦为山林之士所轻笑哉！"他实在不愿意面对那令人"寒心"的考试，现在年齿已老，"尚安能使达官贵人复弄其文墨，以穷其所不知邪？"③

而且，苏洵认为朝廷安排的这次考试也是对自己水平的严重不信任："向者《权书》《衡论》《几策》，皆仆闲居之所为。……苟朝廷以为其言之可信，则何所事试？苟不信其平居之所云，而其一日仓卒之言，又何足信邪？恐复不信，只以为笑。"④ 既然如此，苏洵觉得"尤

---

① （宋）苏洵著，曾枣庄、金成礼笺注：《嘉祐集笺注》卷16《答二任》，第448页。
② （宋）苏洵著，曾枣庄、金成礼笺注：《嘉祐集笺注》卷13《答雷太简书》，第362页。
③ （宋）苏洵著，曾枣庄、金成礼笺注：《嘉祐集笺注》卷13《与梅圣俞书》，第360—361页。
④ （宋）苏洵著，曾枣庄、金成礼笺注：《嘉祐集笺注》卷13《答雷太简书》，第362页。

不可苟进以求其荣利也"①。

不愿考试受辱的苏洵一方面以病辞谢，另一方面又觉得这是一次难得的表现机会，于是奏书皇上，提出了重爵禄、罢任子、严考课、尊小吏、复武举、信大臣、重名器、专使节、停郊赦、远小人十大政治革新思想。并在最后一段写道：

> 曩臣所著二十篇，略言当世之要。陛下虽以此召臣，然臣观朝廷之意，特以其文采词致稍有可嘉，而未必其言之可用也。天下无事，臣每每狂言，以迂阔为世笑。然臣以为必将有时而不迂阔也。贾谊之策不用于孝文之时，而使主父偃之徒得其余论，而施之于孝武之世。夫施之于孝武之世，固不如用之于孝文之时之易也。臣虽不及古人，惟陛下不以一布衣之言而忽之，不胜越次忧国之心，效其所见。且非陛下召臣，臣言无以至于朝廷。今老矣，恐后无由复言，故云云之多至于此也，惟陛下宽之。②

这里苏洵再次自比西汉的贾谊，并说自己的议论未必迂阔无用，实有期待皇帝重用自己的强烈愿望。

时隔半年，即嘉祐四年（1059）六月，朝廷再次发出召命，敦促苏洵进京应试。苏洵再次辞谢，并写信向欧阳修解释。在信中，苏洵直言人们求仕无非两个目的，或是物质上的需要即摆脱贫穷，或是精神上的追求即得志行道。而自己的情况又怎样呢？他说："洵之所为欲仕者，为贫乎？实未至于饥寒而不择。以为行道乎？道固不在我。"末句自然是谦辞。那这是否就意味着苏洵不愿求仕了呢？当然不是，他主要是不愿接受考试得官的方式，因为这一方式很可能陷入漫长的等待之中：

> 始公进其文，自丙申之秋至戊戌之冬，凡七百余日而得召。朝

---

① （宋）苏洵著，曾枣庄、金成礼笺注：《嘉祐集笺注》卷13《与梅圣俞书》，第361页。

② （宋）苏洵著，曾枣庄、金成礼笺注：《嘉祐集笺注》卷10《上皇帝书》，第281—293页。

"为贫"与"行道"之间：一个科举失败者的求仕心路

廷之事，其节目期限，如此之繁且久也。使洵今日治行，数月而至京师，旅食于都市以待命，而数月间得试于所谓舍人院者，然后使诸公专考其文，亦一二年。幸而以为不谬，可以及等而奏之，从中下相府，相与拟议，又须年载间，而后可以庶几有望于一官。

可见，在苏洵看来，经过召试这样一番折腾后，即便有幸得到一个小官，哪还有什么"行道"的机会呢？所以他又继续写道："如此，洵固以老而不能为矣。人皆曰求仕将以行道，若此者，果足以行道了？既不足以行道，而又不至于为贫，是二者皆无名焉。"① 由此可见，"为贫"和"行道"正是他长期求仕的两大目的，只是有时"为贫"之心强一些，有时"行道"之志更重而已。

虽然苏洵不愿接受考试，但他还是决定再赴京城。此时苏洵二子已守丧期满，即将回京领受朝命，苏洵正好可以借机同赴京城。于是他将家事安排后，在嘉祐四年（1059）十月携全家离蜀，从水路直赴京城。

五 "佳节久从愁里过"
——列名吏部后苏洵的继续挣扎

嘉祐五年（1060）一月，苏洵父子再次回到京师。经过欧阳修的再度努力，以及苏洵所在的益州路的转运使赵抃的推荐，这年八月，朝廷授予苏洵秘书省试校书郎一职。表面上看，苏洵终于得到了朝廷的直接授官，实现了自己多年求仕的梦想，但这对于志在"行道"的他来说，实在不能满意。这毕竟只是寄禄官，没有什么职事，又是九品低官，朝廷是把他"譬之巫医卜祝，特捐一官以乞之"来打发的。但有意思的是，与之前在家乡两辞召试不同，这次苏氏竟"一命而受"。之所以如此，他对欧阳修说是"不欲为异"，即不再给人另类的感觉；而在笔者看来，可能与他现实的处境有关，他已举家移居京师，没有田土，他急切需要俸禄来维持一家老小的生活，"为贫"之心占了上风，

---

① （宋）苏洵著，曾枣庄、金成礼笺注：《嘉祐集笺注》卷12《上欧阳内翰第四书》，第339页。

所以他没有做任何辞让。不过，他倒是担心欧阳修在礼节上的变化，故他在致谢欧阳修一信的最后写道：

> 今洵已有名于吏部，执事其将以道取之邪，则洵也犹得以宾客见。不然，其将与奔走之吏同趋于下风，此洵所以深自怜也。①

即是说，他还是希望保持之前那份"布衣之尊"，保持一个"得道"者的尊严，做欧阳修尊贵的"宾客"，而非"趋于下风"的"奔走之吏"。这暗示苏洵实在看不起秘书省试校书郎这样的小官。

苏洵之所以能够得到秘书省试校书郎的官职，当然与时相富弼、韩琦的支持有关。但得官后的苏洵只是笼统地写了一封《谢相府启》，而没有单独致谢富、韩二相。这值得注意。据时人笔记，苏洵之所以没有得到重用，主要责任在富弼：

> 欧公初荐明允，便欲朝廷不次用之。时富公、韩公当国，韩公亦以为当然，独富公持之不可，曰："姑少待之。"故止得试衔初等官，明允不甚满意。②

如果这一记载属实，那么后来苏洵写给韩琦书信中下面一段话就反映出这位相公的无奈："相公往时为洵言，欲为欧阳公言子者数矣，而见辄忘之以为怪。"也就是说，韩琦虽然和欧阳修一样欣赏苏洵的才华，拟加重用，但受制于富弼，只好用"见辄忘之"来加以搪塞。

不过到嘉祐六年（1061）三月富弼去职后，大权在握的韩琦就应该切实重用苏洵了。大约正因为如此，苏洵立即上书韩琦，一开头就直白地写道："洵年老无聊，家产破坏，欲从相公乞一官职。"这是我们目前所见苏洵全部书信中最公开、最露骨的求官书。这是否可证"文人无行"之说呢？其实，这里还是要从苏洵自己曾经说过的求仕

---

① （宋）苏洵著，曾枣庄、金成礼笺注：《嘉祐集笺注》卷 12《上欧阳内翰第四书》，第 341—342 页。

② （宋）叶梦得撰，（宋）宇文绍奕考异，侯忠义点校：《石林燕语》卷 5，中华书局 1984 年版，第 65 页。

"为贫"与"行道"之间：一个科举失败者的求仕心路

两大目的即"为贫"和"行道"上来分析。当时苏洵已举家迁来京师，"家产破坏"，二子苏轼、苏辙兄弟正在准备朝廷的制科考试，全家的生活重担都压在苏洵一人头上，而秘书省试校书郎不过九品小官，俸禄微薄，不足以支撑全家老小的开支。因此，苏洵之所以要重新"乞一官职"，关键就是"为贫"，而非"行道"，所以苏洵紧接着就说：

> 非敢望如朝廷所以待贤俊，使之志得道行者，但差胜于今，粗可以养生遗老者耳。去岁蒙朝廷授洵试校书郎，亦非敢少之也。使朝廷过听，而洵侥幸，不过得一京官，终不能如汉、唐之际所以待处士者。则京官之与试衔，又何足分多少于其间，而必为彼不为此邪。然其所以区区无厌，复有求于相公者，实以家贫无赀，得六七千钱，诚不足以赡养，又况忍穷耐老，望而未可得邪？

可见，苏洵只是希望韩琦念在他"家贫无赀"的份儿上，争取一个"京官"，以便有更多的收入，渡过这段艰难的时期。

但是，天底下不是有很多士子要从"京官"以下做起吗？你苏洵为什么就不能呢？针对韩琦可能如此的反诘，苏洵以自己年老为由做了这样的抑答：

> 凡人为官，稍可以纾意快志者，至京朝官始有其仿佛耳。自此以下者，皆劳筋苦骨，摧折精神，为人所役使，去仆隶无几也。然天下之士，所以求之如不及，得之而喜者，彼诚少年，将有所忍于此，以待至于纾意快志者也。若洵者，计其年岂足以有待邪？今且守选数年，然后得窥尚书省门。又待阙岁余而到任，幸而得免于负犯废放，又守选，又待阙，如此十四五年，谨守以满七八考，又幸而有举主五六人，然后敢望于改官。当此之时，洵盖七十矣。譬如豫章橘柚，非老人所种也。

既然我苏洵不能做"京朝官"以下的官职，那就拜托你相公大人"别除一官"，我苏洵一定"尽力"好好干，所以接下来他又写道：

>洵久为布衣，无官长拘辖，自觉筋骨疏强，不堪为州县趋走拜伏小吏。相公若别除一官，而幸与之，愿得尽力。就使无补，亦必不至于恣睢漫漶，以伤害王民也。

接着苏洵进一步联系到当时已程式化的科举取士制度，认为自己虽不由科举出身，但水平不低，你相公大人也看得起，为什么就迟迟不能重用我呢？

>今朝廷糊名以取人，保任以得官，苟应格者，虽屠沽不得不与。何者？虽欲爱惜而无由也。今洵幸为诸公所知似不甚浅，而相公尤为有意。至于一官，则反覆迟疑不决者累岁。嗟夫！岂天下之官以洵故冗邪？

最后的反问句简直就是逼官。话说到这个份儿上，似乎苏洵不够自重，而有几分卑贱了。为此，苏洵又将自己从小到大的心理变化和现在的学术自信和盘托出：

>洵少时自处不甚卑，以为遇时得位，当不卤莽。及长，知取士之难，遂绝意于功名，而自托于学术，实亦有得而足恃。自去岁以来，始复读《易》，作《易传》百余篇。此书若成，则自有《易》以来，未始有也。今也亦不甚恋恋于一官，如必无可推致之理，亦幸明告之，无使其首鼠不决，欲去而迟迟也。

最后一句话显然是以退为进，本来全文的主旨就是求官，而这里却酸溜溜地书以"今也亦不甚恋恋于一官"，真是"此地无银三百两"了。

这封求官书没有任何遮掩，毫不含蓄，几近哀求，可以说是年老体衰的苏洵在生活重压下撕掉脸面、放下架子的奋力一搏，用他自己书信

"为贫"与"行道"之间：一个科举失败者的求仕心路

最后一段话来说，就是"忍耻而一言"①。

我们不知道韩琦捧读此信的真实感受，但他不可能无动于衷。这年七月，朝廷改授苏洵为霸州文安县主簿。这虽然不是京官，但品级比秘书省试校书郎要稍高，俸禄更多，而且苏洵不用赴任，只是"食其禄"，职责是在京城太常寺编纂宋朝开国以来的礼书。这样的待遇自然要好过秘书省试校书郎了。

尽管如此，编纂礼书之事比起其宏大的经世抱负，还是相去甚远。较之"为贫"来，苏洵求仕的更大目的自然是"行道"。而沉潜于礼书编纂的茫茫文海之中，又怎么可能"行道"呢？无奈的苏洵从此不再呻吟，他知道求助已到极限，只能把满腹的愁怨消融在沉沉的故纸堆中。他在逝世前一年即英宗治平二年（1065）九月九日受邀于韩琦家中过节时，吐露了自己长久压抑的心声：

> 晚岁登门最不才，萧萧华发映金罍。
> 不堪丞相延东阁，闲伴诸儒老曲台。
> 佳节久从愁里过，壮心偶傍醉中来。
> 暮归冲雨寒无睡，自把新诗百遍开。②

治平三年（1066）四月，带着对仕途不如意的深刻无奈，年仅五十八岁的苏洵走完了自己劳苦的一生。"自天子、辅臣至闾巷之士，皆闻而哀之。"③ 赏识他的欧阳修感叹："诸老谁能先贾谊，君王犹未识相如。"来不及重用他的韩琦自责："名儒升用晚，厚愧莫先予。"和他一起编书五年的姚辟似乎参透了人生："羁旅都门十载中，转头浮宦已成空。"④ 或许苏轼最了解父亲的真实内心，所以在朝廷"赐其家缣绢二

---

① 以上引文均见（宋）苏洵著，曾枣庄、金成礼笺注《嘉祐集笺注》卷13《上韩丞相书》，第352—353页。
② （宋）苏洵著，曾枣庄、金成礼笺注：《嘉祐集笺注》卷16《九日和韩公》，第496页。
③ （宋）曾巩著，陈杏珍、晁继周点校：《曾巩集》卷41《苏明允哀辞》，中华书局1984年版，第560页。
④ （宋）欧阳修：《苏主簿挽歌》，韩琦：《苏洵员外挽词》，姚辟：《老苏先生挽词》，均载（宋）苏洵著，曾枣庄、金成礼笺注：《嘉祐集笺注》附录一，第528、531页。

百"时,"轼辞所赐,求赠官",最后朝廷"特赠光禄寺丞"①。苏洵终于在他死后连升三级,得到了一个从六品官,稍可安慰他一生的求仕之志。

结　语

缪钺先生曾说,先秦以降两千多年的中国士人有两个情结,一是道与势的矛盾,士人志在以道指导势,或辅助势,所谓为王者师,为王者佐,而君主则要以势制道,使士人为臣、为奴,两者的矛盾斗争常使士人有道不伸;二是求知之难与感知之切,士人有志行世,想得时行道,必须求得君主的知赏,但这又是极为困难的。② 苏洵的内心也同样遭遇了这两大问题的困扰,他在38岁制举失败后,潜心古文,志比圣贤,经过多年努力终于"其道有成"。之后积极求仕,希望能够得到君主和朝臣的赏识,希望能有得志行道的机会,可惜仅在晚年有数年低级小官的生活,"书虽就于百篇,爵不过于九品"③,最终也和绝大多数士人一样,"大志未酬身已殁"!

除了"行道"之难以外,中国古代不少士人也有穷困之苦,虽有"君子固穷"一说,但嫌贫爱富的本能又使摆脱贫穷、追求富裕成为众多求仕者的心愿。苏洵家境一般,时以"贫贱""穷困"自称,他的求仕绝大多数时间都有"为贫"的目的。特别是他晚年的《上韩丞相书》,在露骨的求官背后,是"家贫无赀"的空前经济困难。后来朱熹曾批评说:"如(老苏)上韩公书求官职,如此所为,又岂不为他荆公所薄!"④ 王安石(荆公)和朱熹对苏洵的这一道德主义的指责,或缺乏同情的理解。

---

① (元)脱脱等撰:《宋史》卷443《苏洵传》,第13097页。
② 缪钺:《中国古代士人的两个情结》,原载《中国文化》1991年第4期,现收载《缪钺全集》第1卷(下)《冰茧庵读史存稿》,河北教育出版社2004年版,第455—456页。
③ 佚名:《老苏先生会葬致语并口号》,载(宋)苏洵著,曾枣庄、金成礼笺注:《嘉祐集笺注》附录一,第533页。
④ (宋)黎靖德编,王星贤点校:《朱子语类》卷130,中华书局1994年版,第3109页。

"为贫"与"行道"之间：一个科举失败者的求仕心路

众所周知，中国古代读书人进入官场的路径非常单一。虽然"宋以科举取士，士之欲见用于世，不得不繇科举进"[①] 的说法有些绝对，但对没有荫补机会的普通读书人来说，科举失败后的仕进通道确实异常狭窄。本文所述的宋儒苏洵，求仕一生，科举失败，晚得小官，可以说"为贫"不果，"行道"无门。从他的身上，我们可以读到中国古代千千万万科举失败者求仕的辛酸与无奈，也可以窥探科举时代社会文化的某些样貌。

---

① （元）赵孟頫：《松雪斋集》卷6《第一山人文集序》，文渊阁《四库全书》本，第1196册，第673页。

司马光早期政治思想初探*

姜 鹏

(复旦大学 历史学系)

由心性论演变而来的哲学体系仍然是宋代思想史研究的重点。司马光（1019—1086）晚年虽然也写过讨论心性的文章，但他一生所关注的核心话题无疑是"治道"，笔者将它理解为思想史上追寻统治术传统的延续。司马光"治道"理念的内涵，有前后期发生重大变化的，也有坚持始终的基本原则。冀小斌先生的著作以保守主义概括司马光政治思想最大的特点，其实是关注了他后期思想的倾向性。[①] 本文拟讨论将司马光思想，分出前后期的可能性，并对在司马光早年就叙理清楚，或坚持始终，或前后有变化的几个思想元素进行探讨。意在思想史追寻统治术的传统中理解司马光政治思想的特点。

一 将司马光的思想分为前后期的可能性

在熙宁（1068—1077）变法正式发生之前，北宋政治的变化已经有了明显迹象。以治平（1064—1067）末、熙宁初为分水岭，将司马光的政治思想分出前后期，符合人们的一般印象。如果引进这条虚拟分割线，将司马光前后撰写的文章进行对比，我们可以发现这样的做法的确是可行的。本节将以司马光内外关系观的变化为例来说明这个问题。

---

* 本文系2009年度国家教育部人文社会科学研究青年基金项目"唐宋政治思想转型视域中的《资治通鉴》"（项目批准号：09YJC770006）阶段性成果之一。

[①] Xiao-bin Ji, *Politics and Conservatism in Northern Song China: The Career and Thought of Sima Guang (A. D. 1019 – 1086)*，香港中文大学出版社2005年版。

司马光早期政治思想初探

"先内而后外,安近以服远",是司马光政治思想的主题内容之一。①《资治通鉴·汉纪》以下部分,对积极拓张的国家行为都采取不欣赏的立场,对漠视民生而专注外拓的帝王批判尤甚。以之与司马光呈递给宋神宗的奏章对比,读者能发现司马光历史编纂策略与时事政治关怀之间的联系性。②若综观司马光所有相关文章,我们会发现,这个立场并非司马光一贯就有,而是经历了明显的前后变化,变化节点就在神宗即位之初。

司马光于治平二年(1065)所上《西边札子》,就如何应对西夏赵谅祚诱纳亡叛、侵扰边境提出自己的看法,核心在于选将练兵、"申明阶级之法"。这道奏章中有一句话值得注意,司马光认为若将帅得人、士卒精良,"然后惟陛下之所欲为,虽北取幽蓟、西收银夏,恢复汉唐之疆土,亦不足为难。况但守今日之封略,制戎狄之侵侮,岂不沛然有余裕哉!"③虽然司马光整体态度趋向保守,练兵选将的目的在于保境安边,而并未鼓动宋英宗主动出击以开拓疆土。但从奏章的语气中,我们仍然可以发现,如果将恢复汉唐旧境作为一个远程目标而不是当下作为的话,司马光并不反感。对于是否要、是否能收复燕云十六州,是宋朝政府必须面对的问题之一,司马光也未予否认。同样作于治平二年的《北边札子》,其中论及边事的语言、态度,可以和《西边札子》相印证:"俟公私富足,士马精强,然后奉辞以讨之,可以驱穹庐于幕北,复汉唐之土宇。与其争渔柳之胜负,不亦远哉!"④这个态度与司马光作于元丰五年(1082)的《遗表》中的立场有着明显区别:

> 臣所惜者,以陛下之圣明,不师虞舜、周宣之德,反慕秦皇、汉武之所为。借使能逾葱岭、绝大漠、麋皋兰、焚龙庭,又何足贵哉!自古人主喜于用兵,疲弊百姓,致内盗蠭起,或外寇觊觎者

---

① 引文见司马光《遗表》,《全宋文》卷1175,上海辞书出版社、安徽教育出版社2006年版,第54册,第169页。
② 拙文《〈资治通鉴〉文本的内外语境》,《学术研究》2011年第12期。
③ (宋)司马光:《西边札子》,《全宋文》卷1191,第55册,第47页。
④ 同上书,第54页。

多矣!①

奏章中提到汉武帝,被作为穷兵黩武的反面典型。事实上,在熙宁以前的奏章中,汉武帝的形象在司马光笔下并非总是这么糟糕。如治平四年(1067)宋神宗即位后不久,司马光在一道所上封事中谈道:"汉武帝详延特起之士,待以不次之位,终获其用,威加胡越。"② 这里的表彰主题是汉武帝的用人策略,但这一策略的成功是和"威加胡越"联系在一起的。

细按文献,司马光态度转变的契机,应该就在宋神宗锐意于用武的倾向性显现出来之后。治平四年六月横山事起,薛向、种谔等谋招纳嵬名山部袭取谅祚,不久种谔遂取绥州。③ 至当年九月,此事已广为臣僚所知,引起朝议喧哗。这个月内,司马光上过几道札疏,对薛种之谋取反对态度。④ 其中《横山疏》是篇幅最长、议论最详尽的一道。这道奏疏在谈到边事的时候,司马光的语言和态度发生了微妙的变化。在奏章的末尾,司马光仍然谈到等一切准备就绪之后,"惟陛下之所欲为,复灵、夏,取瓜、沙,平幽、蓟,收蔚、朔,无不可也",和《西边札子》《北边札子》所不同的是,出击的前提不仅仅

---

① (宋)司马光:《遗表》,《全宋文》卷1175,第54册,第169页。
② (宋)司马光:《封事札子》,《全宋文》卷1194,第55册,第100—101页。此外,在这道封事前一个月,司马光在上宋神宗《听断书》中也提到了汉武帝,并以之作为仁君能明断的正面例证,参《全宋文》卷1193,第55册,第90页。需要深入讨论的是,据司马光《辞翰林学士第三上殿札子》,《资治通鉴·前汉纪》部分已于治平四年四月之前进呈,我们今天看到的《资治通鉴》中汉武帝去世后,司马光为其特撰的一条"臣光曰",对汉武帝的为人和统治成绩作出了几乎全面否定的评价。鉴于在这条"臣光曰"之前,司马光已经引用了"班固赞曰",班固的赞,虽对汉武帝略有微词,又不及其武功,但整体上仍是正面的。且在论赞前,司马光以"聪明能断"一段文字为汉武帝盖棺定论,也是意在对汉武帝善用人、行法无贷等优点给予表彰。故这条"臣光曰"是司马光最初进呈的版本中既有的,还是司马光在熙宁之后另补的,是可以讨论的问题。参见《全宋文》卷1193,第55册,第81页;《资治通鉴》卷22武帝后元二年(前87)"帝聪明能断"条下,中华书局1956年版,第746—748页。
③ 其事本末参见(宋)杨仲良著,李之亮点校《皇宋通鉴长编纪事本末》卷83"种谔城绥州"条,黑龙江人民出版社2006年版,第1466—1473页。
④ 今见于司马光文集中论及横山事件的奏札有三通,分别为《横山札子》《横山疏》《横山上殿札子》,标明写作时间都是治平四年九月。参见《全宋文》卷1195,第55册,第114—119页。

是将帅得人、士卒精良,而需满足"百职既举,庶政既修,百姓既安,仓库既实,将帅既选,军法既立,士卒既练,器械既精"八大条件。更大的不同,是在这道奏疏开头,司马光就提及如何把握处理夷狄关系的度:"要在使之不犯边境,中国获安,则善矣。不必以踰葱岭、诛大宛、绝沙漠、禽颉利,然后为快也。"和之前不以"复汉唐之土宇"为非,显然呈现出更为保守的姿态。值得注意的是,司马光在这句话中提到不必以此为快的四个典故中,唯"禽颉利"为唐典,其余三个"踰葱岭、诛大宛、绝沙漠",都是汉典,且都借用汉武帝时代事。这与前举表彰汉武帝善于用人以至武功的《封事札子》仅数月之隔。①

外事理论的重大转变,体现在司马光在这道《横山疏》中提出了"校德"与"校力"的不同。司马光所举"与之校力则未能保其必胜"的前代贤圣案例,有舜禹伐三苗、商高宗伐鬼方;本朝祖宗案例,则有宋太宗、真宗、仁宗三朝征讨西夏。最值得注意的是,在这两者之间所述汉代与夷狄征战的例子,举的是汉高祖平城之挫,而只字不及汉武帝的周边经营。② 在这样的选择性叙述下,"校力"的可行性自然落在"校德"之下,而"校德"也就理所当然地成为司马光论说的主导方向。此后,对历史上与四夷"校力"行为的扬弃与批判,成为司马光坚守终身的理念。

熙宁四年(1071)司马光在知永兴军任上给宋神宗所上的《谏西征札子》,再次强调了《横山疏》中曾提出的征发必须具备的八大条件,却已经没有任何暗示日后有机会可以恢复汉唐旧宇的文字。相反,司马光提出的警告是:"国家富强,将良卒精,因人主好战不已,以致危乱者多矣。"③ 言下之意,即便将帅得人、士卒精良,战争仍然会给国家带来灾难。这已经走到了治平二年所作《西边札子》《北边札子》的反面,标志着司马光在外事问题上转向绝对保守主义立场的完成。其中微妙的变化就发生在治平四年六月至九月横山事起的数月之间。外事

---

① 《封事札子》题下注明写作时间为治平四年六月,与横山事发相前后,当时司马光对西部边陲发生的事应尚不知情。参见《全宋文》卷1194,第55册,第100页。
② (宋)司马光:《横山疏》,《全宋文》卷1195,第55册,第114—118页。
③ (宋)司马光:《谏西征疏》,《全宋文》卷1198,第55册,第170—172页。

思想的变化,我们观察司马光基本政治思想的变化提供了一个重要角度。下文就司马光在熙宁之前已经成熟并坚持始终的"阶级论"和"御下论"略作探讨。

二 秩序:"礼法"与"阶级"

司马光的政论文章极其强调秩序的重要性,以秩序等级作为社会管理的基本手段,虽然是礼乐文明的基础特征,但作为一种政治思想予以系统表达,很容易让人想起《荀子》的观点。事实上,司马光的政治思想的确深受《荀子》影响。在社会秩序与文治方面,司马光用来表达秩序的概念是儒家士大夫最常用的"礼"(很多时候司马光也会引入"法"这个概念),在军队管理与军政上,司马光用以表达秩序最常用的概念是"阶级"。"礼法"的秩序与"阶级"的秩序,既有差异,很多时候也被联系在一起。

在司马光强调礼制秩序的文字中,最著名的莫过于载诸《资治通鉴》篇首的《三家为诸侯论》。[①] 在此之前,有作于庆历五年(1045)调和政治伦理与家庭伦理的《不以卑临尊议》。[②] 《资治通鉴》上接《左传》,实际上在开篇处并未严丝合缝地衔接《左传》的末尾。《左传》末段以魏、赵、韩三家反丧智氏收尾,事在公元前463年,而《资治通鉴》以三家分晋开篇,事在公元前403年。但三家灭智氏的史事也并未被司马光舍弃,而是以倒叙手法押后,意在突出开篇处对"三家分晋"的批判。在为这部巨著开篇的"初命晋大夫魏斯、赵籍、韩虔为诸侯"这句话中,对于僭越之臣魏斯、赵籍、韩虔的批判被司马光浓缩在"晋大夫"三个字中。整篇《三家为诸侯论》的主题在于批判周天子自破礼法、败坏纲纪。相同的句式在《资治通鉴》这一卷

[①] "三家为诸侯论"的标题见于朱熹纂集《三朝名臣言行录》(即《宋名臣言行录》后集)卷7所引《温公日录》,参见赵铁寒主编《宋史资料萃编》第1辑,影印同治戊辰(1868)临川桂氏重修清洪刻本《宋名臣言行录五集》,第1册,台北文海出版社1967年版,第602页。全文见《资治通鉴》卷1"初命晋大夫魏斯、赵籍、韩虔为诸侯"条下"臣光曰",第2—6页。

[②] 文见《全宋文》卷1220,第56册,第162—163页。

里再次出现过:"初命齐大夫田和为诸侯。"①

从这篇文字来看,司马光的礼制秩序含有两个基本方面。其一,秩序是社会治理的基本保障,而礼则是维持秩序最根本的手段。从这个意义上看,礼的仪式性功能不是司马光强调的重点,这里所强调的礼,是它的外化规范性功能。用于规定、区别人的身份,以作为礼有等差之基础的名器,是依附于这种外在规范的。如在儒家内部寻找这种思想资源的来头,人们很容易想起荀子的言论。《荀子·富国篇》云:"人之生不能无群,群而无分则争,争则乱,乱则穷矣。故无分者人之大害也,有分者天下之本利也。而人君者,所以管分之枢要也。"②

其二,司马光的批判暗含着秩序等级与责任的正比例关系。所以当严重的以下陵上事件发生的时候,司马光选择的重点批判对象是上,而不是下。这一内涵的注入,是为了确保秩序等级不沦落为僵化的绝对服从体制和暴力政治,它与司马光所主张的君臣关系论息息相关。

尽管司马光的等级观念十分严格,但我们还是可以在他的思想体系中找到例外。在官员选拔问题上,司马光强调不应该拘泥于资序,要在使人才与职责相对应。司马光在《辞知制诰第二状》中所说:"夫以资塗用人,不问能否,比例从事,不顾是非,此最国家之弊法,所宜革正者也。"③ 这种官员迁升的"资序",我们可以看作是一种特殊的官场秩序。对于这种不问德才、按部就班的仕路秩序,司马光表示反对。另在《直讲乞不限年及出身札子》中,司马光说道:"臣愚以为,学官正宜取德行经术可为师表之人,不当限以苛法。若不察其人之贤愚,而惟年齿出身之问,则虽有德行如颜回,经术如王弼,皆终身不可为学官也。"④《荀子·王制篇》:"请问为政。曰:贤能不待次而举,罢、不能不待顷而废。"杨倞注云:"不以官之次序,若傅说起于版筑为相

---

① (宋)司马光编著:《资治通鉴》卷1,周安王十六年,第31页。
② 又类似的表述有:"争则乱,乱则穷,先王恶其乱也,故制礼义以分之。"这句话在《荀子》书中一见于《王制篇》,再见于《礼论篇》。
③ 《全宋文》卷1181,第54册,第261—262页。
④ 《全宋文》卷1182,第54册,第288页。相关表述也可参司马光《言御臣上殿札子》,《全宋文》卷1178,第54册,第211页。

也。"① 两者思想一脉相承，动态的人形成对静态礼制的补充，以确保社会与政治的活力。战国是士阶层勃兴的时代，北宋前至中期，则是科举真正让"书包翻身"成为可能的时代，这两个时代对于人凭借才能在阶层秩序中向上流动，无论在观念上还是在社会实践上都给予了高度支持。②

就汉代文献而言，两汉经学传承与荀子有着极大关系。③ 但在韩愈《原道》篇中，荀子、扬雄同被议为"大醇小疵"④。尤其是宋代心性哲学兴起之后，荀子作为儒家内部重要的一支，事实上处于被扬弃的地位，代之而兴的是孟子学说。"孔孟之道"也在这个背景下得以成立。⑤ 司马光非常重视《大学》《中庸》，晚年也写过《中和论》。但在孟学升格尚为潜流之时，司马光显然不是与流者。他的思想体系与《四书》经典体系形成之后的新儒家思想也有明显区别。这其实说明在新儒家思想体系成熟之前，宋代儒学思想的发展，曾存在过另一股潮流、另一种可能。司马光对荀、扬的继承与表彰，是一个非常有代表性的标志。⑥

但前文提及司马光秩序观念中的这种特殊性，即人才选拔不应限于

---

① （清）王先谦：《荀子集解》卷5《王制篇》，诸子集成本，上海书店1986年版，第2册，第94页。

② 但神宗推动新法之后，设"制置三司条例司"，对诸多"小臣"不次任用，形成职权侵夺，也给司马光的政治观察带来了很多烦恼。司马光因此所作的思想调整，限于篇幅，不在此展开。

③ 刘师培著，陈居渊注：《经学教科书》第六课《孔子弟子之传经（上）》，上海古籍出版社2006年版，第21—25页。

④ （唐）韩愈撰，马其昶校注，马茂元整理：《韩昌黎文集校注》卷1《原道》，上海古籍出版社1987年版，第12—19页。

⑤ 周予同：《〈孟子〉的作者与"升格"问题》，《中国经学史讲义》，收入朱维铮主编《周予同经学史论著选集》（增订本），上海人民出版社1996年版，第928—930页；朱维铮师：《中国经学与中国文化》，收入氏著《中国经学史十讲》，复旦大学出版社2002年版，第7—37页，尤其是第21—24页。

⑥ 司马光对于荀子的继承，还可以再举一个例子。《荀子》主"性恶"，"其善者伪也"，"伪"为人为、后天养成之意，故《荀子·劝学篇》强调后天学习的累积。司马光《谨习疏》也体现出这一渐进思想，参见《全宋文》卷1181，第54册，第269—273页。司马光的人性论，更倾向于扬雄的善恶相混说。人性有恶的一面，使得外在礼法规范成为必要，这是荀、扬、司马光政治思想类同的一面，与孟子论性善，良好的社会秩序由内及外产生有很大区别。论者以为司马光《疑孟》之说乃针对王安石的尊孟，恐不这么简单。又，对于扬雄的继承，司马光曾注《法言》，拟《太玄》而作《潜虚》。另参见司马光《乞印行〈荀子〉、扬子〈法言〉状》，《全宋文》卷1176，第54册，第183页。

司马光早期政治思想初探

年资的仕路秩序观,仅限于才高德修的外廷士人或将帅,同样是官阶迁升,凡涉及宦官,司马光同样强调资序的重要性,而反对越次。① 这与他在强调外廷文、武人才选拔上的态度截然不同。

最后想讨论一下司马光的"阶级"观。"阶级"一词用以比喻人之尊卑等级,如阶之有级,最初并不限于武资。② 北魏一代,以"阶级"一词表明资序的用法比较普遍,也并非专用于武人。③ 这或许与宋代以前文武两途并非截然对立有关。司马光则将"阶级"一词专用于军队管理与军政建设上。治平元年所上《阶级札子》,专论治军之法,针对北宋中期军队中普遍存在的士卒骄横、不从约束现象,认为当以申明阶级、严禁陵越为治军核心内容。④ 其思想与《资治通鉴》中对唐肃宗任命侯希逸为平卢节度使的评论相呼应。⑤ 这两篇文字,都非常显著地将礼法与"阶级"捆绑讨论。在《阶级札子》中,司马光开篇即言:"治军无礼,则威严不行。礼者,上下之分是也。"《资治通鉴》中相应"臣光曰"则云:"盖古者治军必本于礼……今唐治军而不顾礼,使士卒得以陵偏裨,偏裨得以陵将帅,则将帅之陵天子,自然之势也……大宋受命,太祖始制军法,使以阶级相承,小有违犯,咸伏斧质,是以上下有叙,令行禁止,四征不庭,无思不服,宇内乂安,兆民允殖。"⑥

---

① 司马光这方面的言论很多,可以参看《论苏安静状》《论御药寄资札子》《张茂则札子》等,分见《全宋文》卷1179、卷1184、卷1185,第54册,第243、310—311、328页。
② 从现存文献来看,最早以"阶级"这个词比喻人之尊卑等级的,是贾谊。其《新书》卷2内有《阶级》一篇。中华书局2000年版,第79—82页。东汉末期蔡邕使用这个词比较频繁,如《幽冀刺史久阙疏》所云:"臣愚浅小才,窃假阶级";又《荐边文礼》:"才艺言行,卓逸不群,阶级名位,亦宜超然。"蔡邕对该词的使用尚有多处,不赘举。这里的"阶级"多指静态的官位,少有高低相形的意味。参见《蔡中郎集》。后陈寿《三国志》卷52《顾谭传》所载谭疏:"臣闻有国有家者,必明嫡庶之端,异尊卑之礼,使高下有差,阶级逾邈,如此则骨肉之恩生,觊觎之望绝。"其中"阶级"一词有高低相形之意,然非关军政。中华书局1959年版,第1230页。
③ 如《魏书》卷57《崔挺传》载挺言"阶级是圣朝大例";卷65《邢峦传》附其子逊言则云:"臣父屡为大将,而臣身无军功阶级。"中华书局1974年版,第1265、1448页。
④ 《全宋文》卷1189,第55册,第20—21页。
⑤ 《资治通鉴》卷220,乾元元年十二月,"平卢节度使王玄志薨"条下"臣光曰",第7064—7066页。
⑥ "阶级"对于治军的重要性,另参司马光《谨习疏》谈军政部分,《全宋文》卷1181,第54册,第271—273页。

· 357 ·

申明"阶级",每个人在自己的位置上,无越位言行,是军中礼法的基本内容。推而广之,申明社会、政治等级,以确保纲纪不紊,是同一道理。

如何确保这种秩序成为僵化的体制,防止它在保障纲纪的同时也保障了权力的绝对性与破坏性,则必须深入探究司马光和那个时代的"君臣关系论"。限于篇幅,只能容后另撰文详论。前文所能揭示的一点思想研究启示在于,与宋代之后逐渐张大的、以心性论为基础的政治哲学不同,司马光的政治思想仍以礼法秩序、君臣关系为基础,体现出其"治道"话题的传统性。

王安石的"非常相权"与其后的异变

虞云国

(上海师范大学 古籍整理研究所)

研究中国政治的美国学者李侃如(Kenneth Lieberthal)指出:"中国的政治体制中充满了尚未成为制度的组织。"[1] 在王安石变法初期,有一个仅存在16个月的制置三司条例司,曾被宋史学家漆侠誉为"主持变法的总枢纽"[2],也是这样一个在当时制度外的组织。关于它的创设,在推崇变法的传统语境下,往往不吝赞词而信加肯定。但倘若结合宋代君主政体转向内在的动态进程,其创设的是非得失,以及由此引起的负面异动,仍有重加考量的必要。

一

宋神宗即位之际,变法与改革已成为君主与士大夫官僚的共识。借用余英时的说法,宋神宗以"一个少年皇帝一心一意在追寻重新塑造

---

[1] 转引自周望《"领导小组"的由来、发展与走向》,2013年11月19日《东方早报·上海经济评论》。

[2] 漆侠:《王安石变法》,河北人民出版社2001年版,第97页。关于制置三司条例司,主要研究成果有葛金芳、金强《北宋制置三司条例司考述》,《江西广播电视大学学报》2000年第3期,收入葛金芳著《两宋社会经济研究》,天津古籍出版社2010年版;李义琼《熙丰变法时期的利益集团与中央财政制度的变迁——以制置三司条例司的置废为例》,《甘肃社会科学》2012年第4期;杨小敏:《政事与人事:略论蔡京与讲义司》,《西北民族大学学报》2008年第5期。另有王晓斌《制置三司条例司与熙丰变法时期的司农寺研究》,硕士学位论文,陕西师范大学,2001年。

世界的伟大构想"①。他首先寄望于元老大臣,得到的却是"安内为先""信赏必罚"之类空泛的告诫;失望之余,越发赞赏王安石的经世致用,期望与其共成一代治业。

熙宁二年(1069)二月,王安石出任参知政事,标志其"得君行道"推行变法的发轫。宋神宗问以当务之急,他答道:"变风俗,立法度。"② 宋神宗让他拿出一套方案来,王安石首先倡立制置三司条例司,以便有力地推动变法。这对君臣当时有番议论。王安石认为:"今欲理财,则当修泉府之法,以收利权。"③ 宋神宗深表赞同。北宋财权归三司执掌,其长官三司使号称"计相"。王安石收利权之说,显然有其预判:变法既以理财为主旨,必与三司旧体制扞格不入,有必要紧紧掌控利权。他向神宗设譬道:"今使十人理财,其中容有一二败事,则异论乘之而起。臣谓尧与群臣共择一人治水,尚不能无败事,况所择而使非一人,岂能无失?要当计利害多少,而不为异论所惑。"宋神宗认同其说:"有二人败事而遂废所图,此所以少成事也。"④ 毫不犹豫地批准设立制置三司条例司,让王安石以参知政事身份与知枢密院事陈升之同领这一机构。

宋代立国以来,中枢权力结构形成了相对完善的制度程序与制约机制,陈亮有一段概括性议论:

> 自祖宗以来,军国大事,三省议定,面奏获旨,差除即以熟状进入。获可,始下中书造命,门下审读。有未当者,在中书则舍人封驳之,在门下则给事中封驳之。始过尚书奉行。有未当者,侍从论思之,台谏劾举之。此所以立政之大体,总权之大纲。端拱于上而天下自治,用此道也。⑤

---

① 余英时:《朱熹的历史世界:宋代士大夫政治文化的研究》,生活·读书·新知三联书店2004年版,第238页。
② (元)脱脱等撰:《宋史》卷327《王安石传》,中华书局1977年版,第10544页。
③ (宋)陈均编,许沛藻、金圆、顾吉辰、孙菊园点校:《皇朝编年纲目备要》卷18,中华书局2006年版,第416页。
④ 同上。
⑤ (宋)陈亮撰,邓广铭点校:《陈亮集(增订本)》卷2《论执要之道》,河北教育出版社2003年版,第22页。

王安石的"非常相权"与其后的异变

这里的"三省",即指中书门下,是由全体宰执班子组成的最高行政机构。其所议定的所有军国大事与重要任命,不仅应先得到皇帝批准同意,还要经过中书舍人与给事中的封驳,才能付诸尚书省执行。如果侍从官与台谏官认为不妥,仍可议论与弹劾,及时加以纠正。这样,最高权力层面就形成了相应合理的制衡机制。

值得注意的是,变法之初的王安石仅是参知政事,不过宰执班子的成员之一,其上至少还有左右宰相。其时五位成员,时人曾各有一字评,合起来是"生老病死苦":生指王安石,生气勃勃锐意新法;老指右相曾公亮,他因年老而首鼠两端;病指左相富弼,他不满新法而称病不出;死指参知政事唐介,他反对新法,不到两月就去世;苦指参知政事赵抃,每见新法出台,就"称苦者数十"①。这样,王安石的变法主张,在"三省议定"的环节就可能受阻搁浅而到不了宋神宗那里。王安石后来反对撤废这一机构时,曾道明其创设的初衷:"令分为一司,则事易商议,早见事功。若归中书,则待四人无异议,然后草具文字,文字成,须遍历四人看详,然后出。至于白事之人,亦须待四人皆许,则事积而难集。"② 由此可见,变法之初之所以迫不及待创设制置三司条例司,根本目的还是最大限度扩张变法派的权力,"患同执政者间不从"③,减少变法推进时可能出现的阻力。

结合王安石"当收利权"的说辞,这一以制置三司条例命名的机构,最初出台的又多是关乎"利权"的新法,似乎只是整顿财政的变法机构之一④。司马光指责王安石,"财利不以委三司而自治之,更立

---

① (宋)徐自明撰,王瑞来校补:《宋宰辅编年录校补》卷7,中华书局1986年版,第377页。
② (宋)赵汝愚编·北京大学中国中古史研究中心点校《宋朝诸臣奏议》卷110,吕公著:《上神宗乞罢制置三司条例司》注,上海古籍出版社1999年版,第1192页。
③ (宋)彭百川撰:《太平治迹统类》卷13《神宗任用安石》,文渊阁《四库全书》本,上海古籍出版社1987年影印本,第408册,第375页。
④ 黄仁宇称之为"财政税收设计委员会",参见氏著《赫逊河畔谈中国历史》,生活·读书·新知三联书店1992年版,第162页;葛金芳称为"经济计划委员会",参见葛金芳、金强《北宋制置三司条例司考述》,《江西广播电视大学学报》2000年第3期。

制置三司条例司，聚文章之士及晓财利之人，使之讲利"①，似乎也印证了他对这一机构的第一印象。但漆侠却强调："实际上，这个机构在1070年废除之前，不仅是整理财政的机构，而且是主持变法的总枢纽。"②余英时不仅所见略同，并进一步颇具卓见地提示，这在实际上可视为"非常相权"："王安石熙宁二年任参知政事，其所拥有的相权属于非常的性质。此可由三司条例司的设立见之。三司条例司是为变法而特增的机构，易言之，即发号施令的总部，争议最烈的青苗、免役都从此出。这是王安石在神宗全力支持下独断独行的所在，人事的安排也由他一人全权做主。这种非常的相权在实际运作中才充分显出它的威力，从制度方面作静态的观察尚不足以尽其底蕴。"在余英时看来，"神宗的变法热忱及其最初对王安石的无限信任才是后者取得非常相权的根据"，而"神宗无保留地以君权配合王安石相权的运行是基于一种崇高的理想"，"彼此之间的权力得失至少不是主要的顾虑，故君相之间脱略形迹，君权相权也几乎有合一之势"，从而打造出宋代士大夫政治"得君行道"的绝配典型。③

对王安石的"非常相权"，在余英时看来，"在宋代政治史上有划时代的意义"，而这种意义"必须从正反两方面去理解"。其负面意义且留待下文讨论，这里先征引他对正面意义的精彩论述：

> 正面的意义是它象征了士大夫治天下的权力已得到皇帝的正式承认。依照当时的政治理想，皇帝与士大夫虽然以政治地位言有高下之别，但却共同负担着治理天下的责任。在分工合作的原则下，皇帝和士大夫都必须各尽职守，为人民建立一个合理的生活秩序。在这个理想之下，王安石因变法而取得的非常相权尽管是神宗所授予的，然而却绝不能看作是后者对前者的特殊赏赐。因为神宗授权王安石是履行皇帝本身的公共职务，而不是一项私人的行为。同样

---

① （宋）司马光：《传家集》卷60《与王介甫书》，文渊阁《四库全书》本，上海古籍出版社1987年影印本，第1094册，第532页。
② 漆侠：《王安石变法（增订本）》，河北人民出版社2001年版，第97页。
③ 参见［美］余英时《朱熹的历史世界：宋代士大夫政治文化的研究》，第234—235、238、240、243页。

的，王安石的相权也不是属于他个人的；他所以取得非常的权力是由于他代表士大夫接受了变法这一非常的任务。神宗和王安石对于君相关系的认识不但都同时达到了这一新高度，而且还相当认真地加以实践，这才是他们超越前代的地方。[1]

二

制置三司条例司创立不久，作为变法总部的性质凸显无遗。指其"专一讲求，立为新制，欲行青苗之法"[2]，《宋史·职官志》说其"掌经画邦计，议变旧法，以通天下之利"[3]。"专一讲求，立为新制"，"经画邦计，议变旧法"，正是强调其作为主持变法总枢纽的职能；至于"欲行青苗之法""以通天下之利"云云，无非表明变法的重点所在。当时的舆论也揭示了这种变法总部的性质：张方平称其"开端创意，且大为改作"[4]；孙觉说其"画一文字，颁行天下，晓谕官吏，使知法意"[5]；刘安世也指其"日相与讲议于局中，以经纶天下为己任，始变更祖宗之法，专务聚敛，造出条目，颁于四方"[6]。

在宋神宗的特许下，即所谓"亲命近臣，辟选官属"[7]，王安石基本掌控了条例司成员的任命权，使其成为得心应手的变法总部。与王安石共同提举条例司是知枢密院事陈升之，宋神宗"令中书、密院各差

---

[1] 参见 [美] 余英时《朱熹的历史世界·宋代士大夫政治文化的研究》，第247、242页。
[2] (元) 脱脱等撰：《宋史》卷176《食货上四》，第4280页。
[3] (元) 脱脱等撰：《宋史》卷161《职官一》，第3792页。
[4] (宋) 张方平：《乐全集》附录《行状》，文渊阁《四库全书》本，上海古籍出版社1987年影印本，第1104册，第533页。
[5] (宋) 赵汝愚编，北京大学中国中古史研究中心点校：《宋朝诸臣奏议》卷112，孙觉：《上神宗论条例司画一申明青苗事》，第1224页。
[6] (宋) 赵善璙：《自警编》卷1，文渊阁《四库全书》本，上海古籍出版社1987年影印本，第875册，第215页。
[7] (宋) 陈襄：《古灵集》卷8《论三司条例乞行均输法札子》，文渊阁《四库全书》本，上海古籍出版社1987年影印本，第1093册，第551页。

一人"同领①，或隐含制衡的初衷。对王安石变法，史称陈升之"心知其不可而竭力赞助，安石德之"，王安石引其共事，显然拉其作为暂时的同路人，以期至少达到"凡所欲为，条例司直奏行之，无复龃龉"的目的②。王安石请求宋神宗"择其能上副陛下所欲为，与臣所学不异者与之共政"③，极力称荐盟友吕惠卿出任条例司检详文字官，让其成为条例司中的主心骨。于是，条例司"事无大小必谋之，凡所建请章奏皆其笔"④。王安石又让另一盟友章惇担任三司条例官。同时担任三司条例官的还有王子韶，其人外号"衙内钻"，是一个巴结权要精于钻营之辈，苏辙与其共事条例司时，亲见其"谄事王安石"的嘴脸⑤，深为不齿。

在变法之初，包括制置三司条例司运作上，王安石为变法争取支持者确实有过努力与尝试，例如吸纳苏辙、程颢进入条例司。据朱熹说，王安石当时"与申公（指吕公著）极相好，新法亦皆商量来，故行新法时，甚望申公相助。又用明道（指程颢）作条例司，皆是望诸贤之助。是时想见其意好"⑥。但苏辙出任条例司检详文字不久，就与新法派"商量公事，动皆不合"，他深知宋神宗与王安石希望条例司"宜得同心协力之人"，便以自己"固执偏见，虽欲自效，其势无由"⑦，向皇帝主动请辞。宋神宗考虑让苏轼取代其弟，王安石明确反对：苏轼"兄弟好生异论，以阻成事。若朝廷不察，用此两人，则能合流俗之见。"⑧ 也许有

---

① （宋）彭百川：《太平治迹统类》卷13《神宗任用安石》，文渊阁《四库全书》本，第408册，第375页。
② （宋）杜大珪编：《名臣碑传琬琰集》下卷15《陈成肃公升之》，文渊阁《四库全书》本，上海古籍出版社1987年影印本，第450册，第783页。
③ （宋）徐自明撰，王瑞来校补：《宋宰辅编年录》卷8，第438页。
④ （元）脱脱等撰：《宋史》卷471《吕惠卿传》，第13706页。
⑤ （宋）李焘：《续资治通鉴长编》（以下简称《长编》）卷454，元祐六年正月丁卯，第10880页。
⑥ （宋）黎靖德编，王星贤点校：《朱子语类》卷130《本朝四·自熙宁至靖康人物》，中华书局1994年版，第3097页。
⑦ （宋）苏辙撰，陈宏天、高秀芳点校：《栾城集》卷35《条例司乞外任奏状》，载《苏辙集》，中华书局1990年版，第612页。
⑧ （清）查慎行撰：《苏诗补注》卷13《寄刘孝叔》注引施氏原注，文渊阁《四库全书》本，上海古籍出版社1987年影印本，第1111册，第269页。

鉴于条例司若不能统一发声，必将严重削弱其变法总部的功能，在成员选任上，王安石以其"得君行道"的优势，排斥有异议者入选条例司。在陈升之迁居相位拒绝同领后，王安石让其盟友枢密副使韩绛同领条例司，确保自己能牢牢掌控这一机构。韩绛既受王安石赏识，与其同奏条例司事时，便在御前盛赞王安石，"所陈非一，皆至当之言可用，陛下宜深省察"①。据台官张戬弹劾，自此以后，"左右徇从，安石与为死党"②。另有史料说："平日文公（指王安石）之门躁进谄谀之士，悉辟召为僚属。"③ 这些话语与记载，自然不乏情绪偏见，但王安石为确保变法总部的言听计从，"所建议惟门生属吏而已"④，排斥异见的用人倾向确也无可否认。

作为"得君行道"的改革家，为减少变革阻力，顺利推进新法，王安石把坚定的盟友安排进变法总部，就其初衷而言，这一做法原也无可厚非。不仅如此，在条例司的实际运作中，凭借"得君行道"的特许，王安石往往轻而易举地绕过了某些既定程序。且举苏辙亲历的例证：

> 介甫召予与吕惠卿、张端会食私第，出一卷书，曰："此青苗法也，君三人阅之，有疑以告，得详议之，无为他人所称也。"⑤

这种在私第处理国事的做法，肯定是有违宋代典制的。正如余英时所说："神宗与王安石是在变法的共同理想上结合在一起的。但理想一落到权力的世界，很快便会发生种种难以预测的变化。惟一可以断定的

---

① （元）脱脱等撰：《宋史》卷315《韩绛传》，第10303页。
② （宋）王称：《东都事略》卷114《张戬传》，文渊阁《四库全书》本，上海古籍出版社1987年影印本，第382册，第746页。
③ （宋）赵善璙撰：《自警编》卷1，文渊阁《四库全书》本，上海古籍出版社1987年影印本，第875册，第215页。
④ （宋）赵汝愚编，北京大学中国中古史研究中心点校：《宋朝诸臣奏议》卷110，陈襄：《上神宗乞罢制置三司条例司》，第1193页。
⑤ （宋）苏辙撰，俞宗宪点校：《龙川略志》卷3《与王介甫论青苗盐法铸钱利害》，中华书局1982年版，第13页。

是权力的比重必将压倒理想。"①

三

制置三司条例司甫一创立,不仅有力推出了一系列新法方案,而且成为推动变法的权力中心。其权力之大,主要体现在四个方面。

其一,成为新法制定机构。制置三司条例司设立当年,就相继推出了均输法(七月颁行)、青苗法(九月颁行)、农田水利法(十一月颁行)与免役法(十二月试行)等新法,堪称立竿见影,雷厉风行。曾任条例司检详文字的吕惠卿承认:"制置条例司前后奏请均输、农田、常平等敕,无不经臣手者。"② 这就表明,条例司已成为中枢立法机构,其地位俨然凌驾于原专司立法的详定编敕所之上。

其二,有权奏遣使者巡行。据苏辙说,自条例司创设后,根据需要,"有事辄特遣使"。他任条例司检详文字时,"本司近日奏遣使者八人,分行天下,按求农田水利与徭役利害,以为方今职司守命,无可信用,欲有兴作,当别遣使"③。这些特使分行地方,以怀疑眼光看待地方官,致使"使者一出,人人不安。能者嫌使者之侵其官,不能者畏使者之议其短"④。最多时"使者四十余辈,分行营干于外","冠盖相望,遇事风生"⑤。朝廷遣使出朝,宋代虽有先例,但都经中书议决,皇帝批准,现在却由条例司随事奏行,实际上成为条例司的特派员,这在制度上是没有先例的。

其三,北宋元丰官制前,财权归三司使执掌。其初衷当然是分割相权,但相权作为最高行政权,缺失了财权这块,从统筹全局来说确有诸

---

① [美]余英时:《朱熹的历史世界:宋代士大夫政治文化的研究》,第239页。
② (宋)李焘:《长编》卷268,熙宁八年九月辛未,第6567页。
③ (宋)苏辙撰,陈宏天、高秀芳点校:《栾城集》卷35《制置三司条例司论事状》,载《苏辙集》,第608页。
④ 同上。
⑤ (宋)苏轼撰,孔凡礼点校:《苏轼文集》卷25《上神宗皇帝书》,中华书局1986年版,第730页;(宋)徐自明撰,王瑞来校补:《宋宰辅编年录校补》卷7《熙宁二年》,中华书局1986年版,第390页。

多不便。神宗即位之初，司马光召对时就主张"以宰相领总计使之职"①，即相权要管财权。他建议神宗："国用不足，在用度大奢，赏赐不节，宗室繁多，官职冗滥，军旅不精，必须陛下与两府大臣及三司官吏，深思救弊之术，磨以岁月。庶几有效。"② 史载，熙宁三年，条例司"始议取三司簿籍，考观本末，与（三司）使、副同商度经久废置之宜，一岁用度及郊祀大费，皆编著定式"③。三司长贰成为"同商度"的陪客，制置三司条例司侵夺了三司的财权，却没让两府大臣全体过问。王安石领制置三司条例司，表面上似乎兑现司马光的主张，但司马光却不领其情而力争不可。正如南宋汪应辰指出："名虽若同，实则大异，此天下之事疑似几微之际，所以不可不察也。"④ 关键就在于，司马光认为整个相权（即两府大臣）应该集体过问与统筹处分财权与国用，而经条例司侵夺的财权仅听命参知政事王安石一人。

其四，有权弹劾异见官员。在青苗法颁行中，王安石借助条例司反击异议，扫除阻力。权陕西转运副使陈绎叫停了环庆等六州给散青苗钱，条例司便以"坏常平久行之法"弹劾其罪⑤，还是神宗特予释免。韩琦时判大名府，上奏力攻青苗法之非，影响极大。王安石就将韩琦奏议交条例司疏驳并颁之天下，作为三朝旧相，韩琦不胜愤懑，再上疏力言。御史中丞吕公著等都向神宗指出："条例司疏驳韩琦非是。"⑥ 这里的"非是"，应有两层含义，既指疏驳内容的"非是"，更指疏驳权力的"非是"。因就制度而言，有宋一代，唯有台谏官享有弹劾权，如今条例司竟也侵紊弹劾大权，显然是有违赵宋家法的。但台长吕公著与谏

---

① （宋）王应麟：《玉海》卷186《食货·理财》"乾道制国用使"条；（明）黄淮、杨士奇编：《历代名臣奏议》卷191《节俭》引录司马光《乞制国用》，上海古籍出版社本附篇目索引下括注"仁宗时上"，然据《宋史》卷179《食货下一》："神宗嗣位，尤先理财，熙宁初，命翰林学士司马光等置局，看详裁减国用制度，仍取庆历二年数比支费不同者开析以闻，后数日光登对，言国用不足"云云，当在宋神宗即位之初。
② （元）脱脱等撰：《宋史》卷179《食货下一》，第4354页。
③ （宋）章如愚：《山堂先生群书考索》后集卷63《财用门·会计录》，书目文献出版社1992年影印本，第859页上。
④ （宋）汪应辰：《文定集》卷11《题司马温公奏议》，文渊阁《四库全书》本，上海古籍出版社1987年影印本，第1138册，第686页。
⑤ （宋）李焘：《长编》卷211，熙宁三年五月丁酉，第5121页。
⑥ （宋）徐自明撰，王瑞来校补：《宋宰辅编年录校补》卷7《熙宁二年》，第391页。

· 367 ·

官李常、孙觉等最后都以非议条例司而罢官出朝。

综上所述,条例司自创立起,就染指了中枢层面的立法权、行政权与监察权,呈现出集诸种权力于一身的趋向。曾供职条例司的程颢指出:"今条例司劾不行之官,驳老成之奏,乃举一偏而尽废公议,因小事而先动众心。"① 凭借"得君行道",王安石掌控着条例司,"辅弼近臣异议不能回;台谏从官力争不可夺;州县监司奉行微忤其意,则谴黜随之"②,其权柄之重已臻于前所未有的程度。

四

条例司创设之初,"虽致天下之议,而善士犹或与之"③,这是缘于绝大多数官僚士大夫改革驱动的良好愿望。正如南宋朱熹所说:"是时想见其意好,后来尽背了初意,所以诸贤尽不从。"④ 不仅韩琦、司马光等元老大臣与侍从台谏相继传达出反对的声音,连七八个受条例司差遣要职显任者出于"事悉乖戾,不敢当之"的考虑,也都"恳辞勇退,惟恐不得所请"⑤。

熙宁二年十月,陈升之升任宰相,便声称"条例者,有司事尔,非宰相之职",故而既难以签书条例司公文,也不便再领条例司公事,更明确要求撤罢这一机构"归之三司"⑥。针对王安石"制置条例使宰相领之有何不可"的说法,陈升之反驳道:"待罪宰相,无所不统,所领职事,岂可称司!"意思是说,让无所不统的宰相去领条例司的具体部门,岂非屈尊就卑,上行下事?王安石从文字学"司者臣道"之说

---

① (宋)程颢、程颐撰,王孝鱼点校:《河南程氏粹言》卷1《论政篇》,载《二程集》,中华书局1981年版,第1216页。
② (宋)杜大珪编:《名臣碑传琬琰集》下卷9《范蜀公传》附刘安世《传跋》,文渊阁《四库全书》本,上海古籍出版社1987年影印本,第450册,第730页。
③ (宋)苏颂:《苏魏公文集》卷55《龙图阁直学士知成都府李公墓志铭》,文渊阁《四库全书》本,上海古籍出版社1987年影印本,第1092册,第596页。
④ (宋)黎靖德编,王星贤点校:《朱子语类》卷130《本朝四·自熙宁至靖康人物》,第3097页。
⑤ (宋)李焘:《长编》卷210,熙宁三年四月己卯,第5102页。
⑥ (元)脱脱等撰:《宋史》卷161《职官一》,第3792页;(宋)不著撰人、李之亮校点:《宋史全文》卷11《宋神宗一》,黑龙江人民出版社2004年版,第566页。

回敬他:"人臣称司,何害于理?"陈升之反击道:"若制置百司条例则可,但今制置三司一官则不可",仍回到宰相应该"无所不统"上①。面对陈升之与王安石的激烈争辩,宋神宗也感到陈升之此前任职枢密院,如今与王安石同在中书,从政体言确有不便,便征询将条例司"并归中书如何"②。王安石坚决反对,其时他还没有升任宰相,既不愿苦心经营的变法总部一朝撤销,更不希望划归中书而掣肘于陈升之辈,便提议由盟友、枢密副使韩绛与自己共同提领,经宋神宗同意,条例司作为变法总枢纽的功能得以延续。陈升之挑起这场争论,既有他作为变法投机派首鼠两端的个人因素,也有诉求自身相权最大化的揽权成分,但他强调"体不便"(即不合体制),也确实触及问题的本质。

然而,韩绛出任提举却并未平息这场争论,条例司的存在是否具有合理性,继续成为争论的焦点。

侍御史知杂事陈襄指出:条例司所有举措,"事不由于宰府,谋不及于士民,耆艾不与闻,台谏不得议,所建议惟门生属吏而已",其症结在于"失于过听","责任太专"③,要求将其职权还归三司。

苏轼时监官告院,他在熙宁二年十一月上奏说:"陛下欲去积弊而立法,必使宰相熟议而后行。事若不由中书,则是乱世之法。圣君贤相,夫岂其然?必若立法不免由中书,熟议不免使宰相。"④次年初,苏轼敦请宋神宗"首还中书之政",他指出,条例司造成的最大问题是"中书失其政也。宰相之职,古者所以论道经邦,今陛下但使奉行条例司文书而已"⑤。

鉴于条例司行事"上既不关政府,下又不委有司",甚至制置条例这样关乎国家安危、生民休戚的大事,连宰相都"不得与闻"⑥,御史中丞吕公著一月两次上奏请罢条例司。他首先从名分与国体入手,批评

---

① (宋)赵汝愚编,北京大学中国中古史研究中心点校:《宋朝诸臣奏议》卷110,吕公著:《上神宗乞罢制置三司条例司》注,第1192页。
② (宋)徐自明撰,王瑞来校补:《宋宰辅编年录校补》卷7《熙宁二年》,第410页。
③ (宋)赵汝愚编,北京大学中国中古史研究中心点校:《宋朝诸臣奏议》卷110,陈襄:《上神宗乞罢制置三司条例司》,第1103—1194页。
④ (宋)苏轼撰,孔凡礼点校:《苏轼文集》卷25《上神宗皇帝书》,第730页。
⑤ (宋)苏轼撰,孔凡礼点校:《苏轼文集》卷9《拟进士对御试策》,第303页。
⑥ (宋)李焘:《长编》卷210,熙宁三年四月戊辰,第5096页。

· 369 ·

条例司之设,"本出权宜,名分不正,终不能厌塞舆论。盖以措置更张,当责成于二府;修举职业,宜倚办于有司。若政出多门,固非国体"。再从"御下之术"出发,意味深长地提醒皇帝:"宰相不任其责,则坐观成败,尤非制世御下之术。"①

司马光时任枢密副使,主要从"变更祖宗法度,侵夺细民常产"立论②,主张废罢条例司。相比之下,判大名府韩琦的批评一针见血。他指出,条例司"虽大臣主领,然终是定夺之所","则自来未有定夺之司,事不关中书、枢密院,不奉圣旨,直可施行者。如是,则中书之外又有一中书也。中书行事,亦须进呈,或候画可,未尝直处分。惟陛下察其专也"。韩琦毕竟三朝名相,"中书之外,又有一中书",可谓一发击中要害所在。他请求宋神宗将条例司"事归政府,庶于国体为便"③。

继韩琦之后,另一前朝重臣文彦博也吁请废罢条例司。宋神宗"不欲亟罢,恐伤王安石意故也"④。但正如余英时深刻指出:宋神宗与王安石"君臣二人虽志同道合,但在权力世界中却分别是君权和相权的中心,周围各自形成了不同的权力集团。安石的左右有人提醒他必须加强相权集团以防人窥其'间隙',正如神宗身边有人要他注意君权不可旁落一样"。"浸润既久,神宗对安石的信心便难保不发生动摇,权力的计虑终不免会超过理想的执着。"⑤

这年五月九日,神宗再次发问"条例司可并入中书否",王安石表示,等中书条例司大端就绪,僚属置备,"自可并为一,今尚有合与韩绛请间奏事,恐未可"⑥。但仅隔六天,宋神宗就下诏宣布:"近设制置三司条例司,本以均通天下财利。今大端已举,惟在悉力应接,以趣成

---

① (宋)赵汝愚编,北京大学中国中古史研究中心点校:《宋朝诸臣奏议》卷110,吕公著:《上神宗乞罢制置三司条例司》,第1192页。
② (宋)司马光:《传家集》卷44《乞罢条例司常平使疏》,文渊阁《四库全书》本,上海古籍出版社1987年影印本,第1094册,第408页。
③ (宋)赵汝愚编,北京大学中国中古史研究中心点校:《宋朝诸臣奏议》卷112,韩琦:《上神宗论条例司画一申明青苗事》,第1223页。
④ (宋)李焘:《长编》卷211,熙宁三年五月甲辰,第5128页。
⑤ [美]余英时:《朱熹的历史世界:宋代士大夫政治文化的研究》,第244、240页。
⑥ (宋)李焘:《长编》卷211,熙宁三年五月戊戌,第5122页。

效。其罢归中书。"与此同时,宋神宗以手札安抚王安石,给出一个缓冲期,让"有司结绝所施行事,久之乃罢"①。

五

制置三司条例司罢废后,其主要职掌由司农寺承担,部分功能则划归中书条例司。据王应麟说:"神宗即位,谓中书政事之本,首开制置中书条例司,设五房检正官,以清中书之务;又置制置三司条例司,以理天下之财"②,二者似是神宗一即位同时创设的。但从上引王安石答语推断,中书条例司的筹设应在三司条例司之后。熙宁二年六月十四日,宋神宗对王安石说:"中书置属修例,最是急事。"王安石回答道:"此事诚不可迟,然亦不可疾。"则此时中书条例司尚未成立。至这年九月十六日因王安石建议,制置三司条例司检详官吕惠卿与李常"看详中书编修条例",似为筹组中书条例司的临时性举措,五天以后,三司条例司要求吕惠卿仍兼三司条例司的职事,神宗表示同意。次月,宋神宗下诏:"李常差看详中书编修条例,自是益增置编修官"③,至此中书条例司正式成立。创设中书条例司很可能是三司条例司广受非议后,王安石未雨绸缪之举。但在三司条例司撤废以前,其作用与分量显然不及三司条例司来得举足轻重。熙宁三年六月,知杂御史谢景温在弹劾原江淮发运使薛向迁奖太过时,"欲望朝廷下中书条例司及三司,取其所施行者,暴于中外",以示至公④,中书条例司的作用开始凸显,而其时正在三司条例司撤废的次月。

不仅如此,熙宁三年九月,王安石还设立了检正中书五房公事,与中书条例司同为王安石"非常相权"的组成部分。根据《大事记讲义》,青苗、免役、保甲、方田均税、免行、市易、农田水利等新法,"始则属于三司条例司,后则属于司农寺",而考课、铨选、学校、贡

---

① (宋)李焘:《长编》卷211,熙宁三年五月甲辰,第5128页。
② (宋)王应麟:《玉海》卷119《官制》,文渊阁《四库全书》本,上海古籍出版社1987年影印本,第946册,第202页。
③ (清)徐松辑:《宋会要辑稿》职官5之8、5之9,中华书局1957年影印本。
④ (宋)李焘:《长编》卷212,熙宁三年六月辛巳,第5156—5157页。

举、荫补、磨勘、试刑法、省州县、编类,"始则属于中书条例所,后则属于检正五房",则熙宁新法中科举新制与三舍法即应出自中书条例司。据南宋吕中说,"中书条例司乃法度之所自出,议者不知言其非也",也就是说,它在制度合理性上不易招致普遍非议。故而除了司马光,"时议者皆言三司条例司不当置,而中书条例一司罕有论其非者"。司马光则反对说:"中书当以道佐人主,焉用区区之条例,更委官看详,苟事事检例,则胥吏可为宰相矣。"① 他洞察到在"非常相权"下中书条例司属员权力的急遽膨胀。

尽管中书条例司与检正中书五房公事当时尚未成为制度性机构,却也有效代偿了业已撤废的三司条例司的功能。王安石让盟友曾布出任中书五房公事都检正,凡朝臣认为新法不便,曾布就上疏条析,"欲坚神宗意,使专任安石,以威胁众,使毋敢言"②。自熙宁三年岁末王安石升任宰相,重大政事,"只是宰臣王安石与都检正官曾布商议"。曾布"每事白王安石即行之,或谓布当白两参政。指冯京及王珪也。布曰:丞相已议定,何问彼为!俟敕出令押字耳!"这一做法,御史台长杨绘的论劾可为佐证:"诸房检正官每有定夺文字,未申上闻,并只独就宰臣王安石一处商量禀覆,即便径作文字申上。其冯京等只是据已做成申上者文字签押施行。"③ 值得注意的是,王安石任宰执的熙宁期间,检正中书五房公事往往兼判司农寺。这样,三司条例司尽管撤罢,王安石的"非常相权"却不过换一个平台得以延续。

正如余英时指出:"王安石在任参知政事时运用三司条例司发挥他的非常相权,正式任宰相后则往往在实际运作中扩张相权。"④ 史称王安石秉政期间,"凡司农启请,往往中书即自施行,不由中覆",即不再禀奏皇帝。熙宁七年,宋神宗有鉴于相权对君权的侵夺,"自是有旨,臣僚起请,必须奏禀,方得施行"⑤。次年十月,他进一步下诏:

---

① (宋)吕中撰,张其凡、白晓霞整理:《类编皇朝大事记讲义》卷16《神宗皇帝》,上海人民出版社2014年版,第299页。
② (元)脱脱等撰:《宋史》卷471《曾布传》,第13714页。
③ (宋)李焘:《长编》卷220,熙宁四年二月甲子,第5346页。
④ [美]余英时:《朱熹的历史世界:宋代士大夫政治文化的研究》,第238页。
⑤ (宋)魏泰撰,李裕民点校:《东轩笔录》卷6,中华书局1983年版,第70页。

"中书有置局取索文字，烦扰官司，无补事实者，宜并罢之"①，将中书条例司与司农寺条例司一并撤罢。不妨引证余英时的判断作为结论："在神宗与安石合作的后期，权力意识在双方都已浮现。"②

熙宁九年十月，王安石再次罢相，标志着以其命名的"王安石变法"实际上已经终结。在其后八年多时间里，宋神宗再也没有起用过王安石。反对派在肯定王安石出处大节的同时，对其个性另有负面评价。例如，刘述等台谏官说他"专肆胸臆，轻易宪度"③；司马光说他"用心太过，自信太厚"④。这种个性，也导致王安石在"得君行道"时少有顾忌，好以三司条例司、中书条例司与检正中书公事等制度外的机构，来行使并扩张自己的"非常相权"。宋神宗在与其合作的后期，也许已经觉察到其中隐含的深层次问题，"权宜立制，固不足为久远之模"⑤，尝试着制衡相权，以回归祖宗家法的正常轨辙。其后，宋神宗推行元丰官制，业已罢相的王安石"见之大惊"道："上平日许多事，无不商量来。只有此事，却不曾商量。"⑥余英时引用了程颐的议论与朱熹的记载，认为宋神宗"亲定元丰官制寓有削减相权之意"，而"这是王安石扩展非常相权的一种自然反响。理想与权力之间终于出现裂痕"⑦。

六

宋神宗去世后，元祐更化全面否定王安石变法。宋哲宗亲政，绍圣绍述又彻底清算元祐更化；其后直到宋徽宗晚年，大部分变法措施重新

---

① （宋）李焘：《长编》卷269，熙宁八年十月庚戌，第6603页。
② ［美］余英时：《朱熹的历史世界：宋代士大夫政治文化的研究》，第244页。
③ （元）脱脱等撰：《宋史》卷321《刘述传》，第10433页。
④ （宋）司马光：《传家集》卷60《与王介甫书》，文渊阁《四库全书》本，上海古籍出版社1987年影印本，第1094册，第532页。
⑤ （清）嵇璜、曹仁虎等撰：《续通志》卷130《职官略·唐五代宋官制上》，文渊阁《四库全书》本，上海古籍出版社1987年影印本，第394册，第165页。
⑥ （宋）黎靖德编，王星贤点校：《朱子语类》卷128《法制》，第3070页。
⑦ ［美］余英时：《朱熹的历史世界：宋代士大夫政治文化的研究》，第245页。程颐在《程氏外书》卷12《传闻杂记》里认为，宋神宗改官制，亦遵循宋太祖"分宰相之权"的旨意。

付诸实施,海外宋史学家刘子健将这一恢复变法时期称为"后变法时期",并有一个总体性鸟瞰:

> 后变法时期丧失了王安石的理想主义初衷,改革精神化为乌有,道德上毫无顾忌,贪赃枉法肆意公行,拒绝革除任何改革体制的弊端,对那些继续反对改革的保守派进行史无前例的残酷迫害,皇帝好大喜功、奢侈无度,整个社会道德沦丧,所有这些,使得恢复变法时期聚集了一批声名狼藉之辈。①

宋徽宗上台,经过一年多短暂的调停与折中,建中靖国元年(1101)十一月,便宣布明年改元崇宁,表明了崇尚熙宁新法的国策取向。以崇宁元年(1102)七月蔡京任相为界限,其后虽仍招摇着新法的大纛,但所作所为已与熙宁新法了无关系。诚如王夫之所说,王安石精心擘画而"名存而实亡者十之八九"②。

实际上,早在绍圣元年(1094),绍述伊始之际,时任户部尚书的蔡京就觉察到王安石创设的三司条例司是可以变相利用的集权方式,曾建议宋哲宗:"检会熙宁中条例司故事,上自朝廷大臣,下选通达事务之士,同共考究,庶几成一代之业。"③但蔡京当时在新党的地位尚未举足轻重,其主张也未见兑现。

及至蔡京拜相当月,宋徽宗就令"如熙宁条例司故事,都省置讲议司"④,命其提举,让他"遴柬臣僚,共议因革"⑤,似已有意为蔡京打造王安石式"得君行道"的克隆版。南宋《大事记讲义》这样点评蔡京及其讲议司:"推其所为,则又托熙宁之迹,以为奸者也。置讲议

---

① [美]刘子健著:《中国转向内在:两宋之际的文化转向》,赵冬梅译,江苏人民出版社2002年版,第37页。
② (清)王夫之撰,舒士彦点校:《宋论》卷8《徽宗》,中华书局1964年版,第148页。
③ (清)徐松辑:《宋会要辑稿》职官5之12。
④ (元)脱脱等撰:《宋史》卷161《职官一》,第3793页。
⑤ (宋)陈均撰,许沛藻、金圆、顾吉辰、孙菊园点校:《皇朝编年纲目备要》卷26,第663页。

司于都省，因中书条例之弊而甚之也。"① 史家李心传尤其揭示蔡京讲议司与王安石条例司之间的因袭关系："自王荆公秉政，始创制置三司条例司，以行新法。其后蔡儋州当国，踵其故置讲议司。"②

由蔡京亲任提举的讲议司，下设详定官、参详官与检讨官，他从侍从卿监中引用了亲信党羽四十余人安插其间。讲议司名义上讨论熙丰已行法度和神宗欲行未行的举措，但蔡京旨在"阴托绍述之柄，箝制天子"③。他一边罗织元祐党籍，"讲议司编汇章牍，皆预密议"④，使其成为打击政敌的趁手工具；一边"取政事之大者，如宗室、冗官、国用、商旅、盐泽、赋调、尹牧，每一事以三人主之，凡所设施，皆由是出"⑤，使讲议司成为其扩展"非常相权"的得力机构。蔡京主持讲议司时曾得意扬言："天下之财，但如一州公使尔。善用之者，无不足而常有余。"⑥ 实际上，无非变着法子，"取民膏血，以聚京师"⑦，满足宋徽宗享乐的私欲。蔡京对宋徽宗说："熙宁条例司，检详文字编修及编定并在司，分遣出外相度共十九人，今事有多寡，力有余或不足，乞从本司随事分委。"⑧ 他仿效熙宁王安石故事，也从宋徽宗那里获得了讲议司有权随事派遣使者的特权。尽管宋徽宗与蔡京一再标榜，设立讲议司为了"讨论裕民富国之政"⑨，实际上却君臣沉溺，"当时亟欲纷更天下事"⑩，以便继续打着变革的旗号，维护业已蜕变的既得利益集团。史称，其"置讲议司，官吏数百人，俸给优异、费用不赀。一日集僚

---

① （宋）吕中撰，张其凡、白晓霞整理：《类编皇朝大事记讲义》卷21《徽宗皇帝》，第362页。

② （宋）李心传撰，徐规点校：《建炎以来朝野杂记》甲集卷5《朝事一·修政局》，中华书局2000年版，第122页。

③ （元）脱脱等撰：《宋史》卷472《蔡京传》，第13723页。

④ （元）脱脱等撰：《宋史》卷351《张康国传》，第11107页。

⑤ （元）脱脱等撰：《宋史》卷472《蔡京传》，第13723页。

⑥ （宋）陈均撰，许沛藻、金圆、顾吉辰、孙菊园点校：《皇朝编年纲目备要》卷27，第684页。

⑦ （元）脱脱等撰：《宋史》卷453《曾孝序传》，第13319页。

⑧ （宋）陈均撰，许沛藻、金圆、顾吉辰、孙菊园点校：《皇朝编年纲目备要》卷26，第663页。

⑨ （明）程敏政撰：《新安文献志》卷78，胡铨：《行实·程公（瑀）墓志铭》，文渊阁《四库全书》本，上海古籍出版社1987年影印本，第1376册，第294页。

⑩ （清）徐松辑：《宋会要辑稿》职官5之19。

属会议,因留饮,命作蟹黄馒头。饮罢,吏略计其费,馒头一味,为钱一千三百余缗"①。连清康熙帝也提笔批道:"徽宗置讲议司,以敛天下之财";蔡京"所为皆私"②。蔡京在枢密院也设讲义司,染指宋代家法视为禁脔的兵柄。崇宁三年三月,枢密院讲议司撤销;次月,都省讲议司也相继废罢。

宣和六年岁末,宋徽宗重新起用蔡京,仍在尚书省设讲议司由其兼领,旗号还是"遵行元丰法制"③。他故技重演,轻车熟路,"听就私第裁处,仍免签书"④,把"非常相权"用到了极致。有太学生揭露宣和讲议司道:"天下之事,聚十数辈亲附之人,观望阿谀,所论皆毫末之细,议罢一事,夺于权幸,则朝言而暮复旧矣。何尝有一大利害及于生民哉!"⑤次年四月,蔡京再次致仕,讲议司改由中书宰执白时中与李邦彦兼领。五月,宋徽宗下诏:"有司凡有侵渔蠹耗之事,理宜裁抑,应不急之务,无名之费,令讲议司条具以闻。"⑥但白、李"辟亲戚故旧,坐縻禄廪,迁延岁月,未尝了一事"⑦。八月,罢讲议司。但蔡京在扩展"非常相权"上,如此谙熟地借用王安石三司条例司的先例,无疑是发人深省的。

其后,宋金战局急转直下,都城东京危在旦夕,靖康元年(1126)四月,尚书省再设详议司,以宰执徐处仁、吴敏与李纲提举,下设参议、检讨等职。反对者纷纷进言,认为详议司"是与熙宁条例司、崇宁讲议司相似,非当今所宜"⑧,完全不必另设。详议司之设虽仿自讲

---

① (宋)曾敏行撰,李梦生、朱杰人校点:《独醒杂志》卷9《蔡元长侈》,上海古籍出版社2012年版,第157页。
② (宋)朱熹等撰,(清)爱新觉罗·玄烨批:《御批续资治通鉴纲目》卷9,浙江书局本。
③ (元)脱脱等撰:《宋史》卷22《徽宗四》,第415页。
④ (元)脱脱等撰:《宋史》卷161《职官一》,3793页。
⑤ (宋)徐梦莘撰:《三朝北盟会编》卷35,上海古籍出版社1987年影印许涵度刻本。
⑥ (宋)王称:《东都事略》卷11《本纪十一》,文渊阁《四库全书》本,上海古籍出版社1987年影印本,第382册,第93页。
⑦ (清)徐松辑:《宋会要辑稿》职官5之19。
⑧ (宋)陈均撰,许沛藻、金圆、顾吉辰、孙菊园点校:《皇朝编年纲目备要》卷30,第787页。

义司，但后者声名狼藉，"故避讲议之名，以为详议"①。数月以后，北宋灭亡，详议司也不复存在。

宋室南渡，在通向权相之路上，秦桧最先牛刀小试的仍是王安石的故智。绍兴二年（1132）五月，秦桧时任右相，他见左相吕颐浩督军在外，"欲夺其柄，乃置修政局"②，自领其局，而让参知政事翟汝文同领，下设参详官、参议官与检讨官，"置局如讲议司故事"③。检讨官曾统不解奥妙质询秦桧："宰相事无不统，何以局为？"④ 秦桧不听。此时的秦桧尚未完全赢得宋高宗的信任，而"修政局所讲多刻薄之事"⑤，议者便借彗星天变一举将其论罢。但时隔数年，秦桧卷土重来，在宋高宗的授予下，成为南宋第一代权相。但倘若追寻来路，他的修政局翻用蔡京讲义司旧方，而讲义司则袭用王安石条例司故伎，谋求"非常相权"的轨迹仿佛草蛇灰线，依稀可辨。

七

现在，应该来讨论王安石"非常相权"的负面意义。余英时指出：

> 王安石为了推行"新法"，在神宗的支持下，取得越来越大的相权。但权力对他来说只是实现"治天下"理想的手段，而不是野心和私利的工具。因此他虽大权在握而居之不疑，直到他第二次去相位为止。从这个意义上说，安石绝无"权相"的嫌疑，有宋一代批评他的人，并未强调他弄权。但是他扩张相权的种种策略，却为以后的权相开启了方便之门。⑥

---

① （清）徐松辑：《宋会要辑稿》职官5之19。
② （宋）李心传撰，徐规点校：《建炎以来朝野杂记》甲集卷5《朝事一·修政局》，第122页。
③ 同上。
④ （元）脱脱等撰：《宋史》卷473《秦桧传》，第13750页。
⑤ （宋）李心传撰，徐规点校：《建炎以来朝野杂记》甲集卷5《朝事一·修政局》，第123页。
⑥ ［美］余英时：《朱熹的历史世界：宋代士大夫政治文化的研究》，第245页。

王安石"得君行道"推行变法,对他以三司条例司为中心谋求扩展"非常相权",自然不妨肯定其初衷与效果,都是有利变法与改革的。但是,在原有制度外,王安石这种谋求"非常相权"的运作,或者宋神宗那样授予"非常相权"的裁断,都会给业已相对完善的宋代士大夫政治带来不测的隐患与难料的危机。熙宁前期,韩琦、司马光、吕公著等一再吁请废罢三司条例司,其中固然有着不同派别的偏见,但国体不便的指责与忧虑,还是触及问题的要害。而从蔡京到秦桧,他们先后以讲议司与修政局来扩展相权,时论无不追溯到王安石的条例司,这也说明在扩张"非常相权"上,王安石才是名副其实的始作俑者。

如果说,宋神宗赋予王安石"非常相权",王安石终于"得君行道"进行改革,不啻是宋代君主士大夫政治的最大亮点。但具有讽刺意义的是,自蔡京以后,降及南宋,先是秦桧,中经韩侂胄、史弥远,直到宋季贾似道,权相专政成为南宋政治挥之不去的梦魇。倘若将"得君行道"的"非常相权"称为"王安石模式",用以对照自蔡京起到贾似道止的宋代权相,仅就他们与在位君主的权力关系与运作方式而言,其实质却是一脉相承的。这些权相,有哪一个不是拥有"非常相权"(秦桧、史弥远与贾似道甚至长期得以独相,这种"非常相权"也都出自当时君主的授予、配合或至少是默许),又有哪一个不在声称"得君行道"(只不过"君"已非奋发有为之君,"道"却是维护权相利益集团的歪门邪道)。归根到底,权相政治的不治毒瘤,仍然寄生在宋代君主士大夫政治文化的母体之上。

刘子健把君主政体分为四种运行模式:一是中央控制(the central contral)模式,即宫廷与官僚有效控制军队与各级地方政府;二是宫廷的集权(concentration of power at court)模式,即皇帝或其代理人独立行使中央控制权,官僚只能例行公事地从旁赞助;三是专制(autocracy)模式,即决策由皇帝或其代理人独断或共谋,官僚虽能分享行政权力却无权参与决策;四是独裁(absolutism)模式,君主或其代理人大权独揽,压制甚至镇压持反对意见的其他官僚与在野知识分子[①]。而恰恰自王安石变法起,宋代君主政体急速经历了这四种模式的全过程,在

---

① [美]刘子健:《中国转向内在:两宋之际的文化转向》,赵冬梅译,第10—11页。

不断下坠中，最终导致了中国转向内在。

按余英时的说法，宋神宗起用王安石变法，"这不仅是出于他对王安石个人的信任，同时也是对士大夫集体的一种尊重。因为在他的理解中，王安石的变法构想也代表了士大夫的一种共识。"在余英时看来，"'士大夫以天下为己任'的一般意识虽已早由范仲淹点出，但皇帝'与士大夫治天下'观念在政治实践中的具体化则是熙宁时代的新发展"①。也就是说，宋神宗即位之初就锐意改革，意在将文彦博所标榜的皇帝与士大夫共治天下的模式付诸具体的政治实践。一开始，宋神宗与王安石确也试图维持"中央控制模式"，即由君主与士大夫官僚共主政局。王安石曾援引苏辙、程颢进入变法机构，并尝试争取吕公著等支持，宋神宗始终有意调停新旧两党，都是这种意图的有力证据。

但宋神宗个性"好大喜功"②，王安石为人"自信太厚"③，他们都"主张进行釜底抽薪的改革，想要一劳永逸地使整个体系走上正轨。这类人思路开阔、眼界极高。容易偏向固执、不妥协，变得具有侵略性"④。在这种思路主导下，更兼旧党元老的消极态度，宋神宗就毫不迟疑地对其理想的宰相赋予"非常相权"。刘子健指出，"王安石是改革的首要倡导人。在他的新政或称变法体制下，政府变得自信而武断"⑤。尤其在自以为"得君行道"却横遭阻力时，他会把"非常相权"运作到极致，进而排斥持有异见的其他士大夫官僚，让君主政体从"中央控制模式"位移滑向"宫廷的集权模式"。也就是说，在熙宁变法时，已出现宋神宗与其代理人王安石独立行使中央控制权的不良端倪，"宫廷的集权模式"已露兆头。宋神宗尽管支持与默许了这一倾向，却仍保持着应有的警惕，熙宁时撤罢三司条例司与元丰官制取消检正中书五房公事，都是他试图将君主政体拉回"中央控制模式"的努力。

---

① ［美］余英时：《朱熹的历史世界：宋代士大夫政治文化的研究》，第241页。
② （元）脱脱等撰：《宋史》卷355卷末"论曰"，第11197页。
③ （宋）司马光：《传家集》卷60《与王介甫书》，文渊阁《四库全书》本，第1094册，第532页。
④ ［美］刘子健：《中国转向内在：两宋之际的文化转向》，赵冬梅译，第45页。
⑤ 同上书，第36页。

但是,权力的"潘多拉匣子"一经启封,就再难杜绝其后的权奸之相窥伺"非常相权"的美味禁脔。在"后变法时期",宋徽宗与蔡京这对君臣的权力模式已经完全转入"宫廷的集权模式"。宋高宗南渡,绍兴八年(1138),出于权力与皇位的算计,最终选定秦桧,授意他全权和谈,专制君权空前膨胀,已无须官僚机构的介入,而自行作出不可逆转的"圣断","专制模式"宣告形成。紧接着,秦桧独相18年,宋高宗与秦桧一而二,二而一,君主政体彻底堕入"独裁模式"。其后韩侂胄、史弥远与贾似道等权相政治,不过是这种"独裁模式"在君主官僚政体下轮回搬演而已。

当然,这绝不意味着让王安石及其变法来为其后的权相专政承担原罪,权相政治的出现,归根结底是君主专制政体的不治痼疾。然而,诚如余英时指出:"宋代君权与相权的关系,以熙宁变法为一划时代的转变,但主旨仍在展示士大夫世界的内部构造。"[1] 宋代立国以来,君权与相权之间业已形成相对完善的制衡格局;正是在熙宁新法的历史变局中,在"得君行道"的理想追求下,由宋神宗亲自授予并由王安石实际运作的"非常相权",却是导致这一制衡格局开始欹侧的第一推力,而制置三司条例司这类制度外的组织总是"非常相权"的重要抓手。至于蔡京以后的权相专政,何尝不是余英时所指出的"君权相权合一之势",何尝不是士大夫政治在专制君权下的变异形态呢?

---

[1] [美]余英时:《朱熹的历史世界:宋代士大夫政治文化的研究》,第241页。

多极朝贡体制背景下的时空秩序厘定：
以宋金历法正朔竞争为中心

韦 兵

(四川大学 历史文化学院)

朝贡体制是古代东亚世界秩序确立的基本方式，这一贡体制除了具体物质性的贡赐、等级的厘定以外，背后还有复杂的神圣象征性资源的生产、交换、竞争，在这些象征性资源中很重要的就是厘定时空秩序的权力。颁定历法实际就是取得建立统一时间坐标的权力，接受赐历就表明承认这种时间坐标，所有的活动也随之纳入这种时间体系中，中央王朝向周边民族政权的历法颁赐实际上是推行统一时间标准，这一标准既使朝贡等活动得以在共同的时间序列下展开，同时也厘定与周边民族象征层面的政治权力关系。于是，在中央王朝厘定的时间序列上展开的朝聘往来等外交活动建构起了对朝贡体制的认同。

10—13世纪，汉唐定型的朝贡体制产生了一些变化，东亚世界产生了宋、辽、夏、金、蒙古几个相互竞争的朝贡中心，朝贡体制由单极向多极变化。各中心均有自己历法颁赐、正朔所及的藩属范围，而各中心"敌国"之间也在厘定时空秩序的历法颁赐和正朔颁定方面展开竞争，这一竞争是不同中心时空厘定标准的权力比拼，背后其实是列国实力的较量以及争夺天命象征性资源的斗争。本文以宋、金之间围绕历法和正朔展开的较量，探讨这一时期多极朝贡体制下列国对时空秩序等朝贡体制中重要的象征性资源的建构和竞争。

一　南宋初年天文历法知识的散失与重建

宋金之际，宋人和金人都注意到天文历法是证明王朝天命合法性的重要资源，双方为此展开争夺和竞争。金人灭北宋后，掠夺了大量天文仪器和司天人员，这象征剥夺了赵宋通天的权力。高宗重建政权的同时，非常关注重新获取天文历法知识所代表的天命证明。"王者通天"，作为一种神圣性资源，颁正布朔、预告日月食的天文历法知识可以提供政权合法性的直接证据，尤其是金灭北宋，新的南宋政权亟待争取天命合法性的象征资源背景下，天文历法知识在政权重建中就拥有非常重要的地位。由此，高宗重建政权一方面是对具体国家政权机构的重建；另一方面，也对新政权的神圣合法性进行重建，新政权必须证明在金灭北宋以后，天命并没有钟情于金人，宋的天命未断绝，高宗的南宋新政权就是赵宋天命的延续。王朝对天文历法知识的重建就是这种天命未绝的重要证明。南宋初年高宗开天文之禁，主持一系列天文历法的知识、机构、人员的重建就是在此背景下展开的。

金在攻入汴京时已经注意到天文历法这种天命象征性资源，大量掠夺天文仪器、司天人员。司天台官员连家属一起被掳往北方，对于观测天象的仪器，金人很关注，"入城观合台星象"，坏司天台浑仪输军前、坏合天台轮输军前。[①] 宋的这些天文仪器多被运到金都城燕京：

> 金既取汴，皆辇致于燕，天轮赤道牙距拨轮悬象钟鼓司晨刻报天池水壶等器久皆弃毁，惟铜浑仪置之太史局候台。但自汴至燕相去一千余里，地势高下不同，望筒中取极星稍差，移下四度才得窥之。明昌六年秋八月，风雨大作，雷电震击，龙起浑仪鳌云水跃下，台忽中裂而摧，浑仪仆落台下，旋命有司营葺之，复置台上。贞祐南渡，以浑仪熔铸成物，不忍毁折，若全体以运则艰于辇载，

[①]（宋）佚名：《靖康要录》卷15，赵铁寒主编《宋史资料萃编》第1辑，台湾文海出版社1967年版，第922—948页。

遂委而去。①

这批天文仪器不是一般的战利品,它是金人通过战争掠夺宋朝观天制历的通天工具,从而剥夺宋朝通天资格的一种象征。把它陈列在燕京显示金国从此拥有通天的特权②。宋代周边强大的民族政权崛起,这些民族政权也颁定自己的历法正朔,与宋在颁历这一象征性资源上展开争夺,形成了多元竞争的颁历格局,折射出汉唐单一中心的朝贡体制和文化认同体系受到了挑战,这是宋代不同于以前的局面。

宋高宗在经营南宋王朝的同时,极其重视观天仪器的重建,这毕竟关系到王朝观象授时的天命问题。绍兴三年(1133)正月壬戌,"尚书工部员外郎袁正功献浑仪木式,太史局令丁师仁等请折半制造,许之"③。由于时事多故而中寝。五月丙辰,命工部侍郎李擢提举制造浑仪,十一月甲戌工部郎谢伋建议,应当广求天文人才,"访求苏颂遗书,考质制度"④,才能保证制造成功。但浑仪最终也没能造成。

绍兴十三年(1143)十月庚寅,秘书丞兼国史院编修官严抑在转对中又一次提到重建浑仪之事。⑤

绍兴十四年(1144)四月丙戌,高宗命太师秦桧提举制造浑仪,诏有司求苏颂遗法来上,并将宫中制成的浑仪小范降出,希望"用以为式,但广其尺寸耳,遂命内侍邵谔主其事"⑥,直到绍兴三十二年(1162),才正式制成浑仪授太史局使用。

终高宗一朝,一直努力执着地制造浑仪,这一方面是观象制历的实际需要;另一方面,也是由于浑仪本身就是就是通天工具,拥有它也就

---

① (元)脱脱等撰:《金史》卷22,《历》下,中华书局1976年版,第523—524页。
② (宋)佚名:《靖康要录》卷15,赵铁寒主编《宋史资料萃编》第1辑,第922—948页。
③ (宋)李心传:《建炎以来纪年要录》卷62,绍兴三年正月辛未条,中华书局1988年版,第1册,第812页。
④ (清)徐松辑:《宋会要辑稿》历运2之18,中华书局1957年影印本。
⑤ (宋)李心传:《建炎以来纪年要录》,卷150,绍兴十三年十月庚寅条,第3册,第94页。
⑥ (宋)王应麟:《玉海》,卷4《绍兴浑天仪》,文渊阁《四库全书》本,第943册,第131页。

是拥有了通天的资格,这是古代君权神授的一个重要象征。所以,高宗在国祚极其艰难的情况下也非常关注天文仪器的制造,重铸被金人掠夺的浑仪,其中也隐含了在天命上要与金人竞争的意味。

金人在天会五年(1127)由司天杨级造《大明历》,十三年(1135)初颁历,十五年(1137)春正月朔颁行,建立起象征王权颁正布朔的历法体系。此历"或曰因宋《纪元历》而增损之"①,看来是模仿宋的《纪元历》而制造,有理由认为被掳掠到北方的宋朝司天人员在金制《大明历》时起到了重要作用。金国大定十一年(1171)赵知微重修《大明历》,大定二十一年(1181)验证月食超过现行《大明历》和耶律履《乙未历》,以后金就一直使用赵知微这一历法,后来又有明昌新历,但也未实际采用。同时,自阿骨打天辅年号开始,金拥有独立正朔,并在占领地区开始推行,建炎四年(1130)正月,赵鼎看到来自虔州的奏报:"及录到虔州三省关牒:抚州王仲山投拜,用天会年号下属邑取金银牛马等"②,金国正朔在长江以南的行用看来引起了南宋朝廷的极大关注。天会十四年(1136),金已经颁历于高丽③,在象征层面建立对高丽的统治,此前高丽一直奉行北宋和契丹历法。

北宋灭亡后,由于大量天文人才、资源被金人掳略,"星翁离散",连前朝的《纪元历》也亡失了,王朝正朔颁定受到影响。绍兴二年(1132)才从民间购得《纪元历》,勉强可以沿用《纪元历》颁历,但由于技术和人员缺乏,历法错误不少。④ 高宗感叹:"今历官不精,推步七曜细行皆不能筹,故历差一日,近得《纪元历》,已令参考,自明年当改正。协时月正日,盖非细事。"⑤ 在感叹天文人才缺乏时,高宗内心用来对比的潜在对象就是金国,高宗曾言金人天文历法水平高是因

---

① (元)脱脱等撰:《金史》卷21《历上》,第443页。
② (宋)赵鼎:《建炎笔录》,《全宋文》,上海辞书出版社2006年版,第174册,第338页。
③ (元)脱脱等撰:《金史》卷4《熙宗本纪》,第70—71页。
④ (元)脱脱等撰:《宋史》卷81《律历十四》1920页。
⑤ (宋)李心传:《建炎以来纪年要录》,卷55,绍兴二年六月甲午条,第1册,第739页。

为无天文历法禁令,"金人不禁,其人往往习知之"①。开禁也是要培养民间天文人才资源,在这方面和金人争胜。

由于官方的天文人才被金人掠走,天文人才尤为缺乏,南宋新政权只有转而依赖民间草泽天文。这也导致了天文历法政策的一次重大变化,开天文历法之禁成为必然,这一开禁产生了深远影响,整个南宋时期民间草泽历人非常活跃,士人研究天文历法也蔚然成风。建炎元年,来自民间的河间府进士李季进《乾象通鉴》,高宗在御制序中对当时天文历法之学广失深为忧虑:"所有内府图书,半遭毁弃,皇考收藏苗训、马韶较录诸天文秘籍皆无可纪,星辰、律度,违错良多,非所以敬天而劝民也",鉴于这种情况,高宗对国初的天文之禁有了一个新的解释:"夫天文之学,往者曾有私习之禁。朕以为私习者特图谶耳。夫图谶之术,乃公孙卿、五利之流以之愚惑人主,故国有显禁。至天文灾异,其事具载史乘,其书为古今帝王之鉴,又安可得而禁乎?"② 高宗认为私习之禁指的是图谶,不是指天文历法,这等于就给民间的天文历法研究开禁。其实古代天文、图谶二者本来相互牵涉很难区分,但高宗的区分天文、图谶新解释给民间草泽历人的历法研究提供了合法的保障,也为南宋朝廷大量征用草泽历人参与朝廷制历提供了政策依据,草泽历人由此成为建构历法知识的一个重要力量。

建炎三年(1129),为寻求《纪元历》,朝廷再次下诏免私习之罪:"纪元历经等文字如人户收到并习学之家特与放罪,赴行在太史局送纳,当议优与推恩。"③ 不仅不追究民间私藏天文历法书之罪,还要给予献书者推恩奖励,这与北宋时期禁止民间私习天文已大不相同。

与开禁同步的是对民间草泽历人身份的承认,从制度上确保草泽合法进入国家天文历法机构。绍兴三年(1133)十一月二十九日诏,允许草泽历人投试太史局额外学生。这一政策从法律上肯定了民间历人的合法身份,他们不再是私习天文的罪人,而是有资格参与考试正式进入

---

① (宋)李心传:《建炎以来纪年要录》卷28,建炎三年九月丙午朔条,第1册,第553页。

② (清)莫友芝:《宋元旧本书经眼录》,载马小梅主编《国学集要初编十种》,台湾文海出版社1967年版,第166页。

③ (清)徐松辑:《宋会要辑稿》职官31之6。

国家司天机构。这一政策也给民间历人以合法进入国家司天机构的机会，这一机会以前一直为司天人员世袭垄断。绍兴十年（1140）八月、十二年十月、十二月以及后来孝宗淳熙元年（1183）十二月朝廷又多次重申这一政策①。当时投考司天局的考试内容：试历算者，"于宣明、大衍、崇天三经大历内，能习一经，气节一年"；试天文者，"实验在天二十八宿及质问天星"②。民间历人考试通过即补司天局额外学生。这和天文开禁一样，是要在天文人才上与金人争胜。

正是由于高宗天文开禁、任用民间历人、重建观天仪器等措施，南宋在较短时间恢复制定历法和颁历。绍兴五年（1135），朝廷使用的《纪元历》测日食不验，常州布衣陈得一由侍御史张致远推荐于朝廷，于是这年二月丙子朝廷遂命陈得一造新历，并下诏川陕宣抚司寻访眉州精晓历数人，③可能是想从民间征召历人辅助造历；这年八月历成，此即南宋王朝自制的第一部历法《统元历》。推测高宗急迫改历的原因：此年正月朔日食，月末，金太宗卒，在金看来是应天变、得天命，可谓死得"恰如其时"；而且宋《纪元历》推日食，不准，失天。二者都增加了高宗的天命紧张感，所以二月即命陈得一造新历。

宋代频繁改历，其中一个原因就是希望在历法上胜出周边政权，在这一天命象征性资源的争夺上取得优势。北宋神宗留意宋朝历法与邻国的异同，命提举司天监集历官考算奏闻"辽、高丽、日本国历与本朝奉元历同异"④，这种对比考量背后应当有各政权间颁历竞争的背景，但事实上已承认"本朝"只是众多颁布正朔政权中的一家。宋王朝力图在历法上比民族政权更优越，准确的历法象征着更能代表天意，是天命所归的重要证据，宋代与辽、金等周边民族政权在颁朔布正上充满了竞争，宋代频繁的改历也就有这种历法竞争焦虑的背景。南宋时期，这种焦虑更明显，一度宋人认为金的历法水平超过自己，这让南宋朝廷极其关注历法，推动改历。

---

① （清）徐松辑：《宋会要辑稿》职官18之88、89、90、91。
② （清）徐松辑：《宋会要辑稿》职官18之90。
③ 参见（宋）李心传《建炎以来纪年要录》卷85，绍兴五年二月丙子条。
④ （宋）李焘：《续资治通鉴长编》卷295，元丰元年十二月辛丑朔条，中华书局2004年版，第7177页。

多极朝贡体制背景下的时空秩序厘定：以宋金历法正朔竞争为中心

金《大明历》一卷。金大定十三年所为也，其术疏浅无足取，积年三亿以上，其拙可知。然《统天》开禧改历，皆缘朝论以北历得天为疑，贵耳贱目，由来久矣，实不然也。

《开禧历》三卷、《立成》一卷。大理评事鲍澣之撰进，时开禧三年，诏附《统天历》推算，至今颁历用《统天》之名而实用此历。当时缘金人闰月与本朝不同，故于此历加五刻。天道有常，而造术以就之，非也。大抵中兴以来，虽屡改历，而日官浅鄙，不知历象之本，但模袭前历，而于气朔皆一时迁就尔。①

开禧年间（1205—1207），在对金北伐的同时，据陈振孙认为，宋朝廷误传金人在历法上优胜，这促使朝廷积极推动改历，不仅力图在军事上战胜金人，在这一天命象征上也要超过金人。其实，南宋这一时期历法的差错严重也是事实，据学者研究，统天历所取交食周期、食年长度、赤道岁差值均有严重误差，回落到东汉前期历法水准上去了，所以推测日食屡屡出错，开禧改历也势在必行。至于说当时有人认为金人历法超过宋朝，这可能确为误传，金当时行用的改定《大明历》也有不少问题，明昌年间金就准备改历。不过，陈振孙以金大定十三年的历法来评判金泰和年间（1201—1208）的历法是不对的，因为大定十三年用的是杨极的《大明历》，泰和年间用的是赵知微改定的《大明历》，后者水平比前者高。但无论如何，宋人在历法出现差错时，首先焦虑投射的对象就是其历法与"敌国"对手竞争，可见其间的较量是长期的。

高宗重造天文仪器、开天文之禁、广收民间天文人才、恢复司天机构设置，这一系列措施是在王朝重建过程中，在与金人争夺神圣象征性资源的背景下，重新确立天人关系、承续天命延续的表现，而后来和金法法的争胜，这都是高宗等经营南宋王朝的重要方面。

---

① （宋）陈振孙撰，徐小蛮、顾美华点校：《直斋书录题解》卷12《历象类·开禧历》，上海古籍出版社1987年版，第368页。

二 南宋颁历与宋金交聘中历法竞争

南宋王朝的时间厘定分两个层次：历法一方面向认同其统治的藩属安南等颁赐，宣示其宗主地位；另一方面也与"敌国"金展开历法竞争。

自从认同金宗主地位的藩属领地来看，南宋正朔所及范围非常有限，主要是对交阯、安南等南方民族政权颁历，这些历法正朔授受形成了以南宋为中心的一个朝贡体系。北宋灭于金人，南宋在仓促中建立，交阯保持对宋朝贡，建炎四年（1130）交阯入贡。大概绍兴二年以后，南宋开始向交阯颁历，如绍兴三年赐交阯历书——《赐交阯郡王李阳焕历日敕书》①。此前一年，高宗刚获得《纪元历》开始颁历，所以这应当是南宋最早的颁历。对安南赐历一直延续，"淳祐三年，宰执奏赐安南国历日"②；淳祐六年（1246），时任权广西运判兼提点刑狱的董槐与交阯相约五事之一就是奉正朔；③庆元三年（1197）朝廷还在讨论关于对交阯赐历迟滞的问题："庆元三年四月十一日都省言：每岁颁降安南国敕书历日系吏部差短使使臣管押前去，近据广西转运司申，庆元三年历日，管押使臣竹端到司迟滞，合行措置。诏今后颁降安南国敕书历日，于枢密院使臣内依名次差拨管押前去，须管依程限赴广西转运司交割，毋得稽滞，仍令本司具已到月日，先次申尚书省。"④ 本来颁赐安南历日归吏部管，但因为路途遥远而迟滞，朝廷就将颁赐之事交枢密院专管，限日程运到。可见一直到南宋后期，仍保持对交阯的赐历。⑤ 淳熙十年，甲辰岁历有误字，朝廷赶紧令礼部重新印造，以颁诸安南国，司天造历负责人员吴泽、李继宗、荆大声因此被削降有差⑥。因为颁赐

---

① （宋）沈与求：《龟溪集》卷5《赐交阯郡王李阳焕历日敕书》，《全宋文》，第176册，第226页。
② （清）徐松辑：《宋会要辑稿·蕃夷》4之51。
③ （元）脱脱等撰：《宋史》卷414《董槐传》，第12430页。
④ （清）徐松辑：《宋会要辑稿》蕃夷4之55、56。
⑤ 一直到近代，越南地区仍一直使用中国的历日，这种持续千年的历法颁赐对其文化的影响是非常深远的，由此积淀、塑造了对华夏文明的深刻认同。
⑥ （元）脱脱等撰：《宋史》卷35《律历十五》，第1937页。

到周边民族政权的历日是宋王朝拥有天命统治周边民族的象征,其中出现错字,必然损害这种权力象征的神圣性,所以朝廷要重新雕版印制,可见国家对赐历安南等周边民族政权的重视。宋朝赐历安南,但对历法推算技术是严格控制,不准这类书籍外流,大观元年闰十月十日诏:"交阯进奉人乞市书籍,法虽不许,嘉其慕义,可除禁,书卜筮、阴阳、历算、数术、兵书、敕令、实务、边机、地理外,许买。"[1] 历算一类有关国家颁正布朔的制历"核心技术"是禁止输出的,以确保在这一象征性权力领域内的绝对优势。

颁历本身不单单是一本历书的授受,背后有确立等级秩序等朝贡体制中很敏感的问题,对安南颁历也涉及了如何厘定安南地位等级的问题。宋对安南的册封有既定次第:"其始嗣立,则封交阯郡王,中间数年以后则封南平王,及其身后则追赠南越王,自太祖、太宗至于累朝必加三命,未之或改者,盖以安南本交州内地,实吾藩镇,因仍世袭,使护安南一道,非他外邦,自有土地人民,不尽臣之比也。所以渐次封爵,时示恩荣,其羁縻制御之道。"[2] 此即"三命成规":始封交阯郡王,进贡数年后改封南平王,死后追赐南越王。绍兴年间,交阯就曾借赐历的机会要求升国王,"惟安南道,世守条要。朝廷颁历,付广西漕。其用印章,本朝所赐。故事且在,非一朝夕。是岁辄然,求升国土。凡厥移文,改刻印章。边吏以闻,庙堂变色"[3],其中所谓"条要"就是对安南统治者三命追赐为王的既定规章,此时安南李天祚想直接晋升为王,当然引起朝廷不满,派人斡旋以后,李天祚接受既定规章。绍兴二十五年进封南平王,这还在规章以内。淳熙元年二月,李天祚自南平王特封安南国王,此生前封王已经突破成规,是孝宗笼络天祚的"异恩"。这样留下的麻烦是李天祚死后,其子李龙翰即位,朝廷是否承认他继承安南国王,而不必经过三命。李天祚淳熙二年冬天死,三年八月应当起草赐历安南诏书,事情迫在眉睫,大臣一般认为应该守三命

---

[1] (清) 徐松辑:《宋会要辑稿》蕃夷4之41。
[2] (宋) 韩元吉:《南涧甲乙稿》卷9《蔡洗等集议安南国奏状》,文渊阁《四库全书》本,第1165册,第119页。
[3] (宋) 胡铨:《胡澹庵先生文集》卷27《广东经略余公墓志铭》,《全宋文》,第196册,第118页。

成规：

> 今来李天祚既薨，其子龙翰嗣袭，自合遵用祖宗旧章，以行封爵。恭惟圣慈渊虑，乃使臣等定议，岂以淳熙元年曾以天祚为安南国王，已有国名，疑其礼亦异数故耶。臣等闻朝廷昨以安南国王命天祚者，初非其国抗章有请，特以贡献驯象、方物，守藩岁久，锡之此名，以宠天祚而已。安南本都护之称，非可名国，而南越之封甚大，自汉以来用之，则天祚既没，宜用典故，追赠南越王可也。其子龙翰虽云嗣袭，然未有功勋，亦宜只遵典故，所加节钺官称，初封交阯郡王，庶为允当。若朝廷谓已曾锡之安南，国名不可虚设，则宜去其安南都护，稍加以为知安南国事足矣。①

周必大记载都堂集议赐历称号问题，看来最终还是让龙翰直接继承安南国王称号，周必大当制：

> 淳熙丙申八月乙未，都堂召议赐交阯来年历日诏书。予谓李天祚去冬已薨，龙未经封拜，欲作"安南国王嗣子龙翰"，执政然之。先是，予以兵部职事，条具天祚赠典。按故事：其王初立即封交阯郡王，久之进南平王，死则赠侍中南越王。上以天祚自绍兴丁巳嗣位，今四十年，淳熙元年二月又自南平王特封安南国王，故欲厚其礼。予请仍赠侍中追封南越国王，诏可之。安南为国，盖曾丞相之失，闻奏章行移，旧止称安南道，加封之后，浸自尊大，文书称国，不复可改。丁酉三月二十四日，制授龙静海军节度观察处置等使特进检校太尉兼御史大夫上柱国安南国王食邑三千户食实封一千户，仍赐推诚顺化功臣，予适当制。②

虽然朝廷封龙翰为王，但赐历诏书对龙翰的称号做了微妙的修饰，

---

① （宋）韩元吉：《南涧甲乙稿》卷9《蔡洗等集议安南国奏状》，文渊阁《四库全书》本，第1165册，第119页。
② （宋）周必大：《淳熙玉堂杂记》，《全宋笔记》第5编第8册，大象出版社2012年版，第293页。

多极朝贡体制背景下的时空秩序厘定：以宋金历法正朔竞争为中心

《赐安南国王嗣子李龙翰淳熙四年历日敕书》，没有直接称其"安南国王"，只称其为"安南国王嗣子"①，虽然这个称号比较模糊，但还是体现了一些级差，龙翰当然对此不好异议，因为一年后就可去掉"嗣子"，直接称王。后来，嘉定七李昊旵即位，真德秀当制赐历，也称其为"安南国王嗣子"——《赐安南国王嗣子李昊旵嘉定七年历日敕书》，这也成为南宋对安南的一种新规制，而与北宋不同。

南宋也关注金对高丽的颁历，李心传详考高丽奉金正朔的情况以及宋人在金国正朔上的一些错误，并从高丽历日所缺正朔推测金国面临纷乱，无暇顾及颁历属国：

> 高丽历日自契丹天庆八年以后皆阙不纪，壬戌岁改皇统，辛未改天德，癸酉改贞元，丙子改正丰，至癸未岁又阙，直至壬辰岁方纪大定十二年。不可考云。案：壬戌，绍兴十二年也，熊子复《中兴小历》改皇统在十四年。按：辛酉岁乌珠与本朝书已称皇统元年，而王大观《行程录》亦云皇统八年岁次戊辰。戊辰，绍兴十八年，逆数之当以十一年改元为正，此所记误。又正隆乃海陵年号，见于《隆兴时政记》，亦不当作正丰。辛巳岁，葛王即位于会宁，改元大定，至壬辰为十二年，不误，但不知癸未岁何以缺，岂非金方纷乱，不暇颁历于属国故耶？②

在与"敌国"在争夺象征性权力资源的语境下，宋金交聘往来的外交活动中历法争议显得更具深刻意味。淳熙五年（1178），"金遣使来朝贺会庆节，妄称其国历九月庚寅晦为己丑晦。接伴使、检详丘崈辨之，使者辞穷，于是朝廷益重历事"③。而史浩碑传对此记载更详细：

> 是年金历以八月晦为九月朔，或言会庆节使人将先一日入境，请治历官。公曰："天道难测，未知孰是，而遽治历官，是自彰其

---

① （宋）周必大：《文忠集》卷111《赐安南国王嗣子李龙翰淳熙四年历日敕书》，文渊阁《四库全书》本，第1148册，第220页。
② （宋）李心传：《旧闻证误》卷4，文渊阁《四库全书》本，第686册，第615页。
③ （元）脱脱等撰：《宋史》卷81《律历十五》，第1936页。

失也,但当谕接伴使,若使人渡江则,当语以:晦朔尚可议,皇帝生辰则不可改。先一日乃是艺祖忌,后若欲行庆礼,当如旧期。"孝宗以为当,后皆如公之言。①

原来,按照淳熙五年所颁历法与金国历法不同,会庆节差了一天,金贺生辰使不愿在宋历确定的日子上寿,而要依从金历的日子。这引起了很大的外交麻烦,孝宗本来要因此惩罚历官,史浩认为这样不就等于没弄清情况就贸然承认自己的错误,外交上就先输一招,不如先避开历法问题,只强调"皇帝生辰则不可改",丘崈是按照朝廷议定方案执行的。可见交聘中的历法问题关涉外交尊严,皇帝、大臣都极其重视,绞尽脑汁来应对可能出现的异常情况。

在孝宗生日会庆节这样的两国交聘外交活动中,历法问题是外交交锋中的一个内容,这种场合历法争论的胜负关系到谁有资格秉承天命,发布正朔的问题。金国使者可以在外交场合提出历法问题,宋朝接伴使可以沉着应对,并在历法辩论中战胜对手,可见双方的外交人员看来对历法知识都是有一定修养的。金国使者提出历法问题,很可能是预先设计好的外交攻势之一,其目的在于贬低宋的历法,言下之意就是宋没有资格承天命发布正朔;宋朝理所当然将这视为一种挑战,但似乎这种外交中的历法争论已在宋朝的预料之中,所以安排具有历法修养的丘崈担任接伴使,以应对金国使者的历法挑衅,并将这次历法辩论作为一次外交上的重大胜利。事后,有人认为是司天官员荆大声妄改甲午年十二月为大尽,故历法后天一日,导致外交争议。于是召集司天人员李继宗、吴泽以及礼部郎官吕祖谦等进一步探讨、测验,最终证明宋的历法"密于天道""信合于天"②。金不久后改历,即大定二十一年(1181)经验证后采用赵知微重修《大明历》,可能与这次事件有关。

为应对外交往来中的历法争议,司天伎术官随团出使,以备顾问,成为当时的一种制度。淳熙十四年(1187),"二月十三日诏,访闻今

---

① (宋)楼钥:《攻媿集》卷93《纯诚厚德元老之碑》,文渊阁《四库全书》本,第1153册,第436页。

② (元)脱脱等撰:《宋史》卷81《律历十五》,第1936页;(宋)李心传:《建炎以来朝野杂记》乙集卷5《总论应天至统天十四历》,中华书局2000年版,第589页。

次贺金国正旦使副下三节官属内刘孝荣、李九龄……在北界争夺车仗及使酒喧闹，违犯约束，特将逐人回程所得成半恩赏折资钱更不施行"，使副下三节官属是使团中包括天文、医药等伎术官的随从人员，此刘孝荣当是在孝宗、光宗两朝修造乾道历、淳熙历、会元历的司天人员，他在淳熙十四年以使副以下三节官属中天文伎术官的身份随贺金国正旦使团赴金，以备顾问天文历法。这种奉使金国使团中的伎术官是依资次籍定姓名，申枢密院后轮差的①。

南宋大臣出使金国，也留意观察金国历法正朔，这毕竟是一次亲历另外一种时间厘定系统体验。范成大出使金国，观察了金的历法正朔：

> 其历日大明历一道，亦遵宜忌日无二。亦有通行小本历头，与中国异者，每日止注吉凶，谓如庚寅岁正月二日出行、乘舟、动土凶，拜官吉之类。而最可笑者，虏本无年号，自阿骨打始有天辅之称，今四十八年矣。小本历通具百二十岁相属某年生，而四十八岁以前，虏无年号，乃撰造以足之。重熙四年，清宁、咸雍、太康、太安各十年，盛昌六年，乾通十年，大庆四年，收国二年，以接于天辅。②

可见金的历法格式许多地方与宋一样，"具百二十岁相属某年生"即列举一百二十年干支属相，这是从北宋太宗年间历法开始的，是让白首之人再见所生年甲。所谓"通行小本历头"可能也和宋一样，宋代官方所颁印历日分为大本和小本两种，"小本依年例令榷货务雕印出卖，大本止是印造颁赐"③，可见大本历日用于是朝廷颁赐，一般不在民间作为商品流行，"通行小本历头"是官方印造卖给民间的。宋、金历法都是属于华夏历法体系，大同小异是显而易见的。范成大发现48

---

① 使团中的医官派遣，按规定是"令翰林医官局将在局大方脉医官按资次籍定姓名，申差枢密院轮差"（见《宋会要辑稿》职官52之1），同为技术官的司天人员也应以这种方式差遣。

② （宋）范成大：《揽辔录》，《全宋笔记》第5编第7册，大象出版社2012年版，第16页。

③ （清）徐松辑：《宋会要辑稿》职官18之31。

年前金本无年号，自阿骨打天辅才行正朔，重熙、清宁、咸雍、太康、太安、盛昌（寿昌）、乾通（乾统）、大庆（天庆）均为辽的年号，当时金奉辽正朔，天辅以前用辽正朔以足一百二十年之数，不是范成大理解的"选造以足之"。所谓"可笑"不过是作为南宋使臣的范成大心理上体现文化优越感的表现。

结　语

　　王朝以天文历法、正朔颁历为表现的厘定朝贡体制时空秩序的行动，其实是朝贡活动非常重要的方面。宣布正朔的特权是拥有上天赋予的治权的一种象征，历日颁赐是王朝行使上天赋予的权威制定时间节律的一种象征性统治权力，而接受正朔就是承认王朝的统治权，是认同这种统治秩序的象征。由朝贡中心发出的历法的正确性是这一中心为上天认可的标志，也是其治权在天命上得以成立的重要证明。正朔发布与接受，包含了王朝建构的统治秩序在象征仪式层面的确认，保障这种确认就是王朝治权的体现。每年重复的颁正布朔的象征性仪式不断强化既有的朝贡格局。宋、金对峙期间，无论对藩属的赐历还是与敌国的历争，都共同构成了多极朝贡体制下时空厘定的不同层面。

南宋三衙诸军与宋金绍兴辛巳战事

范学辉

(山东大学 历史文化学院)

宋高宗绍兴三十一年(1161)辛巳九月,金主完颜亮撕毁"绍兴和议",起倾国之师南下伐宋,宋、金绍兴辛巳战事爆发。绍兴辛巳战事,宋、金双方共出动大军近百万,仅在两淮荆襄的主战场,战线就不下1500余华里,堪称中国古代战争史上规模空前的大会战。战事的进程更是跌宕起伏,两军攻防主动权数度易手,金主完颜亮最终功败垂成并戏剧性地遇弑于瓜洲,南宋则就此转危为安。学术界目前已有的相关研究成果,主要聚焦于南宋名臣虞允文督师主要由建康都统司诸军随遂行的著名的采石水战,以及由两浙西路马步军副总管李宝指挥所部三千余人随行的胶西(唐岛)海战[①]。然则金军本不娴水战,遑论海战,南宋以长击短于采石、胶西取胜并不奇怪,两役就战况本身而言,甚至皆非真正的激战。

更为重要的是,此时的南宋,三衙诸军早已取代了镇江、建康和鄂州三大都统司等江上诸军,成为南宋最重要的军事支柱,事实上也是南宋朝野赖以立国的主要心理支柱。在战前部署阶段,围绕着三衙诸军的

---

① 王曾瑜先生《南宋对金第二次战争的重要战役评述》一文,是迄今关于宋金绍兴辛巳、隆兴战事最具代表性和权威性的研究成果,其论绍兴辛巳战事就只是重点评述了胶西海战和采石之战。该文原载《纪念陈寅恪先生诞辰百年学术论文集》(北京大学出版社1989年版),收入氏著《点滴编》,河北大学出版社2010年版,第409—440页。粟品孝等《南宋军事史》其"金完颜亮攻宋和南宋军队的抵抗"一节,关于绍兴辛巳战事同样是重点论及胶西海战和采石之战,上海古籍出版社2008年版,第179—187页。赵永春《金宋关系史》之《采石之战与完颜亮被弑》一节亦然,人民出版社2005年版,第239—244页。其他有所涉及的相关南宋史、战争史论著更大致如此。

动向，宋、金双方已在斗智斗勇，马军司诸军主力暨殿前司精锐两个军共三万大军西上京湖荆襄，不仅集中展现了宋金两朝君臣运筹水平的高下，更极大地影响到了战争的进程。在战事进行过程当中，不论是粉碎完颜亮渡江雄图的采石、胥浦桥之战和增援镇江，还是完颜亮遇弑后宋军趁势收复两淮和夺取泗州、解围海州之役，以及荆襄战场之蔡州争夺战，三衙诸军皆发挥了关键性的作用。主要由步军司、马军司诸军随行的胥浦桥、蔡州、海州三役，都是宋、金两军肉搏式的惨烈厮杀，都是真正的硬碰硬的恶仗。它们与采石、胶西两役一起，在宋孝宗乾道二年（1166）都被列入了最受南宋推崇的"十三处战功"之中①，是理所当然的。即使是采石水战，其实也是由建康都统司诸军与殿前司护圣马军联合遂行的。淮东刘锜部，同样是以殿前司右军为先锋骨干。可以毫不夸张地说，三衙诸军才是绍兴辛巳战事当中南宋一方倚若长城的王牌军，其战场上的表现，直接关乎战事的胜负，关乎南宋的生死存亡。对其进行专题探讨，无疑颇具研究价值。

一 战前部署："分三衙禁旅，助襄汉兵力"

南宋在金朝强大的军事压力之下，偏安东南半壁，以"内外诸军"（亦称"大军"）即三衙诸军、江上诸军和四川诸军为立国根本。三衙诸军创军于宋高宗绍兴五年（1135），驻扎于行在临安。江上和四川诸军，其主体是由韩世忠、张俊、岳飞和吴玠、吴璘兄弟诸大将所部发展而来，主要驻扎于镇江、建康、鄂州和兴州等重镇。绍兴十一年（1141），南宋废韩世忠、张俊、岳飞三大将之宣抚司，陆续改建镇江、建康、鄂州等江上诸军各都统司，进而杀害岳飞与金朝签订屈辱的"绍兴和议"。自此以后，南宋在军政领域坚持推行"重三衙轻江上诸军各都统司"的基本国策，将各都统司的精锐抽调至临安，并入三衙诸军，还大力压缩江上诸军各都统司的兵力编制。

至绍兴三十一年（1161），除去川陕地区的四川诸军，两淮荆襄地

---

① （宋）李心传撰，徐规点校：《建炎以来朝野杂记》甲集卷19《边防一·十三处战功》，中华书局2000年版，第449—450页。

区的江上诸军镇江、建康和鄂州三大都统司,其兵力编制最多的不过五万,而且缺额问题十分的严重。与之相反,三衙诸军的总兵力则已壮大至十二万余众,其中殿前司诸军七万余人,编为护圣马军、护圣步军、踏白军、选锋军、策选锋军、游奕军、神勇军、前军、右军、中军、左军、后军等马、步军十二个军,加上水军一个军,这就是著名的南宋"殿前司十三军";马军司诸军三万余人,编为游奕军、选锋军、前军、右军、中军、左军、后军七个军;步军司诸军近二万人,编为前军、右军、中军、左军、后军五个军。三衙诸军不仅兵力雄厚,更齐装满员、装备精良、训练有素、待遇优越,早已凌驾于江上诸军各都统司之上,成为南宋最为重要的军事支柱,也是南宋朝野上下赖以立国的主要心理支柱。

当金主完颜亮大军即将南进的消息传来,南宋在备战之时,其整体思路,理所当然的就是把三衙诸军作为至关重要的王牌军,将其主力摆在长江以南的第二线,以拱卫行在临安根本之地,并担负增援江防和反击金军的机动作战任务。首当其冲的江北第一线,主要是以镇江、建康和鄂州等都统司的兵力来布防,由其来抵御金军的正面攻势,削减金军的冲击力并消耗金军的实力。迫于江上诸军各都统司已然是外强中干、兵力空虚,所部战斗力更急剧下降的现实,南宋不得不又确立了"分三衙禁旅,助襄汉兵力,待其先发,然后应之"的方针[①],先期抽调三衙诸军近四万人,迅即开赴江北的两淮和京湖荆襄地区,以加强当地的防御力量。宋军的具体部署大致如下:

两淮战场。以前马军司名将、江淮浙西制置使刘锜为主将,统一指挥镇江、建康两大都统司。然淮东、淮西,事实上是各自为战。刘氏当时已然是老迈多病,脱离军队多年,但他作为与金朝兀术、南宋岳飞齐名的老一辈名将,著名的顺昌大捷的指挥者,在当时金、宋两军中的威望无人能比,南宋朝野、军民更是倚若万里长城。

淮东。刘锜兼任镇江都统制,亲自指挥作战。除镇江都统司本部兵马之外,岳飞的旧部、殿前司右军统制勇将王刚率所部五千人,以

[①] (宋)李心传撰,胡坤点校:《建炎以来系年要录》卷190,绍兴三十一年五月甲午,中华书局2013年版,第3682页。

"殿前司策应右军"的名义隶其麾下,刘锜部的总兵力将近七万。七月,殿前司右军王刚部当先出发,作为刘锜大军的前锋,由扬州推进到了宝应。八月,王刚部又推进至淮东前线重镇楚州城下,与金军隔淮河对峙[①]。

淮西。主要由建康都统司都统制王权负责,主力是建康都统司下辖之前、后、中、左、右、游奕六个军。建康驻扎御前破敌军统制姚兴所部的一个军"三千人"[②],殿前司护圣马军一个军由统制官王琪指挥,皆配属王权部作战。故王权部有八个军,兵力总计五万余众。刘锜令王权前出沿淮要地寿春,然王氏并未执行,只是将包括殿前司护圣马军在内的其麾下八个军,全部驻扎于庐州[③]。江州和池州两个都统司所部也在淮西作战,池州都统制李显忠还一度率部积极推进至寿春附近,但其兵力很有限,仅发挥江防和策应作用。

京湖荆襄战场。以主管马军司公事、湖北京西制置使成闵为主将,统一指挥鄂州、荆南府两个都统司及从四川调来的新任鄂州都统制吴拱所部数千人,以及由马军司全军和殿前司之部分兵力组成的"三衙禁旅"三万人,总兵力近十万。

在大战即将到来的五月,宋廷已确立"上流重地,边面阔远,而兵力分,宜遣大将"的决策,宋高宗亲自召见主管马军司公事成闵,"上乃面谕闵,俾以所部三万人往武昌控扼"[④]。六月,成闵即率部由行在临安出发,该部除了马军司全部主力七个军之外,还加强了殿前司游奕军王公述和选锋军宋受两个军[⑤],总兵力为三万人。七月,成闵所部抵达鄂州,并继续西进,主力驻扎在鄂州与郢州之间的应城,以同时兼

[①] (宋)李心传撰,胡坤点校:《建炎以来系年要录》卷192,绍兴三十一年八月乙卯,第3726页;八月壬戌,第3728页。

[②] (宋)李心传撰,胡坤点校:《建炎以来系年要录》卷193,绍兴三十一年十月丙辰,第3762页。

[③] (宋)李心传撰,胡坤点校:《建炎以来系年要录》卷194,绍兴三十一年十一月乙酉,第3803页。

[④] (宋)李心传撰,胡坤点校:《建炎以来系年要录》卷190,绍兴三十一年五月丙申,第3684页。

[⑤] (清)徐松辑:《宋会要辑稿》兵5之20,中华书局1957年影印本。

顾鄂州与襄阳两大重镇的防务①。同时，马军司中军统制赵樽率领马军司的中军和游奕军两个军，从应城前出德安府。九月，该部向北推进到了宋、金交界附近之要地信阳②。

显而易见，南宋在两淮和京湖荆襄摆出的是一个处处设防、分兵把守的消极防御态势，平均分散兵力，被动挨打几乎是必然的。其将马军司诸军主力暨殿前司两个精锐军共三万大军西调荆襄之举，更是正中金主完颜亮之下怀，也可以说是中了完颜亮的声西击东、调虎离山之计。

战前，完颜亮故意公开命令金军"积粮草于唐、邓，修营寨于西京"③，他本人也故意多日逗留于荆襄正面的温汤、汝州一带活动，制造出他将由此亲率大军南下直取荆襄的假象。然而，完颜亮真正的战略意图，还是主攻两淮，以淮西为突破口。其陆路的具体部署是兵分四路：河中尹徒单合喜为西蜀道行营兵马都统制，平阳尹张中彦为副，出凤翔，攻大散关。太原尹刘萼为汉南道行营兵马都统制，济南尹仆散乌者为副，出蔡州，攻荆襄。安武军节度使、左监军徒单贞出淮阴，攻淮东。完颜亮本人则出寿春，攻淮西，并分兵突袭扬州，切断淮东宋军的退路，力求加以全歼。④除此之外，完颜亮还组织了水军，以工部尚书苏保衡为浙东道水军都统制、益都尹郑家为副，集结战船于密州，试图出海道直攻临安。然金军不擅水战，遑论海战，只是将水军作为"奇兵"来使用。该路号称有水手七万余众，其实多为临时征召而来的乌合之众。当年十月，就被南宋李宝部水军全部歼灭于胶西（唐岛）一带，未能发挥作用。

显而易见，金军陆路虽兵分四路，然四川、荆襄和淮阴三路，不过是牵制和助攻，四川方向徒单合喜部投入之兵力不过五万，荆襄方向之

---

① （宋）李心传撰，胡坤点校：《建炎以来系年要录》卷191，绍兴三十一年七月丁亥："主管侍卫马军司公事成闵以所部至鄂州，屯于古将坛之左"，"闵至鄂，未几，移屯应城县，在鄂、郢之间焉"。第3707页。

② （宋）李心传撰，胡坤点校：《建炎以来系年要录》卷192，绍兴三十一年九月乙未，第3737页。

③ （宋）李心传撰，胡坤点校：《建炎以来系年要录》卷194，绍兴三十一年十一月己丑，第3807页。

④ （元）脱脱等撰：《金史》卷5《海陵王本纪》，中华书局1975年版，第115页。

刘萼部和淮阴徒单贞部，更各仅为区区之二万，三路合计起来也不过九万。① 两淮，特别是淮西，无疑才是金军真正的主攻方向。完颜亮亲统有"三十二总管兵"，兵力在二十七万上下，占金军出动总兵力的75%，是金军主力之所在。若再加上投入淮东的徒单贞部二万人，金军在两淮共投入了近三十万众。

案：以往研究者多依据《三朝北盟会编》所引之《虞尚书采石毙亮记》，认为完颜亮出寿春之兵为十七万②，实则完颜亮在渡淮之后兵分两路，十七万只是兵临采石江面之数，另有十万由萧琦指挥东进直取扬州，合计当为二十七万。金军游骑对建康都统制王权所云："三十万随郎主来。"③应该是真实的。南宋王明清所撰《挥麈录》有云：完颜亮"以二十七万侵淮东，敌刘信叔"④。这其实是完颜亮亲统之军的总数。

金主完颜亮在青年时代有过一段军旅生活，他十八岁时曾跟随金军名帅兀术参加过著名的顺昌之战。从他上述部署来看，示形于荆襄，兵力集中于淮西，在战略无密可保的情况下，通过虚实运筹，既最大限度地集中了自己的兵力，还成功达成了战役的突然性，又将南宋三衙三万大军诱向荆襄，调动和分散了南宋的兵力，为己方从淮西突破创造了最为有利的条件。可谓思路清晰、用兵果敢，展现出了相当的军事指挥才华。

南宋方面，唯有名臣虞允文在战前已洞悉了金朝的真正意图。他早在绍兴三十年（1160）正月，就曾当面向宋高宗分析说：

> 虏决败盟，异时为南牧之计，必为五道出蜀口、出荆襄，止以兵相持，淮东沮洳，非用骑之地，他日正兵必出淮西，奇兵必出海

---

① （元）脱脱等撰：《金史》卷5《海陵》，第115页；（宋）李心传撰，胡坤点校：《建炎以来系年要录》卷191，绍兴三十一年七月是月，第3205页。
② 王曾瑜：《南宋对金第二次战争的重要战役述评》，载氏著《点滴编》，河北大学出版社2010年版，第415页。
③ （宋）李心传撰，胡坤点校：《建炎以来系年要录》卷193，绍兴三十一年十月戊申，第3756页。
④ （宋）王明清：《挥麈录》3录卷3，上海书店出版社2009年版，第205页。

道，宜为之备。①

绍兴三十一年（1161）五月，在南宋宰执、三衙将帅和侍从、台谏等高级文武官员参加研讨的作战部署会议上，虞允文又反对调马军司成闵大军西上荆襄，他指出："不必发兵如此之多，虏必不从上流而下，恐发禁卫，则兵益少，朝廷内虚，异时无兵可为两淮之用。"但宰相陈康伯暨众执政大臣惑于"金主在温汤、汝州"的表象，"恐其涉汉而南"，否定了虞允文的意见。② 六月，成闵率军向荆襄进发的途中，虞允文鉴于金主已由温汤东返开封的军事情报，再次建议执政众臣：

> 金主已去，请留闵后军屯江、池之间，若金出上流，自江、鄂往援，即淮西兵盛，便出大信口，近采石，亦可以援淮西。③

这是一个兼顾荆襄、淮西的高明方案，但仍然未被采纳。

宋金战事实际的进程，证明虞允文的以上判断是完全正确的。将三衙三万大军尤其是马军司全军西调荆襄，一是使两淮特别是淮西防御力量遭到削弱，例如马军司破敌军陈敏部本来驻扎于太平州④，离采石不远，可以非常便利地呼应和支援采石渡口，而该部也随成闵大军前往荆襄，使得太平州、采石一带的江防更加空虚；二是使三万精锐大军白白地在荆襄和镇江之间武装大游行，未能发挥其本应有的作用。若将其就近部署在两淮，归马军司之旧帅刘锜指挥，以加强淮西和淮东，效果很可能要比实战好许多。

当然，宋高宗与南宋执政诸大臣之所以中了完颜亮的诱敌之计，除了他们军事才能相当有限之外，最为关键的原因，正如宋孝宗时任司农

---

① （宋）李心传撰，胡坤点校：《建炎以来系年要录》卷184，绍兴三十年正月戊子，第3548页。
② （宋）李心传撰，胡坤点校：《建炎以来系年要录》卷190，绍兴三十一年五月甲午，第3681页。
③ 同上书，第3691页。
④ （宋）李心传撰，胡坤点校：《建炎以来系年要录》卷189，绍兴三十一年三月甲戌，第3659页。

· 401 ·

卿的李椿所谓："昔年岳飞一军，纪律最严，隐然如长城，今乃无异诸路厢禁军矣。"① 还是在于自坐镇荆襄的岳飞被害之后，其旧部鄂州都统司诸军所遭摧残最甚，其兵力早已由顶峰时的十余万众直线下降为不足五万，经过张俊爪牙庸将田师中秉承宋高宗、秦桧意志的多年人为破坏，该部士气十分低落，战斗力水准与当年百战百胜的劲旅早已无法相提并论。完颜亮大造声势，摆出直窥襄阳、截断吴蜀，然后顺流东下的姿态，对荆襄空虚心知肚明的宋高宗和南宋朝廷自然是惊恐万分。五月，太学生宋芑上书知枢密院事叶义问，要求宋廷下诏：

> 凡前日中外之臣，误我国以和议者，无问存没，悉正典刑。于是斮秦桧之棺，而戮其尸，贬窜其子孙，而籍其资产以助军，以正其首唱和议，欺君误国之罪。复岳飞之爵邑，而录用其子孙，以谢三军之士，以激忠义之气。诏下之日，使东南之民闻之，莫不怒发冲冠，而西北之民闻之，莫不感激流涕。如此则师出之日，吾之民将见人自为战，彼之民必有倒戈者矣。愿朝廷决意行之无疑。②

这倒是对症下药的真正良方，若能施行，其在荆襄的效果要比三万大军来援更为有效。问题在于，宋高宗本人就是杀害岳飞的真正罪魁祸首，宋芑此议不过是与虎谋皮，被搁置是可想而知的。笔者认为：完颜亮若非佯攻荆襄，而是真正地全力经略荆襄，像蒙古那样主攻襄阳、鄂州，置南宋于死地的可能性，将会大大增加。从某种意义上说，岳飞虽然被宋高宗、秦桧害死，然岳飞和"岳家军"当年虎踞荆襄的军威，事实上又一次挽救了南宋的命运。

二 胥浦桥、采石之战：步军司、殿前司诸军

绍兴三十一年（1161）十月八日（丁未），金主完颜亮亲提大军，

---

① （明）黄淮、杨士奇编：《历代名臣奏议》卷96《经国》，上海古籍出版社2012年版，第1322页。
② （宋）李心传撰，胡坤点校：《建炎以来系年要录》卷190，绍兴三十一年五月戊戌，第3686页。

自寿春渡过淮河。淮西宋军主力不过五万余，不及金军的五分之一，主将建康都统司都统制王权更畏敌如虎，先是望风而逃，不战放弃重镇庐州，坐视断后的破敌军姚兴部被歼灭而不救；又"谓已得金字牌，令弃城守江"①，弃守江防屏障和州，狼狈逃归江南。该部原本五万大军，在一路狂奔南逃的过程中，部分被金军歼灭，部分溃散，过江后仅余一万八千人，已然是折损过半，更士气低落，处于一触即败的崩溃的状态。唯有配属王权部作战的殿前司护圣马军，得益于"所部军马乃主上亲随"的特殊地位，得以优先过江，未失却"一人一骑"②，建置十分完整，仍然有较强的战斗力。

完颜亮尾追王权部不放，不费吹灰之力即得庐州、和州等要地，大军直逼长江北岸，并就地打造渡船，试图由采石横渡长江。采石，江面狭窄，隋代韩擒虎曾由此偷渡，宋太祖亦由此渡江而灭亡南唐。金军兵临采石，一时间，江南大震。

十一月八日（丙子），在南宋江防危在旦夕的时刻，文官、中书舍人、时任督视江淮军马府参谋军事的虞允文挺身而出，他赶往采石前线，将采石的败兵组织起来，并督率军民，拦截金军渡船，粉碎了完颜亮自采石渡江的雄图，此即为著名的"采石之战"。在战斗当中，殿前司护圣马军独立负责薛家湾渡口的防御，以劲弓齐射金军渡船，"舟不得着岸，舟中之人，往往缀尸于板而死"③，取得了不小的战绩。战后，该军统制官王琪即因功被破格晋升为承宣使，宋孝宗乾道初年遂出任主管殿前司公事。对采石一役，古今史家之评说可谓夥矣，余不赘述。

采石之战前的十月十八日（戊午），步军司诸军邵宏渊部也在真州胥浦桥与金军萧琦部展开了激战。这是南宋步军司诸军自绍兴五年（1135）创军以来，第一次在战场上与金军正面交锋。宋孝宗乾道二年（1166），将此役列入"十三处战功"之中④。

---

① （清）徐松辑：《宋会要辑稿》刑法7之39。
② （宋）王明清：《挥麈录》3录卷3，第205页。
③ （宋）李心传撰，胡坤点校：《建炎以来系年要录》卷194，绍兴三十一年十一月丙子，第3788页。
④ （宋）李心传撰，徐规点校：《建炎以来朝野杂记》甲集卷19《边防一·十三处战功》，第449—450页。

邵宏渊，是宋高宗朝三衙资深将领，惯使长刀，以"有关、马之勇"①而闻名军中。邵宏渊本在殿前司担任中军统制，但他不受殿帅杨存中重用，绍兴二十九年（1159）被排挤出殿前司，调任添差荆湖北路马步军总管的闲职，"罢从军"。只是因殿中侍御史汪澈举荐他"奋不顾身，直万人敌"②，方得改任江东总管，战前又调任步军司左军统制。两淮战局恶化之后，宋廷令他统一指挥步军司左军和右军进驻真州，以屏障淮东大本营扬州的安全。邵宏渊率部刚刚于十七日（丙辰）抵达真州，十八日金军萧琦部即蜂拥而至，一场遭遇战随即爆发。

此战双方的兵力对比悬殊，金军有十万之众，且多为铁骑，邵宏渊部虽有两个军的番号，然实际兵力并不多，总数也就在三千人上下③。尽管如此，南宋步军司官兵仍英勇据守真州、扬州之间的交通要道胥浦桥以阻击金军，战况极其惨烈，指挥作战的梁渊、元宗和张昭三员将官全部战死。《建炎以来系年要录》记载："宏渊命将官三人拒于桥上，金人弓矢如雨，王师多死。城中老弱皆窜避，惟守家强壮，犹登城以观。正争桥间，敌实草以渡河，三将皆死。"④南宋名流刘宰所撰《仪真胥浦桥三将军庙记》更详记其战况曰：

> 敌以大军压之，军士愕眙，莫有斗志，三将奋臂一呼，士气百倍，张将军屡冲敌阵，为士卒先，元将军提军深入，手枭敌将，所向披靡。元力穷陷阵，而张亦殒命流矢。梁将军曰："事急矣。"方将据浦自守，而敌以骁将锐卒乘之，梁单马直前挟骁将归，而锐卒捷出，忽断梁右臂，臂已断而气不衰，敌万众驰突，争欲剚刃，梁回顾叱咤，敌目眩胆落，竟不复加兵。梁顾援兵不至，度终不可

---

① （宋）周南：《山房集》卷8《杂记》，文渊阁《四库全书》本，上海古籍出版社1987年影印本，第1169册，第110页。
② （宋）李心传撰，胡坤点校：《建炎以来系年要录》卷183，绍兴二十九年九月辛巳，第3530页。
③ （清）徐松辑：《宋会要辑稿》兵19之9，第7085页。
④ （宋）李心传撰，胡坤点校：《建炎以来系年要录》卷193，绍兴三十一年十月戊午，第3764—3765页。

脱，遂挟敌将堕桥下，卒与俱死。①

战后，真州地方为三将立庙。宋宁宗嘉泰元年（1201）四月，又再度扩建庙宇，刘宰遂有此记之作。刘宰，宋光宗绍熙元年（1190）进士及第，离其时并不太远，所撰又根据地方官在当地的实际寻访，多得之于当地父老的耳闻目睹，他对战况的叙述应是基本可信的。

胥浦桥失守之后，邵宏渊率亲随军退入真州城内，"掩关以拒"。金军经过胥浦桥激战，未敢轻敌冒进，"敌失骁将，日伺城内犹有留兵，谓向来数百骑不可当，况过此者耶？惧不敢前，为之顿兵迟回"②。前后经过大半日的相持，邵宏渊待城中民众皆渡江南之后，方"毁闸板，退屯于扬子桥，真州遂陷"，即主动放弃真州，退保"扬州南十五里地"的扬子桥③。金军"得城不入，径自山路犯扬州"④。

宋金绍兴辛巳战事，古今史家多瞩目于"采石之战"，对胥浦桥之战措意者不多。就战斗本身而言，宋军既未能守住胥浦桥，又未能守住真州，纯属不折不扣的败仗，确似无足深论。然笔者认为，此战就战斗自身而言确为败仗，但在战略上却是价值连城的胜利，对整个战局走向的影响，其实并不亚于"采石之战"。

在笔者看来，完颜亮渡过淮河之后，其实是于淮西兵分两路，他本人取庐州、和州，直逼采石江面。万户萧琦则统领骑兵十万，"白花鹿镇，由定远县取滁阳路，至扬州"⑤，经定远、滁州、六合、真州，直插南宋淮东的大本营扬州，以求截断刘锜大军的退路，然后会合淮阴南下的徒单贞金军，将其全部歼火于江北，扫清由扬州渡江的障碍。也就是说，完颜亮其实是预设了两个渡江方案：一是采石，二是扬州。对完

---

① （宋）刘宰：《漫塘集》卷20《仪真胥浦桥三将军庙记》，文渊阁《四库全书》本，上海古籍出版社1987年影印本，第1170册，第550页。
② 同上。
③ （清）徐松辑：《宋会要辑稿》食货63之139。
④ （宋）李心传撰，胡坤点校：《建炎以来系年要录》卷193，绍兴三十一年十月戊午，第3765页。
⑤ 同上书，第3757页。

颜亮而言，若能取近路由采石渡江，当然是最佳的结果。即使未能由采石渡江，如若萧琦能在刘锜之前占领扬州，切断刘锜的退路，与淮阴南下的金军将其歼灭于江北，两淮大局就会随之底定，金军也完全有可能由扬州之瓜洲渡江。

可以毫不夸张地说：扬州之得失，关系刘锜七万大军的命运；而刘锜大军的命运，关乎镇江、建康江防；镇江、建康江防，则关乎南宋政权的生死存亡。孰能抢先进抵扬州，则是决定两军成败最为关键的因素。当十一月四日（壬申）镇江都统司所部溃败，瓜洲渡口失守之时，宋高宗惊慌失措"谕大臣放散百官，浮海避狄"①，又急欲上演解散朝廷、流亡海上的拿手好戏，南宋朝廷的慌乱程度，更甚于金军兵逼采石之时，原因也就在于此。

在两军这场以扬州为终点的生死竞赛当中，时间和速度的优势，本来都在金军一方。为了配合萧琦一军行动，淮阴一带出清河口的金军"不战，但为疑兵，以当淮东之军"②，目的是故意示弱，以吸引刘锜所部的主力，而刘锜果然轻敌冒进。十月三日（壬寅），他命殿前司右军统制王刚等率部"于清河口与金贼鏖战，杀死不计数目"，"又亲率军马，于当日在淮阴县十八里河口，遣统制官乐超等驾船过淮，用剉敌弓等射杀金贼，不计数目。大贼向北前去"③。十月六日（乙巳），刘锜"自盱眙军引兵次淮阴县"④。十三日（壬子），刘锜本人仍在淮阴与金军隔淮相持。直到十五日（甲寅），刘锜还：

> 遣兵渡淮，与金人接战。先是，锜遣殿前司策应右军统制王刚等，间以兵数百渡淮，金人退却，官军小胜。既而金人悉众来战，锜不遣援，节次战没者以千数。至是又遣刀斧手千人渡淮，或进或

---

① （宋）李心传撰，徐规点校：《建炎以来朝野杂记》甲集卷20《边防二·刘锜皂角林之胜》，第461页。
② （宋）李心传撰，胡坤点校：《建炎以来系年要录》卷193，绍兴三十一年十月戊申，第3756页。
③ （清）徐松辑：《宋会要辑稿》兵一四之三六，第7010页。
④ （宋）李心传撰，胡坤点校：《建炎以来系年要录》卷193，绍兴三十一年十月乙巳，第3752页。

却，以退无归路，死者什七八。①

刘锜部或取小胜，或先胜后败，与金军在淮河南北岸持久纠缠，这其实是中了金军的诱敌之计。

萧琦则抓住淮东刘锜北上，淮西王权南逃的有利战机，像钢刀一样，率铁骑从两淮的结合部，直插入了宋军要害。藕塘、滁州、六合等要地，皆防守空虚，萧琦一军如入无人之地，进展神速，"琦之深入也，每过险阻，必忧有备，至则全无守御，如蹈无人之境，虏甚笑我之失计焉"②。为了提高前进速度，萧琦部金军轻装前进，既不杀掠百姓，也极少入城，而是全速向扬州推进。十二日（辛亥），金军取滁州；十八日（丁卯）即攻抵真州，离扬州已是近在咫尺。

十月十六日（乙亥），刘锜得知淮西王权败报之后，才如梦方醒，匆忙从淮阴率军南撤。十八日，刘锜主力刚退抵邵伯埭，离扬州仍有一定的距离，此时萧琦已攻抵真州胥浦桥。金军多为精骑，推进速度远在以步军为主的宋军之上，正常情况下应该能在宋军之前到达扬州。因此，饶是久经大敌的名将刘锜，闻此讯后仍大惊失色，直到发现扬州城仍飘扬着南宋旗帜，方大喜过望：

> 江淮制置使刘锜军还至邵伯埭，闻虏犯真州，疑扬州已不守，未敢发。会探者报扬州城上旗帜犹是官军，锜曰："虽失真州，而扬州犹为国家守，当速进。"乃自北门入，见安抚使刘泽。泽以城不可守，劝锜退屯瓜洲。锜令诸军憩歇，徐图所向。③

当刘锜大军自北门进入扬州城之时，金军也进至了扬州西北郊的平

---

① （宋）李心传撰，胡坤点校：《建炎以来系年要录》卷193，绍兴三十一年十月甲寅，第3759—3760页。
② （宋）李心传撰，胡坤点校：《建炎以来系年要录》卷193，绍兴三十一年十月辛亥，第3758页。
③ （宋）李心传撰，胡坤点校：《建炎以来系年要录》卷193，绍兴三十一年十月戊午，第3765页。

· 407 ·

山堂①，距离扬州城至多不过五里之遥，却只能徒唤奈何。

宋金两军这场生死竞赛，宋方之所以能够成为最终的幸运者，胥浦桥之战对金军行程的迟滞，毫无疑义是起到了最为关键的作用。如若邵宏渊部像此前滁州等地守军那样望风而逃，金军完全有可能抢先占领扬州，从而置刘锜大军于进退维谷的绝境。刘锜所云："虽失真州，而扬州犹为国家守。当速进。"以及南宋人对此役的评价："淮民百万之众，已安流济江，清河十万之戍，亦缓辔入维扬矣。是三将军以一身之死，易百万众之生，以胥浦跬步之地，为江淮数千里保障。吁！壮矣哉。"②都是实事求是的。笔者认为：此役就战斗自身而言纯属败仗，但在战略上却是价值连城的胜利。也正是从战事全局角度来立论的。

邵宏渊于此役后声誉鹊起，成为当时与李显忠齐名的名将。真州、扬州等当地民众为他建立生祠，两地民众纷纷交口称颂其功德："若非邵太尉在真州力战番人，则扬州之人，皆避之不及。"还盛传他在战场上的神勇，"至有言宏渊驰马入阵鏖战，出入数四，血污满体者"。宋廷也给予邵氏加官晋爵，将其由步军司左军统制擢升为池州都统司都统制，寻迁建康都统司都统制。然赵甡之撰《中兴遗史》却言胥浦桥之战时，邵宏渊因为"酒醉未醒，实不入阵"，根本就未直接参加战斗，仅"身在桥之东以麾将士"，其所得盛名"可谓不虞之誉矣"③。李心传大致采信其说，将其写入了《建炎以来系年要录》。

考虑到邵氏于隆兴北伐宿州师溃后遭到贬斥，战时酒醉与"不虞之誉"诸说，很可能出自政敌之传闻。宋孝宗隆兴元年（1163）四月，都督江淮军马张浚有言："契勘御前诸军都统制邵宏渊昨引兵三千人，于真州六合县迎遏金贼数万之众，致扬州阖境百姓并获济渡。本州见立生祠，望赐褒嘉，以为激劝。"④ 特别是隆兴二年（1164）六月，侍御

---

① （宋）李心传撰，胡坤点校：《建炎以来系年要录》卷193，绍兴三十一年十月壬戌，第3769页。

② （宋）刘宰：《漫塘集》卷20《仪真胥浦桥三将军庙记》，文渊阁《四库全书》本，第1170册，第550页。

③ （宋）李心传撰，胡坤点校：《建炎以来系年要录》卷193，绍兴三十一年十月戊午注引《遗史》，第3765页。

④ （清）徐松辑：《宋会要辑稿》兵19之9。

史周操在邵氏获罪后所云："窃闻邵宏渊于绍兴辛巳逆亮南侵之际，以孤军邀虏于真州境，接战连日，遂使扬州居民得免伤残之害，所以真、扬两州，各为立庙，出于众人之公愿。宏渊岂能以声音笑貌致之？此宏渊之功不可掩者也。"① 应该更为客观持平之论。邵宏渊于胥浦桥之战，还是功不可没的。

刘锜进入扬州之后，经过短暂休整，又于十月二十三日（壬戌）主动退出扬州。殿前司右军王刚部被派往泰兴县，以屏障下游江防的安全，刘锜大军主力则退往瓜洲。当地属运河水网地带，不利于金军骑兵作战，"运河岸狭，非骑兵之利"②。二十六日（乙丑），尾追而来的金军，反而被刘部于皂角林打得大败。刘锜击败追兵之后，于十月二十七日（丙寅）奉诏全师退回江南岸的镇江，仅留千余兵力据地利扼守瓜洲渡口。殿前司右军则由统制王刚率领退往泰兴县，以屏障下游江阴一带的江防，"时知县事尤袤犹坚守不去"。十一月二十四日（壬辰），"金人游骑至城下，刚率众拒之"③，挫败了金军的攻势。

十一月四日（壬申），毫不知兵的知枢密院事、督视军马叶义问胡乱指挥，解除刘锜的指挥权，以李横代为都统制，强令镇江都统司主力再度北渡长江，盲目地主动前去攻击金军，遂招致瓜洲渡惨败。李横及刘锜之侄中军统制刘汜大败南逃，两员统制官战死，渡口也失守。即使是如此，镇江都统司的主力还是得以退归江南，仅凭镇江都统司的兵力，守住江防仍绰绰有余。更何况，在此前后三衙诸军的主力紧急驰援两淮，已陆续聚集于建康和镇江，完成了兵力的集结。很多南宋有识之士为刘锜辩护，认为瓜洲渡惨败过在其侄刘汜，如朱熹即言：刘锜"后来当完颜亮时，已自老病。缘其侄刘汜先战败，遂至于败"④。笔者则认为：瓜洲之败，过不在刘锜，甚至主要也不在刘锜之侄刘汜，过在

---

① （清）徐松辑：《宋会要辑稿》礼20之46。
② （宋）李心传撰，胡坤点校：《建炎以来系年要录》卷193，绍兴三十一年十月乙丑，第3771—3772页。
③ （宋）李心传撰，胡坤点校：《建炎以来系年要录》卷194，绍兴三十一年十一月壬辰，第3809页。
④ （宋）黎靖德编，王星贤点校：《朱子语类》卷131《本朝五·中兴至今日人物上》，中华书局1986年版，第3143页。

对军事丝毫不通却强行瞎指挥的知枢密院事、督视军马叶义问,过在迎合叶义问的庸将李横。朱熹等人之说虽然意在维护刘锜,但也并不公平。

附带说明的是,刘锜在交出兵权之后赶赴行在临安。在宋高宗和南宋朝廷眼里,这位暮年病重的名将,已然是不再有利用价值的鸡肋式过气人物,只是让他暂时借住在临安的都亭驿。绍兴三十二年(1162)二月,金朝使者将要抵达临安,临安留守汤思退"除馆以待之,遣黄衣卒谕锜移居别试院",刘锜遵命移居,却发现该处竟然"粪壤堆积"!面对如此羞辱,这位抗金名将虽然极有涵养,仍愤怒异常,"遂发怒,呕血数升。夜三鼓,薨"①,终年六十五岁。

汤思退本是秦桧的死党,是一个坚持对金屈膝投降的懦夫和佞臣,他如此对待刘锜并不奇怪。汤思退的背后,则是主和的宋高宗。宋高宗和南宋朝廷为了迎接金朝的使者,竟如此对待一位曾为南宋立下赫赫战功的名将,如此卸磨杀驴,即使千载之后,也令人感到寒心和齿冷,感到气愤难平!陆游于绍兴三十二年(1162)闰二月作《刘太尉挽歌辞》两首,已颇为刘锜鸣不平,其诗曰:

> 羌胡忘覆育,师旅备非常。南服更旌节,中军铸印章。
> 驰书谕燕赵,开府冠侯王。赫赫今何在,门庭冷似霜。
> 坚壁临江日,人疑制敌疏。安知百万虏,锐尽浃旬馀。
> 智出常情表,功如定计初。云何媢功者,不置箧中书。②

当然,刘锜本人病死、其侄刘汜也只是被撤职编管了事,尽管身后"门庭冷似霜",但与惨遭杀害的岳飞、岳云父子相比,刘锜叔侄已经算是相当幸运的了。

十一月十五日(癸未),步军司诸军主力一万六千余众,在主管步军司公事李捧率领下,与池州都统司李显忠部一道开至采石,当日又随

---

① (宋)李心传撰,胡坤点校:《建炎以来系年要录》卷197,绍兴三十二年二月丁未,第3873页。
② (宋)陆游著,钱仲联、马亚中主编:《陆游全集校注·剑南诗稿校注》卷1,浙江教育出版社2011年版,第42—43页。

虞允文东至建康，进而"如镇江备敌"，至迟在二十一日（己丑）前后已抵达镇江①。十一月十九日（丁亥），主管马军司公事成闵率领马军司诸军五个军、殿前司诸军两个军和部分鄂州都统司所部，不下三万余众，开至建康，第二天又进驻镇江。该部本驻扎于湖北应城，三日（辛未）得到宋廷金字牌"令策应建康江面"之后，即"引全军发应城县，回援淮西"②。成闵不顾大雨和粮食不继，士卒"多死于道路"，率部兼程疾驰，仅仅用了十六天时间即神速地赶到建康，再推进至镇江③。在此之前，御营使杨存中也统领部分殿前司诸军之精锐驰援镇江。

随着三衙诸生力军的陆续抵达，正如其时言者上奏所云："今镇江已有元来屯驻军马，见系都统刘锐所管，并步军李捧、都统邵宏渊，及殿前司诸军精锐，尽集京口一带。近日制置成闵又自襄汉率军来赴镇江防遏，及摘带鄂州所屯人马同来。"④ 至此，镇江大军云集，南宋建康、镇江段江防已堪称"稳若磐石"。

就金军方面而言，胥浦桥之战固然取胜，但却丧失了最为宝贵的时间优势，失去了在扬州以北捕捉和聚歼刘锜部几乎唯一的战机。南宋三衙诸军云集建康、镇江之后，更使得从扬州一带渡江灭宋成为不可能。完颜亮十一月十六日率大军从采石抵达扬州之后，不愿意接受这一残酷的事实，仍然不切实际地强令渡江，金军官兵不想白白地送死江中，遂于十一月二十七日（乙未）发动兵变，杀完颜亮于瓜洲龟山寺。

三 海州、蔡州之战：步军司、马军司诸军

完颜亮遇弑，标志着战场局势发生了有利于南宋的重大变化。此

---

① （宋）李心传撰，胡坤点校：《建炎以来系年要录》卷194，绍兴三十一年十一月癸未，第3801页；（元）脱脱等：《宋史》卷32《高宗九》，中华书局1977年版，第606页。
② （宋）李心传撰，胡坤点校：《建炎以来系年要录》卷194，绍兴三十一年十一月辛未，第3783页。
③ （宋）李心传撰，胡坤点校：《建炎以来系年要录》卷194，绍兴三十一年十一月丁亥，第3806页。
④ （宋）李心传撰，胡坤点校：《建炎以来系年要录》卷195，绍兴三十一年十二月庚子，第3830页。

时，扬州一带的金军主动向南宋提和，上下亟于北返，已经无心恋战。不过，正所谓"归师莫遏"，对南宋的主动态势也不能估计太高，毕竟金军未乱，主力犹在，近三十万金军绝非易与之辈，南宋绝无轻易战而胜之的把握。

更何况，宋高宗畏敌如虎，尽管他多次标榜要御驾亲征，待完颜亮死后也吹嘘要督促诸将"会京畿，收复故疆"，"候到汴京，与群臣共庆"①，但直至战时基本平息之后的十二月十日（戊申），宋高宗才勉强从临安出发，二十日（戊午）抵达镇江，绍兴三十二年（1162）正月抵达建康。其实，此时金朝大军早已北返，但他绝对不敢再渡江北上哪怕一步。

御营使杨存中、马帅成闵、步帅李捧等南宋多数将帅，同样缺乏击破金朝大军的信心、勇气和才能。因此，南宋虽虚张声势，实则坐待金军主力撤退之后，方尾追北进，目标仅限于顺势收复两淮失地而已。

绍兴三十一年（1161）十二月四日（壬寅），主管马军司公事成闵、主管步军司公事李捧各率所部自镇江北渡。此时，淮东金军放弃扬州，从扬州取道天长径赴盱眙；淮西部分金军则弃和州，取道六合，亦赴盱眙过淮。成闵、李捧尾随至天长之后，慑于金军"凡数万灶，其行如林"，"皆不敢与相近"②，未敢再由天长直接向盱眙方向追赶。成闵部改道东进宝应、楚州③，李捧部则改西进淮西，前往寿春④。而宝应、楚州和寿春，皆为空城。如此种种，显然是故意避开金军主力的锋芒而已。

十二月六日（甲辰），步军司中军顾晖部进驻瓜洲，该部本受命前出六合，截断淮西金军的退路，然顾氏得到金兵"自和州搭浮桥至六合县"的谍报之后，反而逗留瓜洲，"不敢进，留居之"⑤。如此怯战之

---

① （宋）李心传撰，胡坤点校：《建炎以来系年要录》卷195，绍兴三十一年十二月甲辰，第3835页。
② （宋）李心传撰，胡坤点校：《建炎以来系年要录》卷195，绍兴三十一年十二月壬寅，第3834页。
③ （清）徐松辑：《宋会要辑稿》兵14之39、14之40。
④ （清）徐松辑：《宋会要辑稿》兵19之3。
⑤ （宋）李心传撰，胡坤点校：《建炎以来系年要录》卷195，绍兴三十一年十二月甲辰，第3837页。

庸将，宋高宗反而将其提升为都统制！成闵、李捧部离开天长，顾晖部未急进六合，就使得两淮金军的退路六合、天长、盱眙畅通无阻。

十二月八日（丙午），成闵取宝应、楚州，一直迁延至"金人大军自盱眙渡淮尽绝"[①]的十二日（庚戌），该部方迟迟进抵盱眙，但仍不敢追袭"但遥护之出境而已"[②]，"排列于岸之南，声喏如一"，金朝官兵嘲笑他说："寄声成太尉，有劳相送。"[③] 宋孝宗隆兴元年（1164）二月，右谏议大夫刘度在弹劾成闵时也言及："方逆亮诛毙，虏众遁逃，闵提重兵至楚泗间，名为追袭，其实护送，怯懦纵故，使两淮亦于系累失所。"[④]

南宋在两淮战场真正的斩获，主要是夺取了泗州和解围海州。泗州、海州，都是由两淮进取徐州和齐鲁的前哨要地，隆兴、开禧北伐时，泗州皆为宋军的重要出发地。泗州是在十二月十五日夜为成闵部所攻取，根据成氏向宋廷所上战报：

> 又差统制官刘锐、陈敏、王公述、张师颜于十二月十五日夜，于泗州东城之东潜师渡淮，有贼骑数千，于东城之东摆列前来，与官军相拒。又分遣统领官左渊、张青、魏金部押官军攻夺泗州南门，入城占据。再率官军戮力掩杀，贼兵败走，收复泗州了当。夺到粟米三万余石，被虏老小数万口，放令渡淮归业。[⑤]

在率部参战的统制官当中，王公述为殿前司游奕军统制，战前即一直配属马军司作战，陈敏、张师颜等皆为马军司之统制官。

解围海州，是在绍兴三十二年（1162）五月，可以视作宋金绍兴辛巳战事的余波。该役宋军主将为镇江都统司都统制张子盖，然镇江都统司所部在瓜洲之战当中新遭金军的重创，真正在战斗中发挥骨干作用

[①] （宋）李心传撰，胡坤点校：《建炎以来系年要录》卷195，绍兴三十一年十二月庚戌，第3840页。
[②] 同上书，第3834页。
[③] 同上书，第3840页。
[④] （清）徐松辑：《宋会要辑稿》职官71之2。
[⑤] （清）徐松辑：《宋会要辑稿》兵14之40。

的，其实是步军司前军张玘所部。

张玘，本为岳飞麾下将领①，岳飞被害死后调步军司任职，绍兴三十二年以步军司前军统制为御营宿卫前军统制，驻守新得之泗州，海州魏胜部被金军围攻而告急，遂率所部参战。在战斗中，张玘仍保持着"岳家军"的优秀传统，以统制官之尊，亲率精骑直冲敌阵，为宋军打开了胜利之门，直至中箭阵亡：

> 时金人攻海州急，诏玘会镇江都统制张子盖赴之。贼环城数十匝，矢石如雨，玘战于州北三里，麾精骑冲其阵，手杀数十人，殊其长，杀获万计。海州围解。玘中流矢卒。②

张氏战死之后，南宋在行在临安为其立忠勇祠，以示表彰，《宋会要辑稿》即记载："张玘祠。在临安府钱塘门外西山横春桥，侍卫步军司前军统制张玘祠。光尧皇帝绍兴三十二年六月立庙，赐额忠勇。"③宋人叶绍翁《四朝闻见录》亦曰：忠勇庙"庙在九里松，祀故步军司前军统制张玘。绍兴三十二年，从张子盖解海州围，玘用命战没。奉旨赠清远军承宣使，仍于本寨门首建庙，赐号忠勇。乾道元年，步帅戚方所建"④。

案：张玘之军职，《咸淳临安志》《宋史》张氏本传等皆仅书曰"御营宿卫前军统制"⑤，当以《宋会要辑稿》《四朝闻见录》"步军司前军统制"为是，《四朝闻见录》更言其庙由步军司建造，值得重视。除张玘之外，步军司的军官武功大夫王世旦也因为解围海州而荣立战功，《宋会要辑稿》记有：宋孝宗隆兴二年（1164）正月十二日之吏部状：

---

① 王曾瑜：《尽忠报国：岳飞新传》，河北人民出版社2001年版，第424页。
② （元）脱脱等撰：《宋史》卷453《忠义八·张玘传》，第13329页。
③ （清）徐松辑：《宋会要辑稿》礼20之44。
④ （宋）叶绍翁撰，沈锡麟、冯惠民点校：《四朝闻见录》甲集《忠勇庙》，中华书局1989年版，第33页。
⑤ （宋）潜说友纂修：《咸淳临安志》卷72《祠祀二·节义·忠勇庙》，《宋元方志丛刊》本，中华书局1990年版，第4003页；（宋）吴自牧：《梦粱录》卷14《忠节祠》，浙江人民出版社1980年版，第125页。

武功大夫王世旦乞将解围海州立功重叠武功大夫依指挥转行一官。本部勘会昨据步兵司申：王世旦元系武节大夫，因该出戍暴露扈卫赏，准告转武功大夫，又因解围海州出等，转三官。①

步兵司，显即步军司。这也是步军司前军参加解围海州之战的又一确凿证据。

绍兴三十一年（1161）十月，当成闵率马军司诸军主力自荆襄驰援建康、镇江之时，马军司之中军和游奕军仍留在荆襄地区作战。马军司中军统制赵樽统一指挥这两个军，于金军在蔡州经过了两攻两守共四番争夺，打得有声有色。蔡州，是开封南线十分重要的一个屏障，其背后就是重镇颍昌府。绍兴十年（1140），岳飞就是在当年六月派名将张宪先取蔡州，从而为第四次北伐打开了通道②。岳家军经由蔡州北上，迭起郾城、颖昌，大军直逼开封近郊的朱仙镇，建立了赫赫战功。完颜亮此次伐宋，荆襄方向亦本拟取道蔡州南下。

赵樽一克蔡州，在绍兴三十一年（1161）十月。赵樽当时驻军信阳，闻讯金主完颜亮出淮西之后，判定蔡州必然空虚，遂主动发起攻击，"距城二十里，金人出兵，背城而战。方成列，樽出虏不意，命官军于宿草间，乘风纵火，鼓噪而进，虏众披靡。樽率禁兵冲击，斩其总管杨寓，遂整众入城，秋毫无犯"③。二克蔡州，在绍兴三十一年十二月。赵樽率部南下麻城，拟与成闵会合，十二月初又杀了个漂亮的回马枪，击溃了金朝刺史萧懋德部④，再取蔡州。

一守蔡州，在绍兴三十二年（1162）正月。金帅裴满以优势兵力反攻，金军蜂拥登上城墙，赵樽率部巷战，"自午至申"，终将金兵驱

---

① （清）徐松辑：《宋会要辑稿》兵19之10。
② 王曾瑜：《尽忠报国：岳飞新传》，第297页。
③ （宋）李心传撰，胡坤点校：《建炎以来系年要录》卷193，绍兴三十一年十月丙寅，第3773页。金朝总管杨遇，《宋会要辑稿》兵19之8、19之9载隆兴元年赵樽奏言："前年十月，统押忠义人过淮，到蔡州东，地名浐堰村，逢金人萧总管斗敌，收复蔡州。"则金朝总管实当为萧氏。
④ （宋）李心传撰，胡坤点校：《建炎以来系年要录》卷195，绍兴三十一年十二月己亥，第3829页。

逐了出去。① 二守蔡州，在绍兴三十二年二月。金帅裴满绝非等闲之辈。早在绍兴十年，他已以千夫长的身份，与北伐的岳家军在蔡州附近激战②。从赵樽在战报中称其为"裴满相公"来看，此时他应该是金朝在蔡州、淮宁府方向的高级指挥官。裴满再度挥军猛攻，他亲自带兵杀进南门，赵樽抵死不退，两军在城内展开惨烈的巷战，赵樽：

> 率士卒巷战，日转午，胜负未分。效用王建募死士十一人，截其甲裳，登城杀虏。至申刻，相持不动。马军司第十八将王世显请募敢死士，得四十人，登城接战，杀其二将。虏人嚣溃，皆自掷而下。官军奋击，死者不可计。会虏帅登南门，望官军旌旗不乱，曰："今日城又不可得。"复下城而去。樽大呼曰："番人走矣！"军士皆欢呼，金人遂败，争门而出。不得出者，聚毬场中，有千余人。诸军围之，剿杀皆尽。③

金军虽败，但却不乱，"犹能整顿行伍，于西原分八头，每一头以两旗引去，以示有余。官军望之，皆不言而咨叹"，可见裴满治军严明，不愧为曾与岳家军交过手的宿将。赵樽能够连续挫败如此强悍对手的猛攻，确属不易。

蔡州是金朝的必争之地，赵樽在四战四捷，但其麾下主要是马军司的中军和游奕军，数月血战之后业已元气大伤，"苦战仅十旬，军不过六千人，大战之后，军吏言战殁者已四百余人，负创者三千七百人，可

---

① （宋）李心传撰，胡坤点校：《建炎以来系年要录》卷196，绍兴三十二年正月壬午，第3854页。《建炎以来系年要录》未言金帅为何人，《宋会要辑稿》兵19之8、19之9记隆兴元年赵樽奏言："去年正月，有裴满相公围攻州城，遂行杀退。"此次攻蔡，金帅当即为裴满。

② （宋）徐梦莘：《三朝北盟会编》卷202，炎兴下帙102，绍兴十年六月二十三日丙寅："岳飞军统领孙显大破金人排蛮千户于陈、蔡州界。"上海古籍出版社2008年版，第1456页。排蛮，当即裴满，王曾瑜先生在《尽忠报国：岳飞新传》中考证说："裴满，原作'排蛮'，据《金史拾补五种》统一译名。"参见该书第297页。

③ （宋）李心传撰，胡坤点校：《建炎以来系年要录》卷197，绍兴三十二年二月丙辰，第3876页。

战者仅二千人而已"①。赵樽在击退金军之后,遂很明智地于二月底主动放弃蔡州,班师德安。

蔡州之战,历时近五个月,既消耗了金军大批有生力量,使宋军较巩固地控制了唐州、邓州两个州,也策应了两淮战场,是马军司诸军继顺昌大捷之后再度打出赫赫威名的激战。此战过后,赵樽遂上升为马军司最耀眼的将星,在宋孝宗朝即位至鄂州都统司都统制和主管马军司公事。

成闵率马军司主力东下之时,马军司破敌军统制陈敏曾向成闵献"围魏救赵"之策,"金人精骑悉在淮,汴都必无守备,若由陈、蔡径捣大梁,溃其腹心,此救江、淮之术也"②,然成闵不能用。无独有偶,时任武昌令的薛季宣也向宣谕使汪澈提出类似的建议:

> 先是,朝廷闻敌犯淮西,亟命湖北京西制置使成闵统诸军并舟师,为王权之援。武昌令薛季宣献计于澈,谓闵军已得蔡,有破竹之势,宜守便宜勿遣,令闵乘虚下颍昌,趋汴京,金内顾,必惊溃。③

汪澈亦未敢予以采纳。就赵樽所部在蔡州实战的表现来看,如若马军司全军辅以鄂州都统司所部,以数万大军合力经略陈、蔡,像当年岳飞第四次北伐那样直逼开封,对金军的威胁,以及对两淮的支援,无疑会更大。从这个角度上说,完颜亮南下失败之后,金军中所流传的"岳飞不死,大金灭矣"④,诚非虚语。

宋金绍兴辛巳战事,金朝先胜后败,金主完颜亮遇弑,先后丧失了

---

① (宋)李心传撰,胡坤点校:《建炎以来系年要录》卷197,绍兴三十二年二月丙辰,第3876页。
② (元)脱脱等撰:《宋史》卷402《陈敏传》,第12182页。
③ (宋)李心传撰,胡坤点校:《建炎以来系年要录》卷193,绍兴三十一年十月丙寅,第3773页。
④ (宋)薛季宣:《浪语集》卷22《与汪参政明远论岳侯恩数》,文渊阁《四库全书》本,上海古籍出版社1987年影印本,第1159册,第351页。

海、泗、唐、邓四个州,但金军主力犹在,仍有卷土重来的充裕实力。南宋先败后胜,但真正所得并不多,三衙诸军特别是殿前司诸军的战斗力,并未得到充分的发挥,张浚等主战派大臣认为金军不过尔尔,跃跃欲试的愿望十分强烈。隆兴元年(1163)、隆兴二年(1164),宋金两军再度在两淮等战场,以三衙诸军主角,展开北伐与南下的激烈较量,势所必然。

朱熹与吃菜事魔

范立舟

(杭州师范大学 人文学院)

"吃菜事魔"是南宋官方对流行于民间的诸多宗教教派的统称。陈高华认为:"吃菜事魔是统治者对各种异端宗教的污蔑性的总称,各种异端宗教都有自己的名称、自己的组织。"[①] 这其中,宋代本土化的摩尼教(又称明教)的身形最令人瞩目。摩尼教不断地掺入中国本土各种文化元素,其传播形式也发生重大变异,它培育并生发出机构型的组织形式,产生出渲染仇视现实和盲目膜拜教主的情绪,教主通过各种强制性的精神手段和暴力行为来控制教徒,制造出政治与法律的事件。我们可以说在南宋,社会人士习惯于将五花八宗的秘密宗教,均以"吃菜事魔"代称之,但也包含具有摩尼教(明教)元素的民间宗教团体。光大于南宋乾道(1165—1173)、淳熙(1174—1189)及之后的朱熹学说,是构成唐宋变革之后的一种新的儒学形态的核心意涵,经朱熹集合、浓缩、归纳、提炼的理学思想,使儒学具有了更强的穿透力和说服力,传统儒学所提供的原则才得以提升为全民族共同认可的价值体系,深深植根于中国民族的文化心理之中。这样两种截然不同的精神形态,怎么能归并在一个主题中加以讨论呢?事实上,本文之主旨并非对"吃菜事魔"教派教理与朱熹学说的比较研究,而是试图通过朱熹时代知识界对理学学说和学派的批评,揣摩朱熹学派内部的组织形式和精神追求,厘清当时对理学持批评立场的知识精英对理学群体的认识是否

[①] 陈高华:《摩尼教与吃菜事魔》,载《中国农民战争史论丛》第4辑,河南人民出版社1982年版,第105页。

正确；也反过来分析和透视"吃菜事魔"教派组织内部的相关机理，以及在南宋社会的深层影响。①

一 关于"吃菜事魔"文化元素在朱熹理学中的折射

南宋"吃菜事魔"在乡间的广泛存在，见诸当时士大夫的笔录，最为知名的莫过于黄震的《崇寿宫记》。黄震（1213—1280），字东发，庆元府慈溪县（今浙江省宁波市慈溪县级市）人，历官内外，官声斐然。学依晦翁，兼综永嘉。名厕南宋鸿儒之列。《崇寿宫记》是黄震应慈溪县崇寿宫摩尼教住持道士张希声函请而作，景定五年（1264）五月立石于崇寿宫，遗址在今慈溪县级市淹浦乡东罗村，其文与乡间"吃菜事魔"信仰中摩尼教元素有关者摘抄如下，曰：

> 崇寿宫又适居其水脉之会，故其烟林蓊郁，羽衣潇洒，时亦多闻人……老子之入西域也，尝化为摩尼佛，其法于戒行尤严，日惟一食，斋居不出户，不但如今世清净之云。吾所居，初名道院，正以奉摩尼香火，以其本老子也。绍兴元年十一月，冲素太师陈立正始请今敕赐额。嘉定四年九月，住持道士张悟真始建今三清殿。……摩尼之法之严虽久，已莫能行，而其法尚存，庶几记之以

---

① "吃菜事魔"信仰的归属问题，国内外学术界一直未能取得共识。陈垣就表示"吃菜事魔"与摩尼教的关系已不可考。参见氏著《摩尼教入中国考》，载《陈垣学术论文集》第一集，中华书局1980年版，第364页。竺沙雅章不同意那种将史籍中"吃菜事魔"字样所表露的精神归属一概视作明教，即摩尼教的做法。他说："吃菜事魔是吃素并信奉魔神的意思，其所指非常笼统暧昧。根据字义，它不但可以指摩尼教，也可以用以指精进洁斋的佛教的一派。"参见氏著《关于吃菜事魔》，载刘俊文主编《日本学者研究中国史论著选译》，第7卷（思想宗教），中华书局1993年版，第361—362页。林悟殊也表达了同上述观点类似的意见："历史上被称为吃菜事魔的人，可能与摩尼教有关，亦可能无关。"参见《摩尼教及其东渐》（台北增订版），淑馨出版社1997年版，第163—164页。陈垣先生曾指出"道学家所倡导之太极、两仪、阴阳、善恶、天理、人欲等对待名词，殆无不有多少摩尼兴味也"。参见陈智超编注《陈垣来往书信集》，上海古籍出版社1990年版，第174页。陈荣捷则提到过朱熹对"吃菜事魔"的批评，参见氏著《朱子新探索》，华东师范大学出版社2007年版，第229—230页。但是，当时人们对朱熹学说与民间流行的"吃菜事魔"教派究竟是一种怎么样的看法，迄今为止并无专门的论述。

自警,且以警后之人也。吾儒与佛、老固冰炭,佛与老又自冰炭。今谓老为佛而又属记于学儒者,将何辞以合之?且何据耶?因书诘之,则报曰:吾说岂无据者?《老子化胡经》明言我乘自然光明道气,飞入西那玉界,降为太子,舍家入道,号末摩尼,说戒律定惠等法,则道经之据如此,释氏古《法华经》卷之八九,正与《化胡经》所载合。佛法广大,何所不通,而限于町畦者,始或秘之不以出。白乐天晚年酷嗜内典,至其题《摩尼经》,亦有五佛继光明之句,是必有得于贯通之素者矣,则释氏之据如此。①

林悟殊认为,南宋寺院式摩尼教已吸取了唐季迫害外来宗教的教训,佛化加上道化,竭力依托宋朝所推崇的道教。张希声把自己所奉的摩尼之法标榜成道教戒律最为严格之一宗。南宋政府也把寺院式摩尼教当为道教的一宗,当民间秘密结社形式的摩尼教徒惨遭迫害时,寺院式摩尼教道士却安然无恙。② 这就证明了宋元时代中国东南沿海区域,除秘密的摩尼教(吃菜事魔)的活动外,还存在着合法的寺院式摩尼教,尽管它尽量地假装道化。陈垣先生在获悉黄震《崇寿宫记》的相关记载后,进一步指出:"嘉定《赤城志》(台州丛书本)卷三十七有知州李谦戒事魔诗十首,可知闽、浙沿海一带,如明、台、温、福、泉等州,皆盛行摩尼,不独南宋时闽学受其影响,即北宋时道学家所倡导之太极、两仪、阴阳、善恶、天理、人欲等对待名词,殆无不有多少摩尼兴味也。"③ 也就是说,南宋"吃菜事魔"已经渗透到理学文化术语中去,以至成为理学思想建构的重要部件与设计思路。就摩尼教(Manicheism)而言,在古代中国又作末尼教、牟尼教、明教、明尊教等。为

---

① (宋)黄震:《黄氏日抄》卷86《崇寿宫记》,文渊阁《四库全书》本,上海古籍出版社1987年影印本,第708册,第889—890页。
② 参见林悟殊《宋元时代中国东南沿海的寺院式摩尼教》,《世界宗教研究》1985年第3期。林氏批评了"唐之后华化摩尼教都应视为秘密结社和秘密宗教"说法的不严谨,并进而指出,"从寺院的地理位置和环境看,我们很难想象里边的摩尼教僧侣会和外间的农民反抗运动发生关系"。林氏认为,像这样的僧侣,统治者始终没有以信仰原因而加以迫害,寺院式摩尼教也由此得到朝廷承认而合法存在。至于宋元时代对于秘密形式的摩尼教的取缔,其实质是官方对于农民反抗运动的镇压,而并非宗教迫害。
③ 陈智超编注:《陈垣来往书信集》,上海古籍出版社1990年版,第174页。

三世纪时波斯人摩尼（Mani）糅合古代波斯之琐罗亚斯德教（Zoroastrianism，又称为祆教），以及基督教、佛教思想而成立之宗教。其核心教义是"二宗三际"说，本此教义，摩尼教要求信徒必须知晓光明与黑暗是对立的两极，经过三个阶段，象征善良、美丽、平和、秩序、洁净的光明王国必将战胜象征邪恶、丑陋、残忍、混乱、肮脏的黑暗王国。人类若依宗教之真理与神之志向，终必走向光明、极乐之世界，而无始以来，明暗相交，恶魔恒久以来，潜伏于暗界，纷扰不息，致今之世界依然善恶混淆，故人当努力向善，以造成光明世界。此教故而又有明教之称。① 早在唐代安史之乱后，摩尼教就得到了唐朝官方的正式承认，摩尼教徒也开始在大唐朝野活动。吐火罗国奉献摩尼教慕阇（即教师之意）时，称其为"天文人"，故而摩尼教又称"阴阳教"。贞元十五年（799）四月，"以久旱，令阴阳人法术祈雨"②。另一种记载是："以久旱，令阴阳术士陈混尝、吕广顺及摩尼师祈雨。"③ 陈垣指出："所谓阴阳人，即摩尼法师。阴阳云者，明暗也。"④ 南宋陆游《条对状》说："自古盗贼之兴，若止因水旱饥馑，迫于寒饿，啸聚攻劫，则措置有方，便可抚定，必不能大为朝廷之忧。惟是妖幻邪人，平时诳惑良民，结连素定，待时而发，则其为害，未易可测。伏缘此色人处处皆有，淮南谓之二襘子，两浙谓之牟尼教，江东谓之四果，江西谓之金刚禅，福建谓之明教、揭谛斋之类，名号不一，明教尤甚。至有秀才、吏人、军兵亦相传习。其神号曰明使。又有肉佛、骨佛、血佛等号，白衣乌帽，所在成社，伪经妖像，至于刻板流布。"⑤ 陆游讲到的"二襘子"，亦作"二会子"或"二会"。陈垣推测此即摩尼教的主要教义

---

① 芮传明指出：摩尼名字本身，西文通作 Mani，语源可以追溯到希腊语和拉丁语，它们都源自巴比伦的阿拉米语，意为"辉煌的"。参见氏著《东方摩尼教研究》，上海人民出版社2009年版，第4页。
② （后晋）刘昫：《旧唐书》卷13《德宗下》，中华书局1975年版，第390页。
③ （宋）王钦若等编：《册府元龟》卷144《帝王部·弭灾第二》，中华书局1960年版，第1754页。
④ 陈垣：《摩尼教入中国考》，载陈乐素、陈智超编校《陈垣史学论著选》，上海人民出版社1981年版，第137页。
⑤ （宋）陆游：《渭南文集》卷5《条对状》，载《陆放翁全集》，中国书店1986年影印世界书局1936年版，第27—28页。

"二宗""二桧子当即二宗,九姓回鹘可汗碑所谓'阐扬二祀'是也"①。宁宗开禧年间(1205—1207)担任过台州知州的李守谦撰有《戒事魔十诗》,其一云:"莫念双宗二会经,官中条令至分明。罪流更溢三千里,白佛安能救尔生?"② 此处"双宗二会"相提并论,应当是指同一事物。

束景南说朱熹在闽中好摩尼教是他出入佛老的一种补充,当时连士大夫和名门弟子也多信摩尼教而修明教斋,束氏注意到摩尼教明暗二宗可与理学天理人欲相比附的情况。③ 朱熹在《中庸章句序》中说:

> 心之虚灵知觉,一而已矣,而以为有人心、道心之异者,则以其或生于形气之私,或原于性命之正,而所以为知觉者不同,是以或危殆而不安,或微妙而难见耳。然人莫不有是形,故虽上智不能无人心,亦莫不有是性,故虽下愚不能无道心。二者杂于方寸之间,而不知所以治之,则危者愈危,微者愈微,而天理之公卒无以胜夫人欲之私矣。精则察夫二者之闲而不杂也,一则守其本心之正而不离也。从事于斯,无少间断,必使道心常为一身之主,而人心每听命焉,则危者安。微者著,而动静云为自无过不及之差矣。④

这就是说,作为万物之灵的人类所足贵的在于具有思维能力的"心"。心只有一个,但却有"人心""道心"之分。"道心是义理上发出来底"⑤,"道心是本来禀受得仁义礼智之心"⑥,是从纯粹的"天命之性"中自然流露出来的至善之心;而人心则是"生于形气之私""感于物而动"的情欲之心,"人心是人身上发出来底"⑦,它是从复杂的"气质之性"中自然流露出来的或善或不尽善之心。人心、道心,"杂

---

① 陈垣:《摩尼教入中国考》,载陈乐素、陈智超编校《陈垣史学论著选》,第165页。
② (宋)陈耆卿撰:《嘉定赤城志》卷39《风土门二·李守谦戒事魔十诗》,文渊阁《四库全书》本,第486册,第936页。
③ 参见束景南《朱子大传》,福建教育出版社1992年版,第145—146页。
④ (宋)朱熹:《中庸章句序》,载《四书章句集注》,中华书局1983年版,第14页。
⑤ (宋)黎靖德编,王星贤点校:《朱子语类》卷78,中华书局1994年版,第2011页。
⑥ 同上书,第2018页。
⑦ 同上书,第2011页。

· 423 ·

于方寸之间",前者"危殆而不安",后者"微妙而难见"。包括圣人在内的所有的人无一例外地兼具人心和道心,但人心如不以道心加以控制,则非常容易流于邪恶,造成对社会的危害。"人心如卒徒,道心如将。"①"人心者,气质之心也,可为善,可为不善。道心者,兼得理在里面。'惟精'是无杂,'惟一'是终始不变,乃能'允执厥中'。"②因此,朱熹认为,人心必须受道心的主宰,只有使人心听命于道心,才能使人心危而转安,道心隐而转著。朱熹将这种人心、道心两极对立的思想转而用理学的术语加以阐发,便成为扬理抑欲的道德论与政治观:

> 此心之灵,其觉于理者,道心也;其觉于欲者,人心也。……人心是此身有知觉、有嗜欲者,感于物而动……道心则是义理之心,可以为人心之主宰……然此又非有两心也,只是义理与人欲之辨尔。③

朱熹对天理、人欲的界说更能体现其道德本位主义的价值理念。天理指的是作为最高精神本体,理体现在社会之中,便是伦常原则,即仁义礼智与纲常名教。相反,人欲则是指与天理不能兼容的、破坏社会等级秩序的物质欲求:"所谓天理,复是何物?仁、义、礼、智岂不是天理?君臣、父子、兄弟、夫妇、朋友岂不是天理?"④"人欲者,此心之疾,循之则其心私而且邪。"⑤ 概言之,天理、人欲之辨的具体标准就在于是否循照三纲五常的规范行事,三纲五常是决定国家社会治乱的根本条法。"三纲五常,天理民彝之大节,而治道之本根也。"⑥ 在这里,理欲之辨成为评判现实政治治乱的一大标准与审视社会历史盛衰的一种尺度。社会上的任何人无一例外地均须从履行道德规范的具体条目上,

---

① (宋)黎靖德编,王星贤点校:《朱子语类》卷78,第2012页。
② 同上书,第2013页。
③ 同上书,第1487—1488页。
④ (宋)朱熹:《晦庵先生朱文公文集》卷59《答吴斗南》,《四部丛刊初编》本。
⑤ (宋)朱熹:《晦庵先生朱文公文集》卷13《辛丑延和奏札二》,《四部丛刊初编》本。
⑥ (宋)朱熹:《晦庵先生朱文公文集》卷13《戊申延和奏札一》,《四部丛刊初编》本。

从正心诚意、修身齐家治国平天下的行为上处处辨别天理、人欲。最高统治者尤其需要实行理欲之辨，因为"人自有生而有血气之身，则不能无气质之偏以拘之于前，而又有物欲之私以蔽之于后"①。帝王亦可能沾有"气质之偏"，更不能避免"物欲之私"的遮蔽，所以，扬理抑欲的努力当在必为之列。而且，执政者的地位与作用是如此的尊崇和重要，"人主之心正，则天下之事无一不出于正"②。理欲之辨就是要求帝王"一念之萌，则必谨而察之，此为天理耶？为人欲耶？果天理也，则敬以扩之，而不使其少有壅阏；果人欲也，则敬以克之，而不使其少有凝滞"③。这样，社会的进步，国家的兴亡，全存于执政者的道德修养之中，统治者臻于尽善尽美的道德素质能够转化为无穷无尽的政治力量，将国家推上一条完全体现"天理之公"的"德溥而化"的坦途。

我们可以将朱熹围绕"道心""人心"，"天理""人欲"之辨而展开的论证与南宋"吃菜事魔"教派所隐含的摩尼教教理作一番简略的比较。"其教中一曰天王，二曰明使，三曰灵相土地，以主其教，大要在乎清净、光明、大力、智慧八字而已。"④ 摩尼"教阐明宗，用除暗惑；法开两性，分别为门"⑤。"具善法者，清净、光明、大力、智慧，皆备在身。即是新人，功德具足。"⑥ 摩尼教认为，明界（善宗）由五种光明要素构成，首领是大明尊（father of greatness，或者 father of light）。暗界（恶宗）居住着五类恶魔，当黑暗魔王来到明、暗交界处，引发了对明界的贪欲后，便率领众魔侵入明界。大明尊召唤出他本身的放射物来抵御恶魔。第一次召唤，大明尊召唤出善母（mother of life），善母又召唤出她的先意（primal man），先意则召唤出他的五个儿子五明子（five light elements）：清净气、妙风、明力、妙水、妙火。然

---

① （宋）朱熹：《晦庵先生朱文公文集》卷15《经筵讲义》，《四部丛刊初编》本。
② （宋）朱熹：《晦庵先生朱文公文集》卷11《戊申封事》，《四部丛刊初编》本。
③ （宋）朱熹：《晦庵先生朱文公文集》卷14《戊申延和奏札五》，《四部丛刊初编》本。
④ （宋）紫壶道士谢显道编：《海琼白真人语录》卷1，载《道藏》，文物出版社、上海书店、天津古籍出版社1988年版，第33册，第115页上。
⑤ 芮传明：《东方摩尼教研究》附录《摩尼教汉语典籍校注》，上海人民出版社2009年版，第380页。
⑥ 同上书，第370页。

而，先意惨遭失败，光明分子则遭到囚禁。大明尊遂作出第二次召唤，召出光明之友（乐明佛，friend of lights），光明之友再召唤出大般（great ban），大般再唤出净风（living spirit）。大明尊为光明分子得到彻底的解放，进行了第三次召唤，召唤出第三使（日光佛，third messenger），第三使又召唤了电光佛（明女，maiden of light）。他们显现童男童女的妙相，使五类恶魔身上吸收的光明分子射泄出来，掉在地上变成各种动植物。随后魔王命一对暗魔吞食从他身上射泄出来的具有光明分子的物质，这对暗魔交配，生下一男一女，就是亚当、夏娃，其形貌类似第三使和电光佛。亚当与夏娃结合后所生育的后代便是人类，而人体中的光明分子则形成了灵魂。由贪欲、仇恨等构成的肉体始终禁锢着由光明分子构成的灵魂，因此拯救光明分子（灵魂）便成为一项长期而艰巨的任务。拯救便成为摩尼教徒的与生俱来的使命，一切是非善恶均按照是否有利于拯救光明分子这一基本标准而加以判断。汉文摩尼教文献中的"佛性""明性""光明性""性"等，都是指"光明分子"，亦即人类的"灵魂"。信徒们的最大愿望，是解救"灵魂"，使之脱离罪恶的肉身，回归光明世界。这便是《下部赞》中所说的"唯愿二大光明，五分法身，清净师僧，大慈悲力，救拔彼性，令离轮回，刚强之体，及诸地狱，镬汤炉炭。唯愿诸佛，哀愍彼性，起大慈悲，与其解脱；自引入于光明世界本生之处，安乐之境"①。摩尼教明、暗二宗永恒斗争的根本教义就是期望"解脱"肉身，进入"光明世界本生之处，安乐之境"。这与朱熹理学的"道心""人心"之别，"天理""人欲"之辨，有异曲同工之妙。张灏认为，西方文化的根源来自希伯来的宗教，它的意思是，上帝以他的形象造人，因此每个人的天性中都有一点"灵明"，但这"灵明"却因对上帝的叛离而泯没，由此黑暗势力在人世间伸展，造成人性与人世的堕落。所以，我们可以获得关于人性的"双面性"的理解。儒家思想与基督教传统对人性的看法，从开始的着眼点有不同，但儒家肯定成德之可能，就蕴含着现实生命缺乏德性的意思，幽暗意识与成德意识同时存在，相为表里。因而有天理与人欲、道

---

① 芮传明：《东方摩尼教研究》附录《摩尼教汉语典籍校注》第三章《下部赞校注》，第419页。

心与人心的对立。他认为，儒学"复性"思想就含有相当浓郁的幽暗意识。"复性"观念的基本前提是说，生命有两个层面：生命的本质和生命的现实。"生命的现实虽在理论上不一定是昏暗，却常常流为昏暗。因此由生命的本质到生命的现实便常常是一种沉沦。"① 于是，复性观的主题就在于"本性之失落与本性之复原；生命之沉沦与生命之提升"②。朱熹说过："以理言之，则正之胜邪，天理之胜人欲，甚易；而邪之胜正，人欲之胜天理，若甚难。以事言之，则正之胜邪，天理之胜人欲，甚难；而邪之胜正，人欲之胜天理，却甚易。盖才是蹉失一两件事，便被邪来胜将去。若以正胜邪，则须是做得十分工夫，方胜得他，然犹自恐怕胜他未尽在。正如人身正气稍不足，邪便得以干之矣。"③ 这种对生命千疮百孔的感受，已经接近西方的罪恶感，"宋明儒学发展到这一步，对幽暗意识，已不只是间接的映衬和侧面的影射，而已变成正面的彰显和直接的透视了"④。摩尼教对于光明分子被囚于人类肉体中深恶痛绝，它将肉身视作"黑暗的牢狱"，那里盘踞着贪婪的巨蛇，而摆脱这一切的途径，就在于召唤"灵魂"（光明分子）脱离躯体，回归明界乐土。而宋明儒学强调生命有成德的需要，这意味着现实生命是昏暗的，是陷溺的，是需要净化、需要提升的，没有反面这层意思，儒家思想强调成德和修身的努力就完全失去意义。

二 南宋时人以"吃菜事魔"为口实对朱熹学说及其学派的攻击

20世纪40年代，庞俊撰《论吃菜事魔与墨家者流》，言"吃菜事魔"者"皆不肉食饮酒，不燕不祭，男女无别，死则裸葬，同党甚贫则率财相赀，一家有事，则出力互助，此与墨家之节用、兼爱何殊？死则裸葬，则扬王孙之徒也；甘嗜杀人，则墨者赴火蹈刃，死不旋踵之类也。窃疑墨家遗术，久而失其素质，非俗非僧，自为族类。盖上失其

---

① 张灏：《幽暗意识与民主传统》，新星出版社2006年版，第36—37页。
② 同上书，第37页。
③ （宋）黎靖德编，王星贤点校：《朱子语类》卷59，第1417页。
④ 张灏：《幽暗意识与民主传统》，新星出版社2006年版，第39页。

道，民散久矣。世变愈亟，滑者得窃其柄则异端滋多，于是事魔之俗，必以为张角遗习，恐未必然；或以为摩尼明教，亦似有别也"①。是处庞俊并没有十足的第一手资料证实"吃菜事魔"乃先秦墨家之流风余韵，而仅从两者的表象上的相似点加以推论，疑窦更大。事实上，南宋初，官方对包括"吃菜事魔"的所有民间宗教，一并以"妖教"论之，强化了对"妖教"的排斥心理和取缔政策。"江浙之人，传习妖教旧矣，而比年尤盛。绵村带落，比屋有之。为渠首者，家于穷山僻谷，夜则啸集徒众，以神怪相诳诱，迟明散去，烟消鸟没，究之则鬼，迹捕之则易以生事。根固蔓连，势已潜炽。其人类多奸豪，拳勇横猾不及，此时因召募而收用之，以消患于未萌。"② 所谓的"妖教"，就是"邪教"，是不被官方意识形态接纳的宗教异端。"妖教"与官方认可的正统宗教虽然存在着本质性的差异，但更多的差异表现在政治范畴，而不是宗教本身，凡是不被统治秩序所承认者，就会被统治者视为"妖教""邪教"。南宋时，妖教与"吃菜事魔"是一种怎样的关系？"妖教"是指"吃菜事魔"否？南宋初际，福建人廖刚曾上《乞禁妖教札子》：

> 臣僚上言，乞修立吃菜事魔条禁，务从轻典，奉圣旨，令刑部看详，申尚书省。臣谨按：《王制》曰："执左道以乱政，杀；假于鬼神，时日卜筮，以疑众，杀。"非乐于杀人，为其邪说诡道，足以欺惑愚众，使之惟己之从，则相率为乱之阶也。今之"吃菜事魔"，传习妖教正此之谓。臣访闻两浙、江东西，此风方炽。倡自一夫，其徒至于千百为群，阴结死党，犯罪则人出千钱或五百行赇，死则人执柴一枝烧焚，不用棺椁衣衾，无复丧葬祭祀之事。一切务灭人道，则其视君臣上下复何有哉？③

---

① 庞俊：《论吃菜事魔与墨家者流》，原载《文学集刊》第2集，1944年；又载傅杰编《二十世纪中国文史考据文录》，云南人民出版社2001年版，第320页。
② （宋）范浚：《香溪集》卷14《募兵》，文渊阁《四库全书》本，第1140册，第123页。
③ （宋）廖刚：《高峰文集》卷2《乞禁妖教札子》，文渊阁《四库全书》本，第1142册，第332—333页。

而事实上，南宋乡村中"吃菜事魔"现象也绝非个例，如绍兴十四年（1144）宣州泾县（今属安徽省）"魔贼"起事，又有大臣上书朝廷指导处置之方：

> 臣今略措置如右：一、吃菜事魔，皆有师授，要须绝其本根，则余党自然消散。今宣州泾县根勘魔贼，臣实时行下令，根问要见当来传授魔法之人。今据宣州申根，勘得周三等供通，俞一当来，系传授饶州张大翁吃菜。臣已节次行下饶州，根捉张大翁根勘施行外，更乞从朝廷催督施行。一、访问近年乡村，有昏夜聚首素食，名曰夜斋，契勘僧俗斋饭，当在晨朝，今以夜会，则与夜聚晓散不甚相远。臣已散榜行下本路州县乡村禁止外，更乞朝廷即下诸路施行，所有印榜，连粘在前，伏乞睿照。①

陈垣先生曾说："宋人所指之'吃菜事魔'，是否为摩尼教，抑包含白莲、白云在内，今不可知。然此等儒释道以外之教，教外人每并为一谈。"② 庆元四年（1198）臣僚上言："浙右有所谓道民，实'吃菜事魔'之流，而窃自托于佛老以掩物议，既非僧道，又非童行，辄于编户之外，别为一族。奸淫污秽，甚于常人，而以屏妻孥、断荤酒为戒法；贪冒货贿，其于常人，而以建祠庙、修桥梁为功行。一乡一聚，各有魁宿。平居暇日，公为结集，曰烧香，曰燃灯，曰设斋，曰诵经，千百为群，倏聚忽散，撰造事端，兴动工役，夤缘名色，敛率民财，陵驾善良，横行村疃间。"③ 南宋士大夫都不约而同地将各种民间宗教群体同"吃菜事魔"串联在一起，并暗示它们都有着阴暗的反政府与反社会倾向。这类的指责，一般是主导意识形态管摄者士大夫们的共同意见。而对于"吃菜事魔"宗教群体的功能，士大夫的看法则比较直接：

> 食菜事魔者，弥乡亘里，诵经焚香，夜则哄然而来，旦则寂然

---

① （宋）张守：《毗陵集》卷3《措置魔贼札子》，《四部丛刊》影印清光绪二十一年本。
② 陈垣：《摩尼教入中国考》，载陈乐素、陈智超编校《陈垣史学论著选》，第164页。
③ （清）徐松辑：《宋会要辑稿》刑法2之130，中华书局1957年影印本。

而亡。其号令之所从出，而语言之所从授，则有宗师。宗师之中，有小有大，而又有甚小者。其徒大者或数千人，其小者或千人，其甚小者亦数百人。其术则有双修、二会、白佛、金刚禅。而其书则又有《佛吐心师》《佛说涕泪》《小大明王出世》《开元经》《括地变文》《齐天论》《五来曲》。其所以为教戒传习之言，亦不过使人避害而趋利，背祸而向福。里民眩惑而莫知其所以然而然，以为诚可以有利而无害，有福而无祸。故其宗师之御其徒，如君之于臣，父之于子；而其徒之奉其宗师，凛然如天地神明之不可犯，较然如春夏秋冬之不可违也，虽使之蹈白刃、赴汤火可也。①

细究王质《论镇盗疏》，我们可以发现：第一，"食菜事魔"是"左道惑人"，他们"诵经焚香"，夜聚晓散。第二，他们是有明确组织形式的秘密结社，为首者称"宗师"。第三，他们所持的经典有《佛吐心师》《佛说涕泪》等，有极为明显的佛教特征，起码是披上了一件色彩斑斓的佛教外衣。"吃菜事魔"的民间宗教群体，是一种具有社会学意义的民间结社，它指的是庶民社会的个体，为某种共同的目的而聚集在一起，并能维持一定程度的组织与运作。这种民间结社，表面上呈现的是共同体成员的宗教纽带，实际上则反映出民众组织在面对经济生活、社会交际、宗教信仰、商业活动、军事防卫等组合式的需求，是一种个体无法实现其目的的变通之道。戴维·波普诺在论述群体与组织的关系时曾经讲道："群体成员不仅仅是人群的集合、或社会的类属，它展示的是人们相互联系的独特模式。换句话说，他们形成了一种社会结构并对其成员有某种确定的期望。群体还通过一些特殊的意义与规范产生了群体文化。所有群体都有自己的特征，并且从属于群体的个体成员，在人格、信仰和价值观方面各不相同。通过共享群体的意义与规范，群体中的人就产生了一种作为群体成员的认同感。这样，群体中的人就与群体外的人有了十分明确的区分。因此，社会群体就可以定义为两个或更多的人，他们有共同的认同及某种团结一致的感觉，对群体中

---

① （宋）王质：《雪山集》卷3《论镇盗疏》，文渊阁《四库全书》本，第1149册，第368—369页。

每个人的行为都有相同而确定的目标和期望。"① 从"吃菜事魔"者的一般情形分析，他们显然是具有基础性集团（群体）和功能性集团（群体）的复合组织结构。基础性集团（群体）作为共同的血缘关系和乡里关系而自然形成，并具有产生其他集团（群体）的基础性意义；功能性集团（群体）作为人们出于共同目的、意义和利害关系的特定作用而生发。

南宋孝宗、光宗和宁宗时期（1162—1224），是理学得到重大发展的时期，但同时也激起非学术层面上的对理学的冲击，这种非学术层面上展开的反理学运动与陈亮、叶适对理学的批评那种学术思想层面上的反理学有着完全不同的格调。此一时期朝野对理学的指责是一场虽无学术意义然而却对学术思想有很大影响的政治运动。这种反理学运动不过是强权对学术的冲击。它与先前的元祐党禁和之后的庆元党禁一样，从表面上看，有效地禁锢了当权者视为异端邪说的思想学说的传播，但实际上，风暴过后，适有助于抬高被禁锢思想的地位，同时也极大地扩展了其社会影响。此时，以主流意识形态监管者自居的士大夫，把朝廷内部不同派别的政见差异、思想分歧及利益冲突诬名化为"吃菜事魔"，这种做法表明，南宋城乡"魔教"与"事魔"现象的普遍与对社会基层的渗透及深层操控已经相当牢固，与此同时，士大夫们对新出现的民间宗教团体也始终保有一份深深的忧虑，他们对民间宗教团体与"吃菜事魔"者的行为方式、信仰内容并没有也缺乏兴趣去做学理上的审慎分别，而"吃菜事魔"教派在外在的仪式行为所表达的符号意义上均体现出与制度化宗教内涵全然不同的样式，这样的困惑，并没有阻碍士大夫内部的不同政见与学术分歧被对方呵斥为"吃菜事魔"。淳熙十年（1183）六月，吏部尚书郑丙出来攻击朱熹："近世士大夫有所谓道学者，欺世盗名，不宜信用。"② 陈贾为监察御史，进一步攻击朱熹学说乃假道学之名以济其伪：

---

① ［美］戴维·波普诺（David Popenoe）：《社会学》（第10版），李强等译，中国人民大学出版社1999年版，第173页。

② （元）脱脱等撰：《宋史》卷934《郑丙传》，中华书局1977年版，第12035页。

> 臣窃谓天下之士，学于圣人之道未始不同，既同矣，而谓己之学，独异于人，是必假其名以济其伪者也。……居之似忠信，行之似廉洁，孔子之恶乡原者，恶其伪也。行辟而坚，言伪而辩，孔子之诛少正卯者，诛其伪也。以夫人之饰伪，若此不有以抑之，则将欺世盗名，无所不至矣。臣伏见近世缙绅士夫有所谓道学者，大率类此。其说以谨独为能，以践履为高，以正心诚意，克己复礼为事，若此之类，岂学者所当然，而其徒乃谓己独能之，夷考所为，则又大不然，不几于假其名以济其伪者邪？……道先王之语，而行如市人，窃处士之名，而规取显位。轻视典宪，旁若无人，故上焉者得以遂其奸，次焉者得以护其短，下焉者得以掩其不能，相与造作语言，互为标榜。有善虽小，必多口称誉，以为他人所难办；有过虽大，必曲为辞说，以为其中实不然。故附之者常假其势以为梯，媒庇之者，常获其助以为肘腋，植党分明，渐不可长。①

陈贾此奏，以"道学"为"伪学"，给后人之排斥理学者提供了一个上佳的口实。其后虽有尤袤进言，为理学辩护，希望朝廷"循名责实，听言观行"②，勿遽作"道学"全然为"伪学"的先入为见的判断，但孝宗的回答却是"道学岂不美之名，正恐假托为奸，真伪相乱耳"③。于是，一场以道学为"伪"且罪恶昭彰，并以之整肃学人的政治风波便在持续的酝酿过程之中并于合适之际勃然而起。淳熙十五年（1188）秋，朱熹被任命为兵部郎官，反理学势力于此找到了契机。当朱熹以足疾为由试图辞免对他的除命时，兵部侍郎，那位曾与朱熹讨论过《周易》《西铭》，并曾将自己所著《易解》寄给朱熹征询意见的林栗，以爆发式态度激烈地攻击这位还未上任的下属：

> 熹本无学术，徒窃张载、程颐之绪余，为浮诞宗主，谓之道

---

① （宋）李心传编：《道命录》卷5《陈贾论道学欺世盗名乞摈斥》，台北文海出版社1981年版。

② （明）陈邦瞻：《宋史纪事本末》卷80《道学崇黜》，载中华书局编辑部编《历代纪事本末》，中华书局1997年版，第1497页。

③ 同上。

学，妄自推尊。所至辄携门生十数人，习为春秋、战国之态，妄希孔、孟历聘之风，绳以治世之法，则乱人之首也。今采其虚名，俾之入奏，将置朝列，以次收用。而熹闻使之初，迁延道途，邀索高价，门徒迭为游说，政府许以风闻，然后入门。既经陛对，得旨除郎，而辄怀不满，傲睨累日，不肯供职，是岂程颐、张载之学教之然也？缘熹既除兵部郎官，在臣合有统摄，若不举劾，厥罪惟均。望将熹停罢，姑令循省，以为事君无礼者之戒。①

林栗对朱熹的评击，有挟嫌报复之意。太常博士叶适，虽然所宗之学术、所执之政见与朱熹相去远甚，但此时却挺身而出，为晦翁作辩护。叶适说："道学一语，则无实最甚，利害所系，不独朱熹，臣不可以不力辩。盖自昔小人残害忠良，率有指名，或以为好名，或以为立异，或以为植党，近忽创为道学之目，郑丙唱之，陈贾和之，居要路者密相付授。见士夫有稍务洁修，粗能操守，辄以道学之名归之，以为善为玷缺，以好学为过愆。相为钩距，使不获进，从旁窥伺，使不获安。于是贤士惴慄，中材解体，销声灭影，秽德垢行，以避此名，殆如吃菜事魔，景迹犯败之类。"② 殿中侍御史胡晋臣也指责林栗"执拗不通，喜同好异，无事而指学者为党，此最人之所恶闻者"③。林栗也因此而出知泉州，而这一切均无助于朝廷排斥理学的政治倾向的酿成。

林栗指责的"浮诞宗主"，叶适担心的理学群体被攻击为"吃菜事魔，景迹犯败之类"却很快地成为现实。庆元二年（1196）十一月，监察御史沈继祖奏：

> 朱熹剽窃张载、程颐之余论，以吃菜事魔之妖术，以簧鼓后进，张浮驾诞，私立品题，收召四方无行义之徒，以益其党伍，相与餐麄食淡，衣衰带博，或会徒于广信鹅湖之寺，或呈身于长沙敬

---

① （元）脱脱等撰：《宋史》卷394《林栗传》，第12031页。
② （宋）李心传编：《道命录》卷6《叶正则为晦庵先生辩诬及陈贾封事》，台北文海出版社1981年版。
③ （宋）李心传撰，徐规点校：《建炎以来朝野杂记》乙集卷八《晦庵先生非素隐》，中华书局2000年版，第636页。

筒之堂，潜形匿迹，如鬼如魅，及不忠不孝，不仁不义，不公不廉等。①

《续编两朝纲目备要》则说沈继祖奏稿系胡纮所作，借沈氏之手而上达：

> （庆元二年十二月）监察御史（胡）纮以稿授之，（沈）继祖锐于进取，谓可立致富贵，遂奏（朱）熹剽窃张载、程颐之余论，寓以吃菜事魔之妖术，以簧鼓后进，张浮驾诞，私立品题，收召四方无行义之徒，以益其党伍，相与餐麄食淡，衣褒带博，或会徒于广信鹅湖之寺，或呈身于长沙敬简之堂，潜形匿迹，如鬼如魅，及不忠不孝，不仁不义，不公不廉等十罪。乞褫职罢祠。其徒蔡元定佐熹为妖，乞送别州编管。②

以主流意识形态监管者自居的士大夫既把内部不同派别的政见差异及利益冲突诉名化为"吃菜事魔"，南宋乡村"魔教"与"事魔"现象的普遍与对社会基层的渗透及深层操控已经接近完成，与此同时，士大夫们对新出现的民间宗教团体也始终保有一份深深的忧虑，他们对民间宗教团体与吃菜事魔者的行为方式、信仰内容并没有也缺乏兴趣去做学理上的审慎分别，而"吃菜事魔"在外在的仪式行为所表达的符号意义上的确表现出与制度化宗教内涵全然不同的样式，这是一种分散性宗教所表现出的世俗化特征。《佛祖统纪》载，"嘉泰二年（1202），白云庵沈智元自称道民，进状乞额。臣僚言道民者，吃菜事魔，所谓奸民者也。"③ 而朱熹理学远接北宋二程余绪，自称"道学"，给了反理学者以相当强劲的口实以攻击这种在组织机构上与"吃菜事魔"有几分相

---

① （宋）刘时举撰：《续宋编年资治通鉴》卷12《宋宁宗一》，《丛书集成初编》本，商务印书馆1935年版，第3880册，第150页。
② （宋）佚名编，汝企和点校：《续编两朝纲目备要》卷四《宁宗》，中华书局1995年版，第74页。
③ （宋）志磐：《佛祖统纪》卷54《历代会要志》19之4《事魔邪党》，《大正新修大藏经》，第49册，第474页下—第475页上。

似的学派。"吃菜事魔"的资料告诉我们：第一，"吃菜事魔"的确是古代中国具有代表性的民间结社。它表达了一种基础性的功能，经济上的互助，紧急事项上的及时帮助，足以慰藉在低层级生活状态中挣扎的底层民众。第二，在自愿结合的社团"吃菜事魔"中，人们相互关心、互相帮助，做出奉献，感受温暖。得到了在现实世界里缺乏的爱、承认和尊重，实现了他们做人的权利。它帮助人们克服生活的重压，使生活变得富有意义和生命力，这就达至群体成员情感的慰藉和精神上的相互支持。佐藤幸治所讲过的结社的积极机能：（1）归属意识的满足，（2）个人自由的强化、扩大，（3）社会控制。其中（2）起到作为对公权力的缓冲器作用，（3）避免公权力的过重负担与对个人生活的过剩介入。[1] 第三，政府对有政治意图的宗教团体，自然铲除务尽，但即便是单纯的信仰团体，政府也会以未符合国家的信仰体制为由，而将其视为左道淫祀，归入扫除之列，无论"吃菜事魔"组织怎么做，都无法清除政府对它的排斥与疑虑。民间结社如何在国家的统治秩序中发挥民众所需要的功能，是否有一些做法可以成为沟通和平衡国家权力与民众权利的桥梁，民间结社与国家权力间的互动关系，根本没有被国家权力的拥有者所考虑。第四，"吃菜事魔"的领导人先天就具有反叛的意识，并在众徒的拥戴下很快地具有这方面的实际能力。勒庞说："芸芸众生总是愿意听从意志坚强的人，而他也知道如何迫使他们接受自己的看法。聚集成群的人会完全丧失自己的意志，本能地转向一个具备他们所没有的品质的人。"[2] 而理学批评者对朱熹学派的攻击，将其比作"吃菜事魔"群体，说他们"潜形匿迹，如鬼如魅"，也是出于两者在形式上的相近性。"吃菜事魔"已经在乡村建造有相对固定的活动场所，有专门的从业人员，鼓动乡民从事有规律的宗教活动。"鼓扇黑民，男女夜聚晓散"，是宋时政府对民间结社的习惯性指责。葛兆光认为，对官方来说，麻烦的就是有组织的集体行为。"夜聚"这种行为，

---

[1] 参见［日］佐藤幸治《结社的法律性质及其制约》，张允起译，载［美］阿米·古特曼（Amy Gutmann）等《结社：理念与实践》，吴玉章、毕小青等译，生活·读书·新知三联书店2006年版，第76页。

[2] ［法］古斯塔夫·勒庞（Gustave Le Bon）：《乌合之众：大众心理研究》，冯克利译，中央编译出版社2000年版，第97—98页。

官方和民间都相当紧张和警惕，因为这种行为不是外在制度和内在自觉可以约束的。一些被迫私密化、边缘化的集体行为，本来就是政府法律与主流道德驱赶到黑夜里秘密进行的。黑夜里的宗教聚集，一定有炽热的信仰，其诱惑力和煽动力就非同小可。"在传统的观念里，夜幕下不仅是黑暗，而且是阴谋、混乱、肮脏和反叛。这一连串的联想，就是传统生活习惯的观念性产物。"① "在传统社会里，生活时间的反常，就是伦理秩序的颠倒。"② 所以，这样的行为就被自谓为儒家纲常伦理秩序保护者的政府所绝对不容。而朱熹学派在攻击者看来"簧鼓后进，张浮驾诞，私立品题，收召四方无行义之徒，以益其党伍，相与餐粗食淡，衣褒带博，或会徒于广信鹅湖之寺，或呈身于长沙敬简之堂"，其行为与吃菜事魔群体很近似。理学的那种对异类学说思想的绝对不宽容性，那种特立独行的行为方式和人生态度也容易遭受对手的打压，就是连服装和仪容都表现得和大众很不相同，如北宋程颐，"伊川常服皂袍高帽，檐劣半寸（一云帽桶八寸，檐半寸四直），系绦。曰：'此野人之服也。'深衣，绅带青绿，篆文：'非礼勿视，非礼勿听，非礼勿言，非礼勿动。'"③ 朱熹门人黄幹在为其师所撰之行状中这样描述一代宗师的生活细节："其闲居也，未明而起，深衣，幅巾，方履，拜于家庙，以及先圣。退坐书室，几案必正，书籍器用必整。其饮食也，羹食行列有定位，匙箸举措有定所。倦而休也，瞑目端坐。休而起也，整步徐行。中夜而寝，即寝而寤，则拥衾而坐，或至达旦。威仪容止之则，自少至老，祁寒盛暑，造次颠沛，未尝有须臾之离。"④ 这段描述，暗用《论语·乡党》的笔法，其用意在以朱熹比拟孔子。但是，这里也透露了作为理学家的朱熹的生活风貌：幅巾方履，整步徐行，瞑目端坐。这种形象，为混迹于理学之厕者所仿效。"世又有一种浅陋之士，自视无堪以为进取之地，辄亦自附于道学之名，裒衣博带，危坐阔步，或抄节

---

① 葛兆光：《思想史研究课堂讲录》，生活·读书·新知三联书店2005年版，第255页。
② 同上。
③ （宋）李幼武纂集：《宋名臣言行录》外集卷三《程颐》，台北文海出版社1967年影印本。
④ （宋）黄幹：《勉斋集》卷36《朝奉大夫文华阁侍制赠宝谟阁直学士通议大夫谥文朱先生行状》，文渊阁《四库全书》本，第1161册，第153页。

朱熹与吃菜事魔

语录以资高谈,或闭眉合眼号为默识,而扣击其所学,则于古今无所闻知;考验其所行,则于义利无所分别,此圣门之大罪人,吾道之大不幸,而遂使小人得以借口为伪学之目,而君子受玉石俱焚之祸者也。"①"浅陋之士"不仅或"抄节语录以资高谈",或"闭眉合眼"以示高深,而且在外表上刻意模仿理学名士的打扮,装饰成一副"哀衣博带,危坐阔步"的派头,这就使那些企图整束理学的朝廷大臣找到了更为允足的埋由。连同情理学的罗大经都记载了当时欧阳景颜的一段话,表示对那些附道伪徒的不满:"世之作伪假真者,往往窃持敬之名。盖不肖之徒,内虽荏,而色若厉焉;行无防检,而步趋若安徐焉。识者病之,至有效前辈打破敬字以为讪侮者。又有以高视阔步,幅巾大袖,而乞加惩绝者。"②俞义豹在总结庆元党禁发生缘由时也指出:"最是今京城有一等赝儒字,素以钻刺为生,见时尚道学,旋取《近思录》《性学源流》等书,剽窃其语,置牙颊间,以逛惑人听,外示雍容,内实急于进取;口谈道义,心实巧于逢迎,此正陈贾假此名以济其伪者。"③

理学的兴起,直接关系到当时士大夫阶层的权力再分配,拥护者将其推崇为圣贤之学,是齐家、治国、平天下的良方;反对者称其矫揉造作,沽名钓誉,乃是"伪学"。不幸又有利禄之徒,更换门庭,混迹其中,给认为理学是"伪学"之人添增口实。且此时期,理学党徒之登用与否,与当政者本人之思想学术倾向大有关联。周必大当国,理学之徒多有进用,王淮执政,则擢陈贾为监察御史,指责理学之徒"假名以济其伪",林栗则直指朱熹为"浮诞宗主"。宁宗即位后,赵汝愚心倾理学,重用朱熹及理学信徒,结成宗派,理学家及其信徒大都站在赵汝愚一边以攻韩侂胄。赵汝愚垮台以后,韩侂胄利用取得的政治权力为消弭理学在朝野的政治地位和社会影响,积极支持自己的亲信及对理学不满的臣僚,他们以"吃菜事魔"为攻击朱熹学派的口实,自然是牵

---

① (宋)周密撰,朱菊如等校注:《齐东野语校注》卷11《道学》,华东师范大学出版社1987年版,第220页。

② (宋)罗大经撰,王瑞来点校:《鹤林玉露》甲编卷3《畏说》,中华书局1983年版,第44页。

③ (宋)俞文豹撰,张宗祥校订:《吹剑录全编·吹剑四录》,古典文学出版社1958年版,第133页。

· 437 ·

强附会，但理学群体在某些方面所表现的异于主流社会生活方式和行为方式的做派，也无疑给予攻击者以比附的口实。当然，宁宗庆元年间的反理学浪潮没有一种理论上的说服力，不能为主理学者和一般士大夫阶层心悦诚服，这也是宁宗后期理学势力再度反弹的主要原因。

三 朱熹对"吃菜事魔"的态度

陈荣捷曾说："一九八四年九月有宋代教育之研讨会……席间哥伦比亚大学研究生朱荣贵君报告朱子各处外任之劝谕榜。彼译'魔'为'妖'，予赞助之。惟西方学者数人，极端反对，坚持'魔'为魔教，即吃菜事魔教，亦即摩尼教。其中 Erik Zürcher 为中国佛教史世界权威，对我国历史上外来宗教，甚为熟识。彼谓南宋时代，摩尼教犹存云。"[1]陈氏此处提到的朱子"劝谕榜"指的是光宗绍熙元年（1190）四月朱熹知漳州时的张榜公告。除晓谕民众居丧持服遵礼外，禁止男女聚集僧庐做传经法会以及女道私设庵舍。也不得传习魔教：

> 盖闻人之大伦，夫妇居一，三纲之首，理不可废。……是以先王之世，男各有分，女各有归。后世礼教不明，佛法魔宗乘间窃发，唱为邪说，惑乱人心，使人男大不婚，女长不嫁，谓之出家修道，妄希来生福报，若使举世之人尽从其说，则不过百年，便无人种，天地之间，莽为禽兽之区，而父子之亲，君臣之义，有国家者所以维持纲纪之具，皆无所施矣。幸而从之者少，彝伦得不殄灭。其从之者又皆庸下之流……血气既盛，情窦日开，中虽悔于出家，外又惭于还俗，于是不昏之男无不盗人之妻，不嫁之女无不肆为淫行……岂若使年齿尚少、容貌未衰者各归本家，听从尊长之命，公行媒娉，从便昏嫁……息魔佛之妖言，革淫乱之污俗，岂不

---

[1] 陈荣捷：《朱子新探索》，华东师范大学出版社 2007 年版，第 229 页。按：Erik Zürcher，中文名许理和（1928—2008），荷兰莱顿（Layden）大学教授，1959 年以《佛教征服中国》获得博士学位，此书在汉语佛教学术史上非常知名，已经由李四龙、裴勇等人译成中文，江苏人民出版社 2003 年版。

美哉。①

禁约保伍，互相纠察事件。常切停水防火，常切觉察盗贼，常切禁止斗争，不得贩卖私盐，不得宰杀耕牛，不得赌博财物，不得传习魔教。保内之人，互相觉察，知而不纠，并行坐罪。②

陈荣捷认为："此两件公文最应注意者有二。一为其对象纯为佛教，二为其目的全在社会改良。观其并未提及教义，可知绝非排教。所劝谕者乃修道不嫁之女子，劝其还俗。所禁止者乃私创庵舍，因女道住庵被人控诉与人通奸，又因以传经为名，男女昼夜混杂也。凡此与教条无关，其目标乃社会改良而已。两文对象，全在佛教。禳灾祈福，佛教道教均与其事，然上义引'佛法魔宗'一词，若谓'魔宗'指魔教，亦即摩尼教，则何以道教不一并攻击耶？且朱子之时，摩尼教虽或尚存于福建，然非盛行，以至私创庵舍。"③ 故而陈氏以为，"'佛法魔宗'、'魔佛'、'魔教'三词之'魔'字，只是妖邪魔鬼之意。"④ 然而，朱熹此处以魔佛相提并论，则魔与佛显然为两种类别的蛊惑性的精神因素。北宋以来两浙、福建路的魔教或"吃菜事魔"群体之活动，是一种非常普遍的现象：

江浙之人，传习妖教旧矣，而比年尤盛。绵村带落，比屋有之。为渠首者，家于穷山僻谷，夜则啸集徒众，以神怪相诳诱，迟明散去，烟消鸟没。⑤

浙东、江左自来传习妖教，夜聚晓散之徒，连村举邑。⑥

所谓的"妖教"，就是"邪教"，是不被官方意识形态接纳的宗教

---

① （宋）朱熹：《晦庵先生朱文公集》卷100《劝女道还俗榜》，《四部丛刊初编》本。
② （宋）朱熹：《晦庵先生朱文公集》卷100《劝谕榜》，《四部丛刊初编》本。
③ 陈荣捷：《朱子新探索》，第230页。
④ 同上。
⑤ （宋）范浚：《香溪集》卷14《募兵》，文渊阁《四库全书》本，第1140册，第123页。
⑥ （宋）李心传：《建炎以来系年要录》卷91，绍兴五年秋七月丙申条，中华书局1956年排印本，第1525页。

· 439 ·

异端。陆游也提到过"明教"在福建的活动:

> 闽中有习左道者,谓之明教。亦有明教经,甚多刻版摹印,妄取道藏中校定官名衔赘其后。烧必乳香,食必红蕈,故二物皆翔贵。至有士人宗子辈,众中自言:"今日赴明教斋。"予尝诘之:"此魔也,奈何与之游?"则对曰:"不然,男女无别者为魔,男女不亲授者为明教。明教,妇人所作食则不食。"然尝得所谓明教经观之,诞谩无可取,真俚俗习妖妄之所为耳。①

"魔"字最早为梵文 mara(魔罗)的略称,佛家把一切扰乱身心、妨碍修行的心理活动统称为"魔";而"魔王"一词又是印度佛教中欲界第六天之主波旬(梵文 Papiyas)的专称。宋代以前,"魔"字在史书中偶有出现,多与佛教人事相关。两宋明教盛行,统治者颇为忌惮,加以"吃菜事魔"的恶谥,盖因明教有素食的习俗,而"魔"字在此既是"摩"的谐音,又带有凶顽邪恶之意。故而"魔贼""魔王"等称呼,也便成为信奉明教的反叛者的专用贬称。清代大儒钱大昕在《十驾斋养新录》中就曾确指"吃菜事魔"为两宋新兴之邪教。②南宋庄绰说:"事魔食菜,法禁甚严。有犯者,家人虽不知情,亦流于远方,以财产半给告人,余皆没官。而近时事者益众,云自福建,流至温州,遂及二浙。……其魁谓之魔王,为之佐者,谓之魔翁、魔母,各诱化人。旦、望,人出四十九钱,于魔翁处烧香。魔母则聚所得缗钱,以时纳于魔王,岁获不赀云。亦诵《金刚经》,取'以色见我',为'邪道',故不事神佛,但拜日月,以为真佛。"③吃菜事魔者也诵读《金刚经》,但更是礼崇日月,显然,它与佛教并不是一件精神信仰。在迄今

---

① (宋)陆游撰,李剑雄、刘德权点校:《老学庵笔记》卷10,中华书局1979年版,第125页。

② 参见(清)钱大昕《十驾斋养新录》卷8《吃菜事魔》,上海书店1983年排印本,第185—186页。

③ (宋)庄绰撰,齐鲁阳点校:《鸡肋编》卷上,中华书局1983年版,第11页。文中"其魁谓之魔王,为之佐者,谓之魔翁、魔母,各诱化人"。方勺《青溪寇轨》作"其魁谓之魔王,右者谓之魔母,各有诱化"。参见方勺撰,许沛藻、杨立阳点校《泊宅编》,中华书局1983年版,第114页。

仅存的三部摩尼教汉文典籍中,充斥了"佛"字以及佛教的词汇;而"魔"本来就是最能体现佛教色彩的词汇之一,而汉文摩尼教经典中则充斥了"魔"和"魔"的词组,如魔、魔军、魔窟、魔宫、魔男、魔女、魔党、魔族、魔子、魔王、贪魔等。这里的"魔",主要含有"邪恶"之意。芮传明指出,中国文人一向喜欢挑选含有贬损之义的名词来称呼他们所厌恶的域外的人或物,如汉之"匈奴"、魏之"蠕蠕",摩尼教之名称亦作如此观。它被称为"魔",指称者最初之用心,其实十分清楚。而摩尼教一旦与"魔"发生关系后,即使仍然自称为"佛",却颇难取信于主流社会,尤其是政府。① "吃菜事魔"群体不仅诵读《金刚经》,而且就像王质《雪山集》所述,这一群体还传习"《佛吐心师》《佛说涕泪》《小大明土出世》《开元经》《括地变文》《齐天论》《五来曲》"②。这些民间宗教经籍的实质内涵,"不过使人避害而趋利,背祸而向福。"③ 与佛教立教宗旨没有什么歧义。南宋高僧志磐愤然道:"'吃菜事魔'……其修持者正午一食。裸尸以葬。以七时作礼。盖黄巾之遗习也。"④ 但更多的时候,志磐还是将"吃菜事魔"作为一种附佛外道严加指责:"准国朝法令,诸以《二宗经》及非藏经所载不根经文传习惑众者,以左道论罪。二宗者,谓男女不嫁娶,互持不语,病不服药,死则裸葬等。不根经文者,谓《佛佛吐恋师》《佛说啼泪》《大小明王出世经》《开元括地变文》《齐天论》《五来子曲》之类。其法不茹荤饮酒,昼寝夜兴,以香为信,阴相交结,称为善友。一旦郡邑有小隙,则凭狼作乱。如方腊、吕昂辈是也。……如此魔教,愚民皆乐为之。其徒以不杀不饮不荤辛为至严。"⑤ 这里讲到的"不根经

---

① 参见芮传明《佛耶,魔耶?——略说摩尼教在中国古代社会中的两种角色》,《寻根》2006年第1期。

② (宋)王质:《雪山集》卷三《论镇盗疏》,文渊阁《四库全书》本,第1149册,第369页。

③ 同上。

④ (宋)志磐:《佛祖统纪》卷48《法运通塞志》17之15,《大正新修大藏经》,第49册,第431页上。

⑤ (宋)志磐:《佛祖统纪》卷39《法运通塞志》17之6,《大正新修大藏经》,第49册,第370页上。吴晗认为,《佛说涕泪》是一种弥勒小经,参见《明教与大明帝国》,载《读史札记》,生活·读书·新知三联书店1956年版。杨讷指出《大小明王出世经》则是佛教净土宗异端教派传习的经文,参见《再谈"扶箕诗"》,载《历史研究》1979年第4期。

· 441 ·

文"同王质所说大体相似,与《宋会要辑稿》里北宋政府严禁的明教典册"所念经文及绘画佛像,号为《讫思经》《证明经》《太子下生经》《父母经》《圆经》《文缘经》……"①以及仁宗贝州之乱时"贝、冀俗妖幻,相与习《五龙》《滴泪》等经及图谶诸书"②。都是夹杂着民间信仰、大众佛教与明教信仰的混合型的底层社会的精神景观。

朱熹本人对"吃菜事魔"这种底层精神景观当然是持一种严厉的排斥态度。官方并不关心民间宗教团体所崇奉的教义到底讲了些什么,他们最关心的是这些团体的集会和作为集会延伸的宗教活动(包括令人费解的仪式)究竟想干什么,官方想让这些宗教团体只执行正统的做法;以朱熹为代表的知识精英群体最关心的是这些团体集会的精神动因以及终极诉求,他们当然也关心这些宗教团体的做法,但其实他们更关心支撑这些团体的精神元素,还有这些精神元素的归属。所以当他们发现这些"吃菜事魔"者是儒家生活理念的异型的时候,他们的反对态度是决绝的。在南宋东南乡村,"吃菜事魔"或夜聚晓散等民间宗教聚集现象已经是如此普遍和深入,官方禁止之令严厉,而以意识形态正统代言人与捍卫者自居的士大夫对民间宗教团体最严厉也最常见的指责就是"夜聚晓散"和"男女杂处"。前者是来自对黑暗的恐惧,后者则涉及传统时代士人念兹在兹的"男女之大防"。所以朱熹也不会例外,当他能够独长一方政权的时候,他一定会发出自己的声音。福建的"附佛外道"令人印象深刻,朱熹之后,嘉定二年(1210)七月四日,知漳州薛扬祖还厉声说道:"古有四民,舍士、农、工、商之外无他业。自佛法流入中国,民俗趋之,而南方尤盛。有如漳郡之民,不假度牒,以奉佛为名,私置庵寮者,其弊抑甚。男子则称为白衣道者,女子则号曰女道。男人(女)失时,不婚不嫁,窃修道之名,济奸私之行。乞严切禁戢,应非度牒披剃之人,并系各归本业。"③道学后劲真德秀于理宗绍定五年(1232)以徽猷阁待制知泉州时颁布《劝农文》,厉言事魔之非:"财物难得,常须爱惜。食足充口,不须贪味。衣足蔽体,

---

① (清)徐松辑:《宋会要辑稿》刑法2之78。
② (宋)李焘:《续资治通鉴长编》卷161,庆历七年十一月戊戌条,中华书局1985年版,第3890页。
③ (清)徐松辑:《宋会要辑稿》刑法2之136。

不须奢华。莫喜饮酒,饮多失事。莫喜赌博,好赌坏人。莫习魔教,莫信邪师。莫贪浪游,莫看百戏。凡人皆因妄费无节,生出事端。既不妄费,即不妄求,自然安稳,无诸灾难,便是节用。"[1] 知台州李守兼也写诗规劝当地百姓:"白衣夜会说无根,到晓奔逃各出门。此是邪魔名外道,自投刑辟害儿孙。"[2] 南宋"吃菜事魔"是否已经渗透到理学文化中,以致成为理学思想建构的重要部件与设计思路,尚有待于专题之考察,但是南宋士大夫已经普遍认识到"吃菜事魔"成为当时的社会文化问题与政治隐患,是不争的事实:"传习事魔,男女混杂,夜聚晓散。惧官府之发觉,则更易其名,曰我系白莲,非魔教也。既吃菜,既鼓众,便非魔教亦不可,况既系魔教乎?若不扫灭,则女不从父从夫而从妖,生男不拜父拜母而拜魔王,灭天理、绝人伦,究其极则不至于黄巾不止。"[3] "魔教"教徒自知不为南宋朝廷所容,就谎称自己是世俗化佛教的白莲教教徒,以逃避惩治,这显然是以半合法化存在的白莲教做掩护,也可由此推测,"吃菜事魔"与白莲教虽渊源和基本教义不同,但在一些行为方式上有一定共同之处,否则,"吃菜事魔"也不会以白莲教为掩护。

韦伯发觉,在中国民间宗教那里,生活始终是一连串的事件,而不是有条不紊地朝向超验目标的整体。"儒家伦理中完全没有拯救的观念","也不希望通过弃绝生命而获得拯救,因为生命是被肯定的;也无意于摆脱社会现实的救赎,因为社会现实是既有的"。[4] 对于南宋下层民众来说,宗教信仰更多的是一种依靠,宗教组织则是一个互相依靠以对付外在世界各种压力的弱小者的团体,他们需要从那里找寻生存下去的信心和意义,朱熹等理学名臣则是以完全不同的眼光在审视这种宗教聚集,因此,他们之间其实有着很大的差异。

---

[1] (宋)真德秀:《西山先生真文忠公文集》卷40《再守泉州劝农文》,《丛书集成初编》本,第2401册,第720页。

[2] (宋)陈耆卿撰:《嘉定赤城志》卷39《风土门二·李守兼戒事魔十诗》,文渊阁《四库全书》本,第486册,第936页。

[3] (宋)佚名编,中国社会科学院历史研究所宋辽金元史研究室点校整理:《名公书判清明集》卷14,吴雨岩《痛治传习事魔等人》,中华书局1987年版,第537页。

[4] [德]马克斯·韦伯(Max Weber):《儒家与道教》,洪天富译,江苏人民出版社1993年版,第182页。

朱熹与王淮交游考略

顾宏义

(华东师范大学　古籍研究所)

作为宋孝宗时期的著名人物，理学大师朱熹与丞相王淮之间，因朱熹弹劾唐仲友及王淮反"道学"之事，故世人多着眼于他二人间之交恶纷争，至认为朱、王之"关系自始即如冰炭不相入"[①]，而对二人此前颇有些密切的交往却关注不多。为此，笔者据朱熹致王淮的书信以及相关史料来考证朱、王两人之交游始末，以就正于方家。

王淮（1126—1189），字季海，婺州金华（今属浙江）人。登绍兴十五年（1145）进士第。历监察御史、右正言，除秘书少监兼恭王府直讲，除太常少卿、中书舍人兼直学士院，除翰林学士。淳熙二年，除端明殿学士、签书枢密院事，除同知枢秘院事、参知政事，擢知院事、枢密使，八年拜右丞相兼枢密事，拜左丞相。以观文殿大学士出判衢州，改提举洞霄宫。淳熙十六年卒，年六十四，[②] 谥文定。《宋史》卷396有传。

朱熹与王淮二人当初识于乾道四年（1168）间。据朱熹《建宁府崇安县五夫社仓记》载：

> 乾道戊子春夏之交，建人大饥，予居崇安之开耀乡，知县事诸葛侯廷瑞以书来属予及其乡之耆艾左朝奉郎刘侯如愚曰："民饥

---

① [美]余英时：《朱熹的历史世界：宋代士大夫政治文化的研究》，生活·读书·新知三联书店2004年版，第365页。
② (宋)楼钥：《攻媿集》卷87《王公行状》，上海商务印书馆《四部丛刊初编》本。

矣，盍为劝豪民发藏粟下其直以振之？"刘侯与予奉书从事，里人方幸以不饥。……及秋，徐公（知建宁府徐嚞）奉祠以去，而直敷文阁东阳王公淮继之。是冬有年，民愿以粟偿官贮，里中民家将辇载以归有司，而王公曰："岁有凶穰，不可前料。后或艰食，得无复有前日之劳，其留里中而上其籍于府。"刘侯与予既奉教，及明年夏，又请于府曰："山谷细民无盖藏之积，新陈未接，虽乐岁不免出倍称之息贷食豪右，而官粟积于无用之地，后将红腐不复可食。愿自今以来，岁一敛散，既以纾民之急，又得易新以藏，悼愿贷者出息什二，又可以抑侥幸、广储蓄。即不欲者，勿强。岁或不幸，小饥则弛半息，大侵则尽蠲之，于以惠活鳏寡，塞祸乱原，甚大惠也。请著为例。"王公报皆施行如章。既而王公又去，直龙图阁仪真沈公度继之。刘侯与予又请曰："粟分贮民家，于守视出纳不便，请放古法，为社仓以储之。不过出捐一岁之息，宜可办。"沈公从之，且命以钱六万助其役。于是得籍坂黄氏废地，而鸠工度材焉。经始于七年五月，而成于八月。①

据《宋史·王淮传》，云王淮"除秘书少监兼恭王府直讲。时恭王生子挺，淮白于丞相曰：'恭王夫人李氏生皇嫡长孙，乞讨论典礼。'钱端礼怒其名称，奏：'淮有年钧以长之说。'上曰：'是何言也，岂不启邪心？'出淮知建宁府，改浙西提刑"②。而《宋史·孝宗纪一》载，乾道元年六月"乙酉，诏恭王府直讲王淮倾邪不正，有违礼经，可与外任"③。又《宋史·宰辅表四》载钱端礼于隆兴二年十一月自兵部尚书除签书枢密院事，寻兼权参知政事，乾道元年八月罢。④ 可知王淮罢秘书少监兼恭王府直讲，出知建宁府，待次三年，至乾道四年秋方赴建宁府莅任。又，王淮以左朝散郎、直敷文阁为浙西提刑，"乾道七年十

---

① （宋）朱熹：《晦庵先生朱文公文集》（以下简称《晦庵文集》）卷77《建宁府崇安县五夫社仓记》，上海古籍出版社、安徽教育出版社2002年《朱子全书》本，第3720—3721页。
② （元）脱脱等撰：《宋史》卷396《王淮传》，中华书局1985年版，第12070页。
③ （元）脱脱等撰：《宋史》卷33《孝宗纪一》，第631页。
④ （元）脱脱等撰：《宋史》卷313《宰辅表四》，第5571—5572页。

月十一日到任，八年十一月初九日改除大常少卿"；而前任浙西提刑任文荐于乾道"七年六月二十六日除祕阁修撰，改差知建宁府"①。可推知王淮约在乾道七年（1171）初任满离建宁府。据朱熹《建宁府崇安县五夫社仓记》云云，朱熹在此期间所建议之救荒之策，"王公报皆施行如章"，看来其荒政之见颇相合，关系当亦甚为融洽。

王淮离任建宁知府以后，其与朱熹之联系情况未见史料记载，而现见两人交往的最早史料乃朱熹淳熙六年（1179）之《与王枢密札子》，略曰：

> 熹申谢常礼，已具公函，候问勤诚，又见前幅，不敢复有陈及，以渎钧听。唯其区区之鄙怀，则有不得不为执事言者：熹伏自铅山拜领钧翰之赐，开譬详悉，爱念良厚，遂不敢复请，谨已力疾来见吏民。违负初心，已积惭愤，而闲放之久，遽从吏役，触事迷塞，复有血指汗颜之羞。加之伉拙有素，不能俯仰流俗，虽欲抑而为之，念已不入时宜，不忍徒变所守，辄复慨然自废。计此孤危，窃恐未及引去之间，而已有或击之者。虽欲夙夜究心，询求民瘼，为此一方除深锢之害，兴久远之利，以副圣上特达之知，群公荐宠之意，亦不可得矣。有少文字，托潘郎中、袁寺丞面禀。若蒙矜念，早赐宛转，使得先骇机之未发而去之，则熹之受赐又不啻前日之所蒙矣。②

朱熹于淳熙六年正月下旬起程赴知南康军任，二月四日抵铅山候命，十四日复上状请祠，三月省札趣任，遂行，于三月三十日至南康，交接郡事；五月致书宰执请祠，不报。③ 即朱熹《与袁寺丞书》所云"今行年五十……到官两月，思归之情不能自闷……熹亦已有书恳诸公丐祠"④。《与王枢密札子》即朱熹"恳诸公丐祠"诸书之一。据《宋史·宰辅表四》，此时王淮正官枢密使。

---

① （宋）范成大：《吴郡志》卷7《官宇》，江苏古籍出版社1999年版，第81页。
② （宋）朱熹：《晦庵文集》卷26《与王枢密札子》，《朱子全书》本，第1141页。
③ 束景南：《朱熹年谱长编》卷上，华东师范大学出版社2001年版，第614—630页。
④ （宋）朱熹：《晦庵文集》卷26《与袁寺丞书》，《朱子全书》本，第1142—1143页。

据《与王枢密札子》"熹申谢常礼,已具公函,候问勤诚,又见前幅,不敢复有陈及,以恩钧听",知朱熹起程前后尝致书王淮;《札子》中又云"熹伏自铅山拜领钧翰之赐,开譬详悉,爱念良厚,遂不敢复请,谨已力疾来见吏民",知朱熹于铅山候命时收到王淮回信,"开譬详悉",劝说朱熹前往南康军赴任。因任官一事,深感"违负初心,已积惭愤,而闲放之久,遽从吏役,触事迷塞,复有血指汗颜之羞",朱熹再次上状请祠,未报,故又致书王淮,请"早赐宛转",以遂其请。故推知此《札子》当撰于是年五、六月之际。

至淳熙七年(1180)正月初,朱熹复上《乞宫观札子》请祠,不报,① 故稍后又致书王淮,请王淮"开陈"转圜。其《与王枢使札子》略云:

> 熹……至此将及一年,凡所施为,虽不敢不竭愚虑,而所见乖谬,动失民和,四方士友贻书见责者,积于几阁不知其几,而前件陈克己者尤其详尽。其间历数缪政,无一可者。迹其所闻,皆有实状。……窃以为此非奸民猾吏流言飞文之书,乃出于相爱慕来问学之口,尤足取信,故敢冒昧缴连陈献。若蒙钧念,得以遍呈东府两公,庶几有以察熹前言之非妄者,早为开陈,亟赐罢免,或如前两札所请者,则熹犹可以不重得罪于此民,而此邦之人犹可以安其生业,而免于流亡死徙之患,不胜幸甚。②

据《宋史·宰辅表四》,此时王淮仍为枢密使,丞相为赵雄,参知政事为钱良臣,即此《札子》中所称之"东府两公"。因文职官员任免之权在相府(东府),然朱熹自觉与"东府两公"关系较疏,致祠禄之请未得允准,遂又致书旧交王淮,"若蒙钧念,得以遍呈东府两公,庶几有以察熹前言之非妄者,早为开陈,亟赐罢免"。因《札子》中云及"至此将及一年",故书推知其约淳熙七年春中。

淳熙八年(1181)三月,朱熹南康任满,除提举江西常平公事,

---

① 束景南:《朱熹年谱长编》卷上,第646页。
② (宋)朱熹:《晦庵文集》卷26《与王枢使札子》,《朱子全书》本,第1154页。

待次;四月中罢郡抵家。① 八月,右丞相赵雄罢,枢密使王淮拜右丞相。② 其"时以荒政为急,淮言:'李椿年老成练达,拟除长沙帅,朱熹学行笃实,拟除浙东提举,以倡郡国。'其后推赏,上曰:'朱熹职事留意。'淮言:'修举荒政,是行其所学,民被实惠,欲与进职。'上曰:'与升直徽猷阁。'"③ 即淳熙八年九月,因宰相王淮荐,朱熹改除提举浙东常平公事。对于王淮举荐朱熹的原因,余英时以为此乃王淮欲完成"进贤报上"之承诺,却又一反此前宰执如陈俊卿、龚茂良、史浩等举荐朱熹进入中央,借口"荒政"而"把他安排在浙东地方上",即通过强调"修举荒政,是行其所学"此一表面上入情入理的"说词",而实质"是有意将他挡在权力中心之外"④。然从朱、王两人此前交游情况上看,此说似不确。自乾道四年秋至七年初,王淮知建宁府期间,据朱熹《建宁府崇安县五夫社仓记》所载,对于朱熹所行之救荒措施,王淮还是颇为赏识的。朱熹于淳熙六年至八年知南康军时所行荒政,也得提举江东常平尤袤推行于江东诸州:

> 臣昨任南康军日,适值旱伤,深虑检放搔扰下户,偶有士人陈说,乞将五斗以下苗米人户免检全放,当时即与施行,人以为便。本路提举常平尤袤遂以其法行之诸郡,其利甚博。近日经由信州,则闻玉山一县亦得检官如此措置。⑤

而当时浙东地方灾伤甚重,据朱熹所言,其绍兴一府"八邑,余姚、上虞号为稍熟,然亦不及半收。新昌、山阴、会稽所损皆七八分,嵊县旱及九分,萧山、诸暨水旱相仍,几全无收。……民情嗷嗷,日甚一日,不独下户乏食,而士子宦族、第三等人户有自陈愿预乞丐之列者。验其形骸,诚非得已。兼自秋来,卖田拆屋,斫伐桑柘,鬻妻子、货耕牛,无所不至,不较价之甚贱,而以得售为幸。典质则库户无钱,

---

① 束景南:《朱熹年谱长编》卷上,第693、698页。
② (宋)脱脱等撰:《宋史》卷313《宰辅表四》,第5583页。
③ (宋)脱脱等撰:《宋史》卷396《王淮传》,第12071—12072页。
④ [美]余英时:《朱熹的历史世界》,第364页。
⑤ (宋)朱熹:《晦庵文集》卷13《延和奏札四》,《朱子全书》本,第648页。

举贷则上户无力,艺业者技无所用,营运者货无所售,鱼虾螺蚌久已竭泽,野菜草根取掘又尽,百里生齿饥困支离,朝不谋夕。其尤甚者,衣不盖形,面无人色,扶老携幼,号呼宛转,所在成群,见之使人酸辛怵惕,不忍正视。其死亡者,盖亦不少"①。由此可知王淮向孝宗举荐朱熹提举浙东,乃是欲借助朱熹的救荒经验,以修举浙东荒政,赈济灾民,故楼钥《王公行状》有"旱势既广,力赞荒政……知南康朱熹擢浙东提举,以为郡国之倡"之语,②而周必大《与朱元晦待制》也云及朱熹"前已试活人之手于于里,今又扩而允之,及十列城,斯民幸甚"③。故朱熹也因此原因,一改其每得官任皆屡上奏状辞免的做法,于九月二十二日得改除提举浙东常平之"尚书省札子"以后,即刻拜命,并请赴行在奏事。④

是年十一月二十六日,朱熹奏事于延和殿,然后前往浙东赴任赈济。⑤十二月癸卯朔,"官出南库钱三十万缗,付新浙东提举常平朱熹振粜"⑥。对此三十万缗官钱,束景南先生以为针对朱熹估计至少需要三百万缗赈灾款项,此三十万缗"无异于杯水车薪",又云宋孝宗"可以拿出千万贯的国库钱孝敬"宋高宗,"却吝啬到只用无名官告、度牒和官会凑了三十万贯给朱熹了事"⑦,只是敷衍。但据《宋史·孝宗纪》,此时赈济灾民,多取"权免税役""蠲积年逋负""蠲减和赋"等措施,如淳熙七年"江、浙、淮西、湖北旱,蠲租,发廪贷给,趣州县决狱,募富民赈济补官",八年二月"诏去岁旱伤州县,以义仓米日给贫民,至闰三月半止";或将地方上供朝廷之钱粮截留部分以备赈济,如乾道四年七月"以经、总制余钱二十一万缗椿留邛、蜀州,以

---

① (宋)朱熹:《晦庵文集》卷16《奏救荒事宜状》,《朱子全书》本,第762—763页。
② (宋)楼钥:《攻媿集》卷87《王公行状》,《四部丛刊初编》本。
③ (宋)周必大:《文忠集》卷193《与朱元晦待制》,文渊阁《四库全书》本,第1149册,第189页。案:周必大此书题下原注"淳熙七年",当为"淳熙八年"之讹。
④ (宋)朱熹:《晦庵文集》卷22《除浙东提举乞奏事状》,《朱子全书》本,第995页;《晦庵文集》卷13《延和奏札》,《朱子全书》本,第642页。
⑤ 束景南:《朱熹年谱长编》卷上,第712、715页。
⑥ (元)脱脱等撰:《宋史》卷35《孝宗纪三》,第676页。《宋史·孝宗纪三》(第678页)又载淳熙九年七月"辛巳,出南库钱三十万缗付浙东提举朱熹,以备赈粜"。
⑦ 束景南:《朱子大传》,福建教育出版社1992年版,第470、474页。

备赈济";五年十月"命饶、信二州岁各留上供米三万石,以备赈粜"。而出内库钱以赈济灾民之记载,除此番朱熹外,仅见隆兴二年九月"以久雨,出内库白金四十万两,籴米赈贫民"。同时,面对此次浙东灾伤,宋廷还于淳熙八年七月因"绍兴大水,出秀、婺州、平江府米赈粜",八月又"诏绍兴府诸县夏税、和市、折帛、身丁、钱绢之类,不以名色,截日并令住催",直至年底"出南库钱三十万缗"给新浙东提举常平朱熹以"赈粜"之。可证宋廷实对朱熹此番浙东之行甚为重视。

据《朱熹年谱长编》卷上,朱熹莅任之初,即巡历浙东诸州,施行荒政,惩治贪吏奸民及不职官员多人。淳熙九年(1182)正月十四日,朱熹至婺州金华县,奏劾上户朱熙绩不伏赈粜。因朱熙绩为王淮乡人,故朱熹于十六日又上书王淮,云:

> 熹昨日道间已具禀札。到婺偶有豪民不从教者,不免具奏申省。闻其人奸猾有素,伏想丞相于里社间久已悉其为人,特赐敷奏,重作行遣,千万幸甚。①

虽然未见有处置朱熙绩之记载,但朱熹此时奏劾知衢州李峄不修荒政,还是得到处理:是年"二月十三日,知信州李峄罢新任。以监察御史王蔺言其昨知衢州,浙东提举朱熹按其检放不实,峄诡言与熹有隙,陈乞回避,故有是命"②。然而此类奏劾,大多未见朝廷准允,加上不少赈济措施,往往遭到"抑却""稽缓",由此朱熹与王淮之间关系逐渐趋紧张。故至六月八日,朱熹再次致书宰相王淮,言语颇为激烈,有云:

> 去岁诸路之饥,浙东为甚,浙东之饥,绍兴为甚。圣天子悯念

---

① (清)卞永誉:《式古堂书画汇考》卷14《朱晦翁与时宰二手札》,文渊阁《四库全书》本,第826册,第265页。
② (清)徐松辑:《宋会要辑稿》职官72之33,中华书局1957年影印本。案:据《宋史全文》(文渊阁《四库全书》本,第827册,第655—656页)卷26下,李峄乃参知政事钱良臣之妻兄。

朱熹与王淮交游考略

元元之无辜，倾困倒廪以救之，而甚者至出内帑之藏以补其不足，德意之厚，与天同功。熹于是时惫卧田野，而明公实推挽之，使得与被使令趋走之末。仰惟知遇，抚己惭怍。然自受任以来，夙夜忧叹，恐无以仰承圣天子之明命而辱明公之知于此时也，是以不惮奔走之劳，不厌奏请之烦，以尽其职之当为者，求以报塞万一。而乃奏请诸事多见抑却，幸而从者，又率稽缓后时，无益于事。而其甚者，则又漠然无所可否，若堕深井之中。至其又甚者，则遂至于按劾不行，反遭伤中。而明公意所左右，又自晓然，使人愤懑，自悔其来而求去不得，遂使因仍，以至于今。……惟明公深察其言，以前日迟顿宽缓之咎自列于明主之前，君臣相誓，务以尽变前规，共趋时务之急，而于熹所陈荒政一二事者少加意焉，则熹虽衰病不堪吏役，尚可勉悉疲驽，以备鞭策。至其必不可支吾而去，后来之人亦得以因其已成之绪葺理整顿，仰分顾忧。如其不然，则熹之愚昧衰迟，固不能为此无面之不托，而其狂妄，将有不能忍于明主之前者。明公不如早罢其官守，解其印绶，使毋得以其狂瞽之言上渎圣聪，则熹也谨当缄口结舌，归卧田间，养鸡种黍，以俟明公功业之成而羞愧以死，是亦明公始终之厚赐也。情迫意切，矢口尽言，伏惟明公之留意焉。①

随即朱熹巡历入台州，六上状奏劾前知台州唐仲友贪污不法事。因唐仲友乃王淮姻亲，故朱熹"章三上，王淮匿不以闻"，朱熹"论愈力"，王淮"度其势益炽，乃取（朱熹）首章语未甚深者，及仲友自辩疏同上，曲说开陈，故他无镌削，止罢新任"②。即八月"十七日，知台州唐仲友放罢。以浙东提举朱熹按其催科刻急、户口流移故也"③。十八日，夺唐仲友江西提刑新命而改除朱熹，④ 不久又除朱熹直徽猷阁以为"推赏"。《宋史·王淮传》载："朱熹学行笃实，拟除浙东提举，

---

① （宋）朱熹：《晦庵文集》卷26《上宰相书》，《朱子全书》本，第1175—1180页。
② （清）王懋竑撰，何忠礼点校：《朱子年谱》卷3，中华书局1998年版，第135—136页。
③ （清）徐松辑：《宋会要辑稿》职官72之36。
④ 束景南：《朱熹年谱长编》卷上，第742—743页。

以倡郡国。其后推赏，上曰：'朱熹职事留意。'淮言：'修举荒政，是行其所学，民被实惠，欲与进职。'上曰：'与升直徽猷阁。'"①自然朱熹"以为是蹊田而夺之牛，辞不拜，遂归"②。此后朱熹、王淮二人再无交往，王淮"乃擢陈贾为监察御史，俾上疏言近日道学假名济伪之弊，请诏痛革之。郑丙为吏部尚书，相与叶力攻道学，熹由此得祠。其后庆元伪学之禁始于此"③。

对于朱熹为浙东提举时上宰相王淮二书，明陈敬宗以为朱熹"亦值岁饥，绳治婺之豪民"，故"兹二事俱已入奏讫，复此具札祈扣之至者，冀其亟赐俞允也。而淮视之漠然。亦有唐仲友者，与淮同里闬，为姻家。仲友知台州时，贪盗淫虐，蓄养亡命，徽国（朱熹）按得其实，章凡十上，淮皆匿之。徽国论之益力，至于不得已，始取初章与仲友所自辨者杂进，竟脱仲友重遣。观此则二札诚妄投也，岂徽国一时昧于知淮者哉？"④所谓朱熹"岂徽国一时昧于知淮者"之说，实乃因其昧于朱熹、王淮二人交游始末而致此疑。

---

① （元）脱脱等撰：《宋史》卷396《王淮传》，第12071—12072页。
② （宋）黄榦：《勉斋集》卷36《朝奉大夫华文阁待制赠宝谟阁直学士通议大夫谥文朱先生行状》，文渊阁《四库全书》本，第1168册，第411页。
③ （元）脱脱等撰：《宋史》卷396《王淮传》，第12072页。
④ （清）倪涛：《六艺之一录》卷348《朱晦翁与时宰二札子》，文渊阁《四库全书》本，第837册，第462页。

"湖州之变"再考
——以南宋后期济王事件的应对为中心

[日] 榎井岳史

(新潟大学)

一 序

嘉定十三年(1220)七月,宋宁宗的太子(景献太子)过世。之后,太子之位一直空缺,直到嘉定十四年(1221),宗室之子赵竑(当时名为赵贵和,后封济王)被立为皇子[①]。他虽未被册立为太子,但作为宁宗唯一的皇子,却是皇位最合法的继承人。这一点从嘉定十七年(1224)赵竑之子一出生就被赐名、赠官并诏告宗庙、社稷、宫观的事情上也可以得到印证[②]。也即是说,在这个时候,由赵竑继承皇位基本是确定的。后来成为皇帝的理宗同样也是宗室出身,却只是在这一年八月被封为监门卫大将军,赐名"贵诚"而已[③]。

但是,赵竑对当时的史弥远—杨皇后专权体制怀有不满,曾公开表示即位后将贬斥他们。另外,赵竑的品行方面问题多多,其作为皇位继承者的资质令人忧虑。对此,史弥远深感畏惧,于是利用赵竑未被实际

[①] (元)佚名撰,李之亮点校:《宋史全文》卷30,嘉定十四年六月丙寅条,黑龙江人民出版社2004年版,第2118页。另外,根据龚延明《宋代官制辞典》(中华书局1997年版),皇子仅指皇帝的儿子,是与皇太子区分开来的。不过,该书也提到,宋仁宗指定侄子赵宗实(后来的宋英宗)为皇子时其实也一并指定了皇位继承者,因此可以认为在皇帝无后时被指定为皇子之人会是皇位继承的有力候选人。

[②] (元)脱脱等撰:《宋史》卷246《宗室三》,中华书局1977年版,第8735页。

[③] (元)佚名撰,李之亮点校:《宋史全文》卷30,嘉定十四年八月乙丑条,第2119页。

册立为太子这一点①，于嘉定十七年（1224）宁宗驾崩之际矫制遗诏，立理宗为帝，封赵竑为"济王"，贬致湖州。

宝庆元年（1225），湖州人潘壬、潘甫、潘丙等谋立济王赵竑。赵竑心知不能成事，主动率兵镇压了潘氏兄弟，但依旧被史弥远派来的余天锡逼得自缢。以上便是"湖州之变"的经过。

关于这个"湖州之变"，同时代人周密对其经过及后事作了记录（《齐东野语》卷14，巴陵本末）。另外，在《宋史》宗室传中也有"宋末济邸，国事将亡，谏疏不息，必褒邺而后止"②的评价。

先行研究中，首先，中砂明德氏在追踪刘克庄（后村）的活动轨迹时也谈到了"湖州之变"③。他提到"湖州之变"发生后真德秀和刘克庄的动向以及嘉熙元年（1237）临安大火时刘克庄关于"湖州之变"的言论及因此而受到的弹劾，指出这是南宋后期"便于政治斗争和舆论操控的工具"。其次，王德毅氏叙述了史弥远、郑清之排挤济王、拥立理宗的过程及后来的"湖州之变"的始末。他在陈述了史弥远弹压批评者这一事实的基础上，认为"湖州之变"中赵竑是无辜蒙冤，理宗对赵竑处置不当④。

近来，张金岭氏也描述了"湖州之变"的经过，又研究了当时舆论对赵竑处置的批评，认为这些批评都是理学家们从人伦道德方面进行的⑤。在围绕"湖州之变"的言论背景展开论述这一点上，可以说与截至目前的其他论述有明显的区别。

另外，笔者以前在分析《四明文献》中收录的"史弥远神道碑"时，认为此神道碑正是为了将理宗挤掉赵竑而即皇位之事正当化而建

---

① （元）佚名撰，李之亮点校：《宋史全文》卷30，嘉定十七年八月丙戌条，第2123页。
② （元）脱脱等撰：《宋史》卷244《宗室一》，第8666页。
③ ［日］中砂明德：《刘后村と南宋士人社会》，载《中国近世の福建人——士大夫と出版人》，名古屋大学出版会2012年版。原载《东方学报》第66册。
④ 王德毅：《郑清之与南宋后期的政争》，《大陆杂志》第101卷第6期，2000年。
⑤ 张金岭：《济王之死与晚宋政局》，《宋史研究论文集》第10辑，兰州大学出版社2005年版，第203—221页。

成的①。

以上这些先行研究的成果，在于将"湖州之变"的经过梳理清楚，并将其作为南宋后期政治动态的一个焦点予以研究。但是，针对事件发生到济王恢复名誉的50年中，同时代人对济王的评价是怎样变化的，以及该变化在怎样的政治形势中发生，迄今为止尚未有人进行研究。本文在此课题意识的基础上，对"湖州之变"以及关于济王赵竑的评价进行探讨，旨在厘清其中的变迁及与南宋后期政治状况的关联。

二 理宗朝前期史弥远专权体制下对"湖州之变"的评价

理宗即位之初［嘉定十七年（1224）闰八月到十二月］，史弥远得杨皇后为后援，制定了将理宗的即位正当化和否定赵竑的皇位继承权的方针②。嘉定十七年闰八月，以宁宗的名义发出的诏书中，对这件事明确地做了如下表述：

> 丙申，诏曰，朕以菲凉，获承休绪。念国嗣之未建，尝以皇弟沂靖惠王之子为子矣。审观熟虑，犹以本支未强为忧。皇侄邵州防御使贵诚，亦沂靖惠王之子，犹朕之子也。聪明天赋，学问日新，既亲且贤，朕意所属，俾并立焉。深长之思，盖欲为异日无穷之计也。其以为皇子，改赐名昀。又诏，皇子检校少保武宁军节度使济国公竑、为开府仪同三司、判宁国府，进封济阳郡王。皇子邵州防御使昀为武泰军节度使，封成国公。赦天下。③

闰八月里连续发出的这两道诏书，恐怕是史弥远自己所拟或者经他授意无疑。通过同一天发出的这两道诏书，史弥远不但将理宗立为皇子

---

① 榎並岳史：《南宋理宗朝における動態的政治状況把握の試み：神道碑史料の分析を中心として》，新潟大学现代社会文化研究科博士论文，2011年。
② （元）脱脱等撰：《宋史》卷243《后妃下·恭圣仁烈杨皇后传》，第8657页。
③ （元）佚名撰，李之亮点校：《宋史全文》卷30，嘉定十七年闰八月丙申条，第2123—2124页。

· 455 ·

而使其与赵竑并列,而且封赵竑为"郡王"的同时也封理宗为成"国公",由此将地位待遇一直有明显差别的赵竑与理宗拉到了同一位置。于是,本只有赵竑一人的皇位继承者候选人名单中又加上了理宗,而这名目在宁宗在世的时候就变成了既成事实。换句话说,这意味着对皇位继承者赵竑来讲,在宁宗驾崩之前存在拥有同等条件的竞争者。

但是,尽管发生了勉强将理宗提升到与赵竑同等规格而制造的拥立事件,但直到"湖州之变"发生为止,公开反对理宗即位并宣扬赵竑应该继承皇位的说法没有得到过承认。这恐怕是赵竑的品行问题及其与杨太后的不和造成的。

首先,对于赵竑的品行,担任教育职责的真德秀表示了担心。

> 初,宁宗亲命立济王为嗣,忽一日,济王书于几上,明言杨后之事云,史弥远当决配八千里。左右皆丞相之人,径报弥远。弥远怀异志,兼济王亦无人君之质,是时真西山兼王宫教,闻其事,遂力辞去。临行,谓王曰,大王若能孝于慈母,而敬于大臣,则即位之除必矣。①

赵竑在身边尽是史弥远党羽的情况下放言要罢黜史弥远。并且,这番话还是在"明言杨后之事云"(议论杨皇后)的背景中产生,应该是赵竑对杨皇后、史弥远联合掌握大权抱有不满而发出的怨言。真德秀害怕被牵连而辞去帝师之职,恐怕就是对赵竑这种欠考虑的行为抱有很深的危机感所致。他在去职时嘱咐赵竑两点,一是孝敬"慈母",二是尊敬"大臣",只要做到这些就可以顺利继承皇位。很明显,"慈母"指的是杨皇后,而"大臣"指的是史弥远。真德秀很清楚地认识到,赵竑的挑衅性言论足以挑起与杨皇后—史弥远阵营对立,从而危及赵竑自身的皇位继承者地位。

实际上,赵竑欠考虑的行为导致了其与杨皇后关系的破裂。例如,赵竑迎娶了杨皇后的侄孙女为正妻,却怀抱宠姬数人而视其为无物;更

---

① (元)佚名撰,李之亮点校:《宋史全文》卷31,绍定三年十二月乙丑条,第2170页。

有甚者，撮合了这段婚姻的杨皇后赠送的礼物竟也被赵竑打坏。根据周密的记录，这样一连串的行为激怒了杨皇后，并终于导致她下定决心将赵竑踢出皇位继承者之列[1]。

在这样的情况下进行的拥立理宗事件中，即便有杨皇太后作为理宗的"监护人"而强行垂帘之事，却也并没出现公开反对的声音。而且在"湖州之变"发生及赵竑死后，这样的状态也在持续，没有出现拥护赵竑的动向。

进入宝庆元年（1225）四月之后，情况发生改变。在这个月里，本有诏书赠赵竑为少师、保静镇潼军节度使，但因给事中王塈、盛章反对，此举随即作罢[2]。另外，同月里杨皇太后因身体不适停止垂帘听政。理宗于同月中两次提请太后垂帘，但都被她推辞[3]。可以认为，给赵竑赠官系真德秀之提案，王塈、盛章的反驳则是史弥远授意[4]。给赵竑赠官之举被否，引发了主张恢复赵竑名誉一派（以下称"赵竑拥护派"）的反对，而杨皇太后垂帘听政的停止，则意味着理宗失去了保证其皇权正统性的强有力的后盾。关于"湖州之变"的评价，一方面是反对声音的高涨，另一方面，理宗和史弥远不得不直面权力基础的相对弱化而被迫采取相应的措施。同年五月，理宗面向全国发布广泛征求关于国政建议的诏书，这也可以看作是与上述动向相关的理宗—史弥远方面的对应措施[5]。

在这样的变化中，宝庆元年六月到八月，真德秀、魏了翁、洪咨、洪咨夔、胡梦昱、张忠恕、潘坊等开始发难。他们的论点，大致可分为三方面。

第一，他们主张，"此次事件并非济王本意。可参照太宗朝秦王赵廷美故事，依亲属人伦之理处置"。例如，胡梦昱于同年八月上奏道：

---

[1] （宋）周密撰，吴企明点校：《癸辛杂识》后集《济王致祸》，中华书局1988年版，第86页。

[2] （元）脱脱等撰：《宋史》卷437《真德秀传》，第12962—12963页。

[3] （元）脱脱等撰：《宋史》卷41《理宗一》，第786页。

[4] 对于盛章，邓若水弹劾史弥远的奏折中提到"盛章、李知孝，其鹰犬也"（《宋史》卷455《邓若水传》，第13380页）。可以看出来他是忠于史弥远的。

[5] （元）佚名撰，李之亮点校：《宋史全文》卷31，宝庆元年五月甲戌条，第2137页。

> 陛下诚能思祖宗立国之根本，不外乎孝友之一念，以周公之厚于管、蔡，太宗皇帝之厚于秦邸者为法，以齐威之薄于子纠，唐太宗之薄于建成、元吉者为戒，回友爱之本心，复哀矜之初意。①

这里提到的秦王赵廷美，是太宗的弟弟。太宗即位后，他担任中书令、开封府尹，曾被看作太宗的皇位继承人。然而，赵廷美却因与当时的宰相卢多逊密谋造反而被夺去王爵，流放房州。后来赵廷美在房州去世，太宗悲伤不已，又将他封为涪王②。拥护赵竑的真德秀和胡梦昱认为，应该参照这个先例，对赵竑采取同样的处理措施。因理宗和赵竑都被立为宁宗的皇子，其关系更像一种拟制的兄弟关系，故而对赵竑的处置不免有悖于人伦常理。

接着，他们又主张"立济王后嗣，且使济王邸祭祀不绝"。

> 虽济王未有子息，然兴灭继绝，在陛下耳。③
> 谓当此时，亟下哀诏，痛自引咎，优崇恤典，选立嗣子，则陛下所以身处者，庶几无憾，而造讹腾谤者，靡所致力。自始至今，率误于含糊，而犹不此之思，臣所不解也。④

这里举的是真德秀和张忠恕二人的例子。这个论点在之后围绕赵竑名誉恢复的言论中占主要位置。如真德秀所说，赵竑的子嗣都不幸夭折，没有能直接继承王府的后代。即便如此，在那之后，张忠恕"册立济王后嗣"的提议也常常被提及。

再者，真德秀认为"对济王的处置并非帝王家事，而应付之公论"，对"湖州之变"事件的秘密处置进行了批判。

---

① （宋）胡知柔编：《象台首末》卷1，宝庆乙酉诏求直言八月二十二日应诏上封事，文渊阁《四库全书》本，第447册，第5页。
② （元）脱脱等撰：《宋史》卷244《宗室一·魏王廷美传》，第8668页。
③ （宋）刘克庄撰，辛更儒笺校：《刘克庄集笺校》卷168《西山真文忠公行状》，中华书局2011年版，第6511页。
④ （元）脱脱等撰：《宋史》卷409《张忠恕传》，第12330页。

> 雪川之狱，未闻参听于公朝，淮、蜀二阃乃出于金论所期之外。天下之事，非一家之私，何惜不与众共之。①

从这里可以看到对理宗—史弥远阵营秘密处置赵竑的反对。

稍作总结，济王拥护派的主张有以下三点：

（1）济王之所为并非其本意，应仿太宗之弟秦王赵廷美故事，参照人伦之理酌情处置。

（2）应选定可继承济王之后嗣。

（3）对赵竑之处置应付之公论，也即，需令济王拥护派也参与进来。

对于这些动向，史弥远的反击堪称迅速。八月，莫泽接史弥远指示，上书弹劾真德秀②。

九月，李知孝弹劾洪咨夔、胡梦昱"辞语狂悖"，导致洪咨夔降级、胡梦昱贬至象州羁管③。翌年二月，梁成大弹劾仍留在朝中的真德秀，使其降秩二等④。

对于这种状况，虽然理宗作为当事人感到忧虑⑤，但最终史弥远派对赵竑严厉的批评逼得理宗不得不如此。这可以从宝庆二年（1226）七月对赵竑正式的评价与处置中看出来。

> 史弥远等言，谨按国史，太平兴国七年，皇弟检校太师兼中书令、行河南尹、西京留守秦王廷美以昵比凶恶，语连逆谋，群臣就请行法，遂勒归私第，寻降涪陵县公。仍于房州安置。比济王从贼僭伪，给舍、台谏俱有奏请，乞正名定罪。陛下欲全始终之恩，弗俞其请。今又论奏不已。臣等窃详秦王以言语不顺，尚坐追降窜

---

① （元）脱脱等撰：《宋史》卷437《真德秀传》，第12961页。
② （元）佚名撰，李之亮点校：《宋史全文》卷31，宝庆元年八月丙辰条，第2141页。
③ （元）佚名撰，李之亮点校：《宋史全文》卷31，宝庆元年九月己未朔条，第2141页。
④ （元）佚名撰，李之亮点校：《宋史全文》卷31，宝庆二年二月辛卯条，第2144页。
⑤ （元）佚名撰，李之亮点校：《宋史全文》卷31，宝庆二年五月戊寅条，第2146—2147页。

责，今济王逆节著名，负先帝教育之大恩，忘陛下友爱之至德，参之公论，揆之国法，死有余罪。臣等仰体宸旨，详议审处，欲乞将济王追降巴陵县公，庶几上全仁恩，下伸公议。从之。①

这一段文字对赵竑拥护派的论点进行了逐条反驳。首先，针对赵竑拥护派提出的应参照秦王赵廷美故事的观点，史弥远派指出，秦王正是因为"言语不顺"才被赶出宅邸流放房州并被降为涪陵县公的。而这之后济王的行为，也即"湖州之变"等一连串的行为，则是"逆节著明"，参照公理、国法，死罪乃是当然之理。相比赵竑拥护派倚为依据的"秦王故事"，"湖州之变"的济王性质更为恶劣。由此说来，将赵竑降级为巴陵县公的处分，正是以秦王故事为标准。对于理宗应当考虑同族恩情的批评，文中则有"庶几上全仁恩、下伸公议"的词句，以说明业已有所照顾，并没有忽视这些批评。

通过以上分析可以看到，当时关于"湖州之变"的论调对于理宗、史弥远而言十分严苛，对此理宗表示了严重担忧。而为了消除这些不安，史弥远派被迫以精密的理论应战。在这样的情况下，史弥远派拒绝与赵竑拥护派妥协，试图在压下理宗的不安的同时解决这个问题。

在史弥远派的正式意见公开之后，议论"湖州之变"与赵竑处置的动向暂时停止了。但是，因拥立赵竑而被排挤出权力中枢的人们在史弥远体制末期开始重新掌权，随之形成了后来端平更化的中心成员。

端平元年，上既亲总庶政，赫然独断，而清之亦慨然以天下为己任，召还真德秀、魏了翁、崔与之、李埴、徐侨、赵汝谈、尤焴、游似、洪咨夔、王遂、李宗勉、杜范、徐清叟、袁甫、李韶，时号小元祐。②

上面这段文字，是端平更化之际在理宗与道学派斡旋的郑清之的列传中的一段。这里出现名字的人物当中，仅是主张拥护赵竑的，就有真

---

① （元）佚名撰，李之亮点校：《宋史全文》卷31，宝庆二年七月乙巳条，第2148页。
② （元）脱脱等撰：《宋史》卷414《郑清之传》，第12420页。

德秀、魏了翁、洪咨夔、徐清叟、李韶等。也即是说，史弥远专权体制的终结与端平更化的开始，并没有影响对赵竑及"湖州之变"的评价。详细情况放在下一节论述。

三 因端平更化而导致的对赵竑评价的变化

一般认为，在横跨宁宗、理宗两朝接近25年的时间中，作为权力中枢的史弥远专权体制，基本延续到史弥远之死为止[①]。

但是，结合本文的讨论来说，引人注目的是动摇了所谓史弥远专权体制的事件，即从绍定年间（1228—1233）后半段开始再度展开的关于赵竑及"湖州之变"的讨论。

例如绍定四年（1231）九月临安火灾之际[②]，籍田令徐清叟上书，其内容如下：

> 辛卯郁攸之变，太室省部悉为煨烬，下诏求言。籍田令徐清叟应诏，略云，人伦睦则天道顺，一或悖其常，则天应之以祸。巴陵有过，罔克继绍，大臣协定大计，挈神器归之陛下。不幸狂寇猝发，陷巴陵于不道，衣服僭拟，死有余罪。然在彼纵非，而在我者不可不厚。夺爵废祀，暂焉犹可，久而不赦，厥罚甚焉。况曩囚巴陵诖误，名在丹书者，比以庆赉，生者叙复，死者归葬。然恩及疏逖，而亲者反薄，臣恐宁宗在天之灵，或谓不然也。盖陛下之与巴陵，俱宁宗皇帝之子，陛下富贵如此，而巴陵僇辱如彼，讵合人父均爱其子之意。近者，京城之火，上延太室，往往缘此。盖以陛下一念之愠，忍加同气，累载积年，犹未消释，有以伤和而召

[①] 寺地遵氏认为，绍定三年山东李全攻打扬州宣告了史弥远专权体制的结束，参见寺地遵《南宋中期政治史の試み（公開講演要旨）》《日本歴史学協会年報》18，2003年）。而小林晃氏则批评道，"如通说所言，史弥远的专制到绍定六年他去世之前一直都在维持的观点是妥当的"（小林晃：《南宋理宗朝前期における二つの政治抗争——『四明文献』から見た理宗親政の成立過程》，《史学》第79卷第4号，2010年）。

[②] （元）佚名撰，李之亮点校：《宋史全文》卷32，绍定四年九月丙戌条，第2175页。

异也。①

如引文所述，徐清叟在重复以前赵竑拥护派的议论之后指出，此次临安大火正是因为对赵竑处理不当造成的，进而请求理宗恢复赵竑的名誉。

此上疏本身在这个时候并没有被采纳，也和赵竑的名誉恢复无直接关系②。但是，发言者徐清叟在宝庆二年并未被史弥远派的言官弹劾，也无法确定他受过何等处分。这或许说明，当时史弥远专权体制业已弱化，已经不能随意地弹压对自己不利的言论了。同样，虽然摆开阵势拥护赵竑的洪咨夔于此时作诗，对皇帝祖庙全部烧毁而史弥远的宅邸却逃过一劫之事批判有加③，事态却并未如宝庆年间"江湖诗祸"④那样发展为诗案，洪咨夔也没受到什么处分。与此同时，魏了翁、真德秀等在济王事件中被贬出中央的人也官复原职⑤。

在这种情况下，端平元年六月⑥理宗下诏，更改了对赵竑的处置。

诏，巴陵县公竑胁于狂寇，不能固拒，遂陷于逆，朕甚痛之。今一新政化，加惠存殁，可尽复其本身官爵，仍令有司检视茔所，以时致祭。其立嗣一节，关系国家，难以轻议，朕不敢私。妻吴氏给祠牒为尼，特赐慧净法空大师，令绍兴府月给百券为衣钵钱。⑦

---

① （宋）周密撰，张茂鹏点校：《齐东野语》卷14《巴陵本末》，中华书局1983年版，第254页。

② （元）佚名撰，王瑞来笺证：《宋季三朝政要笺证》卷1，辛卯绍定四年条有"疏上不报"（中华书局2010年版，第55页）的记载。

③ （元）佚名撰，王瑞来笺证：《宋季三朝政要笺证》卷1，辛卯绍定四年条，第55页。

④ 宝庆年间，史弥远派的李知孝、梁成大等对批判史弥远的江湖派诗人进行了一系列的言论压制，史称"江湖诗祸"。对于该事件的经过，参见张宏生《江湖诗派研究》，中华书局1995年版，第358—370页。

⑤ （元）脱脱等撰：《宋史》卷41《理宗一》，第794页。

⑥ 《宋史全文》的这一节记载为端平元年五月（第2195页）。但是该书的前段却记为端平元年六月，大概是有什么理由导致了记载的不同。本文根据《宋史》卷41《理宗一》，第802页的记载，诏书发出的时间订正为端平元年六月。

⑦ （元）佚名撰，李之亮点校：《宋史全文》卷32，端平元年六月戊寅条，第2195页。

"湖州之变"再考

诏书推翻了史弥远派于宝庆二年七月对赵竑的评判,而对赵竑及"湖州之变"的评价,则代之以赵竑拥护派的意见。若依照绍定二年史弥远派"逆节著明"的评价,则"湖州之变"中赵竑的所为完全没有酌情的余地,但此次诏书却说赵竑"胁于狂寇,不能固拒,遂陷于逆",几乎照搬了赵竑拥护派的观点,而且在此基础上恢复了赵竑的官职。

但是,在立济王后嗣这一点上,以其"关系国家",反而用真德秀"天下之事,非一家之私"的建议,将立嗣问题搁置了。很明显,理宗对济王王号的恢复及后嗣的选定持消极态度。

另外,理宗于同年十月史弥远死前数日,强调史弥远定策之功并表达了亲临宅邸慰问的意向①。同月史弥远亡故,翌日,理宗即追封其为卫王,赐谥号忠献,大力表彰,从而将其行为(理宗定策)正当化。不过,翌年(端平元年),理宗却对李知孝、梁成大等史弥远派被弹劾、罢黜的事态②持默认态度,明显是将史弥远与史弥远派分开处理。

相对于理宗的姿态,赵竑拥护派在此节点上也自始至终保持消极态度,并没有要求恢复王号等更触及问题核心的待遇改善措施。不过,对此也有持反对意见的,比如端平二年(1235)潘牥的上奏。

> 陛下手足之爱,生荣死哀,反不得视士庶人,此如 门之内,骨肉之间未能亲睦,是以僮仆疾视,邻里生侮。宜厚东海之恩,裂淮南之土,以致人和。时对者数百人,庭坚语最直。嘉熙丁酉,士民因火灾上封,多讼故王冤者,距庭坚奉对时三年矣。③

如上文所述,应基于至亲、兄弟之情而改善赵竑境遇这一点,潘牥与赵竑拥护派一直以来的主张并无二致。但是,应予以关注的是,基于这个发言,墓志铭的记述者刘克庄说"时对者数百人、庭坚语最直"。作为对比,刘克庄指出,后来的嘉熙元年(1237)火灾之时,有不少

---

① (元)佚名撰,李之亮点校:《宋史全文》卷32,绍定六年十月丁亥条,第2186页。
② (元)佚名撰,李之亮点校:《宋史》卷41《理宗一》,第800页,以及《宋史》卷422《李知孝传》,第12623页。
③ (宋)刘克庄撰,辛更儒笺校:《刘克庄集笺校》卷152《潘庭坚》,第5987页。

· 463 ·

议论济王冤罪的人，而上溯到三年前，也即端平二年的时候，济王赵竑的待遇改善问题并未在朝廷上得到讨论。但另一方面，正如周密所言①，潘牥的上奏获得了当时士人阶层的巨大反响。也就是说，在端平年间，只有朝廷政治的中心部分，关于赵竑及"湖州之变"的讨论才被抑制。

对于这种情况，直截了当地指出原因的史料并未被发现。恐怕是以重新掌权的真德秀、魏了翁为代表的赵竑拥护派与理宗之间，就这一问题暗地里达成了妥协。也即是，赵竑拥护派于端平更化之初重归中央，成功罢黜史弥远派，在一定程度上实现了赵竑名誉的恢复。

一方面理宗不仅有效地利用了真德秀、魏了翁等赵竑拥护派的道学家的名声，而且将这些主张拥护赵竑观点的人都吸收到了政权内部，从而平息了赵竑及"湖州之变"的议论。端平更化时，双方的利害关系以这种形式达成一致，以至于赵竑与"湖州之变"的评价，特别是理宗甚为忌讳的济王后嗣问题得以束之高阁。考虑到史弥远派的罢黜和赵竑名誉的部分恢复在同一轨道进行以及在那之后关于赵竑的议论突然被抑制，则端平更化中，以赵竑问题为轴，赵竑拥护派的掌权与关于赵竑及"湖州之变"的批评的平息，可以看作是达成交易的结果。

但是，端平更化仅仅三年就以失败告终，赵竑拥护派也从权力舞台上退了下来②。南宋朝廷的政治体制历经波折，又成为史弥远之侄史嵩之专权的体制③。于是，端平更化路线的失败，意味着赵竑拥护派和理宗之间达成的妥协宣告结束，赵竑的评价、待遇问题再次成为议题。端平三年（1236），方大琮上奏，对选择济王后嗣问题上的消极性及理宗

---

① （宋）周密撰，张茂鹏点校：《齐东野语》卷4《潘庭坚、王实之》，第70—71页。
② 从端平年间到嘉熙年间，史弥远专权期的济王拥护派，真德秀（端平二年，1235）、魏了翁（嘉熙元年，1237）、洪咨夔（端平三年，1236）等相继去世。另外，同是济王拥护派的张忠恕（绍定三年，1230）、胡梦昱（《象台首末》卷2。根据行述，是宝庆二年，1226）在端平更化以前就去世了。
③ 对于其中的经过，参见寺地遵《史嵩之的起復問題——南宋政権解体過程研究箚記一》，《史学研究》第200号，1993年，以及榎並岳史《孟少保神道碑の成立をめぐって》，《東洋学報》第89卷第4号，2008年。

对史弥远的表彰同时进行批判①。其背景则是，端平更化时达成的政治交易不复存在，到目前为止，就赵竑与史弥远两者的评价上，赵竑更占有利地位，这给理宗造成了不小的压力。

再者，这样的压力，是由赵竑拥护派等一部分具有代表性的人物以及以在京太学生为中心的更为广泛数量更多的人构成的。下面讨论的具体事例，是嘉熙元年六月临安大火灾时发生的要求恢复赵竑名誉的运动。

《宋季三朝政要》以及《齐东野语》的"巴陵本末"认为济王的名誉恢复未能实施是导致火灾的原因，以至于"士民""三学生员"陆续上书。

> 六月，行都大火，由巳至酉，延烧居民五十三万家。士民上书，咸诉济王冤者。侍御史蒋岘史党，独唱邪说，谓火灾天数，何预故王事。遂劾方大琮、王逸、刘克庄鼓扇异论，同日去国。并斥进士潘昉姓同逆贼，语涉不顺，皆论以汉法。自从群臣无敢言者。②

> 丁酉火灾，三学生员上书，谓火起新房廊，乃故王旧邸之所，火至仙林寺而止，乃故王旧邸之材，皆指为伯有为厉之验。太常丞赵琳疏，亦以春秋郑伯有良霄为厉之验。一时朝绅韦布，咸谓故王之冤不伸，致干和气。③

"此次火灾，济王（赵竑）旧宅乃是火源"的观点铺展开来，发展成以太学生为中心的大规模抗议活动。在这背后，存在一个指导他们讨论方向的势力。侍御史蒋岘弹劾的方大琮、刘克庄是福建莆田人，另外刘克庄与真德秀、魏了翁过从甚密④。这恐怕是端平更化失败后下野的福建道学派，再次将真德秀等人在野时的拥护赵竑的议论展开，受其影响

---

① （宋）刘克庄撰，辛更儒笺校：《刘克庄集笺校》卷151《铁庵方阁学》，第5965页。
② （元）佚名撰，王瑞来笺证：《宋季三朝政要笺证》卷1，辛酉嘉熙元年六月条，第99页。
③ （宋）周密撰，张茂鹏点校：《齐东野语》卷14《巴陵本末》，第257页。
④ （元）脱脱等撰：《宋史》卷423《王迈传》，第12636页。

的太学生们也追随这个动向①,导致已经平息了的赵竑问题重新被点燃。

针对这样的变化,理宗试图施行不亚于史弥远专权时的高压性言论统制。他授意殿中侍御史蒋岘,采取了禁锢拥护济王阵营中的议论者的严厉措施②。于是,蒋岘经理宗授意,对赵竑问题特别是关于济王后嗣策定的言论严加禁止,方大琮、刘克庄之外,徐元杰③、王迈④等人都受到了弹劾。

另外,理宗表彰了批判济王的人。

> 独府学生李道子立异一书,援唐立武后事,谓此陛下家事,勿恤人言。又有广南额外摄官事邹云一书,尤为可骇。大略谓,济邸不能一死,受程军、陈登之徒,班廷拜舞于仓猝之际,天日开明,著身无地,夫复何言。今天下之士,反起兴怜,陛下又从而加惠之,复其爵位,给其帑藏,可谓曲尽其恩。今天下之士,不知大义所在,复以立嗣为言、簧鼓天下之听。并济邸虽未得罪于天下,而实得罪于春秋,济王不道,法所当除。陛下尚轸在原,犹存爵位,借使勉从群议,俾延长于世,不可也。矧当世情多阻之时,人心趋乱者众,万一贪夫不靖之徒,有以立楚怀王孙而激乱者,是时置国家于何地,其亦不思之甚矣。以真德秀之贤,犹且昧此,况他人乎。⑤

这里,批判赵竑的李道子、邹云都来历不详。但是根据周密记载的他们的言论来看,确是承袭理宗甚至以前的史弥远派的观点,或者有所增补。比如,李道子所说"此陛下家事、勿恤人言",正是对以往真德秀所说"天下之事,非一家之私,何惜不与众共之"观点的批评,乃

---

① (元)脱脱等撰:《宋史》卷424《徐鹿卿传》,第12649页记载,"会右史方大琮、编修刘克庄、正字王迈以言事黜,鹿卿赠以诗,言者并劾之。太学诸生作四贤诗",徐鹿卿因写诗赠予方大琮、刘克庄和王迈而遭到弹劾之际,太学生作四贤诗对他们表示支持。
② (元)脱脱等撰:《宋史》卷415《程公许传》,第12455页。
③ (元)脱脱等撰:《宋史》卷424《徐元杰传》,第12660页。
④ (元)脱脱等撰:《宋史》卷425《潘牥传》,第12671页。
⑤ (宋)周密撰,张茂鹏点校:《齐东野语》卷14《巴陵本末》,第257页。

是将赵竑问题限定为皇室家族内部的问题,与理宗摒除士人议论的见解相合。另外,邹云认为,对于"湖州之变"中赵竑的"不道",应依法处置,这正是忠实地继承了宝庆二年七月史弥远派出具的对赵竑及"湖州之变"正式处理意见的观点。理宗特令此二人补任将仕郎,以示对"湖州之变"与赵竑做上述评价的做法得到了他的肯定。另外,通过对他们的表彰,达到压制赵竑拥立派议论的目的。

但是,与宝庆年间的史弥远专权体制下情况不同,嘉熙年间理宗的强硬政策都以惨败告终。首先,理宗为压制赵竑拥护派而起用的蒋岘被太武学生弹劾而下野[1]。对遭受学生们强烈抵制的蒋岘,理宗并没有回护他的意思。根据作为当事人的刘克庄的说法,同样被蒋岘弹劾的方大琮对其支持者说"斥去乃岘意、非上意也"[2]。这大概可以认为是赵竑拥护派对理宗和蒋岘的分割。其次,理宗似乎也认同这种做法,与赵竑拥护派达成妥协,舍弃了蒋岘。这一时期的理宗—蒋岘阵营,既没有理宗—史弥远阵营那样坚固的合作关系,也没有压迫舆论的力量。

另外,理宗增补李道子、邹云二人为将仕郎的任命也因方大琮的反对而马上撤销了[3]。

这样,由于赵竑拥护派发起、太学生广泛参与的舆论的形成,理宗在对赵竑的评价问题上,放弃了恢复史弥远宝庆年间的立场的想法,无奈还是选择了因端平更化而达成的与赵竑拥护派的妥协时的立场。

于是,关于赵竑及"湖州之变"的讨论似乎又归于平静,然而,皇位从理宗到度宗过渡的过程中,围绕济王的后嗣册立问题使这个讨论再度爆发。下一节,将在理宗朝后期到度宗朝范围内,追踪这一动向。

四 围绕济王后嗣册立的讨论与理宗、度宗的应对

关于赵竑与"湖州之变"的讨论,围绕赵竑的名誉恢复和境遇的

---

[1] (宋)周密撰,张茂鹏点校:《齐东野语》卷14《巴陵本末》,第258页。
[2] (宋)刘克庄撰,辛更儒笺校:《刘克庄集笺校》卷151《铁庵方阁学》,第5965页。
[3] 同上。另外,尽管周密认为进行驳论的是时任郎夕郎的丁伯桂(《齐东野语》卷14《巴陵本末》,第257页),但刘克庄写的丁伯桂神道碑却没记载(《刘克庄集笺校》卷141《丁给事》,第5611—5616页)。在这里认为是方大琮进行的驳论。

改善而展开，作为其中的主要论点之一，"册立继承济王号的后嗣"经常被提及。而针对赵竑拥护派的主张，理宗软硬兼施予以应对，但在册立济王后嗣的问题上绝不退让。例如，《宋史·徐元杰》传中，对上节提到的蒋岘的言论压制，如下记述。

> 又言皇子竑当置后及蚤立太子，乞蚤定大计。时谏官蒋岘方力排竑置后之说，遂力请外，不许，即谒告归，丐祠，章十二上。①

理宗命令蒋岘进行的言论压制，将"竑置后之说"（即争取册立赵竑后嗣的意见）全部排除。那么，为什么理宗认为排除这些议论是必要的呢？这是因为继承济王王号之人很有可能威胁皇位。

作为立论的前提，在这里对宁宗朝（景献太子死后）皇位继承者的选定过程稍作回顾。赵竑成为皇位继承的候补，是在继承了沂王号（沂王无后嗣）并作为宗室而被选入宫之后的事。然后，赵竑在嘉定十四年六月成为皇子，理宗则以填补空缺的形式被封为沂王②。在那之后，宁宗驾崩之际，史弥远矫诏立理宗为皇子，先使理宗地位与赵竑平齐，之后拥立为帝。也即是说，理宗与赵竑对皇位继承的竞争，是由宗室而承王号—册立为皇子—继承皇位的流程下来的。

而这样的皇位继承的流程，在理宗朝后期又有可能重演。理宗的亲生儿子不幸夭折，同时也看不到新生儿诞生的希望，很多人担心继承者（国本）不确定而威胁政治稳定。早在端平三年（1236）六月，新权发遣泰州的蔡节也请求策定后继者，但理宗以"祖宗自有典故，现今讨论"，采取了似乎是推迟讨论的应对③，反映了其在册立皇太子问题上的消极态度。

那么，为什么理宗始终采取这样消极的态势呢？这是因为探讨"国本"问题的议论者也顺带请求册立济王的后嗣。比如，早在端平三年（1236），洪咨夔上奏道：

---

① （元）脱脱等撰：《宋史》卷424《徐元杰传》，第12660页。
② （元）脱脱等撰：《宋史》卷41《理宗一》，第783页。
③ （元）佚名撰，李之亮点校：《宋史全文》卷32，端平三年六月壬寅条，第2213页。

上在位逾一纪，国本未立，未有敢深言之者，咨夔乞择在宗室子养之，并为济王立后。①

由是，"国本"问题中混带着挑选宗室继承济王号的请求。

再者，嘉熙五年（1241），上奏中混带相同问题的李韶与当时的宰相史嵩之之间，有过如下交谈：

（嘉熙）五年，改礼部侍郎，辞，诏不允，令所在州军护遣至阙。嵩之遣人谓韶曰，毋言济邸、宫媪、国本。韶不答。②

对成为礼部侍郎而去宫中赴任的李韶，史嵩之要求他不得就"济邸"和"国本"之事上奏。但淳祐二年（1242），李韶恰恰针对"济邸"和"国本"上奏了③。再者，王迈④在淳祐五年到七年（1245—1247）之间，牟子才⑤于淳祐年间，分别上奏请立济王后嗣。这些议论者在担忧皇太子未册立问题的同时，也纠缠济王号的继承者问题。可以认为，他们的意见是从宗室里广泛征集济王的后嗣，并以其为理宗的皇位继承者。

但是，理宗在淳祐年间，已经以立自己的弟弟的儿子（后来的度宗）为皇位继承人为目标了。度宗于嘉熙四年（1240）四月在荣王府出生。正巧在皇位继承问题成为重要政治问题而被广泛讨论的时候，理宗的近亲中出现了皇位继承的候选人，这对理宗来讲是求之不得的。理宗在淳祐六年（1246）十月度宗六岁的时候，让他进入小学，淳祐七年又令其在荣王府接受教育⑥。另外，淳祐九年（1249），度宗仅九岁就被封为益国公，淳祐十一年（1251），十一岁又被封为建安郡王⑦等，

---

① （元）脱脱等撰：《宋史》卷406《洪咨夔传》，第12267页。
② （元）脱脱等撰：《宋史》卷423《李韶传》，第12631页。
③ 同上书，第12632页。
④ （元）脱脱等撰：《宋史》卷423《王迈传》，第12636页。
⑤ （元）脱脱等撰：《宋史》卷411《牟子才传》，第12355页。
⑥ （元）脱脱等撰：《宋史》卷46《度宗纪》，第892页。
⑦ 同上书，第891页。

早早被授予"度宗"王号,开始准备将其册立为皇子。

针对这种动向,想拥立济王后嗣为皇位继承人的舆论当然会反弹抵抗。作为典型,这里讨论下宰相吴潜的反对拥立度宗运动的始末。

吴潜是宣州宁国人,在嘉定十年以第一名进士及第。作为很有前途的政治精英,他积极进言,其奏折被收录到《许国公奏议》中。曾经担任参知政事和左丞相,后来因为在度宗皇太子的问题上与理宗对立而下野。关于两人的对立,宫崎市定氏已经发表了论文①,认为主要是因为吴潜认为度宗的个人的资质有问题而反对。

不过仔细分析围绕拥立度宗问题的两者的动向,可以看出其背景里有济王以及其后嗣的问题存在。比如吴潜曾考虑另立王府以准备皇位继承人。在周密的《癸辛杂识》中,有如下记载:

> 吴毅夫为相日,穆陵将建储,吴不然之,欲别立汗邸,承宣专任方甫以通殷勤。吴以罪去国。绍陵既为皇子,尝遣人俟于汗邸,欲杀之。方知之,乃自后门逃去。后为谢堂捕之,送兵马司,自刎而死。此事福王亲闻之穆陵云。②

穆陵(理宗)在要立继承人时,吴潜表达了不同意见,并提出设立"汗邸",还利用一个叫方甫③的人进行周密的安排。但是,吴潜失势后,绍陵(度宗)成为皇子后便派人刺杀方甫,方甫虽然一度逃脱,但最终还是被逮捕押解到兵司马,在那里自杀了。

关于这一系列动向,理宗在淳祐十二年(1252)六月御笔书写并树立了史弥远的神道碑。关于此碑,小林氏已经进行了史料的解析④。从现存部分来看,比起史弥远的事迹,主要还是展现了其作为理宗和杨

---

① [日]宫崎市定:《南宋末の宰相賈似道》,载《宫崎市定全集》11,岩波书店,1992年。原载《アジア史研究》第二,東洋史研究叢書四一二、1959年。

② (宋)周密撰,吴企明点校:《癸辛杂识》后集《魏子之谤》,中华书局1988年版,第58页。

③ 方甫生平不详,但《宋季三朝政要》卷3,第292页有"潜初入相,以方甫、胡易简为腹心"的记载,则方甫应该是吴潜的心腹。

④ [日]小林晃:《史彌遠墓誌銘と史彌遠神道碑:南宋四明史氏の传记史料二種》,载《史朋》43,2010年。

皇后间的沟通者的作用，也即杨皇后—史弥远阵营最终使得理宗定策正当化。竖立此碑，意在将史弥远等人的定策正当化①，并以此来牵制吴潜等。同年十一月，受御史萧泰来弹劾，吴潜的宰相职务被罢免。排除了吴潜这一障碍，理宗在宝祐元年（1253）正月册立度宗为皇子。

另外，下野后的吴潜在宝祐三年（1255）七月，把关于册立皇太子问题上的理宗和群臣间的讨论经过做了详细的记录，上奏②要求交付史馆。其中记录理宗一直在表达将度宗立为继承人，不过即便如此关于"国本"的讨论仍然没有定论③。也许吴潜希望通过把记录留给史馆来表达他们的立场，即立度宗以外的其他宗室的人为皇位继承者这一观点是得到舆论支持的，同时还想对立度宗为继承者的理宗加以牵制吧。

在景定元年（1260），立度宗为皇太子时，理宗再次和吴潜发生冲突。同年四月侍御史沈炎上奏，将其中经过做了简要说明：

> （景定元年）夏四月戊戌朔、侍御史沈炎疏吴潜过失，以忠王之立，人心所属，潜独不然。章汝钧对馆职策，乞为济邸立后，潜乐闻其论，授汝钧正字，奸谋叵测。请速诏贾似道正位鼎轴。④

沈炎讲到，吴潜在反对度宗为皇位继承人的同时，还策划立济王的后嗣为继承人。章汝钧任职正字是在开庆元年（1259）十一月⑤，同年十月吴潜被任命为左丞相，在返回政坛担任宰相的同时，他也开始策动

---

① ［日］榎並岳史：《南宋理宗朝における動態的政治状況把握の試み：神道碑史料の分析を中心として》。
② （宋）吴潜：《许国公奏议》卷3《秋七月因皇子忠王薨故事具奏录进旧来所得圣语乞付史馆》，《全宋文》卷7771，吴潜七，上海辞书出版社、安徽教育出版社2006年版，第182页。
③ 例如，该上奏中记有淳祐十一年（1251）理宗的发言，"国本一事，朕志之定久矣。外论不察，犹多进定国本之说。殊不知正名少迟者，盖以其年尚稚，未能便入禁中。况资善已建，更复何疑。恐缙绅间未尽知此意，卿等可以此说谕之"（《许国公奏议》卷3《秋七月因皇子忠王薨故事具奏录进旧来所得圣语乞付史馆》），尽管理宗为册立度宗建了资善堂以作太子教育设施，但舆论依旧对拥立度宗不予承认。
④ （元）脱脱等撰：《宋史》卷45《理宗五》，第873页。
⑤ （宋）陈骙撰，张富祥点校：《南宋馆阁录续录》卷9《正字》，中华书局1998年版，第353页。

拥立济王为后嗣。他对于想立度宗为皇太子的理宗说"臣无弥远之材、忠王无陛下之福"①，还把度宗比喻为曾经的理宗，借"湖州之变"而进行了批判。这样的言论当然会激怒理宗，而沈炎的弹劾，也被认为是受到理宗的指示而提出的。

在奏折中，沈炎还表示希望下诏给贾似道，明确度宗为皇位继承人。当时吴潜和贾似道在对防卫蒙古的问题上严重对立，贾似道则想利用立太子问题将吴潜赶下台。对于贾似道来讲，这无疑是个好机会。《宋史》在贾似道传中记录了他在"建储之策"中表达了对立度宗的支持以及对吴潜的弹劾。而《宋史·吴潜传》中暗示了是理宗唆使沈炎弹劾吴潜的②，虽然其中经过有些复杂，不过可以认为，由于利害关系一致，这些应当是理宗和贾似道共同推动的结果。在景元元年六月，度宗被立为皇太子，七月进入东宫③。至此，在围绕拥立度宗的问题上，理宗和吴潜的对立以理宗的胜利而告终。

但是，即使是在度宗朝，有关济王的争论对度宗的权威依然构成威胁。景定元年（1260）即位之后，监察御史常楙立刻上奏请求恢复赵竑的名誉：

> 至景定甲子岁，度宗践祚之初，监察御史常楙长孺奏，巴陵之事，岂其本心。真宗能还秦邸之后，以成太宗之心，陛下岂不能为故王续一线之脉哉。既而御笔云，济王生前之官，先帝已与追复，尚有未复所赠官，尝曰留以遗后人，即仁皇践祚，赠秦王太师、尚书令之典也。所宜继志，以慰泉壤，可追复太师、保静镇潼军节度使，仍令所属讨论坟茔之制，日下增修，余照先帝端平元年六月十二日指挥。④

> 拜监察御史，知无不言。尝论天变及贾似道家争田事，论继皇子竑嗣，触度宗怒，迁司农卿，寻为两浙转运使。⑤

---

① （元）脱脱等撰：《宋史》卷418《吴潜传》，第12519页。
② （元）脱脱等撰：《宋史》卷474《贾似道传》，第13781页。
③ （元）脱脱等撰：《宋史》卷46《度宗纪》，第892页。
④ （宋）周密撰，张茂鹏点校：《齐东野语》卷14《巴陵本末》，第258页。
⑤ （元）脱脱等撰：《宋史》卷421《常楙传》，第12596页。

"湖州之变"再考

值得注意的是,常楙所说的"真宗能还秦邸之后、以成太宗之心"这一节。赵竑问题仿照秦王故事,追究理宗对赵竑的待遇不及秦王的议论,已经在嘉熙年间赵竑拥护派的压力下获得承认。度宗对济王的追封也可以说明这一点。但是,同一时期常楙又开始议论关于拥立济王后嗣的问题,这一次度宗发怒,将其调至司农卿之位。

另外,赵竑济王号的恢复并没有在这个时间施行①。从那以后,度宗朝(1265—1274)时,并没有关于济王的议论。济王号及其后嗣册立的问题,对于度宗来说,大概也是会动摇皇位正统性的禁忌而不得随意触动。

结果,关于赵竑的名誉恢复问题全部得到解决,是度宗驾崩之后德祐元年(1275)十月②的事了。这个时候,常楙和王应麟上奏恢复济王的名誉。

> 德祐元年,提领户部财用兼修国史常楙请立竑后,试礼部侍郎兼中书舍人王应麟请更封大国,表墓赐谥,命大宗正司议选择立后,迎善气,销恶运,莫先于此。下礼部议,赠太师、尚书令、依旧节度使、升封镇王、谥昭肃。以田万亩赐其家,遣应麟致祭。③

他们上书奏请①更封济王大国的王号;②赐予谥号;③为济王选立后嗣。这在理宗、度宗朝时他们可能会成为被处罚的对象,或者被置之不理。但是这次二人的上书内容被完全接受,可以看出在赵竑与"湖州之变"事件的问题上,发生了戏剧性的变化。度宗驾崩后继承王位的瀛国公是度宗的亲生儿子,在皇位的继承上是非常正统的。这样一

---

① 《宋史》卷46《度宗》中对度宗即位之后立即发上的事情"复济王竑元赠少师、节度使,追封镇王,谥昭肃,有司讨论坟制增修之"(第892—893页)的记载,可以看到度宗即位的时候济王受封了新的王号。但《齐东野语》说被封镇王、赠谥号是德祐元年(1275)的事(第258页),另外《宋史》常楙传中也有德祐元年常楙再次上书请求恢复济王名誉的记载(第12597页),所以在这个时间点上,济王的王号应该尚未恢复。
② (元)脱脱等撰:《宋史》卷47《瀛国公》,第934页。
③ (元)脱脱等撰:《宋史》卷246《宗室三》,第8737—8738页。

· 473 ·

来，有关赵竑和"湖州之变"问题的争论不再成为皇位继承的正统性的威胁，王号的恢复问题也有了可以讨论的余地。

五 结语

到这里，我们一起考察了横跨理宗朝、度宗朝两代，有关赵竑和"湖州之变"的争论。起初，在以史弥远派与济王拥护派的争论为开端对赵竑的评价的议论中，史弥远派暂时以胜利告终，明确地判定赵竑是大逆不道者。但是，在史弥远的专权体制产生动摇时，赵竑拥护派卷土重来，之后又因端平更化，赵竑又被判定为蒙冤的受害者。在这样一个事态发展的背景中，有史弥远的专权体制动摇的因素，而在端平更化后关于赵竑的讨论自行克制的过程中，投向政权怀抱的赵竑拥护派与理宗之间，进行了关于赵竑评价的妥协。

但是，赵竑拥护派伴随端平更化的失败而下野，赵竑问题的争论则再次展开。嘉熙年间发生火灾时，为赵竑申冤的声音高涨之际，理宗利用蒋岘来压制言论，想恢复史弥远时代对赵竑的评价。但是赵竑拥护派联合太学生们一起掀起舆论高潮，最终断了理宗的念头。

之后，赵竑及"湖州之变"的问题核心转移到了济王的后嗣选定问题上。此事发展成为理宗后的皇位继承者选定问题，对理宗和度宗的皇位继承构成了威胁。吴潜和理宗两者的严重冲突体现在理宗的皇位继承一事上。吴潜一心想要选定济王的后嗣来作为皇位继承者，而理宗则想选自己的近亲来继承其皇位。虽然理宗如愿以偿，但是作为后继者的度宗仍为自己的皇位继承的正统性感到不安。

《宋史》贾似道传中，度宗是贾似道拥立的皇帝，因此度宗称贾似道为"师臣"，不需其自报姓名[①]。在苦恼于皇位继承正统性的皇帝依靠拥立自己的"定策之臣"这一点上，与理宗同史弥远的关系的基本构造是一样的。都是被专权宰相拥立，皇位正统性不足的皇帝。理宗、度宗两代皇帝都处在这样薄弱的皇权之上。专权宰相夸耀立策之功，能在皇帝面前发挥强大的影响力，也正是由这样的结构所致。况且，皇帝

---

① （元）脱脱等撰：《宋史》卷474《贾似道传》，第13783页。

还得依赖专权宰相强有力的言论封杀。在史弥远体制下，宝庆年间被判定为大逆的赵竑，在史弥远过世之后，名誉得到了部分恢复的事例，在这个意义上是比较典型的。度宗朝时期围绕赵竑的争论中，即位之初除了常楙的上奏其他都看不到，应该也是因为贾似道采取了一些平息言论的措施吧。①

于是，作为摇动皇位、打击专权宰相的工具，赵竑和"湖州之变"的问题就被提及和争论。而且，在没有能稳住他们的强有力的专权宰相时，皇帝为了保证自己的正统性，不得不妥协。嘉熙年间的临安大火之时发生的事正是一个很好的例证。如端平更化时期所见，赵竑拥护派重新掌权，因其与理宗立场相合，便使得理宗在赵竑恢复名誉的事上做出了让步。关于册立济王后嗣之事，理宗面对以吴潜为代表的舆论，能坚持己见，让度宗顺利成为皇位继承者，很大程度上归因于端平更化中的妥协阻止了济王后嗣的册立。

在《齐东野语》卷14《巴陵本末》中，记述了赵竑事件始末的周密，在末尾处写道"挽回天意，至此亦晚矣，悲夫"，感慨赵竑名誉恢复之迟。但是，关于赵竑和"湖州之变"的讨论，其本质是关于皇位继承正统性的，其最终解决，却只能等到南宋自身的消亡。从这里也可以看出，理宗朝、度宗朝的皇权的根基竟会因批判而发生摇动，可谓脆弱至极。

---

① 贾似道十分在意当时推动舆论的太学生的动向，努力施行怀柔政策。对于此事，请参照宫崎市定《宋代の太学生生活》，载《宫崎市定全集》10，岩波书店1992年版，原载《史林》第16卷第1号、第4号，1931年，以及宫崎市定著《南宋末の宰相贾似道》。

宋理宗与近习：兼谈公论对近习的态度

杨宇勋

（中正大学　历史学系）

一　前言

徐经孙（1192—1273）上疏宋理宗（1205—1264），回顾本朝宦官的历史而说："臣伏读国史，恭观太宗皇帝有不令宦者预事之训；真宗皇帝有杖杀（江）守恩之事；高宗皇帝有每观汉唐之祸及近时变故，不得不防微杜渐之训。家法森严，载在简册，此亦陛下之熟知而恪守者。"[①] 他提及太宗、真宗、高宗对于宦官干政的防治之道。

宋理宗在位四十一年（1224—1264），仅次于宋仁宗（1022—1063年在位），大致可划分三个阶段：前期十年，史弥远（1164—1233）专政时期（1224—1233），史卒于绍定六年，理宗始得亲政；中期十九年，端平至淳祐（1234—1252），屡颁政治更化之诏，北方形势剧变，宋蒙战争伊始；晚期十二年，宝祐至景定（1253—1264），战争加剧，国势一度危及。根据《齐东野语》，淳祐之后，宦寺肆横，阃帅朝绅出入其门，朝廷群臣多不敢言。宦寺对付台谏，或诱之以利，或使之畏其威势。当时政坛，内侍"一时声焰，真足动摇山岳，回天而驻日也"[②]。又据《钱塘遗事》，理宗"在位既久，嬖宠浸盛，中贵卢允升、董宋臣，女冠吴知古等荐引奔竞……又用外戚子弟任畿辅……卢允升等以奢

---

① （宋）徐经孙：《矩山存稿》卷1《劾董宋臣疏》，文渊阁《四库全书》本，台湾商务印书馆1983年版，第1181册，第27—29页。
② （宋）周密撰，张茂鹏点校：《齐东野语》卷7《洪君畴》，中华书局1997年版，第120页。

· 476 ·

宋理宗与近习：兼谈公论对近习的态度

佞导上，意信方士……禁中排当频数，娼妓傀儡得入供应，宫嫔廪给泛赐无节"①。卢允升（生卒年不详）②和董宋臣（？—1260），两人为理宗中晚期的宠宦。淳祐五年（1245），李韶（1177—1251）说：理宗"所谋者嫔妃近习，所信者贵戚近亲"③。近习政治的效应，诚如宗室赵必愿（？—1249）所说："一除目之颁，一号令之出，虽未必由于阉宦，而人或疑于阉宦；虽未必由于私谒，而人或疑于私谒；虽未必由于戚畹宗邸，而人或疑于戚畹宗邸。"④淳祐时，牟子才（？—1265）提到宦官和权臣的关联性：

> 琐琐阉尹，挟天子之威，窟于宫禁，而为天下奸邪奔趋之主；赫赫权奸，挟宫闱秘奥之援，窟于海滨，而为天下谀佞嗾使之主。陛下内牵阉尹之爱，外怵权奸之赂，佞人憸夫窥见罅隙，遂谓陛下因阉尹之交通，将权奸之复用也。于是宠幸者内则交结于阉尹以济其私，外则接引于权奸以缔其好。大佞者，内则借誉于阉尹以固其宠，外则阴主于权奸以效其报。

宦官交通权臣，"遂使忠臣饮气，志士吞声"⑤。

理宗晚年，有所谓的"丁丁董董""阎马丁当"，丁指善于奉承上意的丁大全（1191—1263），董和当系指内侍董宋臣，阎指宠妃阎贵妃（？—1260），马指执政马天骥（生卒年不详），"公论"对他们风评不佳。甚至有人书写八字于朝门之上："阎马丁当，国势将亡。"⑥其中的

---

① （元）刘一清：《钱塘遗事》卷5《理宗政迹》，江苏广陵古籍刻印社1990年版，第7页。（元）脱脱等撰：《宋史》卷474《贾似道传》，鼎文书局1983年新点校本，第13782页亦载："理宗在位久，内侍董宋臣、卢允升为之聚敛以媚之，引荐奔竞之士，交通贿赂，置诸通衢。又用外戚子弟为监司、郡守……宫中进倡优傀儡，以奉帝为游燕，窃弄权柄。"

② （元）脱脱等撰：《宋史》卷474《丁大全传》《贾似道传》，分见第13778、13782页，作"卢允升"；卷44《理宗纪四》，第855页，作"卢允叔"。

③ （元）脱脱等撰：《宋史》卷423《李韶传》，第12632页。

④ （元）脱脱等撰：《宋史》卷413《赵必愿传》，第12409页。

⑤ （明）黄淮、杨士奇编：《历代名臣奏议》卷311《灾祥》，台北学生书局1985年版，国立"中央图书馆"珍藏善本，第18页。

⑥ （元）佚名撰，王瑞来笺证：《宋季三朝政要笺证》卷2，中华书局2010年版，第214页。

· 477 ·

丁大全，"为戚里婢婿，贪缘阎妃及内侍卢允升、董宋臣，遂得宠于"理宗。① 宝祐三年（1255）六月，丁为右司谏，与同时在位的言官，正言陈大方（生卒年不详）、侍御史胡大昌（生卒年不详），三人尸位素餐，名字都有大字，时人戏称"三不吠犬"②。宝祐四年（1256）六月，董槐（？—1262）遭丁大全羞辱而罢相是政治指标，显示理宗择相的倾向。理宗何以任用近习至此？仅仅惰于政务吗？令人好奇。此为本文论旨所在。

二　女冠吴知古和内侍陈洵益

吴知古（生卒年不详）入宫的经过，史载不明。吴深受理宗宠信，从其亲政直到宝祐年间，长达二十年之久。吴干预政事，宫中耳语，"人皆侧目"③。

理宗初年，内侍陈洵益（生卒年不详）得势，文献所载事迹不多。枢密院编修官陈埙（1197—1241）于理宗亲政后入对："内廷当严宦官之禁，外廷当严台谏之选。"陈洵益不悦，向理宗中伤陈埙。监察御史王定（生卒年不详）也奏劾陈埙，埙出知常州，又改知衢州。④ 其后，殿中侍御史李韶劾奏陈洵益"窃弄威权"⑤，王迈（1184—1248）劾奏陈"扰政"⑥。理宗宠信陈洵益，从死后谥赠节钺之事可看出。钱相（生卒年不详）缴驳此令，理宗未行其言，赵必愿随之缴奏："陛下忍于去一贤从官（李韶），而不忍于沮一已死之内侍，则何以兴起治功，振扬国势？"⑦

端平初年，太常少卿徐侨（1160—1237）入对："今女谒、阉宦相为囊橐，诞为二竖，以处国膏肓。"《宋史》认为，女谒是阎贵妃，阉

---

① （明）陈邦瞻：《宋史纪事本末》卷97《董宋臣丁大全之奸》，三民书局1973年版，第358页。
② （元）佚名撰，王瑞来笺证：《宋季三朝政要笺证》卷2，第213页。
③ （宋）周密撰，张茂鹏点校：《齐东野语》卷13《优语》，第245页。
④ （元）脱脱等撰：《宋史》卷423《陈埙传》，第12640页。
⑤ （元）脱脱等撰：《宋史》卷423《李韶传》，第12630页。
⑥ （元）脱脱等撰：《宋史》卷423《王迈传》，第12635页。
⑦ （元）脱脱等撰：《宋史》卷413《赵必愿传》，第12411—12412页。

宦是董宋臣。① 这应该是错误的，部分今人论着亦承此说法。除非《宋史》所系徐侨入对时间有误，女谒当指吴知古，阉宦则是陈洵益，下面所引诸条可以佐证。

论劾女冠吴知古和内侍陈洵益两人，以李韶最为有力。前面约略提到，端平三年（1236），右正言李韶论劾吴氏"在宫掖招权纳贿"，理当逐出宫中。理宗发怒，李韶归还奏笏，欲辞官归乡。九月，明堂祭祀上天和祖宗，雷电交加。李韶转任起居舍人，借机再次奏劾吴知古和陈洵益，理宗置之不理。李韶三辞官位不准，乞请外任，最后知漳州。嘉熙三年（1239），上疏提道："臣昨弹内侍、女冠，不行。退惟圣主高明，必不容其干政。"淳祐元年（1241），李韶回朝，史嵩之（1189—1257）遣人嘱咐他："毋言济邸、宫媪、国本。"李韶并未回应，上疏仍然提到。② 约略同时，书拟金部文字兼沂靖王府教授姚希得（1198—1269）上疏言："今女冠者流众所指目，近珰小臣时窃威福，此皆陛下之心乍明乍晦之所致，岂不谓之危乎？"③ 女冠即指吴知古，近珰则是陈洵益。内侍幸佞不得弄权干政，多为宋朝儒臣坚守的政治法则之一。

嘉熙二年（1238），枢密副都承旨兼左司郎中王伯大（？—1253）进对，提道："议戚宦近习之挠政，则天下将以朝廷为恭、显、许、史、武、韦、仇、鱼之朝廷。"④ 试学士院王迈议论楮多之弊，提到"厚赐缗黄"，应该裁减楮币，缗黄疑指吴知古。约略嘉熙三年（1239），王迈又上封事，议论"吴知古、陈洵益扰政"⑤。

太常博士牟子才也不满理宗宠信道冠，淳祐七年（1247），上疏言："今日醮内庭，明日祷新宫；今日封神祠，明日迎佛像。倚靠于纳子，听命于黄冠。"⑥ 黄冠是道士的代称。宝祐三年（1255），理宗时年五十一，超拔吴知古的侄儿吴子聪（？—？）知阁门事，此事遭到兼吉

---

① （元）脱脱等撰：《宋史》卷422《徐侨传》，第12614页。
② （元）脱脱等撰：《宋史》卷423《李韶传》，第12630—12632页。
③ （元）脱脱等撰：《宋史》卷421《姚希得传》，第12588页。
④ （元）脱脱等撰：《宋史》卷420《王伯大传》，第12568页。"恭"疑为汉元帝宦官弘恭，"显"疑为石显，"武"疑为武则天和诸武，"韦"疑为唐中宗韦后，"仇"疑为唐文宗宦官仇士良，"鱼"为唐代宗宦官鱼朝恩。"许""史"待考。
⑤ （元）脱脱等撰：《宋史》卷423《王迈传》，第12635页。
⑥ （明）黄淮、杨士奇编：《历代名臣奏议》卷311《灾祥》，第1页。

舍人院牟子才激烈反对，缴驳其录黄（人事内定），缴驳之文说："子聪依凭城社，势焰熏灼，以官爵为市，搢绅之无耻者辐凑其门，公论素所切齿，不可用。"还说："给、舍纪纲之地，岂容此辈得以行私于其间。"理宗不得已，将吴子聪改知澧州。牟子才依然不满，辞去职务。①

淳祐九年（1249），给事中董槐上疏："请抑损戚里恩泽，以慰天下士大夫。"宝祐三年（1255）八月，董槐拜右丞相兼枢密使之时，言于理宗：为政有三害，"戚里不奉法，一矣"②。他所指的戚里即是嫔妃和外戚之类。

宗正少卿杨栋（生卒年不详）鉴于"时有女冠出入宫禁，颇通请谒，外廷多有以为言者"。于是进对说："陛下何惜一女冠，天下所侧目而不亟去之乎？"理宗不以为然。栋又说："此人密交小人，甚可虑也。"③ 直指吴知古为人说项，败坏官箴，理宗却置之不理。

三　内侍卢允升和董宋臣

从宝祐二年（1254）至四年（1256），朝臣奏劾近习颇为密集。宝祐二年三月，理宗欲授予谢皇后（1210—1283）亲属谢奕修（生卒年不详）④知郡。辅臣谢方叔（1201—1272）针对奕修任命案表示："年来戚里予郡太多。祖宗时，官高者必换右，盖有深意。"理宗回答："戚里正卿以上即换右班，此典故也。"⑤隔月，理宗表达不用御批授予谢奕修知郡，"可从公将上"。方叔回说："此意甚公。"几天后，谢方叔又奏说："外论皆以谢堂兼江西提举，恐自此外戚缘例者多，反费陛

---

① （元）脱脱等撰：《宋史》卷411《牟子才传》，第12358—12359页。两篇缴奏见《历代名臣奏议》卷290《宠幸》，第11—13页。
② （元）脱脱等撰：《宋史》卷414《董槐传》，第12430—12431页。
③ （元）脱脱等撰：《宋史》卷421《杨栋传》，第12586页。
④ 谢奕修当为理宗谢后的亲属，《宋史》卷46《度宗本纪》，第897页载："寿和太后亲属谢奕修……各升补一秩"。卷243《后妃传下》，第8660页载：谢后"兄奕，宋时封郡王"。奕是否即是奕修？不能确定。还有，（元）方回《左史吕公家传》（文渊阁《四库全书》本，台湾商务印书馆1983年版，第427册，第12—13页）载："谢丞相方叔以子修（修）……（洪天锡）党谢修，扶方叔"，此谢修为方叔之子，应与谢奕修为两人。
⑤ （宋）佚名撰，李之亮点校：《宋史全文》卷35，宝祐二年三月辛丑，黑龙江人民出版社2004年版，第2312页。

下区处。"① 谢堂（生卒年不详）也是外戚，谢后之侄②，此一任命案引起言官反弹。

董宋臣是理宗中晚期的宠宦，升迁快速，本传记载："淳祐中，以睿思殿祗候特转横行官。宝祐三年（1255），兼干办佑圣观。……景定四年，自保康军承宣使除入内内侍省押班，寻兼主管太庙、往来国信使，同提点内军器库、翰林院、编修敕令所、都大提举诸司，提点显应观，主管景献太子府事。……六月，命主管御前马院及酒库。既卒，帝犹命特转节度使，其见宠爱如此。"③

朝臣对董宋臣论劾不已，比较著名的是洪天锡（1202—1267）。宝祐三年（1255）二月，洪天锡上封疏奏劾：

> 古今为天下患者三：宦官也……谨按入内内侍省东头供奉官、干办内东门司董宋臣，宦寺之贪黠者也。并缘造寺，豪夺民田，密召倡优，入亵清禁，搂揽番商，大开贿赂。

洪氏"乞将宋臣逐出"，还论劾将作监谢堂、知庆元府厉文翁（生卒年不详）两人。④ 谢堂为谢后之侄，厉的身份不清楚。疏上两日，理宗没有回应，洪氏出关待罪。中书牟子才、右史李昴英（1201—1257）相继上章留之，乞行其言。理宗欲力保三人，于是调护其中，命令台臣吴燧（1200—1264）宣谕洪氏再三，力劝洪氏回任言官。理宗又中出御札，允诺私下斥责董宋臣，暗示洪氏更易论疏，了结此事。洪氏不听，疏章五上。理宗不得不"令堂自陈乞祠，除职予郡，宋臣自乞解罢，令首尾了日解职，文翁别与州郡差遣"⑤。谢、厉的人事命令下来

---

① （宋）佚名撰，李之亮点校：《宋史全文》卷35，宝祐二年四月辛亥，第2312页。
② （元）脱脱等撰：《宋史》卷46《度宗本纪》，第904页；卷243《后妃传下》，第8660页。谢皇后祖深甫，父渠伯。
③ （元）脱脱等撰：《宋史》卷469《宦者传四》，第13675—13676页。
④ （宋）周密撰，张茂鹏点校：《齐东野语》卷7《洪君畴》，第121页。
⑤ （元）脱脱等撰：《宋史》卷424《洪天锡传》，第12656页；（宋）周密撰，张茂鹏点校：《齐东野语》卷7《洪君畴》，第121页。二书论述此事，时间顺序不同。

后,却迟迟不见董宋臣录黄,兼直舍人院牟子才复敦请之。① 洪氏也奏说:"臣留则宋臣去,宋臣留则臣当斥,愿早赐裁断。"② 尽管洪氏不满意,但理宗已做了处置,风波暂时平息。

到了五月,"嘉定大雨雹,与叙南同日地震,浙西大水"③。六月,洪天锡再度上言:"上下穷空,远近怨疾,独贵戚巨阉享富贵耳。举天下穷且怨,陛下能独与数十人者共天下乎?"④ 董宋臣侵夺民田,民间将他视为"董阎罗"⑤。恰好吴民仲大论(生卒年不详)等人列诉董宋臣夺其田,他强调洪天锡曾告知相关机构。御前提举所说该田为御庄所有,此事不当通知台谏,仪鸾司牒文常平司不必理会之。⑥ 洪氏不满,上奏:"都知卢允升、门司董宋臣及内司诸吏,怙势作威,夺民田,伐墓木等事",内朝营造不当,掠夺民产,细数卢、董两人罪状。⑦ 洪氏上疏至六七次,未有回应,于是归还御史印章,出关。理宗仍欲曲护董宋臣,先改命洪氏大理少卿,再迁太常少卿,皆不拜命。⑧

这次奏劾闹得很大,太学生池元坚(生卒年不详)上书论劾卢允升和董宋臣,乞留洪天锡。不久,太学、武学、宗学三学学生上书乞请,左史李昂英上封事声援,公论大多支持洪天锡这边。⑨ 与此同时,有人传言:"天锡之论,方叔意也。"洪氏所以攻击内侍,出自左丞相谢方叔指使。洪天锡去位时,也说:"方叔意也。"于是,谢方叔上疏自辩。不久,监察御史朱应元论劾谢方叔,理宗也不信任谢,于是七月罢相。卢、董两人犹未满足,厚赂太学生林自养(生卒年不详)上书

---

① (元)脱脱等撰:《宋史》卷411《牟子才传》,第12358页,洪氏出关后,牟子才请行其言。
② (元)脱脱等撰:《宋史》卷424《洪天锡传》,第12656页。
③ (元)脱脱等撰:《宋史》卷44《理宗纪四》,第855页。
④ 引文见(元)脱脱等撰《宋史》卷424《洪天锡传》,第12656页。前书卷44《理宗纪四》,第855页,系于六月戊子;《齐东野语》卷7《洪君畴》,第121页,系于五月。
⑤ (元)佚名撰,王瑞来笺证:《宋季三朝政要笺证》卷2,宝祐三年六月,第214页。
⑥ (元)脱脱等撰:《宋史》卷424《洪天锡传》,第12656页。
⑦ (宋)周密撰,张茂鹏点校:《齐东野语》卷7《洪君畴》,第121页。"夺民田,伐墓木等事",见《钱塘遗事》卷5《理宗政迹》,第7页,前者为修内司庄,后者为修内司。
⑧ (元)脱脱等撰:《宋史》卷424《洪天锡传》,第12656页。
⑨ (宋)周密撰,张茂鹏点校:《齐东野语》卷7《洪君畴》,第121—122页。

论诋洪、谢二人。此举引起学生不悦,纷纷鸣鼓攻之。① 最后,监察御史洪天锡、左宰相谢方叔去位,三学生上书无法撼动卢允升、董宋臣的地位。尽管两人屹立不摇,但两人的权势也受到节制。宋朝镜鉴于晚唐宦官乱政的历史,加上士大夫政治风气,对于内侍干政颇为敏感。如洪天锡奏劾董宋臣的说辞,便是怕史臣书之曰:"内司之横,自今始。"②《宋史》本传评论此事也说:"言虽不果行,然终宋世阉人不能窃弄主威者,皆天锡之力。"③

论劾者,还有马廷鸾（1222—1289）,宝祐三年（1255）,他试馆职时,鉴于"外戚谢堂、厉文翁,内侍卢允升、董宋臣用事"。于是上言:"防近习。"得罪于人,迁转秘书省正字。景定元年（1260）,马兼沂靖惠王府教授,"时（丁）大全党多斥,（董）宋臣尚居中,言路无肯言者"。三月一日,日食,马本欲借机奏疏董宋臣等人。④ 几天之后,十四日,董宋臣"坐谪",安吉州居住。⑤ 所谓坐谪,似坐丁大全贬谪。

又如文天祥（1236—1283）和汤汉（1202—1272）。开庆元年（1259）,蒙古"兵驻江上,京师大震。（董）宋臣赞帝迁幸宁海军,签判文天祥上疏乞诛宋臣,又不报。……秘书少监汤汉上封事",建请理宗收回董的押班等职务任命案。汤汉"疏入,帝亦不之省"⑥。正如汤汉所言:"宋臣十余年来声焰熏灼,其力能夫台谏、排大臣……陛下方为之辨明,大臣为之和解。"⑦ 又如朱貔孙（生卒年不详）,下部架阁文字时发策试卷子,强烈抨击宦官之患。引起董宋臣不满,唆使言官论罢之。景定元年左右,在讲筵时,言及董宋臣干预政事,理宗不悦。四月,董宋臣贬置安吉州。景定四年（1263）,董复出,朝论纷然。殿中侍御史兼侍讲朱貔孙奏对,力斥董的奸情,终于夺其祠禄。隔年七月,

---

① （元）脱脱等撰:《宋史》卷417《谢方叔传》,第12511—12512页。从本传的文意判断,谢方叔似未授意洪天锡论劾卢、董二人。
② （元）脱脱等撰:《宋史》卷424《洪天锡传》,第12656页。
③ 同上书,第12657页。
④ （元）脱脱等撰:《宋史》卷414《马廷鸾传》,第12436—12437页。
⑤ （元）脱脱等撰:《宋史》卷414《马廷鸾传》,第12437页;《宋史全文》卷36,景定元年三月辛巳,第2359页。
⑥ （元）脱脱等撰:《宋史》卷469《宦者传四》,第13675—13676页。
⑦ 同上。

借由"长星出东方",又"力诋外戚、内臣及进奉羡余失人心者"①。

除了上述洪天锡、李昴英、马廷鸾、文天祥、汤汉、朱貔孙等人之外,还有徐经孙②、牟子才③、陈宗礼(详见于下)等人。

董宋臣得到理宗恩宠,所以能权倾一时,必有其道理。以下分为逢迎取悦、拉拢大臣、打击论劾者、使命必达四方面:

逢迎上意,取悦理宗。端平二年(1235),袁甫(1174—1240)便说:"亲贤人儒士则难,亲宦官女子则易;难者亲之时少,易者亲之时多。"④ 皇帝和内朝嫔妃、宦官朝夕相处,自然比外朝臣僚亲近许多。加上喜听好话,乃人之常情,理宗是凡人,自然不例外。谢方叔提道:"朝夕亲近者、左右近习承意伺旨之徒,往往觇上之所好,不过保恩宠、希货利而已。而冥冥之中,或有游扬之说,潜伏而莫之觉。防微杜渐,实以是心主之。"⑤ 学者认为理宗喜好美色,大致正确。⑥ 一是贾贵妃和阎贵妃先后以姿色得宠。二是宁宗晚年后宫夫人称号者六百员,理宗淳祐增至千员。⑦ 三是董宋臣知悉理宗的喜好,传闻宝祐三年(1255)正月,曾"呼营妓数辈入内祗应",侍奉理宗。故前引洪天锡批评说:"并缘造寺……密召倡优,入亵清禁。"⑧ 是年,董宋臣主管兴建富丽堂皇的佑圣观,又"起梅堂、芙蓉阁"⑨。

拉拢大臣的史例,莫过于丁大全。丁和理宗有私人关系,《宋史》本传称"戚里婢婿",具体身份不清楚。他"夤缘以取宠位,事内侍卢

---

① (元)脱脱等撰:《宋史》卷411《朱貔孙传》,第12362—12363页。疑"长星出东方"为彗星出柳,故系于景定五年七月。
② (宋)徐经孙:《矩山存稿》卷1《劾董宋臣疏》《又劾董宋臣疏》,第27—31页。
③ (宋)黄淮、杨士奇编:《历代名臣奏议》卷293《近习》,第15页。
④ (宋)袁甫:《蒙斋集》卷1《经筵进讲故事》,《丛书集成初编》本,中华书局1985年新1版,第12页。
⑤ (元)脱脱等撰:《宋史》卷417《谢方叔传》,第12510页。
⑥ 如蔡东洲、胡昭曦《宋理宗宋度宗》,吉林文史出版社1996年版,第177—181页;虞云国《细说宋朝》上海人民出版社2003年版,第573—574页;何忠礼《南宋政治史》,人民出版社2008年版,第354页;张金岭《宋理宗研究》,人民出版社2008年版,第154—211页。
⑦ (元)刘一清:《钱塘遗事》卷5《理宗政迹》,第7页。
⑧ (宋)周密撰,张茂鹏点校:《齐东野语》卷7《洪君畴》,第121页。
⑨ (元)佚名撰,王瑞来笺证:《宋季三朝政要笺证》卷2,宝祐三年六月,第214页。

宋理宗与近习：兼谈公论对近习的态度

允升、位董宋臣"①。宝祐四年（1256）十一月，他被任命为签书枢密院事，位居执政之列，宝祐六年（1258）四月，拜右丞相兼枢密使。丁大全时擅国柄，以直言为讳。右司陈宗礼陛对时，对理宗说："毋但得左右便嬖戚畹之心……毋但寄耳目于卑近。"②劝谏不可重用丁大全、董宋臣、卢允升等佞臣和近习。开庆元年（1259）九月，处理蒙古大军入侵不当，罢相。③前述的洪天锡是位争议的人物，也曾巴结董宋臣。据《左史吕公家传》记载：

> 天锡实钻刺宋臣，得班六院。忽一日，天锡除监察御史，宋臣力也。……天锡之进，又阴与谢修深交，以干方叔。遂谓且借宋臣径入言路，叛而劾之，可以得名，党谢修，扶方叔。入台第一疏劾宋臣等，理庙骇愕，不行，一再疏，宣谕不行，天锡去。以此天下敬之，而狡险矫诈，世不悉也。④

洪天锡小于丞相谢方叔一岁，谢修为方叔之子。此传作者方回（生卒年不详）指出，洪天锡攀附董宋臣而位列言官，论劾董宋臣出自洪氏的私心，其目的在于博取声誉，并借此交结丞相谢方叔。

打击论劾者。董宋臣遭到朝臣奏劾时，姿态柔软，或向理宗哭诉，趁机倒打政敌一耙。宝祐年间，丁大全为相与董宋臣互为表里。牟子才在太平州兴建李白祠，记文借题发挥，以高力士暗讽董宋臣，又为《李白脱靴图》作赞文，并刻赞记于石碑上。董宋臣看到拓本大怒，持两份拓文泣诉于理宗。事后和丁大全合谋，指使御史交章诬劾牟子才私吞馈赠公使钱。理宗虽诏降两官，但心中有疑，派人探询，得知牟子才无辜。⑤

---

① （元）脱脱等撰：《宋史》卷474《丁大全传》，第13788页；《钱塘遗事》卷4《丁相罢政》，第3页。
② （元）脱脱等撰：《宋史》卷421《陈宗礼传》，第12594页。
③ （元）脱脱等撰：《宋史》卷474《奸臣传四》，第13778页。
④ 〔元〕方回：《左史吕公家传》，文渊阁《四库全书》本，台湾商务印书馆1983年版，第427册，第13页。
⑤ （元）脱脱等撰：《宋史》卷411《牟子才传》，第12359—12360页。

· 485 ·

使命必达方面。开庆元年（1259），蒙古大军南下，南宋有亡国之势。① 于是，有迁都避难之议，董宋臣力赞台州宁海军。② 幸运地，蒙哥汗（1251—1259 在位）八月崩卒，蒙古陆续撤兵。十月，丁大全罢相，负起行政责任。景定元年（1260）四月，吴潜（1195—1262）罢相，贬董宋臣于安吉州。③ 实际上，理宗依然宠信董宋臣，隔年委派负责兴造周国公主府馆，十一月馆成，转一官。④ 景定四年（1263）正月，同提举奉安符宝所。⑤ 七月，自保康军承宣使除授入内侍省押班，牟子才等人强烈反对，吁请理宗停止除授。隔月，董托病乞请收回成命。⑥ 其后，又陆续担任兼主管太庙、往来国信所、同提点内军器库、翰林院、编修敕令所、都大提举诸司、提点显应观、主管景献太子府事等职务。⑦ 从他任职称谓来看，理宗多指派他处理内廷杂务，如皇室家务、宗教祭祀、资料编纂等事。职务如此众多，显示他使命必达，执行效率也不错，才会受到理宗赏识。

董宋臣在淳祐之后，声焰熏灼，全因理宗庇护，他成为理宗的替罪羔羊，群臣的矛头所在。理宗固然有错，但近习集诸恶于一身，可作为理宗卸责之词，也可以代扛责任。理宗和董宋臣的关系，有点像高宗和秦桧的关系，臣下为君上背负不誉之名，上下交相利用。

四　理宗亲政后扩大君权

理宗喜用近习与扩大君权是一体两面，以下分为四个方面介绍：

一是理宗未亲政之前，朝政多仰史弥远鼻息，他被迫只得亲近府邸和近习等家臣。譬如宝庆元年（1225），国史院同修撰曹彦约（1157—

---

① （元）刘一清：《钱塘遗事》卷 5《理宗升遐》，第 7 页载："开庆己未，北兵南来，社稷几亡矣。"
② （元）脱脱等撰：《宋史》卷 469《宦者传四》，第 13675 页。同书卷 411《朱貔孙传》，第 12362 页，时亦"有建议迁都四明者"。
③ （元）脱脱等撰：《宋史》卷 414《马廷鸾传》，第 12437 页。
④ （元）脱脱等撰：《宋史》卷 45《理宗本纪五》，第 879 页。
⑤ 同上书，第 883—884 页。
⑥ 同上书，第 885 页。
⑦ （元）脱脱等撰：《宋史》卷 469《宦者传四》，第 13676 页。

1228）上封事，有"防近习"之语。① 尚书左郎官范应铃（生卒年不详）奏言："陛下不断自宸衷，徒眩惑于左右近习之言，转移于宫庭嫔御之见。"② 权给事中许奕（生卒年不详）于理宗初年"论驳十有六事，皆为贵族近习之挠政体者"③。绍定四年（1231），尚右郎官吴潜上疏："阉官之窃弄威福者勿亲，女宠之根萌祸患者勿昵。"④ 绍定五年（1232）十二月，恭圣太后杨氏（1162—1232）崩卒，乔行简（1156—1241）上疏言：

> 戚畹肺肝之亲，近习贵幸之臣，奔走使令之辈，外取货财，内坏纲纪。上以罔人君之聪明，来天下之怨谤；下以挠官府之公道，乱民间之曲直。纵而不已，其势必至于假采听之言而伤动善类，设众人之誉而进拔憸人，借纳忠效勤之意而售其阴险巧佞之奸。日积月累，气势益张，人主之威权，将为所窃弄而不自知矣。⑤

近习贵幸的权力系假借于皇权，久而久之，权柄难免下移。甚至有些臣僚劝谏理宗嫔妃过多，如上引乔行简上疏言：

> 嫔御之人又视昔众多，以春秋方富之年，居声色易纵之地，万一于此不能自制，必于盛德大有亏损。⑥

以上所引都出自理宗端默无为时期，足证他在史弥远专政时期便有任用近习的习性。绍定六年（1233）年底亲政以后，只是不改旧习而已。理宗不断任用外戚和近习，从谢皇后戚族、丁大全到贾似道（1213—1275），一再显示理宗不信任外朝辅臣，透过外戚近习来运作政务，让理宗得以更能掌握朝政。理宗积极培养贾似道，最为明证。理

---

① （元）脱脱等撰：《宋史》卷410《曹彦约传》，第12343页。
② （元）脱脱等撰：《宋史》卷410《范应铃传》，第12346页。
③ （元）脱脱等撰：《宋史》卷406《许奕传》，第12269页。
④ （元）脱脱等撰：《宋史》卷418《吴潜传》，第12515页。
⑤ （元）脱脱等撰：《宋史》卷417《乔行简传》，第12491页。
⑥ 同上。

宗不信任外朝大臣，喜用近习，算是史弥远专政的后遗症之一。

二是理宗亲政之后干刚独断，企图矫正权相政治之失。史弥远册立有功，理宗初年只得端默无为，亲政后反向作用，极力于填补他昔日未享受的决策权。如洪咨夔（1176—1236）提到：理宗"亲政以来，威福操柄，收还掌握，扬廷出令，震撼海宇，天下始知有吾君"①。又如崔与之（1158—1239）提到：理宗"收揽大权，悉归独断。……比闻独断以来，朝廷之事体愈轻，宰相进拟多沮格不行，或除命中出，而宰相不与知……威令虽行于上，而权柄潜移于下矣"。基于此，理宗喜用听话顺从之人，因而宠信近习，故崔与之又说："戚畹、旧僚，凡有丝发夤缘者，孰不乘间伺隙以求其所大欲，近习之臣，朝夕在侧，易于亲昵，而难于防闲。"②崔与之认为，理宗因其独断，容易偏听偏信，因此宠信近习，这点大致正确。

《宋史》本纪赞曰：理宗"中年嗜欲既多，怠于政事，权移奸臣，经筵性命之讲，徒资虚谈，固无益也"③。《董槐传》也说：理宗"年浸高，操柄独断，群臣无当意者，渐喜狎佞人。丁大全善为佞，帝躐贵之，窃弄威权而帝弗觉悟"④。部分史家也认为理宗于中晚期权柄他移，这是错误的认知。这两段议论有两大瑕疵：理宗初年便善任近习，只是事迹未显。再者，权柄也未移奸臣。明人张溥史评便说：丁大全"为相仅一年有十月，其进速，其退亦速，圣断未尽废也"⑤。笔者硕论曾指出，理宗亲政后宰辅更替频繁的主因，在于他把持权力。⑥

控制言官也是手段之一，如牟子才提道："上意所不予，则施缯缴于既逐之谏臣；上语所不乐，则纵斧于广东之仓节。或倚上眷而执人物进退之权，或探上心而掣朝廷行事之肘，此逢君者也。"⑦台谏望风承

---

① （宋）黄震：《戊辰修史传·端明殿学士洪咨夔》，《四明丛书》本；《宋史》卷406《洪咨夔传》，第12265页。
② （元）脱脱等撰：《宋史》卷406《崔与之传》，第12263页。
③ （元）脱脱等撰：《宋史》卷45《理宗本纪五》，第889页。
④ （元）脱脱等撰：《宋史》卷414《董槐传》，第12432页。
⑤ （明）陈邦瞻：《宋史纪事本末》卷97《董宋臣丁大全之奸》，第361页。
⑥ 杨宇勋：《南宋理宗中、晚期的政争——从史弥远卒后之相位更替来观察》，硕士学位论文，成功大学历史语言研究所，1991年，第149页。
⑦ （明）黄淮、杨士奇编：《历代名臣奏议》卷311《灾祥》，第17页。

旨，逢君之恶，逐渐丧失陈言直谏的功能。针对言官改任他官，不愿服从而出京抗议的现象，理宗颁行违制的法令。宝祐五年（1257）九月，诏曰："今从台臣迁卿少而辄出关者，准违制论。著为令。"其诏令所持的主要理由是："自诡抗节，实犯不恭。"① 出关抗节以违制论，多少产生钳制言官行为的作用。

理宗干刚独断，也表现在中出御笔。御笔始于徽宗（1100—1126在位），淳祐中，牟子才说：

> 御笔始于政和四年……或称诏，或称御笔手诏，或用御宝，或用长印，或有金填红刻旨挥，由中而出，不在于中书门下之旨也。当时，三省但奉行御笔而已。

他接着批评理宗亲政之后的御笔之失：

> 陛下即位之初，压于权臣，潜光晦迹，不敢自大。……粤自亲政揽权，蹊路渐熟……女子、宦官、邸第戚里窥见罅隙，请托纷如，于是御笔沓至，往往夜漏十数刻，省吏传呼，晷刻不爽，大臣签押，奉行惟谨。②

他还说："内降不由于中书"③，内降即是御笔。御笔中出，既反映理宗对权相史弥远政局之反弹，也反映他对外朝宰辅的不信任；既有政治的现实层面，也有心理的精神层面。几乎没有宰执抗拒执行御笔，只有董槐勇于表达，但没多久便被理宗借故而罢相。中书舍人封缴、给事中封驳也是如此，前述的牟子才曾经封缴理宗的董宋臣人事御笔，实属罕见。

早在嘉熙四年（1240），杜范（1182—1245）回朝时便提道："政出于中书，而御笔特奏或从而中出。左道之蛊惑，私亲之请托，蒙蔽陛

---

① （元）佚名编，李之亮点校：《宋史全文》卷35，宝祐五年九月壬子，第2338—2339页。
② （明）黄淮、杨士奇：《历代名臣奏议》卷311《灾祥》，第9—10页。
③ （明）黄淮、杨士奇编：《历代名臣奏议》卷62《治道》，第1页。

下之聪明,转移陛下之心术。"① 近习人事案中出的史例:一如宝祐三年(1255),大宗正寺丞赵崇璠(1198—1256)写信给左丞相谢方叔提到,理宗将"仓卒出御笔,某人授少卿"。隔天,论劾卢允升、董宋臣的洪天锡,果然授予大理少卿。② 同年,吴子聪除知阁门事亦是御笔使然。③ 二如景定四年(1263)御笔亲任董宋臣押班,仍引起徐经孙等人的不满。④ 牟子才上疏理宗,说得颇为透彻:

> 御笔始于政和四年,初焉杨球之代书,终焉流弊之滋炽。或称诏,或称御笔手诏;或用御宝,或用长印,或有金填红刻旨挥,由中而出,不在于中书门下之旨也,当时三省但奉行御笔而已。陛下……今轻视四海,玩弄诸臣,用力于区区术数之微,偃然自谓人莫已若矣。女子、宦官、邸第戚里窥见罅隙,请托纷如,于是御笔沓至,往往夜漏十数刻,省吏传呼,晷刻不爽,大臣签押,奉行惟谨。妨害政几,亏损观听,清明之世,为此弊幸。⑤

当时,理宗有时候利用御笔直接掌控人事,应该是真实的,而且是正确的。⑥ 有的臣僚从公议私意的角度提出批判,淳祐十二年(1252),汤汉上封事言:"中书造命,其除行不若内批之专;则陛下之立心,既未能尽合乎天下之公矣。……定策之碑,忽从中出……御笔之出,上则废朝令,下则侵有司,乡不如是之多也。"⑦

不过,理宗使用御笔果真如这些臣僚所言,仅有近习蒙蔽或皇权私心的现象吗?不尽然。理宗中后期经常使用御笔或内批下达重要的旨

---

① (元)脱脱等撰:《宋史》卷407《杜范传》,第12285页。
② (元)脱脱等撰:《宋史》卷417《谢方叔传》,第12511页。
③ (明)黄淮、杨士奇编:《历代名臣奏议》卷290《宠幸》,第11—12页。
④ (宋)徐经孙:《矩山存稿》卷1《劾董宋臣疏》,文渊阁《四库全书》本,第1181册,第27—29页。
⑤ (明)黄淮、杨士奇编:《历代名臣奏议》卷311《灾祥》,第9—10页。
⑥ 理宗以御笔或内批干预人事案,如《宋史》卷409《高斯得传》,第12325页,传主任命案;卷417《谢方叔传》,第12511页,洪天锡大理少卿任命案;卷424《黄师雍传》,第12659页,史嵩之致仕案。
⑦ (元)脱脱等撰:《宋史》卷438《汤汉传》,第12976页。

宋理宗与近习：兼谈公论对近习的态度

令，在使用的频繁上，从徽宗之后的皇帝名列前茅。除了上述的臣僚或近习人事命令，还有颁布大政方针、任用宰执、勉谕宰执、召用要臣、皇太子事宜、褒扬贤臣、铨叙要臣、赏赐战功、鼓励上奏封事、抑止言官奏劾、贬斥言官、斥责罪臣、惩治贪官等方面。① 抑止言官奏劾还有专门术语，称为"节贴"。不少文献提道："台臣有言之者，帝宣谕去之，谓之节贴。"② 以御笔直接干涉言官奏劾。显然从御笔观察，可以明确佐证理宗大权并未旁移，还紧握着权力，甚至扩张君权。经常使用御笔，在牟子才等人的眼中虽是负面的权术行为，轻视三省宰执，违反朝廷体制；在理宗的立场，却是加强君权的手段，脱离三省体制的钳制。

三是委任近习处理若干政务。张邦炜指出："理宗既厌倦政事，又要大权独揽，加之年事渐高，只能依靠宦官和佞臣协助朝政。"③ 这个观察是正确的。如前引李韶言：理宗"所谋者嫔妃近习，所信者贵戚近亲"④。董宋臣可说是理宗的分身，可叫他做些不足外人所道之事。前面提到理宗召伎入禁中，不少的朝臣提到，真实性很高。内侍还担负

---

① 理宗御笔之用途，大政方针，《宋史》卷123《礼志二十六》，第2887页。任用宰执，《宋史全文》卷34淳祐六年十二月癸丑，第2274页。勉谕宰执，《宋史全文》卷35宝祐五年闰四月壬辰，第2335页；卷36景定元年五月癸酉，第2360页；《宋史》卷418《程元凤传》，第12522页。召用要臣，《宋史》卷406《崔与之传》，第12262页；卷411《牟子才传》，第12360页；卷425《徐霖传》，第12679页。罢免或试探大臣，《钱塘遗事》卷3《余樵隐》，第5页，余阶案。皇太子事宜，《宋史全文》卷36景定元年六月壬寅，第2362页；卷36景定元年七月辛卯，第2364页。褒扬贤臣，《宋史》卷406《洪咨夔传》，第12267页。保全史弥远家，《蒙斋集》卷5《右史直前奏事第一札子》，第63页；《宋史》卷437《魏了翁传》，第12969页。铨叙要臣，《宋史》卷412《孟珙传》，第12379页。赏赐战功，《宋史》卷412《孟珙传》，第12375页。鼓励上奏封事，《宋史》卷415《黄畴若传》，第12448页。抑止言官奏劾，《宋史》卷413《赵善湘传》，第12402页；卷417《谢方叔传》，第12511页；《钱塘遗事》卷3《余晦帅蜀》，第5页。贬斥言官，《宋史》卷424《徐元杰传》，第12662页。斥责罪臣，《宋史全文》卷36景定元年十月乙巳，第2366页。惩治贪官，《宋史全文》卷36景定元年十一月乙丑，第2367页。
② （元）脱脱等撰：《宋史》卷474《贾似道传》，第13782页。亦见《钱塘遗事》卷5《理宗政迹》，第7页；《宋季三朝政要笺证》卷2，第183页。
③ 张邦炜：《中国封建王朝兴亡史·两宋卷》，广西人民出版社1996年版，第319页。张氏又指出，北宋重用宦官的皇帝分为两种：一是刚明之主，二是昏庸之君，见《北宋宦官问题辨析》，载《宋代政治文化史论》，人民出版社2005年版，第55—56页。理宗兼具两种特质，重用宦官自然不意外。
④ （元）脱脱等撰：《宋史》卷423《李韶传》，第12632页。

内宫土木兴造与敛财集资的任务,如《钱塘遗事》记载:"作禁苑芙蓉阁、香兰亭,以供游玩。又作阁、贾二妃奉先功德寺,极土木之功。专置修内一司,以内侍管领,望青伐木,自德寿故宫、王邸戚里,民家坟茔皆不免。又置修内司庄、御前庄,开献纳之门,没入两争田土,名曰献助,实则百取。"① 正因这些内侍主管内廷庶务,办事犀利,才能获得理宗的信任。这在士大夫眼中,反倒是败坏君德,如牟子才说:"此皆董宋臣辈坏陛下素履。"② 理宗中晚年虽"怠于政事",大权依然在握,并未"权移奸臣",理宗可以轻易任用或罢黜丁大全宰执之权。贾似道成为权相要到拥立度宗继位之后,此时尚未威胁到理宗。

尽管理宗委任近习和宠臣协助处理政务,但仍任用操守较佳的大臣,维护自己的外在形象。以宝祐之后(1253—1264,宝祐、开庆、景定)所任用宰执大臣为例,如董槐、徐清叟、李曾伯、王野、程元凤、蔡杭、吴渊、江万里、姚希得、皮龙荣、杨栋、马光祖、叶梦鼎等人,公论风评大致肯定。③ 当然,其中不乏奉承之士,丁大全便是明显的例子。此为理宗晚期施政的风格,既容忍陈言直谏者,又任用干才之士,包容无可称述者,重用近习内侍之辈,兼容并蓄,他们共存于朝堂之上。

开庆元年(1259)八月,蒙哥汗死于四川。十月,丁大全罢相,吴潜为左丞相,贾似道在京湖遥拜右丞相。十二月,贾似道允诺向蒙古输纳岁币,忽必烈兵退后,夸称再造不世奇功。隔年景定元年(1260)四月,吴潜罢相,贾光荣入朝。贾上台后,"逐卢、董,所荐林光世等悉罢之;勒外戚不得为监司、郡守,子弟门客敛迹,不敢干朝政"④。果真如此吗?仍不敢确定。上面引句"董宋臣改差提举台州崇道观,安吉州居住",此诏在三月辛巳,时间上在贾似道入朝之前。⑤ 这有两种可能:一是贾入朝之前,已决定清除董宋臣等人;二是理宗自为之,

---

① (元)刘一清:《钱塘遗事》卷5《理宗政迹》,第7页。
② (元)脱脱等撰:《宋史》卷411《牟子才传》,第12358页。
③ (元)脱脱等撰:《宋史》卷214《宰辅表五》,第5631—5645页。诸位宰执的历史评价,参见《宋史》卷416、421、422列传论曰,第12487—12488、12583、12603页。《宋史》误书蔡杭为蔡抗。
④ (元)脱脱等撰:《宋史》卷474《贾似道传》,第13782页。亦见《宋季三朝政要笺证》卷3,第262页;《钱塘遗事》卷4《贾相当国》,第6页。
⑤ (元)佚名撰,李之亮点校:《宋史全文》卷36,景定元年三月辛巳,第2359页。

宋理宗与近习：兼谈公论对近习的态度

为了重拾朝臣的人心。

上节尾段提到，吴潜罢相后，董宋臣也遭谪贬，旋即起用，但气势大不如前。何以如此？理宗的考量可能基于：贾似道出身外戚，属于广义的近习，如今有军功加持，寺宦原先的重要性降低许多。加上董宋臣等人在外朝的形象颇为负面，正值蒙古兵退，谪贬斥之，可以一新朝廷气象。贾似道不愿理宗起用原先的近习之士，也不难理解：一可厚植人望，二可收揽人心，三可专宠于理宗，一举三得。张邦炜还提供一个看法：权臣当政之时，宦官很难专权。① 贾似道如果有心于大政，贬抑其他近习和宦官在所难免。

四是重视外朝的信息。理宗中晚期，虽重用近习佞臣，仍未停止各种"对"。陈言直谏与深刻务实的"对"固然有之，空洞无益与高谈阔论的言论恐怕更多。尽管如此，可以借此与群臣对话，吸取外朝及民间的相关信息。②

其次，理宗并未停办经筵，依然有儒臣定期到崇政殿讲经论道，顺道提出自己对时政的见解，甚至批评当局。③ 以朱貔孙为例，开庆元年（1259）左右，以监察御史兼崇政殿说书，疏论丁大全权奸误国之罪。其后，又上疏言迁都庆元府不可，言及董宋臣干涉政事。当然，理宗固有雅纳之时，亦有不悦之日，譬如朱论董便曾忤旨改官。其后，理宗亲自拔擢他为殿中侍御史兼侍讲，他又再度论及董宋臣。④ 由此判断，理宗就算到了晚年，仍旧在乎自己任用贤臣的形象，以示并非昏聩君主，听不听则是另一回事。理宗维持进对、议、经筵，得以了解群臣对政事的看法，同时也是皇帝接受外朝信息的管道之一，作为施政的预判。

此外，经筵对理宗还有个好处，任命台谏言官担任经筵讲席，可与之熟稔，言官较不敢造次。牟子才发现这点：北宋时，"台谏例不兼讲

---

① 张邦炜：《南宋宦官权势的削弱》，载氏著《宋代政治文化史论》，第94—95页。
② 对及议，可参见平田茂树《宋代政治结构试论——以"对"和"议"为线索》，施爱军译，载氏著《宋代政治结构研究》，上海古籍出版社2010年版，第161—189页。
③ 经筵及讲经，可参见吴国武《北宋经筵讲经考论》，《国学学刊》2009年第3期；董文静《南宋台谏"必预经筵"政治模式的形成——以董德元为线索的考察》，《浙江学刊》2012年第5期。
④ （元）脱脱等撰：《宋史》卷411《朱貔孙传》，第12362—12363页。

席。自中兴后……每除言路,必兼讲读说书之职。由此台谏与天子习熟,无复有敢言者矣。向也为权臣之私人,今则为天子之私人矣。向也供劾检于权奸,今则受天子之宣谕矣。向也受劾草于权奸,今则受天子之调亭矣"①。

表1　　　　　宋理宗亲政后的进对、经筵

时间	内容	出处
端平元年（1234）正月	王会龙进对	《宋史全文》32/2189
同年二月	赵立夫进对	《宋史全文》32/2190
同年五月	高奎、张烨进对	《宋史全文》32/2193
同年七月	李希颜进对	《宋史全文》32/2197
同年八月	黄登进对	《宋史全文》32/2190
同年	陈埙入对	《宋史》423/12640
端平初年	徐侨入对	《宋史》422/12614
端平初年?	袁甫经筵《易经》	《蒙斋集》1/1—7
端平二年（1235）正月	袁甫经筵进读《通鉴纲目》	《宋史全文》32/2202、《蒙斋集》1/7—16
同年四月	陈雷奋入对	《宋史全文》32/2204
同年七月	魏了翁进读《大学》	《宋史全文》32/2207
同年十月	林起莘进对	《宋史全文》32/2210
同年十一月	葛逢进对	《宋史全文》32/2210
端平三年（1236）正月	赵崇森进对	《宋史全文》32/2211
同年二月	赵崇微（森?）、王瓒进对	《宋史全文》32/2211
同年三月	郑斗祥进对	《宋史全文》32/2211
同年四月	颜颐仲进对	《宋史全文》32/2211
同年八月	王㵮进对	《宋史全文》32/2214
同年十二月	王野进对	《宋史全文》32/2216
嘉熙元年（1237）二月	王应辰、王万进对	《宋史全文》33/2221
同年四月	刘汉弼进对	《宋史全文》33/2222

① （明）黄淮、杨士奇编:《历代名臣奏议》卷311《灾祥》,第17页。

宋理宗与近习：兼谈公论对近习的态度

续表

出处	时间	内容
同年九月	陈烨进对	《宋史全文》33/2224
同年十月	经筵进读《三朝宝训》终篇	《宋史全文》33/2224
嘉熙二年（1238）正月	王野进对	《宋史》42/815
同年九月	经筵进读《毛诗》	《宋史全文》33/2229
嘉熙四年（1240）四月	吴申进对	《宋史》42/820
淳祐二年（1242）三月	经筵进读《孝宗圣政》	《宋史全文》33/2244
同年五月	余玠进对	《宋史》42/823
同年六月	陈烨进对	《宋史全文》33/2246
同年七月	余玠陛辞	《宋史全文》33/2246
淳祐五年（1245）三月	郑采进故事、吴子良进对	《宋史全文》34/2266
同年十月	庄同孙进对《洪范五事箴》	《宋史全文》34/2269
同年	谢方叔进对	《宋史》417/12510
淳祐六年（1246）六月	高斯得对	《宋史全文》34/2272
同年九月	林希逸对	《宋史全文》34/2273
同年十二月	章鉴对	《宋史全文》34/2274
同年	叶梦鼎转对	《宋史》414/12433
淳祐七年（1247）二月	姚希得对	《宋史全文》34/2276
淳祐九年（1249）	经筵	《宋季二朝政要笺证》2/184
淳祐十一年（1252）六月	尹桂轮对	《宋史全文》34/2302
宝祐元年（1253）五月	余晦朝辞	《宋史全文》34/2308
宝祐三年（1255）十一月	皮龙荣进对	《宋史全文》34/2308
宝祐四年（1256）三月	郑雄飞轮对	《宋史全文》35/2326
宝祐五年（1257）七月	经筵	《宋史全文》35/2337
同年	陈宗礼陛对	《宋史》421/12594
景定二年（1261）十月	吕文德对	《宋史》45/878
景定三年（1262）六月	经筵进读《唐鉴》终篇	《宋史全文》36/2379
景定四年（1263）五月	经筵进读《春秋》终篇	《宋史全文》36/2379
？年	杨栋进对	《宋史》421/12586
？年	包恢轮对	《宋史》421/12593

表1并非理宗亲政后进对及经筵的全豹，只是局部，但亦可看出理宗晚年的进对明显减少，特别是景定年间，此与史书记载大致相符。不过，理宗重视经筵，大体上没有中断过。

由上分析，理宗并非不能处理近习佞臣，而是需要他们，无论是精神或实际层面。如前引淳祐十二年（1252）汤汉所说："公卿在廷，其信任不若近习之笃。"①理宗较能容忍嫔妃、外戚和内侍，似与此有关：他们的权位正当性不高，威胁自己的机会较低。这些被宠信的宠妃、女冠和内侍的结局不算太差，他们大多死于理宗之前，未受政治迫害。阎贵妃死于景定元年（1260）七月②，董宋臣大约死于景定五年（1264）六月③。外朝佞臣则不然，没有利用价值之时，理宗便一脚踢开，丁大全为最佳的例证，景定四年（1263）六月他死于非命。宝祐四年（1256）六月，借丁之手罢去董槐相位，重用丁的是理宗；开庆元年（1259）十月，丁名誉扫地，转而重用形象良好的吴潜、拥有军功的贾似道为左右丞相，罢黜丁的也是理宗。

南宋初年，吕中（生卒年不详）曾分析："人君起居动息之地，曰内朝，曰外朝，曰经筵，三者而已。"④理宗不愿群臣过度干预内朝事务，其态度确实明显，如嫔妃、内侍、女冠之宠幸，甚至册立太子，就算外界批评声浪高涨，理宗让步有限，此与经筵不同。理宗登基受制于史弥远专政，难免会猜忌强势的宰执，久而久之，难免任用奉承阿谀的宰执，这是可以理解的。牟子才观察到这点，他说："外论颇传陛下以外权太重，思欲起权奸而用之。"⑤理宗借由任用宰执、言官来掌控外朝，庶务交由宰执负责，不满意便行更换。经筵是吸收信息、礼遇儒臣与接纳雅言的场所，具有实质、象征及表演的多重功能，既要定期举行，还得挑选代表性，装饰自己的形象。所以史书所载理宗中晚期的形

---

① （元）脱脱等撰：《宋史》卷438《汤汉传》，第12976页。
② （元）脱脱等撰：《宋史》卷45《理宗纪五》，第874页。
③ （元）脱脱等撰：《宋史》卷469《宦者传四》，第13676页，未载详细的去世时间。再据卷45《理宗纪五》，载：景定五年六月"乙丑，命董宋臣兼主管御前马院、御前酒库"，第887页，当为此后到是年十月丁卯理宗崩卒之前，即早逝于理宗数月。
④ （宋）李心传：《建炎以来系年要录》卷156，绍兴十七年四月辛丑夹注，中华书局1988年版，第2529页，引吕中《大事记》。
⑤ （明）黄淮、杨士奇编：《历代名臣奏议》卷311《灾祥》，第19页。

象才会如此：沉溺女色、喜用佞臣（内朝）；厌倦朝政（外朝），"人才乍贤而乍佞"[1]；纳言却不报。表面虽然矛盾，实际却有其需求。

五 公论防宦与鄙视近习

北宋初年，鉴于晚唐五代的历史教训，警惕于宦官干涉政务与掌握军权的后果。[2] 太祖朝在御将中出目的之下，利用"阉将"充当宫中和军队的桥梁，进行监军或统兵之权，他们是皇帝的私仆。太宗时，阉将成为枢密院的从属，由宦官系统的武将转变成枢密院系统的宦官。真宗时，加强枢密院对阉将的管理，既受外朝节制，又屡立战功。[3] 北宋宦官广泛参与政务的运作，诸如统兵、监军、出使外国、侦察臣民、经理财用、治河及营造、编纂文献、调查冤案等。[4]

太宗朝的转折点，在于王继恩（？—999）虽平定川蜀李顺民变，却爆发兵变，引起他对阉将恃功骄纵的疑虑。王继恩原以拥立太宗有功，极受宠信。淳化五年（994）八月，中书省议赏王继恩平蜀，初拟以宣徽使。太宗认为：

> 朕读前代史书多矣，不欲令宦官干预政事。宣徽使执政之渐也，止可授以它官。[5]

显然太宗借以历史教训，开始对宦官干政心存戒备。最后，别立宣

---

[1] 引句见（宋）徐经孙《矩山存稿》卷1《陈纲纪疏》，第2页。
[2] 王明荪：《谈宋代的宦官》，载《宋史论文稿》，台北花木兰出版社2008年版，第21页。
[3] 柳立言：《以阉为将：宋初君主与士大夫对宦官角色的认定》，《大陆杂志》第91卷第3期（1995），第1—20页。北宋宦官预闻兵事，亦可参见柴德赓《宋宦官参预军事考》，《辅仁学志》第10卷第1—2期合刊（1941），第181—225页；王恩厚《北宋宦官预军弊政述评》，《上饶师专学报》1986年第4期，第33—38页；张其凡《宋代宦官对军队的监督与指挥概述》，《中州学刊》1992年第3期，第122—123页。
[4] 整理自张邦炜《北宋宦官问题辨析》，第48—52页；冷冬《被阉割的守护神——宦官与中国政治》，台北万象图书公司1993年版，第157—160页。
[5] （宋）李焘：《续资治通鉴长编》卷36，淳化五年八月甲午，中华书局2004年版，第792页。亦见《宋史》卷466《王继恩传》，第13603页。

政使授之，杜绝王继恩担任宰执的可能性。

到了南宋，建炎元年（1127）十月，高宗（1127—1162年在位）登位五个月后，发现"入内内侍省押班康履（？—1129）以藩邸旧恩用事，颇忽诸将，诸将多奉之，而台谏无敢言者"。于是下诏："内侍不许与统兵官相见，如违，停官，送远恶州编管。"① 建炎三年（1129）四月，苗刘之兵变之后，高宗又下诏说：

> 自崇宁以来，内侍用事，循习至今，理宜痛革。自今内侍不许与主管兵官交通，假贷馈遗，借役禁军；非所管职务擅行移文取索，贴占屋宇，陈乞提领外朝官职事，干预朝政，外朝非亲戚亦不得往还。如违，并行军法，委台谏纠察弹劾，仍许诸色人陈告，如委得实，量事加赏。②

表面上，此次高宗系鉴于北宋徽宗朝宦官预政与统兵的后果，颁此一诏书。实际上，这是一种障眼法，因日前高宗有放纵内侍之失，造成兵刃宫阙。原来，内侍康履、蓝珪等人不但与外朝官员交往，并仗势皇恩，摆起官威，"凌忽诸将"，颐指气使将帅，迫使将帅巴结他们，壮大自己的势力。金兵猝至扬州，高宗仓皇渡江，康履等少数宦官随侍在侧有功，越发地跋扈，更加轻视外朝。③ 然而，苗傅（？—1129）和刘正彦（？—1129）不满这些宦官，又怨怼王渊（？—1129）和宦官交好而拔擢骤升，竟获同签书枢密院事之高官，于是发动政变，诛杀许多宦官，枭首王渊和康履。苗、刘两人曾厉声对高宗说："陛下信任中官，凡中官所主者皆得美官。……乞康履、蓝珪、曾择等诛之，以谢三军。"④ 仅个把月的苗刘兵变影响高宗颇大，一是萌起日后收兵权的念

---

① （宋）李心传：《建炎以来系年要录》卷10，建炎元年十月癸未，第236页。亦见《宋史》卷469《蓝珪传》，第13668页。
② （清）徐松辑：《宋会要辑稿》职官36之24，中华书局1957年影印本；《建炎以来系年要录》卷22，建炎三年四月丁巳，第473页。
③ （元）脱脱等撰：《宋史》卷469《蓝珪传》，第13668页；《建炎以来系年要录》卷21，建炎三年三月壬午，第414—416页。
④ （元）脱脱等撰：《宋史》卷469《蓝珪传》，第13668—13669页。

头,二是宦官不得预政。此后,南宋宦官的权势比北宋更加削弱,绍兴三十年(1160)十二月废罢宦官走马承受之制,宦官不再统兵或监军。南宋还有下列发展:裁减员额、禁止私设蚕室及进子、节制升迁、惩治不法等。① 但因宦官依附皇权,彻底禁止其干政是不可能的。

晚唐五代的历史教训,加上士大夫政治的气氛,朝臣多以负面眼光看待近习之臣,抨击远多于赞誉。司马光(1019—1086)曾说:"内臣不可令其采访外事,及问以群臣能否。"② 许多士大夫的言论着眼于内臣蒙蔽欺骗皇帝、挑拨离间、拉拢亲信方面,如杜范提到:理宗"左右近习之言,或溺于私听"。又说:"言及贵近,或委曲回护。"他批评签书枢密院事李鸣复(?—1247),"赂近习,蒙上听,以阴图相位"。嘉熙四年(1240),杜范说:"名为任贤,左右近习或得而潜间。"他又以久旱,请求:"出宫女以远声色,斥近习以防蔽欺。"又说:"左右嬖孽未闻有所放遣,貂珰近习未闻有所斥远,女冠请谒未闻有所屏绝。"③ 吴昌裔(1183—1240)曾批评理宗"宫庭嬖私"之事。④

换言之,士大夫所建构而认定的中央体制,官员接近近习内侍是无耻小人,论劾攻击近习内侍是正人君子。所谓的近习内侍,君主与之亲近,并习惯支使他们做事,他们是皇权政治的必然产物,属于政治运作的常态,古今中外皆然,不足为奇。这些近习内侍的权力来自最高统治者,他们取悦皇帝,攀附在皇帝权力的藤蔓之上,是皇权的衍生物。但这些皇权衍生物的正当性不足,经常成为朝臣攻击的箭靶。"公论",又称为公议、舆论,出自"君子"(或"清流")。⑤ 士大夫中的君子善于制造公论,对抗"小人",拥有今日所谓的"话语权"。当时因理宗崇尚程朱道学,道学士大夫拥有公论的正当性,较容易掌握朝廷的话语权,向对手施压。

---

① 整理自张邦炜《南宋宦官权势的削弱》,第78—97页。
② (元)脱脱等撰:《宋史》卷406《崔与之传》,第12263页。
③ 《戊辰修史传·丞相杜范》,第2—12页;《宋史》卷407《杜范传》,第12279—12285页。
④ (元)脱脱等撰:《宋史》卷410《范应铃传》,第12346页,范应铃曾上言批评:"公论,不出于君子,而参以逢君之小人。"
⑤ (元)脱脱等撰:《宋史》卷411《牟子才传》,第12358页。

史书和学者对理宗晚年政治批评颇多,认为理宗喜用近习内侍,为其缺失所在。特别是丁大全为相时期,外朝勾搭内侍,取悦理宗为务,政治颇为不堪。直到边防紧急,理宗才猛然醒悟。然而,理宗中晚期仍有一些有为的丞相,譬如他相继任命乔行简①、范钟(1171—1248)②、游似(?—1252)③、董槐④、叶梦鼎(1200—1279)⑤、马廷鸾、吴潜⑥担任丞相,拥有一定的操守,公论对他们的风评还算正面。他们未必有称颂的政绩,理宗也未必雅纳建言,但对当时政局清浊,仍具有象征性的意义。所以,对理宗朝政治演变不必一概否定,若非处于强敌蒙古时代,不似将亡之际。

牟子才担心若是近习得势,朝廷将贿赂成风,他说:

> 女冠者流,未必事事请托,然或为苟进之媒。貂珰等辈,非必口含天宪,然或侵大臣之柄。灶奥夤缘于贵戚,权纲窃弄于私亲,内降不由于中书,机祥多惑于左道。深宫燕游之媟,不如大昕视朝之庄;近习狎昵之私,不如亲近儒臣之简。⑦

牟子才担心所在,权柄内移宦侍,内降不由于中书,外朝权力被架

---

① (元)脱脱等撰:《宋史》卷417《乔行简传》,第12495页,"行简历练老成,识器弘远,居官无所不言。好荐士,多全显达"。《论曰》,第12512页,"乔行简弘深好贤,论事通练"。

② (元)脱脱等撰:《宋史》卷417《范钟传》,第12496页,范"钟为相,直清守法,重惜名器,虽无赫赫可称,而清德雅量"。

③ (元)脱脱等撰:《宋史》卷417《论曰》,第12512页,"范钟、游似同在相位,皆谨饬自将,而意见不侔"。

④ (元)脱脱等撰:《宋史》卷414《董槐传》,第12431页,理宗认为董"槐言事无所隐,意在于格君心之非,而不为容悦"。

⑤ (元)脱脱等撰:《宋史》卷414《叶梦鼎传》,第12435页,贾似道不满一桩人事命令,"以为恩不己出,罢省部吏数人"。梦鼎怒曰:"我断不为陈自强。"立即辞去右丞相兼枢密使。

⑥ (元)脱脱等撰:《宋史》卷418《吴潜传》,第12519页,吴潜曾向理宗密奏说:"臣无弥远之材,忠王无陛下之福。"理宗忌之,以沉炎论劾,吴潜落职。《论曰》,第12533页,故论曰:"潜论事虽近于讦,度宗之立,谋议及之,潜以正对,人臣怀顾望为子孙地者,能为斯言哉?"由此可知其人品及施政。

⑦ (明)黄淮、杨士奇编:《历代名臣奏议》卷62《治道》,第1页。

宋理宗与近习：兼谈公论对近习的态度

空。他于另一疏还说："利在近习，则趋近习而不顾陛下；利在女谒，则趋女谒而不顾陛下。……于是求之宫嬙，求之宦寺，求之诸邸，鞭靴狼藉，金宝纵横。"[1] 但就理宗的角度而言，近习和妃嫔的权力再大，对他也不具威胁性。至于用人与否，最终仍是自己决定，近习和妃嫔请托未必起作用。洪天锡上疏有句话不经透露士大夫的忧虑：

> 上下穷空，远近怨疾，独贵戚、巨阉享富贵耳。举天下穷且怨，陛下能独与数十人者共天下乎？[2]

原本皇帝和大臣共治的政治形态，近习戚贵却取而代之，正值国事如麻之际，自然远近皆怨。显示当时某些士大夫对于理宗宠信近习的焦虑感。

结　语

孝宗朝儒臣打击近习活动，理宗朝如同翻版，都是维持以士大夫为主体的政治形态，形成或制造"公论"，打击内侍、僧道和外戚等近习人士为主的行动。此一行动虽无整体性计划，却是不少朝臣们的共识，特别是所谓的清流派儒臣。有人指出，道学家们"气类向近"，容易彼此认同及支持，进而攻击共同的箭靶，使得他们能凝聚更为紧密。[3] 浓缩言之，攻击异己（异于士大夫），将对方妖魔化；团结己者，将自我神圣化。不论这个异己是否真正危害到朝政的安危，他们依然前仆后继攻击之，近习正是异己的代表。理宗中晚期，程朱道学家大致已能掌握公论的话语权，代表伦理及正义的力量，能够制造舆论压力的氛围。宋理宗顾及自己崇尚道学的形象，不得不让步，有时得压抑周边的近习人士。

前言《钱塘遗事》引言，兹有两点说明：其一，理宗宠幸近习，

---

[1] （明）黄淮、杨士奇编：《历代名臣奏议》卷62《治道》，第5—6页。
[2] （元）脱脱等撰：《宋史》卷424《洪天锡传》，第12656页。
[3] 张维玲：《从南宋中期反近习政争看道学型士大夫对"恢复"态度的转变（1163—1207）》，台北花木兰出版社2010年版，第149页。

如府邸、嫔妃、外戚、寺宦、道冠等人，早于初年即有征兆，并非始于中晚期。所以如此，当与史弥远专政的教训有关，理宗习于内廷人士，对外朝仍有疑虑。而且透过这些内廷人士，重用府邸、外戚和寺宦作为心腹，加辟一条政治运作之路，加强人主统治的根基。由于史弥远拥立有功，理宗初年端默无为，亲政之后反向作用，极力于填补他昔日未享受的决策权。譬如帝师郑清之，属于府邸人士，理宗亲政初年即仰赖之，借此掌握外廷及兵权。中晚期，宠信近习，御笔中出，为理宗扩大君权的两项指标。尽管如此，理宗依然注意外廷反应，并未排斥宰辅，也未中断进对及经筵等接触外臣的信息管道。

　　本文有个基本疑问，亲昵近习真的会亡国吗？重用程朱儒臣真的会兴国吗？传统观点受限于宋朝士大夫的文本，对于近习的看法以负面居多，近习干政名不正言不逊，士大夫奏劾近习乱政是名正言逊。然而，统治者咨询身边亲近之人，从而听信到任用，古今中外皆然，毫无奇特。问题是他们是否弄权干政？从而架空君权和相权。从谏斥近习行为来看，彰显宋朝以士大夫为主体的时代特性，南宋道学家的态度更加趋强而已。张邦炜曾指出，士大夫和宦官是两个不同的政治群体，常有对立之势，许多士大夫对宦官偏见颇深，特别是两制官（翰林学士、知制诰、中书舍人）和台谏。① 两宋抑制近习和宦官的最主要力量，来自士大夫群体，而非君权，更非历史殷鉴。章太炎评论中国历史上的内朝现象说："亦见人主之狎近幸，而憎尊望者之逼己也。"② 士大夫群体的权力在宋朝获得发挥，人主仰赖之，于是有文彦博等人的君臣共治之说。近习和宦官权力来自皇帝，是皇权的附属品，士大夫抑制他们权力，从某方面来看，亦有节制君权的味道。事情一体两面，人主虽和士大夫共享天下，但若是宰辅和言官过度强势，逼迫人主让步，相信没有人主喜欢，这或许是理宗始终重用近习和宦官的原因之一吧！宋理宗和近习的关系停留在政治庶务运作方面，相对于日后的明朝，他并未以此寻求建立另一套官僚体系，以钳制外朝的文武百官。③

---

① 张邦炜：《北宋宦官问题辨析》，载《宋代政治文化史论》，第52、61、70—74页。
② 章太炎：《检论》卷7《官统上》，台北广文书局1970年版，第11页。
③ 部分观点来自李华瑞教授的评议。

宋理宗与近习：兼谈公论对近习的态度

本文不迷恋于士大夫政治，亦不会刻意诋毁其事，仅是解读宋朝士大夫的文本。南宋士大夫的思维，固然有"为君为民"的一面，为了忠君爱国或牧民教化；也有"宰制统驭"的一面，为了群体公论或个人私利。无论他们是真心诚意或别有企图，这些都属于士大夫政治的一环。① 高度崇扬士大夫文化，过于诋毁近习人士，未必是绝对的正确，应该回归历史事实。

表2　　　　　　　　　　宋理宗朝群臣奏劾近习内侍

姓名	时间与内容	出处
吴潜	绍定四年（1231）。时任尚右郎官上疏：阉官之窃弄威福者勿亲，女宠之根萌祸患者勿昵。	《宋史》418/12515
徐鹿卿	绍定四年（1231）。都城火，时任福建安抚司干办公事上封事：惑嬖宠、溺燕私、用小人三事尤切。	《宋史》424/12648
乔行简	绍定五年（1232）。杨太后崩，时任签书枢密院事疏言：戚畹肺肝之亲，近习贵幸之臣，奔走使令之辈。	《宋史》417/12491
陈垲	端平元年（1234）。时任枢密院编修官入对：内廷当严宦官之禁。于是陈洵益阴中之。	《宋史》423/12640
徐侨	端平初年。时任太常少卿入对：今女谒、阉宦相为囊橐，诞为二竖，以处国膏肓。	《宋史》422/12614
李韶	①端平三年（1236）。时任殿中侍御史劾奏：陈洵益刑余腐夫，粗通文墨，扫除贱隶，窃弄威权，乞予洵益外祠。劾女冠吴知古在宫掖招权纳贿，宜出之禁庭。 ②复疏陈洵益、吴知古，不报。 ③淳祐五年（1245）。时任权礼部尚书疏曰：陛下所谋者嫔妃近习，所信者贵戚近亲。	《宋史》423/12630—12632
王迈	嘉熙三年（1240）。时任试学士院上封事：吴知古、陈洵益挠政。	《宋史》423/12635

---

① 余英时曾以"公仆意识"论及中国官僚制度，参见氏著《君尊臣卑下的君权与相权》，载《历史与思想》，台北联经文化事业出版有限公司1983年版，第59—61页。受王瑞来教授启发，改写此处。

· 503 ·

续表

姓名	时间与内容	出处
钱相	嘉熙三年。缴陈洵益赠节使。	《宋史》413/12411
赵必愿	嘉熙三年。时任兼给事中缴奏：陛下忍于去一贤从官李韶，而不忍于沮一已死之内侍，欲寝陈洵益节钺。	《宋史》413/12411—12412
杨栋	时任宗正少卿上疏：陛下何惜一女冠，天下所侧目而不亟去之乎？	《宋史》421/12586
姚希得	时任沂靖王府教授上疏：今女冠者流众所指目，近珰小臣时窃威福。	《宋史》421/12588
谢方叔	淳祐五年（1245）。时任殿中侍御史进对：人主朝夕亲近者，左右近习承意伺旨之徒，往往觇上之所好，不过保恩宠、希货利而已。	《宋史》417/12510
徐霖	淳祐六年（1246）。时任秘书省正字上封事：宫闱之私昵未屏，琐闼之奸邪未辨。	《宋史》425/12679
叶梦鼎	淳祐六年（1246）。时任兵部郎官转对：奇邪蛊媚于宫闱，熏腐依凭于城社。	《宋史》414/12433
董槐	①淳祐九年（1249）。时任给事中上疏：请抑损戚里恩泽以慰天下士大夫。 ②宝祐三年（1255）。时任右丞相对帝曰：戚里不奉法。	《宋史》414/12430—12431
牟子才	①理宗召伎入禁中，时任起居郎言：此皆董宋臣辈坏陛下素履。 ②缴劾：吴子聪为女冠吴知古侄，依凭城社，势焰熏灼，以官爵为市，搢绅之无耻者辐凑其门，公论素所切齿，不可用。	《宋史》411/12358
洪天锡	①淳祐十一年（1251）。时任监察御史劾董宋臣。 ②宝祐二年（1254）。时任监察御史疏曰：内竖窃弄威福。 ③宝祐三年（1255）。累疏：天下之患三，宦官也，外戚也，小人也。劾董宋臣、谢堂、厉文翁。又言：独贵戚巨阉享富贵耳，举天下穷且怨，陛下能独与数十人者共天下乎？	《宋史》417/12510、424/12655—12656、《蛟峰外集》（文渊阁《四库全书》本）3/11—12《方逢辰墓志铭》
太学生池元坚、太常寺丞赵崇洁、左史李昂英	淳祐十一年（1251）。论击宋允升、董宋臣。	《宋史》417/12511

续表

姓名	时间与内容	出处
程元凤	淳祐十二年（1252）。时任殿中侍御史疏言：谨便嬖之防，而不使之弄权。	《宋史》418/12521
马廷鸾	①宝祐三年（1255）。试策言防近习，时外戚谢堂、厉文翁、内侍卢允升、董宋臣用事。②景定四年（1263）。时再召用董宋臣，引何郏之说进，时任起居舍人极言，宋臣不可用，帝从之。	《宋史》414/12436、12438
陈宗礼	宝祐五年（1257）左右。时任尚左郎官兼右司陛对：毋但得左右便嬖戚畹之心，毋但寄耳目于卑近。	《宋史》421/12594
徐宗仁	开庆元年（1259）。时任国子监主簿伏阙上书：首恶则董宋臣也，盘固日久，蒙蔽日久。	《宋史》425/12680—12681
诸学官	景定元年（1260）。诸学官抗疏，如徐庚金等言：乞斩丁大全、董宋臣五人，以谢天下。	《雪坡集》（文渊阁四库本）3/2《拟上封事》《宋史》414/12437
文天祥	开庆元年（1259）。时任宁海军节度判官上书：董宋臣赞劝理宗幸宁海军，乞斩之，以一人心。不报。	《宋史》418/12533—12534、469/13675
汤汉	景定四年（1263）左右。时任秘书少监上封事：宋臣十余年来声焰熏灼，其力能去台谏、排大臣，至结凶渠以致大祸。中外悼惑切齿，而陛下方为之辨明，大臣方为之和解，此过计也。愿收还押班等除命，不胜宗社之幸。疏入，理宗不之省。	《宋史》469/13676
赵景纬	景定五年（1264）。时任国史院编修官转对：毋以闺闼之贱干公议，毋以戚畹之私紊国常。	《宋史》425/12675
包恢	轮对：陛下恻隐之心如天地日月，其闭而食之者，曰近习、曰外戚耳。	《宋史》421/12593

附注：感谢李华瑞和王瑞来两位教授的评议，本文未必符合他们对笔者的期许。

"10—13世纪中国国家与社会"国际学术研讨会暨中国宋史研究会第16届年会综述

范立舟

2014年8月19日至23日,由杭州师范大学与中国宋史研究会主办,杭州师范大学国学院承办的"10—13世纪中国国家与社会"国际学术研讨会暨中国宋史研究会第16届年会在杭州大运河畔召开。来自日本、韩国、美国,中国台湾、中国香港地区和中国大陆的238名学者参加了会议,共收到论文227篇,涉及中国10—13世纪的政治制度、军事战略、经济民生、社会生活、城市空间、历史文献、学术思想和宗教信仰等方面主题。与会学者围绕上述主题,进行了深入的学术讨论。

研讨会分作12个小组展开。第一组"制度、理念与政治运作"。论文既涉及诸如御宝之运用与宋朝皇帝的政务处理、枢密直学士职权之演变、翰林医官院机构之变迁、殿试制度、举官制度等上层制度设立宗旨、运作方式的讨论,也关注到了宋代乡村"管"制、赋役征差体系下的簿帐制度、基层治安管理的范式、县级官员任职和迁徙趋势等下层社会管制模式的演进与变化。注重上下层级的各类制度的设置和运作方式与运作效能的探讨,视野宏阔,挖掘深邃。

第二组"政治、法律与军事攻略"。论文既涉及宋代相权、文官政治、朋党政治现象这些"长线"话题,也别出心裁地讨论了武将的婚姻、近习政治的形成及其效果、南宋后期济王争议的历史意义和宋朝立法中的精神。这一组的论文也讨论了宋朝的几场战争,对这些战争的缘起及其后果作出了令人信服的说明,推进了军事史研究的进一步深化。

第三组"经济活动与社会成长"。对宋朝中央和地方税权的分隶,民间借贷关系与小农经济，二税的征纳流程，东南漕运格局和淮南水利开发，宋辽、宋夏榷场与和市的设置，富民与契约制租佃关系的发展，乡村社会的生存秩序与权力结构，税收来源和财政供养人员的规模，宗族义庄义田，乡官乡绅，鱼鳞图册使用分布，南宋自耕农的数量比例与经营规模及生存状况，《清明上河图》中的胡人及相关问题等国计民生话题都作了全面、系统的研究，取得的成果多数都达到甚至超越了以往的水平，反映了经济史研究的最新成就。

第四组"人物、家族与世系"。全面探究了宋代政治、军事和文化中的重要人物。如钱氏家族的世系、胡瑗历史地位的评价、曾公亮的贡献和家族、朱熹的交游、陈俊卿的理学人格、陆游科举入仕状况、北宋著名士大夫田况、两宋之际的叶绍翁、南宋的孙应时、何澹。历史人物是历史事件的当事人，他们能在历史发展的进程中留下自己意志的印记，能够影响历史事件的特征。所以一向是历史研究的重要领域。

第五组"文献、文学与历史书写"。由于历史学作为研究人类以往进程的一门学问，其研究对象存在于时间上不可逆转、空间上不可再现的过去。因此历史学是通过对历史典籍的考释、辨伪来确定历史事实的过程。重史料、重证据是传统史学中的有益成分。此组论文，讨论了宋代君臣的读书生活、宋代修撰国史中的相关制度、以碑铭和传记看宋代士大夫的历史书写、从行状碑志看宋仁宗朝的国史编修、寿州吕氏家族的著述，对若干部具体的文献作了深入的解析，取得了独到的成果。

第六组"教育、文化、思想学术与宗教信仰"。这是收到论文最多的一个组别。既论教育，如宋代的社会教化、北宋的教育改革、地方兴学、福建路的书院、寺观藏书以及文化意义等。也论及宗教与民间信仰的样式，如北宋的佛道互补、宋真宗封禅对东岳信仰的影响、宋代的洞天福地与西王母信仰之关系、《夷坚志》所见宋代的通灵文化、布袋和尚形象之演变、朱熹与"吃菜事魔"、温州地区的祠庙文化、密教传持与宋代祈雨文化等。对宋代"大传统"即精英文化的研究，也有较为丰富的成果，如理学思潮的兴起与佛教思想的关系、士人社会的发育、宋代礼制问题与《朱子家礼》的时代意义、陈亮与朱熹展开的义利王霸之辨、朱熹的格物致知论等。既有个案分析，又有宏观鸟瞰，层次丰富、样式多端。

少数志向和学术兴趣接近的学者，撰写主题接近的论文，组成人数不多的分论坛，以期更为深入地进行讨论，是值得鼓励的有意义的学术交流方式。第16届中国宋史研讨会组织了六个分论坛。第一分论坛（按照序列为第七组）的主题是"宋代日常生活"。参与者围绕辽宋夏金的人生礼仪、科举失败者的求仕心路、四川士人学术交流圈之婚姻关系等展开细密的讨论。第二分论坛（按照序列为第八组）的主题是"宋代政治文化"。参与者对司马光的政治主张与早期政治思想、宋代的崇重扬雄的思潮、宋金历法正朔竞争、殿试策问的模式化问题以及碑志文章书写中的若干问题进行全方位的论述和深入的讨论。第三分论坛（按照序列为第九组）的主题是"制度史视野下的宋代"。参与者对磨勘法与考选制度的演进、禁中须索制度及其演化、北宋事务机构的人员构成、宋神宗"大有为"之政的推行、江南士人与天书封祀、南宋绍兴年间川陕军粮之争等话题进行细密讨论。第四分论坛（按照序列为第十组）的主题是"皇权再认识"。与会者对宰辅制度、书信的政治功能、皇帝与朝臣的信息共享及博弈、雅乐改革与徽宗朝的政治斗争、隆祐孟太后在南宋初期政治史上的地位、湖州之变与南宋后期政治变局以及宋代皇帝的政务处理展开深入细致的推敲，取得许多宝贵的启示。第五分论坛（按照序列为第十一组）的主题是"文化物事形成的系谱与观览"。尽管参与者有限，但还是对宋代乐制的某些问题、宋代类书中的宋人"书信"概念、宋代福建路的女性宗教实践、胡纮等人圹志所反映的问题、临安三志的编撰意图、7—14世纪中国人眼中的海鲜、南宋元代中国的世系认识等主题进行研讨，取得了应有的效果。第六分论坛（按照序列为第十二组）的主题是"南宋都城临安"。与会论文均围绕临安展开，主题涉及现今对临安都城考古所取得的成就的介绍、以开封为中心的北方文化对临安及南宋社会影响之研究成果的介绍、对南宋临安文化所取得成果的介绍、吴越国与两宋时期钱氏家族世系的研究、《四库全书总目》中《咸淳临安志》辨析、南宋中前期礼仪空间的论述、临安流浪人员的官方救助问题、临安对严州的影响等。这些组别，是此次宋史年度会议的特色呈现。

为期四天的会议上，与会学者围绕中国宋代的历史现象，以文会友，以友辅仁，商量学术，交流研究心得，分享最新成果。历史从来就不是安静地平躺在天鹅绒铺就的匣具中的古玩，它是与现实的永不间断的交谈，正像英国历史学家爱德华·卡尔在《历史是什么》中所说的："历史是历史学家跟他的事实之间相互作用的连续不断的过程，是现在跟过去之间的永无止境的问答交谈。"历史事实僵死地躺在记载中，不会给世界带来什么好的或坏的影响。而只有当人们，依靠真实事件的描写、印象或概念，使它们生动地再现于我们的头脑中时，它才变成历史事实，才产生影响。"使人理解过去的社会，使人增加掌握现在社会的能力，这就是历史的双重作用。"

本次年会还举行了换届选举，经过两轮无记名投票，包伟民教授当选为新一届中国宋史研究会会长，苗书梅、曹家齐、范立舟、何冠环、王善军和黄纯艳教授当选为副会长。